TRAUNER

…dung, die begeistert!

Dein interaktives E-Book in der TRAUNER-DigiBox

Das Plus zum gedruckten Buch

+ Angereichertes E-Book
+ Multimediale Inhalte
+ Vielfältige Zusatzmaterialien auf einen Blick
+ Einfache Navigation
+ Für verschiedene Endgeräte (PC, Mac, Tablet, Smartphone)

Spannendes Lernen an jedem Ort

Lektorat/Produktmanagement:
Mag. Johanna Smejkal, Claudia Höglinger,
Mag. Maria Lichtenegger
Titelgestaltung: Bettina Victor
Grafik und Gestaltung:
Trauner Verlag, Linz
Korrektorat: Mag. Bettina Trauner
Schulbuchvergütung/Bildrechte:
© Bildrecht GmbH/Wien
Gesamtherstellung:
Vorarlberger Verlagsanstalt GmbH
Schwefel 81, 6850 Dornbirn

PRINTED IN AUSTRIA

ISBN 978-3-99151-848-8

www.traunerverlag.de
/traunergastro

Impressum

Erlebnis Hotel 1

■ Hotelfachfrau/Hotelfachmann

■ 1. + 2. Ausbildungsjahr

⊕ E-Book und digitales Zusatzpaket

3. Auflage 2025
TRAUNER Verlag, Linz

Die Autorinnen und Autoren

DAVID BREITWIESER
Berufsschule Wels

CHRISTINA DRISCHEL
OSZ Gastgewerbe Brillat-Savarin-Schule, Berlin

PETER FISCHER
Berufsschule Altmünster, i. R.

RUDOLF FORJAN
Berufsschule Bad Gleichenberg

WILHELM GUTMAYER
Höhere Lehranstalt für Tourismus Krems, i. R.

KURT KRAUSLER
Berufsschule Altmünster

CLAUDIA LETZNER
Berufliche Schule Elmshorn, Europaschule

ANDREA PFLEGER
Housekeeping-Expertin und Trainerin für den Bereich Qualitätsmanagement im Hotel

SABINE REHAK
OSZ Gastgewerbe Brillat-Savarin-Schule, Berlin

CHRISTINE RUETZ
Landesberufsschule Obertrum

MARIANNE SCHREIBER
Tiroler Fachberufsschule für Tourismus und Handel Landeck

WOLFGANG STANEK
Trainer, Coach und Berater in verschiedenen Bereichen der Wirtschaft; Inhaber der Stanek Persönlichkeitstraining OG

JOHANN STICKLER
Höhere Lehranstalt für wirtschaftliche Berufe Wiener Neustadt, i. R.

MAG. INES WEISSENSTEINER-WIESSLER
Unternehmensberaterin mit Schwerpunkt Hotellerie und Betreiberin eines Beherbergungsbetriebes

RUDOLF WOLFSCHLUCKNER
Berufsschule Altmünster, i. R.

CHRISTOPH WUTZL
Leitung TRAUNER Akademie

Für die fachliche Expertise und Begutachtung bedanken wir uns ganz herzlich bei:
Stefan Gersten, DEHOGA Thüringen KOMPETENZZENTRUM
Maria Benien, Abteilungsleitung Nahrung und Gastronomie, Gewerbeschule Lübeck
Heike Rosner, Leitung Fachbereich Hotelmanagement, OSZ Gastgewerbe Brillat-Savarin-Schule, Berlin
André Weidemann, Oberstudienrat am BBZ Mölln
Verein der Köche Ostfriesland und Papenburg e. V.

Liebe Schülerin, lieber Schüler,

wie es aussieht, interessierst du dich für die Gastronomie- und Tourismusbranche. Das ist großartig, denn genau hier werden laufend motivierte Mitarbeiter/innen gesucht. Mit einer gastronomischen Ausbildung stehen dir viele Türen offen.

Du hältst hier ein Lehrbuch in Händen, das dich in den ersten beiden Ausbildungsjahren begleiten wird. Darin findest du fachliche Informationen, gespickt mit vielen Beispielen aus der Praxis. Mit dieser einzigartigen Kombination aus Theorie und Praxis kommst du deinem Ziel – der abgeschlossenen Berufsausbildung – Schritt für Schritt näher.

Wesentliche Elemente und verwendete Symbole

Die Ziele am Anfang jedes Kapitels zeigen dir, was du nach der Bearbeitung des jeweiligen Kapitels können sollst. Sie sind mit den Farben Blau, Rot, Schwarz entsprechend der Kompetenzstufe gekennzeichnet.

Meine Ziele

KOMPETENZ-ERWERB

Nach Bearbeitung dieses Kapitels kann ich
- die gelernten Fachinhalte wiedergeben;
- die gelernten Fachinhalte verstehen;
- erworbenes Wissen anwenden.

Zur Erarbeitung der Kenntnisse und Fertigkeiten sowie zur Kontrolle des Lernerfolgs stehen dir Abschlusstests („Ziele erreicht?“) zur Verfügung.

Ziele erreicht?

Die **„Ziele erreicht?“-Aufgaben** sind ebenfalls nach dem Kompetenzmodell farblich gekennzeichnet. So unterscheidet man zwischen Aufgaben, bei denen
- die gelernten Fachinhalte wiedergegeben werden;
- die gelernten Fachinhalte verstanden werden;
- erworbenes Wissen angewendet wird.

Kompetenzen erworben?
Auf Basis der durchgeführten „Ziele erreicht?“-Aufgaben kannst du ankreuzen, ob du die Kompetenzen
- ☺ **zur Gänze**
- 😑 **überwiegend** oder
- ☹ **(noch) nicht ausreichend**

erworben hast. Wiederhole den jeweiligen Lehrstoff im Buch, falls du einzelne Ziele noch nicht erreicht hast.

Einen interaktiven Safety-Check findest du in der TRAUNER-DigiBox.

Mit interaktiven Safety-Checks am Ende eines jeden Kapitels kannst du den gelernten Stoff wiederholen und festigen.

DAS SOLLTEST DU SPEICHERN

Besonders Wichtiges wird in Merksätzen **hervorgehoben.** So fällt das Lernen leichter.

WortschatzBox

In jedem Beruf gibt es eine Berufssprache, die Azubis lernen sollten. Damit dir die Begriffe in Fleisch und Blut übergehen, schließt jedes Kapitel mit einer „WortschatzBox" ab, in der du die Fachbegriffe auf unterschiedlichste Weise wiederholst und festigst.

Folgende weitere Piktogramme unterstützen das Lehren und Lernen im Buch:

für Diskussionsaufgaben

für Aufgabenstellungen

für Wissenswertes und Tipps

„Achtung!" oder „Beachte!"

für Verknüpfungen zu anderen Kapiteln oder Internetlinks

für Verweise zu Gesetzen oder für Auszüge aus Gesetzestexten

für Videos, die mittels QR-Code bzw. Link aufgerufen werden können

für Hinweise zum Thema Nachhaltigkeit

Going international – wesentliche Fachbegriffe eines Kapitels auf Englisch

für Downloads aus der TRAUNER-DigiBox (www.trauner-digibox.com)

Hingehört! Die Aussprache vieler fremdsprachiger Fachbegriffe kannst du im E-Book, das du in der TRAUNER-DigiBox findest, durch Anklicken des Wortes anhören.

BONUS LEVEL für weiterführende Inhalte und Aufgaben

STARTE DEIN DIGITALES ZUSATZPAKET ZUM BUCH!

In der TRAUNER-DigiBox (www.trauner-digibox.com) findest du dein persönliches E-Book und die Zusatzmaterialien zum Buch:

- www.trauner-digibox.com aufrufen
- Einmal kostenlos registrieren
- Dein digitales Zusatzpaket mit **Lizenz-Key** auf der Rückseite des Buches freischalten

Wir wünschen dir ein intensives Arbeiten, spannende Übungen und Diskussionen sowie Erfolg beim praktischen Umsetzen!

Das Verlags- und Autorenteam

Inhaltsverzeichnis

LF 1: Meine Rolle im Betrieb

Du findest

Betriebsorganisation

Damit ein Betrieb wie am Schnürchen läuft, muss eine Personalstruktur geschaffen werden, die einerseits auf die Bedürfnisse der Gäste optimal eingeht und andererseits den Betrieb Gewinne erzielen lässt.

Die Organisation eines gastronomischen Betriebes hängt von der Art und von der Größe ab. Welche organisatorischen Möglichkeiten es gibt, zeigt das folgende Kapitel. Prinzipiell ist zu beobachten, dass derzeit die herkömmlichen Systeme der Hotellerie und der Gastronomie von weniger personalintensiven Organisationsmodellen abgelöst werden.

KOMPETENZ-ERWERB

Meine Ziele

Nach Bearbeitung dieses Kapitels kann ich

- die unterschiedlichen Betriebe der Hotellerie nennen;
- Management-Systeme im Hotel nennen und erörtern;
- erklären, was unter „Front of the House" und „Back of the House" verstanden wird;
- die unterschiedlichen Betriebe der Individualgastronomie aufzählen;
- erklären, wodurch sich die Systemgastronomie von der Individualgastronomie unterscheidet;
- den Unterschied zwischen Filial- und Franchise-Systemen erklären;
- verschiedene Systemgastronomie-Konzepte beschreiben.

1 Hotellerie

Vor Kurzem erzählte ein Freund, dass er über das Internet ein günstiges Hotel garni gebucht hatte. Als er dort ankam, wunderte er sich, warum er nichts zu essen bekam.

1.1 Betriebe der Hotellerie

Die Hotellerie unterscheidet zwischen Garnibetrieben und Vollbetrieben.

Garnibetriebe

Ein Hotel garni bietet dem Gast Beherbergung, Frühstück, Getränke und höchstens kleine Speisen an. Ein klassischer Restaurantbetrieb fehlt jedoch. Meist werden Garnibetriebe privat geführt und haben nur wenige Zimmer, wie z. B. eine Frühstückspension.

Beherbergungsbetriebe mit Verpflegung

Vollbetriebe bieten dem Gast neben der Beherbergung auch Verpflegung an. Diese beinhaltet entweder nur Frühstück, Halbpension, Vollpension oder sie ist „all-inclusive“.

all-inclusive: Alle Leistungen (z. B. nicht nur Essen, sondern auch Getränke) sind im Preis enthalten. Häufig wird jedoch der Konsum der zusätzlichen Getränke, v. a. von Alkohol, eingeschränkt.

Arten	
Hotel	Beherbergungsbetrieb, der dem Gast eine Reihe von Dienstleistungen anbietet; es gibt mindestens ein Restaurant für Hausgäste und Passantinnen bzw. Passanten. Ein sogenanntes Kurhotel befindet sich in einem Heilbad oder Kurort und bietet Gesundheitsbehandlungen (oft mit ärztlicher Betreuung) an.
Gasthof	Ist ein Gasthaus mit Zimmerangebot. Oft wird der gleiche Komfort geboten wie in einem einfachen Hotel.
Pension	Der Unterschied zu einem Gasthof besteht darin, dass Speisen und Getränke nur an Hausgäste ausgegeben werden.
Erholungs- und Ferienheime	Sie sind nur einem bestimmten Personenkreis zugänglich (z. B. Ferienheime von Firmen oder Vereinen, Jugendherbergen).

Nach der Öffnungsdauer bzw. dem Öffnungszeitpunkt unterscheidet man **Saisonbetriebe** und **Ganzjahresbetriebe.**

Und was sind Motels?

Motels sind eine in den USA entstandene und dort weitverbreitete Betriebsform. Motels sind üblicherweise einfach ausgestattet, preisgünstig und liegen meist günstig an Fernverkehrsrouten bzw. in den Randbereichen großer Städte. Im Gegensatz zu einem Hotel sind die Zimmer häufig direkt von außen erreichbar. Meist wird keine eigene Gastronomie angeboten.

Nach dem **Standort bzw. der Lage des Hotels** unterscheidet man Stadthotels, Land- bzw. Ferienhotels (in Erholungsgebieten), See- und Strandhotels etc. Auch die **Betriebsgröße** ist ein Kriterium, das für die Einteilung von Hotels herangezogen werden kann.

Betriebsgröße und Organisationsform

Klein-, Mittel- und Großbetrieb

- Kleinbetrieb: bis zu 70 Betten
- Mittelbetrieb: zwischen 70 und 150 Betten
- Großbetrieb: über 150 Betten

Hotelkette

- Mehrere Betriebe eines Unternehmens regional, national und international
- Ab ca. 200 Betten
- Z. B. Hilton, Marriott

die Dachmarke = übergeordnete Marke eines Markensystems mit hohem Wiedererkennungswert

Um bestimmte Zielgruppen besser anzusprechen, schließen sich eigenständige Hotels zur **Dachmarke** zusammen, wie z. B. Wellnesshotels.

Unterschieden wird auch zwischen **Privat- und Konzernhotellerie.** Während es sich bei ersterer um privat geführte Beherbergungsbetriebe handelt, ist letztere Teil eines Konzernes oder einer Hotelkette. Die Häuser von Hotelketten sind meist nach dem internationalen bzw. amerikanischen System (siehe S. 13) organisiert.

1.2 Organisation von Hotels

DAS SOLLTEST DU SPEICHERN

Was die Organisation von Hotels betrifft, so können grundsätzlich zwei Management-Systeme unterschieden werden: **das europäische und das internationale (amerikanische) System.** Die beiden Systeme unterscheiden sich durch die Aufteilung der Aufgabenbereiche.

César Ritz

César (auch Cäsar) Ritz wurde schon zu Lebzeiten als „König der Hoteliers und Hotelier der Könige" bezeichnet. Zahlreiche Hotels tragen noch heute seinen Namen, wie das Ritz-Hotel in London oder in Paris sowie die international tätige Ritz-Carlton-Gruppe.

Europäisches System

Dieses personalintensive System wurde im 19. Jahrhundert von César Ritz in Paris für die individuelle Betreuung von Gästen entwickelt und später weltweit von vielen Betrieben übernommen.

In Hotels, die nach dem europäischen System organisiert sind, sind der Hotelleitung drei Abteilungen unterstellt:

Hotelleitung (Direktor/in)

Beherbergung	Verpflegung	Verwaltung
▪ Empfang, Rezeption ▪ Halle ▪ Etage, Housekeeping	▪ Einkauf und Lagerverwaltung ▪ Küche ▪ Service	▪ Kaufmännische Abteilung ▪ Human Resources ▪ Sales

die Human Resources (HR) = Personalwesen

Sales = Verkauf

das Organigramm = setzt sich aus **Organi**sation + Dia**gramm** zusammen; es bildet die interne Struktur eines Unternehmens grafisch ab; Hierarchien, Positionen, Abteilungen, Aufgaben und Führungsverantwortlichkeiten werden dargestellt und in Beziehung gesetzt.

Internationales (amerikanisches) System

Das internationale System wird v. a. in Hotelketten verwendet (z. B. Sheraton Corporation, Intercontinental, Marriott, Hilton International).

Organigramm eines Hotels nach internationalem System

General Manager (Generaldirektor/in bzw. Geschäftsführer/in)

↓

Assistant Manager oder Resident Manager

Verpflegung Food-&-Beverage	Beherbergung Rooms Division	Verwaltung Account/Human Resources (HR)	Verkauf Marketing/Sales
F-&-B-Manager	Rooms Division Manager	▪ Kaufmännische Leitung (Chief Account Manager) ▪ Personalchef/in (Human Resources Manager) ▪ Technische Leitung (Facility Manager)	Verkaufsdirektor/in (Director of Sales & Marketing)
Verantwortlich für: ▪ Küche ▪ Restaurant ▪ Bankett (Banquet) ▪ Bar ▪ Etagenservice (Roomservice)	**Verantwortlich für:** ▪ Empfang (Frontoffice) ▪ Guest Relation ▪ Housekeeping ▪ Portier (Concierge) ▪ Haustechnik (Chief-Engineer)	**Verantwortlich für:** ▪ Einkauf ▪ Buchhaltung ▪ Controlling ▪ Lager ▪ Personal ▪ Technik	**Verantwortlich für:** ▪ Verkauf ▪ Marketing ▪ Public Relations (PR) ▪ Ertragsmanagement (Revenue Management)

Es handelt sich hier um ein Beispiel. Die Positionen können in verschiedenen Hotels selbstverständlich variieren.

TIPP VOM PROFI

Aufgrund hoher Mitarbeiterkosten werden heute diese klassischen Strukturen der Mitarbeiterorganisation oft aufgebrochen und gestrafft, Aufgaben werden zusammengefasst und Hierarchien/Führungsebenen abgebaut. Heute findet man in den meisten Hotels eine Vermischung beider Systeme, je nach Größe des Betriebs und Verfügbarkeit der Mitarbeiter/innen.

Als **General Manager** führt man den Hotelbetrieb. Man ist in dieser Funktion für alle organisatorischen und kaufmännischen Belange verantwortlich. Im europäischen System entspricht diese Position dem/der **Direktor/in.**

Front of the House und Back of the House

DAS SOLLTEST DU SPEICHERN

Die Mitarbeiter/innen eines Hotels werden den Bereichen **Front of the House** und **Back of the House** zugeordnet.

Einteilung der Mitarbeiter/innen zu den Bereichen

Front of the House
Mitarbeiter/innen im Front-of-the-House-Bereich haben **direkten Kontakt mit den Gästen,** z. B. Direktor/in, Mitarbeiter/innen der Rezeption, der Halle, des Service.

Back of the House
Mitarbeiter/innen im Back-of-the-House-Bereich haben **keinen direkten Kontakt mit den Gästen,** z. B. Küchenteam, Mitarbeiter/innen der Buchhaltung, des Controlling oder des Personalbüros.

Hotelklassifizierungen

Hotels gibt es in unterschiedlichen Kategorien, von preisgünstigen Budgethotels bis hin zu exklusiven Luxushotels.

Beispiel für eine Buchungsbewertung

☺ Sehr freundliches Personal an der Rezeption und im Restaurant!

☹ Mobiliar ist zum Teil sehr alt und nicht mehr zeitgemäß. Die Vorhänge sind aschgrau und wurden seit längerer Zeit nicht mehr gewaschen!

Durch ein paar Investitionen könnte das Hotel ohne Weiteres einen zusätzlichen Stern erwerben!

DAS SOLLTEST DU SPEICHERN

Dank Hotelklassifizierungen, etwa durch Sterne, können interessierte Gäste die Ausstattung eines Beherbergungsbetriebes bereits vor der Buchung einschätzen, wie z. B. Zimmerausstattung, Verpflegung, Wellnessbereich etc.

Sterne von ★ bis ★★★★★

Beherbergungsbetriebe werden in Kategorien von einem Stern bis fünf Sterne eingeteilt. Um die jeweilige Kategorie zu erreichen, müssen vorgegebene Mindeststandards erfüllt werden. Beurteilungskriterien sind z. B. der Gesamteindruck, der Erhaltungszustand, die Qualität der Dienstleistung (Auftreten, Kleidung, Kompetenz der Mitarbeiter/innen etc.) und hoteleigene Zusatzeinrichtungen (z. B. Wellnessbereich, Tagungsräume).

In jeder Sternekategorie gibt es auch die Kategorie **Superior** (z. B. Viersterne-Superior). In allen Kategorien steht dieses „S" für ein deutliches Mehr an Dienstleistungen.

Vergeben werden die Sterne auf Antrag des Betriebes nach Überprüfung durch eine unabhängige Kommission. Durch regelmäßige Überprüfung und Selbstkontrolle wird die Qualität langfristig garantiert.

2 Individualgastronomie

Mein Freund Dirk und ich treffen uns ab und an in einer Bar. Er ist Azubi in einem Landgasthaus, in dem sehr oft Feiern stattfinden. Ich arbeite in einem Sternerestaurant. Es ist spannend, wenn man vom Arbeitsalltag des anderen hört. Bei Dirk geht es darum, viele Leute auf einmal zu bedienen, bei uns im Restaurant sind es nur wenige Tische, aber die Gäste verlangen ganz schön viel Aufmerksamkeit.

Betriebe der Individualgastronomie

Gastronomiebetriebe bieten ausschließlich Speisen und/oder Getränke an.

Restaurants

Restaurants sind Betriebe, die Speisen und Getränke servieren. Es wird zwischen Hotelrestaurants und eigenständigen Restaurants unterschieden.

Gaststätten

Gaststätten bieten hauptsächlich Getränke und meist Hausmannskost bzw. regionale Küche an. **Cafés** und **Bistros** bieten eine kleine Speisenauswahl und werden gerne als Treffpunkt genutzt.

Das klassische **Gasthaus** ist immer seltener anzutreffen. Diskutiert in der Klasse, was die Gründe dafür sein könnten.

Restaurant-Auszeichnungen

Du hast sicher schon von Sternerestaurants gehört. Aber was bedeutet das? Und wer führt die Bewertungen durch? Für Köchinnen/Köche und Restaurants sind Sterne und Mützen sozusagen der Ritterschlag. Den Gästen dienen sie als hilfreiche Orientierung bei der Wahl eines Restaurants. Die zwei bekanntesten Restaurant-Guides sind der Guide Michelin und der Gault&Millau.

Guide Michelin

Dieser Hotel- und Reiseführer erscheint jährlich in unterschiedlichen Länderversionen. Für die Bewertung besuchen hauptberufliche Tester/innen sozusagen „undercover" unangekündigt ein Restaurant oder Hotel. Mit Sternen bewertet wird nur die Küche.

- **1 Stern:** „Eine Küche voller Finesse – einen Stopp wert!"
- **2 Sterne:** „Eine Spitzenküche – einen Umweg wert!"
- **3 Sterne:** „Eine einzigartige Küche – eine Reise wert!"

Gault&Millau

Beim Gault&Millau testen nebenberufliche Feinschmecker/innen. Bewertet wird nur die Küchenleistung. Service, Ambiente und Weinkultur werden jedoch zusätzlich beschrieben. Die Bewertung erfolgt mittels Punktesystem von 0 bis 20. Ausgezeichnet wird mit **Kochmützen (Hauben),** wobei vier Mützen die höchste Auszeichnung sind. Diese Auszeichnung wird allerdings so gut wie nie verliehen.

Gault&Millau-Kochmützen

- 1 Mütze: 13–14 Punkte: hoher Grad an Kochkunst, Kreativität und Qualität
- 2 Mützen: 15–16 Punkte: sehr gute Küche, die mehr als das Alltägliche bietet
- 3 Mützen: 17–18 Punkte: höchste Kreativität und Qualität, bestmögliche Zubereitung
- 4 Mützen: 19–20 Punkte: weltbeste Restaurants

Once upon a time in America …

Die ersten Bars entstanden in Amerika. Noch heute tragen die klassischen Bars die Bezeichnung „American Bar“. Vor allem in London und in Paris wurden Cocktailbars nach amerikanischem Vorbild eröffnet.

Kneipen, Pubs und Bars

Hier besteht das Kernsortiment aus Getränken. In Kneipen und Pubs werden oft (kleine) Speisen angeboten. In Bars ist das Speisenangebot untergeordnet. Neben der eigenständig geführten Bar gibt es häufig Hotelbars, die einem Hotel angeschlossen sind.

Im Trend sind **multifunktionale Lokale.** Sie werden durch ihre technische Einrichtung mehrmals am Tag verändert und empfangen ihre Gäste morgens zum Frühstück, verwandeln sich nachmittags in eine Lounge und abends bzw. nachts in einen Club mit Tanzfläche.

Cafés

Ein Café ist häufig an eine Konditorei angegliedert und bietet Kuchen, Torten und Gebäck sowie Kaffee- und Teespezialitäten.

3 Systemgastronomie

Bei Systemgastronomie denken die meisten an Fast-Food-Restaurants. Aber auch viele Restaurants mit Bedienung, große Bäckerei-Ketten, Pizza-Lieferdienste etc. arbeiten mit einer einheitlichen Organisation.

DAS SOLLTEST DU SPEICHERN

Die Systemgastronomie ist eine Form der Gastronomie, die sich im Wesentlichen durch **standardisierte Organisationsstrukturen und Prozesse** von der klassischen Gastronomie unterscheidet.

Systemgastronomie punktet durch einheitliches Design und standardisierte Prozesse

Was zeichnet die Systemgastronomie aus?

1. Systemgastronomische Betriebe haben einen **Markennamen** und ein **einheitliches Design.** Das sichtbare Zeichen ist das Logo. Berufskleidung, Restauranteinrichtung, Verpackungen etc. sind einheitlich.
2. Eine **Unternehmenszentrale** gibt die Zielrichtung vor.
3. Die **Produktpalette und** die **Arbeitsabläufe sind standardisiert.** Den Gast erwarten an jedem Standort die gleichen Produkte, die in gleicher Weise präsentiert werden.
4. Das Konzept ist **multiplizierbar.** Eine Kette kann sich auf wenige Restaurants beschränken (z. B. in einer bestimmten Region) oder sie hat viele Standorte weltweit.

3.1 Organisation von Systemgastronomiebetrieben

Die betriebliche Organisation in der Systemgastronomie verläuft entweder in Form von eigenen Filialen oder durch den Verkauf von Franchise-Lizenzen. Die beiden Systeme sehen auf den ersten Blick gleich aus – dennoch bestehen einige, v. a. rechtliche Unterschiede.

Franchise: Ein Franchise-Geber gewährt einem Franchise-Nehmer das Recht, das Restaurant nach seinem Konzept zu führen.

Organisationsformen

Filialsystem

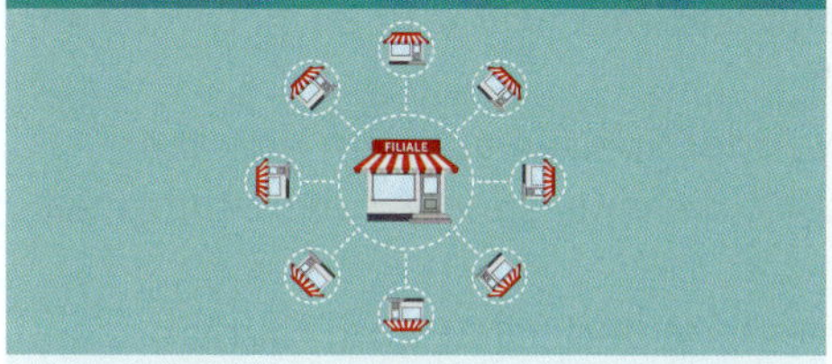

- Eine Zentrale steuert und führt die Filialen.
- Der Filialleiter ist kein selbstständiger Unternehmer.

Franchise-System

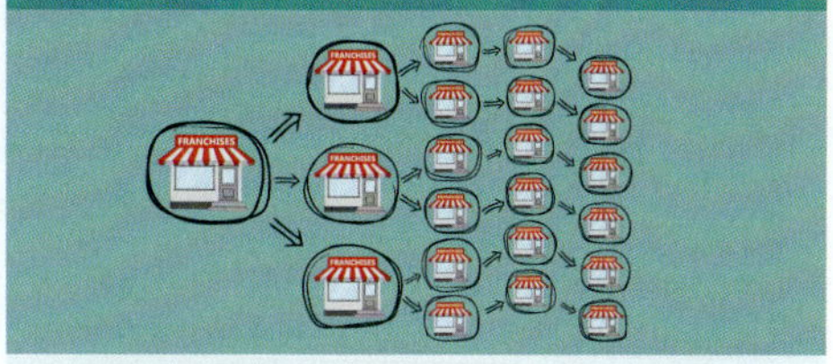

- Die Zentrale (der Franchise-Geber) ist rechtlich und finanziell selbstständig.
- Der Franchise-Nehmer ist ein selbstständiger Unternehmer.

DAS SOLLTEST DU SPEICHERN

Die Ziele eines systemgastronomischen Betriebes sind so definiert, dass sein Konzept an jedem Ort durchführbar ist. Die Expansion erfolgt entweder in Form von eigenen Filialen oder durch den Verkauf von sogenannten Franchise-Lizenzen.

die Expansion = Ausbau, Wachstum, Steigerung; Eröffnung weiterer Standorte, Vergrößerung der Betriebsstätten

Franchise-System

Franchise-Nehmer erhalten vom Franchise-Geber das Recht sowie die Verpflichtung, ein dem Konzept entsprechendes Geschäft zu betreiben. Sie dürfen die Marke, das Know-how (z. B. Rezepte, Herstellungsverfahren) und die wirtschaftlichen und technischen Methoden (z. B. Software) verwenden. Dafür zahlen sie Gebühren, die sich meist am Umsatz orientieren.

Die Partner sind verpflichtet, die vom Franchise-Geber gesetzten Standards einzuhalten und Neuerungen bzw. Weiterentwicklungen mitzutragen und am Standort umzusetzen. Dafür erhalten die Franchise-Nehmer gegen Gebühr regelmäßige Betreuungen und Schulungen.

Franchising ist ein auf Partnerschaft basierendes Vertriebssystem, bei dem Unternehmer/innen ein etabliertes Geschäftskonzept gegen eine Gebühr nutzen dürfen.

Warum Franchise?
Ein großer Vorteil für die Franchise-Nehmer ist das **geringere Risiko** aufgrund des erprobten Konzeptes. Aber auch die Finanzierung der Betriebsgründung ist meist einfacher als für ein Individualunternehmen, da Banken in systematisierte, erfolgreiche Unternehmenskonzepte mehr Vertrauen setzen.

Kantinen und **Mensen** befinden sich an Sportstätten, Universitäten, Schulen und in Großbetrieben. Meist werden täglich wechselnde warme Mittagsgerichte angeboten.

Auch sie arbeiten nach einem standardisierten Konzept.

3.2 Betriebe der Systemgastronomie

Systemgastronomie-Konzepte	
Fast-Food-Betriebe	■ Rasche Abwicklung von Bestellung und Verzehr – zwischen der Bestellung und dem Verzehr liegen meist weniger als zehn Minuten ■ Meistens Fokus auf eine Produktgruppe, z. B. Kaffee, Burger, Sandwiches
Fast-Casual-Betriebe	■ Bieten frisch zubereitete Speisen in gehobenem Ambiente ■ Klassische Fast-Food-Gerichte, wie z. B. Burger, in bester Qualität und frisch ■ Gerichte wie Currys oder Speisen aus dem Wok (vor den Gästen gefertigt), die eine längere Zubereitungszeit haben ■ Oft Sandwiches, Desserts und Salate zum Mitnehmen, alles bereits verpackt
Full-Service-Betriebe	■ Es wird am Tisch serviert, Gästebetreuung ist wichtig ■ Z. B. Steakhäuser
Coffeeshops	■ Kernsortiment umfasst zahlreiche Kaffeespezialitäten ■ Getränke werden meist in mehreren Größen angeboten, vor Ort in Porzellantassen oder zum Mitnehmen in Pappbechern mit Deckel ■ Speisen beschränken sich auf Brownies, Cookies und Muffins sowie belegte Bagels, Sandwiches, kleine Salate und Müslis
Handelsgastronomie	■ Ermöglicht es, am Point of Sale (im Kaufhaus, Möbelhaus, Supermarkt etc.) Einkauf und Genuss zu verbinden
Verkehrsgastronomie	■ Betriebe an Bahnhöfen, Flughäfen und Autobahnen

WortschatzBox – „Betriebsorganisation“

- Ordne die folgenden Begriffe den passenden Erklärungen zu:

1 Expansion 2 Franchise-System 3 Front of the House 4 Fast-Casual-Betrieb 5 Back of the House 6 Motel 7 all-inclusive

◯ Ein auf Partnerschaft basierendes Vertriebssystem, bei dem Unternehmer/innen ein etabliertes Geschäftskonzept gegen eine Gebühr nutzen dürfen

◯ Ausbau, Wachstum, Ausdehnung, Steigerung

◯ Alle Leistungen im Preis enthalten

◯ Mitarbeiter/innen dieses Bereiches haben direkten Kontakt zu den Gästen

◯ Mitarbeiter/innen in diesem Bereich haben keinen direkten Kontakt zu den Gästen

◯ Systemgastronomie-Betrieb, der frisch zubereitete Speisen in gehobenem Ambiente anbietet

◯ Preisgünstig, einfach ausgestattet, liegt meist an Fernverkehrsrouten, ursprünglich aus den USA

KOMPETENZ-ERWERB

Ziele erreicht? – „Betriebsorganisation“

1. Erkläre den Unterschied zwischen Garnibetrieben und Vollbetrieben.

2. Wähle drei Betriebe in der Nähe deines Heimat- bzw. Arbeitsortes oder deiner Schule aus und bestimme ihren Betriebstyp.

3. Nenne die drei Abteilungen in einem Großbetrieb nach dem europäischen System. Zähle auch die Unterabteilungen auf, die zu den Abteilungen gehören.

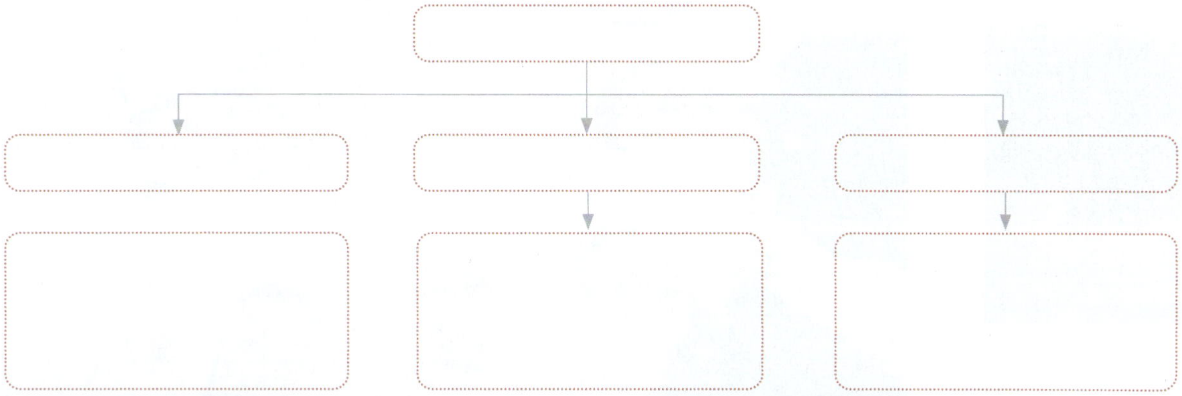

4. Vergleiche das europäische mit dem internationalen (amerikanischen) System und ergänze die jeweils entsprechenden Abteilungen.

5. Zähle je vier Mitarbeiter/innen der Front-of-the-House- und der Back-of-the-House-Abteilung auf.

Front of the House

1. ____________________
2. ____________________
3. ____________________
4. ____________________

Back of the House

1. ____________________
2. ____________________
3. ____________________
4. ____________________

6. Was zeichnet die Systemgastronomie aus?

Systemgastronomische Betriebe haben ein ____________________ Design. Auch Berufskleidung, Restauranteinrichtung, Verpackungen etc. sind ____________________.

Eine ____________________ gibt die Zielrichtung vor.

Die Produktpalette und die Arbeitsabläufe sind ____________________. Den Gast erwarten an jedem Standort die gleichen ____________________, die in gleicher Weise präsentiert werden.

Das Konzept ist ____________________.

Einen interaktiven Safety-Check findest du in der TRAUNER-DigiBox.

Wie es aussieht, interessierst du dich für die Tourismus- und Gastronomiebranche. Das ist großartig, denn genau hier werden laufend motivierte Fachkräfte gesucht. Mit einer Ausbildung im Gastgewerbe stehen dir viele Türen offen. Neugierig geworden?

Berufe im Gastgewerbe

Hingehört! Die Aussprache vieler fremdsprachiger Fachbegriffe kannst du im E-Book, das du in der TRAUNER DigiBox findest, durch Anklicken des Wortes anhören.

Hinter erfolgreichen Betrieben stehen keine starken Einzelkämpfer/innen, sondern produktive und damit erfolgreiche Teams. PHILIP DOUGLAS JACKSON – ein ehemaliger US-amerikanischer Basketballtrainer – meinte zu seinen insgesamt elf gewonnenen Meisterschaften: „Die Stärke des Teams ist jedes einzelne Mitglied. Die Stärke eines jeden Mitglieds ist das Team."

KOMPETENZ-ERWERB

Meine Ziele

Nach Bearbeitung dieses Kapitels kann ich

- die einzelnen Arbeitsplätze und Positionen im Frontoffice, im Housekeeping und in der Halle nennen;
- die Aufgaben der Mitarbeiter/innen im Frontoffice, im Housekeeping und in der Halle erklären;
- die einzelnen Posten einer großen Küchenbrigade nennen und ihre Tätigkeitsbereiche beschreiben;
- die unterschiedlichen Serviersysteme erläutern;
- die Aufgabenbereiche der einzelnen Positionen in der Servierbrigade zuordnen;
- die Mitarbeiter/innen im Einkauf, in der Lagerverwaltung und in der Verwaltung nennen und ihre Tätigkeit beschreiben.

1 Mitarbeiter/innen in der Beherbergung

1.1 Mitarbeiter/innen im Frontoffice

Empfangschef/in, Rezeptionschef/in (Frontoffice Manager = FOM)

Der/die Empfangschef/in

- ist die Vertretung der Direktion.
- plant eine optimale Zimmerauslastung des Hotels zum optimalen Preis.
- kontrolliert Check-in und Check-out.
- erstellt die Buchungsvorschau (Room Forecast) und ermittelt die dazugehörigen Kennzahlen.
- sorgt für einen reibungslosen Ablauf in den Bereichen Rezeption, Reservierung, Kasse, Halle und Information und ist für die Mitarbeiter/innen dieser Bereiche und die Überprüfung ihrer Tätigkeiten verantwortlich.
- ist zuständig für Empfang und Verabschiedung der Gäste und betreut die Guest History in der Gästekartei.
- leitet das Rezeptionsteam und ist zuständig für die Dienstplanerstellung, für Mitarbeiterschulungen, für das Erstellen von Anforderungsprofilen, für die Einstellung neuer Mitarbeiter/innen etc.
- arbeitet mit der Buchhaltung, der Housekeeping-Abteilung, der Verkaufs- bzw. PR-Abteilung und der Food-and-Beverage-Abteilung zusammen.
- verwaltet die Kontingente (Reisebüros, Buchungsplattformen etc.).
- erstellt mithilfe der Hotelsoftware den Tages- bzw. Monatsabschluss.
- rechnet die Restaurantkassen ab.
- ist Beschwerdeanlaufstelle.

die Kennzahlen = durch sie können Ergebnisse messbar und vergleichbar gemacht werden. Sie geben Auskunft über die aktuelle Situation des Betriebes.

die Guest History = Aufzeichnung der Gästedaten und -wünsche vorangegangener Aufenthalte als Teil der Gästekartei (Umsätze, Zimmernummer, Mailings, Sonderwünsche etc.)

PR = **P**ublic **R**elations oder Öffentlichkeitsarbeit

Rooms Division Manager sowie **Guest Relation Manager** gibt es nur in großen Hotels. In mittelgroßen Hotels übernimmt die Leitung dieser Abteilung der Frontoffice Manager, der dann gleichzeitig auch die Housekeeping-Abteilung leitet und für alle Gästebelange zuständig ist.

Rezeptionist/in (Receptionist, Room Clerk)

Der Rezeptionist/die Rezeptionistin

- unterstützt die Empfangschefin/den Empfangschef bei ihren/seinen Tätigkeiten.
- sorgt für einen reibungslosen Aufenthalt des Gastes.
- organisiert Gästeanreise, Anmeldung und Zimmerzuteilung.
- ist für Check-in und Check-out zuständig.
- stellt den Kontakt zwischen Gästen und zuständigen Mitarbeiterinnen und Mitarbeitern (z. B. Bankettabteilung) her.
- betreut die gesamte Gästekorrespondenz (Angebote, Reservierungsbestätigungen, Stornos, Mailings, Nachfragen) in Absprache mit der Empfangs- oder Reservierungsleitung.
- übernimmt die Post und teilt sie den Abteilungen zu.
- erstellt Logispläne, VIP-Listen, Zeitungslisten für VIPs etc.
- macht die Ablage aller Pläne, Listen (z. B. An- und Abreiselisten), Rechnungen und des Schriftverkehrs.
- erstellt die Zimmerrechnungen und leitet sie dem/der Empfangschef/in zur Kontrolle weiter.
- ist in Mittelbetrieben auch als Kassier/in zuständig.

Eine Stellenbeschreibung für die Position eines Rezeptionisten/einer Rezeptionistin findest du in der TRAUNER-DigiBox.

VIP = **v**ery **i**mportant **p**erson, Personen, die aufgrund ihres Berufes oder Einflusses besondere Privilegien genießen

Weitere Stellen in großen Hotels
In manchen Hotels gibt es neben dem Empfangschef/der Empfangschefin (Frontoffice Manager) auch eine **Reservierungsleitung (Reservation Manager).** Diese ist für die gesamte Reservierungsabteilung zuständig und unterstützt den Frontoffice Manager in seinen Aufgaben.

Auch die Position des **Kassierers (Cashier)** ist nur in großen Hotels zu finden. Er ist u. a. für die Gästeabrechnungen und Kreditkartenabrechnungen zuständig, bucht konsumierte Leistungen auf die Zimmerrechnung und erledigt den Geldwechsel sowie Barauslagen für die Gäste (z. B. für Blumen, Taxi).

Aufgaben der Rezeptionsmitarbeiter/innen im Sales- und PR-Bereich
- Entwicklung verkaufsfördernder Programme
- Stammkundenkontakt
- Erstellung von Informationsmaterial
- Organisation von Pressekonferenzen
- Herausgabe einer Hauszeitung
- Kontakt zur Presse
- Wartung der Free-Sale-Systeme/Onlinebuchungsplattformen (Preise, Verfügbarkeit, Buchungsbedingungen, Sperrdaten)

1.2 Mitarbeiter/innen der Halle

Portier/in (Chief Concierge)

Portierinnen/Portiere arbeiten vorwiegend in der gehobenen Stadthotellerie. In Ferienbetrieben übernehmen diese Aufgaben die Mitarbeiter/innen der Rezeption. Als Hotelportier/in ist man Chef/in der Halle und für die Mitarbeiter/innen der Halle zuständig.

Die/der Concierge betreut und berät Gäste (z. B. über Fahrpläne), organisiert den Transfer der Gäste (zum Flughafen, zu Veranstaltungen und retour), bestellt Taxis, reserviert Restauranttische, vereinbart Termine, besorgt Theaterkarten etc.

„Sie wünschen, wir spielen"
Als Concierge muss man neben den Abläufen am Empfang v. a. die Stadt bzw. die Umgebung, in der man tätig ist, wie seine Westentasche kennen. Nur so kann man auch gezielte Empfehlungen geben. Man kennt die Vorlieben, Marotten und mitunter auch Geheimnisse seiner Gäste. Diskretion ist also das Zauberwort. Zusätzlich braucht ein/e Concierge ein exzellentes Personengedächtnis, Organisationsgeschick, Kommunikationsstärke, perfekte Umgangsformen und ein gutes Gespür für Menschen.

Page

Hilfsportiere unterstützen in Großbetrieben den Portier. Nachtportiere bzw. **Nachtrezeptionisten** betreuen die Halle und Rezeption während der Nacht und erstellen mit dem Frontoffice-Programm die Statistiken und den Tagesabschluss.

Lohndiener/in (Porter)

Sie sind verantwortlich für die Organisation des Gepäcktransports und für Botengänge. Sie werden von **Pagen (Bellboys/Bellgirls)** unterstützt.

Türsteher

Türsteher/in (Doorman/Doorwoman)

Er/sie erwartet die Gäste am Hotelportal, öffnet die Autotüren, hilft den Gästen beim Ein- und Aussteigen und verständigt den/die Lohndiener/in von der Ankunft des Gastes. Ebenso organisiert er/sie Taxis für die Gäste.

1.3 Mitarbeiter/innen im Housekeeping

Hausdame (Executive Housekeeper)

Hausdamen bzw. Housekeeping Manager sind verantwortlich für die Sauberkeit im Haus. Sie organisieren die Arbeitsabläufe im Housekeeping, sind für den Einkauf von Reinigungsmaterialien und -mitteln zuständig, erstellen Dienstpläne und kontrollieren die gereinigten Gästezimmer. Außerdem sind sie für die Einstellung neuer Housekeeping-Mitarbeiter/innen zuständig.

Etagenhausdame (Floor Housekeeper)

Etagenhausdamen bzw. Floor Housekeeper sind verantwortlich für die Kontrolle der Sauberkeit in einem oder maximal zwei Stockwerken. Sie überprüfen die gereinigten Zimmer und melden die fertigen Zimmer an die Hausdame/den Executive Housekeeper oder die Rezeption.

Etagenmitarbeiter/in (Room Steward)

Etagenmitarbeiter/innen reinigen und betreuen die Gästezimmer. Sobald die Zimmer gereinigt sind, melden sie dies an die Hausdame/den Executive Housekeeper bzw. Floor Housekeeper.

Wäschebeschließer/in

Wäschebeschließer/innen sortieren, reinigen und kontrollieren die Wäsche. Auch die Wäscheausgabe sowie eventuelle Bügelarbeiten liegen in ihrem Zuständigkeitsbereich.

Hausmeister/in

Hausmeister/innen übernehmen körperlich anstrengende Arbeiten, die auf der Etage anfallen, wie z. B. Teppich klopfen, Aufstellen von Zusatzbetten oder das Umsiedeln bei einem Zimmerwechsel.

Vom Zimmermädchen zur Etagenmitarbeiterin

Der Begriff „Zimmermädchen“ bringt viele Gäste zum Schmunzeln. Denn meist stehen vor dem Gast Frauen und Männer, die längst dem jugendlichen Alter entwachsen sind. Folgende Bezeichnungen sind heute gebräuchlich:

- Zimmerfrau oder Zimmerdame
- Etagenfachkraft
- Reinigungsmitarbeiter/in
- Zimmersteward oder Zimmerstewardess (in Anlehnung an die Tätigkeit auf einem Schiff)

2 Mitarbeiter/innen im Verpflegungsbereich

Während die Gäste im Restaurant in aller Ruhe speisen, geht es in der Küche oft hektisch her. Von der Vorspeise bis zum Dessert kommen kreuz und quer Bestellungen rein und müssen von der Küchenbrigade in kürzester Zeit zubereitet werden. Das erfordert eine gute Organisation.

Verpflegungsbereich

Küche

- Küchenchef/in
- Küchenbrigade

Service

- Restaurantdirektor/in
- Maître d'Hôtel
- Servicemitarbeiter/in
- Barchef/in
- Sommelière/Sommelier
- Auszubildende/r

Einkaufs- und Lagerverwaltung

- Food-&-Beverage-Manager (F-&-B-Manager)
- Lagerverwalter/in
- Wirtschafter/in

F-&-B-Manager = organisiert und kontrolliert die Wirtschaftlichkeit von Küche und Service; übernimmt auch teilweise den Einkauf für den Küchen- und Servicebereich

2.1 Mitarbeiter/innen in der Küche

In der Küche herrscht Zeitdruck. Da geht nichts ohne klare Arbeitsteilung, ganz gleich, ob es sich um die Küche eines kleinen Landgasthofes handelt oder um eine große Hotelküche mit 50 Mitarbeiterinnen und Mitarbeitern.

Küchenbrigade

Aus wie vielen Personen ein Küchenteam besteht und welche Aufgaben sie zugeteilt bekommen, hängt von der Betriebsart und -größe ab. Die Küchenbrigade ist von Betrieb zu Betrieb unterschiedlich. Wichtig ist, dass die Aufgabenbereiche klar zugeordnet sind und eingehalten werden. Jede/r Einzelne ist verantwortlich für einen reibungslosen Küchenbetrieb.

DAS SOLLTEST DU SPEICHERN

Die Hierarchie in der Küche ist durch die Küchenbrigade vorgegeben. Eine **Küchenbrigade** ist ein organisiertes und strikt nach Aufgaben eingeteiltes Küchenteam.

Große Küchenbrigade

Egal, wie klein oder groß eine Küche ist, **die Küchenchefin bzw. der Küchenchef gibt den Ton an.**

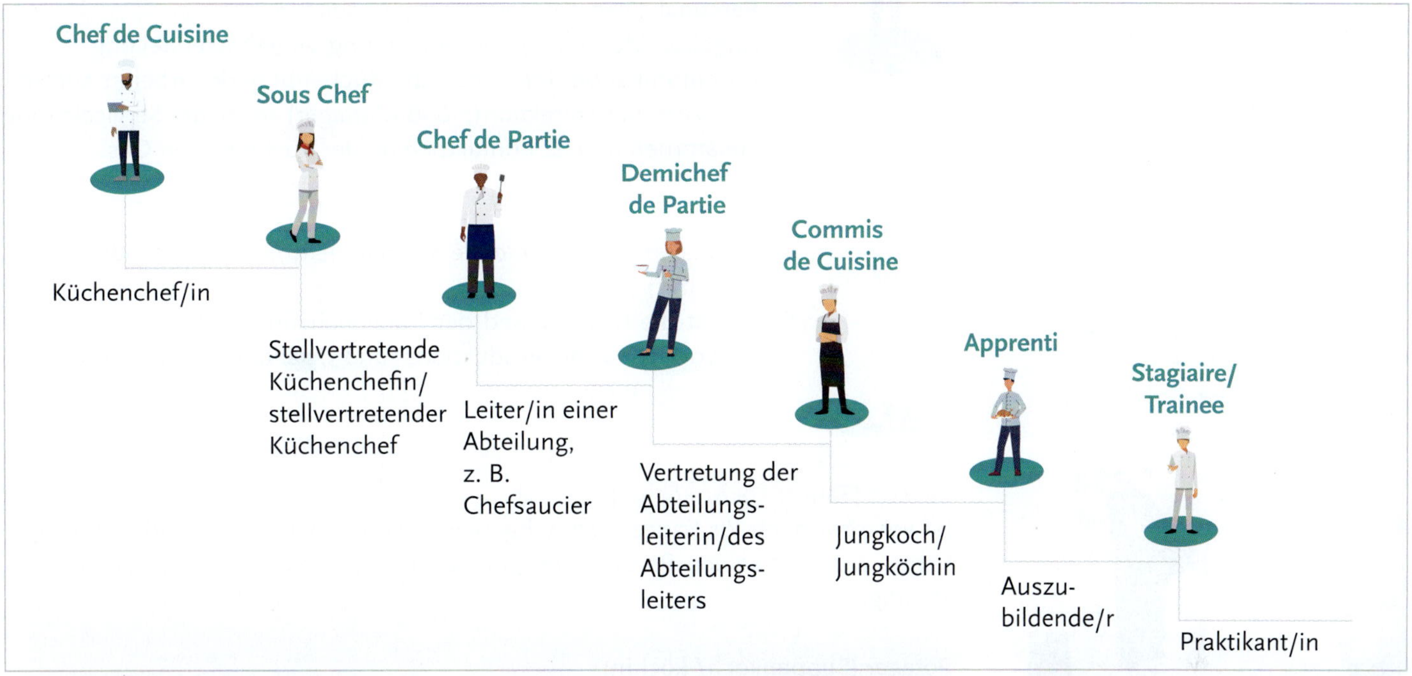

Die große Küchenbrigade

Chef de Cuisine (Executive Chef, Küchenchef/in)

Souschef/in (stellvertretende Küchenchefin/stellvertretender Küchenchef)

Saucier (Saucen-koch/-köchin)	**Entremetier** (Beilagen-koch/-köchin)	**Gardemanger** (Koch/Köchin für kalte Speisen)	**Pâtissier** (Küchen-konditor/in)
Poissonnier (Fisch-koch/-köchin)	**Légumier** (Gemüse-koch/-köchin)	**Horsd'œuvrier** (Vorspeisen-koch/-köchin)	**Confiseur** (Konditor/in für Pralinen, Schokolade)
Rôtisseur (Braten-koch/-köchin)	**Potager** (Suppen-koch/-köchin)	**Boucher de Cuisine** (Küchen-fleischer/in)	**Glacier** (Konditor/in für Eis und Sorbets)

Tournant (Partiechef-vertretung, Springer)	**Chef du Personnel** (Personal-koch/-köchin)	**Frühstückskoch bzw. Frühstücksköchin**
Spülabteilung	**Stewarding**	**Magazinverwaltung**

In der TRAUNER-DigiBox findest du eine interaktive Übung zur Küchenbrigade.

Meist wird die Küchenbrigade mit französischen Bezeichnungen benannt. In amerikanisch geführten Betrieben werden englische Begriffe verwendet.

Im E-Book, das du in der TRAUNER-DigiBox findest, kannst du die fremdsprachigen Begriffe durch Anklicken des Wortes anhören.

Chef de Cuisine (Executive Chef, Küchenchef/in)

Ist verantwortlich für

- **Wirtschaftlichkeit:** Wareneinkauf, Speisenkalkulation
- **Qualität:** Hygienekontrolle, Produktionsüberwachung
- **Personal:** Dienstplanerstellung, Ausbildung
- **Angebot:** Menü- und Speisenplanung, Angebotserstellung
- **Kommunikation:** informiert die Küchenbrigade, arbeitet eng mit der Wirtschaftsdirektion (F-&-B-Manager) sowie der Serviceleitung zusammen und ist Kontaktperson der Küche zu den Gästen

Sous Chef/in (stellvertretende Küchenchefin/stellvertretender Küchenchef)

Sie/Er ist die rechte Hand der Küchenchefin/des Küchenchefs und verantwortlich für die Produktions- und Qualitätsüberwachung.

Saucier (Saucenkoch/-köchin)

Ist verantwortlich für Saucen, Fleischgerichte wie Ragouts, Wild- und Geflügelgerichte. Wenn es keinen Poissonnier gibt, ist er/sie auch für die Fischgerichte zuständig.

Potager (Suppenkoch/-köchin)

Produziert Suppen

Poissonnier (Fischkoch/-köchin)

Stellt Fischgerichte und Gerichte mit Meeresfrüchten her. Gibt es keinen Poissonnier, wird diese Aufgabe vom Saucier oder Entremetier übernommen.

Rôtisseur (Bratenkoch/-köchin)

Ist verantwortlich für Gegrilltes, Braten und Bratenjus und frittierte Gerichte

Entremetier (Beilagenkoch/-köchin)

Bereitet Beilagen und vegetarische Hauptgerichte zu

Légumier (Gemüsekoch/-köchin)

Ist für alle Gemüse- und Pilzgerichte verantwortlich und ist dem Entremetier zugeordnet

Gardemanger (Koch/Köchin für kalte Speisen)

Betreut die kalte Küche

Horsd'œuvrier (Vorspeisenkoch/-köchin)

Bereitet sämtliche Vorspeisen zu und unterstützt den Gardemanger bei der kalten Küche

Pâtissier (Küchenkonditor/in)

Stellt Kuchen, Torten, Feingebäck, Eisspeisen, warme und kalte Süßspeisen, Sorbets, Desserts und süße Dekorationen für Buffets her

Confiserie (Pralinenplatz)

Ist dem Pâtissier zugeordnet

Glacier (seltener Spezialberuf)
Stellt Eis, Sorbets und Eisspezialitäten her

Tournant (Partiechefvertretung, Springer)
Der Tournant hat eine Springerfunktion und kann die Vertretung aller Posten übernehmen.

Weitere Posten neben der klassischen Küchenbrigade

Chef du Personnel (Personalkoch/-köchin)
Ist ausschließlich für die Verpflegung der Mitarbeiter/innen und die Betriebskantine zuständig

Frühstückskoch/-köchin
Bereitet die Frühstücksgerichte zu und trägt die Verantwortung für das Frühstücksbuffet

Spülabteilung
Casserolier (Topfspüler/in) und Plongeur (Weißgeschirrabwäscher/in)

Stewarding
Verantwortlich für die Küchenreinigung

Magazinverwaltung
Warenausgabe

Eine digitale Übung zum Thema findest du in der TRAUNER-DigiBox.

Kleine Küchenbrigade

Natürlich ist nicht jeder Betrieb so groß. Hier siehst du ein Beispiel für eine **kleine Küchenbrigade,** wie du sie vielleicht auch aus deinem Ausbildungsbetrieb kennst.

Beispiel für eine kleine Küchenbrigade

Küchenchef/in
Zuständig für Fleisch- und Fischgerichte

Küchenhilfe	**Jungkoch/-köchin**	**Küchenhilfe oder Jungkoch/-köchin**
Salate und kalte Speisen	Suppen und Beilagen	Desserts bzw. Süßspeisen

Wie sieht die Küchenbrigade in deinem Ausbildungsbetrieb aus? Diskutiere mit deinen Kolleginnen und Kollegen.

2.2 Mitarbeiter/innen im Service

Wie in der Küche gibt es auch im Service Brigaden und Serviersysteme.

DAS SOLLTEST DU SPEICHERN
Die Art der Servicebrigaden und Serviersysteme hängt von der Art und Größe des Betriebes ab. Das Restaurant wird in mehrere Stationen, bestehend aus einer bestimmten Anzahl von Tischen, aufgeteilt.

Serviersysteme

Variante 1
- Aufteilung des Restaurants in mehrere Stationen.
- Jede Station besteht aus mehreren Tischen.
- Jeder/Jede Servicemitarbeiter/in ist für eine Station verantwortlich (Bestellung, Bonieren, Servieren, Kassieren, Verabschieden).

Variante 2
- Zwei Servicemitarbeiter/innen teilen sich eine Station.
- Ein/e Servicemitarbeiter/in nimmt die Bestellung entgegen, macht den Getränkeservice und das Kassieren.
- Der/Die Zweite ist für den Speisenservice und das Abservieren zuständig.

Variante 3
- Die Stationen sind größer.
- Ein/e Servicemitarbeiter/in ist für das Kassieren, die Platzierung der Gäste und die Bestellungsaufnahme zuständig.
- Ein/e Servicemitarbeiter/in serviert die Getränke.
- Ein/e Servicemitarbeiter/in bringt die Speisen und serviert ab.

Alle drei Serviersysteme sind eher in Klein- und Mittelbetrieben zu finden.

Eine Servicebrigade ist wie eine Band. Jedes Bandmitglied spielt sein Instrument. Wie gut das Zusammenspiel funktioniert, liegt jedoch nicht nur am Bandleader. Nur wenn alle gemeinsam an einem Strang ziehen, wird aus einem Song ein Hit.

Französisches und amerikanisches Serviersystem

Diese Serviersysteme sind sehr aufwendig und arbeitsintensiv und kommen daher nur in erstklassigen Hotels und Restaurants zum Einsatz.

Chef-de-Rang-System (französisches Serviersystem)

Restaurantdirektor/in

Maître d'hôtel (Oberkellner)

Weitere Servicemitarbeiter/innen
- Chef de Rang oder Demichef de Rang
- Commis de Rang
- Apprenti
- Praktikant/in

Sommelier/Sommelière (Chef de Vin) und Jungsommelier/Jungsommelière (Commis de Vin)

Amerikanisches System

Restaurantmanager

Cashier

Maître d'

Headwaiter/Headwaitress (Captain)

Stationwaiter/Stationswaitress (Floorwaiter/Floorwaitress

Winebutler

Busboy/Busgirl

Französisches Serviersystem (Chef-de-Rang-System)

Restaurantdirektor/in

- Repräsentiert das Unternehmen im Restaurant
- Administrative Tätigkeiten, wie z. B. Arbeitseinteilung, Dienstplanerstellung, Urlaubsplanung, Personalschulung und Verrechnung
- Repräsentative Aufgaben, wie z. B. VIP-Betreuung, Menübesprechungen mit Veranstaltern oder Degustationsessen

Maître d'Hôtel (Chef de Service) – erster/erste Oberkellner/in

- Leitet den Service
- Arbeitet nach den Anweisungen der Restaurantdirektion und vertritt sie
- Hauptaufgaben: Reservierung, Empfang, Platzierung, Verabschiedung der Gäste sowie Behandlung von Reklamationen
- Administrative Tätigkeiten: Arbeitseinteilung, Dienstplanerstellung, Urlaubsplanung
- Personalschulung, Erstellung von Speisen- und Getränkekarten (in Zusammenarbeit mit Küchendirektor/in oder Küchenchef/in bzw. Sommelier/Sommelière)
- Organisation von Veranstaltungen

Weitere Oberkellner/innen

- Jede/r ist für einen bestimmten Bereich verantwortlich, wie z. B. Café, Restaurant, Terrasse oder Halle
- Hauptaufgaben: Gästeempfang, Platzierung, Verabschiedung der Gäste sowie Behandlung von Reklamationen
- Anzahl hängt von der Größe des Betriebes ab

Sommelier/Sommelière – Chef de Vin

- Steht im Rang eines Oberkellners/einer Oberkellnerin
- Muss über entsprechende Weinkenntnisse verfügen
- Ist für die Weinberatung und den Weinservice zuständig, in manchen Betrieben auch für den gesamten Getränkeservice

Jungsommelier/Jungsommelière (Commis de Vin)

- Unterstützt den Chef de Vin
- In der Hierarchie ist er/sie dem ersten Commis de Rang gleichgestellt

Ich habe mein Handwerk von der Pike auf gelernt. Nach meiner Ausbildung arbeitete ich in einigen Hotels und hatte das Glück, von großartigen Leuten in Küche und Restaurant zu lernen. Was ich jungen Auszubildenden mitgeben möchte? - Habt Mut zur Herausforderung!

Nach zwei Jahren in einem Londoner 5-Sterne-Hotel bin ich zu einem 2-Sterne-Restaurant auf Sylt gewechselt. Dort habe ich mein Weinwissen wunderbar vertiefen können.

Bei einem perfekten Service geht es nicht nur darum, Regeln zu befolgen. Das Wichtigste ist, dass sich die Gäste wirklich wohlfühlen. Das Wort Gastfreundschaft setzt sich aus „Gast" und „Freundschaft" zusammen. Braucht es noch mehr Erklärung?

Chef de Rang

- Ist für die gesamten Vor- und Nachbereitungsarbeiten sowie für den kompletten Service auf einer Station („Rang") verantwortlich
- Auch das Eindecken und Dekorieren der Tische fallen in seinen/ihren Aufgabenbereich
- Empfiehlt Speisen und Getränke, auch Wein, wenn es keine/n Sommelière/Sommelier gibt
- Nimmt Bestellungen entgegen, boniert und serviert
- Flambiert, tranchiert, filetiert und mariniert vor dem Gast; am Gästetisch assistiert ihm/ihr dabei ein Commis de Rang
- Kassiert die Rechnung
- Leitet die Beschwerden der Gäste an den Maître d'Hôtel weiter

Demichef de Rang

- Stellvertreter/in des Chef de Rang mit demselben Aufgabenbereich
- Betreut er/sie allein eine Station, ist diese meist kleiner

Im E-Book, das du in der TRAUNER-DigiBox findest, kannst du die fremdsprachigen Begriffe durch Anklicken des Wortes anhören.

Commis de Rang

- Hilft dem Chef de Rang und dem Demichef de Rang
- Bringt Speisen aus der Küche und Getränke vom Getränkebüffet
- Gibt es nur einen Commis pro Station, hat er/sie in erster Linie für das Mise en place zu sorgen
- Gibt es einen zweiten Commis pro Station, ist dieser das Bindeglied zwischen Küche und Service

Apprenti

- Auszubildende/r

Schon als Kind hatte ich nur einen Berufswunsch: Ich wollte ins Restaurant. Ich mag die Abwechslung und dass ich täglich mit unterschiedlichen Leuten zu tun habe.

Amerikanisches Serviersystem

In Europa ist das amerikanische Serviersystem in amerikanisch geführten Betrieben anzutreffen. Man findet es aber auch in anderen Betrieben immer häufiger, da es eine sehr vornehme Art ist, Gäste zu bedienen und zu verwöhnen.

Restaurantmanager

Wie der/die Restaurantdirektor/in im Chef-de-Rang-System (siehe S. 29)

Cashier

Ist für alle Zahlungsmodalitäten zuständig

Maître d'

Vergleichbar mit dem Maître d'Hôtel (siehe S. 29). Der Maître d' ist zuständig für die Reservierungen, den Empfang und die Platzierung der Gäste.

An umsatzstarken Tagen, speziell am Abend, wird der Maître d' von einer **Hostess/** einem **Host** unterstützt. Diese/r begrüßt und platziert die Gäste.

Eine Hostess begrüßt die Gäste und führt sie zum Tisch

Maître d' oder Restaurantmanager?
Durch die steigende Verbreitung US-amerikanisch geprägter Hotelketten findet man an der Stelle des Maître d' zunehmend das Berufsbild der Restaurantmanagerin/des Restaurantmanagers. Kaufmännische Fähigkeiten stehen dabei oftmals über denen des Service.

Headwaiter/Headwaitress (Captain)

Er/Sie fragt nach dem Aperitif, bringt die Speisenkarten, erklärt die Tagesgerichte und Spezialitäten und nimmt die Bestellung auf. Gibt es keinen Cashier, ist der Captain auch für die Rechnungslegung verantwortlich.

Stationwaiter/Stationwaitress (Floorwaiter/Floorwaitress)

Zwei Servicemitarbeiter/innen sind pro Station (Floor) für den Speisen- und Getränkeservice einschließlich Kaffee zuständig. Sie servieren auch den Wein, wenn es keinen Winebutler gibt.

Winebutler

Ist wie die Sommelière/der Sommelier für den Verkauf und den Service von Wein zuständig

Wie sieht die Servicebrigade in deinem Ausbildungsbetrieb aus? Diskutiere mit deinen Kolleginnen und Kollegen.

Busboy/Busgirl

Sie übernehmen das Setup. Das sind die Vorbereitungsarbeiten (Mise en Place), das Iced-Water-Service, das Abservieren und die Tischreinigung.

2.3 Mitarbeiter/innen im Einkauf und in der Lagerverwaltung

Sämtliche Waren für den Hotellerie- und Gastronomiebereich werden in der Lagerverwaltung zusammengefasst. Wichtig ist bei jeder Betriebsgröße, dass der gesamte Einkauf zentralisiert ist, d. h., es ist eine Abteilung oder eine Person dafür verantwortlich. In der Regel ist dies der/die **Food-&-Beverage-Manager (kurz F-&-B).** Dazu ist es notwendig, dass die Abteilungen gemeinsam die Qualitätsstandards für alle einzukaufenden Waren festlegen. Nur so wird ein exakter Qualitäts- und Preisvergleich zwischen den einzelnen Anbietern möglich.

Die Abteilung „Einkauf und Lagerverwaltung" ist aber nicht nur für die Warenübernahme und die sachgemäße Lagerung der eingekauften Waren zuständig. Sie übernimmt auch deren Kontrolle (Bestandsüberwachung, Lagerbuchführung).

Die Mitarbeiter/innen und ihre Aufgaben	
Einkäufer/in Food-&-Beverage-Manager	Verantwortlich für den Einkauf: ■ Entgegennahme und Kontrolle der Bestellungen ■ Wahl der Lieferanten ■ Organisation des Einkaufs ■ Verrechnung der Waren
Lagerverwalter/in	Leitet das Lager: ■ Kontrolle der Waren ■ Ausgabe der Waren ■ Führen der Lieferantenkartei/-datei
Wirtschafter/in	Bestandsüberwachung: ■ Kontrolle der Warenausgabe an Küche, Restaurant und Bar
Kellermeister/in	Wareneingangskontrolle der Getränke: ■ Betreuung der gelagerten Waren; Bestandsüberwachung ■ Warenentnahme ■ Verrechnung der Waren

F-&-B-Manager sind in der gehobenen Gastronomie und Hotellerie für die gesamte Organisation und Planung in Sachen Speisen (Food) und Getränke (Beverages) zuständig. In ihren Verantwortungsbereich fallen:

- Angebotsplanung
- Budgeterstellung und Überwachung (von Mitarbeiterkosten und Wareneinsätzen)
- Preisverhandlungen mit Lieferanten
- Gewinnen neuer Lieferanten und Kunden
- Management und Planung von Veranstaltungen
- Entwerfen von Konzepten (für Restaurant, Bar, Küchen, Veranstaltungen)

3 Mitarbeiter/innen in der Verwaltung

Die **Verwaltungsabteilung** ist die kaufmännische Abteilung des Betriebes. Im Idealfall sind die Mitarbeiter/innen in der Buchhaltung und im Controlling sowohl betriebswirtschaftlich als auch gastronomisch geschult. In Klein- und Mittelbetrieben wird diese Abteilung von der Unternehmerin/vom Unternehmer geleitet, die betriebliche Buchhaltung wird oft an eine externe Firma übertragen.

Gibt es eine kaufmännische Abteilung im Haus, dann sind folgende Positionen zu besetzen: In der **Buchhaltung** arbeiten Buchhalter/innen (Finanzbuchhaltung, Lohnverrechnung). In diesen Aufgabenbereich fallen u. a. die Entgegennahme und Kontrolle aller Einnahmen aus Restaurant-, Kaffeehaus-, Bar- und Hotelkasse, ebenso die Verrechnung mit Banken und Kreditkarteninstituten sowie die Kontrolle der Abrechnungen.

Kauffrauen/Kaufmänner für Hotelmanagement werden u. a. im Marketing, im Einkauf, im Controlling und bei Personalprozessen eingesetzt.

Die Hauptaufgaben im **Controlling** sind die Planung, Steuerung und Kontrolle aller Unternehmensbereiche. Hier laufen die Daten des Rechnungswesens und anderer Quellen zusammen. Controlling ist also viel mehr als Kontrolle. Controller/innen liefern die Daten für eine erfolgreiche Führung des Unternehmens, damit der Betrieb Gewinn erwirtschaften kann.

In der **Personalabteilung** ist der/die **Human Resources Manager** – kurz HR-Manager – **bzw. Personalchef/in** für alle Personalangelegenheiten zuständig. HR-Manager unterstützen bei der Suche und Auswahl neuer Mitarbeiter/innen und kümmern sich über die Einstellung hinaus um alle Mitarbeiter/innen sowie um Weiterbildungsmaßnahmen.

Kontrolle ist nur ein Teilbereich im Rahmen des Controllings. Controlling als modernes Führungssystem hat vier Aufgaben: Planung, Informationsgewinnung, Analyse und Steuerung.

WortschatzBox – „Berufe im Gastgewerbe“

- Welche Erklärung passt? Ordne die richtige Zahl (1 bis 11) zu.

1 Entremetier

2 Sous Chef

3 Patissier

4 Commis de Rang

5 Sommelier/Sommelière

6 F-&-B

7 Concierge

8 Maître d'Hôtel

9 Chef de Rang

10 Controlling

11 HR-Manager

◯ Küchenkonditor/in

◯ Beilagenkoch/-köchin

◯ Hilft dem Chef de Rang und dem Demichef de Rang

◯ Hier laufen die Daten des Rechnungswesens und anderer Quellen zusammen; die Hauptaufgaben sind die Planung, Steuerung und Kontrolle aller Unternehmensbereiche

◯ Human Resources Manager oder Personalchef/in

◯ Ist in der gehobenen Hotellerie für die gesamte Organisation und Planung in Sachen Speisen und Getränke verantwortlich

◯ Stellvertretende/r Küchenchefin bzw. Küchenchef

◯ Ist für die Weinberatung und den Weinservice zuständig

◯ Serviceleiter/in

◯ Kellner/in, der/die für das komplette Service auf einer Station verantwortlich ist

◯ Portier/in in der gehobenen Stadthotellerie

Ziele erreicht? – „Berufe im Gastgewerbe“

KOMPETENZ-ERWERB

1. Finde für folgende Mitarbeiter/innen in der Beherbergung vier typische Tätigkeiten.
   - Executive Housekeeper
   - Frontoffice Manager
   - Rezeptionist/in
   - Portier/in
2. Erstelle ein Organigramm deines Ausbildungsbetriebes.
3. Erkläre einer Klassenkollegin/ einem Klassenkollegen folgende Positionen in der Küchenbrigade und deren Tätigkeiten:
   - Chef de Cuisine
   - Sous Chef
   - Chef de Partie
   - Gardemanger
   - Pâtissier
   - Entremetier
4. Angenommen, du sollst in deinem Ausbildungsbetrieb unten stehende Stellen übernehmen. Beschreibe, welche Aufgaben du in der jeweiligen Position erfüllen musst.

Commis de Rang

Maître d’Hôtel

Sommelier/ Sommelière

Chef de Rang

5. Nenne je drei Positionen im Einkauf/in der Lagerverwaltung und in der Verwaltung. Beschreibe auch die Tätigkeiten.
6. Sammle Stellenangebote für den Küchen-, Service- oder Rezeptionsbereich. Suche im Internet und in einschlägigen Fachzeitschriften. Welche Positionen werden gesucht? Welche Anforderungen werden an diese Jobs gestellt? Welche Angebote sprechen dich persönlich an?

   Diskutiere darüber mit deinen Klassenkolleginnen und Kollegen.
7. Beschreibe einem Kollegen oder einer Kollegin deine momentane betriebliche Tätigkeit.

Einen interaktiven Safety-Check findest du in der TRAUNER-DigiBox.

Kommunikation

Höflichkeit ist ein Grundpfeiler in einem Beruf mit dem Schwerpunkt auf Kundenkontakt. Gäste fühlen sich in einem Haus wohl, wenn sie höflich behandelt werden. Sie sehen sogar eher über Fehler hinweg, wenn sie sich ansonsten wohlfühlen.

Höfliche, respektvolle Kommunikation bringt einen Wettbewerbsvorteil, womit sich auch der Umsatz erhöhen lässt. Dieser Umstand ist zwar noch lange keine Garantie dafür, dass ein Gast wiederkommt, erhöht die Chance aber beträchtlich.

Nur im Gespräch kannst du herausfinden, welche Wünsche und Bedürfnisse ein Gast hat oder welche Anliegen er loswerden möchte. Nutze diese Chance und nimm die Herausforderung an.

Meine Ziele

KOMPETENZ-ERWERB

Nach Bearbeitung dieses Kapitels kann ich

- beschreiben, was unter „Kommunikation" verstanden wird;
- die Begriffe „verbale" und „nonverbale Kommunikation" erklären;
- mein Kommunikationsverhalten selbstständig einschätzen und verbessern;
- mein Wissen über nonverbale Kommunikation im Alltag umsetzen;
- Missverständnisse und Konfliktsituationen erkennen und damit umgehen;
- mir die Fähigkeit aneignen, mit anderen Menschen (Freundinnen und Freunden, Vorgesetzten, Gästen) angemessen und wertschätzend umzugehen.

1 Was ist Kommunikation?

Fragebogen – „Selbsteinschätzung“

- Überlege, inwieweit die folgenden Aussagen auf dich zutreffen. Kreuze die zutreffenden Zahlen an.

Selbsteinschätzung	1	2	3	4	5
Es macht mir Spaß, mit anderen Menschen zu sprechen.					
Ich höre anderen Menschen gut zu.					
Ich lasse andere Menschen ausreden.					
Ich drücke mich klar und verständlich aus.					
Der Augenkontakt mit meinem Gegenüber ist mir wichtig.					

Bewertung
1 = trifft voll zu
2 = trifft eher zu
3 = trifft teilweise zu
4 = trifft eher nicht zu
5 = trifft überhaupt nicht zu

Zeige deine Antworten jemandem aus deiner Klasse, der dich gut kennt. Kann sie/er deine Selbsteinschätzung bestätigen?

Auch wenn wir keine Worte verwenden, senden wir immer Signale aus, die vom Gegenüber empfangen werden. Man kommuniziert immer, egal, was man tut – oder nicht tut.

Beispiel
Katharina sitzt im Wartezimmer einer Arztpraxis und beobachtet ihr Umfeld: Ein Mann und eine Frau unterhalten sich angeregt miteinander. Gegenüber sitzt eine weitere Frau, die ständig mit den Fingern auf ihre Beine trommelt. Hat sie es eilig? Hat sie einen Termin? Ist sie nervös?

Beide Situationen fallen in den Bereich der Kommunikation. Alle beteiligten Personen kommunizieren, einmal offensichtlich, das andere Mal versteckt. Auch wenn keine Worte verwendet werden, senden wird doch immer Signale, die vom Gegenüber empfangen werden. Daher ist es wichtig, sich nicht nur im privaten Bereich, sondern auch im beruflichen Umfeld eines bewusst zu machen: **Man kann nicht nicht kommunizieren.**

DAS SOLLTEST DU SPEICHERN
Unter Kommunikation versteht man den Austausch von Informationen und Botschaften zwischen zwei oder mehreren Menschen.

Unter den Begriff „Kommunikation“ fallen u. a. folgende Bereiche:
- Telefonieren
- Miteinander reden
- Schweigen
- Flirten
- Zuhören
- Diskutieren
- Streiten

Soll Kommunikation zustande kommen, sind mindestens zwei Partner notwendig, nämlich ein Sender und ein Empfänger.
- Der **Sender** ist derjenige, der eine Nachricht oder eine Information sendet.
- Der **Empfänger** ist derjenige, der die Nachricht, also die Information, erhält.

Einweg- und Zweiwegkommunikation

Je nachdem, ob der Empfänger auf die Nachricht des Senders reagieren kann oder nicht, wird zwischen den folgenden zwei Kommunikationsarten unterschieden:

Einwegkommunikation

Der Empfänger erhält die Nachricht und hat keine Möglichkeit darauf zu reagieren.

Beispiel
Deine Chefin (Sender) sagt zu dir (Empfänger): „Bitte hole aus dem Office noch einige Weingläser."

Zweiwegkommunikation

Bei einem Gespräch zwischen zwei Gesprächspartnern können sich Sender und Empfänger äußern.

Beispiel
- Du (Sender) erzählst deinem Freund (Empfänger): „Mein Vater hatte gestern einen Autounfall." (Nachricht)
- Dein Freund (Sender) reagiert darauf und sagt zu dir (Empfänger): „Er hat sich hoffentlich nicht verletzt." (Nachricht)

DAS SOLLTEST DU SPEICHERN
- Die Einwegkommunikation macht manches einfacher. Sie führt jedoch oft zu Missverständnissen.
- Die Zweiwegkommunikation ist (zeit-)aufwendiger, weil sie eine intensive Auseinandersetzung mit dem Gegenüber erfordert.

2 Wie kommunizieren wir?

Julian trifft Sarah am Montagmorgen beim Frühstücksservice. Er erzählt ihr, dass seine Fußballmannschaft am Wochenende ein wichtiges Match 2:1 gewonnen hat. Sarah hört Julian einfach nur zu und lässt ihn erzählen. Auch wenn sie nichts sagt, fällt dieses einseitige Gespräch bereits unter den Begriff „Kommunikation“.

Der Austausch von Informationen zwischen Menschen beschränkt sich nicht nur auf gesprochene Worte. Kommunikation erfolgt sowohl über die **Sprache (verbal)** als auch über die **Körpersprache (nonverbal).**

Die Art und Weise, wie wir Worte aussprechen, wird in der Fachsprache als **paraverbale Kommunikation** bezeichnet. Dazu zählen:

- Stimmklang
- Sprachmelodie
- Lautstärke
- Tempo
- Betonung
- Sprechpausen

Kommunikation umfasst

Sprache (verbale Kommunikation)

Was wir mündlich oder schriftlich sagen.

Beispiele
- Persönliches Gespräch
- Dialog
- Diskussion
- Kundengespräch
- Telefongespräch
- Rechtschreibung, Grammatik

Körpersprache (nonverbale Kommunikation)

Wie wir etwas durch den Körper sagen.

Beispiele
- Mimik
- Blickkontakt
- Gestik
- Körperhaltung
- Kleidung, Frisur, Schmuck u. Ä.
- Körperreaktionen, z. B. Erröten

Wichtig ist, dass Gesprochenes und Körpersprache zueinanderpassen. Nur dann wirkt eine Person glaubwürdig.

Beispiel

Hier passen Sprache und Körpersprache nicht zusammen. Mit ihrer abwesenden und abweisenden Körpersprache verunsichert Birgit ihre Freundin.

DAS SOLLTEST DU SPEICHERN

- Das, **was du sagst,** muss mit deiner Körpersprache übereinstimmen.
- Genauso wichtig ist, **wie du etwas sagst,** z. B. ob du etwas laut sagst, ob du einzelne Wörter betonst oder ob du schnell bzw. langsam sprichst.

2.1 Die Vielseitigkeit einer Nachricht

Oft sind wir der Meinung, dass das, was wir sagen, von unseren Gesprächspartnern ganz genauso gehört und vor allem auch so verstanden wird, wie wir glauben. Das ist aber nicht immer der Fall.

Beispiel

Frage: *Was ist ein Junggeselle?*
Antwort: *Ein Junggeselle ist ein Mann, dem zum Glück die Frau fehlt.*

Vielleicht hast du beim Lesen dieses Satzes sofort erkannt, dass die Botschaft sehr unterschiedlich interpretiert werden kann.

Interpretationsmöglichkeiten: „... dem zum Glück die Frau fehlt."
- Kann bedeuten, dass dem Mann, **um glücklich zu werden,** die Frau fehlt.
- Kann bedeuten, dass dem Mann **glücklicherweise** die Frau fehlt.

Entscheidend ist aber immer, was der Empfänger versteht, und nicht, was der Sender meint. Es passiert häufig, dass etwas gesagt wird (und damit auch ganz konkret etwas gemeint wird), der Gesprächspartner aber völlig unerwartet (z. B. wütend, beleidigt) reagiert.

Das Vier-Ohren-Modell

Die Aussage eines Menschen kann unterschiedlich aufgefasst werden, denn es gibt verschiedene Arten, wie Botschaften gemeint sein können. Der Kommunikationswissenschaftler Friedemann Schulz von Thun geht davon aus, dass jede Nachricht vier Seiten, also vier Aspekte, hat. Zum besseren Verständnis hat er das **Vier-Ohren-Modell** entwickelt.

Die vier verschiedenen Arten von Information, die eine Hörerin/ein Hörer verstehen kann, werden den folgenden Ebenen zugeordnet:

der Appell = Aufforderung, Aufruf

1 **Sachinhalt**
Reiner Informationsgehalt der Nachricht

2 **Selbstoffenbarung**
Gefühle oder Bedürfnisse der Sprecherin/des Sprechers

3 **Beziehung**
Beziehung zwischen Sprecher/in und Hörer/in

4 **Appell**
Gewünschte Wirkung

Eine digitale Übung zum Thema findest du in der TRAUNER-DigiBox.

DAS SOLLTEST DU SPEICHERN

Da eine Nachricht unterschiedlich aufgenommen werden kann, kann es zu Missverständnissen oder sogar Konflikten kommen. Diese kann man als Empfänger durch aktives Zuhören und Nachfragen vermeiden.

Beispiel

Stelle dir folgende Situation vor: Bens Mutter betritt sein Zimmer und sagt: „Hier sieht's aus, als hätte eine Bombe eingeschlagen."

Ben (Hörer) kann diese Aussage mithilfe des Vier-Ohren-Modells folgendermaßen verstehen:

2.2 Was zu einer guten Kommunikation gehört

Wir können lernen, sowohl verbal als auch nonverbal unser Gegenüber auf der richtigen Ebene zu erreichen. Gerade das macht Kommunikation so spannend.

Möglichkeiten, um die verbale Kommunikation zu verbessern

Verständlichkeit	Fragen	Zuhörerorientiert formulieren

DAS SOLLTEST DU SPEICHERN

Kommunikation hat immer zwei Seiten: **Sprechen und Zuhören.** Beide Seiten sind gleich wichtig, damit die Gäste dein ehrliches Interesse spüren. Das gilt übrigens auch für deine Kolleginnen und Kollegen!

Klar und verständlich

Die Sprache muss dem Publikum entsprechen. Bedenke, dass manche Fachausdrücke, die dir sonnenklar sind, für andere unverständlich sein können. Im schlimmsten Fall fühlen sich Gäste von oben herab behandelt.

„Man soll kompliziert denken und einfach reden, nicht umgekehrt."
Franz Josef Strauss (1915–1988)
Deutscher Politiker

In der Kürze liegt die Würze

Erzähle keine Romane. Redet man den Gast in Grund und Boden, wird seine Aufmerksamkeit nachlassen oder er wird ungeduldig.

Bestimmtheit

Verwende Aussagen, die für den Gast glaubwürdig sind. Drücke dich unmissverständlich aus und vermeide schwammige Formulierungen („Ich glaube ...").

Beispiele

✗	✓
„Ihr Zimmer wird wahrscheinlich bis 15:00 Uhr fertig sein."	„Sie können Ihr Zimmer spätestens um 15:00 Uhr beziehen."
„Ich glaube, dass dieses Gericht nicht mehr zu bestellen ist."	„Ich frage gleich in der Küche nach, ob es noch eine Portion für Sie gibt."
„Ihre Bestellung könnte evtl. in 45 Minuten fertig sein."	„Sie können Ihr Essen in 45 Minuten abholen."

25 % nimmt der Mensch von dem auf was er hört. Die restlichen 75 % werden einfach überhört oder ausgeblendet. Jetzt verstehst du vielleicht besser, warum man sich klar und verständlich ausdrücken soll.

Nicht zu laut und nicht zu leise

Spricht man zu laut, ist das für die Zuhörer/innen unangenehm. Spricht man zu leise, muss das Gegenüber immer wieder nachfragen, weil es nichts versteht. Das ist auf Dauer sehr ermüdend. Und noch etwas: Eine ansprechende Lautstärke vermittelt auch Selbstbewusstsein.

Der Ton macht die Musik

Die Betonung kann viel an der Bedeutung des Gesagten verändern. Zusammen mit der mitschwingenden Sprachmelodie deutet dein Gegenüber, ob etwas freundlich, genervt, arrogant etc. gemeint ist.

die Sprachmelodie = Höhen und Tiefen während des Sprechens

Sprechpausen

Nichts ist besser als eine gekonnt gesetzte Pause, um die Wirkung des Gesagten zu erhöhen. Sie gibt dem Gast die Möglichkeit, die Informationen zu verarbeiten. Mit Pausen kann man aber auch Spannung erzeugen und wichtige Botschaften unterstreichen. Viele Menschen erhöhen ihr Sprechtempo, wenn sie aufgeregt sind. Sie reden dann den Gast sprichwörtlich in Grund und Boden und nehmen ihm möglicherweise damit die Chance, selbst seine Wünsche zu äußern.

«Wer fragt, der führt.»

Sokrates,
griechischer Philosoph
(ca. 470 v. Chr.)

Aktives Zuhören

Wer gut zuhört, muss nicht Rätsel raten! Wer gut kommunizieren möchte, sollte gut zuhören können. Lasse deshalb dein Gegenüber immer ausreden. Zeige, dass du zuhörst. Dies kannst du mit einem Kopfnicken, Lächeln oder durch häufigen Blickkontakt tun.

2.3 Fragen

Fragen sind ein wichtiger Teil der Kommunikation. Sie helfen dabei, Interesse für den anderen zu zeigen und eine Beziehung aufzubauen. Im Verkauf werden sie genutzt, um herauszufinden, was der Gast wirklich will. Mit Fragen kann man aber auch den Gesprächsverlauf sowie die Gedanken der Gesprächspartner beeinflussen.

Viele Gäste sagen leider nicht direkt, was sie eigentlich möchten. Nur durch richtiges Fragen bekommt man die Chance, diese Gäste genau nach ihren Wünschen betreuen zu können.

DAS SOLLTEST DU SPEICHERN

Richtig gefragt ist also richtig geführt – in jeder Gesprächssituation.

Offene Frage	Geschlossene Frage
Merkmal: Sie beginnt häufig mit einem W-Fragewort (Wer, Wie, Woher, Wohin, Wo ...).	**Merkmal:** Sie hat einen anderen Anfang (Haben Sie ..., Können Sie ..., Werden Sie ..., Möchten Sie ..., Darf ich Ihnen ...).
Effekt: In der Regel reagiert der Gesprächspartner mit einer ausführlicheren Antwort.	**Effekt:** In der Regel antwortet der Gesprächspartner mit einer knappen Antwort wie „ja" oder „nein" oder einem kurzen Satz.
Die offene Frage ist gut eingesetzt, wenn es darum geht, den Gesprächspartner wirklich zu Wort kommen zu lassen und um ausreichend informiert zu werden.	Die geschlossene Frage ist dann gut eingesetzt, wenn man eine ganz bestimmte Information rasch erhalten möchte.

3 Der erste Eindruck zählt!

Julian ist gerade mit dem Sortieren von Rechnungen beschäftigt, als ein ausgesprochen ungepflegter Mann in zerknitterter Kleidung die Hotellobby betritt. Julian kann es nicht fassen. Sein Kollege an der Rezeption bewahrt jedoch die Fassung und fragt den Mann vollendet höflich, wie er ihm behilflich sein kann. Es stellt sich heraus, dass dieser ein alter Stammgast ist.

Wir beurteilen Menschen aufgrund einer Vielzahl von Botschaften. Dazu zählen Gestik, Mimik, Haltung, Stimme, Umgangsformen, Kleidung, Frisur und vieles mehr. Diese erste Einschätzung erfolgt noch vor dem ersten Wortwechsel und wird auch später selten korrigiert.

Wissenschaftliche Studien zeigen, dass es maximal 7 Sekunden dauert, bis wir uns einen ersten Eindruck verschafft haben.

DAS SOLLTEST DU SPEICHERN

Für den ersten Eindruck gibt es keine zweite Chance.

Manche unserer Gäste sind zugegeben etwas exzentrisch. Aber auch ihnen solltest du immer mit Respekt und Höflichkeit entgegentreten.

Der erste Eindruck

55 %

seiner Botschaften vermittelt der Mensch über sein äußeres Erscheinungsbild.

38 %

senden Tonlage, Sprachmelodie, Unterton und Betonung.

7 %

werden als Inhalt und als fachliches Wissen wahrgenommen.

Die Körpersprache (nonverbale Kommunikation)

Das Wort **„Körpersprache"** wird häufig gleichbedeutend mit dem Begriff „nonverbale Kommunikation" verwendet. Streng genommen ist die Körpersprache jedoch nur ein Teil der nonverbalen Kommunikation, zu der auch andere Faktoren zählen, wie z. B. die Art, wie wir uns kleiden oder der Geruch, den wir ausströmen.

Auch unsere Gäste empfangen die Körpersprache-Signale. Sie fühlen, ob sie herzlich willkommen sind oder nicht.

Körpersprache
- Mimik
- Blickkontakt
- Gestik
- Körperhaltung

Sonstiges
- Outfit
- Gerüche

Mimik ist ein wesentliches Element des Gästekontaktes
Setze kein „Pokerface“ auf, da du sonst unnahbar wirkst und den Draht zu anderen Menschen verlierst.

Stell dir vor, du musst einem Gast, der nicht Deutsch oder Englisch spricht, folgende Begriffe nur durch Gestik erklären:

- Größe eines Fisches
- eine Wendeltreppe hinaufgehen
- sehr scharfe Speise
- ein wunderbarer Wein

Wie interpretierst du folgende Haltungen? Tausche dich mit einem Kollegen oder einer Kollegin aus.

Welchen Händedruck hast du? Testet euch gegenseitig.

Mimik
Als Mimik wird der Gesichtsausdruck bezeichnet. An der Mimik kann man ablesen, wie sich eine Person fühlt, ob sie glücklich, traurig, niedergeschlagen, gelangweilt etc. ist.

Blickkontakt
Jeder Mensch möchte wahrgenommen werden. Im Kontakt mit fremden Menschen ist der Blickkontakt ein Zeichen von Offenheit und Gesprächsbereitschaft. Ein offener Blick wird aber auch mit Ehrlichkeit und Vertrauen gleichgesetzt.

Gestik
Die Gestik hilft, das gesprochene Wort zu unterstützen. Die Sprache der Hände macht Menschen erst lebendig. Je stärker jemand aus dem Gefühl spricht, desto ausgeprägter wird auch seine Gestik.

Körperhaltung
Auch die Körperhaltung sagt eine Menge aus. Je nachdem, welche Körperhaltung du einnimmst, tust du nicht nur deiner Gesundheit einen Gefallen, sondern sendest auch Signale. Wie sich jemand bewegt, wie jemand steht oder sitzt, hinterlässt einen Eindruck.

Der Händedruck
In unserem Kulturkreis ist die Begrüßung per Handschlag sicher der engste Kontakt zwischen Menschen, die sich nicht kennen. Vor allem aber ist es der engste Kontakt zu deinen Gästen. Die Begrüßung mit Händedruck ist allerdings nicht in allen Kulturkreisen üblich.

Der Händedruck soll angenehm, aber weder zu fest, noch zu schwach sein. Ein zu fester Händedruck, der den anderen förmlich in die Knie zwingt, ist unpassend. Wer seine Hand wie einen „toten Fisch“ in die Hand des anderen legt, wird als unsicher und energielos eingeschätzt.

Eine Begrüßung per Handschlag dauert nicht länger als drei Sekunden. Denke auch an den Augenkontakt. Blicke deinem „Handpartner“ immer freundlich in die Augen und nicht schon der nächsten Person. Deinen perfekten Handschlag kannst du damit krönen, indem du den Gast mit Namen begrüßt (vorausgesetzt du kennst den Namen).

4 Richtige Umgangsformen

Unser Chef sagt immer: „Die Umgangsformen, die wir unseren Gästen entgegenbringen, sind die Visitenkarte unseres Hauses, aber auch von uns selbst."

Umgangsformen sind dafür da, das Miteinander mit anderen Menschen angenehmer zu machen. Sie sollten jedoch nicht nur im Beruf zur Anwendung kommen, sondern eigentlich eine Selbstverständlichkeit sein.

DAS SOLLTEST DU SPEICHERN

Umgangsformen sind immer wichtig, aber speziell im Umgang mit Gästen unverzichtbar.

Umgangsformen im Detail

Pünktlichkeit

Pünktlichkeit ist eine Form der Höflichkeit und des Respektes anderen Menschen gegenüber – egal, ob es sich um Kolleginnen/Kollegen, Vorgesetzte, Freundinnen/Freunde oder Familienmitglieder handelt.

Solltest du dich doch einmal verspäten, dann
- kündige deine Verspätung per Handy an und
- entschuldige dich dafür.

Grüßen und Verabschieden

„Hallo!" – „Guten Tag!" – „Grüß Gott!" – „Moin!" Es gibt viele unterschiedliche Arten zu grüßen. Das hängt u. a. auch vom Betrieb ab.
- Kennst du den Namen des Gastes, verwende ihn beim Gruß! Nichts hört der Mensch so gern wie seinen eigenen Namen.
- Grüße immer – egal, wo du Menschen begegnest, sei es im Lift, in der Lobby oder am Gang.
- Schaue deinem Gegenüber bei der Begrüßung in die Augen und lächle.

Beispiel: Ein Gast erzählt ...

Vor Kurzem war ich bei einer Veranstaltung in Berlin. Schon in der Hotelhalle begrüßten mich alle Mitarbeiter. Im Lift fuhr ich mit einem Mitarbeiter nach oben. Nachdem er mich freundlich gegrüßt hatte, fragte er mich, ob ich das erste Mal im Hotel zu Besuch sei. Als ich verneinte, erkundigte er sich, ob ich denn schon etwas von Berlin gesehen hätte. Wir plauderten kurz weiter. Beim Aussteigen meinte er: „Der große Veranstaltungssaal liegt links ganz am Ende des Ganges." Ich war ehrlich überrascht von diesem netten Gespräch!

Teamwork bedeutet
- miteinander und nicht gegeneinander zu arbeiten,
- freundlich und hilfsbereit zu sein und
- einander zu achten.

Wenn man sich ein Gespräch wie ein Haus vorstellt, dann ist die Begrüßung die Eingangstür

Natürlich hängt die Begrüßung auch von der Tageszeit ab.
- Von 6:00 bis 11:00 Uhr empfiehlt sich „Guten Morgen",
- von 11:00 bis 18:00 Uhr „Guten Tag/Grüß Gott".
- Nach 18:00 Uhr passt „Guten Abend".

Grüßen ist immer wichtig, auch wenn es stressig ist. Mit einem Blick, einem Kopfnicken, einem Lächeln oder auch einem Winken signalisiert man: „Ich habe dich gesehen und möchte zeigen, dass du mir wichtig bist."

Egal, in welchem Zusammenhang du im Betrieb Menschen triffst, ob als Gäste, als Mitarbeiter/innen oder als Besucher/innen – dein Verhalten prägt immer den Stil des Hauses.

In der Gastronomie werden immer zuerst die Gäste begrüßt

Wer grüßt zuerst?

Die Rangordnungen spielen im gesellschaftlichen und beruflichen Leben nach wie vor eine wichtige Rolle. Es grüßt zuerst:

- Die jüngere Person die ältere Person
- Die Mitarbeiter/innen die Chefin/den Chef
- Die Person, die den Raum betritt
- Bei Gleichgestellten, wer jemanden zuerst sieht

DAS SOLLTEST DU SPEICHERN

Im Restaurant und Hotel werden immer zuerst die Gäste gegrüßt.

Höflichkeit

„Bitte“ und **„Danke“** in Verbindung mit einem freundlichen Lächeln sollten selbstverständlich sein, ebenso wie **Grüßen** und einen Gruß erwidern, sich verabschieden (und nicht einfach wortlos verschwinden) oder an die Tür klopfen, bevor man ein Zimmer betritt. Dies alles erwarten Gäste, aber auch Kolleginnen und Kollegen.

Kleines Wort mit großer Wirkung

Wer selbst höflich ist, wird meist genauso behandelt. Wer unhöflich ist, wird nicht wertgeschätzt. Das gilt im Privatleben ebenso wie im Job.

5 Konflikte

In meinem Betrieb ist ein Küchenmitarbeiter ausgefallen. Seitdem hat die Küche viel Stress und die Speisen kommen immer wieder zu spät. Wir im Service müssen uns dann die Beschwerden der Gäste anhören. Immer wieder gibt es daher Streitereien. Mittlerweile haben sich die Fronten ziemlich verhärtet.

Wie entstehen Konflikte? Welche Dynamiken können sich daraus entwickeln? Und wie lassen sie sich auflösen? Je mehr Mitarbeiter/innen ein Betrieb hat, desto größer wird das Konfliktpotenzial.

Auch wenn sich die meisten Menschen ein harmonisches Miteinander wünschen, kommt es immer wieder zu Konflikten. Das ist menschlich! Das zu erkennen, ist der erste Schritt im Konfliktmanagement.

DAS SOLLTEST DU SPEICHERN
Es geht nicht um Konfliktvermeidung. Vielmehr geht es darum, wie man mit Konflikten umgeht.

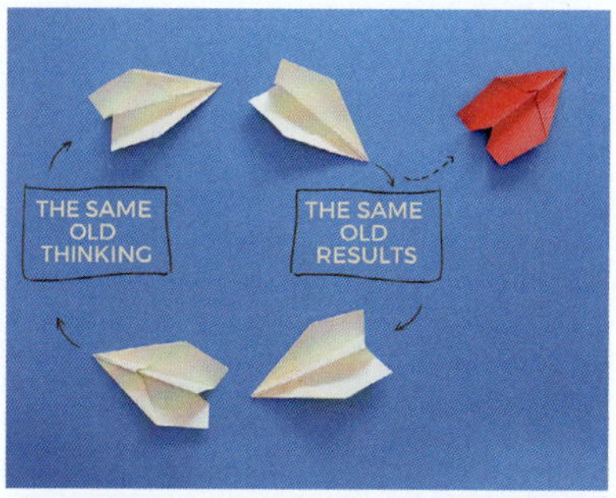

Jeder Konflikt ist auch eine Chance. Darum sollte man sich beobachten und sich in Konfliktsituationen – durchaus auch im Nachhinein – Gedanken machen, was man selbst anders hätte machen können. Je öfter man sich damit auseinandersetzt, desto besser wird man in der nächsten Konfliktsituation handeln können.

5.1 Gründe für Konflikte

Ursachen für kleinere Streitigkeiten und handfeste Auseinandersetzungen im Schul- und Berufsalltag gibt es genügend.

Konflikte entstehen beispielsweise durch mangelnde Kommunikation („Die haben mir die Information nicht weitergegeben."), kulturelle Unterschiede, sprachliche Schwierigkeiten, Missverständnisse oder Pannen, unterschiedliche Wertvorstellungen, Ängste (z. B bei veränderten Arbeitsabläufen, neuen Prozessen oder Vorgesetzten) oder Antipathien.

die Antipathie = Abneigung, Widerwille

Gute Zusammenarbeit ist keine Selbstverständlichkeit

Jede Abteilung, ob Service, Küche, Rezeption oder Housekeeping, hat eigene Arbeitsprozesse. Aber alle Abteilungen sind wie ein Netzwerk miteinander verflochten. Gerade wenn es stressig wird, entstehen in der Kommunikation aber oft Lücken oder Missverständnisse. Dann wird das Netzwerk instabil.

„Wir" gegen „die"

Manchmal sind es kleine Probleme, die mit der Zeit zu einem großen Konfliktherd heranwachsen. Sehr oft wird dann eine Kollegin/ein Kollege oder eine ganze Abteilung zum Sündenbock gemacht. Arbeiten Teams nicht mehr miteinander, sondern gegeneinander, verlieren alle, der Betrieb und die Gäste miteingeschlossen.

Eine Reklamation wird sachlich übermittelt. Die Küche reagiert nicht gleich beleidigt, sondern versteht die Mittlerrolle des Service.

Beispiele: Konfliktherde und wie es besser geht

✗	✓
Wenn es in der Küche zu Verzögerungen kommt, müssen wir im Service das ausbaden.	Die Küche lässt den Service nicht im Stich, sondern informiert von sich aus, wenn sich die Zubereitung einer Bestellung verzögert.
Wenn die Rezeption spezielle Gästewünsche nicht weiterleitet, bedeutet das viel mehr Aufwand. Ein Kinderbett, ein spezieller Kopfpolster - alles ist machbar, braucht aber seine Zeit.	Die Rezeption gibt die aktuellen Reservierungs- oder Zimmerbelegungspläne sowie Sonderwünsche an das Housekeeping weiter.

5.2 Umgang mit Konflikten

DAS SOLLTEST DU SPEICHERN

Konflikten konstruktiv zu begegnen heißt, sie als Tatsache zu akzeptieren, zu steuern und letztlich auch zu lösen.

Es geht darum, auch die Sichtweise von anderen zu verstehen

konstruktiv = sinnvoll, fördernd

Folgende Punkte können helfen, Konflikte aufzulösen und eine für alle akzeptable Lösung zu finden:

Bereitschaft zum Verhandeln

Man signalisiert dem Gegenüber, dass man bereit ist, zuzuhören und sich auf seine Sichtweise einzulassen. Das bedeutet jedoch nicht, diese auch zu teilen.

Es geht nicht darum, wer Schuld hat

Verbeißt man sich in die Frage, wer Schuld hat, konzentriert man sich und seine gesamte Energie nur darauf. Genau diese Energie fehlt dann meistens beiden Streitparteien, um konstruktive und kreative Lösungen zu entwickeln.

Es geht also darum, gemeinsam herauszufinden, wo die möglichen Ursachen für einen Konflikt liegen könnten und wie man in Zukunft besser miteinander auskommen kann.

Verständnis zeigen

Wenn man seinem Gegenüber das Gefühl gibt, dass man sich bemüht, seinen Standpunkt und seine Werte zu verstehen, beruhigt sich dieses oft sehr rasch.

Beispiel aus der Praxis

Erschöpft von einer langen Anreise betritt Peter Peterson das Hotel. Die Rezeptionistin begrüßt ihn mürrisch und teilt ihm mit, dass sein Zimmer noch nicht fertig ist. Keine Entschuldigung, kein bisschen Freundlichkeit! Nachdem er eine Stunde gewartet hat, reißt ihm endgültig der Geduldsfaden und er herrscht die Rezeptionistin an: „Was soll das! Was ist das für ein Laden?"

Kannst du die Reaktion von Herrn Peterson verstehen? Wie würde es dir gehen, wenn du – müde und hungrig – so begrüßt wirst?

TIPP VOM PROFI

Verständnis zu zeigen heißt aber nicht, dem anderen grundsätzlich immer recht zu geben. Man zeigt lediglich, dass man sich bemüht, das Problem auch aus seiner Sicht zu betrachten. So braucht der andere nicht mit voller Energie für seine Sache zu kämpfen, sondern erkennt, dass seine Argumente gehört werden.

Wie man mit aufgebrachten Menschen umgehen kann

Ein wütender Mensch ist meist weder fair noch ruhig und selten sachlich. Wichtig ist, sich nicht auf die gleiche Ebene zu begeben, d. h., nicht selbst wütend oder unsachlich zu reagieren. Viele Menschen neigen dazu, Gleiches mit Gleichem zu vergelten. Bei solchen Streitereien kommt aber nichts heraus, denn persönliche Beleidigungen verstärken nur den Konflikt und tragen nicht zur Lösung bei.

Brücken bauen

Um eine Basis für ein gemeinsames Gespräch zu finden, ist es wichtig, Brücken zu bauen und nicht bereits bestehende Gräben weiter zu vertiefen. Brücken werden gebaut, wenn auch eigene Erfahrungen mit einfließen. Übertreibe es aber nicht und lasse deine Gesprächspartner/innen mehr reden, als du es selbst tust. Höre gut zu – so erhältst du Anknüpfungspunkte für Gemeinsamkeiten.

Es tut mir leid

Fehler passieren – wichtig ist nur, sich auch zu entschuldigen. So zu tun, als wäre nichts passiert, ist sehr unhöflich.

DAS SOLLTEST DU SPEICHERN

Wenn dir ein Fehler unterlaufen ist, suche nicht nach Ausreden, sondern stehe dazu. Ein ehrlich gemeintes „Entschuldigung" oder „Es tut mir leid" kann und wird dein Gegenüber milder stimmen und die Situation entschärfen.

Gerade in beruflichen Situationen ist es manchmal notwendig, sich auch für etwas zu entschuldigen, das man selbst gar nicht gemacht hat.

Wenn jeder von seinem starren Standpunkt etwas abweicht und dem anderen entgegenkommt, kann oft etwas völlig Neues entstehen.

Wer den Fehler begangen hat, ist dem Gast völlig egal. Er möchte nur, dass seine Beschwerde ernst genommen wird. Der Hinweis „Mein Kollege ist hier zuständig" ist also absolut fehl am Platz und bewirkt nur eines: Der Gast wird noch wütender.

WortschatzBox – „Kommunikation"

- Ordne die folgenden Begriffe den passenden Erklärungen zu:

Kommunikation	Gesichtsausdruck
nonverbale Kommunikation	Sprache der Hände
Mimik	sinnvoll, fördernd
Gestik	Körpersprache
konstruktiv	Austausch von Informationen und Botschaften zwischen zwei oder mehreren Menschen

Ziele erreicht? – „Kommunikation“

KOMPETENZ-ERWERB

1. Ein Gast ruft dich an seinen Tisch und sagt: „Hier zieht es.“
   a) Wie heißen die Ebenen des Vier-Ohren-Modells von Schulz von Thun?
   b) Wie lauten die Botschaften, die dir der Gast mit dem Satz „Hier zieht es.“ auf den einzelnen Ebenen senden kann?

2. Kommunikation hat immer zwei Seiten: Sprechen und Zuhören. Erkläre jeweils anhand eines Beispiels, welche Gesprächsregeln einzuhalten sind, um gut und erfolgreich zu kommunizieren.
3. Was zählt alles zur nonverbalen Kommunikation? Nenne die sechs Punkte.
4. Versuche, folgende Gefühle
   a) mit deinem Gesichtsausdruck
   b) mit Gestik
   c) mit Körperhaltung darzustellen.

   Die Gefühle sollen von einer Mitschülerin/einem Mitschüler erraten werden.

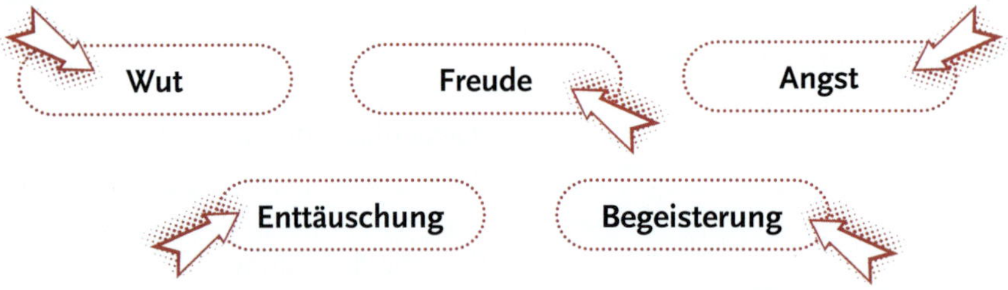

5. Formuliere vier Regeln, worauf beim Händedruck besonders zu achten ist.
6. Erkan darf heute an der Seite seines Chefs bei einer Besprechung mit einem wichtigen Kunden dabei sein. Der Kunde hat schon viele Veranstaltungen im Hotel abgehalten. Im Treppenhaus trifft er auf den Kunden, den er folgendermaßen begrüßt:
   a) Erläutere, welche Fehler Erkan passiert sind.
   b) Wie kann Erkan es besser machen? Nenne einige Verbesserungsvorschläge.

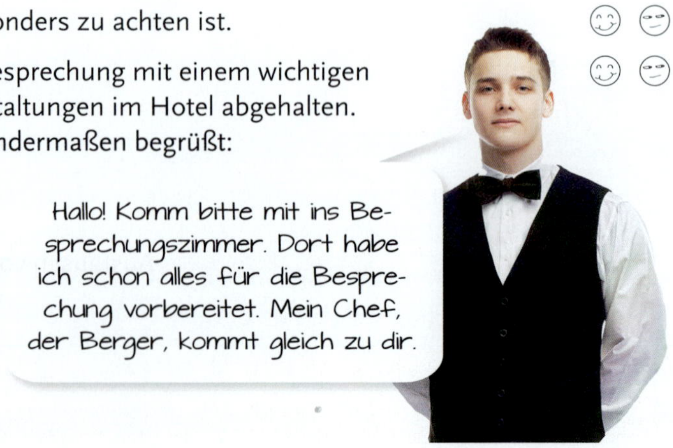

7. Wer grüßt zuerst? Kreuze an.

Jüngere grüßen Ältere. ◯ Richtig ◯ Falsch

Mitarbeiter/innen grüßen Vorgesetzte. ◯ Richtig ◯ Falsch

Diejenigen, die bereits im Raum sind, grüßen die/den Eintretende/n. ◯ Richtig ◯ Falsch

Gleichgestellte grüßen sich gar nicht. ◯ Richtig ◯ Falsch

8. Worauf ist beim aktiven Zuhören zu achten? Nenne drei Punkte.

9. Nenne mindestens fünf der häufigsten Gründe für Konflikte.

10. Tom und Susanne liegen sich regelmäßig in den Haaren. Beschreibe, wie die beiden ihren Konflikt aus dem Weg räumen könnten.

11. Und Action ...

Übe abwechselnd mit einer Kollegin/einem Kollegen die Gestik in folgenden Situationen:

a) Lade einen Gast ein, mit dir in den ersten Stock zu kommen.

b) Bitte einen Gast, dir zu seinem Tisch zu folgen.

c) Mache einen Gast auf die Tageskarte aufmerksam.

d) Mache eine Kollegin/einen Kollegen mit Gesten auf den Gast aufmerksam, der etwa fünf Meter entfernt in Blickrichtung zu dir steht.

Einen interaktiven Safety-Check findest du in der TRAUNER-DigiBox.

Ein guter und sicherer Arbeitsplatz

Man kann noch so gut planen und organisieren – wenn es mit der Hygiene nicht klappt oder die Sicherheit der Mitarbeiter/innen und Gäste auf dem Spiel steht, hat ein Betrieb seine Seriosität verspielt und das zu Recht: Denn Gäste und Mitarbeiter/innen dürfen und müssen sich darauf verlassen können, dass die Betriebsleitung ihre Verantwortung ernst nimmt. Denn schließlich steht ihre Gesundheit auf dem Spiel.

die Seriosität = Vertrauenswürdigkeit

Aber auch Mitarbeiter/innen tragen eine Verantwortung. Die Betriebsleitung – auch wenn sie sich noch so um Sicherheit bemüht – ist machtlos, wenn die Mitarbeiter/innen keine Verantwortung übernehmen.

KOMPETENZ-ERWERB

Meine Ziele

Nach Bearbeitung dieses Kapitels kann ich

- Gefahrenquellen am Arbeitsplatz erkennen und Unfälle durch Kenntnis der Sicherheitsvorschriften und Unfallverhütungsmaßnahmen vermeiden;
- bei einem Brand geeignete Maßnahmen setzen;
- grundlegende Erste-Hilfe-Maßnahmen ergreifen;
- die wichtigsten Punkte der Personalhygiene wiedergeben;
- die Gefahren nennen, die durch den unsachgemäßen Umgang mit Lebensmitteln entstehen;
- einen Überblick über die verschiedenen Mikroorganismen geben und Hygienemaßnahmen einleiten;
- Grundsätze der Mülltrennung und Abfallentsorgung sowie des Umweltschutzes nennen und in der Praxis umsetzen;
- Regeln der Ergonomie anwenden;
- im Betrieb nachhaltig handeln.

1 Sicherheit am Arbeitsplatz

Mein Kollege Max ist vor Kurzem auf dem Weg ins Office ausgerutscht und hat sich dabei verletzt. Unser Chef de Rang war nicht gerade begeistert, als er erfahren hat, dass Max für die nächsten drei Wochen im Service ausfallen wird. Er ist überzeugt, der Unfall hätte sich vermeiden lassen, wäre Max nur etwas vorsichtiger gewesen.

1.1 Unfallverhütung

Wusstest du, dass die meisten Unfälle in Betrieben durch Unachtsamkeit und Übermüdung der Mitarbeiter/innen passieren? Viele Unfälle geschehen aber auch durch schlecht organisierte und unsaubere Arbeitsplätze, falsche Bedienung der Geräte, verschmutzte Fußböden oder auf dem Boden stehende Gegenstände.

DAS SOLLTEST DU SPEICHERN

Um Unfälle zu verhüten,
- sorge für Ordnung am Arbeitsplatz,
- arbeite organisiert und konzentriert,
- halte die Sicherheitsvorschriften ein.

CHECKLISTE

Mehr Sicherheit am Arbeitsplatz

- ☐ Ich wische verschüttete Flüssigkeiten sofort auf, damit niemand ausrutscht.
- ☐ Ich räume Gegenstände, die nicht mehr gebraucht werden, sofort weg.
- ☐ Ich schütze mich beim Umgang mit Geräten (z. B. stehe ich beim Öffnen des Steamers hinter der Steamertür, damit mich der heiße Dampf nicht trifft).
- ☐ Ich achte darauf, dass Pfannenstiele und Werkzeuge nicht über die Arbeitsplatte bzw. den Herd ragen.
- ☐ Ich fülle Behälter mit heißen Flüssigkeiten nicht zu voll und trage sie nur zu zweit.
- ☐ Ich lasse Messer, Maschinenteile und andere spitze Gegenstände nicht unachtsam liegen – schon gar nicht unter Tüchern oder Lebensmitteln bzw. im Waschbecken.
- ☐ Ich entferne Scherben nicht mit der Hand, sondern mit Besen und Schaufel.
- ☐ Ich halte die Bedienungsanleitungen und Sicherheitsvorschriften ein und entferne niemals Schutzvorrichtungen von Geräten.
- ☐ Beim Arbeiten mit offenem Feuer (z. B. beim Flambieren) halte ich den Sicherheitsabstand zum Gast ein und binde meine Haare nach hinten.
- ☐ Auch wenn es hektisch ist, laufe ich nicht, sondern bleibe ruhig.

Achte auf heiße Brühe von oben! – Das neue Warnzeichen für Heißluftdämpfer muss in 1,6 m Höhe angebracht werden. Behälter mit Flüssigkeit bzw. flüssigkeitsbildendem Gargut dürfen nur unterhalb dieser Markierung eingeschoben werden.

Die Betriebsleitung ist unter Mithilfe der/des Arbeitssicherheitsbeauftragten für die Einhaltung der Arbeitsschutzbestimmungen verantwortlich

Gefahren sind durch Sicherheitszeichen gekennzeichnet:

Warnzeichen sollen vor Gefahren warnen.

Verbotszeichen (roter Kreis, durchgestrichen) stellen Verbote dar.

Gebotszeichen (blau) schreiben ein bestimmtes Verhalten vor.

Brandschutzzeichen und **Rettungszeichen** weisen auf Einrichtungen, Geräte oder Rettungswege hin.

Weitere Sicherheitsschilder findest du in der TRAUNER-DigiBox.

Arbeitnehmerschutz

Die Arbeitnehmerschutzgesetze sollten die **Sicherheit** und **Gesundheit der Arbeitnehmer/innen** gewährleisten. So sind Dienstzeiten, Pausen, Mutterschutz etc. geregelt. Darüber hinaus gibt es Vorschriften für den Umgang mit gesundheitsgefährdenden Arbeitsstoffen.

Die Behörden überprüfen, ob die Gesetze tatsächlich eingehalten werden. Zusätzlich kontrolliert die **Berufsgenossenschaft Nahrungsmittel und Gastgewerbe** (BGN) als Trägerin der Unfallversicherung die Arbeitssicherheit im Betrieb.

1.2 Brandschutz

Wichtiges zum Thema Brandschutz auf einen Blick

Risiken und Ursachen für Brände

- Defekte oder falsch bediente elektrische Geräte und Anlagen
- Geräte im Küchen- und Servicebereich
- Brennbare Materialien (Einrichtung, Textilien)
- Rauchen, Schweißarbeiten
- Blitzschlag
- Fahrlässigkeit, Brandstiftung

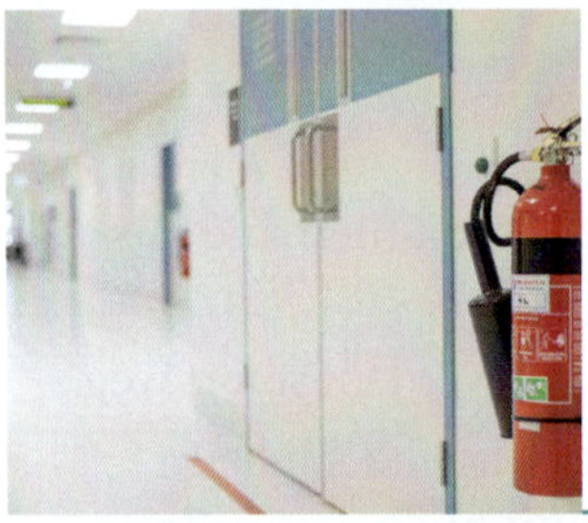

Wichtige Maßnahmen

- Treppenhäuser als Fluchtweg müssen unverstellt sein
- Fluchtwege müssen leicht erreichbar sein
- Automatischer Rauchabzug
- Kennzeichnung der netzunabhängigen Notbeleuchtung
- Feuer- bzw. Rauchmeldeanlagen
- Sprinkleranlagen
- Feuerlöscher
- Blitzschutz

Organisation der Brandverhütung

- Schulung der Mitarbeiter/innen (Alarmpläne müssen vorliegen)
- Regelmäßige Kontrolle der Brandschutzanlagen und der Fluchtwege
- Jedes Gästezimmer muss mit einem Plan des Fluchtweges (Orientierungsplan) ausgestattet sein (an der Innenseite der Zimmertür)

Maßnahmen für Gäste zur Brandverhütung

- Im Bett nicht rauchen
- Keine Rauchreste, Zündhölzer, Zigarettenstummel o. Ä. in den Papierkorb werfen
- Keine Heiz- und Wärmegeräte (z. B. Heizdecken) in Betrieb nehmen, die nicht im Zimmer zur Verfügung stehen

Was tun im Brandfall?

1 Informiere dich bereits vorher über freie Fluchtwege, Feuerlöscher etc. und über das richtige Verhalten im Brandfall.

2 Ruhig bleiben, Panik führt zu Fehlverhalten.

3 Sofort die Feuerwehr verständigen, falls keine Feuermelder vorhanden sind.

4 Verletzte in Sicherheit bringen, gefährdete Personen warnen.

5 Mitarbeiter/innen, andere Abteilungen und Gäste informieren.

6 Brandherd ausfindig machen, absichern bzw. sperren und, falls möglich, Brand mit vorhandenen Löschgeräten bekämpfen.

7 Von vorne nach hinten und von unten nach oben löschen. Ausnahme: Tropf- und Fließbrände von der Brandquelle weg von oben nach unten löschen. Mehrere Feuerlöscher gleichzeitig, nicht hintereinander einsetzen!

DAS SOLLTEST DU SPEICHERN

Ruhe bewahren – Brand melden – Personen helfen – Löschversuche unternehmen

Brände in der Küche

Zu heißes Fett kann sich von selbst entzünden. Das kommt öfter vor, als man denkt. Wichtig ist dabei, richtig zu reagieren.

DAS SOLLTEST DU SPEICHERN

Ein Fettbrand darf niemals mit Wasser gelöscht werden, sondern muss erstickt werden (keine Sauerstoffzufuhr) – am besten mit einem Kochtopfdeckel, einer größeren Pfanne oder einer Löschdecke.

Wird mit Wasser gelöscht, kommt es zu einer gefährlichen Stichflamme.

Eine Löschdecke muss in der Küche immer griffbereit sein.

Die Betriebsleitung muss alle Mitarbeiter/innen vor Arbeitsbeginn einweisen und regelmäßig von einer/einem Brandschutzbeauftragten auf das richtige Verhalten im Brandfall schulen lassen.

Feuerlöscher

Löschschlauch

Brandmeldetelefon

Brandmelder (manuell)

Fritteusen und andere Kochgeräte müssen regelmäßig gründlich gereinigt werden, da Fettreste eine Brandgefahr sind

FILM AB!

Wie brennendes Fett reagiert, wenn es mit Wasser zusammentrifft, kannst du in folgendem Video sehen.
www.traunerverlag.de/Fettbrand

1.3 Erste Hilfe

Als Erste Hilfe bezeichnet man jene Maßnahmen, die durchzuführen sind, bis die Rettung eintrifft (z. B. Verletzte in die stabile Seitenlage bringen, bei einer Blutung einen Druckverband anlegen). Besonders wichtig ist, Ruhe zu bewahren und möglichst zielstrebig zu handeln. In Betrieben sollte es immer Ersthelfer/innen geben, die in Erster Hilfe ausgebildet sind.

DAS SOLLTEST DU SPEICHERN

Rot = Schauen: Situation überblicken

Gelb = Denken: Situation einschätzen, Vorgehen überlegen

Grün = Handeln: Vorgehen umsetzen, Rettungsmaßnahmen einleiten

Rettungszeichen:

 Rettungsweg

 Notausgang

 Richtungsangabe für Erste Hilfe

 Erste-Hilfe-Zeichen

Im Notfall kann jede Sekunde lebensrettend sein. Hier sind deshalb zwei wichtige Telefonnummern:

- **Feuerwehr/Rettungsdienst:** 112
- **Polizei:** 110

2 Hygiene

Verbindest du mit dem Begriff Hygiene pingelige Lebensmittelkontrolleure und endlose Listen? Dann schlüpfe für einen Moment in die Rolle des Gastes. Stell dir vor, die Schürze des Küchenchefs trägt die Speisenkarte der letzten Tage, der Azubi wischt Spuren einer Schnittverletzung in seine Hose, neben fertig angerichteten Speisen türmen sich Lebensmittelreste ... Möchtest du in einem solchen Betrieb essen?

Früher fand ich Hygienevorschriften nur lästig. Aber seit die Sicherheitskonzepte und Kontrollen Routine geworden sind, habe ich meine Meinung geändert: Hygiene ist wie ein Gütesiegel!

Das Wort **Hygiene** kommt aus dem Griechischen und bedeutet „der Gesundheit dienend“.

DAS SOLLTEST DU SPEICHERN

Das Hauptziel von Hygienemaßnahmen ist, die Gesundheit des Menschen zu erhalten.

Bereiche der Hygiene

Personalhygiene	Lebensmittel- und Produkthygiene	Betriebshygiene
Wie verhalte/pflege ich mich als Mitarbeiter/in?	Wie werden die Lebensmittel gelagert und verarbeitet?	Entsprechen Räume und Ausstattung den Anforderungen?

2.1 Personalhygiene

Auch du als Mitarbeiter/in bist für die Hygiene im Betrieb verantwortlich. Die Auswirkungen mangelhafter persönlicher Hygiene können sowohl für dich als auch für das Unternehmen weitreichende Folgen haben:

- Kolleginnen und Kollegen sowie Gäste beschweren sich über dich.
- Die Gäste bleiben aus, weil sie aufgrund deiner mangelnden Hygiene Rückschlüsse auf den Betrieb ziehen.
- Du kannst Keime verbreiten und dadurch die Gesundheit von Gästen sowie Kolleginnen und Kollegen gefährden.

Ist es hier sauber? Stimmt die Hygiene? Bevor ein Gast in ein Restaurant kommt, stellt er sich unbewusst etliche Fragen.

Das A und O der Personalhygiene

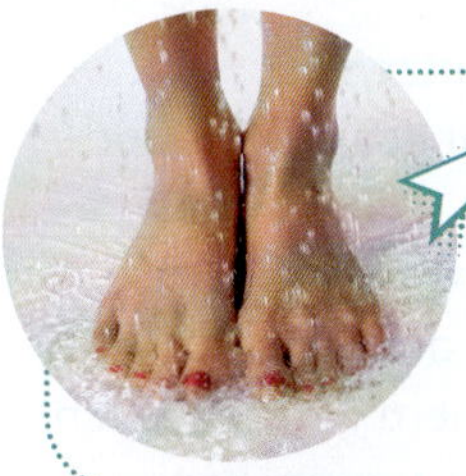

Körperreinigung

Persönliche Hygiene umfasst mehr als nur das Händewaschen. Führe täglich eine gründliche Ganzkörperreinigung (Duschen, Waschen) durch.

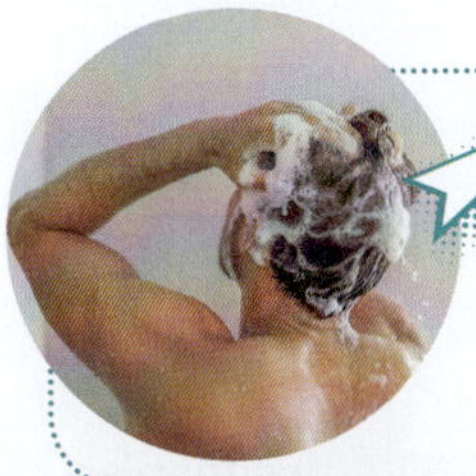

Haare pflegen

Achte auf gepflegte Haare sowie einen gepflegten Bart. In der Küche gilt zusätzlich: Haare zusammenbinden und Kopfbedeckung tragen!

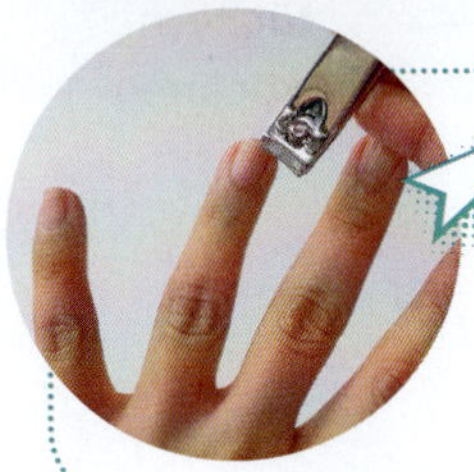

Saubere Fingernägel

Achte darauf, dass deine Fingernägel kurz und sauber sind. Wenn du in der Küche arbeitest, dürfen die Fingernägel nicht lackiert sein. Du darfst dort außerdem keinen Schmuck und keine Piercings im Gesicht tragen.

Mund- und Zahnhygiene

Putze deine Zähne täglich zweimal gründlich und benutze evtl. eine Mundspülung gegen Mundgeruch.

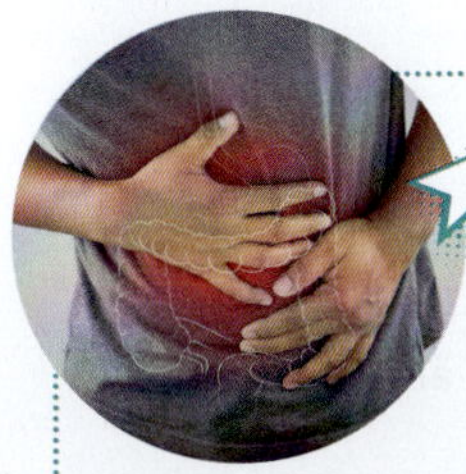

Erkrankungen

- Durchfallerkrankungen und andere ansteckende Krankheiten müssen der Betriebsleitung bzw. Küchenleitung sofort gemeldet werden.
- Während der Erkrankung dürfen Erkrankte nicht im Küchen- und Servicebetrieb arbeiten.
- Offene Wunden mit wasserdichten Pflastern bzw. Fingerlingen und/oder Handschuhen abdecken.

§ Infektionsschutzgesetz (IfSG)

Nach dem Infektionsschutzgesetz (IfSG) müssen alle Mitarbeiter/innen in der Gastronomie, die mit offenen Lebensmitteln zu tun haben, eine gültige Infektionsschutzbelehrung nachweisen können. Mitarbeiter/innen, die an Typhus, Paratyphus, Cholera, Shigellenruhr, Salmonellose, anderen infektiösen Durchfallerkrankungen oder an Hepatitis A oder E leiden, dürfen keine Lebensmittel herstellen oder behandeln.
www.gesetze-im-internet.de/bundesrecht/ifsg/gesamt.pdf

Berufs- und Freizeitkleidung müssen zur Vermeidung von Kreuzkontaminationen getrennt aufbewahrt werden, z. B. in einem Spind.

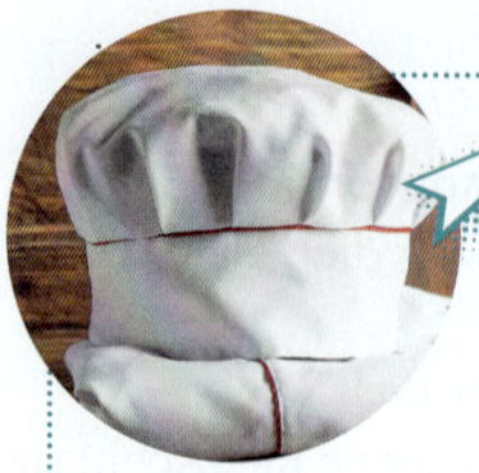

Arbeitskleidung

- Diese ist täglich zu wechseln, bei starker Verschmutzung auch öfter.
- Die Arbeitskleidung in der Küche besteht aus schwer entflammbarem Material, z. B. Baumwolle. Zusätzlich müssen eine Kopfbedeckung und rutschsichere, geschlossene Arbeitsschuhe getragen werden.

FILM AB!

Hier findest du ein Video mit einer Anleitung zum richtigen Händewaschen:
www.traunerverlag.de/haendewaschen

Reinigung der Hände und Unterarme

Hände und Unterarme sind regelmäßig

- nach jedem WC-Gang,
- nach Husten, Niesen sowie Naseputzen,
- nach Lager-, Schmutz- und Reinigungsarbeiten und nach der Müllentsorgung,
- vor Arbeitsbeginn und nach Pausen,
- nach jedem Arbeitsplatzwechsel in der Küche und besonders nach dem Arbeiten mit rohem Fleisch, Fisch, Geflügel oder Eiern mit Flüssigseife zu waschen.

Richtig Hände waschen

❶ Hände lauwarm abspülen

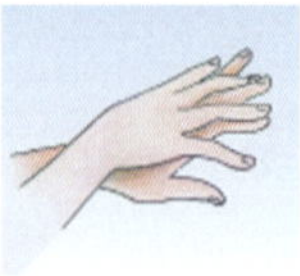

❷ Flüssigseife aus dem Seifenspender entnehmen und die Handflächen und Finger gut mit Seife einreiben

❸ Hände gründlich mit fließendem Wasser abspülen

❹ Hände mit Einwegpapiertüchern trocknen

2.2 Lebensmittel- und Produkthygiene

Grundsätzlich gilt: Lebensmittel, die seltsam riechen, verfärbt oder schimmlig sind, gehören in den Müll

Bereits kleine Nachlässigkeiten beim Handhaben von Lebensmitteln können zu schweren Infektionen führen. Deshalb sind Hygienemaßnahmen – von der Warenübernahme über die Lagerung bis zum Be- und Verarbeiten – so wichtig.

Die meisten Lebensmittelvergiftungen und Lebensmittelinfektionen werden durch **Mikroorganismen wie Bakterien, Hefen und Schimmelpilze** verursacht. Durch Kontamination gelangen diese in Lebensmittel und können so schwere Erkrankungen auslösen.

DAS SOLLTEST DU SPEICHERN

- Eine **Kontamination (Verunreinigung)** findet statt, wenn unerwünschte Fremdstoffe (z. B. Mikroorganismen) auf Lebensmittel übertragen werden.
- Eine **Kreuzkontamination ist eine wechselseitige Verunreinigung.** Sie liegt vor, wenn Mikroorganismen von einer Oberfläche oder von einem Lebensmittel auf ein anderes Lebensmittel übertragen werden.

Im Fall der Allergen-Thematik spricht man von einer Kreuzkontamination, wenn Allergie auslösende Stoffe unbeabsichtigt in Speisen gelangen, obwohl sie laut Rezept nicht vorgesehen sind.

Beispiele:
Eine Kreuzkontaminationen tritt z. B. auf,
- wenn rohes Geflügelfleisch auf dem Salatplatz zugeschnitten wird oder
- wenn ein Mitarbeiter mit rohen Lebensmitteln hantiert und danach gegarte Speisen berührt, ohne sich vorher richtig die Hände zu waschen.

Lebensmittel- und Produkthygiene – nur eine Sache der Küche?

Auf keinen Fall! Auch Mitarbeiter/innen in Service, Rezeption und Housekeeping sind davon betroffen.

Mehr zur Hygiene in der Küche findest du in Lernfeld 3, ab Seite 112.

Hygiene im Housekeeping

Ein sauberes Zimmer erwartet wohl jeder Gast. Sauber heißt aber nicht unbedingt hygienisch. Keime wie Bakterien sind mit bloßem Auge nicht sichtbar. Die folgenden Beispiele zeigen mögliche Wege einer Infektion mit krankheitserregenden Keimen:

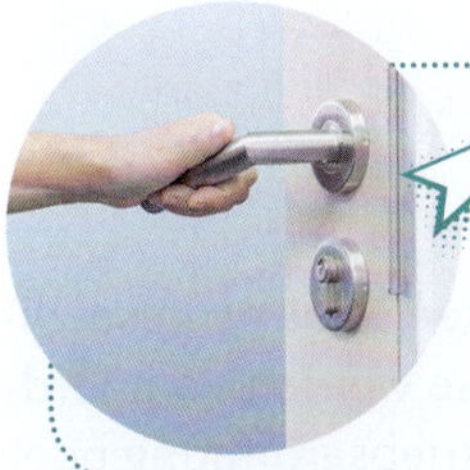

Hand oder Gegenstand zum Mund

Beispiele: Hand auf Türgriff oder WC-Spültaste → Hände werden nicht gewaschen und zum Mund geführt, Zahnputzbecher wird an den Mund geführt

Infektion durch Fehlverhalten des Personals

Beispiele: schlechte Handhygiene, Verschleppung von Keimen durch mangelndes Wechseln von Reinigungstextilien, mangelhafte Reinigung und Fehler bei der Desinfektion

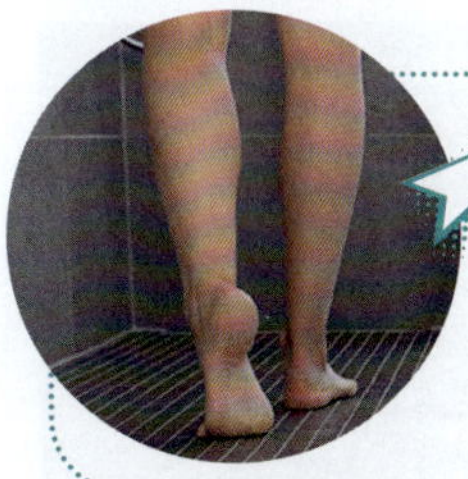

Kontakt mit der Haut

Beispiele: Fuß am Boden, in der Duschwanne

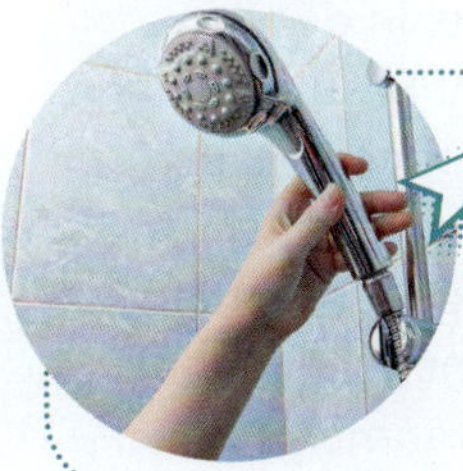

Einatmen von Aerosolen in der Luft

Beispiele: mikrobiologisch besiedelte Armaturen, Duschköpfe oder Schläuche

Gut zu wissen

Bei einer **Tröpfcheninfektion** gelangen durch Niesen, Husten oder Sprechen Keime mit winzigen Speicheltröpfchen in die Luft und werden von anderen Menschen eingeatmet.

Bei einer **Schmierinfektion** (Kontaktinfektion) werden Keime direkt übertragen, z. B. über die Hände oder Arbeitsgeräte.

TIPP VOM PROFI

Bei Schulungen in Hotels frage ich die Mitarbeiter/innen im Housekeeping, ob sie auf Reisen die Zahnputzbecher verwenden. Die Antwort lautet oft: „Niemals, wer weiß, mit welchem Tuch diese gereinigt wurden!" Ein Farbsystem kann hier Abhilfe schaffen. Dafür haben die Reinigungstücher je nach Bereich eine andere Farbe. So wird vermieden, dass z. B. das Tuch für das WC gleichzeitig für Möbel und Türen verwendet wird.

Hygiene im Service

- Nicht auf Speisen und Getränke niesen bzw. husten
- Besteckteile nicht an der Klinge bzw. an den Zinken anfassen
- Nicht mit den Fingern in die Gläser greifen oder die Gläser am Glasrand anfassen (Gläser werden immer am Stiel gehalten)
- Auf den Boden gefallene Besteckteile und Servietten durch neue ersetzen
- Servicegegenstände, Menagen und Sideboards regelmäßig reinigen

die Menagen = Salz und Pfeffer, Essig und Öl, Zucker

2.3 Betriebshygiene

Um die Hygiene und die Qualität der Speisen zu gewährleisten, gibt es gesetzliche Auflagen zur baulichen Ausstattung im Gastgewerbe. Diese werden vom Ordnungsamt kontrolliert. Die Überprüfungen werden bei einer Betriebseröffnung oder Betriebsübernahme sowie bei bestehenden Betrieben periodisch durchgeführt.

Betriebsräume und Betriebsausstattung

Die Bestimmungen für Betriebsräume sind strenger als jene für Gasträume.

Hygienebestimmungen

Betriebsräume	Gasträume	Kombinierte Räume

Räume, die nicht von Gästen betreten werden dürfen: ■ Küchen ■ Küchennebenräume ■ Lager ■ Serviceoffice ■ Betriebstoiletten und Sozialräume	Räume, in denen Speisen und Getränke verabreicht werden: ■ Gaststube, Restaurant, Speisesaal ■ Gästetoiletten und Waschräume inkl. Behindertentoiletten, Wickelräume für Säuglinge	Räume, in denen sowohl Bestimmungen der Betriebsanlagenhygiene wie auch die abgeschwächten Hygienerichtlinien für Gästeräume gelten: ■ Bars ■ Schauküchen im Gästebereich, Free flow, Frontcooking

das Free-flow-System = Selbstbedienungsrestaurants mit Verkaufsinseln; der Gast kann wählen, er geht z. B. nur zum Getränkestand und muss sich nicht an einem langen Tresen „vorarbeiten"

das Frontcooking: Der Koch bzw. die Köchin bereitet die Speisen außerhalb der Küche unmittelbar vor dem Gast zu.

Abfallbewirtschaftung

Bei der täglichen Arbeit fallen verschiedene Abfälle an, die korrekt getrennt und fachgerecht entsorgt werden müssen. Das Kreislaufwirtschaftsgesetz (KrWG) regelt **den nachhaltigen Umgang mit Abfällen. Ziel** ist es, anfallenden **Müll zu vermeiden oder zu recyceln.** Das soll dazu beitragen, **natürliche Ressourcen zu schonen.**

Nach der **Gewerbeabfallverordnung (GewAbfV)** sind folgende Abfälle **getrennt zu sammeln:**

Papier, Pappe, Karton

Zeitungen, Zeitschriften, Prospekte, Kartons, Pappe, unbenutzte Papierservietten, Druckerpapier etc.

Glas

Hohlglas, getrennt nach Weiß- und Buntglas, z. B. Einwegglasflaschen (Verschlüsse extra entsorgen)

Metalle und Kunststoffe

Verbundkartons (Tetra Pak) für Milch und Säfte, Verbundstoffe (z. B. Tüten), Folien, Plastikflaschen, Joghurtbecher, Konservendosen, Tuben, Alufolie etc.

Speisefette und -öle

Altfette und -öle (Frittierfette) müssen abgeseiht und in eigenen Behältern gesammelt werden. Zertifizierte Firmen bereiten diese wieder auf, z. B. zu Kraftstoff.

Bioabfälle

Obst- und Gemüsereste, Kaffeesatz, Eierschalen, Brot und Backwaren, verwelkte Blumen

Speisereste

Speisereste von Tellern, Fleisch- und Fischabschnitte, Reste von Quark, Saucen etc. Die organischen Abfälle werden in Biogasanlagen zu Strom, Wärme oder Dünger verwertet.

Restmüll

Nicht recycelbare oder verschmutzte Materialien, wie z. B. benutzte Papierservietten, Hygieneartikel, Zigarettenstummel, Keramik, Porzellan, Glasscherben, Kassenbons

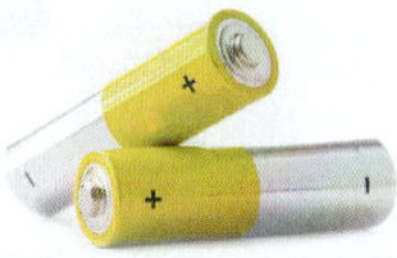

Problemstoffe

Abfälle, die aufgrund giftiger Inhaltsstoffe nicht im Hausmüll entsorgt werden können, z. B. Batterien, Akkus, Putz- und Reinigungsmittel. Sie können bei Sammelstellen abgegeben werden.

Richtige Abfallentsorgung in der Küche

Die richtige Abfallentsorgung ist eine wichtige Hygienemaßnahme. Dadurch werden Kontaminationen durch verdorbene Lebensmittel, Keimverschleppungen, Geruchsentwicklung sowie Ungeziefer- und Nagetierbefall vermieden.

- Abfälle aus der Küche müssen je nach Bedarf mehrmals täglich, jedenfalls aber nach Arbeitsschluss entfernt werden.
- Im unreinen Küchenbereich müssen Kleinbehälter für eine getrennte Abfallsammlung (bis zu 25 l) vorhanden sein. Großbehälter werden im Mülllagerraum aufbewahrt. Sie müssen verschlossen sein. Speisereste und biogene Abfälle sind gekühlt zu lagern.
- Die Abfallräume sind täglich zu reinigen und erforderlichenfalls zu desinfizieren.
- Gekennzeichnete Behälter mit dicht schließendem Deckel oder Verschlussmechanismen sind aufzustellen.
- Die Abfallbehälter im Küchenbereich sind täglich zu leeren, zu reinigen und zumindest im Griffbereich gründlich zu desinfizieren.
- Lebensmittel- und Abfallströme sind so gut wie möglich räumlich oder zeitlich voneinander zu trennen (z. B. Abfalltonnen nicht im Anlieferungsbereich platzieren; Lebensmittel und Abfälle nicht gleichzeitig im gleichen Aufzug oder in anderen Transportmitteln befördern).

Abfälle dürfen nur dann in der Küche gesammelt werden, wenn es für den Betriebsablauf unvermeidlich ist.

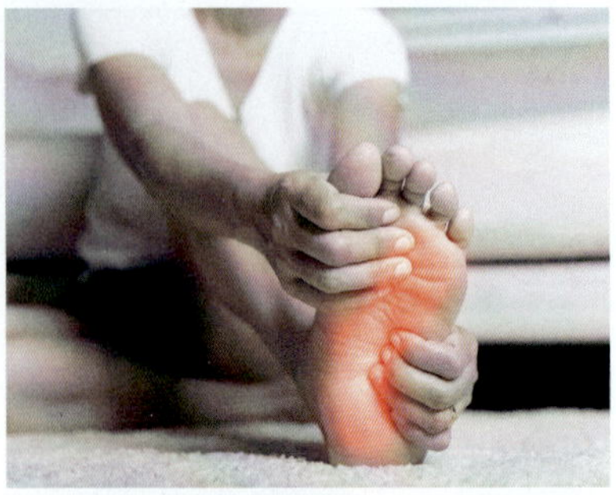

Falsche Schuhe belasten nicht nur die Füße, sondern den ganzen Bewegungsapparat

Bei falscher körperlicher Belastung fühlt man sich gesundheitlich nicht wohl

Nur ca. 5 % aller Arbeitenden liegen mit ihren Maßen über oder unter den Durchschnittswerten. Darum können auf Basis dieser Werte allgemeine Aussagen getroffen werden.

3 Arbeitsplatz und Gesundheit

Mara kann sich heute nicht gut konzentrieren. Ihr Rücken schmerzt seit Tagen. Sie hat keine Ahnung, warum die Schmerzen immer stärker werden, bis eine Kollegin sagt: „Mich wundert es nicht, dass du Schmerzen hast! Du trägst die falschen Schuhe in der Arbeit!"

Wir verbringen sehr viel Zeit an unserem Arbeitsplatz. Umso wichtiger ist es, sich am Arbeitsplatz wohlzufühlen. Ist dies nicht der Fall, kann das auf Dauer krank machen.

Auch Unternehmen profitieren von gesunden Mitarbeiterinnen und Mitarbeitern. Nur wer gesund ist, kann konzentriert arbeiten. Nebenbei gibt es weniger Krankenstände.

3.1 Ergonomie

Unter Ergonomie versteht man die Lehre von der Anpassung der Arbeitsbedingungen und der Betriebsmittel an den Menschen. Die Lehre von den Maßen des Menschen liefert die Grundlage für die Ergonomie. Aufgrund von Durchschnittswerten können Arbeitsräume und Arbeitsplätze eingerichtet sowie Geräte und Einrichtungsgegenstände hergestellt werden, die dem arbeitenden Menschen entsprechen.

Folgende Ziele werden dadurch erreicht

Humane Ziele

- Weniger Unfälle und Verletzungen
- Sinkendes Risiko von arbeitsbedingten Schäden (z. B. Haltungsschäden, Erschöpfungszustände)

Wirtschaftliche Ziele

- Effiziente Arbeitsabläufe
- Qualitätssteigerung
- Reduzierte Betriebskosten
- Zeitersparnis
- Weniger Krankenstände und Ausfälle aufgrund von Verletzungen

Die Ergonomie nimmt demnach Einfluss auf eine optimale **Arbeitsgestaltung.** Vier Punkte spielen aus ergonomischer Sicht eine wesentliche Rolle, um Aufgaben optimal erfüllen zu können:

- eine angemessene Arbeitsumgebung,
- geeignete Betriebsmittel,
- die Körperhaltung und
- der Arbeitsfluss.

DAS SOLLTEST DU SPEICHERN

Um die Gesundheit der Mitarbeiter/innen zu schützen, müssen Unternehmen die Arbeitsplätze ergonomisch gestalten. **Ergonomie** bedeutet, dass die **Arbeitsmittel** und die **Arbeitsumgebung** möglichst gut an die menschlichen Bedürfnisse angepasst sind.

3.2 Körperhaltung

Die Art, wie gearbeitet wird, ist für die Arbeitszeit, die Belastung und das Ergebnis ausschlaggebend. Entscheidend sind die einzelnen Handgriffe und die Kraft, die aufgewendet werden muss, um die Arbeit zu verrichten.

kJ = Kilojoule

Die Körperhaltung steht in direktem Zusammenhang mit dem Energieverbrauch. Durch eine falsche Körperhaltung kommt es zu einem Leistungsverlust, da dafür mehr Kraft als notwendig aufgebracht werden muss.

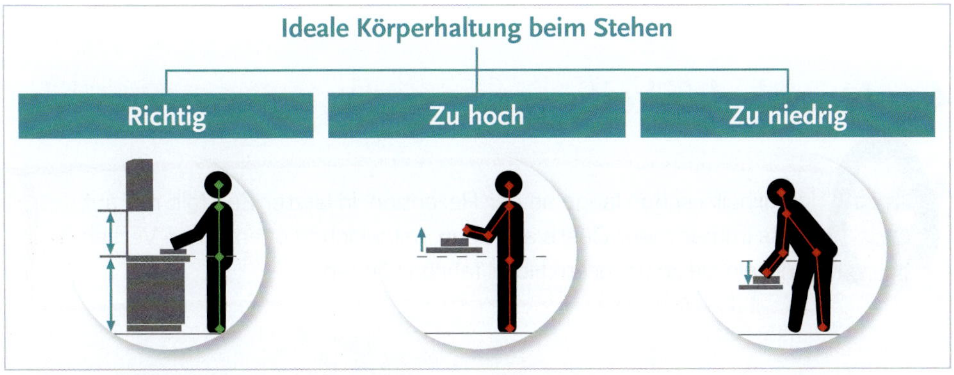

Ideale Körperhaltung im Stehen:

- Kopffreiheit
- Schultergürtel entlastet
- Oberarme locker hängend
- Unterarme im rechten Winkel
- Die durchschnittliche Arbeitshöhe beträgt 85–90 cm.

Die durchschnittliche Arbeitshöhe im Sitzen beträgt 65–70 cm.

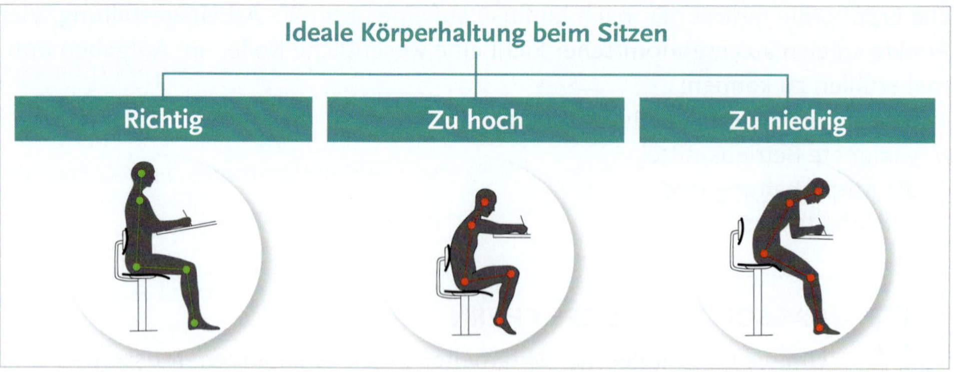

Einige Übungen, um Verspannungen und berufsspezifischen Krankheiten vorzubeugen, findest du in der TRAUNER-DigiBox.

Auf die Einstellung kommt es an
Bei Arbeiten am Bildschirm soll der Blick gerade auf den Bildschirm gerichtet sein. Der Monitor soll drehbar, höhenverstellbar und neigbar sein.

3.3 Schwere Lasten richtig heben

Falsches Heben belastet die Wirbelsäule und die Bandscheiben.

Gehe in die Knie.
Die ganze Sohle (inkl. Ferse) soll am Boden bleiben. Der Blick ist nach vorne gerichtet.

4 Nachhaltigkeit

Ich arbeite schon lange an der Rezeption. In letzter Zeit fällt mir auf, dass immer mehr Gäste anfragen, mit welchen öffentlichen Verkehrsmitteln sie zu unserem Hotel fahren können.

Der verantwortungsvolle Umgang mit den Ressourcen (Lebensmitteln, Energie, Wasser etc.) und der Gedanke an die nächste Generation sind auch im Gastgewerbe angekommen. Zunehmend wird von den Gästen eine umweltgerechte, nachhaltige Betriebsführung gefordert. Aber auch die Unternehmen selbst bemühen sich, ihren Betrieb auf möglichst „grüne Füße“ zu stellen.

Neben der Gästebindung und dem Marketing kann der Umweltschutz im Betrieb helfen, Geld und Ressourcen zu sparen. Angesichts steigender Energiekosten werden Sparmaßnahmen für Betriebe überlebenswichtig.

Betriebliche Maßnahmen sind z. B.:

- Energieeffiziente Kühlgeräte, Induktionsherde, wassersparende Geschirrspüler,
- Beleuchtung mit LED bzw. Energiesparlampen oder mit Bewegungsmeldern,
- Geräte, die selten benötigt werden, ausschalten (nicht auf Standby-Betrieb) sowie
- Checklisten für Stromfresser (erleichtern den Überblick).

Ebenso wichtig ist der **Einkauf** – dabei können erhebliche Mengen an CO_2, Abfall und Müllkosten gespart werden:

- **Mehrweg- statt Einwegverpackungen** (immer mehr Hotels ersetzen Einwegprodukte wie z. B. Mini-Shampoo-Fläschchen bereits durch großformatige Spender)
- **Verwendung von Produkten aus Recyclingmaterial** (Hygienepapier, Kopierpapier, Kaffeebecher aus Pappe bzw. Papier etc.)
- **Keine problematischen Verpackungen** (Kunststoffe, Styropor, Aluminium)
- **Vermeidung von mehrfach verpackter Ware**

Seit 1978 wird in Deutschland das Umweltzeichen „Blauer Engel" für besonders umweltfreundliche und gesundheitsverträgliche Produkte (Nicht-Lebensmittel) vergeben. Mehr Informationen findest du hier: www.blauer-engel.de

Auch die Küche hat Einfluss auf die Umwelt

- **Keine Lebensmittelverschwendung** durch vorausschauenden Einkauf
- **Regionale Produkte kaufen:** Kürzere Transportwege bedeuten eine geringere Umweltbelastung.
- **Saisonale Bio-Lebensmittel kaufen:** Sie verursachen weniger CO_2-Emissionen. Sind diese Produkte noch dazu saisonal, wird auch die energieintensive Treibhausproduktion vermieden.
- **Verpackungsmüll vermeiden**
- **Frische Lebensmittel verwenden:** Der hohe Energieaufwand für das Haltbarmachen kann dadurch vermindert werden.

Wichtig ist, dass sich alle Mitarbeiter/innen an den Maßnahmen im Betrieb beteiligen. Nur so kann Umweltschutz nachhaltig gelingen.

Schon mal was vom CO_2-Rucksack gehört?

Der CO_2-Rucksack gibt Auskunft darüber, wie viel Kohlendioxid (CO_2) durch die Produktion eines Lebensmittels (z. B. Einsatz von Maschinen, Düngemittel, Pflanzenschutzmittel) und dessen Transport entsteht. Saisonale, biologisch erzeugte Lebensmittel aus der Region haben demnach den kleinsten CO_2-Rucksack.

Beispiel

Die Nachfrage nach Sommergemüse in den kalten Wintermonaten bewirkt eine Zunahme der beheizten Treibhausflächen in Deutschland. Die Produktion von Gemüse und Obst im beheizten Treibhaus verbraucht jedoch zehnmal so viel Energie wie der Freilandbau.

Wenn man diesen Energieverbrauch berücksichtigt, sind z. B. Bio-Freilandtomaten aus Italien im Winter trotz der anfallenden Transportkilometer energetisch günstiger als konventionelle heimische Tomaten aus beheizten Treibhäusern.

Treibhausgase wie CO_2 und Methan werden für die Veränderung des Weltklimas mitverantwortlich gemacht. Diese Gase gelangen durch Industrie, Verkehr und Landwirtschaft in die Atmosphäre. Rund **15–20 %** aller CO_2-Emissionen stammen aus dem Bereich der **Lebensmittelproduktion.**

WortschatzBox – „Ein guter und sicherer Arbeitsplatz“

■ Welche Erklärung passt? Ordne die richtige Zahl zu.

1	Ergonomie		Wechselseitige Verunreinigung
2	Kontamination		Keime werden durch Niesen, Husten oder Sprechen übertragen.
3	Schmierinfektion		Arbeitsmittel und Arbeitsumgebung werden möglichst gut an die menschlichen Bedürfnisse angepasst.
4	Kreuzkontamination		Unerwünschte Fremdstoffe (z. B. Mikroorganismen) werden auf Lebensmittel übertragen.
5	Tröpfcheninfektion		Keime werden direkt übertragen, z. B. über die Hände oder Arbeitsgeräte.

Ziele erreicht? – „Ein guter und sicherer Arbeitsplatz“

KOMPETENZ-ERWERB

1. Nenne mindestens vier konkrete Maßnahmen, wie Unfälle vermieden werden können.
2. Ein Kollege ist im Restaurant gestolpert und hat sich böse verletzt. Du wählst den Notruf. Welche Informationen sind für den Notruf wichtig? Nenne die vier Punkte.

   1. ______
   2. ______
   3. ______
   4. ______

3. Du entdeckst, dass im ersten Stock des Hotels ein Brand ausgebrochen ist. Wie gehst du vor? Beschreibe kurz den korrekten Ablauf.
4. Nenne die drei großen Bereiche der Hygiene und beschreibe sie kurz.
5. Ein neuer Mitarbeiter ist im Betrieb aufgenommen worden. Der Chef klärt ihn über die Personalhygiene auf. Er geht dabei auf sieben Punkte ein. Erkläre diese genauer.
6. Du wachst morgens auf und fühlst dich krank. Die Nase läuft und der Hals kratzt. Beschreibe, wie du als Küchenmitarbeiter/in mit dieser Situation umgehst.
7. Nenne drei Beispiele, wie es zu einer Kreuzkontamination kommen kann.
8. Du arbeitest in der Küche am Geflügelarbeitsplatz und wirst gebeten, am Salatplatz auszuhelfen. Du wäschst dir beim Wechsel die Hände. Ein Kollege fragt dich, warum du das tust. Kläre ihn über die möglichen Folgen auf, wenn man das Händewaschen vergisst.
9. Nenne vier Gefahrenquellen bei mangelnder Hygiene im Housekeeping. Gib jeweils ein Beispiel an.
10. Fasse die wichtigsten Punkte zur Mülltrennung im Küchenbereich zusammen.
11. Was sind die Ziele der Ergonomie? Gib eine Erklärung.
12. Nenne drei Ursachen für berufsspezifische Erkrankungen.

Einen interaktiven Safety-Check findest du in der TRAUNER-DigiBox.

LF 2: Waren bestellen, annehmen, lagern und pflegen

Du findest

Bestellung und Kaufvertrag/ Seite 68

Warenannahme, Warenlagerung und Warenausgabe/ Seite 85

Bestellung und Kaufvertrag

Ein gut geplanter Einkauf garantiert Wirtschaftlichkeit und trägt somit wesentlich zum Erfolg eines Betriebes bei. Ziel des Einkaufs ist es, die beste Qualität zum bestmöglichen Preis zu erwerben. Dazu muss man u. a. wissen, wie es um den Warenbestand steht und in welchen Abständen die Waren beschafft werden müssen.

Meine Ziele

Nach Bearbeitung dieses Kapitels kann ich

- die Voraussetzungen für einen wirtschaftlichen Einkauf nennen;
- die notwendigen Daten zur Warenbestellung heranziehen;
- die unterschiedlichen Beschaffungsmöglichkeiten nennen;
- erklären, was unter Lager- und Marktlisten verstanden wird;
- Anfragen einholen;
- erklären, wann es sich um ein verbindliches Angebot handelt;
- beschreiben, worauf es bei der Lieferantenauswahl ankommt;
- die unterschiedlichen Zahlungs- und Lieferbedingungen erklären;
- Angebotsvergleiche mit der Bezugspreiskalkulation vergleichen;
- Bestellungen durchführen;
- die rechtlichen Voraussetzungen für einen gültigen Kaufvertrag erklären;
- zwischen Privatkauf, einseitigem und zweiseitigem Handelskauf unterscheiden;
- die Bestandteile eines Kaufvertrages aufzählen;
- Probleme bei der Erfüllung von Kaufverträgen beschreiben;
- erörtern, welche Rechte Käufer/innen und welche Rechte Verkäufer/innen haben.

1 Ermittlung des Warenbedarfes

Das Motto meiner Chefin lautet: „Was man beim Einkauf einspart, braucht nicht verdient zu werden."

Gibt es den optimalen Warenbestand? Ja, wenn einerseits bei der Bestellung und andererseits durch flexibles Handeln der Warenverbrauch optimal gesteuert wird.

Billig heißt nicht automatisch schlecht. Teuer heißt nicht automatisch gut.

1.1 Voraussetzungen für einen wirtschaftlichen Einkauf

Bevor wirtschaftlich sinnvoll eingekauft bzw. bestellt werden kann, muss eine **Warenbedarfsermittlung** durchgeführt werden.

Wie viele Gäste kommen?
Im Restaurant ermittelt man die Gästeanzahl mithilfe der Reservierungen und der Erfahrungswerte.
Bei Veranstaltungen und Caterings ist die Personenzahl meist bekannt.

Was wird angeboten?
Der Einkauf richtet sich nach den angebotenen Gerichten und Getränken.

Welche Waren sind auf Lager?
Der Warenbestand im Lager und in der Küche muss erfasst und kontrolliert werden. Dabei geht es nicht nur um Waren für die Küche, sondern auch für das Restaurant (z. B. Servietten), das Front- und Backoffice (z. B. Druckerpapier) und das Housekeeping (z. B. neue Wäsche, Goodies, Reinigungsmaterial).

das Goody = kleine Zugabe zum eigentlich gekauften Produkt

Tagespreise und Sonderangebote im Großhandel nutzen!
Marktprodukte (z. B. Obst, Gemüse, Fleisch) haben Tagespreise. Auch Sonderangebote (z. B. bei Fleisch) müssen bei der Planung der Tageskarte berücksichtigt werden.

Welche saisonalen Produkte werden angeboten?
Preise und Angebote von frischen Produkten sind saisonal unterschiedlich (z. B. ist Spargel im Frühling günstiger als im Winter).

Haltbarkeit der Lebensmittel und Lagermöglichkeiten
Bei den Einkaufsmengen sind die Verfallsdaten zu beachten.

Zahlungsbedingungen
Beim Vergleich von verschiedenen Waren und Lieferanten müssen auch verschiedene Zahlungs- und Lieferbedingungen berücksichtigt werden.

Mehr zu Liefer- und Zahlungsbedingungen findest du ab S. 74.

1.2 Festlegen der Warenmenge

Um die benötigte Warenmenge zu ermitteln, muss täglich der aktuelle Verbrauch mit den benötigten Warenmengen abgeglichen werden. Das erfordert vom Besteller entsprechendes Know-how. Die Warenbestellung wird an die Umsatzprognose und an den Inventurbestand (siehe Inventur, S. 92) angepasst.

Durch Sportereignisse oder Konzerte kann sich die Zahl der Gäste stark erhöhen.

Zur Warenbestellung werden neben dem Inventurbestand folgende Daten herangezogen:

- Umsätze aus der Vergangenheit (Tag, Woche, Monat, Jahr)
- Durchschnittlicher Verbrauch pro Tag
- Lagerkapazitäten
- Lieferrhythmus
- Lagerfähigkeit, Haltbarkeit, Verpackungseinheit
- Dauer der Bearbeitung einer Bestellung intern und beim Lieferanten

Außerdem müssen **Sonderveranstaltungen** vor Ort (z. B. Stadtfest, Sportereignis, Konzert), im Haus stattfindende Events, Saison, Ferien, Urlaubszeit und Ladenöffnungszeiten bei der Planung berücksichtigt werden.

Beschaffungsmenge und Beschaffungszeitraum

Durch die Wahl der Beschaffung wird festgelegt, für welchen Zeitraum und in welcher Menge die Waren beschafft werden sollen.

TIPP VOM PROFI

Vor allem bei Waren mit einem konstanten Verbrauch ist es sinnvoll, diese in einem bestimmten Rhythmus zu bestellen. Dadurch wird die Organisation vereinfacht, was wiederum Kosten im Einkauf, bei der Warenannahme und beim Einlagern spart.

Eine digitale Übung zum Thema findest du in der TRAUNER-DigiBox.

Beschaffungsmöglichkeiten

Vorratsbeschaffung	Absatzbezogene Beschaffung (just in time)	Einzelbeschaffung

Von bestimmten Waren werden Vorräte auf Lager gehalten.	Bestimmte Güter werden so bestellt, dass sie bei der Leistungserstellung zur Verfügung stehen.	Bestimmte Güter werden erst bestellt, wenn ein bestimmter Bedarf entstanden ist.
Beispiele: Frittieröle, Gewürze, Kaffee, Servietten	**Beispiele:** Hackfleisch, Gemüse, Milchprodukte	**Beispiele:** Hummer und Scampi für ein Catering

Hilfsmittel für den Einkauf

Lagerliste

DAS SOLLTEST DU SPEICHERN

In der Lagerliste werden Produkte geführt, die keine Kühlung benötigen und eine längere Haltbarkeit haben, wie z. B. Mehl, Zucker, Salz.

Diese Produkte sind in der Lagerkartei genormt nach Einheiten, Lieferanten und Preisen verzeichnet. Zusätzlich sind sie mit einem Mindest- und Höchstbestand (siehe S. 93 f.) versehen.

Sobald der Mindestbestand bei Produkten im Trockenlager erreicht ist, werden sie wieder auf den Höchstbestand aufgestockt. Nachbestellt wird meist wöchentlich bzw. in längeren Intervallen.

Marktliste

DAS SOLLTEST DU SPEICHERN

Die Marktliste zeigt den **aktuellen Lagerbestand** und dient als Grundlage für die tägliche Bestellung von Lebensmitteln. Sie wird in frische Produkte (Kühllagerprodukte) und Tiefkühllagerprodukte untergliedert.

Kühllager (frische Produkte)						**Tiefkühllager**		
Marktprodukte (Obst, Gemüse)			Fleisch, Fisch					
	Stand	**Bestellmenge**		**Stand**	**Bestellmenge**		**Stand**	**Bestellmenge**
Gemüse			**Rind**			Erbsen/2,5 kg	3	6
Artischocken/Stk.	12	12	Roastbeef/kg	10	15			
Bohnen/kg	6	-						
Obst								
Äpfel/Kiste	1	3						

1.3 Anfragen und Angebote einholen

Um Angebote einholen zu können, muss geklärt werden,
- welche Lieferanten die Ware
- in der gewünschten Qualität und
- in der gewünschten Menge
- zu welchem Preis

anbieten.

Neue Produkte bzw. Lieferanten werden durch
- Internet-Recherche,
- Kataloge von Lieferanten,
- Fachmessen,
- Fachzeitschriften,
- Mailings sowie
- bei Vertreterbesuchen gefunden.

Anfrage

Eine Anfrage kann **mündlich (telefonisch)** oder **schriftlich (per E-Mail, Brief, Online-Kontaktformular, Fax)** bei einem Lieferanten erfolgen. Je genauer eine Anfrage formuliert ist, desto besser kann der Verkäufer die gewünschte Auskunft geben.

DAS SOLLTEST DU SPEICHERN

Eine Anfrage ist **rechtlich unverbindlich.** Das bedeutet, dass der Käufer nur Informationen erhalten möchte. Er geht mit seiner Anfrage keine rechtliche Verpflichtung ein.

Beispiel: E-Mail-Anfrage des Käufers

Das Hotel Seeblick benötigt für eine Bankettveranstaltung, bei der auch ein Fischbuffet angeboten wird, Fische und Meeresfrüchte. Die zuständige Mitarbeiterin sendet folgende Anfrage an verschiedene Unternehmen.

Senden
An: office@culinario.de
Cc:
Betreff: Anfrage Waren für Bankettveranstaltung ❶

Sehr geehrte Damen und Herren,

für eine Bankettveranstaltung mit geplantem Fischbuffet benötigen wir folgende Waren:

Bitte senden Sie uns ein Angebot über
40 Stück Hummer, lebend
200 Stück Austern
50 kg Miesmuscheln, lebend ❷
30 kg Jakobsmuscheln, ganz
60 kg Lachsfilet
50 kg Regenbogenforellen

Für Ihr rasches Angebot bis 10. Januar 20.. bedanken wir uns. ❸

Freundliche Grüße ❹

Lena Maier
Einkauf

Hotel Seeblick
Meerjungfraustraße 16, 24103 Kiel/Deutschland
Tel.: +49 431 77 82 45-314
E-Mail: office@seeblick.de
Web: www.seeblick.de

Aufbau einer Anfrage
1. Grund der Anfrage
2. Beschreibung der gewünschten Information
3. Bitte um Zusendung eines Angebotes
4. Grußformel

Hilfreiche Textbausteine und Beispiele für Anfragen findest du in der TRAUNER-DigiBox.

Angebot des Verkäufers

In einem Angebot stellt der Lieferant Informationen zur Verfügung, die der Käufer für den Abschluss des Kaufvertrages benötigt (z. B. Preise, Liefer- und Zahlungsbedingungen). Angebote werden meist per E-Mail verschickt.

DAS SOLLTEST DU SPEICHERN

Der Verkäufer muss das Angebot erfüllen, wenn es der Käufer unverändert und rechtzeitig annimmt. Er ist aber nicht unendlich an sein Angebot gebunden. Wenn der Verkäufer im Angebot angibt, wie lange es gilt, handelt sich um ein **verbindliches Angebot.**

Es gibt auch unverlangte Angebote, also solche, um die man nicht gebeten hat. Im Prinzip ist jede Art von Werbung ein unverlangtes Angebot.

Beispiele

- Angebot gültig bis 31. März 20..
- Preis gültig einen Monat ab Angebotslegung

Culinario

Fische & Meeresfrüchte

Rainstraße 19 • 20457 Hamburg • Deutschland

Hotel Seeblick
z. H. Frau Lena Maier
Meerjungfraustraße 16
24103 Kiel

Bearbeiter: Timo Bäumler
Telefon: +DW +49 (0)402202 73 75 77-28
E-Mail: office@culinario.com

Datum: 9. Jänner 20..

Ihre Anfrage vom 20..-09-20..

Sehr geehrte Frau Maier,

vielen Dank für Ihr Interesse an unseren Produkten. Gerne bieten wir Ihnen wie folgt an: 1

Artikel-Nr.	Artikel 2	Gewicht/Stück	Inhalt je Verpackungseinheit/Preis	Bestellte Menge	Gesamtpreis in €
15125	Hummer „Chix", lebend, aus Kanada	420–600g	74,00 €/kg	40 Stück	1.776,00 €
15125	Austern Fine de Claire, Normandie, Frankreich	60–80 g/Stück	1,34 €/Stück	200 Stück	268,00 €
16125	Sylter Miesmuscheln, super, lebend, vakuumverpackt	65–75 St/kg	4,79 €/kg	50 kg	239,50 €
19845	Jakobsmuschel, ganz, aus Aquakultur	3–4 Stück/kg	15,41 €/kg	30 kg	462,30 €
134234	Bömlo Lachsfilet, aus Norwegen	3/4 Lachse	35,08 €/kg	60 kg	2.104,80 €
144457	Regenbogenforelle, rotfleischig, ausgenommen, mit Kopf, gekühlt	ca. 400–500g	14,35 € /kg	50 kg	717,50 €

Alle Preise verstehen sich inkl. 7 % Mehrwertsteuer.
Zahlung: innerhalb von 7 Tagen abzüglich 2 % Skonto, innerhalb von 30 Tagen netto Kassa 3
Lieferung: innerhalb von 2 Wochen ab Auftragseingang, frei Haus

Weitere Informationen entnehmen Sie bitte unseren Allgemeinen Geschäftsbedingungen. 4

Wir freuen uns auf Ihren Auftrag. 5

Freundliche Grüße

Culinario
Fische & Meeresfrüchte

Timo Bäumler 6

Timo Bäumler

Culinario GmbH
Rainstraße 19, 20457 Hamburg
Deutschland

Tel.: +49 (0)40 73 75 77-28
Fax: +49 (0)40 73 75 77-10
office@culinario.com
www.culinario.com
UID-Nr. DE 123456789

Registergericht: Amtsgericht Hamburg
Registernummer: HRB Hamburg 67 111
VR BAK eG Hamburg
IBAN DE18 3423 3000 0000 0331

Aufbau eines verlangten Angebotes

1. Dank für die Anfrage
2. Genaue Warenbeschreibung
3. Liefer- und Zahlungsbedingungen (siehe S. 74)
4. Hinweis auf weitere Bestandteile bzw. Verweis auf die Allgemeinen Geschäftsbedingungen des Unternehmens
5. Aufforderung zur Bestellung
6. Grußformel (inkl. Firmenwortlaut und Unterschriften)

Es macht Sinn, neben dem Hauptlieferanten auch Zweit- oder Drittlieferanten zu haben. So kann die Gefahr eines kompletten Lieferausfalles verringert werden.

1.4 Angebotsvergleich

Auf Basis einer Anfrage erhält der Betrieb verschiedene Angebote, die nun verglichen werden müssen.

Grundsätzlich wird man sich für das Produkt mit dem besten Preis-Leistungs-Verhältnis entscheiden. Generell sollen nur solche Lieferanten in die Lieferantenliste aufgenommen werden, die folgende Anforderungen erfüllen.

CHECKLISTE

Lieferantenauswahl – darauf kommt es an

- ☐ **Vertrauenswürdigkeit:** Die vom Unternehmen festgelegten Qualitätsstandards müssen eingehalten werden.
- ☐ **Leistungsfähigkeit**
- ☐ **Akzeptable Preis- und Zahlungsbedingungen**
- ☐ **Lieferzeit, Lieferrhythmus, Termintreue, Kapazität:** Ein Lieferant muss verlässlich und stets in der Lage sein, die benötigte Ware pünktlich zu liefern.

Manchmal wird von Lieferanten auch ein **Kauf zur Probe** angeboten. Dabei handelt es sich um den Kauf einer kleinen Menge eines Produktes zum Probieren.

DAS SOLLTEST DU SPEICHERN

Um ein Angebot richtig einschätzen zu können, müssen auch die unterschiedlichen Zahlungs- und Lieferbedingungen verglichen werden.

Zahlungsbedingungen

die Klausel = Bestimmung in einem Vertrag

Zahlungsklauseln	
Auf Ziel	Die Zahlung erfolgt nicht sofort, sondern erst zu einem vereinbarten späteren Zeitpunkt (z. B. „Zahlbar innerhalb von 30 Tagen“).
Vorkasse	Die Bezahlung des gesamten Kaufpreises oder eines Anteiles erfolgt, bevor die Ware geliefert wird. Der Verkäufer schließt dadurch das Risiko aus, auf seinen Kosten sitzen zu bleiben.
Sofortzahlung/ Zahlung bei Lieferung	Sie kann bar oder unbar erfolgen, typische Formulierungen sind „gegen bar“, „netto Kasse“ oder „gegen Nachnahme“.
Rabatt	Preisnachlass, den der Verkäufer dem Käufer unter bestimmten Bedingungen gewährt (z. B. Mengenrabatt, Treuerabatt, Einführungsrabatt)
Skonto	Der Skonto ist ein Preisabzug, der nur bei sofortiger Bezahlung oder bei Bezahlung innerhalb einer gewissen Frist vom Verkäufer gewährt wird. Üblich sind 2 bzw. 3 % Abzug bei Zahlung innerhalb einer vorgegebenen Frist (meist sieben oder 14 Tage).
Rein netto	Zahlung ohne jeglichen Abzug; die Zahlung muss sofort bzw. innerhalb des gewährten Zahlungszieles geleistet werden.
Ratenkauf	Bei einem Ratengeschäft bezahlt der Käufer den Kaufpreis nicht sofort, sondern in gleich hohen Monatsraten innerhalb einer vereinbarten Laufzeit.

Der Skonto ist eine Belohnung für die prompte Zahlung. Die Zinsen, die der Lieferant für eine längere Zahlungsfrist berechnet hat, werden an den Kunden weitergegeben.

Lieferbedingungen

Bei den Lieferbedingungen werden vor allem folgende Punkte bestimmt:

Lieferbedingungen bestimmen

Erfüllungszeit der Lieferung

Wann wird die Ware übergeben?

Erfüllungsort der Lieferung

Wo wird die Ware übergeben?

Risiko- und Kostenübergang

Wo gehen die Risiken und Kosten auf den Käufer über?

In der Praxis werden der Risiko- und der Kostenübergang mithilfe von speziellen Lieferklauseln geregelt.

Lieferklauseln	
Ab Werk/Lager/Fabrik	Der Käufer trägt die Transportkosten und das Transportrisiko.
Frei Haus	Der Verkäufer trägt die Transportkosten und das Transportrisiko bis zum Bestimmungsort des Käufers.
Frachtfrei ...	Der Verkäufer liefert das Produkt an einen vereinbarten Ort, wo es an einen Frachtführer (z. B. Lkw, Bahn) übergeben wird. Bis zum vereinbarten Bestimmungsort müssen die Frachtkosten vom Verkäufer gezahlt werden. Auch das Transportrisiko geht hier vom Verkäufer auf den Frachtführer über.
Unfrei	Der Käufer bezahlt die Transportkosten.

Was ist ein Rollgeld?
Früher wurde für das Abrollen von Fässern hin zum Bahnhof oder vom Bahnhof zum Empfänger eine Gebühr, das sogenannte Rollgeld, eingehoben.

Heute spricht man von Rollgeld, wenn z. B. die Ware vom Absender mit dem Lkw zum Bahnhof oder vom Bahnhof mit dem Lkw zum Besteller transportiert wird.

Mit anderen Worten: Unter Rollgeld versteht man die tatsächlichen Kosten für den Transport von Waren von einem Ort zum anderen.

Angebotsvergleich mit der Bezugspreiskalkulation

Um die Angebote zu vergleichen, wird der sogenannte **Bezugspreis (Einstandspreis)** herangezogen.

Rechenschema zur Bezugspreiskalkulation
Die Umsatzsteuer wird vernachlässigt, da sie zum Vergleich verschiedener Angebote nicht notwendig ist.

Listenpreis (Nettopreis ohne USt.)
– Rabatt des Lieferanten
= Zieleinkaufspreis
– Skonto des Lieferanten
= Bareinkaufspreis
+ Bezugskosten einschließlich Verpackung
= Bezugspreis (= Einstandspreis) netto

die Bezugskosten = Kosten, die bei der Beschaffung von Gütern neben dem eigentlichen Kaufpreis anfallen, wie z. B. vom Kunden zu tragende Versandverpackungskosten und Frachtgebühren

2 Bestellung

Wer ist für den Einkauf verantwortlich?

Großbetrieb	Mittelbetrieb	Kleinbetrieb
▪ Einkaufsleiter/in gemeinsam mit Lagerverwaltung, F-&-B-Manager/in, Küchenchef/in und Housekeeping-Manager/in	▪ Küchenchef/in in Absprache mit der Geschäftsführung ▪ Schichtführer/in ▪ Restaurantleiter/in	▪ Inhaber/in in Absprache mit der Köchin/dem Koch ▪ Filialleiter

Bei der telefonischen Bestellung kann man sich im Gespräch zusätzliche Informationen über die Produkte verschaffen. Auch spezielle Wünsche können mitgeteilt und Preisvorteile ausgehandelt werden.

DAS SOLLTEST DU SPEICHERN

Die tägliche Bestellung beim Lieferanten kann telefonisch, per E-Mail, per Fax oder über ein elektronisches Bestellsystem erfolgen.

So geht der Ablauf von der Bedarfserhebung bis zur Verwendung.

1 Bedarfserhebung

- Täglich wird im **Tageslager** und in der Küche kontrolliert.
- Mittels **Materialbedarfslisten** wird der Warenbedarf festgelegt (Soll-Ist-Vergleich im Tageslager) und der Bedarf notiert, z. B. 1 Karton Pommes frites TK, 5 kg

2 Angebote einholen

- Bezugsquellen ermitteln
- Angebote einholen
- Angebote vergleichen

3 Bestellung

- Im **Hauptlager** wird der Lagerstand geprüft (mittels EDV).
- Mittels **Bestellliste** wird beim Lieferanten bestellt: 1# = 5 kg Pommes frites TK

4 Wareneingangskontrolle (nach Anlieferung)

- **Überprüfung** mittels **Lieferschein, Bestellliste** und **Checkliste**
- Der Lieferschein für 1# = 5 kg Pommes frites TK wird kontrolliert und abgeheftet

5 Lagerung

- Die Pommes frites werden ins TK-Lager gebracht.
- 1# = 5 kg Pommes frites TK wird als **Zugang** auf der Lagerfachkarte gebucht

6 Warenentnahme

- Ein Warenentnahmeschein zur Abholung der Materialien vom Hauptlager ins Tageslager wird geschrieben, und zwar für einen Karton Pommes frites TK, 5 kg (lt. Materialbedarfsliste)

7 Verwendung

3 Kaufvertrag

Woran denkst du, wenn du das Wort Vertrag hörst? Vermutlich an ein schriftliches Dokument. Tatsächlich muss ein Kaufvertrag aber nicht unbedingt schriftlich sein. Viele Kaufverträge des täglichen Lebens werden durch bloßes Handeln abgeschlossen, wie z. B., wenn du in einem Supermarkt etwas kaufst.

Bei komplexeren Geschäften (wie z. B. beim Kauf einer Kaffeemaschine) und bei den meisten Geschäften zwischen Unternehmen sind umfangreichere Regelungen erforderlich, um sich später Streitigkeiten zu ersparen.

DAS SOLLTEST DU SPEICHERN

Der Kaufvertrag ist ein Vertrag, bei dem ein Produkt oder eine Dienstleistung gegen Bezahlung eines festgelegten Geldbetrages den Besitzer wechselt. Ein Kaufvertrag kommt also durch eine zweiseitige Willenserklärung zustande.

Mehr Informationen erhältst du auf folgenden Websites:
www.gesetze-im-internet.de/bgb
www.gesetze-im-internet.de/hgb

Bei der **zweiseitigen Willenserklärung** entstehen sowohl beim Käufer als auch beim Verkäufer Pflichten. Der Käufer ist verpflichtet, die Ware anzunehmen und fristgerecht zu bezahlen. Der Verkäufer verpflichtet sich, die Ware frei von Mängeln zu übergeben.

3.1 Rechtliche Voraussetzungen für Kaufverträge

Damit ein Kaufvertrag gültig ist, müssen einige rechtliche Voraussetzungen erfüllt werden.

In diesem Lernfeld geht es prinzipiell nur um den zweiseitigen Handelskauf.

Voraussetzungen eines gültigen Kaufvertrages

Zweiseitigkeit	Übereinstimmende Willenserklärung	Freiwilligkeit	Erlaubtheit	Möglichkeit	Geschäftsfähigkeit
Es müssen mindestens zwei Personen beteiligt sein: Käufer und Verkäufer.	Beide Partner müssen sich über die Bedingungen einig sein (Warenart, Qualität, Menge, Preis der Ware, Zeit und Ort der Lieferung ...).	Es darf niemand dazu gezwungen (bedroht, erpresst ...) werden.	Ein Geschäft darf nicht gegen das Gesetz verstoßen! Es darf mit keinen Waren gehandelt werden, die gesetzlich verboten sind, wie z. B. Schildkrötenfleisch.	Unsinnige Geschäfte, wie z. B. der Verkauf einer Zeitreise, sind ungültig.	Käufer und Verkäufer müssen ein bestimmtes Mindestalter haben und geistig voll handlungsfähig sein.

3.2 Einen Kaufvertrag aufsetzen

Kaufvertragsarten

Kaufverträge können abgeschlossen werden zwischen:
- Privatpersonen = **Privatkauf**
- Verbrauchern (privaten Käufern) und Unternehmen = **einseitiger Handelskauf**
- zwei Unternehmen = **zweiseitiger Handelskauf**

Beim **Verbrauchsgüterkauf (einseitigen Handelskauf)** kauft ein Verbraucher von einem Unternehmer eine bewegliche Sache. Die zweijährige gesetzliche Gewährleistungsfrist kann durch Vereinbarung nicht gekürzt, wohl aber verlängert werden.

Beim **zweiseitigen Handelskauf** muss der Käufer laut Gesetz die Ware unverzüglich prüfen **(Wareneingangskontrolle)** und dem Verkäufer einen Mangel sofort mitteilen. Entdeckt er den Mangel erst später, muss dieser unverzüglich angezeigt werden. Bei absichtlich verschwiegenen Mängeln kann sich der Verkäufer aber nicht darauf berufen, dass der Käufer die Ware sofort prüfen hätte müssen. Es gilt die zweijährige Gewährleistungsfrist.

Die Beweislast-Umkehr
Wenn im ersten Jahr nach dem Kauf ein Sachmangel auftritt, wird vermutet, dass dieser Mangel schon bei der Warenübergabe vorhanden war. Der Verkäufer muss beweisen, dass er nicht an dem Mangel schuld ist. Erst nach Ablauf eines Jahres liegt die Beweislast beim Käufer.

Bestandteile eines Kaufvertrages

Folgende Bestandteile sollen in einem Kaufvertrag enthalten sein:

1. **Wer kauft etwas?** (Name und Anschrift des Käufers)
2. **Von wem?** (Name und Anschrift des Verkäufers)
3. **Übereinstimmende Willenserklärung** (z. B. durch Unterschrift beider Partner)
4. **Ausstellungsort und -datum**
5. **Was wird gekauft?** (Warenart, Menge)
6. **Um welchen Wert?** (Preis der Ware)
7. **Zahlungsbedingungen** (z. B. 3 % Skonto)
8. **Lieferbedingungen** (z. B. Frei Haus)

DAS SOLLTEST DU SPEICHERN

Ein Kaufvertrag kann **mündlich, schriftlich, durch schlüssiges Handeln ohne Worte** (z. B., wenn du im Supermarkt etwas kaufst) oder **elektronisch (online)** abgeschlossen werden. Aus Beweisgründen ist bei vielen Geschäften die schriftliche Form sinnvoll.

3.3 Wenn Kaufverträge nicht erfüllt werden

Bei der Erfüllung von Kaufverträgen läuft nicht immer alles glatt. Unregelmäßigkeiten treten dann auf, wenn ein Vertragspartner seine Pflichten im Zusammenhang mit dem Kaufvertrag nicht erfüllt.

Unregelmäßigkeiten durch den Verkäufer

Nicht-rechtzeitig-Lieferung (Lieferverzug)

DAS SOLLTEST DU SPEICHERN

Der **Verkäufer** gerät in **Lieferverzug,**

- wenn er die Ware nicht rechtzeitig bzw.
- nicht an den vereinbarten Ort liefert oder wenn
- die rechtzeitig gelieferte Ware vom Käufer nicht angenommen wird, weil sie dem Vertrag nicht entspricht.

Fixgeschäft (Fixkauf)

Damit du beurteilen kannst, welche Folgen ein Lieferverzug hat, musst du wissen, ob es sich um ein Fixgeschäft oder ein gewöhnliches Termingeschäft handelt.

Ein Fixgeschäft liegt vor, wenn sich aus dem Zweck des Geschäfts oder aus dem Vertrag eindeutig ergibt, dass der Käufer an einer späteren Lieferung der Ware kein Interesse mehr hat. **Der Verkäufer muss die Lieferung oder Leistung zum vereinbarten Zeitpunkt** erfüllen. Ansonsten gilt der Vertrag als aufgelöst.

Beispiel: Fixgeschäft

Es handelt sich um ein Fixgeschäft, wenn ein Hotel für eine Hochzeitsgesellschaft am 15. Mai 20.. 300 weiße Rosen als Tischschmuck bestellt. Auch ohne ausdrückliche Vereinbarung ist klar, dass diese Bestellung auf die Veranstaltung (= Zweck) bezogen ist. Werden die Rosen erst am nächsten Tag geliefert, muss sie das Hotel nicht mehr annehmen.

FILM AB!

Hier findest du ein Video zum Thema „Lieferverzug“: www.traunerverlag.de/lieferverzug

Gewöhnliches Termingeschäft

Beim gewöhnlichen Termingeschäft (einfachen Zeitgeschäft) ist nur ein **ungefährer Zeitpunkt oder Zeitraum** (z. B. „Lieferung innerhalb von zwei Wochen“, „Lieferung Ende Oktober“) festgelegt. Hier treten die Rechtsfolgen des Lieferverzuges nicht automatisch ein. Der Käufer muss den Verkäufer durch eine **Mahnung** in Verzug setzen.

Häufig gilt eine Frist von 14 Tagen als angemessen. Durch die Nachfrist wird ein gewöhnliches Termingeschäft zum Fixgeschäft.

Schadensersatz
- Schadensersatz kann auch neben der Lieferung verlangt werden – § 325 BGB.
- Selbst bei Rücktritt vom Vertrag bleibt das Recht auf Schadensersatz bestehen – § 325 BGB.
- Schadensersatz kann auch in der Wiederherstellung des Originalzustandes bestehen bzw. in der entsprechenden Geldleistung.
- Der zu ersetzende Schaden umfasst zudem den entgangenen Gewinn – § 249–253 BGB.

In der Mahnung
- setzt der Käufer dem Verkäufer eine angemessene Nachfrist und
- droht ihm Folgen bei Nichteinhaltung an.

Wenn der Verkäufer auch innerhalb der angemessenen Nachfrist nicht liefert, kann der Käufer vom Vertrag zurücktreten. Der Käufer muss bei einem Lieferverzug aber nicht zwingend zurücktreten. Er kann auch auf eine nachträgliche Lieferung bestehen (z. B. bei Waren, die woanders schwierig zu bekommen sind).

Schadensersatz

Der Käufer hat folgende rechtliche Möglichkeiten bei Lieferverzug: Ist dem Käufer durch den Lieferverzug nachweislich ein Schaden entstanden, kann der Käufer vom Verkäufer **Schadensersatz** verlangen. Fälligkeit und Verschulden sind zwingende Voraussetzungen für die Inanspruchnahme dieses Rechts.

Anstelle von Schadensersatz kann der Käufer auch **Ersatz für Aufwendungen** erhalten, die er in Erwartung der Leistung bereits gemacht hat. Es gelten dieselben Voraussetzungen wie für den Schadensersatz.

Beispiel

Ein Wirt hat für ein Sommerfest ein Zelt bestellt. Er hat bereits Eintrittskarten verkauft und Lebensmittel eingekauft. Nun teilt ihm der Zeltbetreiber einen Tag vor dem vereinbarten Liefertermin mit, dass er das Zelt nicht liefern kann. Die Veranstaltung muss abgesagt werden.
Der Wirt kann alle Aufwendungen, die im Zusammenhang mit diesem Fest stehen, als Ersatz vergeblicher Aufwendungen beim Zeltbetreiber inklusive des Verdienstausfalls geltend machen.

Lieferung mangelhafter Ware

DAS SOLLTEST DU SPEICHERN

Ein Mangel ist ein Fehler oder Schaden an einer Ware. Wenn ein Mangel bereits beim Kauf vorhanden war, muss der Verkäufer die mangelhafte Ware grundsätzlich austauschen oder nachbessern.

Arten von Mängeln

Erkennbarkeit	Behebbarkeit	Bedeutung
■ **Offen:** ist bei der Prüfung auf den ersten Blick erkennbar ■ **Geheim (versteckt):** ist nicht sofort erkennbar, kann auch erst nach einiger Zeit auftreten	■ **Behebbar:** Mangel lässt sich relativ einfach beseitigen ■ **Unbehebbar:** kann nicht oder nur mit hohem Aufwand behoben werden	■ **Geringfügig:** ist für die einwandfreie Funktion bzw. Verwendung der Ware unwichtig ■ **Wesentlich (nicht geringfügig):** behindert die einwandfreie Funktion
Beispiele ■ **Offen:** Die gelieferten Himbeeren sind schimmlig. ■ **Versteckt:** Unter der ersten Schicht Himbeeren sind viele faulige Exemplare.	**Beispiele** ■ **Behebbar:** Bei einem Gerät ist die Dichtung defekt. ■ **Unbehebbar:** Ein falscher Kühlschrank wurde geliefert. Da er zu groß ist, passt er nicht an den vorgesehenen Platz.	**Beispiele** ■ **Geringfügig:** Eine Kaffeemaschine hat eine andere Farbe als auf der Verpackung. ■ **Wesentlich:** Der Motor einer Geschirrspülmaschine ist defekt.

Der Käufer hat mehrere rechtliche Möglichkeiten bei einer mangelhaften Lieferung:

Gewährleistung

Der Verkäufer ist gesetzlich verpflichtet, für Mängel einzustehen, wenn sie bereits bei der Übergabe vorhanden waren. Grundsätzlich hat der Käufer die Wahl zwischen einer **Ersatzlieferung (= Austausch)** oder einer **Reparatur (= Nachbesserung).** Man spricht dabei auch von **Nacherfüllung.** In beiden Fällen trägt der Verkäufer die Kosten für Transport, Arbeitsleistung und Materialien. Wenn beides nicht möglich ist oder für den Verkäufer mit einem unverhältnismäßig hohen Aufwand verbunden ist, kann der Käufer entweder eine **Preisminderung** verlangen oder **vom Vertrag zurücktreten.**

FILM AB!

Hier findest du ein Video zum Thema „Mängel“:
www.traunerverlag.de/maengel

Garantie

Bei der Garantie gibt der Verkäufer freiwillig eine vertragliche Zusage, für Mängel einzustehen. Eine Garantie ist gesetzlich nicht geregelt. Wie lange der Hersteller bzw. Händler für Mängel einsteht und wofür er garantiert, bleibt ihm überlassen.

Gewährleistung ist nicht dasselbe wie Garantie. Die Gewährleistung ist gesetzlich festgelegt, die Garantie ist freiwillig. Innerhalb der EU gilt ein gesetzlicher Anspruch auf Gewährleistung von mindestens zwei Jahren.

Produkthaftung

Das Recht auf Gewährleistung betrifft nur gekaufte Ware. Wenn durch den Fehler eines Produktes Folgeschäden an anderen Sachen oder Personen entstehen, muss dafür der Hersteller oder der Importeur der Ware einstehen.

Beispiel
Durch einen mangelhaften Kühlschrank verderben Lebensmittel im Wert von 800,00 EUR.

Fehlerhafte Rechnung

DAS SOLLTEST DU SPEICHERN

Alle Dokumente, die mit dem Kaufvertrag zusammenhängen, müssen sorgfältig kontrolliert werden. Achte darauf, dass die Rechnung vollständig und richtig ist und alle Vereinbarungen eingehalten wurden.

Beispiele für mögliche Fehler
- **Preise, Preisnachlässe** oder **Zahlungsbedingungen** sind in der Rechnung anders als ursprünglich vereinbart
- **Rechenfehler**

Unregelmäßigkeiten durch den Käufer

Nicht nur Verkäufer haben Pflichten, sondern auch Käufer. Grundsätzlich muss der Käufer die gekaufte Ware annehmen und bezahlen. Pflichtverletzungen durch den Käufer sind z. B. Annahmeverzug und Zahlungsverzug.

Annahmeverzug

DAS SOLLTEST DU SPEICHERN

Annahmeverzug entsteht, wenn der Käufer die vertragsmäßig gelieferte bzw. bereitgestellte Ware nicht annimmt oder bis zum vereinbarten Zeitpunkt nicht abholt.

Der Käufer muss die gelieferte Ware grundsätzlich annehmen, wenn sie
- mit der bestellten Ware übereinstimmt,
- mangelfrei ist und
- rechtzeitig an den vereinbarten Ort geliefert wird.

Beispiel
Ein Betrieb bestellt Papierservietten, die jedoch gerade nicht in der gewünschten Farbe lagernd sind. Vier Wochen später wird die Ware wie vereinbart geliefert, aber der Betrieb verweigert die Annahme. Der Einkäufer hat in der Zwischenzeit bei einem anderen Händler Servietten gekauft.

Durch Hinterlegung der Ware kann der Verkäufer seinen Teil des Kaufvertrages (= Lieferung der Ware) einhalten. Er verständigt den Käufer darüber und verlangt die Zahlung.

Eine Rücktrittsmöglichkeit für den Verkäufer besteht erst, wenn
- der Käufer dann immer noch nicht zahlt
- oder beide einvernehmlich einen Rücktritt beschließen.

einvernehmlich = beiderseitig

Nicht-Rechtzeitig-Zahlung (Zahlungsverzug)

DAS SOLLTEST DU SPEICHERN

Der Käufer gerät in Zahlungsverzug, wenn er den Kaufpreis nicht zeitgerecht bezahlt. Die Nicht-rechtzeitig-Zahlung bzw. der Zahlungsverzug ist die häufigste Leistungsstörung bei einem Kaufvertrag.

Für den Erfolg eines Unternehmens sind pünktliche Zahlungseingänge notwendig. Was kann ein Verkäufer also tun, wenn der Käufer nicht zahlt? Er hat **zwei Möglichkeiten:**
- Der Verkäufer kann auf die **Zahlung bestehen.** Bezahlt der Käufer nicht, kann der Verkäufer **rechtliche Schritte androhen oder einleiten.**
- Der Verkäufer kann dem Käufer eine **Nachfrist für die Zahlung** setzen. Wird innerhalb dieser Frist nicht bezahlt, kann der Verkäufer **vom Vertrag zurücktreten.**

Befindet sich die Ware noch beim Verkäufer, muss er sie nicht herausgeben. Solange der Käufer nicht bezahlt hat, kann der Verkäufer die **Übergabe der Ware verweigern.**

Der Verkäufer kann bei Fälligkeit der Zahlung auch vom Vertrag zurücktreten. Er kann u. a. auf eine angemessene Nachfrist verzichten, wenn der Käufer z. B. die Zahlung verweigert oder der Zahlungstermin kalendermäßig bestimmt war.

Was passiert, wenn man eine fällige Rechnung übersieht?

Üblich sind in der Praxis **Zahlungserinnerungen bzw. Mahnschreiben,** bevor rechtliche Schritte eingeleitet werden. Viele Verkäufer berechnen zusätzlich hohe **Verzugszinsen und Mahnspesen,** wenn der Käufer nicht zeitgerecht zahlt.

Was ist ein kalendermäßiger Zahlungstermin?
Manchmal wird für den Zahlungstermin vertraglich ein genaues Datum vorgegeben: z. B. 13. November 2023. Hat der Käufer bis dahin nicht bezahlt, kommt er ohne Mahnung in Verzug.

Ist das Begleichen der Rechnung nicht kalendermäßig bestimmt, dann kommt der Käufer 30 Tage nach Fälligkeit und Erhalt einer Rechnung in Verzug.

Eine Mahnung muss in beiden Fällen nicht geschrieben werden.

Und hier nochmals der ganze Ablauf im Überblick

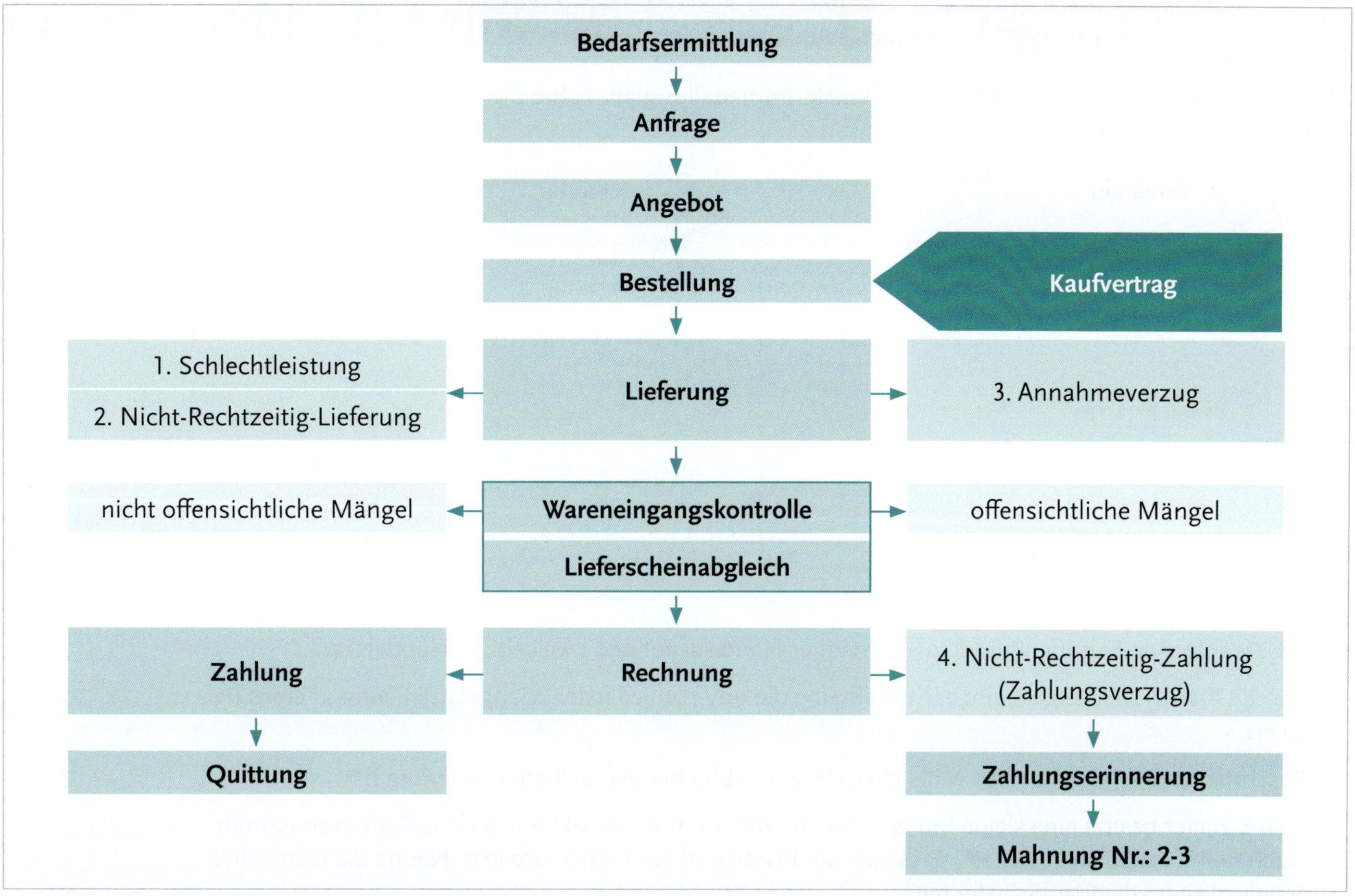

WortschatzBox – „Bestellung und Kaufvertrag“

- Vervollständige die folgenden Erklärungen mit den passenden Begriffen aus diesem Kapitel.

Schadenersatz ■ Lieferverzug ■ Fixgeschäft ■ Termingeschäft ■ Gewährleistung ■ zweiseitigen Handelskauf ■ Mahnspesen ■ Verzugszinsen

Bei einem **F**________________ muss der Verkäufer zu einem vereinbarten Zeitpunkt liefern.

Ist dem Käufer durch den Lieferverzug nachweislich ein Schaden entstanden, kann der Käufer vom Verkäufer **S**________________ verlangen.

Der Verkäufer ist gesetzlich verpflichtet, für Mängel einzustehen, wenn sie bereits bei der Übergabe vorhanden waren. Das nennt man **G**________________.

Bei einem gewöhnlichen **T**________________ ist nur ein ungefährer Zeitpunkt oder Zeitraum (z. B. „Lieferung innerhalb von zwei Wochen“, „Lieferung Ende Oktober“) festgelegt.

Wenn ein Verkäufer die Ware nicht rechtzeitig bzw. wie vereinbart liefert, gerät er in **L**________________.

Beim **z**________________________ muss der Käufer laut Gesetz die Ware unverzüglich prüfen (Wareneingangskontrolle) und dem Verkäufer einen Mangel sofort mitteilen.

Wenn der Käufer nicht zeitgerecht zahlt, berechnen viele Verkäufer zusätzlich hohe **V**________________ und **M**________________.

Ziele erreicht? – „Bestellung und Kaufvertrag“

KOMPETENZ-ERWERB

1. Bei der Erfüllung von Kaufverträgen läuft nicht immer alles glatt. Führe die Gründe an, die dazu führen, dass ein Kaufvertrag nicht erfüllt werden kann.

Verkäufer

1. ______________________________

2. ______________________________

3. ______________________________

Käufer

1. ______________________________

2. ______________________________

2. Erkläre folgende Begriffe: Privatkauf, einseitiger Handelskauf und zweiseitiger Handelskauf.

3. Welche Arten von Mängeln gibt es? Beschreibe die unterschiedlichen Mängelarten anhand eines Beispiels.

4. Beschreibe, welche rechtlichen Möglichkeiten ein Käufer bei mangelhafter Lieferung hat.

5. Frau Schiefer besitzt eine kleine Imbisskette und hat für ihre Geschäfte drei neue Fritteusen gekauft. Nach drei Wochen stellt sie fest, dass sich der Plastikgriff am Frittierkorb löst. Nenne die rechtlichen Möglichkeiten, die Frau Schiefer hat.

6. Für die Geburtstagsfeier eines Gastes bestellt das Restaurant „Zur Sonne“ in einer Bäckerei 100 Stück Obstkuchen und sechs Torten, die am Samstag um 12:00 Uhr geliefert werden sollen. Um 13:00 Uhr sind die Kuchen immer noch nicht da.

a) Um welche Art der Kaufvertragsstörung handelt es sich?

b) Welche rechtlichen Möglichkeiten hat das Restaurant?

c) Wie viele Nachfristen muss das Restaurant der Bäckerei setzen, damit es seine nachrangigen Rechte als Käufer in Anspruch nehmen kann?

7. In den Gasthof „Zur Bahn“ wurde neue Tischwäsche geliefert – leider in einer mangelhaften Qualität.

a) Um welchen Mangel handelt es sich?

b) Nenne die Rechte, die Kurt Ostbahn, der Besitzer des Gasthofes, nach dem Kaufvertragsrecht geltend machen kann.

8. Ein Gast sollte eine Rechnung für eine Veranstaltung bis gestern überwiesen haben. Noch ist der Betrag nicht auf dem Konto eingegangen.

a) Wie heißt diese Störung des Kaufvertrages?

b) Nenne die Rechte, die dem Betrieb nach dem Kaufvertragsrecht zustehen.

9. Frank Müller hat für sein Restaurant Möbel gekauft. An einem Tisch fehlt ein Stück Kantenumleimer. Der Verkäufer reagiert nicht auf seine Aufforderung zur Nachbesserung.
Welche Möglichkeiten hat Herr Müller, damit der Mangel behoben wird?

Einen interaktiven Safety-Check findest du in der TRAUNER-DigiBox.

Warenannahme, Warenlagerung und Warenausgabe

„Magazin“ ist die Bezeichnung für alle Lagerräume in einem gastronomischen Betrieb. Die Verwaltung dieser Lagerräume umfasst die Bereiche Warenannahme, Warenlagerung mit Lager- und Produktkontrolle sowie Warenausgabe. In Großbetrieben gibt es eine eigene Lagerverwaltung, in Klein- und Mittelbetrieben übernimmt diese Aufgaben meist der Küchenchef/die Küchenchefin oder ein/e Stellvertreter/in.

Die Lagerverwaltung erfolgt in den meisten Betrieben computerunterstützt. Eine schriftliche Dokumentation des gesamten Warenweges ist vorgeschrieben.

Meine Ziele

KOMPETENZ-ERWERB

Nach Bearbeitung dieses Kapitels kann ich
- die Aufgaben eines Magazins erklären;
- Waren korrekt annehmen;
- den Unterschied zwischen Mindesthaltbarkeits- und Verbrauchsdatum erklären;
- die unterschiedlichen Lagerarten nennen;
- Waren fachgerecht einlagern;
- den Befall mit Vorratsschädlingen erkennen und Maßnahmen einleiten;
- eine Warenausgabe bzw. -entnahme aus dem Lager korrekt durchführen;
- verschiedene Ordnungssysteme in der Lagerverwaltung nennen;
- die Bedeutung von Lagerkennzahlen erläutern;
- einfache Lagerkennzahlen berechnen und sie als Grundlage für die Arbeit im Magazin verwenden;
- analysieren, welche Bestellrhythmen sinnvoll sind.

1 Warenannahme

Gestern war ich bei der Warenannahme mit dabei. Mein Chef prüfte die Ware genau und reklamierte so einiges. Da waren Erdbeeren, die verschimmelt waren, vom Fleisch wurde viel zu viel geliefert und statt des Radicchios wurde Feldsalat geliefert. Mein Chef war ziemlich sauer.

Bei der Warenannahme werden die bestellten Waren zum vereinbarten Termin und in der entsprechenden Menge und Qualität übernommen. Eine **sofortige Prüfungspflicht (Wareneingangskontrolle)** der Ware ist gesetzlich vorgeschrieben. Wird ein offener Sachmangel festgestellt, muss dieser unverzüglich gerügt werden.

der offene Sachmangel = Mangel, der sofort bei der Anlieferung erkannt wird; ein **versteckter Sachmangel** wäre z. B. eine Lage roter statt blauer Servietten unten im Karton.

Mögliche Sachmängel

- **Falsche Ware:** z. B. Endiviensalat statt Eisbergsalat
- **Mangelnde Güte:** z. B. welker Salat, schimmlige Himbeeren
- **Falsche Menge:** z. B. 50 kg Rindfleisch statt 40 kg, 20 l Milch statt 40 l

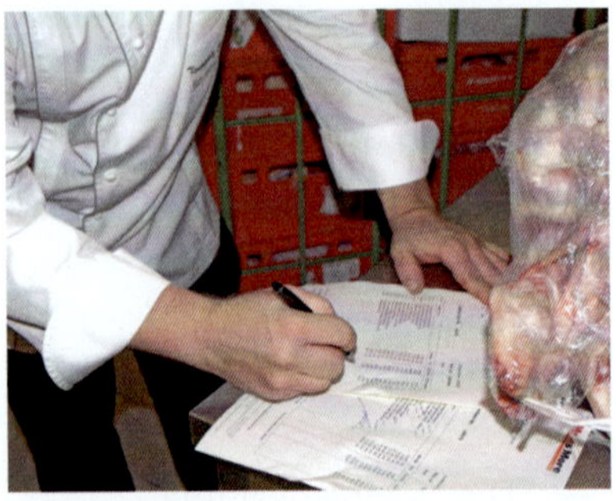

Bei der Warenübernahme muss der Lieferschein überprüft werden.

das Warenwirtschaftssystem (WaWi-System oder WWS) = Softwaresystem, das dazu dient, Einkauf, Lagerhaltung, Verwaltung, Planung, Verkauf und Kontrolle zu unterstützen

CHECKLISTE

Warenannahme

- ☐ **Lieferschein überprüfen:** Zunächst Lieferort und Datum mit dem Bestellschein vergleichen, danach die Menge und das Gewicht. Die Menge und das Gewicht müssen mit der Bestellung bzw. mit der Lieferung übereinstimmen.
- ☐ **Wareneingangskontrolle:** Qualität, Temperatur, Gebinde und Haltbarkeitsdaten (v. a. bei Trockenprodukten und Tiefkühlware) werden überprüft. Mangelhafte Ware geht an den Lieferanten retour. Die Mängel werden auf dem Lieferschein vermerkt, der vom Lieferanten gegengezeichnet werden muss.
- ☐ **Waren verbuchen:** Die gelieferten Lebensmittel werden als Wareneingang entweder im Warenwirtschaftssystem oder in die Marktliste bzw. Lagerkarteiliste eingetragen. Dabei werden neben dem Lagerbestand auch die Einheit, der Einkaufspreis und der Lieferant angeführt.
- ☐ **Waren sachgemäß lagern:** Die Ware wird mit dem Eingangsdatum versehen und in den vorgesehenen Lager- und Kühlräumen sachgemäß untergebracht.

Wodurch unterscheiden sich Mindesthaltbarkeitsdatum und Verbrauchsdatum?

Das **Mindesthaltbarkeitsdatum (MHD)** gibt an, bis zu welchem Datum das Lebensmittel unter den angegebenen Lagerbedingungen seine spezifischen Eigenschaften und seinen Geschmack behält. **Es ist kein Verfallsdatum** – deshalb ist der Gebrauch auf eigene Verantwortung nach einer sensorischen Prüfung möglich.

Das **Verbrauchsdatum** ist für besonders leicht verderbliche Waren, wie z. B. rohes Hackfleisch, Knochen oder Fisch, zwingend vorgeschrieben. Der Text auf der Verpackung lautet: **„Zu verbrauchen bis …“ Nach diesem Datum dürfen diese Lebensmittel nicht mehr verwendet werden,** da sie die Gesundheit gefährden können.

Die Warenannahme im Überblick

Die einzelnen Schritte der Warenannahme sind als Fließdiagramm dargestellt.

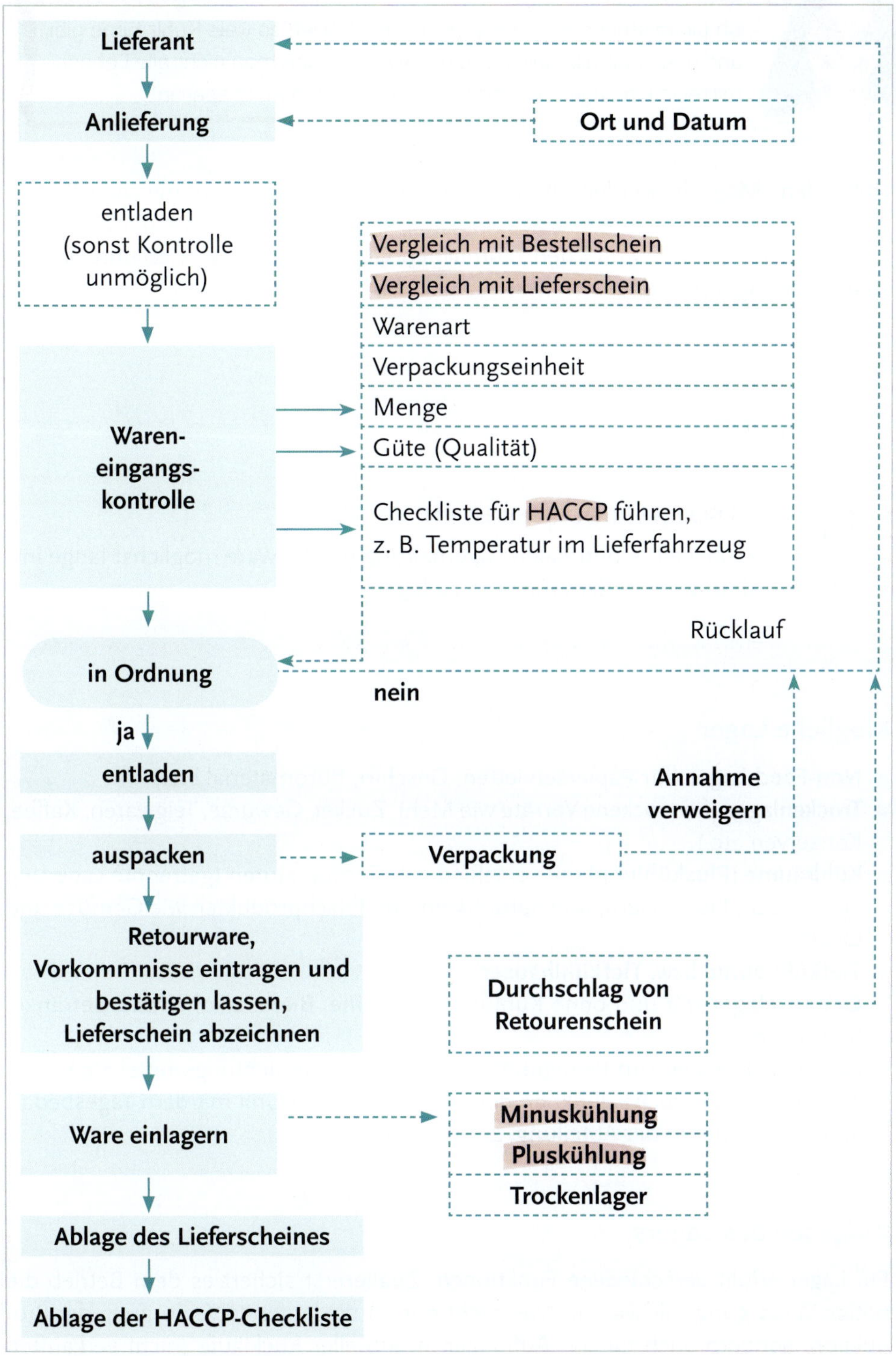

Selbstverständlich wird nicht jede gelieferte Kartoffel einzeln geprüft, sondern es wird eine **Stichprobe** genommen. Eine Faustregel besagt, dass 5 % der Ware geprüft werden müssen.

Vergleich mit Bestellschein: Ware, die nicht bestellt wurde, wird auch nicht angenommen.

die Lieferscheinkontrolle: Jeder Mangel muss sofort auf dem Lieferschein vermerkt werden. Der Lieferant muss den Mangel durch seine Unterschrift auf dem Lieferschein bestätigen.

das HACCP-Konzept = vorbeugendes Kontrollsystem, mehr dazu in Lernfeld 3.

die Minuskühlung = im Tiefkühlhaus oder Tiefkühlschrank

die Pluskühlung = im Kühlhaus oder Kühlschrank

2 Warenlagerung

Ich bin erstaunt, dass es in unserem Betrieb so viele Kühlräume gibt und dass fast alle halbleer sind. Warum kann man nicht alle Lebensmittel in ein Lager packen? Das würde doch Platz sparen!

Unter dem **Magazin** werden alle Lagerräume in einem gastronomischen Betrieb verstanden. Je nach Größe des Betriebes, der Produktpalette sowie dem Anteil an Convenience-Produkten und den räumlichen Gegebenheiten gibt es unterschiedliche Warenlagerräume.

Convenience-Produkte = Halbfertig- und Fertigprodukte; die Produktpalette reicht von Tomatenmark über geputztes, vorportioniertes Gemüse, halbfertige Produkte wie Kroketten oder diverse Nudelvarianten bis hin zu fertigen Speisen.

2.1 Lagerarten

DAS SOLLTEST DU SPEICHERN

Das Ziel einer optimalen Lagerhaltung ist, die Ware möglichst lange in ordnungsgemäßem Zustand zu lagern.

Mögliche Lager

- **Non-Food-Lager** (für Papierservietten, Geschirr, Büromaterial etc.)
- **Trockenlager** (für trockene Vorräte wie Mehl, Zucker, Gewürze, Teigwaren, Kaffee, Konserven etc.)
- **Kühlräume (Pluskühlung)** mit verschiedenen Temperaturen (getrennte Lagerung von Fleisch, Fisch, Eiern, Milchprodukten und Frischprodukten wie Gemüse und Obst)
- **Tiefkühlräume bzw. Tiefkühlhäuser**
- **Getränkelager** mit und ohne Kühlung (für Weine, Biere, alkoholfreie Getränke, Spirituosen)
- **Gefahrenstofflager** (für Reinigungsmittel, Insektenvernichtungsmittel etc.)
- **Tageslager** (Lagerplatz direkt an der Station, z. B. am Grill mit dem Tagesbedarf an Fleisch, oder in der Abteilung, z. B. im Café)

Aufgaben des Lagers

Ein Lager erfüllt verschiedene Funktionen. Zuallererst sichert es dem Betrieb die nötige Versorgung mit Waren. Aber nicht nur für die laufende Versorgung der Produktion, sondern auch für das Auffangen eventueller Rückläufe (nicht verkaufter, aber vorgefertigter Ware) muss das Lager sorgen. Nur so ist ein kontinuierlicher Geschäftsablauf gesichert.

Nicht jeder Betrieb hat dieselbe Lagerart. Aus der Produktpalette ergibt sich, welche Lagerarten ein Betrieb braucht. Wird z. B. aus unterschiedlichen Lebensmittelbereichen Frischware verwendet, dann sind mehrere Kühlräume mit verschiedenen Temperaturzonen nötig.

Aufgaben eines Lagers

Sicherung

Das Lager stellt sicher, dass jederzeit genügend Waren verfügbar sind, damit es zu keinem Engpass kommt und alle Gäste versorgt werden können.

Ausgleich bzw. Überbrückung

Verspätete Lieferungen oder Lieferausfälle sowie eine plötzlich steigende Nachfrage können zu Lieferengpässen führen. Ein ausreichender Vorrat (eiserne Reserve) hilft, solche Schwankungen zu überbrücken.

Veredelung

Manche Produkte reifen durch eine passende Lagerung und nehmen somit an Qualität und Wert zu, wie z. B. manche Weine. Ein weiterer Grund ist jedoch der Preis. So sind junge Rotweine wesentlich günstiger als Weine mit optimaler Reife.

Wenn Preise steigen oder schwanken, kann es sinnvoll sein, gewisse Waren auf Vorrat zu bestellen, wie z. B. Kaffee. Der Betrieb kauft dann ein, wenn die Waren besonders günstig sind. Außerdem gewähren Lieferanten bei größeren Bestellmengen oft höhere Rabatte.

Hauptlager nach der Warenanlieferung

Küche (Lebensmittel)

- **Trockenlager**
  Teigwaren, Convenience-Produkte, Öle, Gewürze, Kaffee, Tee, Konserven
- **Kühlhaus (Pluskühler)**
  mit Klimazonen
  Fisch, Fleisch, Gemüse, Milchprodukte
- **Tiefkühlzelle (Minuskühler)**
  Kartoffelprodukte, Gemüse, Fleisch, Fisch

Service (Getränke)

- **Flaschenlager**
  Glas- und Plastikgebinde, Tetra Paks
- **Fass- und Containerlager**
  Bierfässer, Sirupcontainer, Bag-in-Boxes (BiBs)
- **Weinlager**
  Rot-, Weiß- und Roséweinflaschen

Non-Food-Lager

- **Gastrobedarf**
  Servietten, Einwegboxen, Verpackungsmaterial
- **Büromaterial**
  Papier, Ordner
- **Sanitärmaterial**
  Seifen, Toilettartikel
- **Putzmittelmagazin**
  Reinigungsmittel, Reinigungsgeräte
- **Geschirrmagazin**
  Reservegeschirr, Besteck

Mülllager

- **Ungekühlt und getrennt**
  Wert- und Sperrmüll, Restmüll
- **Gekühlt**
  Speisereste, Küchenabfälle (die Kühlung kann bei speziellen Behältern und oftmaliger Entsorgung entfallen)

Tageslager Küche und Servicebereich (evtl. Etagenlager im Hotelbereich)

Küche am Produktionsplatz

- **Schränke für Trockenprodukte**
- **Kühlschränke und Kühlschubladen** (Pluskühler) z. B. neben dem Grillplatz
  Einordnung wie oben
- **Tiefkühlzelle (Minuskühler)**
  z. B. neben der Fritteuse
  Einordnung wie oben

Service (Getränke)

- **Getränkeabgabe an der Kasse**
  Kühlschubladen für alle Getränke
- **Weinklimaschrank im Restaurant**
  mit diversen Temperaturzonen
- **Zapfanlage**
  Postmix- oder Premixanlage

Non-Food-Lager

- **Zwischenlager in den einzelnen Abteilungen**
  Küche, Service-Office, Reinigungsmittel-Office

Mülllager

- **Kleinmüllsammelstellen**
  vor der Küche (Spülbecken), im Service-Office

Das FIFO-Prinzip gilt nicht nur für Lebensmittel, sondern auch für Wäsche etc.

das HACCP-Konzept = vorbeugendes Kontrollsystem, mehr dazu in Lernfeld 3 ab S. 124.

2.2 Lagerung und Lagerpflege

Das A & O der Warenlagerung

- Bei Kühl- und Tiefkühlware darf die Kühlkette nicht unterbrochen werden.
- Das **FIFO-Prinzip** (first in, first out) muss eingehalten werden, was bedeutet, dass neue Ware hinter die alte geräumt wird. Allerdings muss dabei unbedingt auf das Mindesthaltbarkeitsdatum geachtet werden, denn nicht immer ist die neu gelieferte Ware auch die frischeste.
- Verdorbene Ware muss umgehend fachgerecht entsorgt werden.

DAS SOLLTEST DU SPEICHERN

Gelagert wird nach dem Prinzip **„first in – first out“**, kurz **FIFO.** Das heißt, schon länger auf Lager liegende Produkte werden zuerst verwendet.

Lagerpflege

Auch ein Lagerraum muss gepflegt werden, was bedeutet, dass er regelmäßig gereinigt werden muss. Im Hygieneplan nach dem HACCP-Konzept ist verzeichnet, in welchen Abständen der Lagerraum zu reinigen ist.

CHECKLISTE

Jeder Lagerraum muss hinsichtlich folgender Kriterien regelmäßig kontrolliert werden:

- ☐ Schmutz
- ☐ Eventuelle Vorratsschädlinge
- ☐ Verdorbene Lebensmittel
- ☐ Defekte Verpackungen
- ☐ Unbrauchbare Waren
- ☐ Verpackte Lebensmittel sind zusätzlich auf ihr Mindesthaltbarkeitsdatum (MHD) zu prüfen (Einhaltung des FIFO-Prinzips)
- ☐ Alle Missstände sind umgehend zu beseitigen.

Schädlingsbefall

Prinzipiell werden zwei Arten von Schädlingen unterschieden:

- **Vorratsschädlinge** und
- **Hygieneschädlinge**

Vorratsschädlinge machen die gelagerten Lebensmittel ungenießbar bzw. unbrauchbar. Der Schaden entsteht einerseits durch die Vernichtung der Vorräte (Fraßschäden), andererseits durch die Verunreinigung durch Kot, Häutungsreste, Kokons, Spinnfäden, Maden, tote Tiere etc. Sowohl Ratten und Mäuse als auch Käfer, Motten, Fliegen, Schaben und Ameisen zählen zu dieser Kategorie.

Vorratsschädlinge können aber auch verderbende bzw. krank machende Keime auf die Lebensmittel übertragen oder Allergien hervorrufen. Dann spricht man von **Hygieneschädlingen.**

Mehlmotte

Mehlkäfer

Küchenschabe (Kakerlake)

Ameisen

Ratte

Maus

Es gibt zwei Möglichkeiten, wie Schädlinge in einen gastronomischen Betrieb gelangen können:

- Aktiv, indem sie durch geöffnete Türen, Fenster, Ritzen etc. kommen
- Passiv, indem sie durch Warenlieferungen eingeschleppt werden, wie z. B. Getreidekäfer, Motten, Milben

DAS SOLLTEST DU SPEICHERN

Vorratsschädlinge können großen wirtschaftlichen Schaden anrichten. Das Einschleppen von Schädlingen kann durch eine sorgfältige Wareneingangskontrolle verhindert werden.

Wie beugt man dem Schädlingsbefall im Betrieb vor?

- Laufende Kontrollen aller Betriebsräume und eingelagerten Lebensmittel auf Spuren von Schädlingsbefall (Kot, Tiere, Gespinste, Fraßschäden etc.)
- Gewissenhafte Wareneingangskontrolle
- Lagerung von Getreideprodukten, Früchte- und Kräutertee, Trockenfrüchten etc. in verschlossenen Behältnissen
- Intakte Fliegengitter vor den Fenstern
- Regelmäßige Beseitigung von baulichen Mängeln, wie kaputten Fliesen, Ritzen und Fugen. Sie sind bevorzugte Brutstätten von Insekten.
- Müll fachgerecht lagern! Besonders im Sommer zieht das Mülldepot Ratten und Fliegen an.
- Anwendung des FIFO-Prinzips

Was tun, wenn die Schädlinge schon da sind?

- Meldung an die Betriebsleitung
- Gesamtreinigung veranlassen
- Lebensmittel, die durch Schädlinge verdorben sind, sofort und vollständig entsorgen
- Schädlingsbekämpfungsmittel einsetzen bzw. bei Bedarf professionelle Hilfe (Kammerjäger) anfordern

Mottenbefall erkennt man an herumfliegenden Motten, Gespinsten in den Packungen mit Getreideprodukten, Früchtetee etc. sowie an Larven (Maden).

Manchmal kann nur noch ein Kammerjäger helfen.

3 Warenausgabe

Tom wurde ins Lager geschickt, um noch eine Palette Joghurt zu holen. Im Lager fällt ihm ein, dass er auch noch Tomaten braucht. Er nimmt sie einfach mit, ohne es irgendwo zu vermerken. Er denkt sich: „Sind zwar die letzten hier im Lager, aber ich brauche sie schließlich und der Chef wird schon neue bestellen."

Wie denkst du über Toms Vorgehensweise?

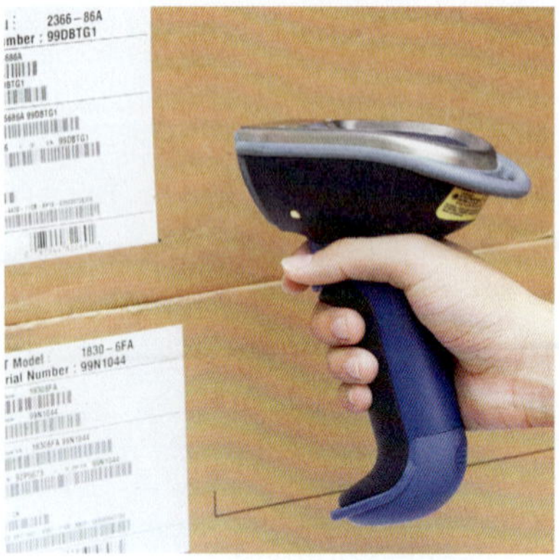

In großen Betrieben bzw. Betrieben der Systemgastronomie wird die Warenentnahme oft per Scanner vermerkt.

Auch die Warenausgabe muss standardisiert ablaufen. Einfach Ware aus dem Lager zu entnehmen, ohne dies irgendwo zu vermerken, ist nicht professionell. Zudem sollte nur jene Ware entnommen werden, die tatsächlich benötigt wird. Denke nur einmal an Kühl- und Tiefkühlwaren – werden die entnommenen Waren nicht verkauft, müssen die Überbestände entsorgt werden.

Bevor die Waren aus dem Lager entnommen werden, müssen sie im Warenwirtschaftssystem erfasst werden. Die Warenanforderung ergibt sich aus den Rezepten. Sie muss konkrete Mengenangaben und Artikelbezeichnungen enthalten.

Es gibt verschiedene Möglichkeiten, die Warenentnahme zu vermerken:
- entweder auf der Lagerfachkarte direkt am Regal in Papierform,
- im digitalen Warenwirtschaftssystem oder
- per Scanner, damit die Entnahme direkt ins Warenwirtschaftssystem einfließt.

Das Warenwirtschaftssystem und gegebenenfalls die Lagerfachkarte müssen die Eingänge und Abgänge im Lager erfassen. Dies ermöglicht eine ständige Übersicht über den Bestand.

Messen: z. B. angebrochene Flaschen
Zählen: z. B. Weinflaschen, Dosen, Serviettenpackungen
Wiegen: z. B. Fleisch

Wenn eine exakte Warenbestandsaufnahme **nicht möglich** ist, darf auch geschätzt werden, wie z. B. bei angebrochenen Fässern.

DAS SOLLTEST DU SPEICHERN

Der **Sollbestand gibt den Wert an, der im Lager vorhanden sein soll.** Er errechnet sich folgendermaßen:

Sollbestand = Warenbestand laut Inventur + Zugänge – Abgänge

Der **Istbestand wird durch die Inventur (Zählen, Messen bzw. Wiegen der Ware) ermittelt.** Gibt es eine Differenz zwischen Soll- und Istbestand, spricht man von einem Fehlbestand.

Bei einer monatlichen Inventur bzw. einer täglichen Stichprobeninventur werden Fehlmengen frühzeitig erkannt und es kann sofort reagiert werden.

Fehlbestände

Ein Fehlbestand kann unterschiedliche Gründe haben, z. B.:
- verdorbene Ware,
- Diebstahl und Schwund (z. B. durch falsch bemessene Mischgetränke)
- die Datenerfassung bei der Warenausgabe wurde vergessen

Inventur

Der Zweck einer Inventur ist, den realen Bestand oder Ist-Bestand festzustellen. Laut Gesetz muss eine Inventur einmal pro Jahr durchgeführt werden. Viele gastronomische Betriebe führen täglich eine Inventur der wichtigsten Artikel durch, um den Ist-Bestand permanent im Auge zu behalten. Wie oft eine Inventur durchgeführt wird, hängt u. a. von der Größe und der Art des Betriebes ab.

4 Verwaltungstätigkeiten im Magazin

Gerade kommt eine Lieferung mit 30 Kartons Pommes. Ob das wohl stimmt? Auf dem Lieferschein sind 30 Kartons angegeben, aber haben wir die auch bestellt? Ich war letzte Woche nicht da – mal sehen, wo die Kollegen die Bestellung hingelegt haben.

Auch im Magazin müssen diverse Schriftstücke, wie z. B. Bestellscheine, Lieferscheine, Warenanforderungsscheine, Gutschriften für Retouren oder Checklisten der Warenannahme, verwaltet werden. Die Lieferantenkarteien sind zu pflegen. Für die benötigten Waren ist ein Mindestbestand zu berechnen und die Bestellrhythmen sind festzulegen.

Eine konsequente Verwaltung der Schriftstücke verhindert Stress.

4.1 Verwaltung von Schriftstücken im Magazin

Damit die Schriftstücke schnell gefunden werden können, ist ein Ablagesystem nötig. Viele gastronomische Betriebe arbeiten mit digitalen Ablage- bzw. Verwaltungssystemen. Andere nutzen zur Ablage der Schriftstücke Ordner, Hängeregistraturen etc.

Was es braucht, ist ein System. Die Ordner können nach bestimmten Vorgängen angelegt sein, z. B. für die Bestellungen, die Lieferscheine, die Gutschriften und die Warenanforderungen. Oder man ordnet die Lieferscheine gleich den Bestellungen zu und hat pro Lieferant einen Ordner für die verschiedenen Schriftstücke.

Damit man die Schriftstücke in einem Ordner (digital oder analog) schnell finden kann, müssen sie systematisch geordnet sein, wie z. B. nach
- dem Alphabet (Name des Lieferanten),
- dem Eingangsdatum oder
- der Lieferscheinnummer.

Findest du ein einheitliches (standardisiertes) Ablage- bzw. Ordnungssystem innerhalb eines Unternehmens sinnvoll? Diskutiere die Vor- und Nachteile.

4.2 Lagerkennzahlen

Grundsätzlich sollten Speisen und Getränke serviert werden können, wenn sie der Gast bestellt hat. Besonders in der Systemgastronomie ist das sehr wichtig. Was aber, wenn sich die Lieferung verspätet oder ein unerwarteter Gästeansturm das Lager räumt? Was passiert, wenn die Ware nicht in der gewünschten Qualität angeliefert wurde, wenn Ware im Lager verdorben ist oder gestohlen wurde?

Für solche Notfälle legt man eine **eiserne Reserve** bzw. einen **Mindestbestand** fest.

Mindestbestand

DAS SOLLTEST DU SPEICHERN

Der Mindestbestand **sichert das Bestehen des laufenden Geschäftes.** Die Höhe richtet sich nach dem durchschnittlichen Verbrauch pro Tag, der Lieferzeit und der Zuverlässigkeit der Lieferanten.

Der Verbrauch pro Tag ist oft großen Schwankungen ausgesetzt. Daher wird der Mindestbestand in der Gastronomie meist mithilfe von **Erfahrungswerten** festgelegt, regelmäßig überprüft und angepasst.

Ein zu niedrig angesetzter Mindestbestand kann im Notfall dazu führen, dass man das gewünschte Produkt nicht verkaufen kann. Ein zu hoher Mindestbestand bindet unnötig Lagerkapazitäten und Kapital und vergrößert das Risiko des Warenverderbs. Es sollte daher ein Wert für den Mindestbestand festgelegt werden.

Beispiel: Café Müslizeit
Das Café Müslizeit hat von 7:00–18:00 Uhr geöffnet. Das Sortiment besteht aus Heiß- und Kaltgetränken, verschiedenen Frühstücksspeisen etc. Für die Herstellung von heißer Schokolade und diversen Müslis wird Frischmilch verwendet.

Die Lieferzeit für Frischmilch beträgt zwei Tage, der durchschnittliche Verbrauch pro Tag beträgt 10 Packungen Milch.

Der Mindestbestand könnte rechnerisch wie folgt festgelegt werden:
Mindestbestand = 2 x 10 = 20 Packungen Milch

Höchstbestand

Um die Lagerkosten gering zu halten, aber auch um Überlagerung und Verderb zu verhindern, wird für viele Artikel auch eine Höchstbestandsmenge festgelegt. Mit der Lieferung der Ware wird der Höchstbestand erreicht.

DAS SOLLTEST DU SPEICHERN
Die Bestellmenge ist die Differenz zwischen Mindestbestand und Höchstbestand.

Meldebestand

Der Meldebestand **gibt den optimalen Zeitpunkt für die Bestellung an.** Damit der Mindestbestand immer gesichert ist, muss man die Bestellungen unter Einberechnung der Lieferzeiten rechtzeitig absenden.

Berechnung des Meldebestandes

durchschnittlicher Verbrauch x Lieferzeit
\+ Mindestbestand
= **Meldebestand**

Die Zeiteinheiten müssen immer gleich sein. Wird die Lieferzeit in Tagen angegeben, muss auch der Verbrauch pro Tag verwendet werden.

Beispiel: Café Müslizeit
Die Lieferzeit für Frischmilch beträgt zwei Tage, der durchschnittliche Verbrauch pro Tag zehn Packungen Milch.

Berechnung: Meldebestand = (2 x 10) + (2 x 10) = **40 Packungen**

Wird der Mindestbestand **nicht** errechnet, sondern einfach mit zehn Packungen festgelegt, ergibt sich folgendes Beispiel:

Beispiel

Die Lieferzeit beträgt 2 Tage, der durchschnittliche Verbrauch pro Tag beträgt 10 Packungen Milch.
Meldebestand = (2 x 10) + 10 = 30

	Mo	Di	Mi	Do	Fr	Sa	So	Mo	Di	Mi
Bestand abends	30 Ø Bestellung von 20	20	30 neue Bestellung von 20	20	10	20 neue Bestellung von 30	10	30 Bestellung von 20	20	30 Bestellung von 20

	Mo	Di	Mi	Do	Fr	Sa	So	Mo	Di	Mi
Bestand morgens	40 Lieferung kommt	30	20 + 20 = 40 Lieferung kommt	30	20 Lieferung kommt nicht	10 + 20 = 30 Lieferung kommt	20	10 + 30 = 40 Lieferung kommt	30	20 + 20 = 40 Lieferung kommt

Durchschnittlicher Lagerbestand

Je mehr und je länger Ware im Lager liegt, desto länger ist wertvolles Kapital gebunden, was bedeutet, dass dieses nicht zur Verfügung steht, um z. B. offene Rechnungen zu begleichen. Um die Kapitalbindung zu berechnen, benötigt man zunächst die Kennzahl „Durchschnittlicher Lagerbestand".

Den durchschnittlichen Lagerbestand ermittelt man, um festzustellen, **wie viel Waren und Materialien pro Periode im Durchschnitt gelagert werden.** Für jeden Artikel kann neben dem Mengendurchschnitt (kg, l, Stück, Flaschen etc.) auch der wertmäßige Durchschnitt in Euro ermittelt werden.

Berechnung des durchschnittlichen Lagerbestandes

$$\textbf{Durchschnittlicher Lagerbestand (Ø LB)} = \frac{\text{Anfangsbestand + Endbestand}}{2}$$

$$\textbf{Ø LB mit Monatsendbeständen} = \frac{\text{Anfangsbestand + 12 Monatsendbestände}}{13}$$

DAS SOLLTEST DU SPEICHERN

Je kleiner die Intervalle sind, desto genauer wird die Kennzahl. So kann man monatliche, wöchentliche oder tägliche Bestände verwenden.

Beispiel

Der durchschnittliche Lagerbestand für eine Woche mit den Zahlen aus der oberen Tabelle zur Berechnung des Meldebestandes:

$$\textbf{Berechnung: Ø LB} = \frac{30 + 20 + 30 + 20 + 10 + 20 + 10}{7} = \frac{140}{7} = 20$$

Für eine Periode kann man z. B. den Jahresanfangsbestand und den Jahresendbestand heranziehen.

Werden zur Berechnung nur der Jahresanfangs- und der Jahresendbestand verwendet, ist das Ergebnis verfälscht: (40 + 20) / 2 = 30

In der Praxis wird die durchschnittliche Lagerdauer meist für 12 Monate berechnet, da sie dann eine genauere Aussage zulässt.

Beispiel

Anfangsbestand	Endbestände											
Jan	Jan	Feb	Mär	Apr	Mai	Jun	Jul	Aug	Sep	Okt	Nov	Dez
40	60	30	90	60	40	93	60	70	40	30	30	20

$$\text{Ø LB} = \frac{40 + 60 + 30 + 90 + 60 + 40 + 93 + 60 + 70 + 40 + 30 + 30 + 20}{13} = \frac{633}{13} = 51$$

Liegen die Bestandswerte in Euro vor, erhältst du auch den durchschnittlichen Lagerbestand in Euro. Der Wert des durchschnittlichen Lagerbestandes kann auch durch die Multiplikation des durchschnittlichen Lagerbestandes in Stück mit dem Einstandspreis pro Stück errechnet werden.

Lagerumschlagshäufigkeit und Lagerumschlagsdauer

Lagerumschlagshäufigkeit	Lagerdauer
$\frac{\textbf{Wareneinsatz}}{\textbf{durchschnittlicher Lagerbestand}}$	$\frac{\textbf{365}}{\textbf{Lagerumschlagshäufigkeit}}$
Gibt an, wie oft der durchschnittliche Lagerbestand in einer Periode verbraucht wird	Gibt an, wie lange (wie viele Tage) eine Ware durchschnittlich auf Lager liegt.
Sollte hoch sein!	**Sollte gering sein!**

Wird erreicht durch

- permanente Lagerbestandsüberwachung,
- Festlegung von Höchstbeständen,
- Straffung des Warenangebotes,
- Kauf auf Abruf (just in time) und
- verstärkte Werbung und Sonderaktionen auf der Absatzseite.

DAS SOLLTEST DU SPEICHERN

Je höher der Lagerbestand ist, desto geringer ist die **Umschlagshäufigkeit** und je geringer die Umschlagshäufigkeit ist, desto höher ist die Lagerdauer.

Normalerweise ist bei Lebensmitteln aus Qualitätsgründen eine kurze Lagerdauer und damit eine hohe Lagerumschlagshäufigkeit von Vorteil. Es gibt aber auch Produkte, die an Qualität gewinnen, wenn sie länger gelagert werden. Welche Waren könnten das sein? Diskutiere mit deinen Kolleginnen und Kollegen.

Berechnung der Lagerumschlagshäufigkeit

$$\textbf{Lagerumschlagshäufigkeit} = \frac{\text{Wareneinsatz gesamt in einer Periode}}{\text{durchschnittlicher Warenbestand dieser Periode}}$$

Beispiel

Der jährliche Warenverbrauch beträgt 3 060 Milchpackungen und der durchschnittliche Warenbestand 51 Tüten.

$$\textbf{Berechnung der Umschlagshäufigkeit} = \frac{3\,060}{51} = 60$$

Der durchschnittliche Warenbestand wurde demnach in einem Kalenderjahr 60-mal verbraucht.

Berechnung der durchschnittlichen Lagerdauer

Mithilfe der Umschlagshäufigkeit lässt sich auch die durchschnittliche Lagerdauer eines Artikels berechnen.

$$\textbf{Durchschnittliche Lagerdauer} \text{ in Tagen} = \frac{\text{Anzahl Tage einer Periode}}{\text{Umschlagshäufigkeit in der Periode}}$$

Beispiel

Gemäß der oben berechneten Umschlagshäufigkeit beträgt die durchschnittliche Lagerdauer der Milchpackungen:

$$\textbf{Durchschnittliche Lagerdauer in Tagen} = \frac{360}{60} = \textbf{6 Tage}$$

WortschatzBox – „Warenannahme, Warenlagerung und Warenausgabe“

- Verbinde die Begriffe mit den richtigen Erklärungen.

Offener Sachmangel

Sollbestand

Mindesthaltbarkeitsdatum

FIFO

Istbestand

Verbrauchsdatum

Meldebestand

Gibt den Wert an, der im Lager vorhanden sein soll

Gibt den optimalen Zeitpunkt für die Bestellung an

Mangel, der sofort bei der Anlieferung erkannt wird

Wird durch die Inventur (Zählen, Messen bzw. Wiegen der Ware) ermittelt

Gibt an, bis zu welchem Datum das Lebensmittel unter den angegebenen Lagerbedingungen seine spezifischen Eigenschaften und seinen Geschmack behält

„First in, first-out“ – schon länger auf Lager liegende Produkte werden zuerst verwendet

Ist für besonders leicht verderbliche Waren, wie z. B. rohes Hackfleisch, Knochen oder Fisch, zwingend vorgeschrieben; nach diesem Datum dürfen diese Lebensmittel nicht mehr verwendet werden

Ziele erreicht? – „Warenannahme, Warenlagerung und Warenausgabe"

KOMPETENZ-ERWERB

1. Nenne die drei Aufgabenbereiche, die ein Magazin umfasst.
2. Deine Küchenchefin bittet dich, die Warenübernahme alleine zu machen. Wie gehst du vor? Beschreibe die vier Schritte der Warenannahme.
3. Beschreibe, was unter einem offenen Sachmangel und einem versteckten Sachmangel verstanden wird.
4. Nenne die drei Arten von Sachmängeln.
5. „Ist die Milch schon abgelaufen?" Viele Menschen sprechen von Verbrauchsdatum, wenn sie das Mindesthaltbarkeitsdatum meinen. Sie werfen Lebensmittel weg, die eigentlich noch gut wären. Erkläre den Unterschied zwischen Mindesthaltbarkeitsdatum und Verbrauchsdatum.
6. Nenne drei Aufgaben eines Lagers und gib jeweils ein Beispiel.
7. Timo soll die frisch gelieferte Milch ins Regal einsortieren. Er rückt die älteren Packungen nach hinten und stellt die frische Ware nach vorne.

   Was ist hier falschgelaufen? Erkläre Timo, was unter dem FIFO-Prinzip verstanden wird.
8. Nenne drei allgemeine Regeln, die Mitarbeiter/innen bei der Einlagerung beachten müssen.
9. Diese Woche bist du für den Kontrollgang durch die Lager verantwortlich. Beschreibe anhand von drei Beispielen, worauf du achtest.
10. Erstelle eine Warenanforderung für 120 Schinken-Käse-Sandwiches nach dem nebenstehenden Rezept.

    Das Toastbrot gibt es in Packungen mit 20 Toastscheiben. Den Schinken und den Käse bekommst du geschnitten geliefert, 60 Scheiben pro Packung. Gurken und Tomaten schneidest du selbst – es wird mit 40 Scheiben pro Gurke und 5 Scheiben pro Tomate gerechnet. Die Remoulade kommt in Flaschen à 500 ml.

    Rezeptur für ein Schinken-Käse-Sandwich

    2 Scheiben Toast
    1 Scheibe Schinken
    1 Scheibe Gouda
    30 ml Remoulade
    2 Gurkenscheiben
    2 Tomatenscheiben

11. Erkläre den Unterschied zwischen Vorrats- und Hygieneschädlingen. Nenne Beispiele.
12. Wie kann man Schädlingsbefall im Betrieb vermeiden? Nenne mindestens vier Punkte.
13. Erkläre, was unter einem Sollbestand verstanden wird.
14. Beschreibe, wie der Istbestand ermittelt wird.
15. Was ist unter einem Mindestbestand zu verstehen? Beschreibe, nach welchen Kriterien sich die Höhe des Mindestbestandes richtet.
16. Was ist der Meldebestand? Erkläre, wie er berechnet wird.
17. Die Lieferzeit für Kaffee beim Händler A. beträgt sieben 7 Tage. Pro Tag werden im Café „Cup of Soul" 8 kg Kaffee benötigt. Berechne den Mindestbestand und den Meldebestand.
18. Berechne den durchschnittlichen Lagerbestand!
    Folgende Lagerbestände wurden in der letzten Woche ausgewiesen:

Anfangsbestand	Endbestände						
Montag	Mo	Di	Mi	Do	Fr	Sa	So
40	60	30	90	60	40	80	60

19. Im Café „Die Bohne" werden jährlich 3 800 kg Kaffee verbraucht. Durchschnittlich sind 73 kg im Lager. Berechne die Umschlagshäufigkeit und die durchschnittliche Lagerdauer in Tagen.

Einen interaktiven Safety-Check findest du in der TRAUNER-DigiBox.

LF 3: In der Küche arbeiten

Du findest

Arbeitsplatz Küche

Im E-Book, das du in der TRAUNER-DigiBox findest, kannst du die fremdsprachigen Begriffe durch Anklicken des Wortes anhören.

Eine gut ausgestattete Betriebsküche ermöglicht rationelles Arbeiten unter besten hygienischen Bedingungen.

Damit in einem Betrieb qualitativ hochwertige Speisen zubereitet werden können, müssen die Mitarbeiter/innen viel Fachwissen, Kreativität und Engagement zeigen.

Aber selbst die besten Mitarbeiter/innen können keine perfekten Speisen zaubern, wenn die Küche nicht funktionell geplant und mit den notwendigen Geräten ausgestattet ist.

KOMPETENZ-ERWERB

Meine Ziele

Nach Bearbeitung dieses Kapitels kann ich

- verschiedene Küchenarten unterscheiden;
- wichtige Lager- bzw. Nebenräume nennen und ihre Funktionen erklären;
- gängiges Kücheninventar nennen und beschreiben;
- die Gastronorm (GN) erklären und ihren Nutzen begründen;
- Vorschläge machen, wofür gängiges Kücheninventar im betrieblichen Arbeitsablauf sinnvoll eingesetzt werden kann.

1 Die Küche

Mein Küchenchef erwartet Besuch von einem Küchenplaner. Auf meine Frage, warum die Küche eigentlich erneuert wird, erklärt er mir, dass durch eine gute Planung und eine moderne Küchenausstattung die Arbeitsabläufe einfacher abgewickelt werden können.

1.1 Küchenarten

Im Gastgewerbe unterscheiden wir zwischen Betrieben der Individualverpflegung und der Gemeinschaftsverpflegung.

Verpflegungsarten

Individualverpflegung (klassische Gastronomie)	Gemeinschaftsverpflegung

(Hotel-)Restaurants, Gasthäuser, Imbissstätten, Kaffeehäuser etc.	Kindergärten, Schulen, Kantinen, Betriebsrestaurants, Heime, Krankenhäuser, Bundeswehr etc.

Wie eine Küche gestaltet ist, hängt von der **Betriebsform** (Restaurant, Imbiss, Kaffeehaus etc.) und der **Betriebsgröße** ab.

Es werden folgende Küchenarten unterschieden

Restaurantküche (À-la-carte-Küche)

- Gäste bestellen die Speisen anhand der Speisenkarte; die Speisen werden frisch zubereitet; je nach Küchenbrigade und Restaurantgröße gibt es klassische Küchenplätze
- Klein- und Mittelbetriebe

Produktionsküche

- Speisen werden zeitlich und örtlich unabhängig produziert; an keine Ausgabezeiten gebunden
- Großbetriebe, z. B. Hotels mit mehreren Restaurants, große Cateringbetriebe oder Betriebe der Lebensmittelindustrie

Produktions- und Fertigungsküche

- In einem Teil der Küche werden die Speisen produziert, im angrenzenden Teil werden sie fertiggestellt
- Mittel- und Großbetriebe mit zusätzlichen Veranstaltungsmöglichkeiten und Caterings oder auf Schiffen

Fertigungsküche (Fast-Food-Küche)

- Ausgabestelle, die von Produktionsküchen beliefert wird (Betriebe der Systemgastronomie)

1.2 Der Weg der Ware durch die Küche

Beispiel: Kühltemperaturen der Lebensmittelgruppen
- Rohe Eier: 5–8 °C (ab dem 18. Tag ist Kühlung Pflicht)
- Milchprodukte: 4–6 °C
- Fleisch: 2–7 °C
- Fisch: 0–1 °C auf Eis (nicht direkt – Folienzwischenlage wird empfohlen)
- Gemüse: 4–6 °C
- Kälteempfindliches Obst und Gemüse: 8–12 °C

Kühlungsvarianten
- **Kühl lagern:** +15–18 °C im Trockenlager
- **Gekühlt lagern:** +2–6 °C in Kühlanlagen
- **Tiefgekühlt lagern:** –18 °C oder kälter in Kühlanlagen

Lager- und Nebenräume

Küchenlager

Hier werden alle Lebensmittel für den Tagesbedarf gelagert.

Trockenlager

Es herrscht Normaltemperatur (idealerweise mit einer Lüftungsanlage zwischen 15 und 18 °C). Die Lebensmittel werden auf leicht zu reinigenden Aluregalen gelagert.

Kühllager

Es hat fugenfreie Böden und Wände aus harten, glatten und abwaschbaren Materialien. Die Luftfeuchtigkeit liegt zwischen 85 und 90 %. Die Waren werden auf Regalen aus rostfreiem Metall gelagert.

Auf den Kühlgeräten muss die **Solltemperatur** außen angeschrieben sein und kontrolliert werden.

Nebenräume

Im Mülllager werden Speisereste, Abfälle und Altfette in gekennzeichneten verschließbaren Behältern bzw. Tonnen gelagert. Die vorübergehende Lagerung von Müll erfolgt in gekühlten/ungekühlten Bereichen.

2 Die Küchenausstattung

Meine Küchenchefin sagt immer: „Wer billig kauft, kauft doppelt."
Was könnte damit gemeint sein?

2.1 Material von Küchengeschirr

Das Material bestimmt die Qualität. Wird Küchengeschirr angeschafft, ist neben dem Preis entscheidend, aus welchem Material es gefertigt wurde. Gegenstände aus **Holz, Glas, Aluminium oder mit Emailbeschichtung** haben in der Küche nichts verloren (Ausnahme: Hackstock)!

Chromnickelstahl (Edelstahl)

- ✓ Besonders hart
- ✓ Leicht zu reinigen
- ✓ Lange Lebensdauer
- ✓ Beständig gegenüber Hitze, Kälte, Säure und Geschmack
- ✓ Ermöglicht schonendes Garen
- – Kostenintensiv – je nach Qualität

Verwendung
Kochtöpfe, Kasserollen, Messerklingen, Küchenanrichten etc.

Gusseisen

- ✓ Guter Wärmeleiter
- ✓ Schwer, daher gute Wärmeverteilung und -speicherung
- – Nicht säurefest, daher solltest du keine Speisen darin aufbewahren
- – Nach dem Reinigen mit klarem, heißem Wasser trocknen und einfetten, da Gusseisen rostempfindlich ist

Verwendung
Pfannen, Woks etc.

Schwarzblech

- ✓ Durch die Schwarzfärbung wird die Wärme besser an das Backgut abgegeben
- – Sehr empfindliche Oberfläche; schneidet man z. B. auf dem Blech, beginnt es an den beschädigten Stellen zu rosten

Verwendung
Kuchenformen, Backbleche etc.

Antihaftbeschichtung

- ✓ Hitzebeständiger Kunststoff
- ✓ Braten ohne Fett ist möglich
- – Wird sie überhitzt oder zerkratzt, lässt die Funktion nach

Verwendung
Pfannen, Sauteusen, Grillplatten, Kuchenformen etc.

Kunststoff

- ✓ Leicht
- ✓ Pflegeleicht
- – Temperaturempfindlich (ausgenommen Silikonbackformen)

Verwendung
Küchenbretter, Rührschüsseln, Tabletts, Behälter mit Deckel zum Aufbewahren und Tiefkühlen (wenn geeignet) etc.

2.2 Gargeräte

Verschiedene Herde

- **Elektroherd**
- **Induktionsherd:** direkte Beheizung des Topfbodens (muss Magnetboden haben)
- **Gasherd:** erhitzt rasch, schwierig zu regulieren

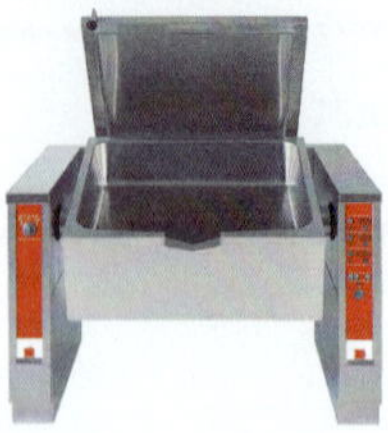

Kippbratpfanne

Zum Schmoren, Braten und Kurzbraten

Kippkessel

Zum Kochen von Suppen, Gemüse oder Nudeln etc. (Großküchengerät)

Niedertemperatur-Gargerät

Garen im niedrigen Temperaturbereich, Warmhalten von Speisen

Steamer

Druckdämpfer haben dicht schließende Garräume, die sich mit Dampf füllen

Heißluft- oder Kombidämpfer

Dämpfen, Braten mit Heißluft (und Dampf), Niedertemperaturdämpfen, Vakuumkochen, Regenerieren von Speisen

2.3 Küchenmaschinen und Küchengeräte

Alle Geräte müssen vorschriftsmäßig zusammengesetzt, gewartet und gereinigt werden. Die Sicherheitshinweise sind unbedingt zu lesen und einzuhalten. Sie müssen in der Nähe der Geräte angebracht bzw. aufbewahrt sein.

Großküchen-Universalmaschine (Schlag- und Rührgerät)

Zum Schlagen, Rühren, Kneten, Pürieren, Reiben und Schneiden; ist mit einem Schneebesen, Teigrührer (Bischof) und Knethaken ausgestattet; es gibt viele Zusatzgeräte

Gemüseschneidemaschine

Zum Schneiden und Hobeln von Gemüse; mit unterschiedlichen Einsätzen aus Edelstahl (Großküchengerät)

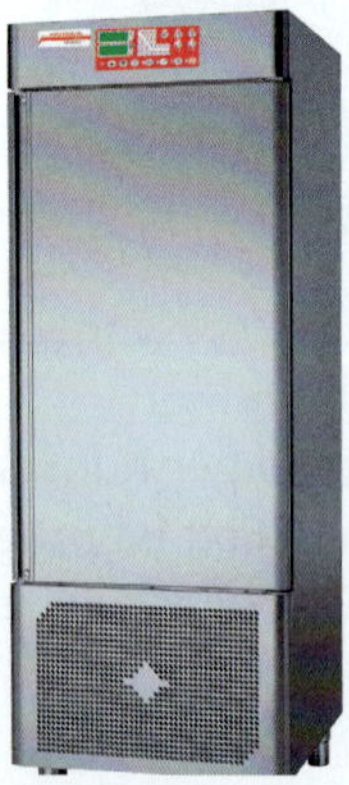

Schockfroster (Chiller)

Zum schnellen Abkühlen garheißer Speisen (insbesondere für die Garmethode „Cook & Chill", siehe S. 151); Speisen kühlen innerhalb von 30–90 Minuten auf 2–3 °C ab

Cutter
Zum Herstellen von Farcen und Füllungen (Fett wird emulgiert), das Rohprodukt muss sehr kalt sein, damit das Eiweiß nicht ausflockt; ganze Fleischstücke vor dem Cuttern zerkleinern oder durch den Fleischwolf drehen

Fleischwolf
Zur Herstellung von Hackfleisch, Füllungen und Farcen; ganze Fleischstücke vor dem Einfüllen zerkleinern und gut gekühlt verwenden

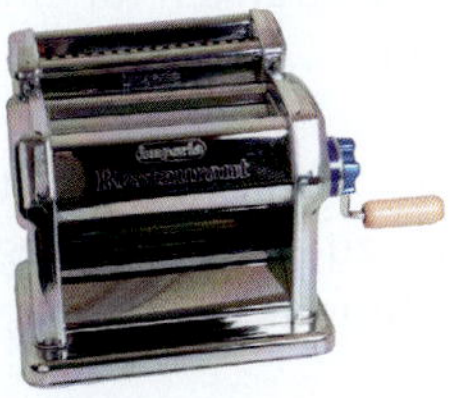

Nudelmaschine
Zum Ausrollen und Schneiden von Nudelteig

Vakuumiermaschine
Zum luftdichten Verpacken von gekochten und rohen Lebensmitteln (Keime und Bakterien können sich nicht vermehren)

Aufsatzmixer
Zum Zerkleinern und Pürieren von Gemüse und Obst und zum Montieren (Emulgieren, siehe S. 170) von Saucen und Suppen in kleineren Mengen

Thermomix
Zum Zerkleinern und Pürieren von Gemüse und Obst und zum Montieren (Emulgieren, siehe S. 170) von Saucen und Suppen in kleineren Mengen; auch zum Warmaufschlagen und Garen

Weitere Küchengeräte

- **Turbomixer:** zum Pürieren von Suppen, Saucen etc. (für große Mengen)
- **Handmixstab:** zum raschen Aufmixen von Suppen, Saucen, Marinaden etc.
- **Kartoffelschälmaschine:** für rohe Kartoffeln und Wurzelgemüse (darf nicht im Küchenbereich stehen; evtl. im unreinen Bereich)
- **Entsafter**
- **Sous-vide-Garer** (siehe Sous-vide-Garen, S. 151)
- **Aufschnittmaschine**
- **Brotmaschine**
- **Pacojet (Multifunktionsgerät)**: zum Mixen, Cuttern oder als Eismaschine (für Mousses, Farcen, Suppen etc.)

So funktioniert der Pacojet!

1. Die Zutaten gemäß Rezept grob zerkleinern und vermengen
2. Die vorbereitete Menge in einen Pacossierbecher geben und bei –18 °C einfrieren
3. Bei Bedarf den tiefgekühlten Pacossierbecher zusammen mit dem Pacossiermesser am Pacojet einsetzen. Das Gerät moussiert (pacossiert) die gewünschte Menge (servierbereit).
4. Den Rest zur späteren Verwendung wieder in das Gefrierfach geben

das Catering = Liefern von Speisen und Getränken für eine Veranstaltung

das Bankett = festliche Veranstaltung, bei der zu einer festgelegten Zeit ein bestimmtes Menü serviert wird

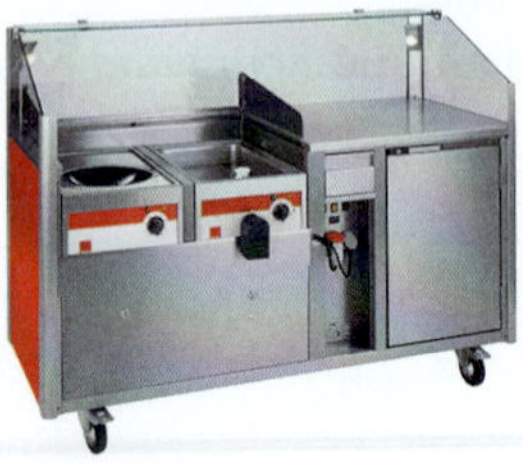

Fahrbare Einheit

die Bain-Marie = Heißwasserbad zum Warmhalten von Speisen

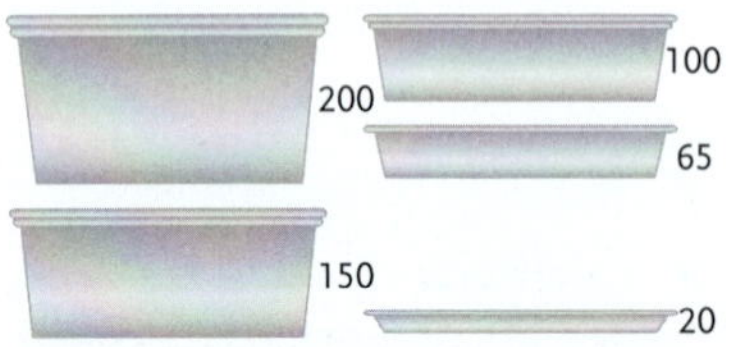

Die Einsätze sind in verschiedenen Tiefen erhältlich. Es gibt diese auch gelocht und aus Kunststoff.

2.4 Mobile Ausgabegeräte und Transportmittel

Für Caterings bzw. Bankette werden zur Fertigstellung der Speisen mobile Küchenblöcke verwendet. Diese Geräte sind meist multifunktionelle, fahrbare Koch-, Anrichte- und Kühleinheiten.

Arten mobiler bzw. fahrbarer Einheiten

- Herdblöcke, kombiniert mit Grillplatte und Abstellflächen
- Geschirr- und Gläsertransporter
- Wärmeschränke oder -boxen für Speisen
- Gekühlte Salat- und Vorspeisenwagen
- Geschirr-Auffangtische
- Barteile und Zapfanlage

Gastronorm (GN)

Die Gastronorm (GN) vereinheitlicht die Maße (Größe und Tiefe) von Gargeräten, Backöfen, Kühlschränken, Schubladen, Bain-Marie etc. Dazu passen alle maßgerechten Bleche, Behälter und Einsätze.

Gastronorm – einheitliche Behälter für die gesamte Gastronomie

Der Küchenalltag würde um vieles komplizierter werden, wenn die Maße von Backöfen, Blechen und Behältnissen nicht einheitlich wären. Aufgrund der genormten Größen der GN-Behälter ist ein einfacher Austausch möglich. Dasselbe Behältnis ist sowohl für den Transport, die Produktion und die Lagerung, als auch für die Präsentation der Lebensmittel und Speisen geeignet. Es ist sogar möglich, ein Behältnis vom Lieferanten anzunehmen und ein leeres wieder zurückzugeben.

Maße der Gastronorm

DAS SOLLTEST DU SPEICHERN

Das **Grundmaß GN 1/1** ist 325 x 530 mm, die Tiefe ist unterschiedlich.

In der folgenden Grafik siehst du die standardisierten Größenverhältnisse der Gastronorm.

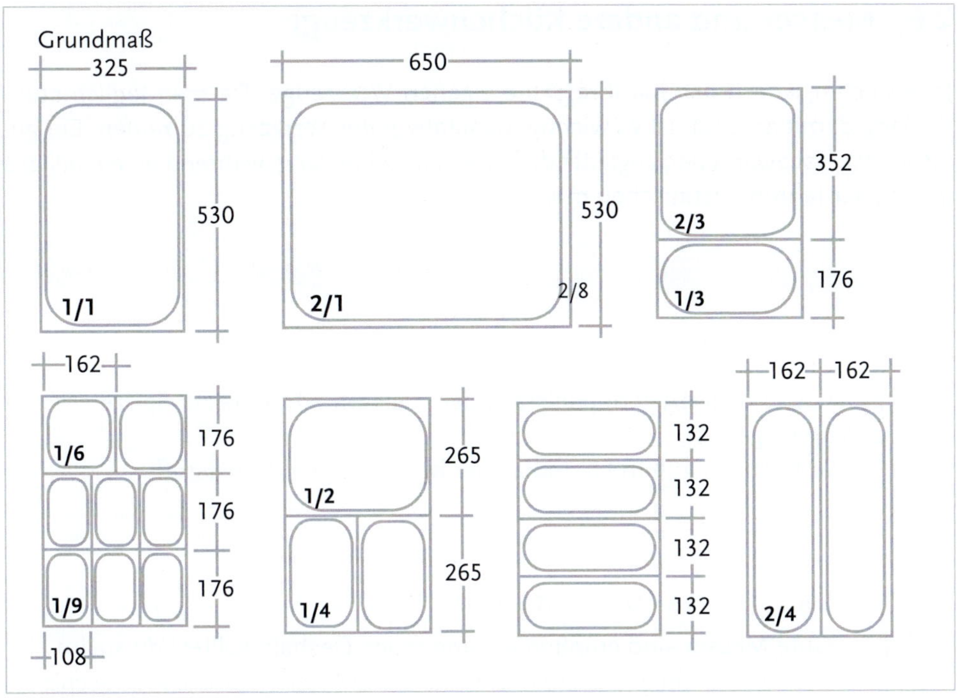

GN-Behälter durchwandern den gesamten Betrieb

- Warenannahme
- Lagerung
- Vorbereitung
- Garen
- Warmhalten
- Speisenausgabe

2.5 Küchengeschirr

Im Küchenalltag wird das Kochgeschirr meist stark strapaziert. Töpfe und Pfannen sind daher idealerweise aus widerstandsfähigem Material. Mit einem Magneten testet man, ob das Kochgeschirr induktionstauglich ist.

Hoher Kochtopf

Halbhoher Kochtopf

Stielkasserolle

Flache Henkelkasserolle

Schwenkkasserolle (Sauteuse)

- Hat einen schrägen, unten abgerundeten Seitenrand
- Ist aus Chromnickelstahl oder hat eine Antihaftbeschichtung
- Zur Fertigstellung von À-la-minute-Gerichten (z. B. Pastagerichten, Saucen, Suppen); zum Sautieren, Pochieren (siehe Garmethoden, S. 143 ff.)

Antihaftbeschichtete Pfanne
Zum schonenden Braten mit wenig oder ohne Fett (für Fisch, Gemüse etc.)

Edelstahlpfanne
Zum Braten und Glacieren (siehe S. 149) von Fleisch, Fisch, Gemüse etc.

Stahlblech- oder Stahlgusspfanne
Zum Anbraten und Braten von Steaks, Kartoffeln etc.

Ein Messerkoffer mit einer großen Produktpalette ist sehr verlockend. Oft werden sie als Top-Angebot verkauft. Aber Achtung: Viele dieser Messer sind unhandlich und haben Klingen aus billigem Stahl. Dieser kann beim Schleifen „verbrennen" – die Messer werden dadurch unbrauchbar.

2.6 Messer und andere Küchenwerkzeuge

Jede Köchin/jeder Koch hat ihre/seine eigenen Werkzeuge. Da man täglich stundenlang damit arbeitet, ist es wichtig, qualitativ gutes Werkzeug zu kaufen. Ein gutes Messer ist zwar teuer, begleitet dich aber ein Leben lang, während du ein billiges in ein paar Jahren austauschen musst.

Was zeichnet ein gutes Messer aus?

- Es ist nicht zu schwer und liegt gut in der Hand.
- Es ist aus hochwertigem Edelstahl, der in einem Stück bis zur Spitze durchgezogen ist.
- Der Griff ist aus gutem Hartholz oder hochwertigem Kunststoff.

DAS SOLLTEST DU SPEICHERN

Gute Messer sind empfindlich und teuer. Deshalb solltest du sie immer selbst reinigen und pflegen. Wasche Messer niemals im Geschirrspüler, sie werden davon stumpf. Spüle sie nach dem Gebrauch am besten mit klarem Wasser ab und verstaue sie sachgemäß.

Wetzstahl, Stahlstreicher
Zum Abziehen und Schärfen glatter Messer

Fleischmesser
Zum Schneiden von rohem Fleisch

Schneidemesser oder Küchenmesser
Allroundmesser zum Schneiden von Gemüse, Kartoffeln, Obst und Fleisch

Lachsmesser
Zum Schneiden von Räucherlachs in dünne Scheiben

Filetiermesser
Zum Filetieren und Parieren

Säge-, Torten- bzw. Brotmesser
Mit Wellenschliff; für Brot, Gugelhupf bzw. Kuchen (aus Backpulver-, Biskuit- und Sandmassen ohne Glasur)

Ausbeinmesser
Zum Auslösen von Knochen

Gemüse(putz)messer
Zum Putzen und Vorbereiten von Gemüse, Salaten, Kartoffeln, Pilzen und Obst

Tournier-Messer
Zum gleichmäßigen Zurechtschneiden (Tournieren) von Gemüse, Kartoffeln (z. B. Olivenkartoffeln) und Obst

Chartreuse- bzw. Buntmesser
Zum Schneiden geriffelter Scheiben von Gemüse, z. B. Roten Rüben, Gurken sowie Kartoffeln

Sparschäler
Ermöglicht das dünne Schälen von Gemüse, Kartoffeln und Obst

Kugel- oder Parisienne-Ausstecher
Zum Ausstechen von Kugelformen aus Gemüse, Kartoffeln und Obst

Zestenmesser (Zestenreißer)
Zum Schneiden von feinen Fäden aus der Schale von Zitrusfrüchten

Grapefruitmesser
Zum Herauslösen von Fruchtfleisch aus halbierten Grapefruits

Kanneliermesser
Zum Kannelieren (mit senkrechten Rillen versehen) von Zitrusfrüchten, Gurken, Radieschen etc.

Spicknadel
Speckstreifen werden damit in rohes Fleisch, Geflügel und Wild eingezogen

Austernöffner (Austernbrecher)
Zum Öffnen von Austern

Fleischgabel
Zum Fixieren und Wenden gegarter Fleischstücke

Palette
Zum Streichen von Füllungen und Cremes, als Hilfe beim Abheben und Anrichten

Grillzange
Zum Wenden von Fleisch

Plattiereisen
Zum Plattieren (Klopfen) von rohem Fleisch

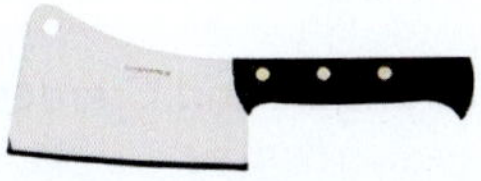

Knochenhacke
Zum Durchtrennen bzw. Durchschlagen von Knochen

Grätenzange
Zum Entfernen von Gräten, die nach dem Filetieren noch im Fischfilet stecken

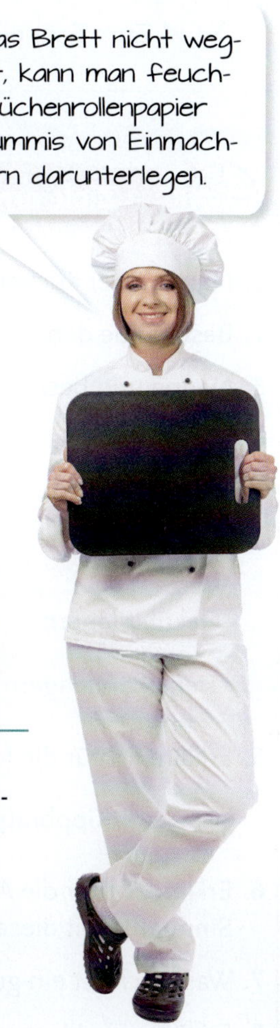

Schneidunterlagen

Kunststoffbretter gibt es rund oder eckig und in verschiedenen Farben.
Bei der Auswahl von Schneidunterlagen ist auf die Größe und die Standfestigkeit zu achten.

Schneidbretter haben je nach Verwendung unterschiedliche Farben, die übliche Einteilung ist:

Gemüse

Fisch

Rohes Fleisch

Geflügel

Gegartes Fleisch

Patisserie, Obst, Milchprodukte

WortschatzBox – „Arbeitsplatz Küche“

- Ordne die folgenden Begriffe den passenden Erklärungen zu:

1 Cutter 2 Steamer 3 Bain-Marie 4 Kannelieren 5 Spicknadel 6 Tournier-Messer 7 Parisienne-Ausstecher 8 Ausbeinmesser 9 Bunt- oder Chartreuse-Messer 10 Palette 11 Zestenmesser

- ◯ Zum Herstellen von Farcen und Füllungen
- ◯ Gemüse oder Zitrusfrüchte mit senkrechten Rillen versehen
- ◯ Obst, Gemüse oder Kartoffeln werden damit so zurechtgeschnitten, dass sie in Größe und Form ungefähr gleich sind
- ◯ Zum Schneiden von feinen Fäden aus der Schale von Zitrusfrüchten
- ◯ Zum Schneiden von geriffelten Gemüsescheiben
- ◯ Druckdämpfer
- ◯ Heißwasserbad zum Warmhalten von Speisen
- ◯ Zum Einziehen von Speckstreifen in rohes Fleisch
- ◯ Kugelausstecher
- ◯ Zum Auslösen von Knochen
- ◯ Zum Streichen von Füllungen und Cremes

Ziele erreicht? – „Arbeitsplatz Küche“

KOMPETENZ-ERWERB

1. Nenne zwei Küchenarten und zähle mindestens drei Beispiele auf.
2. Beschreibe den Weg der Ware durch die Küche und was es dabei zu beachten gilt.
3. Nenne und beschreibe die Lager- bzw. Nebenräume, die in einer Küche erforderlich sind.
4. Ergänze das passende Lager und die Temperatur.

	Lagerart	Temperatur
Kühl lagern		
Gekühlt lagern		
Tiefgekühlt lagern		

5. Erkläre, wofür die folgenden Gargeräte im Küchenalltag eingesetzt werden:

Cutter ▪ Kippbratpfanne ▪ Kippkessel ▪ Kombidämpfer

6. Erkläre, wofür die Abkürzung GN steht und begründe die Sinnhaftigkeit dieser Norm für den betrieblichen Arbeitsalltag.
7. Was zeichnet ein gutes Messer aus? Nenne drei Punkte.
8. Erkläre, wie Messer korrekt gereinigt werden.

Einen interaktiven Safety-Check findest du in der TRAUNER-DigiBox.

Hygiene und Reinigungsarbeiten in der Küche

Durch die Corona-Pandemie haben viele ein stärkeres Bewusstsein für Hygiene entwickelt. Man achtet auf die Hust- und Nies-Etikette und wäscht bzw. desinfiziert fleißig die Hände. Was viele aber gerne vergessen: Mehr Keime als beispielsweise auf der Toilette findet man in der Küche! Spülbecken, Spülschwamm und Schneidbretter sind ein Tummelplatz für Keime. Daher ist es besonders wichtig, die Hygieneregeln in der Küche zu beachten.

Welche Hygienemaßnahmen gibt es in deinem Ausbildungsbetrieb?

Tausche dich über deine Erfahrungen in der Gruppe aus.

Meine Ziele

KOMPETENZ-ERWERB

Nach Bearbeitung dieses Kapitels kann ich

- wichtige Bereiche der persönlichen und betrieblichen Hygiene nennen;
- eine ordentliche Kochkleidung und ihre Eigenschaften beschreiben;
- das Eigenkontrollsystem HACCP in eigenen Worten erklären;
- grundlegende Hygienemaßnahmen bei der Verarbeitung von Lebensmitteln in der Betriebspraxis umsetzen;
- Grundsätze der Mülltrennung und der Abfallentsorgung sowie des Umweltschutzes in der Küche in der Praxis umsetzen;
- Gefahrenquellen erkennen und Unfälle durch Kenntnis der Sicherheitsvorschriften und Unfallverhütungsmaßnahmen vermeiden.

1 Hygiene in der Küche

Ausgerechnet an einem besonders stressigen Freitagabend hat uns eine Lebensmittel-Kontrolleurin im Betrieb mit ihrem Besuch überrascht. Sie prüfte alles – von den Kühlschubladen und Kühlräumen bis zur Arbeitskleidung. Sogar die Temperatur der Suppen hat sie gemessen. Zum Glück war alles in Ordnung.

Damit Gäste und Mitarbeiter/innen gesund bleiben, sind im Küchenbereich eines Gastronomiebetriebs folgende Bereiche der Hygiene zu beachten.

Bereiche der Hygiene

Personalhygiene	Produkthygiene	Betriebshygiene

Wie verhalte und pflege ich mich als Mitarbeiter/in?	Wie werden die Lebensmittel gelagert und verarbeitet?	Entsprechen die Räume und die Ausstattung den Anforderungen?

1.1 Personalhygiene

Gemeinsam mit deinen Kolleginnen und Kollegen bist du als Mitarbeiter/in für die Hygiene in der Küche verantwortlich. Alle müssen ihren Beitrag leisten, um die Übertragung von Krankheitserregern auf Lebensmittel zu verhindern.

Berufskleidung für Küchenmitarbeiter/innen

Eine ordentliche Kochkleidung ist bequem, nicht brennbar, strapazierfähig und sollte viele Waschgänge (am besten bei 90 °C) aushalten. Sie wird meist aus Baumwolle oder aus einem Mischgewebe aus Baumwolle und Polyester gefertigt. Die Kopfbedeckung kann je nach Betrieb zwischen Bandana (Kopftuch), Kappe, Kochmütze oder Haarnetz variieren.

Hygieneregeln in der Küche

1 Betritt die Küche nur mit sauberer, gebügelter Arbeitskleidung

Mit Privatkleidung können Keime leicht in die Küche getragen werden. Der Spint sollte zweigeteilt sein, ein Teil für die Alltagskleidung, der andere für die Arbeitskleidung

2 Lege vor Arbeitsbeginn deinen Schmuck ab

Unter Schmuck und Uhren sammelt sich durch Schwitzen Feuchtigkeit an, sodass sich Keime leicht vermehren können.

3 Wasche deine Hände regelmäßig

- Vor Arbeitsbeginn und nach Pausen
- Bei jedem Arbeitsplatzwechsel, besonders nach dem Arbeiten mit rohem Fleisch, Fisch, Geflügel und Eiern
- Nach Lager- und Transportarbeiten, Schmutz- und Reinigungsarbeiten und nach der Müllentsorgung
- Nach dem Husten, Niesen und Naseputzen sowie nach jedem Toilettengang

4 Halte deine Fingernägel sauber

Die Fingernägel sollten sauber und möglichst kurz geschnitten sein, um eine Ansammlung von Keimen zu vermeiden. Nagellack ist tabu, da er abblättern kann.

5 Wechsle täglich die Arbeitskleidung und die Geschirrtücher

Im Laufe eines Arbeitstages können sich viele Mikroorganismen auf der Arbeitskleidung und auf Geschirrtüchern ansammeln.

6 Trage immer eine Kopfbedeckung

Die Haare werden nicht mehrmals täglich gewaschen. Deshalb sind sie ein Herd für Keime und müssen bedeckt sein.

- Eine Kopfbedeckung verhindert, dass Schweiß und Haare in die Speisen gelangen.
- Lange Haare müssen zusammengebunden oder hochgesteckt werden. Auch ein Bart sollte gestutzt sein.

7 Kein Husten und Niesen auf Lebensmittel

Keime im Nasen-Rachen-Raum sind normal. Manche können aber im schlimmsten Fall zu Lebensmittelvergiftungen (siehe S. 117) führen. Wende dich deshalb bei jedem Niesen oder Husten von den Lebensmitteln ab und wasche anschließend gründlich deine Hände.

8 Versorge Verletzungen und Wunden richtig

Offene Wunden müssen mit wasserdichten Pflastern bzw. Fingerlingen und/oder Handschuhen abgedeckt werden.

9 Melde Erkrankungen sofort

Erkrankungen (z. B. Durchfall, Erkältung) müssen sofort der Küchenleitung gemeldet werden. Während der Erkrankung darfst du zum Schutz der Gäste nicht im Küchenbetrieb arbeiten.

Wie man sich die Hände richtig wäscht, kannst du auf S. 58 nachlesen.

Die Hände nur im **Handwaschbecken** und nicht im Spülbecken waschen. Und das Handwaschbecken **keinesfalls für die Reinigung von Lebensmitteln** benützen.

Offene Wunden können z. B. mit Einweghandschuhen abgedeckt werden

1.2 Produkthygiene

Bereits kleine Ungenauigkeiten bei der Küchenhygiene können zu schweren Infektionen mit Durchfall, Erbrechen, Fieber etc. führen. Verantwortlich dafür sind Mikroorganismen (siehe S. 115), die durch Nachlässigkeit übertragen werden.

DAS SOLLTEST DU SPEICHERN

Schmierinfektion = direkte Keimübertragung, z. B. über die Hände oder Arbeitsgeräte
Kontamination = Verunreinigung von Lebensmitteln durch Keime
Kreuzkontamination = wechselseitige Verunreinigung von Lebensmitteln bzw. Arbeitsplätzen, z. B. Geflügelfleisch am Salatplatz

Dass man nicht mit dem Finger verkostet, ist ja klar. Aber was soll daran falsch sein, mit einem Kochlöffel ein wenig von der Suppe zu kosten und dann weiter damit umzurühren?

Leider machen das viele, aber hygienisch ist es nicht. Richtig ist, ein wenig von der Speise mit einem Löffel auf einen kleinen Teller zu geben und dann zu probieren.

Wie es zu Kreuzkontaminationen kommen kann

- Das gebratene Fleisch wird auf denselben Teller gelegt, auf dem es bereits im rohen Zustand lag.
- Mit Erde behaftete Karotten werden angefasst und gleich danach der bereits gewaschene Salat.
- Gemüsekisten, die auf Lkw-Böden, Rollcontainern oder Kühlhausböden gestanden sind, werden auf der Küchenarbeitsfläche abgestellt.

Verarbeitung von Lebensmitteln

Trennung nach Warengruppen

- Rohes Fleisch nicht unmittelbar neben anderen Lebensmitteln verarbeiten (Gefahr der Kreuzkontamination)
- Für Geflügel und rohe Eier eigene Arbeitsbereiche und Werkzeuge nutzen
- Eigene Schneidbretter aus Kunststoff für jeden Bereich verwenden, z. B. grüne für Gemüse, rote für Fleisch etc. (siehe S. 109)

Sorgsame Vor- und Zubereitung

- Auftauflüssigkeit (z. B. von Geflügel, Fleisch) darf nicht auf die Arbeitsflächen und die Kochkleidung gelangen
- Ausreichende Durcherhitzung von Fleisch (mindestens 75 °C), insbesondere Geflügel und Gehacktes
- Nach jeder Verarbeitung den Arbeitsplatz und das Werkzeug gründlich reinigen bzw. desinfizieren

Jeder Probierlöffel, der einmal im Mund war, hat im Topf nichts mehr verloren

Fertige Speisen

- Speisen nur mit frischem Besteck/Kostteller verkosten, nicht mit den Fingern
- Werden die Speisen warm gehalten, dann bei mindestens 70 °C und max. für drei Stunden; mit Ei hergestellte Speisen ca. zwei Stunden
- Portionieren und Anrichten auf einem eigens vorgesehenen Arbeitsplatz
- Werden fertige Speisen aufbewahrt, dann sofort in einem eigenen Kühlschrank oder Kühlraum lagern
- Gekochte und geschälte Kartoffeln sofort weiterverarbeiten, ansonsten kühlen (und zumindest am selben Tag verarbeiten)

Richtige Lagerung

- Lebensmittel nur in sauberen Regalen und nie am Boden lagern
- Lagertemperaturen einhalten
- Regelmäßige Kontrollen der Speisentemperaturen
- Separate Lagerung von gegarten und rohen Lebensmitteln

Die Kühltemperaturen müssen regelmäßig kontrolliert werden.

Lagertemperatur einhalten

Rohe Eier	Fische, Meeresfrüchte	Fleisch	Milchprodukte	Obst und Gemüse

unter 8 °C	0 bis –1 °C auf Eis	Schlachtfleisch und Großwild: 7 °C, Geflügel und Kleinwild: 4 °C, Hackfleisch: 2 °C	4–6 °C	Gemüse generell: 2–6 °C Salate: 1–4 °C Kälteempfindliches Obst und Gemüse: 8–12°C

BONUS LEVEL

Was Mikroorganismen zum Leben brauchen

- **Mikroorganismen brauchen Nährstoffe:** Sie ernähren sich von Kohlenhydraten, Eiweiß (Proteinen) oder Fetten. Lebensmittel mit hohem Eiweißgehalt (z. B. Muscheln und Fisch) verderben besonders rasch.
- **Mikroorganismen lieben Wasser:** Deshalb verderben wasserreiche Lebensmittel besonders schnell. Zucker und Salz binden Wasser, sodass Mikroorganismen es nicht mehr zum Wachsen nutzen können. Deshalb werden z. B. Konfitüren durch Zucker haltbar gemacht.
- **Mikroorganismen gedeihen in Wärme:** Viele vermehren sich am besten bei 15–55 °C. Bei Kälte stellen sie ihr Wachstum ein, bei Hitze (70–80 °C) werden sie abgetötet. Nur wenige Mikroorganismen wachsen bei Temperaturen unter 5 °C, wie z. B. Listerien (siehe S. 118) und Hefe- und Schimmelpilze (siehe S. 119).

Temperaturskala

Wirkung	Temperatur	Anwendung
Keine Lebensfähigkeit mehr	100 °C	Siedepunkt
Massive Keimabtötung	75 °C	Temperatur zum Heißhalten
Vermehrte Keimabtötung	72 °C	Kerntemperatur von durchgegartem Fleisch
Beginn der Keimabtötung	70 °C	Pasteurisieren
Optimales Keimwachstum	37 °C	Bis hierher Küchentemperatur
Keimvermehrung	18 °C	Lagerung von Trockenprodukten (kühl lagern)
Geringe Keimvermehrung	6–8 °C	Lagerung von Gemüse, Obst und Eiern
Geringe Keimvermehrung	2–4 °C	Kühl lagern von Fleisch, Milchprodukten, Speisen und Auftauen
Sehr geringe Keimvermehrung	0–1 °C	Lagertemperatur von Frischfischen auf Eis
Keine Keimvermehrung	–18 °C	Lagertemperatur beim Tiefkühlen
Keine Keimvermehrung	–45 °C	Schockfrosten von Lebensmitteln

Die meisten Lebensmittel-Vergifter inklusive der Schimmelpilze vermehren sich am schnellsten bei Temperaturen zwischen 35 und 37 °C. Dazu zählen z. B. Salmonellen und Staphylokokken. Schimmelpilze vertragen auch eine höhere Temperatur.

Mikroorganismen mögen keine Säure: Das Maß für den Säuregrad eines Lebensmittels ist der **pH-Wert.** Die meisten Mikroorganismen wachsen bevorzugt im neutralen Bereich bei einem pH-Wert um 7. Je saurer ein Lebensmittel ist (unter pH-Wert 7), umso schlechter können sich Mikroorganismen vermehren. Ausnahmen sind Pilze und Hefen: Sie wachsen auch in stark saurem Milieu.

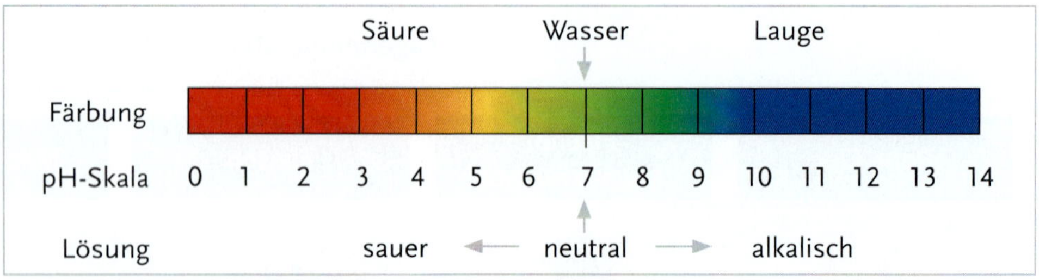

Der pH-Messstreifen

Mit pH-Messstreifen kann der Säuregehalt eines Lebensmittels festgestellt werden. Dazu taucht man einen Teststreifen für zwei Sekunden in die zu kontrollierende Speise, z. B. Mayonnaise oder Kartoffelsalat. Dann wartet man ca. zehn Sekunden. Der Streifen verfärbt sich je nach Säuregehalt der Speise unterschiedlich. Die erzielte Farbe wird mit der beiliegenden Farbskala verglichen und der pH-Wert festgestellt.
Genauer sind Messungen mit einem elektrischen pH-Meter.

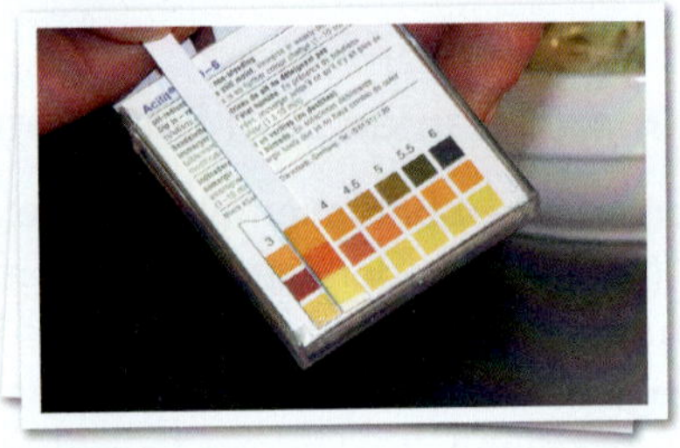

Sauerstoffentzug hemmt das Wachstum vieler Mikroorganismen. Diese Eigenschaft macht man sich beim Haltbarmachen von Lebensmitteln zunutze, wie z. B. beim Vakuumverpacken oder beim Verpacken unter Schutzatmosphäre (Schutzgas wird hineingeblasen).

Viele Mikroorganismen benötigen Sauerstoff: Sie vermehren sich nur, wenn ausreichend Sauerstoff zur Verfügung steht. Nur manche „Spezialisten" wachsen unter Sauerstoffausschluss (z. B. Clostridium botulinum, siehe S. 118).

Mikroorganismen

Aerobier	Anaerobier	Fakultative Anaerobier
benötigen Sauerstoff	**können ohne Sauerstoff leben**	**können mit und ohne Sauerstoff leben**
Die Oberfläche, z. B. von Fleisch, wird schmierig und schleimig; unangenehmer Geruch	Sie verderben Lebensmittel von innen heraus; Tiefenfäulnis bei Wurst; Fäulnisgeruch, Gasbildung, Konsistenzveränderung	Sie verderben Lebensmittel in Vakuumverpackungen; verursachen Spätblähungen im Käse; daher sind E. coli, Salmonellen, Listerien und Staphylokokken so gefürchtet

★★★
BONUS LEVEL ENDE

Mikroorganismen, die Lebensmittelinfektionen und Lebensmittelvergiftungen verursachen

Salmonellen

Salmonellen sind Bakterien, die Bauchschmerzen, Durchfall, Fieber und Erbrechen verursachen. Die Salmonellose ist besonders für Kleinkinder und ältere Menschen gefährlich und kann sogar tödlich enden.

Lebensmittel und Speisen, die häufig durch Salmonellen kontaminiert sind:

- Geflügel- und Schweinefleisch
- Eier und Eiergerichte
- Milch und Milchprodukte
- Rohes Fleisch (Hackfleisch)

Hygienemaßnahmen

- Salmonellen vermehren sich bei Temperaturen von 7–50 °C besonders gut.
- Durch das Erhitzen von Lebensmitteln über 75 °C werden die Salmonellen sicher abgetötet.
- Zubereitete Speisen, Milchprodukte, Fleisch etc. kühl lagern
- Speisen, die rohe Eier enthalten, innerhalb von zwei Stunden nach der Herstellung auf 8 °C oder weniger kühlen.

Nicht ganz! Sind Mikroorganismen selbst krankheitserregend, spricht man von einer Lebensmittelinfektion. Bilden diese Mikroorganismen Gifte (Toxine), die die Krankheitssymptome hervorrufen, liegt eine Lebensmittelvergiftung vor.

Staphylokokken

Diese Bakterien werden von Menschen mit eitrigen Wunden, Schnupfen oder Husten übertragen. Die Symptome sind Brechdurchfall, Bauchschmerzen und Kreislaufschwäche.

Hygienemaßnahmen

- Hände desinfizieren, Haarschutz, saubere Arbeitskleidung
- Eitrige Wunden wasserfest abdichten (Einweghandschuhe tragen)
- Nicht auf Lebensmittel niesen
- Längere Standzeiten unter 65 °C vermeiden
- Speisen kühlen

Campylobacter

Diese Bakterien lösen schon bei geringer Keimzahl Brechdurchfall und Fieber aus. Campylobacter-Erreger zählen zu den am häufigsten gemeldeten Auslösern lebensmittelbedingter Erkrankungen in der EU.

Lebensmittel und Speisen, die häufig durch Campylobacter kontaminiert sind:

- Unvollständig erhitztes Geflügelfleisch (v. a. Ente, Huhn und Pute)
- Nicht erhitzte Rohmilch
- In geringem Maße Rohfleischerzeugnisse (Mettwurst, Hackepeter, Tatar)

Hygienemaßnahmen

- Durchgaren bei 74 °C Kerntemperatur für mindestens zehn Minuten
- Gefrieren senkt die Belastung, eliminiert sie aber nicht vollständig.
- Strenge Arbeitsplatzhygiene beim Umgang mit Geflügel; vor der Verarbeitung Geflügelfleisch gründlich abspülen und anschließend sofort die Hände waschen und desinfizieren
- Kreuzkontaminationen bei der Kühlhauslagerung vermeiden; häufig sind auch Verpackungen von Geflügel kontaminiert

Vorsicht bei rosa gebratener Entenbrust – beim Garen wird die Kerntemperatur von 74 °C nicht erreicht! Enten sind generell häufig mit Campylobacter-Erregern belastet.

Durch die bakterielle Gasentwicklung bei der Zersetzung wölben sich Boden und Decke der Konservendose nach außen

Clostridium botulinum

Botulismus ist eine Nahrungsmittelvergiftung, die lebensbedrohlich sein kann. Verursacher sind Toxine, die vom Bakterium Clostridium botulinum produziert werden. Diese Toxine sind hochgiftig und schädigen das Nervensystem. Symptome sind Schluck-, Atem- und Sprechbeschwerden, die unbehandelt zum Tod führen.

Infektionsquellen sind z. B. unzureichend sterilisierte Konservendosen, deren Inhalt kontaminiert ist. Zu erkennen sind infizierte Dosen an aufgeblähten Deckeln, den sogenannten **Bombagen.**

Hygienemaßnahmen

- Clostridium botulinum bildet hitzebeständige Sporen, die oft erst nach einer 30-minütigen Erhitzung über 100 °C abgetötet werden.
- Die Toxine selbst werden bei Temperaturen über 85 °C zerstört.

Clostridium perfringens

Dieses Bakterium bzw. seine Sporen sind v. a. in der Erde, in Gewässern, aber auch im Darm von Mensch und Tier zu finden. Die Sporen sind sehr hitzestabil. Vorsicht ist geboten bei der Zubereitung von Fleisch, Suppen und Saucen, die zu langsam abgekühlt werden. In höherer Konzentration verursacht das Toxin Bauchkrämpfe, Erbrechen und Kreislaufprobleme.

Hygienemaßnahmen

- Beim Erhitzen auf über 72 °C für mindestens zwei Minuten werden die Bakterien abgetötet.
- Abkühlphase: Der kritische Temperaturbereich zwischen 10 und 65 °C muss möglichst schnell durchschritten werden.

Listerien

Listerien sind Bakterien, die überall in der Natur vorkommen. Zu den gefährdeten Lebensmitteln zählen rohes Fleisch, Rohmilch, Salate und Weichkäse. Listerien rufen grippeähnliche Beschwerden und hohes Fieber hervor. Sie sind v. a. für alte und abwehrgeschwächte Menschen gefährlich, aber auch für Schwangere, da sie das Kind schädigen können.

Hygienemaßnahmen

- Regelmäßige Abklatschproben (siehe S. 125) von Arbeitsgeräten nehmen, z. B. an der Aufschnittmaschine
- Lebensmittel zwei Minuten auf über 70 °C erhitzen
- Kurze Kühllagerung
- Vakuumverpackte Lebensmittel möglichst zügig verbrauchen (kurzes MHD festlegen)

das MHD = Mindesthaltbarkeitsdatum

EHEC sollte nicht unterschätzt werden
2011 gab es eine der schwersten Erkrankungswellen durch einen bis dahin unbekannten EHEC-Stamm. Sie wurde durch verunreinigte Bockshornkleesamen verursacht. Es erkrankten mehr als 4 000 Menschen, 53 starben.

EHEC (Enterohämorrhagische Escherichia coli)

Diese Bakterien leben eigentlich im Darm bestimmter Wiederkäuer. Unter ungünstigen Umständen gelangen sie aber in den menschlichen Körper und lösen Durchfall, Übelkeit und Bauchschmerzen aus. In seltenen Fällen nimmt die Erkrankung einen lebensbedrohlichen Verlauf.

Häufigste Ursache für Infektionen sind ungenügend erhitztes Rinderhackfleisch und nicht pasteurisierte Milch. E-coli-Bakterien können aber auch durch schlecht gereinigtes Obst und Gemüse in den Körper gelangen.

Hygienemaßnahmen
- Konsequente Personalhygiene
- Fleisch bei mindestens 70 °C durcherhitzen
- Rohe Lebensmittel kühlen
- Rohkost gründlich reinigen

Schimmelpilze

Schimmel wird durch Sporen übertragen. Diese gelangen über Hände, Arbeitskleidung oder Werkzeug leicht auf Lebensmittel. Besonders gefährdet sind Fleisch- und Wurstwaren, Obst, Konfitüren, Nüsse etc. Die Sporen wachsen in kurzer Zeit zu einem Fadengeflecht (Myzel) heran, das weit in das Lebensmittel reicht. Was wir als typischen farbigen Schimmelrasen sehen, sind die Sporenträger. Je nach Schimmelart sind sie gelb, grünlich oder schwarz.

Pilze vermehren sich über **Sporen.**

Einige Schimmelarten können für den Menschen gefährlich werden, weil sie Gifte (Mykotoxine) bilden. Diese schädigen die inneren Organe und können sogar krebserregend sein.

Schimmelrasen
Der sichtbare Schimmelrasen ist nur die Spitze des Eisberges. Das Myzel des Pilzes hat bereits das gesamte Lebensmittel durchdrungen.

Schwarzfäule
Auch die Schwarzfäule wird von einem Schimmelpilz (Alternaria) ausgelöst. Sie befällt v. a. Gemüsesorten wie z. B. Karotten, Blumenkohl, Paprika und Tomaten.

Nicht immer ist Schimmel unerwünscht. **Edelschimmelkulturen** sind für den Menschen nicht schädlich, sondern verleihen manchen Produkten, wie z. B. Camembert, Gorgonzola oder Salami, ihren ganz speziellen Geschmack.

Hygienemaßnahmen
- Lebensmittel trocken und kühl lagern
- Übertragung durch geeignete Verpackungen und getrennte Lagerung vermeiden

DAS SOLLTEST DU SPEICHERN

Ist ein Lebensmittel einmal von Schimmel befallen, muss es als Ganzes entsorgt werden. Es genügt nicht, nur den sichtbar befallenen Teil zu entfernen, da das Pilzgeflecht das ganze Lebensmittel durchdringt.

Hefen

Die Sporen der Hefepilze kommen überall in der Natur vor. Eine Übertragung auf Lebensmittel ist also sehr leicht möglich. Hefepilze verursachen die Gärung von Fruchtsäften, Konfitüren, Kompotten etc. Sie zerlegen Zucker in Alkohol und Kohlendioxid. Deswegen riechen gärende Lebensmittel leicht nach Alkohol.

Sogenannte Kahmhefen bilden auf der Flüssigkeit von sauren Gurken, Sauerkraut und Mixed Pickles eine dünne Schicht und verändern das Aroma.

Zum **reinen Bereich** zählen alle Räume, in denen etwas zubereitet wird, sowie die Speisen- und Getränkeausgabe und Lagerräume für verzehrfertige Speisen. Zum **unreinen Bereich** zählen neben der Warenannahme auch die Lebensmittelvorbereitung (z. B. Gemüse) und die Abfallentsorgung.

Garderoben und Toiletten dürfen nicht direkt mit Räumen verbunden sein, in denen mit Lebensmitteln hantiert wird; d. h., zwischen Küche und WC ist ein Vorraum erforderlich.

Mehr zu den Bestimmungen für die Ausstattung von Betriebsräumen findest du in der TRAUNER-DigiBox.

1.3 Betriebshygiene

Damit die Hygienevorschriften eingehalten werden können, muss die Küche ordnungsgemäß gebaut und ausgestattet sein.

Räume und Ausstattung

So sollte eine Betriebsküche beschaffen sein:

- Helle und gut belüftete Betriebsräume
- Leicht zu reinigende Einrichtungsgegenstände sowie abwaschbare Wände und Böden
  - Tische, Arbeitsflächen, Schränke, Regale, Transport-, Vorrats- und Plateauwagen aus rostfreiem Edelstahl
  - Kein Holz verwenden; Ausnahmen sind der Tisch zur Teigverarbeitung und der Hackstock zum Knochenhacken und zur Fleischvorbereitung.
- Es muss einen **reinen und einen unreinen Küchenbereich** geben.
- Trockene und belüftbare Lager- und Vorratsräume
- Getrennte Waschbecken für Geschirr, Lebensmittel und Hände, um Kreuzkontaminationen (wechselseitige Verunreinigungen von Lebensmitteln bzw. Arbeitsplätzen) zu verhindern
- Eigene Garderoben und Toiletten für das Küchenpersonal

Handwaschbecken

Die Handwaschbecken müssen beim Kücheneingang und neben den Produktionsstätten platziert sein. Sie müssen über eine Warm- und Kaltwasserleitung verfügen, am besten mit einer berührungslosen Armatur.

Zusätzlich müssen vorhanden sein:

- Einwegseife (Flüssigseifenspender, fix montiert)
- Einweghandtücher
- Desinfektionsmittelspender
- Spender mit Einweghandschuhen
- Verschließbare Mülleimer für Papiertücher im Unterkasten

Spülbecken und Spülmaschinen

Für den Abwasch sind **getrennte Becken für Weißgeschirr** (Porzellan, Essgeschirr) **und Schwarzgeschirr** (Töpfe, Pfannen) vorgeschrieben. Spülmaschinen für Weißgeschirr und Gläser befinden sich meist im Schank- oder Office-Bereich, für Schwarzgeschirr in der Küche.

Folgendes ist zu beachten:

- Spültemperatur von 85 °C
- Spülmaschinen täglich reinigen
- Eigener Kasten für die Reinigungsmittel, alle beschriftet und nicht zweckentfremdet befüllt

Geräte und Geschirr

- Alle elektrischen Maschinen und Geräte CE-geprüft
- Sicherheitsschutzvorrichtungen erforderlich
- Lager- und Warmhaltegeschirr in Gastronorm (GN)
- Bratgeschirr idealerweise aus Edelmetall, Griffe nicht aus Holz

2 Reinigung und Desinfektion

Unser Küchenchef ist in Sachen Hygiene sehr pingelig. Er sagt immer: „Wer Speisen für andere zubereitet, trägt eine große Verantwortung! Damit die Speisen gesundheitlich einwandfrei sind, muss das gesamte Küchenteam auf Sauberkeit und Hygiene achten."

Die Küche muss regelmäßig gereinigt und desinfiziert werden. Ziel der Reinigung und Desinfektion ist die Abtötung von Keimen. Auch Maschinen und Geräte sollten immer sofort nach ihrer Benutzung gereinigt werden.

2.1 Wie läuft eine Reinigung ab?

DAS SOLLTEST DU SPEICHERN

Prinzipiell wird zwischen **Endreinigung** (Reinigung nach Betriebsschluss der Küche) und **Zwischenreinigung** (Reinigung zwischen Arbeitsgängen) unterschieden.

Schwämme und Lappen müssen aus kochfestem Material sein und täglich gewechselt werden. **Bürsten** müssen nach Gebrauch mit heißem Wasser gewaschen und desinfiziert werden.

CHECKLISTE

- ☐ **Grobreinigung:** Die Reinigung startet mit einer groben Schmutzentfernung, bei der Abfälle, Verschmutzungen und Rückstände entfernt werden.
- ☐ **Reinigung:** mit heißem Wasser (über 45 °C), Reinigungsmittel in geeigneter Konzentration und entsprechenden Hilfsmitteln (z. B. Schwammtüchern)
- ☐ **Nachspülen:** mit klarem Wasser, um die Reinigungsmittel-Rückstände zu entfernen
- ☐ **Trocknen:** mit Einwegtüchern oder frischen, sauberen Tüchern

Ein **Hackstock aus Holz** muss nach jedem Gebrauch mit einer Stahlbürste trocken gereinigt werden (evtl. Salzschicht auftragen).

Ein **Hackstock aus Kunststoff** muss nach dem Gebrauch desinfiziert werden.

Grundsätzlich sollten Einweg-Reinigungstücher verwendet werden. Mehrweg-Reinigungstücher (Schwämme und Lappen) müssen täglich ausgetauscht werden. Bewährt hat sich in der Praxis die Verwendung von Tüchern in unterschiedlichen Farben für unterschiedliche Reinigungsvorgänge. So können Kreuzkontaminationen vermieden werden.

Wie werden Geräte und Geschirr gereinigt?

- Geräte und Schwarzgeschirr werden mit einem Schwamm, klarem, heißem Wasser und ausreichend Spülmittel gereinigt und getrocknet.
- Weiß- und Kochgeschirr werden in getrennten Spül- bzw. Waschbecken gereinigt und getrennt aufbewahrt.
- Eine Geschirrspülmaschine, die auf 85 °C eingestellt ist, garantiert eine hygienisch einwandfreie Reinigung.

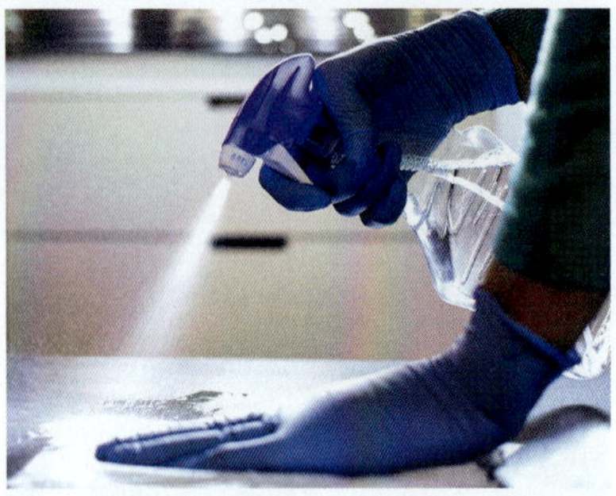

2.2 Wie läuft eine Desinfektion ab?

Nach einer gründlichen Reinigung wird im Bedarfsfall desinfiziert.

DAS SOLLTEST DU SPEICHERN

Eine Desinfektion ist nur auf korrekt gereinigten Oberflächen wirksam. Es gilt: **zuerst reinigen und dann desinfizieren.**

CHECKLISTE

- ☐ **Desinfektion:** unter Beachtung der vorgegebenen Konzentration, Temperatur und Einwirkzeit mit geeigneten Desinfektionsmitteln
- ☐ **Nachspülen:** mit sauberem Wasser, um Desinfektionsmittelrückstände vollständig zu entfernen (ausgenommen bei Desinfektionsmitteln auf Alkoholbasis)
- ☐ **Trocknen:** mit Einwegpapiertüchern oder frischen, sauberen Tüchern

2.3 Reinigungs- und Desinfektionspläne

Darin wird festgehalten, was womit (Reinigungs- und Desinfektionsmittel, Geräte), wie (Reinigungsmethode) und wie oft gereinigt und desinfiziert werden muss und wer es gemacht hat.

Beispiel eines Reinigungs- und Desinfektionsplanes

Was?	Womit?	Wie?	Wann?	Wer?
Kühlschrank	▪ Sauberfix-Reiniger ▪ Desinfektionsspray	▪ Mit Wasser reinigen ▪ Abspülen ▪ Desinfizieren	▪ Wöchentlich ▪ Nach jedem Abtauen	Hinz/Kunz

Reinigung und Desinfektion sollten grundsätzlich nach Reinigungsplänen im Rahmen des HACCP-Konzeptes (siehe S. 126) durchgeführt werden.

⚠ Reinigungs- und Desinfektionsmittel müssen immer im verschlossenen Originalbehälter im verschlossenen Gefahrenstofflager aufbewahrt werden. Niemals neben Lebensmitteln lagern!

Sicherer Umgang mit Reinigungs- und Desinfektionsmitteln

Die Hersteller von Reinigungsprodukten liefern zu jedem Produkt sogenannte Sicherheits- bzw. Produktdatenblätter. In diesen Unterlagen sind Hinweise zur Anwendung und Lagerung sowie zur Entsorgung enthalten.

Gefahrensymbole und Gefahrenbezeichnungen für den Umgang mit Chemikalien

Seit dem 1. Dezember 2012 müssen chemische Stoffe, von denen eine Gefahr ausgeht, mit den Symbolen des GHS gekennzeichnet sein.

Physikalische Gefahren

Explosionsgefahr | entzündlich | komprimierte Gase | brandfördernd | ätzend

Gesundheitsgefahren / **Umweltgefahren**

akute Toxizität | Ätzwirkung auf die Haut | gesundheitsschädlich | systemische Gefährdung | gewässergefährdend

das GHS = Globally Harmonised System of Classification and Labelling of Chemicals

Bei Verwendung mancher Reinigungs- und Desinfektionsmittel sind Schutzhandschuhe und ein Augenschutz vorgeschrieben. Beachte die Gebotszeichen!

Anwendungssymbole für die Entsorgung

Nachstehende Symbole sind auf den Verpackungen angeführt, damit die Entsorgung korrekt durchgeführt werden kann.

Entsorgung

Hausmüll	Sondermüll, Problemstoff	Verbot der Beseitigung über die Kanalisation
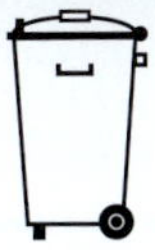		
Kann mit dem Restmüll entsorgt werden	Nicht mit dem Restmüll entsorgen, sondern in den Wertstoffhof oder zur Problemstoffsammelstelle bringen; Gifte an den Abgeber bzw. an die Verkaufsstelle zurückgeben	Reste nicht in den Ausguss oder das WC leeren, sondern mit dem Restmüll entsorgen oder dem Abgeber, der Verkaufsstelle, dem Sonderabfallsammler oder der Problemstoffsammelstelle übergeben

Tipps zur Nachhaltigkeit bei Reinigung und Desinfektion

- Biologisch abbaubare Reiniger mit anerkannten Öko-Zertifikaten verwenden
- Nachfüllpackungen und recycelbare Verpackungen sowie Tabs, Pulver oder Konzentrate verwenden, um Verpackungsmüll zu reduzieren
- Mechanische oder thermische Reinigung anwenden, z. B. Profidampfreiniger
- Überdosierung vermeiden

Das HACCP-Konzept wurde ursprünglich für die Raumfahrt entwickelt

3 HACCP und Gute Hygienepraxis

Ursprünglich kommt HACCP aus der US-Raumfahrt. Da die Lebensmittel in der Raumfähre bei den Flügen ins Weltall zu 100 Prozent sicher sein mussten, haben die Amerikaner ein Kontrollsystem entwickelt. Dafür erfassten sie kritische Kontrollpunkte und sicherten deren Kontrolle durch Checklisten.

3.1 HACCP

DAS SOLLTEST DU SPEICHERN

Das HACCP-Konzept ist ein **vorbeugendes Kontrollsystem,** das die gesundheitliche Unbedenklichkeit und den einwandfreien Zustand von Lebensmitteln bei der Herstellung garantiert.

HACCP steht für die beiden Begriffe **Gefahren- oder Risikoanalyse** (Hazard Analysis) und **kritische Kontrollpunkte** (Critical Control Points).

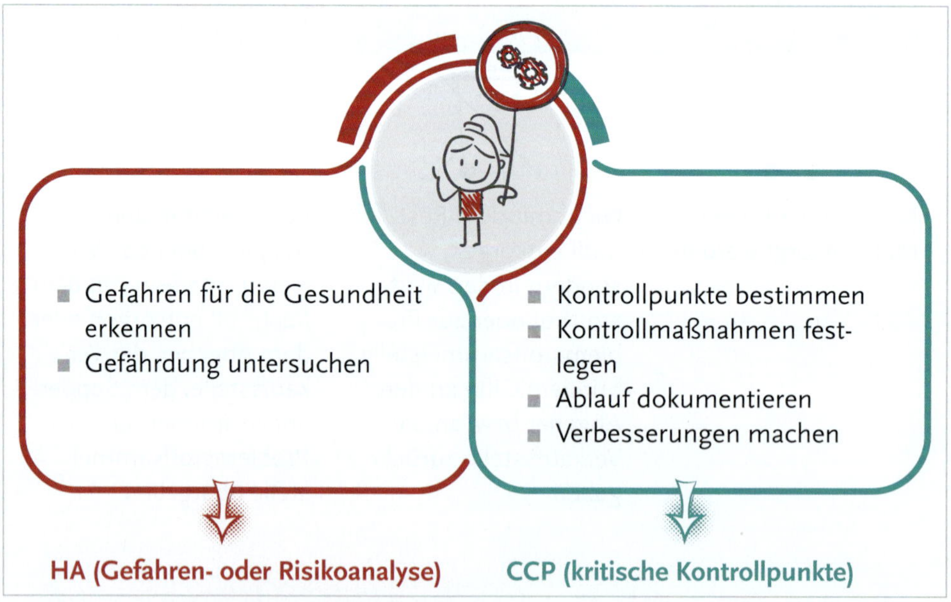

Kritischer Kontrollpunkt (engl.: **C**ritical **C**ontrol **P**oint = **CCP**): Hier besteht Gefahr für den Gast.

Kontrollpunkt (engl.: **C**ritical **P**oint = **CP**).Es besteht keine direkte Gefahr für den Gast, es ist aber ein Qualitätsmangel.

DAS SOLLTEST DU SPEICHERN

Laut Lebensmittelhygieneverordnung ist jeder gastronomische Betrieb verpflichtet, ein HACCP-Konzept zu entwickeln. Er muss dieses gegenüber der Lebensmittel-Überwachungsbehörde entsprechend nachweisen.

Schritt für Schritt zum HACCP-Konzept

1 Gefahrenanalyse (HA) am Beispiel Steak

Arbeitsablauf	Gefahren	Maßnahmen
Wareneingang	Schmierinfektion	■ **Qualitätskontrolle** (Aussehen, Geruch, Verpackung etc.) ■ **Temperaturkontrolle** (Frischfleisch unter 7 °C)
Kühllagerung	Keimvermehrung, Schädlinge	Kühlkette einhalten (Fleischkühlhaus: 2–7 °C, Tiefkühlhaus: unter –18 °C)

Anhand der Gefahrenanalyse werden die kritischen Kontrollpunkte festgelegt.

2 Kritische Kontrollpunkte (CCP)

- Warenanlieferung (Wareneingang)
- Lagerung (Kühltemperaturen)
- Speisenproduktion (Vor- und Zubereitung der Lebensmittel)
- Gar- und Warmhaltetemperaturen, Speisenausgabe
- Endarbeit: Reinigung und Desinfektion etc.

Überwachen lassen sich die kritischen Kontrollpunkte mithilfe von **Checklisten** (meist durch EDV).

3 Kontrollinstrumente

- **Geräte,** um die Anlieferungstemperatur zu messen
- **Abklatschtest:** stellt fest, ob die Reinigung der Arbeitsflächen ausreichend ist; dient zur mikrobiologischen Kontrolle von Oberflächen
- **Einstech-Messgerät:** misst die Kerntemperatur, z. B. von Braten
- **pH-Messgerät oder pH-Messstreifen:** misst den pH-Wert, z. B. von Mayonnaisen
- **Thermometer:** gibt Auskunft über die Temperatur von Gerichten

Was ist ein Abklatschtest?

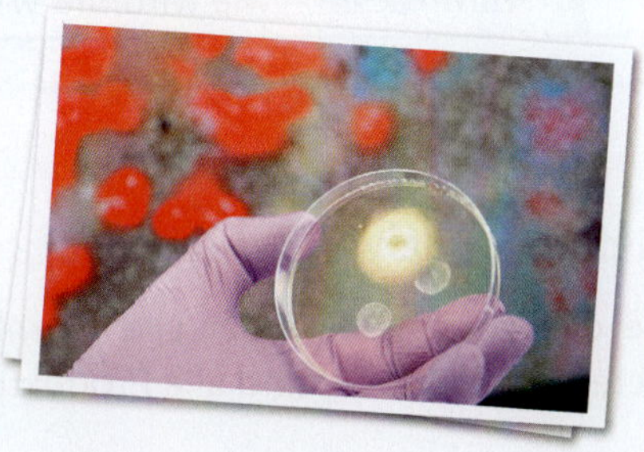

Was man mit den Augen nicht sieht, kann mit dem Abklatschtest (Abklatschprobe) sichtbar gemacht werden. Er dient zur mikrobiologischen Kontrolle von Oberflächen, z. B. Arbeitsflächen und Arbeitsgeräten. Dabei wird ein vorgefertigter Nährboden auf die Fläche gedrückt. Vorhandene Bakterien und Pilze bleiben darauf kleben und können im Labor analysiert werden.

⚠ **Weitere Gefahren** im Arbeitsablauf können mangelnde Händehygiene, Krankheiten, Fremdkörper wie Steinchen, Glas- oder Knochensplitter, Rückstände von Putzmitteln, Parasiten etc. sein.

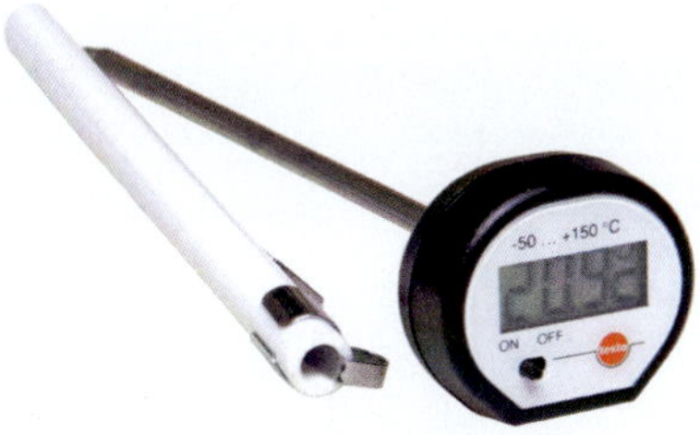

Das Kerntemperatur-Messgerät kann auch zur Temperaturüberprüfung bei der Wareneingangskontrolle, z. B. von Fleisch, eingesetzt werden, um eine eventuelle Unterbrechung der Kühlkette festzustellen.

Ein Betrieb muss selbstständig **kontrollieren,** ob alle Prozesse im Sinne der Lebensmittelsicherheit ordnungsgemäß ablaufen.

- Dazu ist ein **Eigenkontrollsystem** nach den Betriebsanforderungen zu entwickeln.
- Die Eigentümerin/der Eigentümer bzw. die Geschäftsführung ist dafür verantwortlich, dass Sicherheitsmaßnahmen festgelegt, durchgeführt, eingehalten, überprüft und dokumentiert werden.

3.2 Gute Hygienepraxis (GHP)

Gute Hygienepraxis (GHP) umfasst alle Belange der Betriebs-, Arbeits-, Personal- und Produkthygiene im eigenen Betrieb, die dem Schutz der Lebensmittel vor Verderb oder Kontamination dienen. Im Rahmen der GHP sind folgende Bereiche zu berücksichtigen:

- Hygieneschulungen des Personals
- Wareneingangskontrollen
- Reinigungs- und Desinfektionsmaßnahmen
- Tanktemperaturen der Geschirrspülmaschinen
- Regelmäßige Wartungen und Überprüfungen der Geschirrspülmaschinen
- Mikrobiologische Überprüfungen der Effizienz von Reinigung und Desinfektion
- Vorsorge- und Bekämpfungsmaßnahmen gegen tierische Schädlinge

DAS SOLLTEST DU SPEICHERN

Die GHP (Gute Hygienepraxis) ist die Basis für die Erstellung eines HACCP-Konzeptes. Damit ein Hygienekonzept funktioniert, braucht es beides: ein HACCP-System und die Gute Hygienepraxis des Betriebes.

BONUS LEVEL

Erstellung eines HACCP-Konzepts

Schritt für Schritt – so wird ein HACCP-Konzept erstellt

1 **Gefahrenanalyse (Ist-Analyse)** – was wird überprüft?

2 **Risikoanalyse** – welche kritischen Kontrollpunkte werden festgelegt?

3 **Grenzwerte festlegen** – nach welchen Regeln wird kontrolliert?

4 **Überprüfungsstandards festlegen** – wie und wann wird kontrolliert?

5 **Korrekturmaßnahmen festlegen** – wie wird ausgebessert?

6 **Dokumentation** – wie und was wird festgeschrieben?

7 **Verifikation** – wie wird die Wirkung des Systems kontrolliert?

die Verifikation = Bestätigung der Richtigkeit durch Überprüfung

Gefahrenanalyse (Ist-Analyse) – was wird überprüft?

Bei der Ist-Analyse werden alle Räumlichkeiten, Maschinen und Geräte, alle verwendeten Lebensmittel und alle Produktionsabläufe aufgelistet.

Zum Erfassen der Arbeitsabläufe müssen die Rezepturen und Zubereitungsangaben der Speisen herangezogen werden. Als Hilfsmittel dienen z. B. Getränke- und Speisenkarten sowie Rezepturblätter. Zusammen mit der Küchenleitung lassen sich die einzelnen Schritte am besten erarbeiten.

Risikoanalyse – welche kritischen Kontrollpunkte werden festgelegt?

Als nächstes bestimmt man die konkreten Risiken für die Räumlichkeiten, Arbeitsabläufe und Lebensmittel.

Hygiene	Risikogruppe	Beispiele
Betriebsanlagenhygiene	Reinigungsrisiko	Bodenreinigung unsachgemäß
	Ausstattungsfehler	Gebrochene Fliese
	Funktionsmangel	Falsche Temperatureinstellung bei Fritteuse
	Schädlingsbekämpfung	Köderboxen nicht aufgestellt
Personalhygiene	Allgemeine Hygiene	Haarpflege mangelhaft
	Arbeitskleidung	Fehlende Kopfbedeckung
	Händehygiene	Schmutzige Fingernägel
	Krankheiten	Offene Wunde am Finger
Lebensmittelhygiene	Wareneingang	Mangelhafte Qualität
	Lagerung	Falsche Kühltemperatur
	Warenvorbereitung	Falsches Messer zum Gemüseputzen
	Speisenzubereitung	Geflügel nicht durchgegart
	Warmhalten	Falsche Temperatur
	Regenerieren	Falsches Zwischenlagern
	Anrichten, Ausgabe, Verkauf	Falsches Gewicht beim Portionieren
	Präsentation (Buffet)	Speisen zu früh auf das Buffet gestellt
	Catering	Speisen zu lange warm gehalten

Um CCPs in einem Arbeitsablauf zu benennen, ist es zunächst wichtig, einen standardisierten Arbeitsablauf zu definieren.

Eine Verletzung am Finger wird am besten mit einem Fingerling abgedeckt. Ist mal keiner zur Hand, tut es auch ein abgeschnittener Finger eines Einweghandschuhs.

Beispiel: Kritische Kontrollpunkte im (langen) Produktionsablauf

Zubereitung eines Grillhuhnes laut Rezeptur: Arbeits- und Zubereitungsbeschreibung	
Rezept: 10 Portionen	**Zubereitung**
5 TK-Hühner à 1,25 kg Salz, Rosmarin, Paprikapulver 8 cl Pflanzenöl 60 g Butter	1. Hühner auftauen, waschen, trocken tupfen 2. Gewürze mit Öl verrühren 3. Hühner außen und innen würzen 4. Auf den Spieß stecken und mit Öl bepinseln
Qualitätsbeschreibung Hühnerstücke sind braun, knusprig, würzig in Geruch und Geschmack, saftig durchgegrillt.	5. Grillen, zum Schluss mit zerlassener Butter bepinseln Gardauer: 45–55 Minuten Garprobe: 72 °C Kerntemperatur messen
Risikobeschreibung ■ Gefährdetes Lebensmittel ■ Salmonellengefahr durch Schmierinfektion sowie durch nicht durchgegartes Fleisch	6. Hühner vom Spieß nehmen 7. Hühner tranchieren (Knochen großteils entfernen) 8. Mit Beilagen anrichten

Kontrollpunkt	Stufe
CCP: **Auftauen der Hühner**	**1. Stufe – Auftauen der TK-Hühner** Norm: langsames Auftauen in Kühlzelle bei 2–4 °C; Gitter und Abtropftasse – Auftauflüssigkeit entsorgen; Zeitrahmen: ca. 12 Stunden, durch Sinnesproben feststellen, ob die Hühner vollständig aufgetaut sind
CCP: **Vorbereiten**	**2. Stufe – Vorbereiten der Hühner – waschen, trocken tupfen, würzen, aufstecken** Norm: getrennter Vorbereitungsplatz; mit kaltem Wasser innen und außen waschen; trocken tupfen; Gewürzmischung gleichmäßig (mit einem Pinsel) auftragen; aufstecken Reinigen und Desinfizieren des Arbeitsplatzes
CCP: **Braten der Hühner**	**3. Stufe – Grillen der Hühner** Norm: Grillzeit und Grilltemperatur beachten; nach 45 Minuten mit flüssiger Butter bestreichen; Garprobe 1 nach 45 Minuten, Kerntemperatur 72 °C im Keulengelenk, weitergrillen und Garprobe 2 nach 50 Minuten machen
CCP: **Tranchieren**	**4. Stufe – Tranchieren** Norm: getrennter Arbeitsplatz Die Hühner vierteln; Rückgrat, Schluss- und Brustknochen entfernen Reinigen und Desinfizieren des Arbeitsplatzes
CP: **Qualitätskontrolle**	Qualitätskontrolle: Qualität durch Kosten feststellen
CCP: **Warmhalten**	**5. Stufe – Warmhalten – Anrichten** Norm: Warmhalteschrank mit 85 °C, Hühnerteile flach einlegen, 1–2 Stunden
CP: **Anrichten**	Anrichten: 2 Hühnerviertel auf warmem Fleischteller mit Beilagen anrichten

Weitere Beispiele sowie Arbeitsaufgaben zu CCP und CP findest du in der TRAUNER-DigiBox.

Die Kontrollpunkte müssen **genau formuliert** sein. Es muss klar sein, was man überprüfen muss.

Beispiel
Anliefertemperatur von Tiefkühlware: –18 °C
Toleranzbereich, der im betrieblichen Standard festgelegt ist: –17 bis –22 °C für höchstens eine Stunde

Grenzwerte festlegen – nach welchen Regeln wird kontrolliert?

Kritische Grenzwerte sind zu bestimmen:

Die in der Lebensmittel-Hygieneverordnung gesetzlich vorgeschriebenen Standards müssen eingehalten werden.	Zur Qualitätsverbesserung können innerbetrieblich Qualitätsstandards mit einer strengeren Auslegung der Hygieneverordnung festgelegt werden.
Beispiel In der Küche gilt für das Heißhalten von Suppen eine Kerntemperatur von 72 °C für max. zwei Stunden.	**Beispiel** In der Küche gilt für das Heißhalten von Suppen eine Kerntemperatur von 72 °C für max. eine Stunde.

Überprüfungsstandards festlegen – wie und wann wird kontrolliert?

Nun werden die **Überprüfungsmethode** und der **Messzeitpunkt** festgelegt.

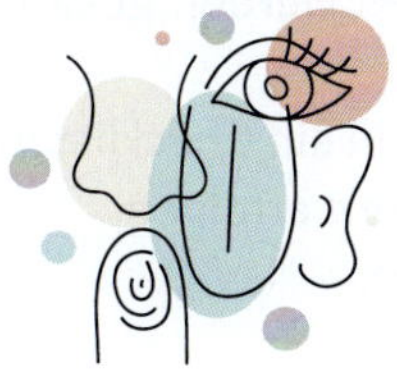

Sinnesprobe – sensorische Prüfung
Schauen, fühlen, riechen, kosten

Anwendung: Qualitätskontrollen bei Lebensmitteln, Getränken und Speisen hinsichtlich Verderbnis, Sauberkeit und Mindesthaltbarkeitsdatum

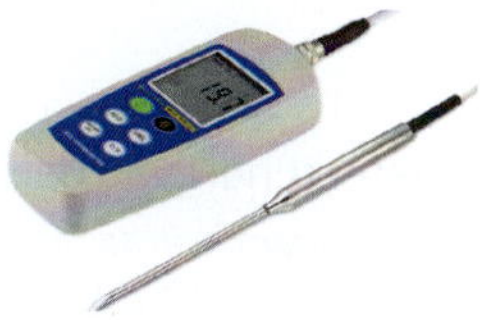

Temperaturmessungen
Stichthermometer, Oberflächenthermometer, Infrarotthermometer

Anwendung: Messungen beim Durchgaren, Warmhalten, Auskühlen, Tiefkühlen, gekühlten Lagern

pH-Wert-Messungen
pH-Meter, Indikatorstreifen

Anwendung: Mayonnaisen, Salate, Aufstriche, diverse kalte Vorspeisen und kalte Gerichte, wie gefüllte Schinkenrollen oder gefüllte Eier

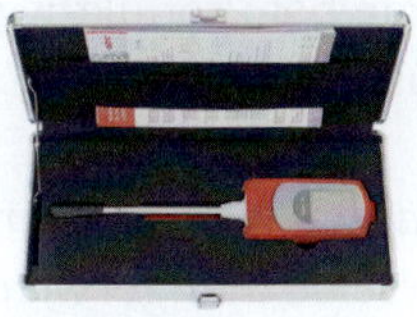

Frittierfettmessungen
Fritester, M3-Tester

Anwendung: Farbveränderungen des Frittierfettes zeigen, ob es gut, noch brauchbar oder schon verdorben ist

Beispiel

Kontrolle des pH-Wertes eines Eiaufstriches	■ Sofort nach dem Fertigstellen ■ Der Wert ändert sich nicht mehr und die Säure verhindert sofort den Anstieg der Keimzahl

⚠ Angaben zu den Methoden und Zeitpunkten werden auf der Checkliste meist nicht extra angeführt, müssen aber geschult werden, damit genaue Ergebnisse erzielt werden.

Korrekturmaßnahmen festlegen – wie wird ausgebessert?

Es handelt sich um ein „Ausbessern der Werte", wenn sie nicht der Norm entsprechen (Grenzwertüberschreitung). Die daraufhin gesetzten Maßnahmen müssen die Gefahr für die weitere Produktion verhindern und auf der Checkliste vermerkt werden.

Beispiel: Grillhuhn
Das Huhn ist bei der Prüfung innen noch roh.
Einfache Korrektur: Das Huhn weitergrillen, bis eine Kerntemperatur von 72 °C erreicht ist.
Umfassende Korrektur: kalibrieren

kalibrieren = Geräteüberprüfung; Gerät so einstellen, dass es die richtige Temperatur erreicht

Die **ABC-Analyse** ist eine Methode zur Entscheidungsfindung. In unserem Beispiel wird ermittelt, ob die Ware angenommen wird oder nicht.

A – O. K.: kein Mangel feststellbar; wenn der Wert A markiert ist, kann es logischerweise keinerlei B- oder C-Mängel geben

B – Mangel: tolerierbarer Mangel; Lieferantengespräch

C – Mangel: Korrektur ist erforderlich; Waren werden als Retourwaren vermerkt und zurückgeschickt

Dokumentation festlegen – wie und was wird dokumentiert?

Das Dokumentieren ist gesetzlich nicht genormt oder vorgeschrieben.

- Dokumentiert wird idealerweise mit Checklisten und Plänen (z. B. Reinigungsplan).
- Die Dokumentationen der überprüften und gelenkten CCPs werden gesammelt und müssen aufbewahrt werden.
- Das Dokumentieren kann durch handschriftliches Eintragen in ein Checklistenblatt sowie Abheften dieser Blätter in dafür vorgesehenen Ordnern erfolgen.
- EDV-Systeme mit geeigneter Software erleichtern die Arbeit.

Beispiel eines CCPs auf der Checkliste „Wareneingangskontrolle"

CCP & Normenbeschreibung & Messmittel	Mangelbeschreibung	Korrektur
Kontrolle der Anliefertemperatur –18 °C bei TK-Ware, 2–4 °C bei Frischfleisch + Milchprodukten Stichthermometer	A: okay B: TK-Pommes frites –15 °C C: TK-Pommes frites –9 °C	 Lieferscheinvermerk Retourware

Ein Beispiel für eine ausgefüllte Checkliste zur Wareneingangskontrolle findest du in der TRAUNER-DigiBox.

Verifikation – wie wird die Wirkung des Systems kontrolliert?

Die Aufzeichnungen müssen in gewissen Zeitabständen (z. B. monatlich) verglichen werden. Ergeben die Überprüfungen bei gewissen CCPs über einen bestimmten Zeitraum keine Mängel, kann der CCP wegfallen (Ausnahme bei Produkthygiene). Der kritische Punkt ist in die **GHP (Gute Hygienepraxis)** übergegangen.

Der CCP muss wieder aktiviert und in die Checkliste aufgenommen werden, wenn

- durch Beobachtungen oder aufgrund von Reklamationen derselbe Mangel wieder festgestellt wird oder
- ein Personalwechsel oder eine Neuanschaffung bei der Ausstattung (z. B. neue Maschine) stattgefunden hat.

BONUS LEVEL ENDE

WortschatzBox – „Hygiene und Reinigungsarbeiten in der Küche"

- Ordne den einzelnen Begriffen die passenden Erklärungen zu.

Gute Hygienepraxis (GHP) ■ Schmierinfektion ■ Kontamination ■ Kritischer Kontrollpunkt (CCP) ■ Kreuzkontamination ■ Abklatschtest ■ HACCP-Konzept ■ Kontrollpunkt (CP)

Erklärung	Fachbegriff
Wechselseitige Verunreinigung von Lebensmitteln bzw. Arbeitsplätzen, z. B. Geflügelfleisch am Salatplatz	
Direkte Keimübertragung, z. B. über die Hände oder Arbeitsgeräte	
Es besteht Gefahr für den Gast.	
Dient zur mikrobiologischen Kontrolle von Oberflächen, z. B. Arbeitsflächen und Arbeitsgeräten	
Verunreinigung von Lebensmitteln durch Keime	

Erklärung	Fachbegriff
Vorbeugendes Kontrollsystem	
Keine direkte Gefahr für den Gast, aber ein Qualitätsmangel	
Umfasst alle Belange der Betriebs-, Arbeits-, Personal- und Produkthygiene im eigenen Betrieb, die dem Schutz der Lebensmittel vor Verderb oder Kontamination dienen	

Ziele erreicht? – „Hygiene und Reinigungsarbeiten in der Küche“

KOMPETENZ-ERWERB

1. Ein neuer Auszubildender kommt in den Betrieb. Er trägt Turnschuhe, eine kurze Hose und ein T-Shirt. Du sollst ihm erklären, was zu einer ordentlichen Kochkleidung gehört und welche Eigenschaften sie haben sollte.
2. Was wird unter unreinem und reinem Bereich verstanden? Gib eine Erklärung.
3. Warum werden Küchenbretter in unterschiedlichen Farben verwendet? Gib eine Begründung dazu.
4. Erkläre den Unterschied zwischen einer Lebensmittelvergiftung und einer Lebensmittelinfektion.
5. Durch welche Mikroorganismen werden Lebensmittelvergiftungen und Lebensmittelinfektionen verursacht? Nenne jeweils zwei Beispiele:

   ____

   ____

   ____

6. **Salmonellen**
   a) Erkläre, was Salmonellen sind und wo sie hauptsächlich vorkommen.
   b) Beschreibe die Symptome einer Salmonellose und wie du als Mitarbeiter/in eine Infektion deiner Gäste verhindern kannst.
7. Stelle dir folgendes Szenario vor: Du bereitest einen sommerlichen Blattsalat zu, während ein Kollege direkt neben dir Hühnerkeulen verarbeitet. Welche Gefahr besteht? Mache Verbesserungsvorschläge.
8. Beschreibe, wie die Entstehung und Verbreitung von Schimmelpilzen im Betrieb vermieden werden können.
9. Du entdeckst im Kühlhaus einen Eimer mit verschimmeltem Joghurt. Beschreibe, wie man damit korrekt umgeht.
10. Du entdeckst im Kühlhaus mehrere Paprika, die schwarze Flecken haben. Was könnte das sein? Beschreibe, wie man damit korrekt umgeht.
11. Erkläre, wie eine Desinfektion korrekt durchgeführt wird.
12. Welche Punkte werden in einem Reinigungs- und Desinfektionsplan festgehalten?
13. Kontrollpunkt und kritischer Kontrollpunkt – beide sind Bestandteile eines HACCP-Konzeptes. Worin liegt der Unterschied?
14. Erkläre kurz, was unter Guter Hygienepraxis zu verstehen ist.
15. Analysiere, mit welchen konkreten Maßnahmen das Eigenkontrollsystem HACCP in deinem Ausbildungsbetrieb umgesetzt wird.

Einen interaktiven Safety-Check findest du in der TRAUNER-DigiBox.

Material- und Wareneinsatz

In der Gastronomie sind nach den Personalkosten die Warenkosten der größte Kostenfaktor. Deshalb soll jede/r verantwortungsvolle Köchin/Koch imstande sein, Warenkosten und Verkaufspreise zu berechnen, um zu einem optimalen Betriebsergebnis beizutragen. Das Wissen um die Kosten ist außerdem das beste Mittel, um mit Lebensmitteln sorgfältiger umzugehen, auch wenn man nicht für die Kalkulation verantwortlich ist.

KOMPETENZ-ERWERB

Meine Ziele

Nach Bearbeitung dieses Kapitels kann ich

- mit den in der Küche benötigten Maß- und Gewichtseinheiten rechnen;
- die Gewichtstabelle für Portionsgrößen anwenden;
- die praktische Verbrauchertabelle sinnvoll einsetzen;
- Gewichtsverluste bei der Verarbeitung von Fleisch, Fisch und Meeresfrüchten erklären;
- Portionspreise berechnen;
- Verkaufspreise für ein Gericht oder Menü kalkulieren.

1 Materialberechnung

Zahlen, Prozente, Rechnen – am Anfang ist das alles etwas viel. Doch nur Mut: Mit den gängigen Grundrechenarten und dem Prozentrechnen lässt sich die Kalkulation leicht bewältigen.

Bevor mit der eigentlichen Kalkulation begonnen werden kann, muss man das genaue Gewicht der Rohwaren unter Berücksichtigung von Putzverlusten, Garverlusten etc. ermitteln. Das ist die Grundlage der Kalkulation. Ebenso werden für die Kalkulation die **Portionsgewichte** benötigt. Verbrauchertabellen helfen, die Mengen zu ermitteln.

Auf dieser Basis können schließlich der **Wareneinsatz** und die dafür anfallenden Kosten – und damit auch der **Verkaufspreis** – ermittelt werden.

1.1 Maße und Gewichte

Maße

Abkürzungen für Maße

l = Liter, cl = Zentiliter, ml = Milliliter

1 l			=	100 cl	=	1 000 ml
1/2 l	=	0,5 l	=	50 cl	=	500 ml
1/4 l	=	0,25 l	=	25 cl	=	250 ml
1/8 l	=	0,125 l	=	12,5 cl	=	125 ml

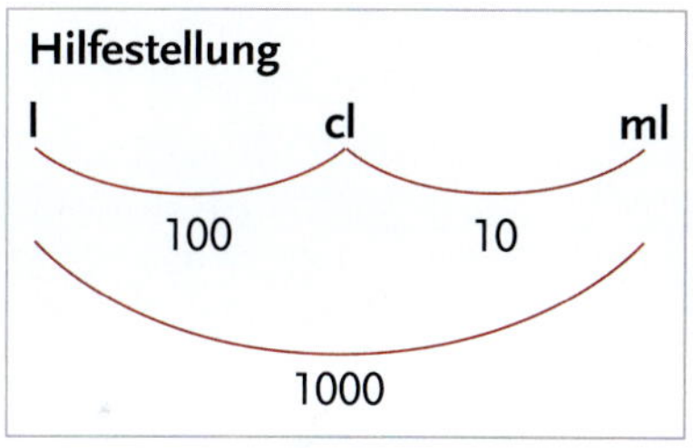

Gewichte

Abkürzungen für Gewichte

kg = Kilogramm, g = Gramm

1 kg	=	1 000 g	=	1,000 kg
1/2 kg	=	500 g	=	0,500 kg
1/4 kg	=	250 g	=	0,250 kg
1/8 kg	=	125 g	=	0,125 kg
		100 g	=	0,100 kg
		10 g	=	0,010 kg

Abwiegen von Flüssigkeiten

1 Liter Wasser wiegt genau 1 kg (1 000 g) und kann nach der Gewichtstabelle umgerechnet werden (z. B. wiegt 1/8 l Wasser 125 g). Das ist nicht bei allen Flüssigkeiten so. Alkohol oder Speiseöl sind beispielsweise leichter als Wasser. 1 Liter Speiseöl wiegt ca. 800–900 g, 1 Liter Alkohol 800 g.

Eischwer – schwierig zu definieren

- Ei mit Schale (62 g)
- Ei ohne Schale (50 g, davon 35 g Eiweiß und 15 g Eigelb)

Eine Gewichtstabelle sollte an allen Posten der Küche aufliegen.

Die angeführten Gewichte sind Durchschnittswerte.

1.2 Gewichtstabelle für Portionsgrößen

Eine **Gewichtstabelle** für Portionsgrößen wird benötigt
- zur Erstellung von Rezepten,
- als Hilfsmittel beim Einkauf und
- zur Bestimmung der Anzahl der Portionen (Portionsmenge).

CHECKLISTE

Portionsgrößen

☐ **Anzahl der Portionen ermitteln**
Um die richtige Menge zu produzieren, muss die Anzahl der Portionen ermittelt werden, v. a. beim Catering, bei Banketten oder in der Gemeinschaftsverpflegung.

☐ **Messen und wiegen**
Anschließend muss exakt gemessen und gewogen werden, um gleiche Portionen zu bekommen (Schwund und Überschuss vermeiden).

☐ **Gewichtsverlust miteinrechnen**
Bei der Berechnung der Menge für den Einkauf ist der Gewichtsverlust (Lagerung, Zubereitung) miteinzurechnen.

Portionsgewichte und Gewichtsverluste

Fleisch

Portionsgewicht

Filetsteak	180 g
Chateaubriand	360 g
Rostbraten	150 g
Entrecôte, Sirloinsteak	180 g
Tournedos (2 x 90 g)	180 g
Filetspitzen	160 g

Kalbssteak	160 g
Schnitzel	150 g
Kotelett	180 g
Kalbsmedaillons (2 x 70 g)	140 g
Gulasch, Ragout	180 g

Gewichtsverluste beim Garen

Kurzbraten von Portionsstücken	15 %
Grillen von Portionsstücken	15 %
Braten im Ganzen	25 %
Dünsten/Schmoren im Ganzen	30 %
Kochen oder Sieden	35 %
Pochieren	15 %
Cuisson sous Vide	5–8 %
Niedertemperaturgaren	10 %

Gründe für den Gewichtsverlust bei Fleisch

- **Lagern:** Bei der Lagerung kann ein Gewichtsverlust von bis zu 5 % entstehen; durch Vakuumieren oder Verpacken in Frischhaltefolie kann der Gewichtsverlust reduziert werden.
- **Auslösen:** Knochen, Parüren und Fett fallen weg.
- **Portionieren:** Beim Portionieren von rohem Fleisch entstehen Abschnitte (Parüren), die für andere Gerichte verwendet werden können.
- **Garen:** Je nach Garmachungsart und Qualität verliert das Fleisch an Gewicht.
- **Tranchieren** von gegartem Fleisch: Durch Tranchieren gegen die Fasern können die Abschnitte minimiert werden.

die Parüren = Sehnen und Fleischabschnitte, die beim Vorbereiten von Fleischstücken (Parieren) anfallen; werden zur Herstellung von Suppen, Fonds und Saucen verwendet

Geflügel

Portionsgewicht

Geflügel (Stubenküken)	300–400 g
Rohgewicht für ausgelöstes Geflügel	120–140 g

Gewichtsverluste beim Garen

Brathuhn	20 %	Wild- oder Barbarieente	25 %
Ente	30 %	Portionsstücke zum Kurzbraten	35 %
Gans	bis 40 %		

Wild

Portionsgewicht

Ganze Stücke mit Knochen	200 g
Ganze Stücke ohne Knochen	150 g
Portionsstücke zum Kurzbraten	150 g

Gewichtsverluste beim Garen

Ganze Stücke mit Knochen	20 %
Ganze Stücke ohne Knochen	10 %
Portionsstücke zum Kurzbraten	15 %

Wildfleisch hat einen geringen Fettanteil, dadurch ergeben sich geringere Bratverluste

Fische und Meeresfrüchte

Portionsgewicht

Fisch im Ganzen	350 g
Fischfilet als Vorspeise	80 g
Fischfilet als Hauptgericht, je nach Zubereitung	140 g

Abschnitte beim Filetieren von Fischen

Forelle, Felchen, Maräne	40 %
Lachs, Lachsforelle, Zander	40 %
Karpfen, Wels	55 %
Hecht	65 %
Wolfsbarsch	55 %
Seezunge, Steinbutt	60 %

Durch das fachgerechte Filetieren von Fischen können Gewichtsverluste reduziert werden

Beim Auslösen von Garnelen kann sich ein Gewichtsverlust von bis zu 70 % ergeben

das Bruttogewicht = Rohgewicht

Abschnitte beim Auslösen von Meeresfrüchten

Flusskrebs	85 %
Hummer	70 %
Languste	80 %
Garnele (mit Kopf)	70 %
Garnele (ohne Kopf)	15 %

Gemüse

Die nachfolgende Gewichtstabelle gibt Richtwerte für das Bruttogewicht, das benötigt wird, um zehn fertige À-la-carte-Portionen zu bekommen.

Artikel	Bruttogewicht	Abfall ca.	Nettogewicht gerundet	Portionsgewicht ca.	
				À la carte	Im Menü
Brokkoli	1 500 g	25 %	1 100 g	110 g	80 g
Grüne Bohnen	1 100 g	5 %	1 000 g	100 g	80 g
Blumenkohl	2 800 g	46 %	1 500 g	150 g	100 g
Karotten	1 300 g	20 %	1 000 g	100 g	80 g
Kartoffeln	2 300 g	25 %	1 700 g	170 g	120 g
Rosenkohl	1 150 g	12 %	1 000 g	100 g	80 g
Spargel, weiß	2 300 g	30 %	1 600 g	160 g	100 g
Spinat	1 800 g	33 %	1 200 g	120 g	90 g

1 l Suppe ergibt 4–6 Portionen

Suppen

1 Teller	250 ml
1 Tasse	200 ml
1 Tasse Kraftbrühe (Consommé)	150 ml

1 l Jus ergibt 20 Portionen

Warme Saucen

1 l Bratensaft/Jus	ca. 20 Portionen	=	50 ml pro Portion
1 l gebundene Sauce	14 Portionen	=	70 ml pro Portion

Kalte Saucen (Salatmarinaden)

1 l Mayonnaise	20 Portionen	=	50 ml pro Portion
1 l verschiedene kalte Saucen	20–25 Portionen	=	ca. 40 ml pro Portion
1 l Salatmarinade	30 Portionen	=	ca. 35 ml pro Portion
1 l Dressing	20 Portionen	=	50 ml pro Portion

Für Spaghetti als Hauptgericht werden ungefähr 100 g Nudeln verwendet

Beilagen

Reis	40 g
Teigwaren, getrocknet	50 g
Spaghetti	50 g
Kartoffeln, je nach Zubereitung	200–250 g

Teige und Massen

Eierkuchenteig	1 l	10–12 Stück Pfannkuchen
Hefeteig	1 kg	12 Berliner (Krapfen)
Plunderteig	1 kg	20 Kaffeegebäck
Kartoffelteig	1 kg	20 Obstknödel à 50 g
Nudelteig	1 kg	20 Portionen (als Beilage)
Brandteig	1 kg	ca. 40 Profiteroles
Torte	24 cm Ø	14 Portionen
Schnitten	40 x 15 cm	12 Portionen
Strudel	60 cm Länge	10–12 Portionen
Biskuitroulade	40 x 30 cm	12–14 Portionen

Profiteroles

2 Ermittlung des Portionspreises

Bevor man eine Rezeptkalkulation durchführen kann, müssen auf Basis der Gewichts- und der Verbrauchertabellen die tatsächlichen Warenkosten pro Lebensmittel und pro Portion ermittelt werden.

DAS SOLLTEST DU SPEICHERN

Bruttogewicht (Rohgewicht oder Einkaufsgewicht): Das ist das Gewicht des eingekauften Fleisches, Fisches oder ungeputzten Gemüses.
Nettogewicht (verkaufbares Gewicht): Bei der Vorbereitung entstehen Abfälle und Verluste. Diese werden vom Bruttogewicht abgezogen, es ergibt sich das Nettogewicht.

Unter **Taragewicht** wird das Gewicht der Verpackung eines Produktes verstanden.

Vom Bruttogewicht zum Nettogewicht

Beispiel
Es sind noch 4,25 kg Karotten auf Lager. Für wie viele À-la-carte-Portionen reicht der Vorrat?

Bruttogewicht (Rohgewicht, Einkaufsgewicht)	100 %	4,25 kg
Putzverlust und Abschnitte (siehe Tabelle S. 136)	– 20 %	– 0,85 kg
Nettogewicht (verkaufbares Gewicht)	= 80 %	**= 3,40 kg**
		= 34 Portionen

Rechenvorgang:
Eine À-la-carte-Portion entspricht etwa 0,10 kg (lt. Gewichtstabelle, S. 134):

3,40 kg : 0,10 kg = 34 Portionen

Aus 4,25 kg Karotten können 34 Portionen hergestellt werden.

Vom Nettogewicht zum Bruttogewicht

Beispiel
Es sind 34 À-la-carte-Portionen Karotten geplant. Wie viele kg Karotten werden dafür benötigt? (1 À-la-carte-Portion = 0,10 kg Karotten)

Nettogewicht (verkaufbares Gewicht)	3,4 kg	80 %
Putzverlust und Abschnitte (siehe Tabelle S. 136)	+ 0,85 kg	+ 20 %
Rohgewicht (Einkaufsgewicht)	**= 4,25 kg**	= 100 %

Rechenvorgang:
3,40 kg : 80 x 100 = 4,25 kg

Für 34 Portionen à 0,10 kg sind 4,25 kg Karotten zu kaufen.

Weitere Rechenbeispiele findest du in der TRAUNER-DigiBox.

Vom Einkaufspreis zum Portionspreis

Beispiel

Ein kg Karotten kostet im Einkauf 1,10 €, somit kosten 4,25 kg Karotten 4,675 €. Wie viel kostet eine À-la-Carte-Portion Karotten, wenn wir von 34 Portionen ausgehen? Laut Berechnung (siehe S. 137) ergeben 4,25 kg Karotten 34 Portionen.

Einkaufspreis für 4,25 kg x 1,10 € = 4,675 €
1 Portion: 4,675 € : 34 Portionen = 0,1375 €
Eine À-la-carte-Portion Karotten kostet 0,1375 € (~ 14 Cent).

3 Rezept- und Menüberechnungen

Viele Betriebe verfügen bereits über eine **elektronische Küchenverwaltung.** Diese Programme ermöglichen eine realistische Warenberechnung je nach Anzahl der Portionen.

Nachdem die Portionspreise für die Lebensmittel ermittelt worden sind, wird auf dieser Basis der Einkaufspreis eines Gerichtes bzw. eines Menüs berechnet. Damit kann festgestellt werden, welcher Wareneinsatz bei der anschließenden Preiskalkulation zu berücksichtigen ist. Der Wareneinsatz muss immer mit dem tatsächlichen Einkaufspreis berechnet werden.

Beispiel

Die Warenkosten für eine Portion Schweinekotelett natur, mit glacierten Karotten und Bratkartoffeln werden für die Verkaufspreiskalkulation benötigt.

Produktkalkulationsblatt					
Schweinekotelett mit Karotten und Bratkartoffeln					
	Warenbezeichnung	Menge für 10 Portionen in kg	Einstandspreis pro kg	Betrag für 10 Portionen	Total
Schweinekotelett	Schweinekotelett	1,70	11,00 €	18,70 €	
	Öl	0,08	3,20 €	0,26 €	
	Gewürze, Mehl			0,30 €	
	Weißwein	0,10	3,80 €	0,38 €	
	Kalbsjus	0,30	2,00 €	0,60 €	
					20,24 €
Karotten	Karotten	2,00	2,20 €	4,40 €	
	Butter	0,10	8,80 €	0,88 €	
	Brühe	0,20	0,90 €	0,18 €	
	Gewürze, Kräuter			0,20 €	
					5,66 €
Bratkartoffeln	Kartoffeln	2,50	1,10 €	2,75 €	
	Bratfett	0,08	3,20 €	0,26 €	
	Gewürze			0,05 €	
	Butter	0,05	8,80 €	0,44 €	
					3,50 €
Summe gesamt für 10 Portionen					29,40 €
Warenkosten pro Portion					2,94 €

Ermittlung des Verkaufspreises

Wareneinsatz (= direkte Kosten)	Dieser erfolgt auf Basis der Mengenberechnung bzw. Rezeptkalkulation. Die Warenkosten betragen in der Regel je nach Restaurant zwischen 25 und 35 % des Nettoverkaufspreises.
+ Gemeinkostenzuschlag (oder Betriebskosten = indirekte Kosten)	Dieser umfasst alle Kosten, die durch die Führung eines Betriebes entstehen. Dazu zählen z. B. Personalkosten, Sozialleistungen, Energiekosten, Anschaffungen, Versicherungen, Zinsen, Mieten und Wäsche. Sie machen je nach Aufwand, ausgehend von den Warenkosten, zwischen 160 % für einen einfachen Betrieb und 300 % für ein gehobenes Restaurant aus.
Selbstkosten	
+ Gewinnzuschlag	Das ist das Unternehmerrisiko bzw. ein prozentueller Aufschlag auf die Selbstkosten.
Grundpreis	
+ Umsatzbeteiligung	10,5 %, 12,5 % oder 15 % gemäß Kollektivvertrag
Nettoverkaufspreis	Umsatzsteuerpflichtiger Betrag
+ Umsatzsteuer (19 % für Speisen)	
Inklusivpreis (Bruttoverkaufspreis)	

Beispiel: Berechnung eines Mittagsmenüs

Warenkosten (ohne Umsatzsteuer)	100 %	=	6,68 €
Gemeinkostenzuschlag	250 %	=	16,70 €
Selbstkosten		=	23,38 €
Gewinnzuschlag 6 % von den Selbstkosten		=	1,40 €
Kalkulierter Preis		=	24,78 €
Umsatzbeteiligung 12,5 % vom kalkulierten Preis		=	3,10 €
Nettoverkaufspreis		=	27,88 €
Umsatzsteuer 19 %		=	5,30 €
Inklusivpreis (Bruttoverkaufspreis)		=	33,18 €

Das Menü kostet in diesem Beispiel **33,20 €** (aufgerundet).

Der Bruttoverkaufspreis wird auch als Bruttopreis, Inklusivpreis oder Kartenpreis bezeichnet.

WortschatzBox – „Material- und Wareneinsatz“

- Ordne die folgenden Begriffe den passenden Erklärungen zu:

Parüren	direkte Kosten
Bruttogewicht	Bei der Vorbereitung entstehen Abfälle. Diese werden vom Bruttogewicht abgezogen. Es ergibt sich das verkaufbare Gewicht.
Wareneinsatz	Sehnen und Fleischabschnitte, die beim Vorbereiten von Fleischstücken anfallen
Nettogewicht	Bruttoverkaufspreis
Inklusivpreis	Rohgewicht oder Einkaufsgewicht

Ziele erreicht? – „Material- und Wareneinsatz"

KOMPETENZ-ERWERB

1. Erkläre anhand von vier Beispielen, wodurch bei der Verarbeitung von Fleisch Gewichtsverluste entstehen.
2. Beschreibe den Unterschied zwischen Bruttogewicht und Nettogewicht.
3. Erkläre, was unter Tara zu verstehen ist.
4. Berechne die fehlenden Angaben.

	Brutto	Netto	Tara
1	kg	5,81 kg	0,33 kg
2	4,35 kg	4,21 kg	kg
3	21,12 kg	kg	6,79 kg

5. Ermittle die fehlenden Angaben.

Maße und Gewichte	
2,25 kg	g
4,25 l	ml
1/4 kg	g
3,75 l	cl
0,04 kg	g
1/8 kg	g
0,125 kg	g
0,25 l	ml

6. Es muss grüner Salat für 50 Personen vorbereitet werden. Berechne, wie viel Liter Salatmarinade du dafür zubereiten musst.
7. Heute gibt es als Hauptgericht Spaghetti bolognese. Es haben sich 15 Personen angemeldet. Berechne, welche Menge an Spaghetti gekocht werden muss. Verwende zur Berechnung die Tabelle von S. 136.

8. Es sind noch 6,25 kg Kartoffeln auf Lager. Wie viele À-la-carte-Portionen sind das? Verwende zur Berechnung die Gewichtstabelle von S. 136.

Rohgewicht (Einkaufsgewicht)	%	kg
Putzverlust und Abschnitte (s. Tabelle S. 134)	%	kg
Nettogewicht (verkaufbares Gewicht)	%	**kg**
	= ______ **Portionen**	

9. 1 kg weißer Spargel kostet im Einkauf 14,00 €. Wie viel kosten 5 kg Spargel? Wie viel kostet eine Menüportion Spargel?

Einen interaktiven Safety-Check findest du in der TRAUNER-DigiBox.

Vorbereitungsarbeiten und Garmethoden

Hingehört! Die Aussprache vieler fremdsprachiger Fachbegriffe kannst du im E-Book, das du in der TRAUNER-DigiBox findest, durch Anklicken des Wortes anhören.

Zum Kochen gehört einiges dazu: Zuerst stellt man alle benötigten Lebensmittel und Geräte bereit. Das nennt man **Mise en place.** Dann werden die Lebensmittel vorbereitet – geputzt, gewaschen und geschnitten. Erst dann beginnt die Zubereitung. Dass man Lebensmittel nicht nur „kochen" kann, sondern zahlreiche andere Garmethoden anwenden kann, lernst du in diesem Kapitel.

Meine Ziele

KOMPETENZ-ERWERB

Nach Bearbeitung dieses Kapitels kann ich

- beschreiben, wie Lebensmittel richtig vorbereitet werden;
- Zwiebeln in verschiedene Formen schneiden;
- unterschiedliche Schneidearten bei Gemüse anwenden;
- die klassischen Garmethoden und Anwendungsbeispiele nennen;
- die Vorgänge des Glacierens und des Gratinierens anhand von Beispielen erklären;
- die Garverfahren Cook & Chill und Sous-vide-Garen beschreiben;
- die Garmethoden entsprechend den Rohstoffen richtig anwenden;
- Konservierungsarten von Lebensmitteln beschreiben und Anwendungsbeispiele nennen.

1 Vorbereiten von Lebensmitteln

Ich arbeite seit einigen Wochen in der Küche. Heute hat mir die Sous Chefin aufgetragen, Gemüse zu schneiden. Sie hat mir erklärt, mit welchen Küchenwerkzeugen ich arbeiten soll. Dabei hat sie viele französische Begriffe verwendet, wie Julienne oder Brunoise, von denen ich noch nie gehört habe.

1.1 Allgemeine Vorbereitungsarbeiten

Bevor Lebensmittel zubereitet, verarbeitet bzw. gegart werden können, müssen sie gesäubert, gewaschen, geschnitten – eben vorbereitet – werden.

Waschen

Lebensmittel sind vor der Be- und Verarbeitung möglichst im Ganzen unter kaltem, fließendem Wasser abzuspülen, um sie von Keimen und Schmutz zu befreien. Erdiges Gemüse und Kartoffeln werden mit einer Gemüsebürste an einem eigenen Vorbereitungsplatz gereinigt.

Aufgepasst! Durch zu langes Wässern werden die wasserlöslichen Vitamine ausgelaugt.

Wässern

Durch Wässern werden Stoffe, die den Geschmack beeinträchtigen, ausgelaugt. Aber auch eine unerwünschte Braunfärbung kann damit verhindert werden. Gewässert werden z. B.

- Endiviensalat und Nieren, um die Bitterstoffe zu entziehen,
- Salzheringe und Pökelfleisch, um Salz zu entziehen,
- Blumenkohl (in lauwarmem Wasser), um Ungeziefer zu vertreiben,
- geschälte Kartoffeln, Sellerie und Äpfel, damit sie nicht braun werden.

Einweichen

Eingeweicht werden getrocknete Lebensmittel, wie z. B. Hülsenfruchte (in drei- bis vierfacher Wassermenge), Trockengemüse und Trockenobst. Das Einweichwasser soll zum Kochen weiterverwendet werden.

Putzen

Nicht verwendbare Teile werden aus- bzw. abgeschnitten, wie z. B. faule und braune Stellen bei Obst, Gemüse und Salat, das Kerngehäuse von Obst, der Stängelansatz von Tomaten oder die Wurzelenden und Grünes von Gemüse.

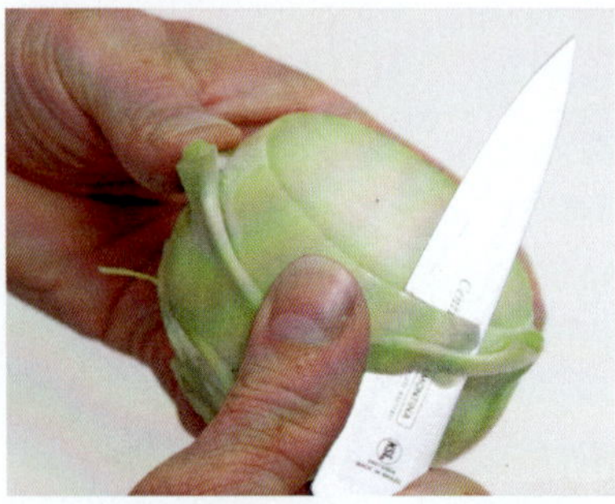

Schälen mit einem Gemüsemesser

Schälen/Abziehen

Geschält wird mit einem Sparschäler oder Gemüsemesser.

1.2 Schneidearten

Zwiebeln werden in feine bzw. grobe Würfel, in Ringe, halbe Ringe oder in Streifen geschnitten. Sie sollten immer frisch geschnitten verarbeitet werden, da sie rasch verderben.

Feine Würfel
Die geschälte, halbierte Zwiebel zuerst mehrmals senkrecht und dann waagrecht einschneiden; dann quer zum Wurzelende in feine Würfel schneiden

Verwendung: zum Ansetzen von Suppen und Saucen, für Fleisch- und Fischgerichte und zur Verfeinerung von Kartoffel-, Getreide- und Pastagerichten

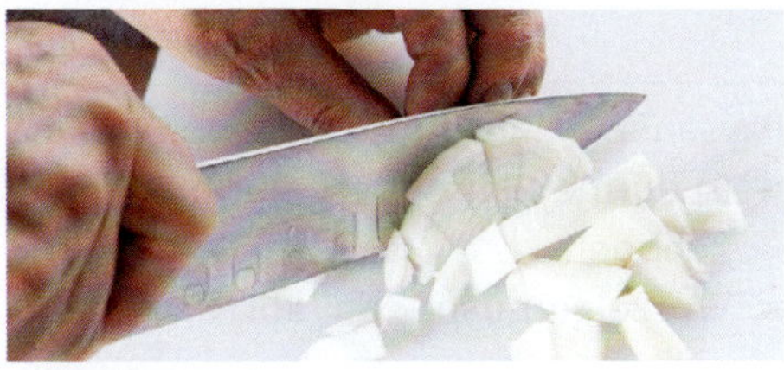

Grobe Würfel
Gleiche Schneidetechnik wie bei feinen Zwiebelwürfeln anwenden, jedoch mit größeren Abständen, 1 cm und auch größer gewürfelt

Verwendung: für Gerichte, deren Saucen passiert werden, oder für Letscho u. Ä.

Ringe
Sie gelingen am gleichmäßigsten mit der Aufschnittmaschine (kleine Ringe aussortieren).

Verwendung: zur Garnierung von Salaten, kalten Vorspeisen oder für panierte oder in Backteig gebackene Zwiebelringe

Zwiebeln immer schneiden, nicht hacken, sonst verlieren sie Saft und werden grau.

Halbe Ringe
Zwiebelhälften **quer zur Wurzel** in feine Streifen schneiden

Verwendung: zum Garnieren von Vorspeisen oder als Salatbeigabe

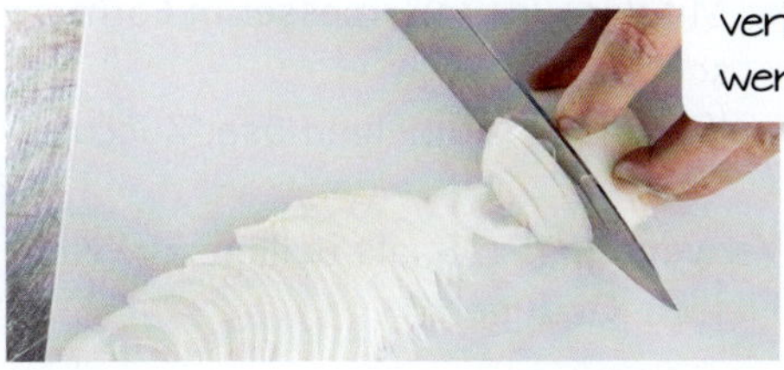

Streifen
Zwiebel halbieren und **der Länge nach** in dünne, feine Streifen schneiden

Verwendung: zum Ansetzen von Suppen, Saucen, Ragouts und Braten

Klassische Schneidearten von Gemüse

Julienne (feine Streifen)
- 4–5 cm lang
- Z. B. Wurzelgemüse, Lauch

Verwendung: für Rohkost und Salatmarinaden, zum Garnieren von Wurzelfleisch, für Esterhazy-Rostbraten, als Suppeneinlage oder für asiatische Gerichte etc.

Brunoise (sehr feine Würfel)
- 3–4 mm
- Wurzelgemüse und Paprika

Verwendung: als Einlage für Sülze oder Suppen, zum Ansetzen von Fleisch- und Fischgerichten oder zur Verfeinerung von Pasta- und Reisgerichten etc.

Bâtonnets (kleine Stäbe)
- 5 mm dick und 5 cm lang
- Karotten, Rüben, Kohlrabi, Pommes frites

Verwendung: glaciert als Beilage, blanchiert für Salate oder als Garnitur für Fisch etc.

Jardinière (kleine Würfel)
- Ca. 1 cm groß
- Wurzelgemüse, Zwiebeln und Kartoffeln

Verwendung: als Einlage für Ragouts oder Eintöpfe, als Gemüsebeilage etc.

Paysanne (feinblättrig)
- In dünne Blätter geschnitten oder gehobelt
- Wurzelgemüse, Kohlrabi, Kartoffeln

Verwendung: für Gemüsesuppen oder zur Verfeinerung von Wildgerichten etc.

Chartreuse (riffelige Scheiben)
- Mit Chartreuse-Messer geschnitten; für saubere Schnittkanten das Gemüse evtl. vorher blanchieren
- Karotten, Gelbe Rüben, Zucchini

Verwendung: als Beilage oder Garnitur für Salate etc.

Parisienne (Kugeln)
- Mit dem Parisienne-Ausstecher (Noisette = kleinere Form)
- Karotten, Gurken, Melonen

Verwendung: als Beilage oder Garnitur

Tournieren (verschiedene Formen)
- Mit dem Tourniermesser in Form schneiden
- Kartoffeln, Wurzelgemüse, Zucchini

Verwendung: z. B. als Beilage zu Fisch, Fleisch, Geflügel

Spalten (Halbmonde)
Kohlrabi in Spalten schneiden oder zu Halbmonden tournieren

Verwendung: als Beilage oder Garnitur

Weitere Schnittformen von Gemüse

Gemüseblumen
Aus der asiatischen Küche

Gemüsespaghetti
Mit speziellem Schneidaufsatz geschnitten

Keilschnitt
Z. B. für Karotten oder Gelbe Rüben; sie werden der Länge nach halbiert und abwechselnd gerade bzw. schräg durchgeschnitten

Chiffonade
Ähnlich wie Julienne, jedoch etwas gröber geschnitten, z. B. für Kraut, Paprika oder Salat

- **Rauten** von Wurzelgemüse (Wokgemüse)
- **Längsstreifen** und **Querscheiben** von Wurzel- und Blütengemüse

Lebensmittel werden auch noch auf andere Weise zerkleinert

- **Raspeln und hobeln:** rohes Wurzel- und Grüngemüse, rohe Äpfel
- **Mahlen mit der Mühle:** z. B. Kaffee, Mohn, Nüsse, Getreide
- **Reiben:** z. B. Meerrettich, Nüsse, Schokolade
- **Hacken:** mit dem Hackmesser, z. B. Kräuter, Kerne und Nüsse
- **Zermahlen im Mörser:** z. B. Kräuter und Gewürze
- **Pressen:** Knoblauch

2 Garmethoden

Was kochst du heute? Im allgemeinen Sprachgebrauch sprechen wir immer von Kochen, wenn wir Speisen zubereiten. Kochen ist allerdings nur eine von vielen Methoden, Speisen zuzubereiten. Es gibt viele unterschiedliche Garmethoden, die über Konsistenz, Farbe, Aroma und Geschmack einer Speise entscheiden.

DAS SOLLTEST DU SPEICHERN

Garen ist der Überbegriff für die Zubereitung von Gerichten.
Die klassischen Garmethoden sind das Herzstück der Kochkunst.

2.1 Klassische Garmethoden

Blanchieren

In Wasser

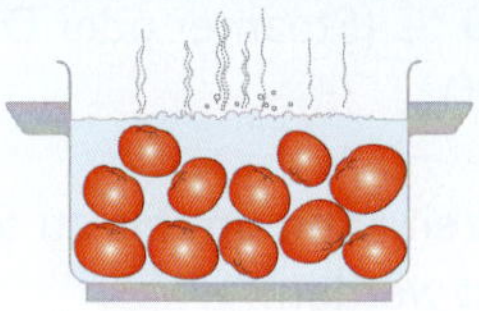

Gargut in **reichlich kochendem Wasser** (nicht zugedeckt) kurz überkochen/überbrühen, sofort mit eiskaltem Wasser abschrecken.

Geeignet für: Gemüse (z. B. Tomaten, Spinat, Kohl), Obst (z. B. Pfirsiche), Knochen, Karkassen

In Fett

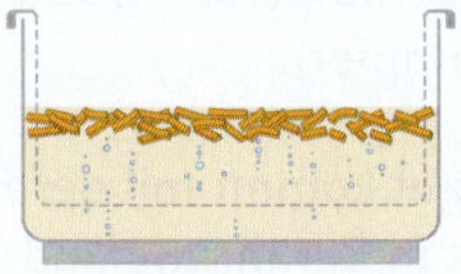

Gargut in **heißem Fett** bei einer Gartemperatur von ca. 130–140 °C vorbacken.

Geeignet für: dick geschnittene Kartoffeln, Pommes frites

Kochen/Sieden

Kochen

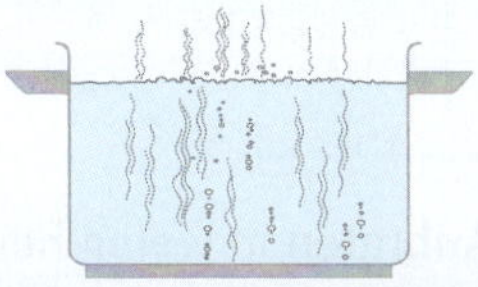

Garen in **wallender Flüssigkeit** bei einer Gartemperatur von 98–100 °C

Geeignet für: z. B. Gemüse, Teigwaren, Eier oder Getreideprodukte; eine Ausnahme sind sehr zarte Fleischstücke wie z. B. Filets

Sieden

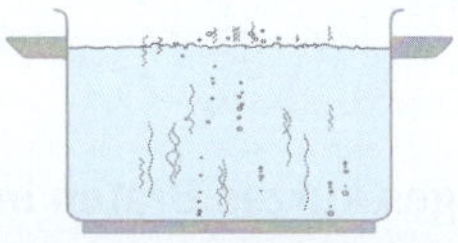

Garen in **leicht wallender** bzw. **köchelnder Flüssigkeit** bei einer Gartemperatur von ca. 95–97 °C

Geeignet für: Klöße, traditionelle Rindfleischstücke (z. B. Tafelspitz), klare Suppen und Fonds

Blanchieren von Blattspinat

Blattspinat in sprudelndes Wasser geben

Kurz aufwallen lassen

Aus dem Wasser heben

In Eiswasser abschrecken

Den Blattspinat möglichst schnell wieder aus dem Wasser nehmen und trocknen. So bleibt die grüne Farbe voll erhalten.

die Karkasse = Knochengerüst samt anhaftender Fleisch- und Hautreste, das nach dem Tranchieren bzw. Filetieren übrig bleibt

Pochieren

In Fond	In Wasser	Im Wasserbad
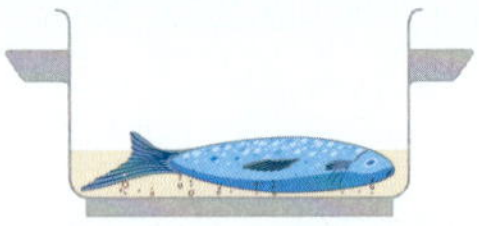		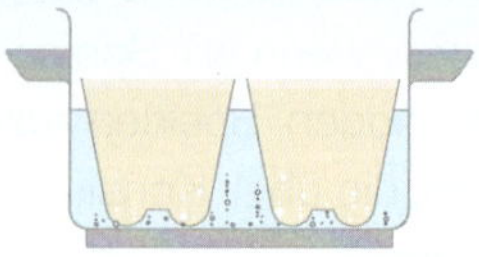

Garen unter dem Siedepunkt (Gartemperatur ca. 60–85 °C) in Fond, in Wasser oder im Wasserbad. Die Flüssigkeitsmenge variiert je nach Verwendung.

In Fond	In Wasser	Im Wasserbad
Geeignet für: Fisch, Meeresfrüchte, zarte Teile von Fleisch und Geflügel	**Geeignet für:** Eier, Würste oder Farce-Nocken	**Geeignet für:** Terrinen, Flans, Sabayon, Saucen, Cremes

Pochieren von Fischfilets

Pochierflüssigkeit erhitzen

Fischfilets einlegen

Filets abdecken und im Backofen fertig garen

Dämpfen

Ohne Druck	Mit Druck
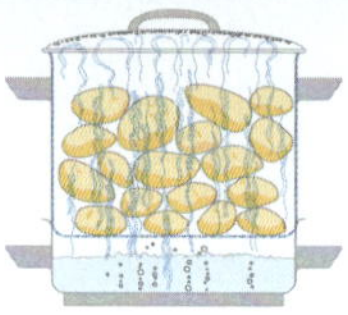	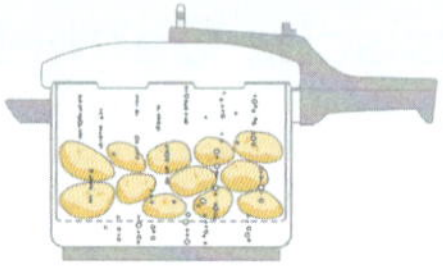
Gegart wird **mit Dampf** (in der Kasserolle mit Siebeinsatz oder im Heißluftdampfgerät – Dampfgarer, Kombidämpfer).	Dämpfen mit Druck ist **Schnellgaren im Dampf** bei einer Temperatur von über 100 °C (Steamer oder Druckkochtopf).
Das **Gargut kommt mit der Flüssigkeit nicht in Berührung** und wird somit nicht ausgelaugt. Eigengeschmack und Inhaltsstoffe bleiben erhalten.	Die Garzeit kann um bis zu 50 % reduziert werden.
Geeignet für: Gemüse, Kartoffeln, Serviettenknödel, Hefeklöße, Fische, Meeresfrüchte, zarte Teile von Fleisch und Geflügel etc.	**Geeignet für:** z. B. große Schlachtfleischstücke, Kartoffeln

Braten in der Pfanne

Kurzzeitbraten	Schwingend rösten (Sautieren)
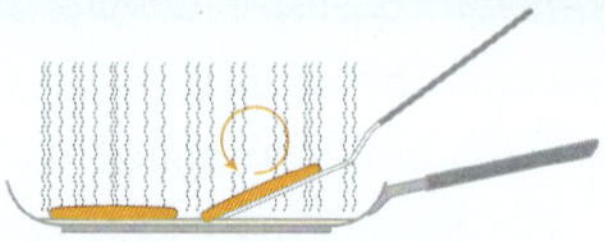	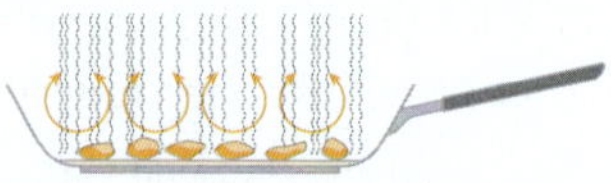
Beidseitiges kurzes Braten in wenig und sehr heißem Fett (ganz ohne Flüssigkeit)	**Kurzes Anbraten** in wenig heißem Fett (ohne Flüssigkeitszugabe) **unter Wenden oder Schwingen.** Das Gargut entweder sofort aus der Pfanne nehmen (z. B. Filetspitzen) oder bei reduzierter Hitze langsam fertig braten (z. B. Kalbsmedaillons).

Geeignet für: für alle zarten Fleischteile sowie Innereien, Geflügel, Fische, Meeresfrüchte, Geschnetzeltes, Boeuf Stroganoff

Sautieren von Kalbsfiletscheiben

Braten im Backofen

Garen bei trockener Hitze (mit wenig Fett)	Niedertemperaturgaren (Cook-&-Hold-Verfahren)	Am Spieß
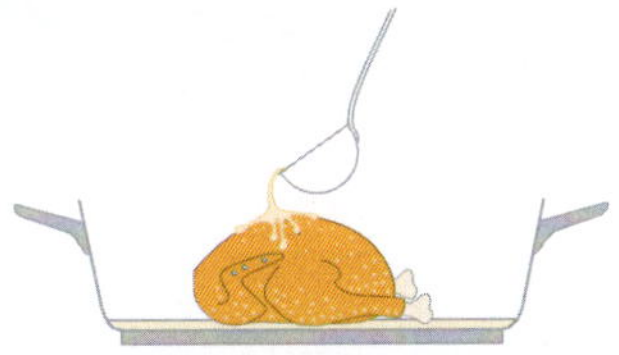	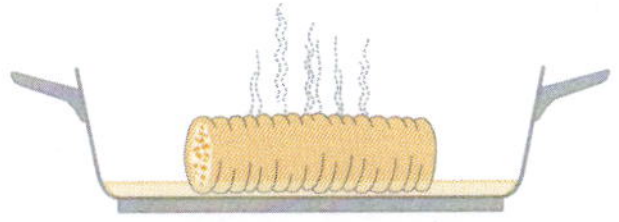	
Gargut bei 200–220 °C im Backofen in wenig heißem Fett **nicht zugedeckt anbraten, Hitze reduzieren und fertig braten** Um das Austrocknen des Bratens zu verhindern, wird öfter mit dem entstehenden Fett/Bratensaft beträufelt. Die Gartemperatur beträgt 140–220 °C.	Garen/Braten **bei geringen Temperaturen** und **längerer Garzeit** Durch die geringe Temperatur und die gleichmäßige Hitzeverteilung wird das Fleisch schonend gegart.	Garen durch **trockene Hitze** Die Fleischstücke werden auf Spießen fixiert und unter ständigem Drehen gegart.
Geeignet für: Kalbs- oder Schweinsbraten, Geflügel im Ganzen etc.	**Geeignet für:** zarte Fleischstücke im Ganzen, z. B. Lammkeule, Roastbeef oder Geflügel	**Geeignet für:** z. B. Grillhähnchen

Grillen

Auf dem Rost bzw. der Grillplatte	Am Spieß
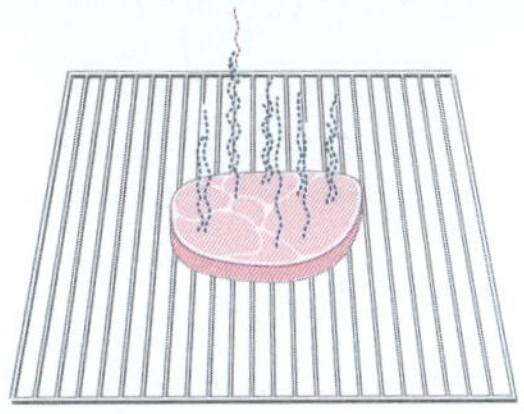	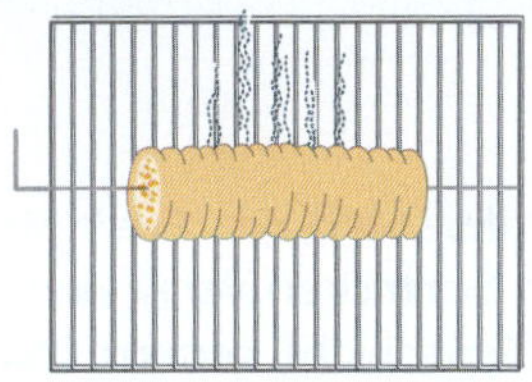
Das Garen erfolgt auf einem in der Regel mit Strom, Gas oder Holzkohle erhitzten Rost oder auf einer erhitzten Grillplatte.	Gegart wird bei trockener Hitzestrahlung (durch Holzkohlenglut, heiße Luft oder Infrarotstrahlung). Fleischstücke auf Spießen fixieren und drehen.

Geeignet für: nahezu alle Portionsstücke, die auch in der Pfanne gebraten werden (Ausnahme: Fleischstücke, bei denen man den Bratrückstand zur Saucenherstellung benötigt); neben feinfaserigem Fleisch Fisch, Lamm, Hühnerfilet, Bratwürstchen oder Gemüse (wie Paprika, Zucchini, Auberginen)

Geflügel und große Fleischstücke grillt man entweder am Spieß oder indirekt. **Indirektes Grillen** erfolgt bei geschlossenem Deckel und nicht direkt über der Hitzequelle.

Dünsten

Naturdünsten

Ansatz herstellen

Aufgießen

Gargut einlegen, dünsten

Es wird zuerst ein **Geschmacksansatz** (aus Zwiebeln, Gemüse, Flüssigkeit, Gewürzen etc.) hergestellt. Darin wird das **rohe Gargut** (ohne Anbraten) bei **milder Hitze** zugedeckt **gedünstet.**

Geeignet für: z. B. Gulasch

Hellbraundünsten/Poelieren

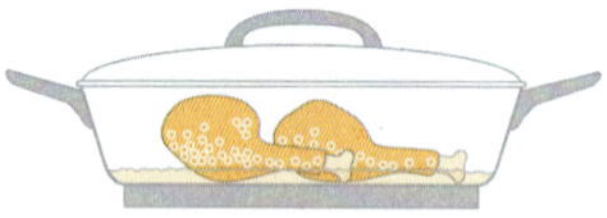

Das Gargut wird in einem Butter-/Öl-Gemisch **leicht angebraten.** Gedünstet wird **zugedeckt** in etwas **hellem (weißem) Fond** mit Zwiebeln oder Gemüse als geschmackliche Ergänzung.

Poelieren

Das ist eine besondere Art des Hellbraundünstens. Das Gargut (meist Portionsstücke) wird **bei sanfter Hitze** zugedeckt in Butter und **im eigenen Saft** ohne Fremdflüssigkeit gegart.

Geeignet für: z. B. zartes Fleisch im Ganzen oder portioniert (Kalb, Geflügel, Lamm, Kaninchen)

Braundünsten/Schmoren/Braisieren

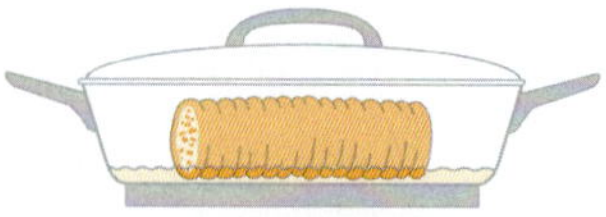

Das Gargut wird **stark angebraten** und anschließend in etwas **Flüssigkeit (braunem Fond)** mit Geschmackszutaten (Mirepoix, Gewürzen etc.) **zugedeckt** im Rohr oder auf dem Herd bei **milder Hitze gedünstet (geschmort).**

Die Gartemperatur im Rohr beträgt ca. 140–150 °C, auf dem Herd ca. 90–95 °C.

Geeignet für: v.a. für große Fleischstücke von Rind, Wild oder Lamm

Durch das Anbraten wird das Austreten des Fleischsaftes beim Schmoren verhindert, weil das Eiweiß an der Außenschicht gerinnt und so eine schützende Kruste bildet. Die dabei entstehenden Röststoffe geben dem Schmorgericht seinen unvergleichlichen Geschmack.

Fleisch scharf anbraten

Deglacieren

Mit Fond untergießen

Zugedeckt garen

Frittieren/Backen in heißem Fett

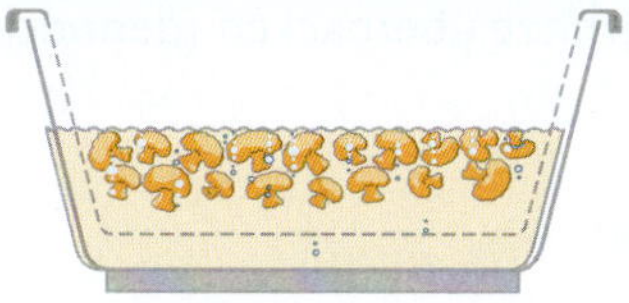

Beim Frittieren wird das Gargut in heißem Fett schwimmend ausgebacken. Die Gartemperatur beträgt 50–180 °C.

Geeignet für: portionierte zarte Fleischstücke, Fischfilets oder Gemüse mit Panierung (z. B. Wiener Schnitzel, gebackene Pilze, Kroketten etc.), aber auch für diverse Süßspeisen, wie z. B. Churros, Quarkbällchen, Donuts

Backen im Backofen/Garen in trockener, heißer Luft

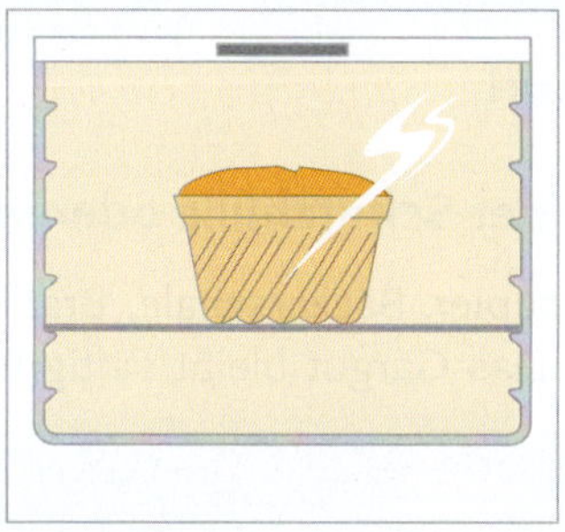

Das Backen erfolgt durch Ober- und Unterhitze oder durch Umluft. Die Gartemperatur beträgt 140–240 °C.

Geeignet für: Torten, Strudel, Kuchen, Gebäck etc.

Backen von Wiener Schnitzel

- In einer Stielpfanne etwa 2 cm hoch hitzebeständiges, neutrales Öl erhitzen; das Schnitzel einlegen und schwimmend ausbacken
- Während des Backens die Pfanne leicht schwenken; wenn die Unterseite des Kalbsschnitzels eine goldgelbe Farbe erreicht hat, das Schnitzel mit der Fleischgabel vorsichtig umdrehen
- Fertig backen
- Anschließend das Schnitzel aus der Pfanne heben und das überschüssige Fett auf Küchenpapier abtropfen lassen

2.2 Vollendende Garmethoden

Glacieren (Überglänzen)

Gemüse glacieren

Rohes oder vorgegartes Gemüse mit etwas geschmolzenem oder karamellisiertem Zucker und zerlassener Butter glacieren. Dann mit wenig Fond oder Wasser untergießen und sirupartig einkochen (so entsteht der Glanz).

Geeignet für: Karotten, Erbsen, Zwiebeln, Edelkastanien etc.

Fleisch glacieren

Fleisch mit Butter und mit dem eigenen Bratensaft überglänzen (glacieren). Statt der Butter kann auch mit Honig oder Ahornsirup glaciert werden.

Geeignet für: Ente, Lamm, Schinken, Kalbsleber etc.

nappieren = mit Sauce überziehen bzw. übergießen

Gratiniertes Gemüse

Fisch glacieren

Roher oder leicht angegarter Fisch wird mit einer Sauce (z. B. Sauce hollandaise) nappiert und bei starker Oberhitze überbacken (dennoch spricht man von glacieren).

Gratinieren (Überbacken)

Fertig gegarte, nicht vollständig gegarte oder rohe Lebensmittel werden im Salamander oder unter starker Oberhitze im Backrohr überbacken, z. B. mit Käse, Butter oder Sauce Mornay.

Geeignet für: Gemüse, Eier, Nudelgerichte, diverse Fleischgerichte etc.

BONUS LEVEL

Spezielle Garmethoden

Schonendes Garen (in einer Schutzhülle oder in Spezialgeschirr)

Das ist Garen in Backtrennpapier, Bäckerschale, Bratfolie oder in speziellem Gargeschirr (z. B. Römertopf). Das Gargut bleibt saftig und der Eigengeschmack erhalten.

Verwendung: Portionsstücke von Fleisch, Fisch, Geflügel und Gemüse

Beim Confieren bleibt das Fleisch sehr zart und verliert weder Geschmack noch Saft

Confieren

Das ist langsames Garen bei niedriger Temperatur im **Fettbad;** evtl. in der Pfanne nachgaren, damit Röstaromen entstehen und die Farbe ansprechend wird.

Verwendung: zartes Fleisch, Geflügel, Wildgeflügel und Fischfilets

Garen mit Aromasäften

Gemüse und andere Grundprodukte werden entsaftet. Diese Natursäfte werden entweder gleich weiterverarbeitet oder gefiltert, aufgekocht und reduziert.

Verwendung: zarte Stücke von Fleisch, Geflügel, Fisch sowie Gemüse

Cook & Hold

Bei der Cook-&-Hold-Methode werden die Speisen bei der Zubereitung nicht ganz fertig gegart. Durch die konstante, stehende Wärme kann Fleisch über einen längeren Zeitraum servierbereit gehalten werden.

Verwendung: sautierte Fleischstücke, wie z. B. Medaillons, T-Bone-Steak, Chateaubriand, Entrecôte, Filetsteak etc.

BONUS LEVEL ENDE

2.3 Kombinierte Garmethoden

Bei den **kombinierten Garverfahren** ist die Speisenherstellung vom **Serviceablauf getrennt.** Die Speisen werden zubereitet und erst bei Bedarf aufbereitet. Diese Methode wird speziell in der Systemgastronomie eingesetzt.

Cook & Chill – Kochen und Kühlen

Garen, portionieren, schnellkühlen, lagern und nach Bedarf regenerieren – das ist Cook & Chill. Dieses Verfahren macht in der Gemeinschaftsverpflegung, aber auch im Catering und Bankettwesen die Arbeitsabläufe deutlich kostengünstiger und insgesamt effizienter, weil die Speisen für einige Tage im Voraus produziert und erst kurz vor der Essensausgabe regeneriert werden.

1. **Speisen garen**
2. **Portionieren:** Speisen heiß portionieren und aufbewahren (in Vakuumbeuteln, GN-Behältern)
3. **Schnellkühlung:** dann die Portionen im Schnellkühler (Chiller) schockkühlen; der hygienisch kritische Temperaturbereich zwischen 70 und 3 °C wird in 60 bis 90 Minuten schnell durchschritten
4. **Lagerung:** im Kühlraum bei max. 3 °C max. drei Tage (gemäß Lebensmittelgesetz) lagern
5. **Transport:** Beim Transport darf die Temperatur nicht mehr als 7 °C betragen. Der Verzehr muss innerhalb von zwölf Stunden erfolgen.
6. **Regenerieren:** Beim Erhitzen muss die Kerntemperatur mindestens 75 °C betragen.

Portioniert kann aber auch nach dem Kühlen werden.

Regeneriert wird im Kombidämpfer bei 150–160 °C

Sous-vide-Garen (Vakuumgaren)

Durch das Vakuumieren ist der Gewichtsverlust gering und die Speise wird konserviert.

1. **Vakuumierung:** Kochgut in kochfesten Vakuumbeuteln (Schrumpfkochbeuteln) luftleer verschweißen
2. **Vakuumgaren:** dann bei niedrigen Temperaturen in Heißluftdampfgeräten mit einer Kerntemperatursonde oder in speziellen Sous-vide-Garbecken garen (Temperatur 56–90 °C)
3. **Abkühlen:** im Schockkühler (Chiller) innerhalb einer Stunde auf unter 10 °C kühlen
4. **Aufbewahren:** im Kühlraum bei 1–3 °C max. drei Wochen (gemäß Lebensmittelgesetz) lagern
5. **Regenerieren:** vakuumierte Speisen entweder im Kombidämpfer in heißem Dampf oder im Wasserbad mit entsprechender Temperatur erhitzen, dann die Verpackung entfernen (evtl. in der Pfanne kurz nachbraten, damit Röststoffe entstehen)
6. **Anrichten:** sofort nach dem Erhitzen servieren; die Speisen dürfen nicht wieder erwärmt werden

3 Konservierung von Lebensmitteln

DAS SOLLTEST DU SPEICHERN

Durch Konservieren wird versucht, **Mikroorganismen abzutöten** oder zumindest ihre Tätigkeit zu verlangsamen. Aber nicht nur Mikroorganismen sind die Feinde vieler Lebensmittel. Auch **Sauerstoff** kann ihnen gehörig zusetzen: Er **zerstört Vitamine** und **Aromastoffe** oder **lässt Fette ranzig werden.**

Tiefkühlen

Tiefkühlgemüse

Tiefkühlen ist die beste und schonendste Haltbarmachung von frischen Lebensmitteln. Die im Lebensmittel enthaltene Flüssigkeit wandelt sich in Eiskristalle um.

Achtung: Bei zu langsamem Kühlen bilden sich große Eiskristalle und das Zellgewebe wird verletzt (erkennbar an der austretenden Flüssigkeit beim Auftauen). Die Lebensmittel daher am besten bei –30 °C schockfrosten und anschließend bei –18 °C lagern.

Einkochen oder Einmachen

Die Lebensmittel werden in Gläsern oder Flaschen abgefüllt und im Wasserbad bei Temperaturen zwischen 75 und 95 °C haltbar gemacht. Die Garzeit beträgt je nach Obst oder Gemüse zwischen 60 und 120 Minuten. Durch Ausdehnung entweicht Luft aus dem Glas und durch Hitze sollen Erreger und Bakterien großteils abgetötet werden.

Varianten

Marmelade oder Konfitüre
Die Faustregel lautet: Auf einen Teil Frucht kommt ein Teil Zucker. Bei Verwendung von Gelierzucker nimmt man nur halb so viel Zucker; das Geliermittel ist **Pektin.**

Obstgelee
Obstsäfte werden mit Zucker, Säure und Pektin eingekocht. Nach dem Weichkochen des Obstes lässt man den Saft durch ein Tuch tropfen; eignet sich als Beigabe zu Fleisch, für Saucen oder zum Glasieren von Kuchen.

Einkochen von Gemüse
Das vorbereitete Gemüse wird in Salzwasser gekocht und anschließend in Gläsern pasteurisiert oder sterilisiert (z. B. Tomatenmark, Würzsaucen oder Pilze).

Kandieren

Kandieren lassen sich frische und blanchierte Früchte. Die Fruchtstücke werden durch Anreichern mit Zucker haltbar gemacht. Anschließend kann man sie mit Zuckerglasur, Schokolade oder Fondant überziehen. Beispiele sind Orangeat (aus der Schale der Bitterorange) und Zitronat (aus der Schale der Zitronatzitrone).

Kandierte Früchte

Hocherhitzen

- **Pasteurisieren** ist ein kurzes Erhitzen auf Temperaturen von 70 bis 90 °C. Es ist eine schonende Konservierungsmethode, die die Lebensmittel allerdings nur bedingt haltbar macht. Angewendet wird sie für Milchprodukte, Obst- und Gemüsesäfte, Fische und Meeresfrüchte in Marinaden.
- Beim **Sterilisieren** werden Temperaturen zwischen 100 und 135 °C angewendet. Dabei werden alle Keime abgetötet. Es werden die Konsistenz und das Aroma verändert und es kommt zu Vitaminverlusten. Angewendet wird es für Konservenprodukte, Haltbarmilch und teilweise für Fertigprodukte.

Marinieren in Essig, Öl oder Alkohol (Einlegen)

Gemüse in Essig

Das Gemüse wird in Gläser gegeben und mit heißem oder kaltem Gewürzessig bedeckt. Zusätzlich werden Gewürze, wie z. B. Koriander, Dill, Pfefferkörner etc. verwendet. Beispiele sind Gewürzgurken, Mixed Pickles, Oliven und Pilze.

die Mixed Pickles = gemischtes Eingelegtes

Gemüse in Öl

Das vorbereitete Gemüse (getrocknete Tomaten, gegrillte Paprika, gebratene Zucchini etc.) wird in Gläser gegeben und mit hochwertigem Öl bedeckt. Zusätzlich können Gewürze, Kräuter und Knoblauch beigegeben werden.

Früchte in Alkohol

Die gewaschenen, gut abgetrockneten Früchte werden in Weinbrand, Whisk(e)y, Rum oder Wodka mit Zucker gelegt und in Gläsern abgefüllt aufbewahrt, z. B. Rumtopf, Sauerkirschen in Weinbrand, Mandarinen in Cointreau etc.

Trocknen und Dörren von Obst, Gemüse und Kräutern

Trockenobst oder -gemüse wird im Ganzen oder geschnitten vorbereitet und **an der Luft** oder in **Dörrapparaten** getrocknet. Die Dörrtemperaturen liegen zwischen 55 und 70 °C, die Trockendauer beträgt je nach Lebensmittel und Zubereitung ca. 16–36 Stunden.

Der Flüssigkeitsgehalt der Lebensmittel wird beim Dörren bis auf 15 % reduziert. Dadurch wird das Verderben durch Mikroorganismen und Schimmelpilze fast unmöglich gemacht. Bei sachgemäßer Lagerung sind die Trockenprodukte über ein Jahr haltbar. Es bleiben alle Mineralstoffe erhalten, z. B. bei Rosinen, Dörrpflaumen, Aprikosen, Kräutern, Pilzen, Tomaten etc.

Trockenfrüchte

die Fermentation = Umwandlung organischer Stoffe in Säure, Gase oder Alkohol

Säuern von Gemüse

Geschnittener Kohl, Rettich oder Rüben werden mit Salz und Gewürzen in ein Gefäß oder Fass gefüllt und festgedrückt. Nach zwei bis drei Wochen Fermentation erreicht man einen herrlichen, kräftig säuerlichen Geschmack. Das bekannteste gesäuerte Gemüse ist wohl das Sauerkraut.

Herstellung von gebeiztem Lachs

Salzen und Pökeln von Fleisch und Fisch

Zum Pökeln wird das Fleisch in eine **Kochsalzlösung** gelegt (Nasspökeln) oder mit einem körnigen Kochsalz-Nitrit-Gemisch bedeckt (Trockenpökeln). Das Salz löst sich auf und entzieht dabei dem Fleisch die Flüssigkeit. Der dabei entstehende Salzsaft wird vom Fleisch wieder absorbiert und verhindert Fäulnis und Bakterienwachstum. Beispiele sind Pökelzunge, Schinken, Wurstwaren, Klippfisch (Kabeljau) und gebeizter Lachs (Gravad Lax).

Parmaschinken

Trocknen von Fleisch

Das Fleisch wird für einige Zeit in eine Salzschicht gelegt, gewaschen, getrocknet und mit einer Salz-Gewürz-Mischung eingerieben. Anschließend folgt die Lagerung zum Trocknen in Räumen mit natürlicher Belüftung. Bekannte Produkte sind Prosciutto San Daniele (Italien), Parmaschinken (Italien) und Serranoschinken (Spanien).

Räuchern

Zuerst wird das Lebensmittel gesalzen oder gepökelt und danach geräuchert. Durch das anschließende Lufttrocknen ist eine monatelange Konservierung möglich. Es gibt drei verschiedene Räuchermethoden:

- **Kalträuchern:** zwischen 15 und 25 °C (für filetierte Fische, Hartwürste)
- **Warmräuchern:** zwischen 25 und 50 °C (für ganze Fische, Schinken, Würste)
- **Heißräuchern:** von 50 bis 85 °C (für Frischwürste oder frisch geräucherten und warm servierten Fisch etc.)

Vakuumverpacken

Lebensmittel wie Wurst, Fleisch, Käse oder geräucherter Fisch werden in Kunststoff unter Luftentzug verschweißt. Die Lagerdauer wird dadurch verlängert und die Aromastoffe bleiben erhalten.

WortschatzBox – „Vorbereitungsarbeiten und Garmethoden“

- Verbinde die Begriffe mit den richtigen Erklärungen.

Sautieren	In heißem Fett schwimmend herausbacken
Gratinieren	Karotten, Gelbe Rüben, Zucchini riffelig in Scheiben geschnitten
Chartreuse	Überbacken mit Käse
Frittieren	Gargut in reichlich kochendem Wasser kurz überkochen und sofort mit eiskaltem Wasser abschrecken
Blanchieren	Kurzes Anbraten in wenig heißem Fett unter Wenden oder Schwingen

Ziele erreicht? – „Vorbereitungsarbeiten und Garmethoden“

KOMPETENZ-ERWERB

1. Gemüse wird unterschiedlich geschnitten. Um welche Schneidearten handelt es sich hier? Führe auch die französischen Bezeichnungen an.

2. Nenne und erkläre die klassischen Garmethoden und gib je ein Beispiel aus der betrieblichen Praxis.
3. Erkläre die Unterschiede zwischen Blanchieren und Pochieren anhand eines Beispieles.
4. Nenne den wichtigsten Unterschied zwischen Kochen und Sieden.
5. Vergleiche die drei Arten des Dünstens und beschreibe die Unterschiede.
6. Nenne fünf Gerichte aus der betrieblichen Praxis, die schwimmend in Fett gebacken werden.
7. Begründe, warum Dämpfen eine schonende Garmachungsart ist.
8. Wähle drei Konservierungsarten und erkläre sie näher.

Einen interaktiven Safety-Check findest du in der TRAUNER-DigiBox.

Unsere Ernährung

Menschen ernähren sich unterschiedlich und das ist gut so, denn die optimale Ernährungsform, die für alle Menschen gilt, gibt es nicht. Starre Gebote und einseitige Ernährungsweisen sind fehl am Platz. Vielfalt lautet die Devise – denn je abwechslungsreicher wir essen, desto eher nehmen wir alle Stoffe auf, die unser Körper benötigt.

KOMPETENZ-ERWERB

Meine Ziele

Nach Bearbeitung dieses Kapitels kann ich

- die Bestandteile der Nahrung und deren wesentliche Aufgaben im Körper beschreiben;
- meinen täglichen Energie- und Nährstoffbedarf abschätzen;
- eine Empfehlung abgeben, wie man den täglichen Energiebedarf optimiert;
- die verschiedenen Inhaltsstoffe der Nahrung unterscheiden und ihre Bedeutung für den Körper und die Küche beschreiben;
- Menü- und Tagesangebote für Gäste nach den Empfehlungen für eine ausgewogene Ernährung bewerten und optimieren.

1 Inhaltsstoffe der Nahrung

Wir essen täglich eine Vielzahl an Lebensmitteln. Damit du die richtige Auswahl treffen kannst, musst du wissen, was im Essen enthalten ist und wofür dein Körper diese Bestandteile benötigt.

Gesund leben und genießen – passt das zusammen? Klar! Das Lebensmittelangebot ist riesengroß, es ist aber nicht immer leicht, die richtige Wahl zu treffen. Wie wertvoll ein Lebensmittel für die Gesundheit ist, hängt von der Zusammensetzung und vom Gehalt an lebensnotwendigen Inhaltsstoffen ab.

1.1 Bestandteile der Nahrung

Lebensmittel
sind alle Stoffe oder Erzeugnisse, die in verarbeitetem, teilweise verarbeitetem oder unverarbeitetem Zustand von Menschen aufgenommen werden. Getränke und Wasser zählen ebenso dazu.

Nahrungsmittel
sind Lebensmittel, die lebensnotwendige Nahrungsinhaltsstoffe (Nährstoffe) liefern.

Genussmittel
sind Lebensmittel, die zum Genuss dienen. Sie werden nicht zum Überleben benötigt, weil sie keine oder kaum Nährstoffe enthalten (z. B. Kaffee).

Jeder Mensch braucht eine bestimmte Menge an Nährstoffen, damit sein Körper einwandfrei funktioniert und gut in Schuss bleibt.

Sehen wir uns am Beispiel eines Mittagessens mit Getränk an, was wir damit unserem Körper zuführen.

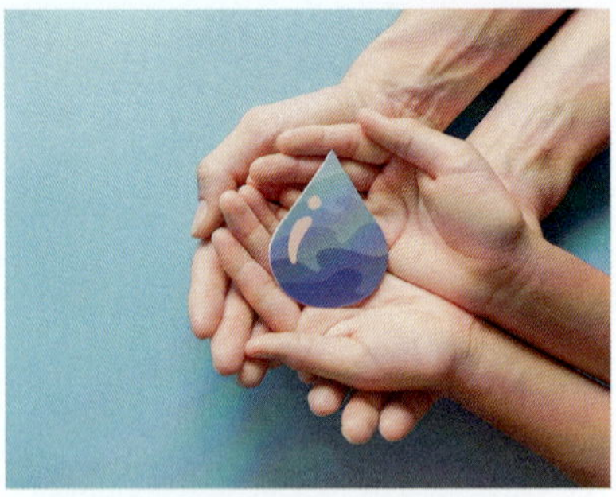

Ohne Wasser kein Leben
Wasser begleitet uns tagtäglich – nicht nur als Getränk. In allen Lebensmitteln ist Wasser enthalten. Auch wir selbst bestehen bis zu 70 % aus Wasser.

Soll ich oder soll ich nicht? Manchmal darf auch etwas für die Seele dabei sein – z. B. etwas Schokolade (was in kleinen Mengen durchaus okay ist).

1.2 Nährstoffe und ihre Aufgaben

Baustoffe
Sie dienen unserem Körper zum Aufbau und zur Erhaltung.

Eiweiß, Mineralstoffe, Wasser

Brennstoffe
Sie liefern unserem Körper Energie für die Muskeln, die Atmung, die Herztätigkeit, die Verdauung und auch für das Gehirn.

Fette, Kohlenhydrate, teilweise Eiweiß

Schutz- und Reglerstoffe
Unser Körper braucht sie in geringen Mengen, um die Körperfunktionen zu regeln.

Vitamine und Mineralstoffe

DAS SOLLTEST DU SPEICHERN
Jeder Nährstoff erfüllt bestimmte Aufgaben im Körper und kann nicht ersetzt werden. Unser tägliches Essen und Trinken soll alle notwendigen Nährstoffe enthalten.

Du meinst, das ist ziemlich kompliziert? Vielleicht wird es einfacher, wenn du dir das nächste Beispiel ansiehst.

Stell dir vor, dein Körper wäre ein Auto

Damit ein Auto fährt, muss man Treibstoff tanken. Zusätzlich benötigt es Kühlwasser, Bremsflüssigkeit, Schmieröl und ausreichend Luft in den Reifen.

Damit unser Körper einwandfrei funktioniert und gut in Schuss bleibt, muss er **Fette** und **Kohlenhydrate** „tanken". Ebenso benötigt er **Eiweiße, Vitamine, Mineralstoffe, Ballaststoffe, Wasser** sowie frische Luft und Sonnenlicht.

2 Energie- und Nährstoffbedarf

Was denkst du? Kreuze an.

	Ja	Nein
1. Nichtstun braucht genauso viel Energie wie Sport machen.		
2. Eine 70-jährige Frau darf nur halb so viel Energie zu sich nehmen wie ein 20-jähriger Sportler.		
3. 100 g Schokolade haben mehr Kilojoule als 1 kg Äpfel.		
4. Größere Menschen verbrauchen mehr Energie als kleinere.		
5. Für die tägliche Verdauung der Nahrung verbraucht der Körper mehr Energie als für geistige Tätigkeit.		

Diskutiert über eure Ergebnisse in der Klasse.

2.1 Wozu benötigen wir Energie?

Wir brauchen für alle körperlichen Tätigkeiten Energie, die wir in Form von Nahrung tanken. Sogar wenn wir (scheinbar) nichts tun, benötigt unser Körper Energie, um alle lebenserhaltenden Vorgänge im Körperinneren (Gehirnfunktion, Herzschlag, Atmung, Leberfunktion, Verdauung etc.) aufrechtzuerhalten. Diesen Energiebedarf nennt man **Grundumsatz (GU).**

Die Nährstoffe werden im Verdauungstrakt aufgespalten, über das Blut zu den Körperzellen transportiert und dort verwertet. Sie liefern unterschiedliche Energiemengen. Die Energie wird in **Kilojoule (kJ)** oder **Kilokalorien (kcal)** gemessen.

1 kJ (Kilojoule) = 0,239006 kcal
1 kcal (Kilokalorie) = 4,186 kJ

Berechnung des Grundumsatzes

Grundumsatz (Kilojoule) pro Tag = Körpergewicht (kg) x 100

Für jede weitere Bewegung, wie z. B. die tägliche Arbeit oder Sport, aber auch im Sitzen oder Stehen verbrauchen wir ebenfalls Energie. Darum spricht man auch vom **Leistungsumsatz (Arbeitsumsatz).** Je nachdem, wie aktiv man ist, steigt der Energieverbrauch. Der **PAL-Wert (Physical Activity Level)** gibt an, wie viel Energie man durch körperliche Aktivität zusätzlich zum Grundumsatz verbraucht. Somit kann man mithilfe des PAL-Wertes den **Gesamtenergiebedarf** berechnen.

Berechnung des Gesamtenergiebedarfes

Gesamtenergiebedarf = Grundumsatz x PAL-Wert (siehe Randspalte)

PAL-Faktoren

0,95
Schlafen

1,2
Liegende und sitzende Tätigkeit (Ausruhen, Fernsehen)

1,4–1,5
Hauptsächlich sitzende Tätigkeit (Büroarbeit)

1,6–1,7
Teils sitzende, stehende und gehende Tätigkeit

1,8–1,9
Großteils stehende und gehende Tätigkeit (Köchinnen und Köche, Restaurantfachleute)

2,0–2,4
Schwere körperliche Tätigkeit (Leistungssport)

DAS SOLLTEST DU SPEICHERN

Der Gesamtenergiebedarf ist abhängig vom Grundumsatz und von der körperlichen Aktivität.

Körperlich anstrengende Arbeit leisten z. B. Restaurantfachkräfte oder Köchinnen und Köche

Wie viel Energie brauchen junge Menschen im Durchschnitt pro Tag?

Alter	Sitzende Tätigkeit mit wenig oder keiner anstrengenden Freizeitaktivität	Körperlich anstrengende berufliche Arbeit oder Leistungssport
Männlich (15–19 Jahre)	ca. 10 600 kJ/2 500 kcal	15 200 kJ/3 600 kcal
Weiblich (15–19 Jahre)	ca. 8 500 kJ/2 000 kcal	12 200 kJ/2 900 kcal

2.2 Wie deckt man den Energiebedarf optimal?

Du weißt nun, wie viel Energie du täglich durchschnittlich benötigst. Aber wie kannst du deinen Energiebedarf optimal decken, ohne ständig „Kalorien zu zählen"? Auch das geht sehr einfach!

Das folgende Diagramm zeigt dir, wie du deinen täglichen Energiebedarf (kJ) durch Kohlenhydrate, Fett und Eiweiß decken solltest.

Der Energiegehalt (kJ) der Nährstoffe ist aber unterschiedlich hoch:

1 g Fett:	ca. 37 kJ
1 g Kohlenhydrate:	ca. 17 kJ
1 g Eiweiß:	ca. 17 kJ

Verhältnis der Hauptnährstoffe in der Nahrung gemessen am Gesamtenergiebedarf

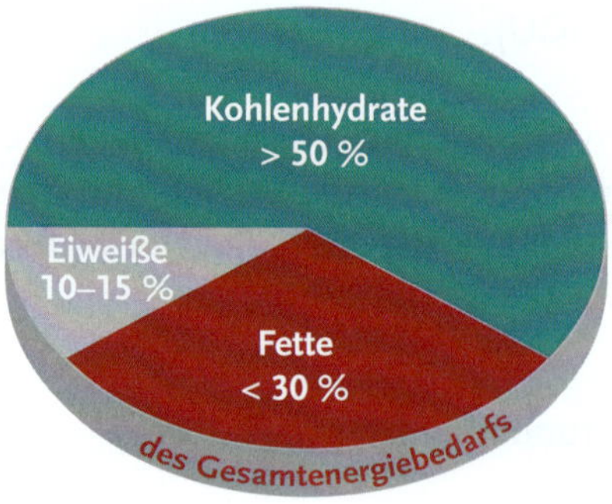

Quelle: D-A-CH-Referenzwerte für die Nährstoffzufuhr, 2017

Achtung Kalorienbomben
100 g Pommes frites = 1 130 kJ
100 g Schokolade = 2 355 kJ
100 g Erdnüsse = 2 720 kJ

Auf dem Teller könnte das in etwa so aussehen:

Kohlenhydrate stecken in den Beilagen (z. B. Reis, Getreide, Kartoffeln). Da sie wesentlich weniger Energie als Fett enthalten, sollten die Beilagen auf dem Teller mindestens 2/3 einer Hauptspeise ausmachen.

Fette sind in Butter, Margarine, Ölen, Fleisch, Wurst, Käse und Nüssen enthalten. Fette gelangen v. a. über die Zubereitungsart in unser Essen, z. B. frittieren. Sie werden auch über Desserts, Süßigkeiten und Snacks aufgenommen.

Eiweiße nehmen wir über Fleisch, Fisch, Eier, aber auch über Hülsenfrüchte (Bohnen, Linsen, Erbsen, Kichererbsen) auf.

Körpergewicht

Im Idealfall essen wir nur so viel, wie unser Körper braucht. Bei Übergewicht essen die Betroffenen mehr als sie eigentlich benötigen.

Verteile deine Energiezufuhr gleichmäßig über den Tag

Iss mindestens dreimal täglich! Unser Körper benötigt ständig Energie, nicht nur bei körperlicher Aktivität. Damit wir den ganzen Tag möglichst gleich leistungsfähig bleiben, müssen wir regelmäßig Energie zuführen, sprich essen und trinken.

Achte auf eine ausgeglichene Energiebilanz

Deine Energiebilanz ist ausgeglichen, wenn dein Gewicht bzw. dein Taillen- und Hüftumfang über längere Zeit nahezu gleich bleiben. Dann hast du genau so viel Energie „gegessen und getrunken", wie dein Körper benötigt – nicht zu viel und nicht zu wenig.

Waist-to-Hip-Ratio (WHR)

Wenn du es genauer wissen möchtest, kannst du deinen Taillen- und Hüftumfang mit einem Maßband messen und daraus den sogenannten Waist-to-Hip-Ratio (WHR oder W/H-Ratio) berechnen. Die Idealwerte liegen bei Frauen unter 0,85 und bei Männern unter 1.

Body-Mass-Index (BMI)

Deine Waage verrät dir leider nicht wirklich, ob du genug oder zu wenig Energie aufnimmst. Wenn du dich von der Waage dennoch nicht trennen kannst, dann berechne aus Gewicht und Körpergröße den Body-Mass-Index (BMI). Die Idealwerte liegen bei Frauen zwischen 19–24 und bei Männern zwischen 20–25.

Viele Menschen sind durch Fehlernährung und Bewegungsmangel zu dick. Andere fühlen sich zu dick, obwohl ihr Körpergewicht im Normalbereich liegt.

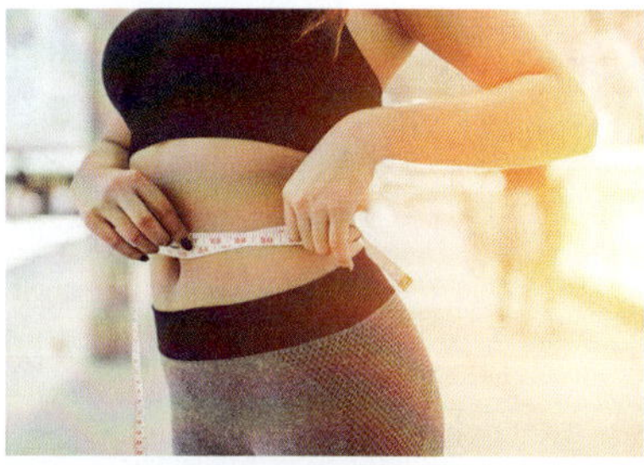

So misst du den Taillenumfang

$$\text{WHR} = \frac{\text{Taillenumfang}}{\text{Hüftumfang}}$$

$$\text{BMI} = \frac{\text{Körpergewicht (kg)}}{\text{Körpergröße (m)}^2}$$

BONUS LEVEL

Wie berechnet man den Energie- und Nährstoffgehalt?

Viele Gäste, aber auch Patientinnen und Patienten in Krankenhäusern und Kuranstalten oder Bewohner/innen von Seniorenheimen und ähnlichen Einrichtungen haben aufgrund bestimmter Erkrankungen spezielle Ernährungsbedürfnisse. Damit diese bei der Zubereitung von Speisen berücksichtigt werden können, müssen der Energie- und der Nährstoffgehalt von Speisen bekannt sein und in der Rezeptkartei (meist EDV-unterstützt) hinterlegt werden.

Energie- und Nährstoffgehalt EDV-unterstützt berechnen:

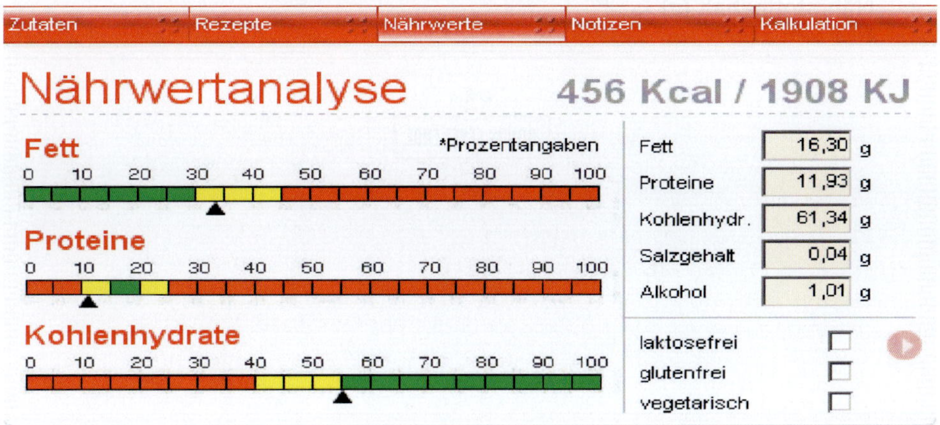

Die Berechnung des Energie- und Nährstoffgehaltes erfolgt in der Praxis meist EDV-unterstützt

Einen Auszug aus einer Nährwerttabelle findest du in der TRAUNER-DigiBox.

Die Nährwerte werden anhand der Rezepte hochgerechnet und pro Portion in Zahlen angegeben.

Eigentlich ist es sehr einfach, den Energie- und Nährstoffgehalt zu berechnen:

- Man benötigt ein Rezept mit genauen Mengenangaben und eine Nährwerttabelle.
- Der Energie- und Nährstoffgehalt in der Nährwerttabelle ist immer pro 100 g Lebensmittel angegeben.
- Mit einer einfachen Schlussrechnung berechnet man den Energie- und Nährstoffgehalt der einzelnen Zutaten des Rezeptes.

Berechnung des Energiegehaltes

$$\textbf{Energiegehalt (kJ)} = \frac{\text{kJ laut Tabelle x Rezeptmenge}}{100}$$

- Den **Energiegehalt pro Portion** berechnet man, indem man das Ergebnis durch die Anzahl der Portionen des Rezeptes dividiert.

Beispiel: Berechnung des Energiegehaltes

Kartoffel-Kürbis-Püreesuppe (4 Portionen)			
Zutaten	**Menge**	**kJ/100 g (lt. Tabelle)**	**kJ in 4 Portionen**
Mehlige Kartoffeln	100 g	239	239
Kürbis	200 g	112	224
Zwiebeln	30 g	117	35
Sonnenblumenöl	40 g	3 600	1 440
Gemüsefond/Bouillon, fettfrei	800 ml	–	–
Energiegehalt gesamt			1 938
Energiegehalt pro Portion			**485 kJ**

Ein Arbeitsblatt zur Berechnung des Energie- und Nährstoffgehaltes findest du in der TRAUNER-DigiBox.

- In gleicher Weise geht man vor, wenn man den Gehalt eines Nährstoffes (z. B. Fett) berechnen will.

Berechnung des Nährstoffgehaltes

$$\textbf{Nährstoffgehalt (g)} = \frac{\text{g laut Tabelle x Rezeptmenge}}{100}$$

BONUS LEVEL ENDE

3 Kohlenhydrate

> Kohlenhydrate sind eigentlich Zucker. Das heißt aber nicht, dass alle kohlenhydratreichen Lebensmittel süß schmecken. Auch in Brot, Kartoffeln, Getreide und Nudeln sind viele Kohlenhydrate enthalten.

3.1 Bauplan

Kohlenhydrate bestehen aus Kohlenstoff (C), Wasserstoff (H) und Sauerstoff (O). **Die Bildung findet in der grünen Pflanze statt. Man nennt diesen Vorgang Fotosynthese.** Dabei werden unter Einwirkung des Sonnenlichtes Einfachzucker und Sauerstoff gebildet.

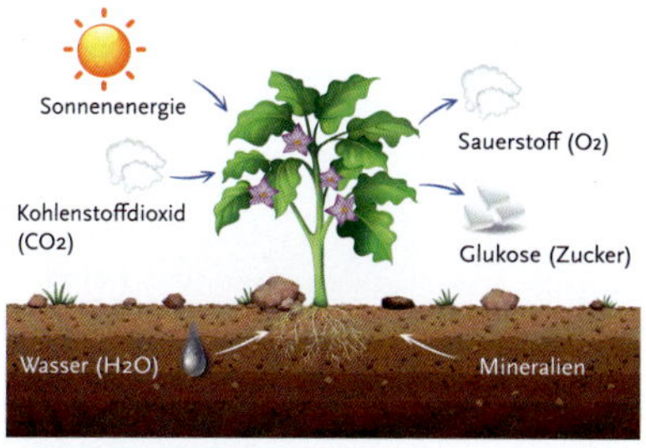

Fotosynthese

Der Bauplan der Kohlenhydrate ist ganz einfach: Alle Kohlenhydrate sind aus **Einfachzuckern** aufgebaut – das sind die Grundbausteine. Wenn man zwei oder mehrere Einfachzucker miteinander verbindet, entstehen **Doppel- oder Vielfachzucker.**

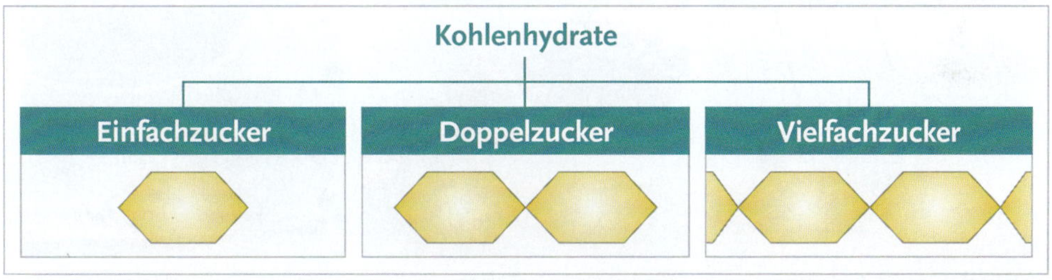

Einfachzucker

Traubenzucker Glukose	Fruchtzucker Fruktose	Schleimzucker Galaktose

Ist in Obst, Honig und in manchen Süßigkeiten enthalten	Kommt in Obst, Honig, manchen Süßigkeiten und Süßgetränken vor	Bestandteil des Milchzuckers, aber auch von Schleimstoffen (z. B. Speichel)

Zweifachzucker

Rohr- und Rübenzucker Saccharose	Milchzucker Laktose	Malzzucker Maltose

Wird aus Zuckerrohr und Zuckerrüben gewonnen, handelsüblicher Zucker	Kommt nur in Milch vor	Kommt in keimender Gerste vor

Aus Gerste gewonnener Malzzucker ist die Grundlage für die alkoholische Gärung bei der Bierherstellung

Vielfachzucker

Stärke

Ist vorwiegend in Getreidekörnern, Getreideprodukten, Kartoffeln und Hülsenfrüchten enthalten; Stärke ist das wichtigste Nahrungskohlenhydrat

Dextrine

Kommen in Toast, Gebäckkruste oder trocken geröstetem Mehl vor; entstehen, wenn Stärke abgebaut wird, z. B. beim Backen oder Rösten

Glykogen

Kommt nur in kleinen Mengen in Leber und Muskeln von Mensch und Tier vor

Zellulose und Hemizellulose

Sind v. a. in Schalenteilen von Getreide und Obst, in Wurzelgemüse und Hülsenfrüchten enthalten; sind nicht verdaulich

Pektine

Kommen in Obst und Gemüse, besonders in Beeren- und Kernobst vor

Pflanzenschleime (Alginate, Agar-Agar und Carrageen)

Werden aus Algen gewonnen und als Gelier- und Verdickungsmittel verwendet

3.2 Bedeutung für den Körper

1

Schneller Energielieferant

Einfachzucker (z. B. Traubenzucker) liefert rasch Energie. Unser Gehirn und unsere Nervenzellen können nur aus Einfachzucker Energie gewinnen.

2

Umwandlung zu Glykogen – die kleine Energiereserve

Ein kleiner Teil der Kohlenhydrate wird in der Leber und in der Muskulatur als Glykogen gespeichert.

Ist im Blut kein Traubenzucker vorhanden, wird Glykogen abgebaut und liefert sehr schnell Energie.

3

Umwandlung zu Fett

Überschüssiger Zucker, den der Körper nicht braucht, wird als Fett gespeichert.

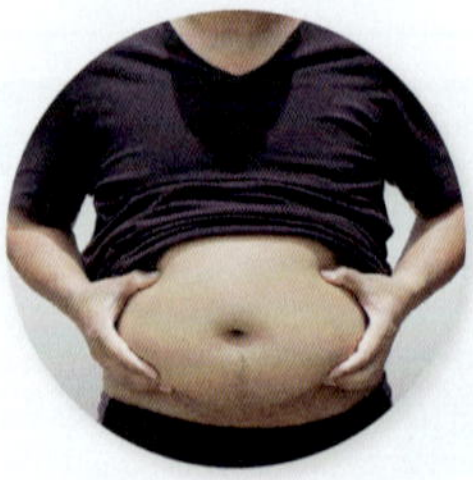

4

Ballaststoffe

Das sind Bestandteile pflanzlicher Lebensmittel, die der Körper nicht verdauen kann. Dennoch sind sie kein Ballast, da sie die Darmtätigkeit anregen und für einen regelmäßigen Stuhlgang sorgen. Ballaststoffe kommen vorrangig in Getreide, Hülsenfrüchten, Gemüse und Obst vor.

BONUS LEVEL

Nur wenn die Ballaststoffe richtig quellen können, wirken sie auch sättigend. Das heißt im Klartext: Erneuter Hunger tritt später ein, man isst weniger – von Übergewicht keine Spur.

ca. 6 g in 125 g Himbeeren

ca. 5 g in 1 Birne

ca. 8 g in 4 Esslöffel Müsli

ca. 8 g in 2 Scheiben Brot

BONUS LEVEL ENDE

Wie viele Kohlenhydrate brauchen wir?

DAS SOLLTEST DU SPEICHERN

Mindestens **50 % des täglichen Energiebedarfes** sollten durch kohlenhydrathaltige Lebensmittel gedeckt werden, **ein Großteil davon durch Vielfachzucker (Getreideprodukte, Gemüse, Hülsenfrüchte).**
Die süßen Einfach- und Zweifachzucker sollten sparsam aufgenommen werden: max. 10 % der täglichen Kohlenhydratzufuhr.

Dem Zucker auf der Spur
Zucker versteckt sich oft, z. B. in Ketchup, in Fertiggerichten und sogar in Wurst. Je mehr Zucker enthalten ist, umso weiter oben steht er in der Zutatenliste. Aber häufig werden dafür Fachwörter verwendet, z. B. Saccharose, Glukose, Maltose.

3.3 Bedeutung für die Küche

Süßkraft

Einfach- und Zweifachzucker sind unterschiedlich süß. Vielfachzucker schmecken nicht süß. Rohr- und Rübenzucker (klassischer Haushaltszucker) werden in der Küche am häufigsten verwendet.

Konservierungsmittel

Zucker zieht Wasser an. Er entzieht Mikroorganismen, die Lebensmittel verderben können, das Wasser zum Leben. Daher ist Zucker ein gutes Konservierungsmittel, z. B. bei der Herstellung von Konfitüren oder Sirupen.

die Mikroorganismen = Bakterien, Hefen, Schimmelpilze

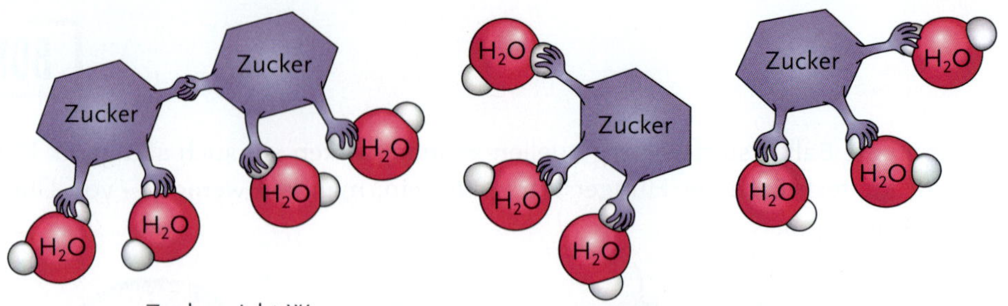

Zucker zieht Wasser an.
Dadurch fehlt den Schimmelpilzen, Hefen und Bakterien Wasser und sie „verdursten".

Bindevermögen (Verkleisterung)

Wenn gequollene Stärke erhitzt wird, platzen die Stärkekörner und können mehr Wasser aufnehmen, wie z. B. beim Eindicken von Suppen oder Saucen mit Stärkemehl.

Karamellisierung

Wenn Zucker schmilzt, entsteht Karamell

Wird Zucker erhitzt, schmilzt er. Ab einer Temperatur von 140 °C beginnt der Zucker zu bräunen und es entsteht Karamell.

Gärungsfähigkeit

Einfachzucker, aber auch manche Zweifachzucker und Stärke können von Mikroorganismen verwertet und in andere Stoffe umgewandelt werden.

Alkoholische Gärung zur Teiglockerung

Ein locker-luftiger Teig entsteht durch viele kleine Gasbläschen im Inneren. Dafür gibt es mehrere Möglichkeiten. Eine davon ist die Gasbildung durch alkoholische Gärung. Verantwortlich für die alkoholische Gärung ist Hefe – genauer gesagt Bäckerhefe. Sie ernährt sich von Zucker und verwandelt diesen in viel Kohlendioxid (Gas) und ein wenig Alkohol. Durch die starke Gasbildung geht der Teig auf und wird luftig. Der Alkohol verdunstet spätestens beim Backen.

Milchsäuregärung

Beispiele

Sauerteig	Milchprodukte	Sauerkraut
Milchsäurebakterien verwandeln die Kohlenhydrate des Roggenmehles in Milchsäure. Dadurch entsteht **Sauerteig.** Dieser ist für die Lockerung des Teiges verantwortlich.	Der Milchzucker der Milch wird von den Bakterien in Milchsäure verwandelt. Diese wiederum bewirkt, dass das Milcheiweiß gerinnt – es wird fest und Sauermilch, Joghurt, Sauermilchkäse etc. entstehen.	Milchsäurebakterien bauen die Kohlenhydrate des Weißkrautes zu Milchsäure ab. Das Kraut wird säuerlich und dadurch haltbar.

4 Fette

„Die Deutschen essen zu fett und vor allem tierisches Fett", hört man Expertinnen und Experten immer wieder sagen. Beim Fisch wird jedoch empfohlen, fette Arten zu bevorzugen. Aber das ist doch auch tierisches Fett! Was denn jetzt?

Es klingt verwirrend, aber **Fett ist nicht gleich Fett!** Und mit ein paar grundlegenden Kenntnissen über Fette kannst du bald selbst beurteilen,

- welche Fette deinem Körper gut tun oder nicht,
- welche zum Braten und Backen geeignet sind,
- welche für Salate verwendet werden etc.

4.1 Bauplan

Ein Fettmolekül besteht aus **Glyzerin** und **Fettsäuren.** Fettsäuren sind verantwortlich dafür, ob ein Fett flüssig oder fest ist und welchen Gesundheitswert es hat.

das Glyzerin = dreiwertiger Alkohol

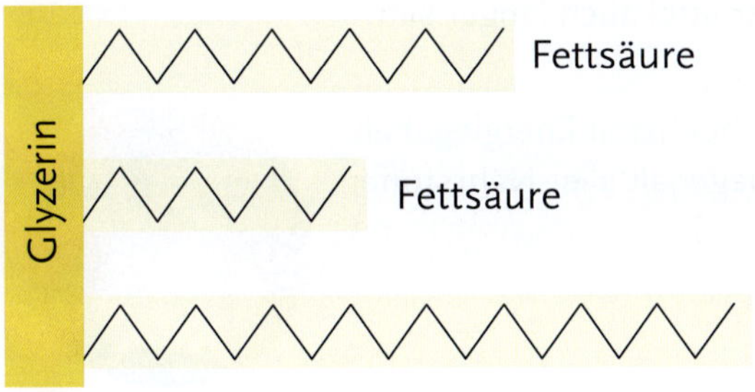

Fettsäuren sind unterschiedlich lang und können verschiedene Bindungsarten (Einfach- und Doppelbindungen) enthalten.

Demnach werden sie eingeteilt nach:

- **Kettenlänge:** kurzkettige, mittelkettige und langkettige Fettsäuren
- **Bindungsart:** gesättigte und ungesättigte Fettsäuren

Gesättigte Fettsäuren

Gesättigte Fettsäuren sind bei Raumtemperatur fest. Daher sind **alle Speisefette, die reich an gesättigten Fettsäuren sind, fest bis weich.**

Gesättigte Fettsäuren kommen v. a. in tierischen Fetten (z. B. Butter) und nur in wenigen pflanzlichen Fetten (z. B. Kokosfett, Palmfett) vor.

Butter ist reich an gesättigten Fettsäuren

Ungesättigte Fettsäuren

Ungesättigte Fettsäuren sind **bei Raumtemperatur flüssig.** Sie sind Hauptbestandteil von vielen pflanzlichen Ölen.

Einfach ungesättigte Fettsäuren

- Sie sind in Oliven(öl), Rapsöl, Sonnenblumenkernöl, Erdnussöl und vielen Nüssen enthalten.

Mehrfach ungesättigte Fettsäuren

- Sie sind unentbehrlich.
- Omega-3-Fettsäuren sind in fetten Kaltwasserfischen, wie z. B. Lachs, aber auch in Rapsöl, Leinöl, Sojaöl und Nüssen enthalten.
- Omega-6-Fettsäuren kommen in vielen pflanzlichen Ölen vor.

unentbehrlich = lebensnotwendig bzw. essenziell; der Körper kann sie nicht selbst bilden; wir müssen sie daher über die Nahrung aufnehmen

Omega-3-Fettsäuren sind besonders gesund für Arterien, Herz, Gehirn und Nerven.

4.2 Bedeutung für den Körper

Ohne Fette in der Nahrung müssten wir fast rund um die Uhr essen, um genügend Energie aufzunehmen. Fette verweilen länger im Magen als alle anderen Nährstoffe. Deshalb machen fettreiche Lebensmittel auch länger satt.

1 **Fett – der Nährstoff mit dem höchsten Energiegehalt**
Fett hat den höchsten Energiegehalt aller Nährstoffe: etwa 37 kJ pro g.

2 **Fett als Lieferant der unentbehrlichen Fettsäuren**
Die unentbehrlichen Fettsäuren unterstützen die Zellfunktion, die Produktion von Hormonen und sind auch für die Gehirnentwicklung von großer Bedeutung.

3 **Fett als Langzeit-Energiespeicher**
Wenn wir mehr essen als wir benötigen, wird die überschüssige Energie in Fett umgewandelt. Dieses Fett nennt man Depotfett. Manchmal essen wir aber nicht genug, weil wir z. B. krank sind. Dann kann unser Körper von diesen Fettpölsterchen zehren.

4 **Fett als Schutzstoff**
Unser Depotfett dient nicht nur als Reserve für Notzeiten. Es schützt uns auch vor Druck, Stoß und Verletzungen (z. B. am Po, an den Füßen und inneren Organen) und auch vor Kälte.

5 **Fett als Träger der fettlöslichen Vitamine**
Ohne Fett im Essen kann unser Körper die fettlöslichen Vitamine A, D, E und K (siehe S. 176) nicht aufnehmen.

Vorsicht vor versteckten Fetten
Sie sind in Saucen, frittierten und süßen Speisen sowie in Fertiggerichten enthalten.

Fettarme Zubereitungsarten helfen, den Fettanteil in der Nahrung zu senken.

Beispiele:
- 1 Portion (150 g) gedünstete Scholle enthält 1,5 % Fett (585 kJ).
- 1 Portion (150 g) frittierte Fischstäbchen enthält 17,9 % Fett (1 785 kJ).

Wie viel Fett brauchen wir?

DAS SOLLTEST DU SPEICHERN

Maximal 30 % des täglichen Energiebedarfes sollten in Form von Fett aufgenommen werden. Bei all jenen, die sich viel bewegen, darf es etwas mehr sein.

Die Nahrungsfette sollten **maximal 1/3 gesättigte Fettsäuren und mindestens 2/3 ungesättigte Fettsäuren** liefern. Daher sollte der Fettbedarf vorwiegend durch pflanzliche Öle gedeckt werden.

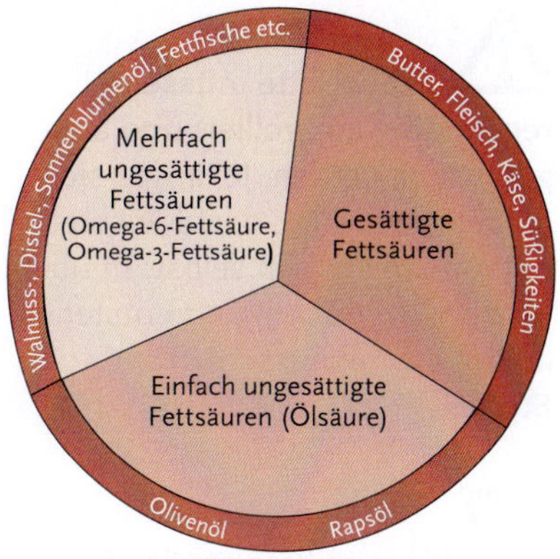

Je flüssiger ein Fett bei Raumtemperatur ist, umso höher ist der Anteil an ungesättigten Fettsäuren

Auf das Wie kommt es an

- Qualität vor Menge, täglich 1–2 Esslöffel pflanzliche Öle, Nüsse oder Samen, fettarme Käsesorten und Milchprodukte sind ideal. Zwei Fischmahlzeiten pro Woche reichen aus, um den Körper mit den lebensnotwendigen Omega-3-Fettsäuren zu versorgen.
- Mayonnaise, Butter, fette Käse-, Fleisch- und Wurstsorten, Schokolade, Knabbergebäck, Frittiertes (z. B. Pommes frites) sollten nicht zu häufig gegessen werden.

4.3 Bedeutung für die Küche

Ohne Fett (fast) kein Geschmack

Fett löst viele Aromastoffe und macht das Essen erst richtig schmackhaft.

Erhitzbarkeit

Der Siedepunkt von Fett liegt zwischen 120 und 180 °C, je nach Art des Fettes. Ab ca. 140 °C bilden sich an der Oberfläche des gebratenen Lebensmittels **Röst- und Aromastoffe.**

das Acrolein = krebserregendes Zersetzungsprodukt von Fett

Rauchpunkt und Zersetzungspunkt

Bei weiterem Erhitzen beginnt das Fett zu bräunen, bald danach zu rauchen und schwarze Punkte (Acroleine) zu bilden. Überhitztes Fett ist gesundheitsschädlich.

Laut EU-Verordnung sollen Frittierfette nicht über 175 °C erhitzt werden. Der Rauch- und Zersetzungspunkt von Butter liegt bei 150 °C, von raffinierten Pflanzenölen bei 190 °C, von Frittierfett bei 210 °C.

Altes Fett ist im Gegensatz zu frischem Öl dunkler, trüb, riecht stechend und entwickelt mehr Rauch. Die Qualität von Frittierfett lässt sich auch durch chemische Schnelltests überprüfen.

DAS SOLLTEST DU SPEICHERN

- Zum Braten, Backen und Frittieren bei hohen Temperaturen eignen sich raffinierte Pflanzenöle, Butterschmalz und Frittierfette.
- Fette mit einem hohen Anteil an ungesättigten Fettsäuren, wasserhaltige Fette (z. B. Butter, Margarine) sowie kalt gepresste Öle sollten nicht hoch erhitzt werden.

Frittierfette müssen regelmäßig kontrolliert und ausgetauscht werden. Je länger sie in Gebrauch sind, desto leichter entzünden sie sich selbst. In überhitztem bzw. altem Fett entstehen auch gesundheitsschädliche Stoffe.

Wie man brennendes Fett richtig löscht, kannst du in Lernfeld 2 auf S. 55 nachlesen.

die Dichte = Masse/Volumen; Wasser hat 1 g/cm³, Fett etwa 0,9 g/cm³; Fett hat also eine geringere Dichte als Wasser und schwimmt an der Oberfläche

Die Zutaten für eine gelungene Mayonnaise: Öl und Eigelb als Emulgator

Achte auf die richtige Lagerung von Fetten:

- Vor Licht und Wärme geschützt
- In geeigneten Behältnissen

Entzündbarkeit

Zu heißes Fett kann sich von selbst entzünden.

DAS SOLLTEST DU SPEICHERN

Niemals überhitztes Fett mit Wasser löschen! Brennendem Fett muss der Sauerstoff entzogen werden. Ersticke das Feuer, indem du einen Kochtopfdeckel oder eine größere Pfanne darüber gibst.

Fett und Wasser stoßen sich ab

Fett und Wasser lassen sich **nicht mischen.** Und weil Fett leichter ist – also eine geringere Dichte hat –, schwimmt es auf dem Wasser. Deshalb können manche Speisen entfettet (degraissiert) werden. So lassen sich z. B. Fettaugen auf der Suppe abschöpfen.

Emulgierbarkeit der Fette

In der Küche ist es häufig erwünscht, dass sich Fett und Wasser verbinden, z. B. bei der Zubereitung einer sämigen Salatsauce aus Essig und Öl. Durch fleißiges Rühren gelingt das – aber nur für kurze Zeit. Bald schwimmt das Öl wieder oben und kein Gast hat Freude an dieser Salatsauce.

Mit einem **Emulgator** lässt sich das Problem lösen. Das ist eine Substanz, die sich wie ein Mantel um die kleinen Fetttröpfchen legt. Er verhindert das Verkleben der Fetttröpfchen und hebt die abstoßende Wirkung gegen das Wasser auf. Es entsteht eine **Emulsion,** eine **tröpfchenförmige Vermischung aus Fett und Wasser.** Milch, Sahne und Eigelb enthalten natürliche Emulgatoren (z. B. Lezithin). Für Salatsaucen werden Senf, Sahne oder Joghurt als Emulgatoren verwendet. In der Mayonnaise wirkt das Eigelb emulgierend.

Emulgatoren – Vermittler zwischen Wasser und Fett

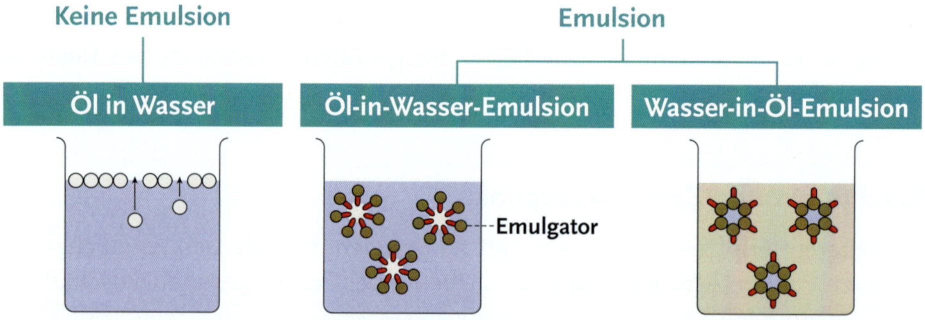

Öl in Wasser	Öl-in-Wasser-Emulsion	Wasser-in-Öl-Emulsion
Fett schwimmt an der Oberfläche	Fett in Wasser tröpfchenartig verteilt, z. B. Milch, Sahne	Wasser in Öl tröpfchenartig verteilt, z. B. Butter, Margarine, Mayonnaise

Fettverderb

Fette reagieren sehr empfindlich auf Sauerstoff, Licht, Wärme, Mikroorganismen und Metalle. Sie oxidieren und werden ranzig. Verdorbene (ranzige) Fette sind gesundheitsschädlich.

5 Eiweißstoffe (Proteine)

Eiweiße werden auch als Proteine bezeichnet. Mein Bruder behauptet, dass sich das Wort Protein vom griechischen Wort „proteios" ableitet. Und das bedeutet so viel wie „erstrangig" – sozusagen die Nummer 1! Ist Eiweiß wirklich so wichtig?

Was Eiweiße oder Proteine so besonders macht, ist der Umstand, dass jede Zelle deines Körpers hauptsächlich aus Eiweiß besteht.

5.1 Bauplan

Die Bausteine der Eiweißstoffe sind 20 verschiedene Aminosäuren.

DAS SOLLTEST DU SPEICHERN

Eiweiß ist der Hauptbestandteil unserer Zellen. Neun der 20 Aminosäuren sind für den Menschen unentbehrlich (essenziell). Sie müssen über die Nahrung zugeführt werden, weil unser Körper sie nicht selbst aufbauen kann.

Die verschiedenen Eiweißstoffe kommen dadurch zustande, dass die Aminosäuren in unterschiedlichster Weise kombiniert werden.

20 Aminosäuren – unendlich viele Kombinationen

Unser Alphabet hat 26 Buchstaben und wir können damit unendlich viele Wörter und Sätze bilden. Ähnlich verhält es sich mit den Eiweißen. So besteht allein unser Körper aus ca. 50 000 verschiedenen Eiweißstoffen.

5.2 Bedeutung für den Körper

1

Eiweiß – Baustoff jeder Zelle

Jede Zelle unseres Körpers ist aus Eiweiß aufgebaut:

- Muskeln, Knorpel und Knochen
- Haare und Nägel

2

Eiweiß – Steuer- und Transportstoff

Ohne Eiweiß geht im Körper gar nichts:

- **Enzyme und Hormone:** steuern alle Abläufe im Körper
- **Transportstoffe:** transportieren z. B. Sauerstoff und Nährstoffe im Blut
- **Gerinnungsstoffe:** sorgen dafür, dass du nicht verblutest, wenn du dir z. B. in den Finger schneidest
- **Abwehrstoffe:** bekämpfen Krankheitserreger im Körper

3

Eiweiß als Energielieferant

Wenn die Nahrung zu wenig Fette und Kohlenhydrate enthält, wird Eiweiß zur Energiegewinnung abgebaut.

Wie viel Eiweiß brauchen wir?

Der menschliche Körper muss regelmäßig mit Eiweiß versorgt werden.

Pflanzliches Eiweiß: Sojaprodukte, Bohnen, Erbsen, Linsen, Nüsse, Samen, Keimlinge, Kartoffeln, Getreide und Getreideprodukte (Vollkorn)

DAS SOLLTEST DU SPEICHERN

- Erwachsene benötigen täglich 0,8 g Eiweiß pro kg Körpergewicht.
- Kinder und Jugendliche im Wachstum, Sportler/innen und ältere Menschen brauchen etwas mehr (ca. 1 g Eiweiß pro kg Körpergewicht).
- 1/3 des Bedarfes sollte durch tierisches Eiweiß, 2/3 sollten durch pflanzliches Eiweiß gedeckt werden.

Auf das Wie kommt es an

- Vollkornprodukte bevorzugen, Hülsenfrüchte (wöchentlich), Nüsse (täglich), Milch und Milchprodukte mit geringem Fettgehalt (täglich), Fisch (ein- bis zweimal pro Woche)
- Fleisch bzw. Wurst (max. 300 g pro Woche), am besten fettarme Sorten; Eier (max. ein Ei pro Woche, exklusive verarbeitetes Ei)

BONUS LEVEL

Biologische Wertigkeit von Eiweiß

Die biologische Wertigkeit gibt an, wie viel g körpereigenes Eiweiß aus 100 g Nahrungseiweiß gebildet werden können. Je mehr gebildet wird, desto höher ist die biologische Wertigkeit. Entscheidend ist der Gehalt an unentbehrlichen Aminosäuren.

Eiweiß mit hoher biologischer Wertigkeit finden wir in Eiern, Milch und Milchprodukten, Fisch, magerem Fleisch, Sojabohnen und Kartoffeln.

Das Eiweiß von Getreide, Hülsenfrüchten und Nüssen hat hingegen eine geringe biologische Wertigkeit.

Biologischer Ergänzungswert der Eiweißstoffe

Kombiniert man bestimmte Eiweißstoffe, kann die biologische Wertigkeit sogar noch erhöht werden, weil sich die Aminosäuren untereinander ergänzen.

Einen guten Ergänzungswert haben:

- Getreide + Milch oder Fleisch oder Fisch oder Eier oder Hefe
- Hülsenfrüchte + Milch oder Fleisch oder Fisch oder Getreide
- Kartoffeln + Milch oder Fleisch oder Fisch

BONUS LEVEL ENDE

5.3 Bedeutung für die Küche

Denaturierung – Eiweißgerinnung

Durch Hitze, Säure, Enzyme, aber auch durch Alkohol gehen Eiweiße von einer löslichen Form in eine feste Form über. Man spricht vom Gerinnen, Stocken oder Ausflocken des Eiweißes.

Spiegeleier – durch Hitze verfestigt sich das Eiweiß

Beispiele

- Werden (Klär-)Fleisch oder Kartoffelwürfel in Wasser gekocht, bildet sich auf der Oberfläche ein heller Schaum. Das ist Eiweiß, das vom Wasser herausgelöst wird und durch Hitze gerinnt bzw. ausflockt.
- Wird ein zartes Steak zu lange gebraten, denaturieren die Eiweiße im Inneren des Fleisches und das Steak wird fest und zäh.

Eiweiß als Klebstoff: Wasserbindung – Quellvermögen

Klebereiweiß (Gluten) ist wasserunlöslich, kann aber Wasser binden und aufquellen. Beim Kneten von Teigen verkleben die Eiweißmoleküle. Beim Backen gerinnen sie und bilden ein festes „Gerüst". Daher eignet sich Mehl aus glutenreichen Getreidearten besonders gut für die Herstellung von Brot und Backwaren.

glutenreiche Getreidearten = Weizen, Dinkel, Roggen, Hafer und Gerste; Gluten macht Teige elastisch und formbar

Kollagene quellen in kaltem Wasser. Durch Hitze werden sie gallertig-weich bis flüssig. So kann Gelatine aus Knochen und Knorpeln gewonnen werden. Beim Abkühlen versuchen die Kollagenfasern sich wieder miteinander zu verbinden. In der Küche nutzt man diese Eigenschaft bei der Herstellung von Aspik, Gelees und Cremes auf Gelatinebasis.

Kollagene sorgen dafür, dass Wackelpudding fest wird

Bräunung durch Hitze

Wenn Lebensmittel, die gleichzeitig Eiweiß und etwas Kohlenhydrate enthalten, über 110 °C erhitzt werden, entsteht eine braune Kruste und das typische Röstaroma. Dahinter steckt die **Maillard-Reaktion.** Daher wird Fleisch vor dem Anbraten in Mehl gewendet.

Schaumschlägerei durch Eiweiß

Für die luftig leichte Konsistenz von Eischnee oder Milchschaum sind ebenfalls Eiweiße verantwortlich. Beim Aufschlagen vernetzen sich diese miteinander und die eingeschlagene Luft wird dazwischen festgehalten. Leider ist das Eiweißgerüst nicht ganz stabil und fällt nach einer Weile wieder zusammen.

Beim Aufschlagen von Eiweiß vernetzen sich die Eiweißstoffe miteinander. Es entsteht Eischnee.

Eiweiß ist leicht verderblich

Eiweiß kann von Mikroorganismen wie Bakterien, Hefen und Schimmelpilzen, aber auch von Enzymen sehr gut zerlegt und verwertet werden. Wenn gleichzeitig Wasser vorhanden ist, verläuft dieser Vorgang besonders schnell. Fleisch, Fisch, Eier und Milch enthalten Eiweiß und Wasser und sind daher besonders leicht verderblich.

6 Wasser

Weißt du eigentlich, dass Wasser sehr wichtig ist, damit dein Gehirn optimal arbeiten kann? Schließlich besteht es zu 70 % aus Wasser. Ein schlauer Kopf sorgt deshalb dafür, dass er immer genug trinkt. Denk daran, wenn du das nächste Mal eine Prüfung hast.

6.1 Bedeutung für den Körper

Ohne besondere körperliche Anstrengung verliert unser Körper täglich etwa 2,5 l Flüssigkeit über Schweiß, Atemluft, Harn und Kot. Dieser Wasserverlust muss durch Getränke und Nahrung wieder aufgefüllt werden.

1

Baustoff

Wasser ist der Hauptbestandteil unseres Körpers. Im Laufe des Lebens nimmt der Wasseranteil jedoch ab.

2

Wasser als Lösungs- und Transportmittel

Das Wasser im Körper ist ständig in Bewegung: im Blutkreislauf, zwischen den Zellen, im Verdauungstrakt, in den Nieren etc. Wasser löst und transportiert fast alle Nährstoffe innerhalb des Körpers. Abbauprodukte und viele Giftstoffe werden in gelöster Form aus dem Körper abtransportiert.

3

Wasser regelt die Körpertemperatur

Wasser wirkt im Körper wie eine Klima- oder Heizungsanlage. Es hilft, unsere Körpertemperatur aufrechtzuerhalten.

Bei Hitze schützt Wasser vor Überhitzung, indem es Verdunstungskälte erzeugt. Der Körper gibt dazu Wasser in Form von Schweiß an die Haut ab. Dort verdunstet es und verbraucht Körperwärme – die Haut kühlt ab.

⚠ Durst ist bereits ein Zeichen von Wassermangel – es ist höchste Zeit, etwas zu trinken!

Wie viel Wasser brauchen wir täglich?

Ein gesunder Mensch hat normalerweise eine **ausgeglichene Wasserbilanz.** Das heißt, dass die aufgenommene und die ausgeschiedene Flüssigkeitsmenge in einem ausgewogenen Verhältnis zueinander stehen.

Wenn wir **mehr Wasser aufnehmen** als unser Körper benötigt (z. B. über vermehrtes Trinken), steigt die Harnmenge und überschüssiges Wasser wird ausgeschieden. Wenn wir **weniger Wasser aufnehmen** als unser Körper benötigt, verspüren wir Durst und trinken mehr.

DAS SOLLTEST DU SPEICHERN

Der durchschnittliche Wasserbedarf beträgt ca. 2,5 l täglich, wobei der größte Teil durch Getränke (ca. 1,5 l) gedeckt wird. Der Rest der Flüssigkeitszufuhr erfolgt über die Nahrung.

Mehr Wasser braucht der Körper,
- wenn man stark schwitzt (z. B. durch Bewegung, Hitze, Fieber) und
- bei salzreicher Ernährung.

So wird der Flüssigkeitsbedarf perfekt gedeckt
- Die erste Wahl: Wasser, Mineralwasser, ungesüßte Kräuter- und Früchtetees, stark verdünnte Fruchtsäfte (ein Teil Saft, drei Teile Wasser)
- Ausreichend und über den Tag verteilt

6.2 Bedeutung für die Küche

Wasser und Hitze

Wasser siedet bei normalem Luftdruck bei 100 °C. Durch Druckerhöhung steigt der Siedepunkt, die Garzeit von Lebensmitteln wird dadurch wesentlich verkürzt (bis zu 70 %). Dieser Vorteil wird bei Verwendung eines Druckkochtopfes genutzt.

Wasser und Kälte

Reines Wasser gefriert bei 0 °C. Es wird zu Eis, das sich ausdehnt und daher mehr Platz braucht. Das ist der Grund, warum Gefäße nie ganz mit Wasser gefüllt werden dürfen, wenn sie in den Tiefkühler gestellt werden. Sie würden platzen.

Durch Zugabe von Salz, Zucker oder Alkohol sinkt der Gefrierpunkt von Wasser. Es wird erst bei einer viel tieferen Temperatur fest.

- Daher gefrieren Getränke mit einem höheren Alkoholgehalt (z. B. Spirituosen) im Tiefkühler nicht.
- Gibt man Salz auf eine Eis-Wasser-Mischung, sinkt die Temperatur sehr rasch ab. Das gesalzene Eiswasser ist wesentlich kälter als reines Eis. Diesen Effekt nutzt man, um warme Lebensmittel sehr schnell zu kühlen, z. B. Weißwein.

Wie entsteht Eis?
Eis entsteht durch die Bildung von Eiskristallen, die ständig wachsen. Diese Eiskristallbildung ist in Lebensmitteln unerwünscht, weil sie die Textur, das Aroma und die Farbe negativ beeinflussen. Rasches Einfrieren bei sehr tiefen Temperaturen verhindert zu starke Eiskristallbildung.

Wasser als Lösungs- und Quellmittel

- Viele Farb-, Geruchs- und Geschmacksstoffe (z. B. Salz, Zucker) schmeckt man nur, wenn sie in Wasser gelöst sind.
- Stärke und bestimmte Eiweißstoffe lagern Wasser ein. Das ist z. B. der Grund, warum Bohnen, wenn man sie in Wasser einlegt, größer werden.
- Der Gehalt an gelösten Kalzium- und Magnesiumsalzen bestimmt die Wasserhärte. Die Wasserhärte wird in Grad deutscher Härte (°dH) angegeben.

Hartes oder weiches Wasser?
Weiches Wasser (0–8 °dH) eignet sich gut für Kaffee und Tee. Es schmeckt jedoch fad und hat einen geringeren Mineralstoffgehalt.
Hartes Wasser (über 13 °dH) schmeckt frischer. Es lässt aber Geräte (z. B. Kaffeemaschine) leichter verkalken.

7 Vitamine und Mineralstoffe

Speziell im Herbst wird in den Medien und Apotheken für die Einnahme von Vitamintabletten zur Vorbeugung gegen Grippe und Erkältungen geworben. Wie stehst du zu dieser Werbung? Nimmst auch du Vitaminpräparate oder siehst du diese eher problematisch?

Kann man eigentlich zu viele Vitamine zu sich nehmen?

Bei wasserlöslichen Vitaminen ist ein Zuviel nicht möglich, da sie mit dem Harn ausgeschieden werden. Bei zu vielen fettlöslichen Vitaminen kann es jedoch zu schweren Schäden kommen.

7.1 Vitamine

Vitamine sind Stoffe, die dein Körper braucht, aber nicht selbst herstellen kann (außer Vitamin D, vorausgesetzt, er bekommt genügend Sonnenlicht). Deswegen müssen sie über die Nahrung zugeführt werden.

Vitamine werden in **fettlösliche** und **wasserlösliche** Vitamine eingeteilt.

Ein paar Vitamine wandelt erst dein Körper in eine für ihn wirksame Form um. Diese Vitamine werden als **Provitamine** (Vorstufen) bezeichnet, wie z. B. Provitamin A (Betacarotin).

Typisch für einen Vitaminmangel sind Müdigkeit und Anfälligkeit für Infekte

Vitamine

Fettlöslich	Wasserlöslich
A, D, E, K	**C, B_1, B_2, B_6, B_{12}, Niacin, Folat, Pantothensäure, Biotin**
▪ Fettlösliche Vitamine können nur zusammen mit Fett aufgenommen werden. ▪ Das muss jedoch nicht täglich geschehen, da sie im Körper gespeichert werden.	▪ Wasserlösliche Vitamine müssen regelmäßig über die Nahrung aufgenommen werden, da sie nicht gespeichert werden können. ▪ Ausnahme: Vitamin B_{12}

DAS SOLLTEST DU SPEICHERN

Es gibt 13 verschiedene Vitamine. Jedes einzelne Vitamin erfüllt im Körper bestimmte Aufgaben und kann durch kein anderes ersetzt werden. Bei gesunder, ausgewogener Ernährung ist der tägliche Vitaminbedarf vollkommen gedeckt.

Vitaminmangel

Mangelerscheinungen kommen relativ häufig vor. Die Betroffenen sind müde, blass, können sich schlecht konzentrieren, sind anfällig für Krankheiten etc. Ursachen sind meist eine einseitige Ernährung, die hauptsächliche Verwendung von Fertiggerichten und zu wenig Obst und Gemüse. Fehlt ein Vitamin völlig, kommt es zu schweren Störungen, die sogar tödlich enden können (z. B. Skorbut bei Vitamin-C-Mangel).

Vitamine im Überblick

Fettlösliche Vitamine

A
(Retinol)

Wozu?
Sehkraft,
Zellwachstum,
Haut

Worin?
Milchfett, Leber, Fisch, als Provitamin (Vorstufe zu Vitamin A) in vielen Pflanzen (z. B. Karotten, Tomaten, Roten Bete, Aprikosen)

D
(Calciferol)

Wozu?
Verbessert die Kalziumaufnahme – also wichtig für Knochen und Zähne

Worin?
Fischprodukte, Butter, Hefe
Bei genügend Sonnenlicht stellt es der Körper selbst her.

E
(Tocopherol)

Wozu?
Zellerneuerung,
hemmt Entzündungen,
stärkt das Immunsystem

Worin?
Vollkornprodukte, Blattgemüse,
pflanzliche Öle, Hülsenfrüchte,
Fleisch, Eigelb, Nüsse

K
(Phyllochinon)

Wozu?
Notwendig für die Blutgerinnung

Worin?
Kartoffeln, Eier, Milch, grünes Gemüse, Leber

Wasserlösliche Vitamine

B1
(Thiamin)

Wozu?
Verwertung der Kohlenhydrate, Nervensystem, Schilddrüse

Worin?
Vollkornbrot, Schweinefleisch, Haferflocken, Hülsenfrüchte, Geflügel, Salat, Tomaten, Kohl

B2
(Riboflavin)

Wozu?
Wachstum, Atmung, Haut, Nägel, Verwertung von Fetten, Eiweißen und Kohlenhydraten

Worin?
Vollkornprodukte, Schweinefleisch, Hefe, Leber, Milch, grünes Blattgemüse

B3
(Niacin)

Wozu?
Merkfähigkeit, Konzentration, Haut, Muskeln, Nerven; gegen Migräne

Worin?
Mageres Fleisch, Fisch, Wild, Geflügel, Pilze, Hefe, Eier

B5
(Pantothen-säure)

Wozu?
Wundheilung, stärkt das Immunsystem, Fettstoffwechsel

Worin?
Vollkornprodukte, Gemüse, Innereien, Reis, Obst, Milch, Bierhefe, Nüsse (Pinienkerne)

B9
(Folat)

Wozu?
Haut, verhindert Miss-bildungen bei Neugeborenen

Worin?
Vollkornprodukte, grünes Blattgemüse, Leber, Rote Bete, Spinat, Karotten, Brokkoli, Spargel, Tomaten, Eigelb, Nüsse

B12
(Cobalamin)

Wozu?
Nerven, appetitfördernd, Bildung der roten Blutkörperchen

Worin?
Fisch, Leber, Milch, Fleisch

H
(Biotin)

Wozu?
Haut, Haare, Nägel

Worin?
Erdnüsse, Haferflocken, Reis, Eigelb, Leber

C
(Ascorbin-säure)

Wozu?
Schutz vor Krankheiten, Stärkung des Bindegewebes, gegen Frühjahrsmüdigkeit

Worin?
Zitrusfrüchte, Hagebutten, Sanddorn, Paprika, Kiwis, Kartoffeln, Karotten

7.2 Mineralstoffe

Mineralstoffe kommen im Boden und im Gestein vor, werden in Wasser gelöst und gelangen über dieses sowie über Pflanzen auch in tierische Lebensmittel.

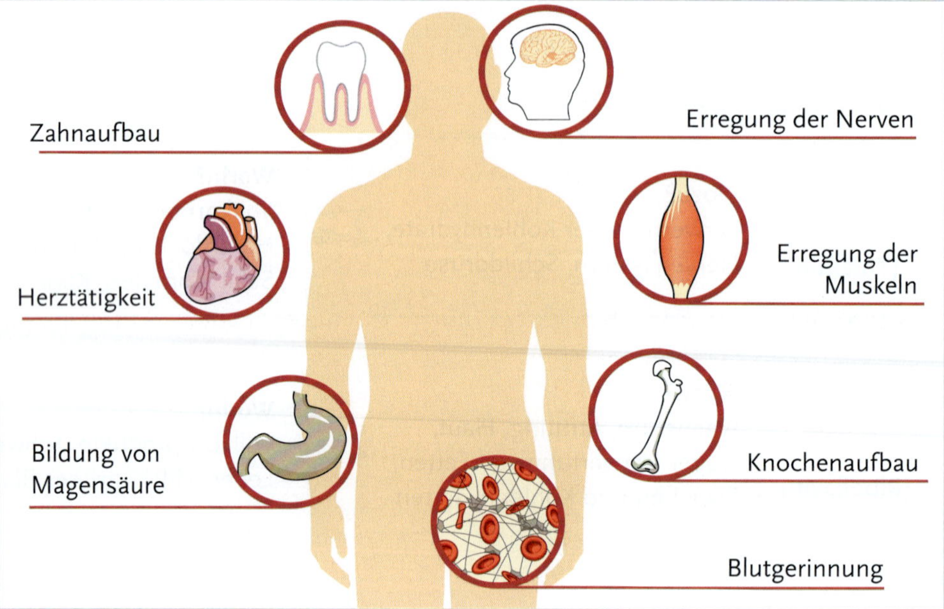

Wie viele Vitamine und Mineralstoffe ein Lebensmittel tatsächlich enthält, ist schwer festzustellen. Durch Transport, Lagerung, Konservierung, Verarbeitung und Zubereitung geht so einiges verloren.

Mineralstoffe, die über die Nahrung zugeführt werden müssen

Mengenelemente	Spurenelemente
Mengenelemente kommen im Körper in höherer Konzentration vor und müssen täglich in Gramm-Mengen zugeführt werden.	Spurenelemente kommen im Körper in niedrigen Konzentrationen vor (also nur in Spuren – daher der Name). Es müssen nur Milligramm-mengen aufgenommen werden.
Beispiele Kalzium, Phosphor, Magnesium, Eisen, Jod, Kalium, Natrium, Chlor, Schwefel	**Beispiele** Kupfer, Kobalt, Mangan, Fluorid, Zink, Molybdän, Chrom, Selen

Salzige Lebensmittel enthalten Natrium

Mineralstoffe im Überblick

Unser Körper benötigt täglich mindestens 22 verschiedene Mineralstoffe. Wir müssen sie nicht alle kennenlernen, sondern konzentrieren uns auf einige wichtige.

Natrium (Na) – Bestandteil von Salz

- **Worin?** Natrium ist – zusammen mit Chlor – ein Bestandteil von Kochsalz (Natriumchlorid) und daher in allen stark gesalzenen Lebensmitteln enthalten.
- **Wozu?** Es regelt den Wasserhaushalt im Körper und die Muskel- und Nervenerregung (besonders wichtig für den Herzrhythmus).

Kalium (K) – Gegenspieler des Natriums

- **Worin?** In Obst, Gemüse, Kartoffeln und frischen Kräutern
- **Wozu?** Es regelt den Wasserhaushalt (fördert die Wasserausscheidung). Im Gegensatz zu Natrium wirkt es blutdrucksenkend.

Kalzium (Ca) – für starke Knochen

- **Worin?** In Milch und Milchprodukten, kalziumreichem Mineralwasser, Brokkoli und Lauch
- **Wozu?** Es ist gut für den Aufbau von Knochen und Zähnen.

Phosphor (P) – Partner von Kalzium

- **Worin?** In Fleisch, Wurst, Milchprodukten und Eiern
- **Wozu?** Er sorgt – zusammen mit Kalzium – für die Festigkeit von Knochen und Zähnen. Auch für den Energiestoffwechsel ist er wichtig.

Magnesium (Mg) – für die Muskeln

- **Worin?** In Vollkornprodukten, grünem Gemüse, Hülsenfrüchten, Kartoffeln, Bananen, Beeren und Milch(-produkten)
- **Wozu?** Es ist gut für die Muskelarbeit und die Knochenhärtung.

Eisen (Fe) – rote Farbe von Blut und Fleisch

- **Worin?** In dunklem Fleisch, Leber, Spinat und Hülsenfrüchten
- **Wozu?** Eisen ist ein Bestandteil von Hämoglobin (roter Blutfarbstoff). Es transportiert den Sauerstoff im Körper.

TIPP VOM PROFI

Eine gleichzeitige Vitamin-C-Zufuhr, z. B. durch etwas Orangensaft, fördert die Eisenaufnahme.

Jod (I) – für die Schilddrüse

- **Worin?** In Meeresfischen, Meeresfrüchten und jodiertem Speisesalz
- **Wozu?** Jod ist ein Bestandteil der Schilddrüsenhormone – diese steuern das Wachstum, die Energiegewinnung aus den Nährstoffen und die Körpertemperatur. Ein Jodmangel führt zu einer vergrößerten Schilddrüse (Kropf).

Zink (Zn) – stärkt die Abwehr

- **Worin?** In Fleisch, Vollkornprodukten (Haferflocken), Käse, Milch und Eiern
- **Wozu?** Zink ist ein Bestandteil vieler Enzyme und regelt somit Ab-, Um- und Aufbauvorgänge der Nährstoffe. Ein Zinkmangel erhöht die Infektionsanfälligkeit, verschlechtert die Wundheilung und führt zu vermindertem Geschmacksempfinden.

Fluorid – schützt vor Karies

- **Worin?** Fluorid wird v. a. über fluoridreiches Trinkwasser aufgenommen. Da das Wasser in den meisten Regionen Deutschlands fluoridarm ist, wird ein Teil des Speisesalzes mit diesem Mineralstoff angereichert. Auch Zahnpasten wird Fluorid zugesetzt.
- **Wozu?** Fluorid festigt die Knochen, härtet den Zahnschmelz und macht die Zähne widerstandsfähig gegen Karies.

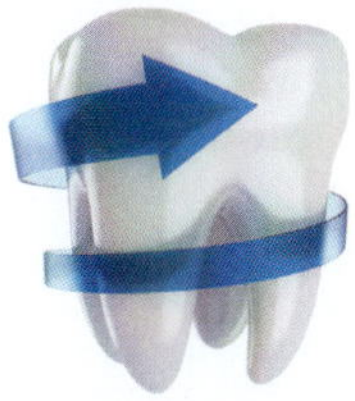

Besonders während des Wachstums brauchen deine Knochen und Zähne Kalzium

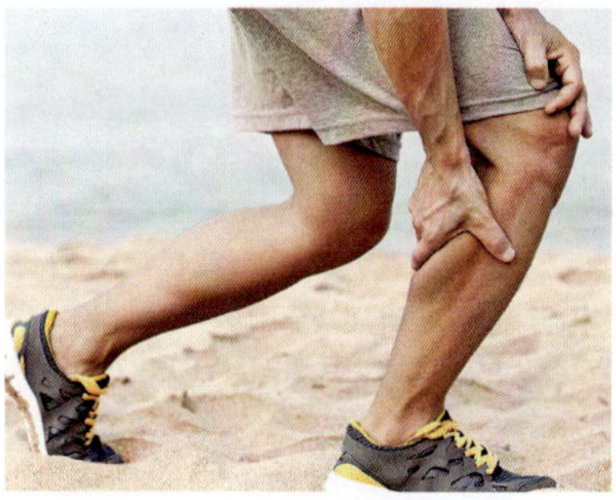

Ein Magnesiummangel macht sich durch Muskelkrämpfe (z. B. in Waden, Zehen) bemerkbar

Einen Eisenmangel spüren wir sehr schnell. Wir sind müde, blass, kälteempfindlich, haben Kopfschmerzen und verstärkten Haarausfall.

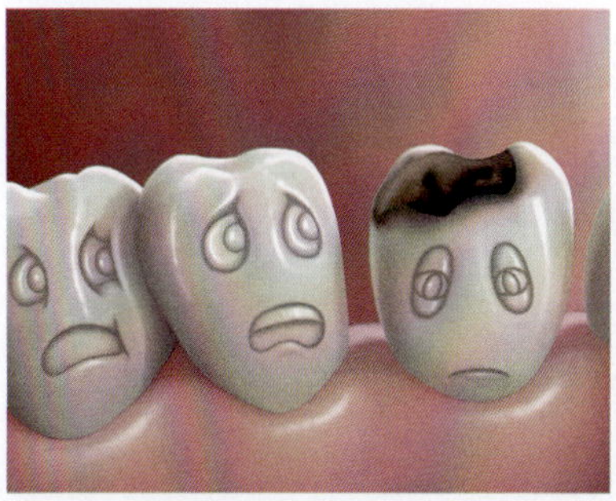

Ein Fluorid-Mangel führt zu Karies, eine Fluorid-Überdosierung zu braunen Flecken auf den Zähnen

Oft wird Fluorid mit Fluor (F) verwechselt. Fluor ist ein giftiges Gas, Fluorid hingegen ein Salz.

7.3 Umgang mit Vitaminen und Mineralstoffen

Waschen, kochen, warm halten – all diese Arbeitsschritte sind für Vitamine und Mineralstoffe sehr ungünstig. Hier erfährst du, wie du die Verluste dieser wertvollen Inhaltsstoffe minimieren kannst.

Obst und Gemüse immer erst kurz vor der Zubereitung schneiden

Vorbereitung von Lebensmitteln

- **Lebensmittel nur kurz waschen:** Einige Vitamine und Mineralstoffe sind wasserlöslich. Wasche daher Lebensmittel – besonders Obst und Gemüse – nur kurz unter fließendem Wasser und lasse sie nicht im Wasserbad liegen.
- **Nur Schälen, wenn absolut nötig:** Der Großteil der Vitamine befindet sich direkt unter der Schale von Obst, Gemüse und Kartoffeln. Schäle Kartoffeln erst nach der Zubereitung – so überstehen die Vitamine den Garprozess besser.
- **Obst, Gemüse etc. möglichst kurz vor der Zubereitung schneiden:** Sobald sie mit Sauerstoff und UV-Licht in Verbindung kommen, setzen chemische und enzymatische Reaktionen ein, die die Vitamine zersetzen. Je größer die Oberfläche ist, desto stärker ist dieser Effekt.

Durchschnittliche Vitaminverluste beim Garen von Gemüse

	Vit. C	Vit. B_1	Vit. B_2
Dünsten	16 %	15 %	9 %
Dämpfen	15 %	13 %	1 %
Kochen	23 %	14 %	12 %

Zubereitung von Lebensmitteln

- **Dämpfen statt Kochen:** Durch kürzere Hitzeeinwirkung und weniger Wasser bleiben die wasserlöslichen Vitamine besser erhalten.
- **Kochwasser von Obst und Gemüse behalten:** Es kann für Fonds und Saucen weiterverwendet werden. So kann man die ausgewaschenen Vitamine und Mineralstoffe weiter nutzen.
- **Warmhalten vermeiden:** Je länger die Hitze auf Vitamine einwirkt, umso mehr werden sie zerstört.
- **Vitamin-Kick mit frischen Kräutern, Nüssen und Sprossen:** Ergänze Salate, kalte und warme Speisen mit Nüssen und Sprossen. Kräuter dienen nicht nur zur Geschmacksverbesserung, sondern auch als Dekoration.

A WortschatzBox – „Unsere Ernährung"

- Ergänze die Definitionen mit den angegebenen Fachbegriffen:

Kilojoule (kJ) ▪ Leistungsumsatz ▪ Baustoffe ▪ Body-Mass-Index ▪ Grundumsatz ▪ Brennstoffe ▪ Nahrungsmittel

____________ ⇨ Energie, die benötigt wird, damit alle lebenserhaltenden Vorgänge im Körperinneren funktionieren

____________ ⇨ Geben den Energiegehalt von Lebensmitteln an

____________ ⇨ Liefern unserem Körper Energie für die Muskeln, die Atmung, die Herztätigkeit, die Verdauung und das Gehirn

____________ ⇨ Lebensmittel, die lebensnotwendige Nährstoffe liefern

____________ ⇨ Dienen unserem Körper zum Aufbau und Erhalt

____________ ⇨ Für jede Bewegung, wie z. B. körperliche Arbeit oder Sport, aber auch im Sitzen oder Stehen verbrauchen wir Energie.

____________ ⇨ Dient zur Beurteilung des Körpergewichtes

Ziele erreicht? – „Unsere Ernährung“

KOMPETENZ-ERWERB

1. Welche Nährstoffe gibt es? Nenne sie und beschreibe kurz ihre Aufgaben.
2. Nährstoffe liefern unterschiedlich viel Energie. Nenne die Einheiten, in denen die Energie angegeben wird.
3. Erkläre den Aufbau und die Einteilung der verschiedenen Kohlenhydratarten.
4. Beschreibe drei Aufgaben der Kohlenhydrate im menschlichen Körper.
5. Was ist was? Kreuze an, um welche Zuckerarten es sich handelt.

	Einfachzucker	Zweifachzucker	Vielfachzucker
Traubenzucker			
Glykogen			
Fruchtzucker			
Milchzucker			
Haushaltszucker			
Stärke			

6. Schnapp dir eine Flasche Ketchup, eine Wurst und eine Konservendose und finde heraus, ob die Lebensmittel Zucker enthalten.

	Enthält Zucker		Wie wird der Zucker bezeichnet?
Ketchup	◯ ja	◯ nein	
Wurst	◯ ja	◯ nein	
Konserve	◯ ja	◯ nein	

7. Mit dem Begriff „Ballast“ verbinden wir meist „unnötig“, „wertlos“ – also weg damit. Warum sind Ballaststoffe für uns trotzdem so wichtig? Nenne drei Gründe.
8. Gib an, wie viel Prozent des täglichen Energiebedarfes durch Fette abgedeckt werden sollen.
9. Manche Fette sind weich, andere fest, manche flüssig. Begründe, warum das so ist.
10. Zähle fünf Lebensmittel auf, die versteckte Fette enthalten.
11. Welche Fette empfiehlst du?

Zum Braten, Backen und Frittieren bei hohen Temperaturen	Für Salate und Rohkost

12. Warum sind Fleisch, Fisch, Eier und Milchprodukte so leicht verderblich? Gib eine Begründung.
13. Ein Azubi in deinem Betrieb soll zum ersten Mal eine Rindersuppe kochen. Nachdem das Rindfleisch schon einige Zeit vor sich hin geköchelt hat, bildet sich auf einmal ein eigenartiger Schaum. Erkläre ihm, warum sich dieser gebildet hat.
14. Nenne drei Maßnahmen, wie Vitamine und Mineralstoffe bei der Zubereitung von Speisen erhalten bleiben.

Einen interaktiven **Safety-Check** findest du in der TRAUNER-DigiBox.

Speiseöle und Speisefette

Noch gespeichert oder brauchst du eine kleine „Datenauffrischung“? Auf S. 168 findest du alles zum Nachlesen.

Jeder weiß, dass zu viel Fett ungesund ist. Dabei ist es – richtig dosiert – ein unverzichtbarer Geschmacksträger, macht einige ausgezeichnete Garmethoden überhaupt erst möglich und bietet mit einer ungeheuren Sortenvielfalt eine riesige Geschmackspalette. Und auch wenn man es kaum glauben will: Sogar der Körper hat gerne sein Fett weg, um gesund zu bleiben.

KOMPETENZ-ERWERB

Meine Ziele

Nach Bearbeitung dieses Kapitels kann ich

- die Bedeutung von Speiseölen und -fetten für die Ernährung erklären;
- die wichtigsten Speiseöle und Speisefette nennen;
- die unterschiedlichen Qualitäten von Speiseölen und -fetten beurteilen;
- entsprechend der Speisenzubereitung die richtigen Öle oder Fette wählen;
- Öle und Fette fachgerecht lagern.

1 Bedeutung für die Ernährung

Was steckt drin in Speiseölen und Speisefetten?

Speiseöle und -fette sind die konzentriertesten Energielieferanten, sie bestehen fast zu 100 % aus Fett. Pflanzliche Öle enthalten essenzielle Fettsäuren. **Kalt gepresste Öle** sind besonders reich an Vitaminen und sekundären Pflanzenstoffen.

Butter ist leicht verdaulich und hat je nach Futter der Tiere unterschiedlich viele Vitamine. **Margarine** höherer Qualität und Diätmargarine sind reich an essenziellen Fettsäuren und enthalten Cholesterin in Spuren. **Fischöle** haben einen hohen Anteil an ungesättigten Fettsäuren, besonders an Omega-3-Fettsäuren.

Speiseöle sind bei Temperaturen über 15 °C flüssig.
Speisefette sind bei einer Temperatur von 15 °C streichfähig oder fest.

2 Öle und Fette

Verschiedene Fette und Öle

Tierische Speisefette	Pflanzliche feste Speisefette	Pflanzliche Speiseöle
■ **Butter:** aus Milch gewonnen ■ **Schlachttierfette:** aus dem Fettgewebe von Tieren geschmolzen; z. B. Schweine- und Gänseschmalz, Rinder- und Hammeltalg ■ **Fischöle:** z. B.Heringsöl	■ **Natürlich feste Fette:** Kokosfett, Palmkernfett ■ **Cremige Fette:** Kakaobutter ■ **Gehärtete pflanzliche Fette:** Pflanzenmargarine, Frittierfette, Erdnussfett	■ **Fruchtfleischöle:** Olivenöl, Palmöl ■ **Samenöle:** Sonnenblumen-, Raps-, Kürbiskern-, Distel-, Lein-, Sesam-, Walnuss-, Erdnuss-, Mohnöl etc. ■ **Keimöle:** Maiskeimöl, Weizenkeimöl

2.1 Speiseöle

Es gibt ca. 40 Pflanzenarten, deren Öle für die menschliche Ernährung geeignet sind – ganz schön viele. Die wichtigsten sind Ölpalme, Sojabohne und Raps.

Kalt gepresste Öle nur für Rohkost und Salate verwenden – durch hohes Erhitzen werden die Vitamine zerstört

Von der Ölfrucht oder Ölsaat zum Speiseöl

Aus Ölfrüchten und Ölsaaten werden in Ölmühlen pflanzliche Öle gewonnen.

1. Die gereinigten und zerkleinerten Ölfrüchte und -saaten können **kalt gepresst** werden. Dabei werden sie in Schneckenpressen bei niedrigen Temperaturen schonend ausgepresst. Anschließend wird das Öl gefiltert.
2. Beim **Warmpressen** werden die Früchte und Saaten unter Druck und Wärme ausgepresst. Aus dem Presskuchen wird das verbliebene Öl durch Lösungsmittel herausgelöst **(extrahiert).** Das gewonnene Rohöl wird gereinigt **(raffiniert).**

der Presskuchen = Rückstand beim Pressen

Ölsorten

Trägt das Öl im Handel einen bestimmten Pflanzennamen (z. B. Maiskeimöl), handelt es sich um das reine Öl dieser Pflanze. Steht auf dem Etikett „Speiseöl", „Tafelöl" oder „Pflanzenöl", handelt es sich immer um eine Mischung verschiedener Pflanzenöle. Tafelöle sind extrahierte Öle, die geschmacksneutral und geruchlos sind.

2.2 Speisefette und Speisefettmischungen

Speisefette können rein tierisch, rein pflanzlich oder ein Gemisch sein. Sie werden v. a. als Streichfette, aber auch zum Backen, Braten und Verfeinern von Speisen verwendet. Als Streichfette dienen hauptsächlich Butter und Margarine, aber auch Schweine- und Gänseschmalz.

Butter und Margarine enthalten Wasser und Eiweiß. Deshalb schäumen sie beim Erhitzen und werden rasch braun. Sie eignen sich daher für kalte Speisen sowie fürs Kurzbraten, Dünsten und Backen im Rohr (max. 130 °C).

Butter

Butter wird aus dem Fettanteil der Milch hergestellt. Es gibt **Sauerrahm- und Süßrahmbutter** mit unterschiedlicher Streichfähigkeit, gesalzen, ungesalzen und mit Kräutern.

Butter wird generell zum Verfeinern von Speisen eingesetzt:
- Butter ist die Grundbasis für Aufstriche und Füllungen, z. B. Liptauer, Obazder.
- Gemüse und Kartoffeln werden in Butter geschwenkt.
- Fleisch und Fische werden in Butter gebraten.
- Warme Süßspeisen werden mit flüssiger Butter verfeinert, z. B. Hefeklöße (Germknödel).

Butterschmalz

Butterschmalz, auch Schmalzbutter bzw. geklärte oder geläuterte Butter, ist reines Milchfett, das aus Butter durch Entfernen von Wasser, Milcheiweiß und Milchzucker gewonnen wird. Es ist hoch erhitzbar, der Rauchpunkt liegt bei 205 °C. Es eignet sich zum Braten, Backen und Frittieren und ist lange haltbar.

Schmalz

Schmalz ist Fett, das aus dem Fettgewebe von Schweinen, Gänsen oder Enten durch Erhitzen geschmolzen wird. Zurück bleiben die Grieben. Es werden verschiedene Speisen mit Schmalz zubereitet, wie z. B. Rotkohl, Laugen- und Schmalzgebäck.

Transfettsäuren
Gehärtete Fette sind besser erhitzbar und werden zum Frittieren, Heißbraten und in der Lebensmittelindustrie verwendet. Bei der Fetthärtung entstehen aber auch sogenannte **Transfettsäuren.** Zu viele davon lassen den Cholesterinspiegel im Blut steigen und erhöhen somit das Risiko von Arterienverkalkungen, Herz- und Kreislauferkrankungen.

Margarine

Pflanzliche und/oder tierische Fette, fettlösliche Vitamine, Wasser, Milch, Salz und Lezithin als Emulgator werden so lange gemischt, bis eine streichfähige Masse entsteht. Dabei wird ein Teil der ungesättigten Fettsäuren zu gesättigten Fettsäuren umgewandelt. Diesen Vorgang nennt man **Fetthärtung.** Bei fettreduzierter Margarine werden auch Gelatine und Milchproteine verwendet.

Delikatess- und Cremomargarine	Butterersatz	Für Aufstriche, Cremes und zum Verfeinern von Gemüse
Bratmargarine	Inhaltsstoffe verbessern den Bräunungseffekt	Zum Braten in der Pfanne
Backmargarine	Nimmt beim Rühren gut Luft auf	Für Teige und Massen
Ziehmargarine	Hoher Schmelzpunkt (48 °C)	Für Blätter- und Plunderteige

Talg wird aus dem Fett von Rindern und Hammeln ausgeschmolzen. Er ist als Feintalg Bestandteil der Ziehmargarine für Blätterteig. Zu Speisezwecken wird Talg aus Rindernierenfett verwendet.

Weitere Fette

Mischfette werden aus pflanzlichen und tierischen Fetten hergestellt. Während Margarine nur einen geringen Milchfettanteil haben darf, liegt der Milchfettanteil bei Mischfetten zwischen 10 bis 80 %.

Bei hitzebeständigen festen Fetten wie **Kokosfett, Palmkernfett und Frittierfett** liegt der **Rauchpunkt über 200 °C.** Frittierfette sind Mischungen aus unterschiedlichen Pflanzenölen, die gehärtet werden. Sie enthalten Antischaummittel und spritzen durch den Zusatz von Emulgatoren nicht.

Softfette sind geschmeidige Pflanzenfette, die sich wie feste Fette gut erhitzen lassen und wie Streichfette auch bei Kühlschranktemperatur gut streichbar sind.

Ein Tipp zum Hocherhitzen: Wenn man Öl in die heiße Pfanne gibt, braucht man um mehr als ein Viertel weniger Öl. Das liegt daran, dass sich die Viskosität - also die Konsistenz des Fettes - in der heißen Pfanne verändert. Es wird flüssiger und verteilt sich dadurch besser.

3 Einkauf und Lagerung

Kalt gepresste Öle eignen sich besonders gut als Salatöle oder zum Vollenden gegarter Speisen. Zum Frittieren und Braten sind sie nicht geeignet, da beim Erhitzen die Vitamine zerstört werden. Außerdem sind sie teurer und kürzer haltbar. Brat-, Back- und Frittieröle bzw. -fette sind für Gartechniken geeignet, bei denen hohe Erhitzbarkeit und Hitzebeständigkeit gefragt sind.

DAS SOLLTEST DU SPEICHERN

Fette und Öle lagert man **kühl, dunkel, geruchs- und luftgeschützt** in der Originalverpackung.

Angebrochene Ölflaschen sollten rasch verbraucht werden (hängt von der Ölart ab). Butter ist bis zu fünf Wochen, Margarine zwölf Wochen und Butterschmalz bis zu zwei Jahren gekühlt haltbar.

WortschatzBox – „Speiseöle und Speisefette“

- Verbinde die Begriffe mit den richtigen Erklärungen.

Transfettsäuren	Ein Teil der ungesättigten Fettsäuren wird zu gesättigten Fettsäuren umgewandelt.
Raffinieren	Rohöl reinigen
Warmpressen	Entstehen bei der Fetthärtung, erhöhen das Risiko von Herz- und Kreislauferkrankungen
Fetthärtung	Ölfrüchte und -saaten werden unter Druck und Wärme ausgepresst.

Ziele erreicht? – „Speiseöle und Speisefette“

KOMPETENZ-ERWERB

1. Sieh dich in deinem Betrieb oder im Lager deiner Schule um, welche Fette und Öle vorhanden sind. Teile diese in pflanzliche und tierische Fette bzw. Öle ein und nenne die Verwendungsmöglichkeiten. Erstelle dazu eine Tabelle.
2. Erkläre, wie kalt gepresste Öle für die Gesundheit zu bewerten sind und wie man sie am besten einsetzt.
3. Gib drei Tipps zur richtigen Lagerung von Ölen und Fetten.
4. Erkläre, wofür Butter in der Küche hauptsächlich eingesetzt wird.

Einen interaktiven Safety-Check findest du in der TRAUNER-DigiBox.

Eier und Eiprodukte

Viele von uns essen Eier gerne gekocht als Frühstücksei, in der Pfanne machen wir daraus Rührei oder Spiegelei. Allerdings essen wir auch oft Eier, ohne dass es uns bewusst ist: Speziell bei industriell verarbeiteten Produkten werden Eigelb und Eiweiß für vielerlei Lebensmittel verarbeitet.

KOMPETENZ-ERWERB

Meine Ziele

Nach Bearbeitung dieses Kapitels kann ich

- den Aufbau eines Hühnereies erklären;
- die Bedeutung von Eiern für die menschliche Ernährung beschreiben;
- aufgrund der Kennzeichnung beim Einkauf qualitativ hochwertige Eier auswählen.

1 Eier und Eiprodukte

> Hühnereier sorgen immer wieder für Schlagzeilen. Kein Wunder also, dass die Verbraucher/innen verunsichert sind und sich fragen: Welche Eier kann man noch bedenkenlos kaufen? Woran lässt sich erkennen, wo das Ei herkommt? Und was hat es mit den aufgedruckten Zahlen auf sich?

Als Eier gelten laut EU-Verordnung ausschließlich Hühnereier. Eier von Gänsen, Puten, Enten, Wachteln etc. müssen als solche gekennzeichnet sein.

Aufbau des Hühnereies

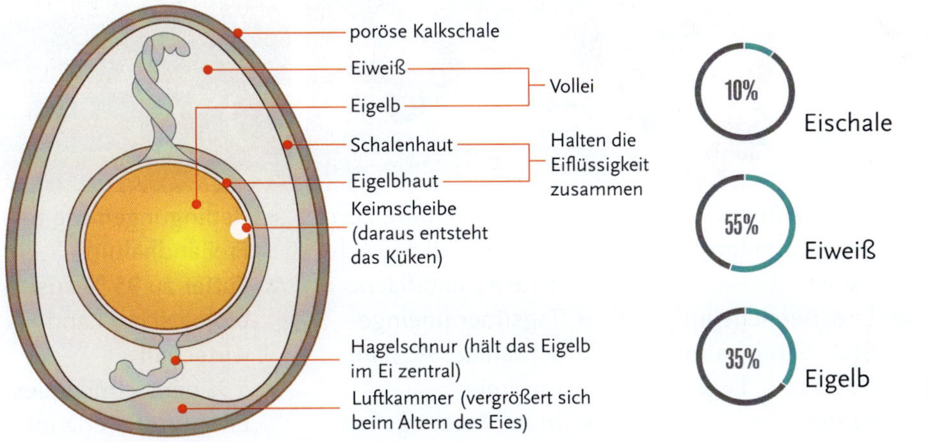

Wusstest du, dass die Farbe der Eierschalen (weiß, braun oder grün) von der Hühnerrasse abhängt?

1.1 Bedeutung für die Ernährung

Was steckt drin in Eiern?

Hauptnährstoffe

Kein anderes Nahrungsmittel hat eine vergleichsweise hohe biologische Wertigkeit wie Eier. Das Eigelb beinhaltet viel Fett.

Vitamine und Mineralstoffe

Das Eigelb enthält viele Vitamine der B-Gruppe, fettlösliche Vitamine, Eisen, Kalzium, Phosphor, Selen und Jod.

Verdaulichkeit

Die Verdaulichkeit hängt von der Zubereitung ab. Ein weich gekochtes Ei ist leicht verdaulich. Hart gekochte Eier sind schwerer verdaulich. Gebratene Eier sind durch den Fettzusatz und die Bildung von Röstprodukten ebenfalls schwer verdaulich.

Warum ist manches Eigelb am Rand blau?
Wird ein Ei zu lange gekocht, setzt eine Eisenverbindung im Eigelb Eisen frei. Im Eiweiß bildet sich Schwefelwasserstoff. Diese beiden Stoffe verschmelzen zu **Eisensulfid** – der Rand färbt sich blau.

Noch gespeichert oder brauchst du eine kleine „Datenauffrischung“?
Auf S. 172 findest du alles zum Nachlesen.

1.2 Einkauf von Eiern

Haltungsformen für Legehennen

In Deutschland werden Legehennen in Boden- und Freilandhaltung, aber auch in sogenannten Kleingruppenkäfigen gehalten. In der EU ist die herkömmliche Käfighaltung (Legebatterie) verboten. Eier, die aus Nicht-EU-Ländern importiert werden, stammen dennoch sehr oft aus Käfighaltung.

Auch wenn die Kleingruppenkäfige im Gegensatz zur Käfighaltung Sitzstangen, Nester und Einstreu enthalten, leben die Hühner immer noch auf sehr engem Raum

Haltungsformen

Bodenhaltung

- Neun Hühner pro m² Stallbodenfläche
- Drei Bereiche im Stall: Scharrraum, Kotkasten, Legenester
- Kein Auslauf ins Freie

Freilandhaltung

- 4 m² pro Huhn, zum größten Teil bewachsene Auslauffläche
- Tagsüber uneingeschränkter Auslauf ins Freie
- In der Nacht gelten die Bedingungen der Bodenhaltung

Biohaltung

- Bedingungen wie bei Freilandhaltung
- Futter zu 95 % aus biologischer Landwirtschaft
- 5 % gentechnikfreies Eiweißfutter erlaubt

Die Farbe ist dunkler, wenn dem Futter Vitamin A zugesetzt wird oder freilaufende Hennen Pflanzen fressen, die reichlich Karotinoide enthalten

Güteklassen von Eiern

Eier gibt es in den Güteklassen A und B. Im Lebensmittelhandel werden lediglich Eier der Güteklasse A verkauft. Die Eier der Klasse B werden in der Nahrungsmittelindustrie verarbeitet.

Gewichtsklassen von Eiern

DAS SOLLTEST DU SPEICHERN

Eier der Güteklasse A werden nach dem Gewicht sortiert. Es gibt die Größen S, M, L und XL.

Das Gewicht von Eiern hängt vom Alter des Huhnes (ältere Hennen legen größere Eier), von der Fütterung und von der Stalltemperatur ab.

Gewichtsklassen

- **S:** klein, unter 53 g
- **M:** mittel, 53 bis unter 63 g
- **L:** groß, 63 bis unter 73 g
- **XL:** sehr groß, 73 g und mehr

Kennzeichnung von Eiern und Eierpackungen

Neben den für alle Lebensmittel gültigen Kennzeichnungsvorschriften findet man auf Eierkartons zusätzlich Informationen über

- die Stückzahl,
- die Güteklasse und die Gewichtsklasse,
- den letzten Verkaufstag („Verkauf bis ...“),
- die Aufbewahrung („Bei Kühlschranktemperatur aufbewahren. Nach Ablauf des Mindesthaltbarkeitsdatums durcherhitzen.“) und
- die Art der Legehennenhaltung.

Eierpackung

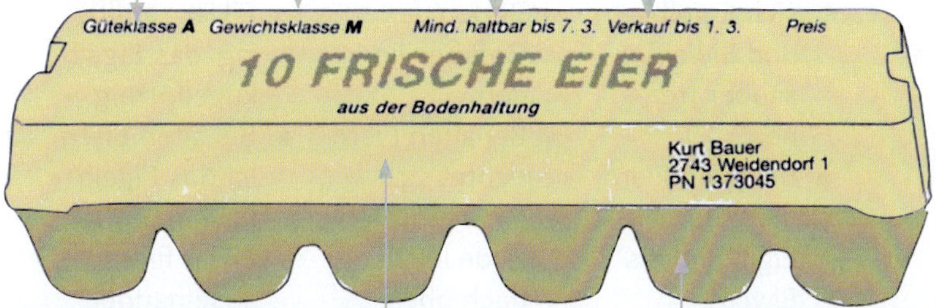

Die Eier selbst sind mit einem **Stempel** versehen, der einen Code für das Haltungssystem und den Erzeugerstaat sowie die Betriebs- und Stallnummer enthält.

Was steht auf dem Ei?

Code des Haltungssystems	Kennnummer des Erzeugerbetriebes
0 = ökologische Erzeugung (Bio) 1 = Freilandhaltung 2 = Bodenhaltung 3 = Kleingruppenhaltung	■ Code des Herkunftslandes, z. B. DE = Deutschland ■ Landwirtschaftliche Betriebsnummer

Haltungssystem 2 = Bodenhaltung

Herkunftsland DE = Deutschland

Landwirtschaftliche Betriebsnummer

Mindesthaltbarkeitsdatum (optionale Angabe)

§ Laut Gesetz ist die Kleingruppenhaltung ab 2025 nicht mehr erlaubt.

„0“ steht für beste Qualität, artgerechte Tierhaltung und garantiert, dass keine gentechnisch veränderten Futtermittel verabreicht wurden

Frischeprüfung von Eiern

Durch längere Lagerung verliert das Ei Wasser und die Luftkammer vergrößert sich. Die Frische von Eiern kann durch folgende Methoden überprüft werden:

Frischeprüfung von Eiern

Schüttelprobe	Geruchsprobe	Trennprobe	Schwimmprobe	Aufschlagprobe	Lichtprobe

Das Ei kräftig schütteln. ■ Bei einem alten Ei hört man ein Geräusch. ■ Bei einem frischen Ei ist nichts zu hören.	Frische Eier haben nach dem Aufschlagen einen angenehmen, frischen Geruch.	■ Bei frischen Eiern lassen sich Eigelb und Eiweiß sauber trennen. ■ Bei alten Eiern fließt das Eigelb in das Eiweiß.	■ Frische Eier bleiben am Boden des Gefäßes liegen. ■ Bei alten Eiern richtet sich das stumpfe Ende leicht nach oben.	■ Bei frischen Eiern ist das Eiklar zähflüssig, das Eigelb kugelförmig. ■ Bei alten Eiern ist das Eigelb flach und das Eiklar fließt auseinander.	■ Das Ei wird gegen eine starke Lichtquelle gehalten. ■ Je höher die Luftkammer ist, desto älter ist das Ei.

Eiprodukte

Für die Gastronomie und die Lebensmittelindustrie werden Eipulver, Trockeneigelb, flüssiges sowie tiefgefrorenes Eigelb und Eiweiß hergestellt. Dadurch vereinfacht sich einerseits der Transport, andererseits wird weniger Platz für die Lagerung benötigt. Zum Schutz vor Salmonellen müssen Eiprodukte pasteurisiert werden.

1.3 Lagerung von Eiern

DAS SOLLTEST DU SPEICHERN

Eier sollen zwischen 5 und 8 °C mit der Luftkammer (stumpfe Seite) nach oben aufbewahrt werden, Eiprodukte bei maximal +4 °C.

Eier sollen nicht neben stark riechenden Nahrungsmitteln gelagert werden, weil durch die poröse Eierschale Gerüche in das Ei eindringen und es geschmacklich beeinflussen. Tiefgekühlt bleiben Eier etwa vier Monate frisch. Sie werden ohne Schale – im Ganzen oder Eiweiß und Eigelb getrennt – eingefroren. Eischnee ist zum Einfrieren ungeeignet.

Frischeuhr

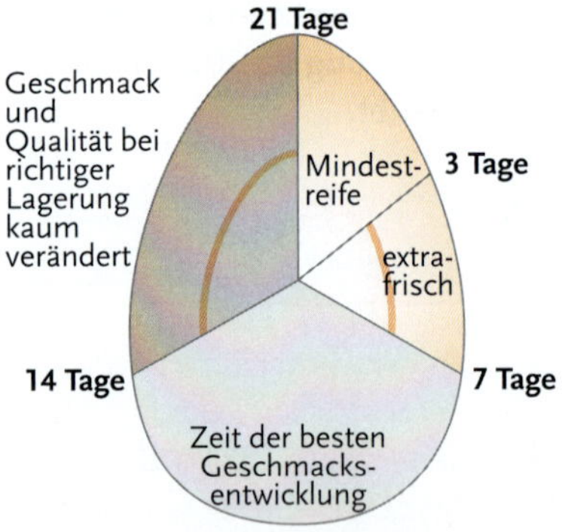

porös = durchlässig, mit feinen Löchern versehen

die Salmonellen = Bakterien, die u. a. durch den Hühnerkot über die Schale ins Ei gelangen

Salmonellen

Die Schale von Eiern kann mit Salmonellen behaftet sein. Um eine Infektion zu verhindern, müssen die Eier sorgfältig geöffnet und verarbeitet werden. Nach dem Arbeiten mit Eiern müssen die Hände, die Arbeitsgeräte und die Arbeitsflächen gereinigt werden. Für Speisen mit rohen Eiern dürfen nur pasteurisierte Eier verwendet werden.

2 Eiergerichte

Ein Ei kann als eigenständiges Gericht verarbeitet werden, hat aber auch viele andere Funktionen. So gibt das Eigelb Speisen eine schöne Farbe und dient zum Binden, Lockern und Emulgieren. Eiweiß kann zum Glasieren, Kleben, Klären und ebenfalls zum Binden und Lockern verwendet werden.

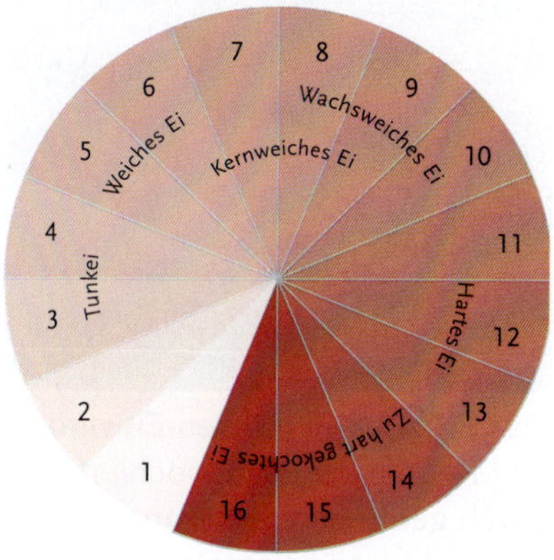

DAS SOLLTEST DU SPEICHERN

- Für Speisen mit rohen Eiern nur pasteurisierte Eier verwenden, damit keine Salmonellen übertragen werden
- Produkte mit Bestandteilen aus rohen Eiern innerhalb von zwei Stunden nach der Herstellung auf 8 °C oder weniger kühlen

Gerade eben hat ein amerikanischer Gast für sich ein Spiegelei „Sunny side up" und für seine Frau „Sunny side down" bestellt. Was ist das denn?

Sunny side up ist ein Spiegelei mit dem Eigelb nach oben. Beim Spiegelei **Sunny side down** werden beide Seiten gebraten und mit dem Eigelb nach unten serviert.

Gerichte/Zubereitungsvarianten mit Eiern

Gekochtes Ei

- Das Ei mit einem Suppenlöffel vorsichtig in kochendes Wasser legen und schwach wallend bis zum gewünschten Garpunkt kochen
- Nach dem Kochen mit kaltem Wasser abschrecken

Setzei und Spiegelei

- Ei in eine Pfanne mit heißer, gesalzener Butter oder Margarine geben, langsam stocken lassen. Kein Salz auf das Eigelb geben, da sonst weiße Flecken entstehen.
- Bei milder Hitze garen, bis das Eigelb weich und das Eiweiß weiß ist
- Ein Setzei wird ohne Deckel gegart (Wärme nur von unten), das Eigelb bleibt weich und glänzend. Ein Spiegelei wird mit Deckel gegart (Wärme von unten und oben), das Eigelb wird leicht gegart und matt.

Pochiertes Ei

Wasser mit Essig ohne Salz auf 90 °C erhitzen, das Ei vorsichtig in ein Schälchen schlagen und in das Wasser gleiten lassen

Das Eiweiß mit einem Kochlöffel über das Eigelb schieben und das Ei 4–5 Minuten ziehen lassen

Mit einem flachen Lochschöpfer aus dem Wasser heben

Gebackenes Ei

- Das Ei leicht anstechen, in kochendem Wasser sechs Minuten garen, abschrecken und vorsichtig schälen
- Das Ei salzen und in Mehl, Ei und Semmelbröseln wenden und in heißem Öl bei 180 °C goldbraun backen

Das **Stunden-Ei (Onsen-Ei)** wird 60 Minuten bei 60 °C pochiert. Dadurch gerinnen Eiweiß und Eigelb nur leicht und es entsteht eine wachsweiche Konsistenz.

Rührei

- Eier mit einem Schuss Milch oder Sahne und Salz vermengen
- In heißer Butter unter ständigem Rühren in der Pfanne oder über Wasserdampf stocken lassen, bis die Masse cremig ist

Omelett

- Eier mit Sahne und Salz gut vermengen
- In einer heißen Pfanne Fett erhitzen; je nach Belieben Zwiebel, Schinken, Speck, Gemüse etc. darin anbraten
- Die Eiermasse eingießen und unter ständigem Rütteln der Pfanne und anfänglich vorsichtigem Rühren die Eier stocken lassen. Die obere Schicht sollte keine Farbe annehmen.
- Das Omelett zu einer Seite einschlagen und auf einen Teller stürzen

WortschatzBox – „Eier und Eiprodukte"

- Ordne die Zahlen links neben den Begriffen den jeweils passenden Erklärungen auf der rechten Seite zu.

1 **Freilandhaltung**	○	Eipulver, Trockeneigelb, pasteurisiertes flüssiges sowie tiefgefrorenes Eigelb und Eiweiß
2 **Salmonellen**	○	S, M, L und XL
3 **Eiprodukte**	○	Bakterien, die z. B. durch Hühnerkot über die Schale ins Ei gelangen
4 **Gewichtsklassen**	○	Neun Hühner pro m^2 Stallbodenfläche
4 **Bodenhaltung**	○	4 m^2 pro Huhn, zum größten Teil bewachsene Auslauffläche, tagsüber uneingeschränkter Auslauf

Ziele erreicht? – „Eier und Eiprodukte"

KOMPETENZ-ERWERB

1. Erkläre den Unterschied zwischen Bodenhaltung und Freilandhaltung.
2. Eier der Güteklasse A werden nach dem Gewicht sortiert. Nenne die Eigrößen, welche im Handel angeboten werden.
3. Notiere, welche Informationen du durch den Eierstempel erhältst.

4. Wie kannst du die Frische von Eiern überprüfen? Beschreibe mindestens drei Methoden.

Einen interaktiven Safety-Check findest du in der TRAUNER-DigiBox.

Gemüse und Kartoffeln

Welche Gemüsesorten isst du besonders gerne?
Wie oft am Tag isst du Gemüse?
Diskutiere darüber mit deiner Klasse.

Gemüse ist ausgesprochen gesund, aber nur, wenn man es richtig behandelt. Damit die Vitamine Lagerung und Zubereitung überleben und die Mineralstoffe im Wasser nicht gänzlich ausgeschwemmt werden, muss man als gute Köchin/guter Koch einfach wissen, wie man mit Gemüse umgeht.

Aber nicht nur Gemüse ist ein wichtiger Lieferant für Vitamine & Co. Auch Kartoffeln bieten „vitamin- und mineralstofftechnisch" so einiges!

Meine Ziele

KOMPETENZ-ERWERB

Nach Bearbeitung dieses Kapitels kann ich

- erklären, welche Inhaltsstoffe Gemüse und Kartoffeln so wertvoll für unsere Ernährung machen;
- begründen, warum man regional und biologisch angebautes Gemüse vorziehen und saisonal einkaufen soll;
- zielgerichtet einkaufen, weil ich die Frischemerkmale von Gemüse und Kartoffeln kenne;
- die passenden Kartoffelsorten für die jeweiligen Gerichte wählen;
- Gemüse und Kartoffeln richtig lagern.

1 Gemüse

Lange Zeit galt bei uns das Essen von Fleisch als Zeichen von Wohlstand. Da aber immer mehr Menschen auf ihre Gesundheit und auf Nachhaltigkeit achten, hat sich das Essverhalten gewandelt. Gemüse wird immer attraktiver – und das nicht nur für Vegetarier/innen und Veganer/innen!

Gemüse und Obst sind gesund. Diesen Satz haben wir sicher schon alle tausendmal gehört. Aber warum eigentlich? Nun, Gemüse und Obst enthalten zahlreiche Vitamine und Mineralstoffe sowie Ballaststoffe und sekundäre Pflanzenstoffe. All diese Stoffe tragen dazu bei, dass unser Körper einwandfrei funktioniert. Außerdem unterstützen sie das Immunsystem und schützen uns vor Krankheiten.

1.1 Bedeutung für die Ernährung

Was steckt drin in Gemüse und Obst?

Vitamine und Mineralstoffe

Die Vitamine C, Betacarotin und Folat sowie die Mineralstoffe Kalium, Magnesium und Eisen sind in Obst, Gemüse und Pilzen reichlich enthalten.

Ballaststoffe

Mit Gemüse und Obst werden etwa 40 % des Ballaststoffbedarfes gedeckt.

Sekundäre Pflanzenstoffe – gut für die Pflanze, genial für den Menschen

Sekundäre Pflanzenstoffe zählen zu den bioaktiven Substanzen. Sie kommen nur in pflanzlichen Lebensmitteln vor.

die bioaktiven Substanzen = Inhaltsstoffe mit besonderer gesundheitlicher Wirksamkeit; dazu zählen auch
- Ballaststoffe,
- Fermentationsprodukte (z. B. Milchsäure in Joghurt und rohem Sauerkraut),
- Carnitin, Taurin, Cholin und vermutlich noch viele andere Substanzen.

Einige geben den Pflanzen ihre Farbe oder ihr Aroma, andere schützen vor Schädlingen und Krankheiten oder regulieren das Wachstum. Aber nicht nur Pflanzen profitieren von den „Superkräften" dieser Stoffe. Sie haben auch eine erstaunliche Wirkung auf unseren Körper: Fruchtsäuren regen Appetit und Kreislauf an und töten nebenbei auch Bakterien. Duft- und Aromastoffe fördern die Ausschüttung der Verdauungssäfte. Und manche Pflanzenstoffe vermindern sogar das Krebsrisiko.

DAS SOLLTEST DU SPEICHERN

Fünfmal am Tag Obst und Gemüse – am besten sind drei Portionen frisches oder leicht gegartes Gemüse und zwei Portionen Obst. Insgesamt sollten es um die 650 g pro Tag sein.

Je bunter, desto besser

Je bunter und geschmacksintensiver Obst- oder Gemüsesorten sind, umso mehr sekundäre Pflanzenstoffe beinhalten sie.

1.2 Einkauf von Gemüse

Es gibt **Freilandgemüse** und **Treibhausgemüse.** Freilandgemüse ist aromatischer und beinhaltet mehr wertvolle Inhaltsstoffe. Viele Gemüsesorten – v. a. Rettich, Kohlrabi, Kohl, Spinat und Kopfsalat – enthalten als Folge der Überdüngung reichlich Nitrate. Treibhausgemüse ist stärker mit Nitrat belastet als Freilandgemüse.

Was sind Nitrate?

Pflanzen benötigen Nitrate zum Wachsen. Sie nehmen sie aus dem Boden auf und bilden daraus Eiweiß. Nitrat an sich ist ungefährlich. Durch Bakterien entstehen im Lebensmittel oder im menschlichen Organismus aber **Nitrite.** Und daraus können wiederum **Nitrosamine** – das sind krebserregende Substanzen – entstehen.

Vergleiche das Aroma und den Geschmack von Freiland- und Gewächshaustomaten. Welche schmecken dir besser? Diskutiert darüber in der Klasse.

Nicht alles, was schön ist, schmeckt auch gut

Bei der Einteilung in **Handels- bzw. Güteklassen** wird Obst und Gemüse **ausschließlich über die Optik (Größe, Form, Farbe, Beschaffenheit)** bewertet. Handelsklassen bzw. Güteklassen sagen aber nichts über Geschmack, Aroma sowie Nähr- und Wirkstoffe aus.

„Bio" schmeckt besser

Bioprodukte schneiden bei Verkostungen häufig deutlich besser ab. Die Gründe sind: keine Überdüngung mit Mineraldüngern, keine Pflanzenschutzmittel und v. a. mehr Zeit zum Wachsen und Reifen.

Gemüse und Obst reisen nicht gerne

Bio-Erdbeeren aus Spanien, Bio-Avocados aus Brasilien – der Transport von Lebensmitteln um die halbe Welt ist sicher nicht nachhaltig, egal, ob bio oder nicht. Oft macht regional und saisonal mehr Sinn: Statt Bio-Feldsalat aus Italien kauft man besser saisonalen Feldsalat aus der Region. Der ist frischer und „wohnt" näher. Lange Transportwege fallen weg. Nebenbei fördert man die Landwirtschaft in der Region.

Heimische Produkte vom saisonalen Markt sind die bessere Alternative

1.3 Lagerung von Gemüse

Fast alle Gemüsesorten verlieren bei Raumtemperatur an Frische und Qualität. Durch kühle Temperaturen und hohe Luftfeuchtigkeit kann dieser Verlust für eine gewisse Zeit aufgehalten werden.

DAS SOLLTEST DU SPEICHERN

- Optimale Lagertemperatur für die meisten Gemüsearten: ca. 2–6 °C
- Frische Bohnen, Auberginen, Gurken, Kürbisse, Paprika, Tomaten, Zwiebeln, Zucchini: trockene Lagerung und höhere Temperaturen

1.4 Gemüsearten

Handelsübliche Einteilung von Gemüse

Blattgemüse	Kohlgemüse	Stängelgemüse	Fruchtgemüse	Wurzelgemüse	Zwiebelgemüse

Oberirdisch wachsende Blätter, einzeln oder in Köpfen	Oberirdisch wachsende Früchte und Blätter	Stiele und Triebe, die meist oberirdisch wachsen	Reife Früchte mit Samen	Fleischige, stärkehaltige Speicherorgane, die in der Erde wachsen	Essbarer, unterirdischer Teil der Pflanze, der sich zu einer Zwiebel ausbildet
Beispiele Verschiedene Blattsalate, Mangold, Spinat	**Beispiele** Blumenkohl, Brokkoli, Kohlrabi, Rosenkohl, Weißkohl, Rotkohl, Wirsing	**Beispiele** Fenchel, Stangensellerie, Spargel, Rharbarber	**Beispiele** Auberginen, Erbsen, grüne Bohnen, Gurken, Kürbisse, Melonen, Paprika, Tomaten, Zucchini	**Beispiele** Karotten, Gelbe Rüben, Petersilienwurzeln, Radieschen, Rettich, Meerrettich, Rote Bete, Sellerie, Schwarzwurzeln	**Beispiele** Zwiebeln, Lauch (Porree), Knoblauch

Blattgemüse

Kopfsalat

- **Einkauf:** Der Kopfsalat ist der beliebteste Salat in unseren Breiten. Neben der klassischen grünen Sorte gibt es auch den roten Kopfsalat.

Eichblattsalat

- **Einkauf:** Die zarten Blätter sind sehr empfindlich.

Eisbergsalat (Eissalat, Krachsalat)

- **Einkauf:** Die Blätter sollen knackig und fest sein.

Endivie

- **Einkauf:** ist v. a. in den Wintermonaten ein idealer Ersatz für den Kopfsalat.
- **Lagerung:** Durch dunkle Lagerung verfärben sich die Blätter gelb und schmecken deshalb weniger bitter.

Chinakohl

- **Einkauf:** Die obersten Blattspitzen dürfen nicht welk sein. Bei überlagerter Ware weist der Strunk dunkle Stellen auf.

Chicorée (Brüsseler Endivie)

- **Einkauf:** Weiße Sprossen sind weniger bitter als grüne. Kaufe feste, geschlossene Köpfe mit einem Durchmesser von 3–4 cm.

Lollo rossa (rot) und Lollo bionda (grün)

- **Einkauf:** zählt zu den Pflücksalaten, die keine Köpfe ausbilden
- **Lagerung:** bleibt länger frisch als die meisten anderen Kopfsalate

Batavia-Salat

- **Einkauf:** Die teils grünen, teils rötlich-braunen Blätter sind an den Rändern gekräuselt.
- **Lagerung:** länger haltbar als der Kopfsalat

Radicchio

- **Einkauf:** Der Strunk sollte schön hell und keinesfalls braun sein.

Romana (Römersalat, Kochsalat)

- **Einkauf:** Es gibt runde und ovale Sorten, die Blätter sind knackig und stark gerippt. Besonders knackig sind die Romana-Herzen.

Rucola

- **Einkauf:** Nur junge Blätter schmecken angenehm, ältere Blätter sind bitter und zäh.

Feldsalat (Rapunzel)

- **Einkauf:** Die Blattgruppen sollen als Büschel (durch die Wurzel) zusammenhalten.
- **Lagerung:** bleibt nur 1–2 Tage frisch

Spinat

- **Einkauf:** Frühlingsspinat ist sehr zart, Sommerspinat schmeckt kräftiger, Winterspinat ist relativ grob und herb. Lange Stiele wiegen mehr als kurze. Kaufe lieber gleich kurzstielige bzw. entstielte Ware – so sparst du Geld!

Pak Choi (Senfkohl)

Ähnelt dem Mangold und hat einen herb-bitteren, nussartigen Geschmack

- **Einkauf:** Frischer Pak Choi hat saftige Blätter und weiße Blattrippen ohne Flecken.

Mangold

- **Lagerung:** Mangold welkt sehr rasch, bleibt max. 2 Tage frisch

DAS SOLLTEST DU SPEICHERN

Richtiger Umgang mit Blattsalaten

- Je fester die Blätter sind, desto länger hält der Salat.
- Die Lagertemperatur soll 1–4 °C betragen. Die Luftfeuchtigkeit soll so hoch wie möglich sein (bis 95 %), damit der Salat nicht welkt.
- Freilandware ist länger lagerfähig als Ware aus dem Treibhaus.
- Salat reagiert sehr empfindlich auf Ethylen, das v. a. im Obst enthalten ist. Die Salatblätter werden dann welk und bekommen braune Flecken. Daher getrennt von Obst lagern!

Kohlgemüse

Weißkohl (Weißkraut)

- **Einkauf:** Außenblätter sollen knackig sein; sehr gut lagerfähig

Rotkohl (Blaukraut, Rotkraut)

- **Einkauf:** Später geerntete Sorten schmecken intensiver.

Wirsingkohl

- **Einkauf:** ist fast das ganze Jahr über erhältlich, außer im Frühling

Blumenkohl

- **Einkauf:** ist in verschiedenen Farben erhältlich; grüner Blumenkohl ist aromatischer als weißer
- **Lagerung:** ist abgedeckt max. 2 Tage ohne Qualitätseinbußen lagerfähig

Rosenkohl (Kohlsprossen)

- **Einkauf:** nur geschlossene Köpfe (beste Qualität: Ø 1,5–3 cm)
- **Lagerung:** bei 0 °C und hoher Luftfeuchtigkeit max. 3 Tage ohne Qualitätsverluste lagerbar. Überlagerte Ware schmeckt leicht muffig.

Kohlrabi

- **Einkauf:** Kleinere Knollen sind weniger holzig als große. Ein Frischezeichen sind knackige Blätter.
- **Lagerung:** Bei zu langer Lagerung wird er leicht holzig.

Romanesco

- **Einkauf:** ist ähnlich dem Blumenkohl; schmeckt aromatisch und dezent
- **Lagerung:** nur kurz lagerfähig

Brokkoli

- **Einkauf:** Kopf geschlossen und ohne gelbe Blütenaustriebe
- **Lagerung:** in Frischhaltefolie verpackt bei 0–4 °C lagern; treibt rasch aus und verfärbt sich grau-gelb

Artischocke

- **Einkauf:** Frische Artischocken haben saftige Blätter; ausgetrocknete Artischocken geben auf Druck nach.
- **Lagerung:** bei ca. 0 °C max. 3 Tage lagerfähig

Stängelgemüse

Fenchel

- **Einkauf:** Knollen ohne braune Stellen, das Grün sollte frisch aussehen
- **Lagerung:** ist bei 2–6 °C 1–2 Wochen lagerfähig, verfärbt sich bei Druck braun und wird weich, deshalb immer nebeneinander legen

Stangensellerie

- **Einkauf:** Achte auf knackig frische Stiele mit frischem Blattgrün ohne Verfärbungen und eingetrocknete Stellen.
- **Lagerung:** gut gekühlt ca. 4–6 Tage lagerfähig

Rhabarber

- **Einkauf:** Rotstieliger Rhabarber ist geschmacklich milder als grünstieliger.
- **Lagerung:** gekühlt in ein feuchtes Tuch lose eingeschlagen, bis zu einer Woche lagerbar

Eine Frage des Alters
Je jünger und vitaler die Spargelpflanze ist, desto dicker sind die Spargelstangen. Spargel erster Qualität stammt also von jungen Pflanzen.

Weißer und grüner Spargel

- **Einkauf:** Die Spargelköpfe sind geschlossen.
  Die Schnittstelle der Spargelstange soll hell und saftig sein.

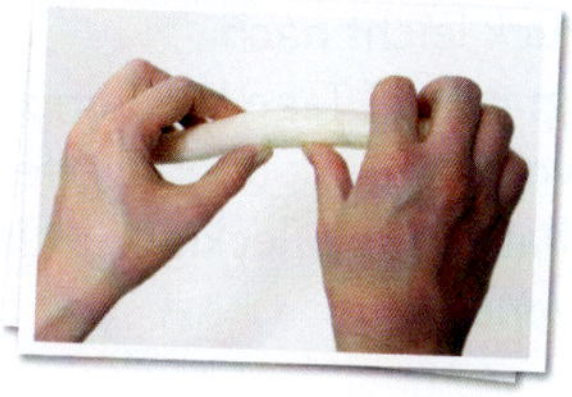

Frischer weißer Spargel bricht bereits bei leichtem Druck ab, überlagerter ist hingegen zäh und biegsam.

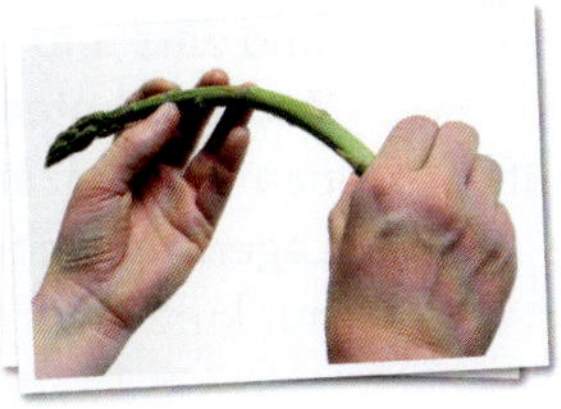

Frischer grüner Spargel ist biegsam und elastisch.

- **Lagerung:** bei 2 °C in ein feuchtes Tuch eingeschlagen, max. 3 Tage haltbar

Fruchtgemüse

Tomaten

- **Einkauf:** Es gib eine enorme Vielfalt an Farben und Formen, z. B. **Fleischtomaten, Rispentomaten, Cocktailtomaten** (Kirschtomaten)
- **Lagerung:** trocken und dunkel eine Woche lagerbar; nicht unter 10 °C lagern, da sie sonst an Aroma verlieren und ein glasiges Aussehen bekommen

Kürbisse (Muskatkürbis, Hokkaidokürbis, Butternusskürbis etc.)

- **Einkauf:** Klopft man auf den Kürbis und klingt er hohl, ist er reif. Auch verholzte Stiele können ein Zeichen für Reife sein.
- **Lagerung:** v. a. spät reifende Winterkürbisse (z. B. Muskatkürbis) können mehrere Monate bei 15–18 °C trocken gelagert werden.

Gurken

- **Einkauf:** fest; Feldgurken sind deutlich kürzer und dicker als Salatgurken.
- **Lagerung:** Gurken nie unter 12 °C lagern und lose aufbewahren (in Folie können sie nicht atmen und fangen an zu schwitzen); überlagerte Ware schmeckt leer und bitter

Zucchini

- **Einkauf:** fest mit makelloser Schale; größere Exemplare haben eine lederne Schale, große Kerne und ein pelziges, wenig aromatisches Fruchtfleisch.
- **Lagerung:** max. 5 Tage kühl, aber nicht unter 10 °C

Paprika

- **Einkauf:** Es gibt Gemüsepaprika, Pfefferoni und Chilis. Grüne Paprika sind unreif geerntete Früchte, rote und gelbe Paprika reifen an der Pflanze aus.
- **Lagerung:** grüne Sorten ohne Qualitätsverlust bis zu 6 Tage, rote und gelbe Sorten bis zu 3 Tage haltbar

Some like it hot!
Verantwortlich für die Schärfe von Chili & Co. ist das **Capsaicin,** das sich v. a. in den Samen und Scheidewänden befindet. Der Capsaicin-Gehalt wird in **Scoville-Einheiten (kurz SHU)** gemessen.

Grüne Bohnen

- **Einkauf:** Bekannte Sorten sind Prinzessbohnen, Brechbohnen, Wachs- oder Butterbohnen (mit gelber Hülse) und Keniabohnen (in der Küche sehr begehrt).
- **Lagerung:** bei 7–8 °C, gut durchlüftet und nicht zu eng max. 2 Tage

Erbsen und Zuckerschoten

- **Einkauf:** Erbsen stammen von Schal- oder Markerbsen, deren Hülse ungenießbar ist. Markerbsen sind zart und saftig.
  Zuckerschoten (Kaiserschoten) können im Ganzen verarbeitet werden.
- **Lagerung:** Schoten lose und trocken nur kurz lagern, vergilben rasch

Aubergine

- **Einkauf:** Frische Auberginen haben eine seidige, matt schimmernde Schale, sind prall und geben auf Fingerdruck leicht nach.
- **Lagerung:** max. 8 Tage bei Temperaturen von 8–10 °C; überlagerte Früchte haben eine fleckige, leicht eingezogene Haut

Wurzelgemüse

Karotten

- **Einkauf:** Der Kopfansatz soll nicht grün sein. Biegt sich die Karotte gummiartig, ist sie überlagert.
- **Lagerung:** gut gekühlt bei hoher Luftfeuchtigkeit

Selleriewurzel

- **Einkauf:** gleichmäßig helles Fleisch, das weder hohl noch holzig ist, saftig grünes Blattwerk ist ein Zeichen für Frische
- **Lagerung:** bei 0 °C für 2 Wochen lagerfähig – am besten in ein feuchtes Tuch einwickeln

Radieschen

- **Einkauf:** knackige Knollen mit glatter Haut ohne Risse.
  Durch einen kleinen Einschnitt erkennt man holzige Ware. Das Laub darf nicht welk oder gelblich sein.
- **Lagerung:** am besten sofort verwenden

Rote Bete (Rote Rüben)

- **Einkauf:** kleinere Rüben vorziehen, da sie nicht holzig sind. Beschädigte Rüben „bluten aus" und faulen rasch.
- **Lagerung:** bei 1–2 °C lange lagerfähig, bei über 2 °C treiben die Rüben aus und beginnen zu schrumpfen

Petersilienwurzeln

- **Einkauf:** Exemplare, die länger als 15 cm sind, können holzig sein.
- **Lagerung:** bei etwa 8–12 °C mehrere Monate lagerfähig

Pastinaken

- **Einkauf:** vgl. Petersilienwurzel
- **Lagerung:** vgl. Petersilienwurzel

Petersilienwurzel und Pastinake – sehen die nicht völlig gleich aus?
Fast – der Unterschied besteht darin, dass sich bei der Pastinake der Blattansatz klar vom Wurzelfleisch abgrenzt.

Meerrettich (Kren)

- **Einkauf:** ohne Vergabelungen
- **Lagerung:** gut gekühlt bei geringer Luftfeuchtigkeit sehr lange haltbar

Wasabi – der Meerrettich aus Japan
Wasabi ist intensiv grün und sehr scharf.

Schwarzwurzeln

- **Einkauf:** möglichst dick und keine Vergabelungen, das Innere sollte weiß und nicht faserig oder gar holzig sein
- **Lagerung:** In Zeitungspapier eingeschlagen und in kühlem Lagerraum aufbewahrt, bleiben die Wurzeln 1–2 Wochen frisch. Überlagerte Ware wird holzig, bitter und trocknet rasch aus.

Topinambur

- **Lagerung:** mit einem feuchten Tuch bedeckt, bei 4 °C 1–2 Wochen haltbar

Topinambur – Kartoffelersatz für Diabetiker/innen
Topinambur enthält keine Stärke, sondern Inulin. Dieses lässt den Blutzuckerspiegel nur unwesentlich steigen.

DAS SOLLTEST DU SPEICHERN

Richtiger Umgang mit Wurzelgemüse

- Das Grün entzieht der Wurzel Feuchtigkeit. Entferne deshalb vor dem Einlagern unbedingt das Blattgrün.
- Die Wurzeln ungewaschen einlagern – so halten sie länger.

Zwiebelgemüse

Zwiebeln

- **Einkauf:** Zwiebeln sollten fest und gänzlich mit trockener Schale umhüllt sein. Kaufe keine Zwiebeln, bei denen die grünen Keime zu sehen sind.
- **Lagerung:** dunkel, trocken und v. a. gut durchlüftet, jedoch keinesfalls im Kühlfach. Zwiebeln, die austreiben, verlieren rasch an Qualität.

Frühlingszwiebeln

Sind junge weiße Gemüsezwiebeln mit grünen Trieben.

Frühlingszwiebeln haben eine milde, feine Würze. Teilweise wird das lauchähnliche Grün mitverarbeitet.

Schalotten

Sind die mildeste und feinste Speisezwiebelart mit besonderem Aroma. Sie kommen ohne grüne Triebe in den Handel.

Knoblauch

- **Einkauf:** Es gibt ihn ganzjährig, frisch ist er aber nur im Frühling erhältlich.
- **Lagerung:** dunkel, trocken und v. a. gut durchlüftet, jedoch keinesfalls im Kühlfach

2 Kartoffeln

Was denkst du? Kreuze an.

	Ja	Nein
Kartoffeln machen dick.		
Kartoffeln sind randvoll mit Nährstoffen.		
Die Triebe von Kartoffeln sind äußerst gesund.		
Kartoffeln zählen nach Mais, Weizen und Reis zum wichtigsten Grundnahrungsmittel der Welt.		

2.1 Bedeutung für die Ernährung

Was steckt drin in Kartoffeln?

Hauptnährstoffe

Kartoffeln sind kalorienarm, denn sie enthalten rund 80 % Wasser. Stärke ist der Energieträger der Kartoffel. Dieses Kohlenhydrat wird aber erst durch Garen verdaulich. Mit 2 % liefert die Kartoffel zwar recht wenig **Eiweiß,** dafür ist dieses aber **besonders hochwertig.** Unser Körper kann das Kartoffeleiweiß relativ leicht in körpereigenes Eiweiß umwandeln. Eine Top-Kombi sind Kartoffeln mit Ei oder Milch.

Unser Körper kann rohe Kartoffelstärke nicht abbauen. Deshalb müssen Kartoffeln immer gegart werden.

Sind Kartoffeln Dickmacher?

Prinzipiell sind Kartoffeln **energie- und fettarm.** 100 g gekochte Kartoffeln liefern nur 330 kJ. Außerdem werden immer stärkeärmere Sorten gezüchtet.

Der Energiegehalt kann aber durch bestimmte Zubereitungsarten, wie Frittieren, stark erhöht werden und ist dann etwa viermal so hoch wie jener von frischen Kartoffeln.

Vitamine und Mineralstoffe

Die Kartoffel punktet mit einer beachtlichen Menge an **Vitamin B und C** – vorausgesetzt, dass sie richtig zubereitet wird (z. B. Dämpfen). Auch Kalium, Magnesium und Phosphor sind reichlich enthalten.

TIPP VOM PROFI

Kartoffeln, wenn möglich, immer mit der Schale kochen! Der Vitamin- und Mineralstoffgehalt ist etwa viermal so hoch wie jener von Kartoffeln, die vor dem Garen geschält wurden.

Kartoffeln werden im Volksmund gerne als Zitrone des Nordens bezeichnet. Was könnte damit gemeint sein? Hast du eine Idee? Diskutiert darüber in der Klasse.

2.2 Einkauf von Kartoffeln

Kartoffelarten

Entscheidend für die Auswahl der richtigen Kartoffeln zum Kochen ist nicht so sehr die Sorte bzw. der Name, sondern der Kochtyp (festkochend oder mehligkochend). Auf den Verpackungen wird immer der Kochtyp angegeben.

Zu den Kartoffelraritäten zählen u. a. die Sorten Blaue Elise, Blue Salad, Rote Emma, Mayan Gold, Mayan Twilight, Rosa Tannenzapfen, Irish Cobbler und die Trüffelkartoffel

Kocheigenschaften von Kartoffeln

Arten	Beschreibung	Verwendung
Festkochend z. B. Bamberger Hörnchen, La Ratte, Sieglinde	■ Stärkearm und eiweißreich ■ Bleiben auch nach dem Garen fest	Für Salate, Pellkartoffeln, gebackene Kartoffeln, Salz-, Brat-, Petersilienkartoffeln, Aufläufe und Gratins
Vorwiegend festkochend z. B. Laura, Marabel	■ Mittelfeste bis leicht mehlige Kartoffeln mit etwas höherem Stärkeanteil ■ Schale springt beim Kochen kaum auf	Typische Beilagenkartoffeln für Gerichte mit Saucen
Mehligkochend z. B. Adretta, Agia, Bintje	■ Spätreife Sorten mit hohem Stärkegehalt ■ Schale springt beim Kochen auf, das Fleisch zerfällt leicht	Ideal zum Binden, für Suppen, Pürees, Kartoffelteig, Massen etc.

Speisefrühkartoffeln sind nicht ausgereift und eignen sich daher nicht für die Teigbereitung.

2.3 Lagerung von Kartoffeln

Frühkartoffeln sollten innerhalb von 14 Tagen verarbeitet werden. Späte Sorten können über Monate gelagert werden. Obwohl sich das Einlagern wegen der optimalen Lagerbedingungen, die die Anbieter haben, kaum lohnt, gibt es einige Regeln zu beachten:

- Nur unbeschädigte, frische Ware einlagern
- **Dunkel und luftig lagern,** am besten auf Lattenrosten, um Staunässe zu vermeiden
- **Ideale Lagertemperatur:** 5–6 °C; bei höheren Temperaturen werden Kartoffeln runzelig und beginnen zu keimen. Bei Temperaturen unter 4 °C werden Kartoffeln süß – ein Teil der Stärke hat sich zu Zucker abgebaut

Die **Süßkartoffel** (Batate) ist mit der Kartoffel nur entfernt verwandt. Je nach Sorte variiert die Schalenfarbe zwischen Weiß, Braun, Orange und Violett. Das Fleisch kann weißlich oder orange sein und schmeckt leicht süßlich, ähnlich wie Butterkürbis.

Drücke bei Kartoffelaugen & Co. kein Auge zu!
Haben Kartoffeln Keime (Triebe), die länger als 3 mm sind, ist der Solaningehalt bereits so hoch, dass empfindliche Menschen mit Durchfall und Erbrechen reagieren. Kartoffelkeime, Augen und grüne Schalenteile müssen daher sorgfältig entfernt werden.

das Solanin = natürlicher Giftstoff, der in bestimmten Pflanzen vorkommt, insbesondere in Kartoffeln, Tomaten und Auberginen

Mit dem Dressing ziehst du dem Salat das „Dress“ über – du kleidest ihn sozusagen ein. Der angerichtete Salat wird mit dem Dressing also nur überzogen, niemals vermischt.

3 Pflanzliche Gerichte

3.1 Salate

Salatarten

Blattsalate	Rohgemüsesalate	Salate aus gekochtem Gemüse
Beispiele: Kopfsalat, Chicorée, Chinakohl, Eichblatt-, Eisbergsalat, Lollo rosso, Feldsalat, Rucola	**Beispiele:** Tomaten, Gurken, Kohl, Sellerie, Paprika	**Beispiele:** Bohnen, Mais, Kartoffeln, Rote Bete, Blumenkohl, Spargel

Salatsaucen

Prinzipiell werden zwei Arten von Salatsaucen unterschieden

Marinade	Dressing
Ist klar und besteht nur aus Essig (evtl. Zitronensaft), Öl, Gewürzen und Kräutern	Ist eine gebundene Marinade, die durch Joghurt, Sahne, Quark, Eigelb, Senf oder Schimmelkäse eine cremige Konsistenz erhält

Marinaden

Essig-Öl-Marinade	Kräutermarinade (Vinaigrette)	Italienische Marinade	Zitronenmarinade
1 Teil Essig, 2 Teile Öl, Salz, frische Kräuter, Ergänzungen nach Wunsch oder 1 Teil Essig, 1 Teil Öl, 1 Teil Wasser oder neutraler Gemüsefond, Salz	Essig-Öl-Marinade, fein gehackte Kräuter (Petersilie, Kerbel, Estragon, Schnittlauch, Basilikum, Dill, Pimpernell, Brunnenkresse und Borretsch)	1 Teil Weinessig oder Balsamico-Essig, 3 Teile Olivenöl, Salz, Knoblauch, Oregano, Basilikum, Petersilie, Zwiebelwürfel oder Paprikawürfel	1 Teil Zitronensaft, 3 Teile Oliven-, Distel- oder Sonnenblumenöl, Salz, Pfeffer, Zitronenzesten, Zitronenmelisse, Wasser nach Bedarf
Blattsalate oder Rohgemüsesalate	Blattsalate, zusammengesetzte Salate	Blattsalate, Rohgemüsesalate, Salate aus gekochtem Gemüse	Blattsalate, Rohgemüsesalate, Salate aus gekochtem Gemüse, Rohkost

Dressings

Joghurtdressing	Französisches Salatdressing	Roquefort-Dressing
Joghurt, Zitronensaft, Salz, Pfeffer, evtl. Dill oder Melisse	1 Teil Weinessig, 3 Teile Öl, Dijonsenf (oder Estragonsenf), Salz, Pfeffer, Knoblauch zum Ausreiben der Salatschüssel	1 Teil passierter Roquefort-Käse, 1 Teil saure Sahne, Weinessig oder Zitronensaft, 2 Teile Olivenöl, Salz, Pfeffer
Blatt- und Rohgemüsesalate, Rohkost	Blattsalate, Rohgemüsesalate	Blattsalate, Rohgemüsesalate

Blattsalate vorbereiten – Schritt für Schritt

1. Blattsalate von den welken Blättern befreien
2. In mundgerechte Stücke teilen, Strunk entfernen und zügig in reichlich Wasser waschen, damit die Blätter nicht zerdrückt werden. Nicht im Wasser liegen lassen!
3. Anschließend trocknen bzw. mit einer Salatschleuder schleudern
4. **Dressing:** Salat zuerst auf dem Teller anrichten, dann mit dem Dressing überziehen, aber keinesfalls durchmischen
5. **Marinaden:** Sie dienen als Würze für den Salat, jedoch nicht als Bad. Deshalb den Salat nur kurz durch die Marinade ziehen, abtropfen lassen und sofort anrichten. Mariniert man Salate zu früh, werden sie welk und unansehnlich.

Etwas anders sieht es beim **Marinieren von gekochtem Gemüse** aus. Dieses wird mit der Marinade übergossen. Dann lässt man es in der Marinade auskühlen, damit die Gewürze gut einziehen können.

Salate

Gurkensalat

Zutaten für 4 Portionen

2 Salatgurken ■ 2 EL Apfelessig ■ 4 EL Pflanzenöl ■ etwas Knoblauch ■ Salz ■ Pfeffer ■ Zucker ■ Dill

Zubereitung

- Gurken in feine Scheiben hobeln und einsalzen; 10 Minuten ziehen lassen und ausdrücken
- Mit Essig, Zucker, gepresstem Knoblauch, Pfeffer und gehacktem Dill vermengen und mit Pflanzenöl beträufeln
- Alles gut durchrühren und abschmecken

Kartoffelsalat

Zutaten für 4 Portionen

500 g festkochende Kartoffeln ■ 200 ml Bouillon ■ 2–3 EL Apfelessig ■ 6 EL Pflanzenöl ■ etwas Senf ■ Salz, Pfeffer ■ Zucker ■ 1 kleine Zwiebel ■ Schnittlauch

Zubereitung

- Kartoffeln mit der Schale kochen
- Warme Kartoffeln schälen und in dünne Scheiben schneiden
- Sofort mit heißer Bouillon und den restlichen Zutaten marinieren
- Mit fein geschnittenem Schnittlauch und der gehackten Zwiebel verfeinern, gut durchrühren und abschmecken

Französischer Salat

Zutaten für 4 Portionen

Je 40 g Karotten, Sellerie, grüne Bohnen, Kartoffeln, gekocht ■ 40 g Gewürzgurken ■ 40 g Äpfel ■ 40 g Erbsen, gekocht ■ 100 ml Mayonnaise ■ 50 ml Joghurt oder Sahne ■ Salz, Pfeffer ■ etwas Senf

Zubereitung

- Karotten, Sellerie, Kartoffeln, grüne Bohnen, Gewürzgurken und Äpfel vorbereiten, würfelig schneiden und gekochte Erbsen zugeben
- Würzen, mit Mayonnaise, Joghurt oder Sahne marinieren und abschmecken

Verwendung
Als Füllung für Roastbeef- oder Schinkenrollen, als Beilage zu marinierten Fischen wie Hering, als Unterlage (Sockel) bei kalten Buffetplatten und als Beilage zu gebackenen Fischgerichten

Cäsarsalat

Zutaten für 4 Portionen

500 g Eisbergsalat oder Römersalat ▪ 2 Eier (3 Minuten gekocht) ▪ 20 g Sardellenfilets ▪ 1 Knoblauchzehe ▪ 50 ml Olivenöl ▪ 40 ml Weißweinessig ▪ Salz, Pfeffer ▪ englischer Senf ▪ 50 g Frühstücksspeck ▪ 100 g Parmesan ▪ 120 g Croûtons ▪ Schnittlauch oder Petersilie

Sardellenfilets werden auch als Anchovis bezeichnet.

Zubereitung

- Weich gekochte Eigelbe in eine Schüssel geben
- Fein gehackte Sardellenfilets und Knoblauch dazugeben, Öl einrühren, Essig dazugeben und würzen
- Salat grobwürfelig teilen, geröstete Speckwürfel, gehobelten oder geriebenen Parmesan und Croûtons mit dem Dressing gut vermischen und mit Kräutern servieren

Anmerkungen

- Cäsarsalat ist ein Klassiker in Kanada und in den USA und wird als Vorspeise gereicht.
- Salat immer erst kurz vor dem Servieren marinieren, damit er knackig und frisch bleibt.

Waldorfsalat

Zutaten für 4 Portionen

250 g Knollensellerie ▪ 150 g säuerliche Äpfel, geschält und entkernt ▪ 40 g enthäutete, gehackte Walnüsse ▪ 100 g Mayonnaise, mit flüssiger Sahne verdünnt ▪ 2 EL saure Sahne ▪ Salz ▪ Zitronensaft

Zubereitung

- Sellerie schälen und in feine Streifen schneiden, salzen, Zitronensaft beigeben und durchkneten
- Äpfel in feine Streifen schneiden, mit Sellerie, Mayonnaise und saurer Sahne verrühren
- Würzen und gehackte Walnüsse beigeben
- Gut durchrühren und nochmals abschmecken

Geflügelsalat

Zutaten für 4 Portionen

300 g gekochte Hühnerbrust ▪ 150 g Ananas ▪ 1 Apfel ▪ 50 g Mandelstifte ▪ 120 g Mayonnaise ▪ 1 TL Currypulver ▪ 1 EL saure Sahne ▪ 1 EL frische Petersilie oder gehackter Koriander ▪ Salz, Pfeffer ▪ Zitronensaft

Zubereitung

- Das gegarte Hühnerfleisch in 1 cm große Würfel schneiden
- Ananas und geschälten Apfel in gleich große Würfel schneiden
- Mandelstifte ohne Fett kurz anrösten
- Mayonnaise mit Curry und saurer Sahne verrühren
- Alle Zutaten vermengen
- Gut durchrühren und abschmecken

3.2 Gemüsegerichte

Gekochtes Gemüse

Das sind Gerichte mit gekochtem Gemüse (Spargel, Artischocken, Brokkoli), z. B. Spargel mit Holländischer Sauce (Sauce hollandaise) oder Spargel auf polnische Art (mit Semmelbröselbutter).

Semmelbröselbutter
Dafür Butter in einer Pfanne schmelzen, Semmelbrösel einrühren und leicht rösten

Gratiniertes Gemüse

Vorgegartes Gemüse mit Béchamel-Sauce oder Mornay-Sauce nappieren, mit geriebenem Käse bestreuen und bei Oberhitze überbacken, z. B. Blumenkohl mit Mornay-Sauce

Gemüse in Backteig

Gewürztes, bei Bedarf vorblanchiertes Gemüse wird durch einen Backteig gezogen und frittiert, z. B. Schwarzwurzeln in Weinbackteig.

Paniertes Gemüse

Gemüse in Mehl, Ei und Semmelbröseln panieren, in Butterschmalz bzw. Öl frittieren und mit passender Sauce servieren, z. B. gebackene Champignons mit Tatarensauce.

Gebackene Champignons mit Tartarensauce (Sauce tartare)

Gefülltes Gemüse

Gemüse, wie z. B. Zucchini, Paprika, Weißkohl, wird nach Belieben mit verschiedenen Ragouts oder Gehacktem von Fisch, Krustentieren, Gemüse, Käse oder Fleisch gefüllt und anschließend geschmort, gedünstet oder gebacken, z. B. gefüllte Paprika mit Tomatensauce.

Kürbisrahmgemüse

Zutaten für 4 Portionen

500 g geschälter und entkernter Kürbis (z. B. Muskatkürbis) ▪ 30 g Butter ▪ 80 g Zwiebel ▪ 1 Knoblauchzehe ▪ 1 TL edelsüßes Paprikapulver ▪ 20 ml Apfelessig ▪ 300–400 ml Bouillon oder Gemüsefond ▪ 8 g Mehl ▪ 80 g Crème fraîche ▪ 1 Prise Zucker ▪ ganzer Kümmel, Lorbeerblatt ▪ Salz, Pfeffer

Paprizieren = Paprikapulver wird kurz mitangebraten

Zubereitung

- Geschältes Kürbisfleisch in Streifen schneiden oder grob raspeln
- In eine Schüssel geben, einsalzen und etwa 15 Minuten stehen lassen, danach gut ausdrücken
- Klein geschnittene Zwiebel und Knoblauch in Butter anschwitzen, paprizieren, mit Essig ablöschen, den Kürbis einrühren und mit Bouillon oder Fond aufgießen. Kümmel und Lorbeerblatt in ein Gewürzsieb oder in einen Gewürzbeutel geben (so können sie nachher leicht entfernt werden) und etwa 10 Minuten dünsten
- Crème fraîche mit wenig Bouillon und Mehl verrühren und zur Bindung unter das Kürbisgemüse mengen

Erbsenpüree

Zutaten für 4 Portionen

300 g Erbsen ▪ 40 g Butter ▪ Salz, Pfeffer ▪ Muskat

Zubereitung

- Erbsen in Salzwasser blanchieren und dann kalt abschrecken (so behalten sie ihre grüne Farbe)
- Dann die vorgegarten Erbsen in der Mikrowelle erhitzen und mit Butter am besten im Standmixer oder im kleinen Cutter mixen
- Mit Salz und Muskat abschmecken und durch ein feines Sieb streichen

Cremespinat

Zutaten für 4 Portionen

500 g geputzter Blattspinat ■ 20 g Butter ■ 20 g fein geschnittene Schalotten ■ 10 g Mehl ■ 125 ml Bouillon ■ 50 ml Milch ■ 1 Knoblauchzehe ■ Salz, Muskat, weißer Pfeffer ■ 40 ml Sahne

Zubereitung

- Blattspinat gründlich waschen und in Salzwasser blanchieren, anschließend mit einem Stabmixer pürieren
- Schalotten in Butter farblos anschwitzen, klein geschnittenen Knoblauch und Mehl einrühren, mit Bouillon und Milch aufgießen und unter ständigem Rühren aufkochen
- Pürierten Spinat unterrühren, würzen und mit der Sahne nochmals erhitzen

Ratatouille

Zutaten für 4 Portionen

100 g Auberginen ■ 100 g Zucchini ■ 150 g gelbe und rote Paprikaschoten ■ 150 g geschälte und entkernte Tomaten ■ 40 ml Olivenöl ■ 80 g Zwiebel ■ Salz, Pfeffer ■ 2 Knoblauchzehen ■ je 1 Thymian- und Rosmarinzweig ■ ca. 150 ml Tomatensaft

Zubereitung

- Die verschiedenen Gemüsearten sortenrein in gleichmäßig große Würfel schneiden
- Etwas Olivenöl in einer Kasserolle erhitzen, Zwiebel darin anrösten, Paprika kurz mitrösten, Knoblauch beigeben, mit Tomatensaft untergießen, etwa 5 Minuten dünsten und vom Herd nehmen
- In einer weiteren Pfanne das restliche Olivenöl erhitzen, Auberginen und Zucchini scharf anbraten und zum Gemüseansatz geben, würzen, Kräuter beigeben und weitere 5 Minuten dünsten
- Kurz vor der Fertigstellung die Tomatenwürfel untermischen

Weinkraut mit Speck

Zutaten für 4 Portionen

400 g Weißkraut ■ 25 ml Pflanzenöl ■ 60 g Zwiebel ■ 60 g Frühstücksspeck ■ 15 g Zucker ■ 150 ml Weißwein ■ ca. 200 ml Bouillon ■ 2 Knoblauchzehen ■ Kümmel ■ 1 Spritzer Weinessig ■ Salz, Pfeffer

Zubereitung

- Weißkraut in nicht zu feine Streifen schneiden
- Fein geschnittene Zwiebel und in Würfel geschnittenen Speck mit Pflanzenöl anrösten, Zucker beigeben und leicht karamellisieren
- Kraut beigeben, mit Weißwein ablöschen, würzen und zugedeckt bissfest weich dünsten
- Bei Bedarf mit Bouillon untergießen und evtl. mit etwas Stärkemehl binden

Apfelrotkohl mit Ingwer

Zutaten für 4 Portionen

400 g Rotkohl ▪ 2 säuerliche Äpfel ▪ 20 g Preiselbeerkompott ▪ 1 kleines Stück frischer Ingwer ▪ 70 ml Rotwein ▪ 70 ml Apfelsaft ▪ 1 EL Apfelessig ▪ 30 g Butter ▪ 60 g Zwiebel ▪ 10 g Zucker ▪ Lorbeerblatt ▪ Zimt, Nelkenpulver ▪ Salz, Pfeffer ▪ Bouillon oder Gemüsefond nach Bedarf

Zubereitung

- Rotkohl in feine Streifen schneiden
- Kohl mit Gewürzen, Rotwein, Apfelsaft, Essig, klein geschnittenem Ingwer, Preiselbeeren und geschälten und geriebenen Äpfeln marinieren und etwa 6–8 Stunden zugedeckt ziehen lassen
- Die in Streifen geschnittene Zwiebel in heißer Butter anschwitzen, Zucker beigeben und hellbraun karamellisieren. Kohl samt Marinade dazugeben und bissfest weich dünsten, bei Bedarf mit etwas Fond untergießen
- Eventuell mit etwas Stärkemehl oder mit einer geriebenen mehligen Kartoffel binden

Brokkoli-Flan

Zutaten für 4 Portionen

400 g Brokkoliröschen ▪ 3 Eier ▪ 20 g flüssige Butter ▪ Salz, Pfeffer ▪ Muskat ▪ 40 g Semmelmehl (Paniermehl) ▪ Butter zum Ausstreichen

Zubereitung

- Brokkoliröschen in Salzwasser weich kochen und kalt abschrecken. Mit einem Mixstab Brokkoli, Eier und flüssige Butter fein pürieren, würzen und das Semmelmehl daruntermengen
- Dariole-Formen großzügig mit Butter ausstreichen, die Masse einfüllen und im auf 180 °C vorgeheizten Rohr im Wasserbad etwa 30 Minuten garen

Dariole-Formen

Gemüseauflauf

Zutaten für 4 Portionen

120 g Gemüse (Karotten, Zucchini, roter Paprika, Erbsen) ▪ 40 g Butter ▪ 40 g Mehl ▪ 200 ml Milch oder Gemüsefond ▪ Petersilie ▪ Pfeffer ▪ Salz, Pfeffer ▪ geriebene Muskatnuss ▪ 2 Eier ▪ Butter und Semmelmehl für die Form

Zubereitung

- Soufflé-Formen mit Butter ausstreichen und mit Semmelmehl bestreuen
- Das Gemüse in feine Streifen schneiden und die Erbsen blanchieren
- Butter schmelzen, Mehl beigeben und anschwitzen; mit Milch aufgießen und ca. 5 Minuten köcheln lassen, dann überkühlen
- Eigelb einrühren, mit Salz, Pfeffer, Muskat und gehackter Petersilie würzen, dann das Gemüse einrühren
- Eiweiß mit Salz zu Schnee schlagen und unter die Masse heben
- Die Masse in Formen füllen und im Wasserbad bei 190 °C ca. 20 Minuten backen

Das Rezept eignet sich auch als Füllung für Gemüsestrudel oder mit Kräuterdip als warme Vorspeise.

Gemüse-Quiche mit Schnittlauchsauce

Zutaten für 4 Portionen

Teig
80 g Vollkornmehl ■ 80 g glattes Mehl ■ 100 g Butter ■ 1 Ei ■ 30 ml Wasser ■ Salz

Füllung
300 g Zucchini ■ 300 g Tomaten ■ 80 g Frühlingszwiebeln ■ 150 g Champignons ■ 40 g Butter ■ Salz, Pfeffer ■ 1 Knoblauchzehe ■ 1 EL geschnittene Kräuter (Thymian und Salbei)

Überguss
100 ml Sahne ■ 100 g Crème fraîche ■ 3 Eier ■ Salz, Muskat ■ 60 g geriebener Parmesan

Sauce
80 g Crème fraîche ■ 80 g saure Sahne ■ Salz, Pfeffer ■ je 1 EL Petersilie und Schnittlauch ■ 1 Knoblauchzehe

Zubereitung
- Alle Zutaten rasch zu einem glatten **Teig** kneten, in Folie wickeln und 1 Stunde kühl rasten lassen
- Teig 3 mm dick ausrollen, eine befettete Tarte-Form damit auslegen und bei 180 °C 12 Minuten blind backen
- Für die **Füllung** Tomaten blanchieren, enthäuten und entkernen. Zucchini, Frühlingszwiebeln und die geputzten Champignons 3 mm dick schneiden
- Das Gemüse in der Butter 2–3 Minuten anschwitzen, würzen, die Kräuter untermischen und auskühlen lassen
- Füllung auf dem vorgebackenen Teig verteilen, Parmesan darüberstreuen und den verquirlten Guss darübergießen
- Die Quiche bei 180 °C ca. 40 Minuten backen
- Für die **Sauce** Crème fraîche, saure Sahne, Salz, Pfeffer, den klein geschnittenen Knoblauch und die Kräuter cremig verrühren und zur ofenwarmen Quiche servieren

Blind backen: Damit der Teig knusprig wird und die Form behält, wird er mit zugeschnittenem Backpapier ausgelegt, mit trockenen Hülsenfrüchten beschwert und gebacken.

3.3 Kartoffelgerichte

Kartoffeln werden gerne als Sättigungsbeilage eingesetzt. Einige Kartoffelzubereitungen werden aber auch als eigenständige Gerichte angeboten. Es gibt unterschiedliche Zubereitungsarten von Kartoffeln. Sie können gekocht oder gedämpft, in der Pfanne gebraten, frittiert, im Rohr gebacken oder als Kartoffelmasse oder Kartoffelteig verarbeitet werden.

Pro Person 200–240 g Rohgewicht

Gekochte oder gedämpfte Kartoffeln

Salzkartoffeln
- Geschälte Kartoffeln der Länge nach halbieren bzw. vierteln
- Bissfest dämpfen oder in Salzwasser mit Kümmel kochen

Butterkartoffeln
Wie Salzkartoffeln garen und vor dem Servieren in Butter schwenken

Petersilienkartoffeln
Wie Salzkartoffeln garen und vor dem Servieren in Butter mit Petersilie schwenken

Kartoffelpüree

Zutaten für 4 Portionen

500 g mehlige Kartoffeln ■ 80–100 ml Milch ■ 60 g Butter ■ 40 ml Sahne ■ Salz, Muskatnuss

Zubereitung
- Mehlige Kartoffeln schälen, in große Würfel schneiden und in Salzwasser bissfest kochen oder dämpfen
- Heiß und trocken in die erhitzte Milch pressen, würzen und mit weicher Butter und Sahne kurz durchmischen

Das Püree kannst du je nach Geschmack z. B. mit gerösteten Speckwürfeln, Bärlauch, Rucola oder Trüffelöl verfeinern.

In der Pfanne gebratene Kartoffeln

Bratkartoffeln

- Festkochende Kartoffeln schälen, der Länge nach vierteln oder kleine Kartoffeln im Ganzen kochen oder dämpfen, abseihen, in Öl goldbraun sautieren und salzen
- Überschüssiges Öl abgießen und die Bratkartoffeln in etwas Butter und Petersilie schwenken.

Bratkartoffeln

Zwiebelkartoffeln

- In der Schale kernig gekochte Kartoffeln schälen, in 0,5 cm dicke Scheiben schneiden und in Pflanzenöl auf beiden Seiten hellbraun sautieren (schwingend rösten)
- Restliches Öl abgießen, mit Röstzwiebelstreifen und etwas Butter vermengen und mit geschnittener Petersilie servieren

Röstkartoffeln

- In der Schale gekochte oder gedämpfte Kartoffeln schälen, blättrig schneiden und in Pflanzenöl unter oftmaligem Wenden knusprig rösten; dann mit Salz und Pfeffer würzen
- Röstkartoffeln mit fein geschnittenen Zwiebeln fertig rösten und mit Butterflocken und geschnittener Petersilie vollenden

Röstkartoffeln

Würfelkartoffeln

- Rohe Kartoffeln in 1 cm große Würfel schneiden, kurz blanchieren, in Öl anbraten und im Ofen goldgelb unter mehrmaligem Wenden fertig braten

Pariser Kartoffeln

- Aus rohen Kartoffeln mit einem Parisienne-Ausstecher Kugeln ausstechen und auf den Punkt kochen
- Die Kugeln in Öl sautieren und in Butter und gehackter Petersilie schwenken

Kartoffelpuffer

- 500 g rohe geschälte Kartoffeln nicht zu fein reiben und gut ausdrücken
- Die Masse mit 1 Ei, etwa 20 g Mehl, Salz und Muskat vermengen
- Kleine Plätzchen formen und in einer Pfanne mit Pflanzenöl knusprig braten

Kartoffelpuffer

Macaire-Kartoffeln

Zutaten für 4 Portionen

800 g mehlige Kartoffeln ▪ 2 Eigelbe ▪ 20 g Butter ▪ 80 g durchwachsener Speck ▪ 1 Schalotte ▪ 3 Stiele Petersilie ▪ 1 TL Butter ▪ Salz, Pfeffer, Muskatnuss ▪ 3 El Butterschmalz

Zubereitung

- Kartoffeln schälen und grob in Stücke schneiden
- In kochendem Salzwasser 15–20 Minuten garen, abgießen, auf einem Backblech verteilen und im vorgeheizten Backofen bei 120 °C (Gas 1, Umluft 100 °C) 10 Minuten ausdämpfen lassen
- Kartoffeln noch heiß durch die Kartoffelpresse in eine Schüssel drücken und die Eigelbe zügig unterrühren.
- Butter, 1 Prise Salz und Muskat zugeben und gut verrühren
- Speck und Schalotte in feine Würfel schneiden
- Von der Petersilie die Blätter abzupfen und fein hacken
- Speckwürfel in einer Pfanne bei mittlerer Hitze knusprig ausbraten, Butter und Schalotten dazugeben, Schalotten unter Rühren weich garen, Petersilie in die Pfanne geben und mit Salz und Pfeffer würzen, Speckmischung zur Kartoffelmasse geben und sorgfältig verrühren
- Kartoffelmasse auf der leicht bemehlten Arbeitsfläche zu einer ca. 24–25 cm langen Rolle formen, Rolle in 12 Scheiben schneiden, Scheiben mit den Händen zu gleichmäßigen Talern formen
- Butterschmalz in einer großen Pfanne erhitzen, Kartoffeltaler portionsweise darin goldbraun braten

Rösti

Zutaten für 4 Portionen

500 g festkochende Kartoffeln ▪ 80 g Zwiebel ▪ Salz, Pfeffer ▪ etwas Kümmel ▪ 40 g Butterschmalz oder Öl

Zubereitung

- Kartoffeln in der Schale kernig kochen (dämpfen), auskühlen lassen, schälen und mit einem Röstihobel raspeln
- Kartoffeln mit geschnittenen, leicht angerösteten Zwiebeln und Gewürzen vermengen
- Butterschmalz in einer beschichteten Pfanne erhitzen, die Kartoffeln flach eindrücken, gut bräunen, im Ganzen wenden und beiderseitig knusprig braten

Frittierte Kartoffeln

Pommes frites

- Kartoffeln in 8 mm dicke und 6–8 cm lange Stäbe schneiden
- In 140 °C heißem Fett blanchieren (vorbacken)
- Vor der Verwendung bei 170 °C knusprig frittieren und salzen

Kartoffelstäbe

- Kartoffeln in 1,5 cm dicke und 6 cm lange Stäbe schneiden und wie Pommes frites zubereiten

Strohkartoffeln

- In Julienne (feine Streifen) geschnittene Kartoffeln mit Küchenkrepppapier trocken tupfen und frittieren

Kartoffelchips

- Mittelgroße Kartoffeln blättrig hobeln oder in 1 mm dünne Scheiben schneiden und frittieren; dabei mit dem Schaumlöffel ständig umrühren

Im Rohr gebackene Kartoffeln

Folienkartoffeln, Ofenkartoffeln

- Mittelgroße Kartoffeln gut waschen und mit der Schale in Alufolie wickeln; bei 220 °C im Backofen backen (Gardauer je nach Größe ca. 45–60 Minuten)
- Der Länge nach aufschneiden, aufdrücken und mit saurer Sahne und frischem Schnittlauch servieren

Werden für Ofenkartoffeln große Kartoffeln verwendet, kann man sie als Hauptspeise servieren, die mit verschiedenen Dips ergänzt wird.

Ofenkartoffeln

Bäckerinkartoffeln

- In dünne Scheiben geschnittene Kartoffeln kurz blanchieren
- Mit gerösteten Zwiebelstreifen, Salz und Pfeffer vermischen, in einer flachen Pfanne und mit zerlassener Butter beträufelt im Rohr backen

Annakartoffeln

- Dünne rohe Kartoffelscheiben salzen und pfeffern
- In mit Butter bestrichene Form schichten und mit zerlassener Butter beträufelt im Backofen backen

Annakartoffeln

Kartoffelgratin

Zutaten für 4 Portionen

500 g mehlige Kartoffeln (roh und geschält) ▪ 125 ml Milch ▪ 125 ml Sahne ▪ 1 Knoblauchzehe ▪ Salz, Pfeffer ▪ Muskatnuss ▪ 40 g geriebener Hartkäse ▪ 20 g Butter

Zubereitung

- Geschälte Kartoffeln in 2 mm dicke Scheiben schneiden
- Milch und Sahne mit Salz, Pfeffer, Muskat und Knoblauch erhitzen und Kartoffeln darin kernig weich dünsten (unbedingt öfter umrühren)
- Kartoffelmasse in eine mit Butter bestrichene Gratinierform etwa 2 cm hoch füllen, mit geriebenem Hartkäse und Butterflocken bestreuen und bei 220 °C im Backofen goldbraun backen

Kartoffelmassen und Kartoffelteige

Kartoffelmasse (Duchesse-Masse)

Zutaten für 4 Portionen

600 g mehlige Kartoffeln ▪ 2 Eigelbe ▪ 20 g Butter ▪ Salz, Muskatnuss

Zubereitung

- Kartoffeln schälen, vierteln und dämpfen (oder kochen), auf ein Blech geben und im Backofen bei trockener Hitze (140 °C) ausdampfen lassen
- Kartoffeln heiß passieren oder pressen
- Die noch warmen Kartoffeln würzen, Eigelbe und weiche Butter rasch in die Masse einrühren und formen (dressieren)

Herzoginkartoffeln (Duchesse-Kartoffeln)

- Kartoffelmasse in einen Dressiersack mit gezackter Tülle füllen
- Rosetten auf ein befettetes Blech dressieren, mit Eigelb bestreichen und im Backofen backen

Herzoginkartoffeln

Kartoffelkroketten

- Kartoffelmasse mit Dressiersack ohne Tülle länglich dressieren
- 5 cm lange Rollen schneiden, panieren und frittieren

Birnenkartoffeln (Williamskartoffeln)

- Kartoffelmasse zu kleinen Birnen formen, panieren
- Mit Nelke und Mandelsplitter zu einer Birne ausfertigen und frittieren

Birnenkartoffeln

Mandelkartoffelbällchen

- Kartoffelmasse zu kleinen Kugeln formen
- Mit Mehl, Ei und mit gehobelten Mandeln vermischtem Paniermehl panieren und frittieren

Kartoffelteig

Zutaten für 4–5 Portionen

400 g ungeschälte mehlige Kartoffeln ■ ca. 120 g griffiges Mehl ■ 30 g Butter ■ 2 Eigelbe ■ Salz (Muskat)

Zubereitung

- Kartoffeln mit der Schale kochen oder dämpfen (evtl. im Backrohr bei 140 °C kurz ausdämpfen bzw. übertrocknen), schälen, pressen und abkühlen lassen
- Mehl und Salz nur locker untermischen, Eigelbe kurz einarbeiten, die zerlassene Butter gleichmäßig darauf verteilen und zu einem Teig verarbeiten

Diesen Grundteig kannst du pikant oder süß verwenden.

Anmerkungen

- Ist der Teig **zu weich,** kannst du etwas **Grieß** einarbeiten, ist der Teig **zu fest,** etwas **zerlassene Butter** zur Bindung geben.
- Bei zu langer kühler Lagerung zieht der Teig Feuchtigkeit an und verliert seine Festigkeit.
- Bei manchen Kartoffelteigrezepten wird statt Mehl Kartoffelstärke verwendet.
- Zu langes Kneten und eine lange Ruhezeit machen den Teig zäh.
- Es kann etwa 1/3 der Kartoffeln durch Quark mit 20 % F. i. T. ersetzt werden.

Schupfnudeln (Kartoffelnudeln)

- Kartoffelteig zu dünnen Rollen formen und in kleine Stücke schneiden
- Mit bemehlten Handflächen Schupfnudeln formen, in Salzwasser kurz kochen, herausheben und in kaltem Wasser abschrecken und abtrocknen
- In einer Pfanne mit Butterschmalz bräunen

Kartoffelteig mit Schupfnudeln und Gnocchi

Kartoffelroulade

- Kartoffelteig auf einer Frischhaltefolie ca. 10 mm dick rechteckig ausrollen und z. B. mit geröstetem Speck oder Blattspinat gleichmäßig belegen.
- Mit der Frischhaltefolie straff einrollen, abbinden und ca. 25 Minuten dämpfen oder in leicht siedendem Wasser garen
- Ausrollen, in dickere Scheiben schneiden und in Butter leicht anbraten

Kartoffelroulade mit Pilzfüllung

Kartoffelklöße

- Aus dem Kartoffelteig kleine Klöße à 50–60 g formen, in Salzwasser 8–10 Minuten nicht wallend kochen
- Klöße evtl. in Butter oder Griebenschmalz schwenken

Kartoffel-Gnocchi

Zutaten für 4 Portionen

450 g mehlige Kartoffeln ■ 150 g griffiges Mehl ■ 25 g geriebener Parmesan ■ 3 Eigelbe ■ Salz, Muskat

Zubereitung

- Mehlige Kartoffeln mit der Schale dämpfen (oder kochen), schälen (evtl. im Backofen bei etwa 140 °C ausdampfen lassen), dann pressen und abkühlen lassen
- Mehl, Salz, Muskat und geriebenen Parmesan locker untermischen, Eigelbe rasch einarbeiten und den Teig etwa 20 Minuten kühl ruhen lassen
- Kartoffelteig zu 1–2 cm dicken Rollen formen, gleichmäßige Nocken abstechen, nussgroße Kugeln formen und über eine Gabel oder über ein spezielles Gnocchi-Brett abrollen
- In Salzwasser 3–4 Minuten leicht wallend kochen, herausheben, mit kaltem Wasser abschrecken und abtrocknen
- In einer Pfanne in Butter oder brauner Butter schwenken

WortschatzBox – „Gemüse und Kartoffeln"

- Welche Erklärung passt? Verbinde die Kästchen mit einem Pfeil.

Handels- bzw. Güteklassen	Einige geben den Pflanzen ihre Farbe oder ihr Aroma, andere schützen vor Schädlingen und Krankheiten.
Bioaktive Substanzen	Giftstoff, der in bestimmten Pflanzen vorkommt, insbesondere in Kartoffeln, Tomaten und Auberginen
Nitrosamine	Obst und Gemüse werden über die Optik (Größe, Form, Farbe, Beschaffenheit) bewertet.
Marinade	Krebserregende Substanzen
Solanin	Gebundene Marinade, die durch Joghurt, Sahne, Quark, Eigelb, Senf oder Schimmelkäse eine cremige Konsistenz erhält
Sekundäre Pflanzenstoffe	Inhaltsstoffe mit besonderer gesundheitlicher Wirksamkeit
Dressing	Besteht nur aus Essig (evtl. Zitronensaft), Öl, Gewürzen und Kräutern und ist klar

Ziele erreicht? – „Gemüse und Kartoffeln"

KOMPETENZ-ERWERB

1. Nenne jene Stoffe im Gemüse, die dazu beitragen, dass unser Körper einwandfrei funktioniert.
2. Durch kühle Temperaturen und hohe Luftfeuchtigkeit bleibt Gemüse länger frisch. Nenne die optimale Lagertemperatur für Gemüse.
3. Zähle drei Gemüsesorten auf, die einen trockenen Raum und Temperaturen von 10–12 °C bevorzugen.
4. Salat wird welk und bekommt braune Flecken, wenn er direkt neben Obst gelagert wird. Gib eine Begründung, warum das geschieht.

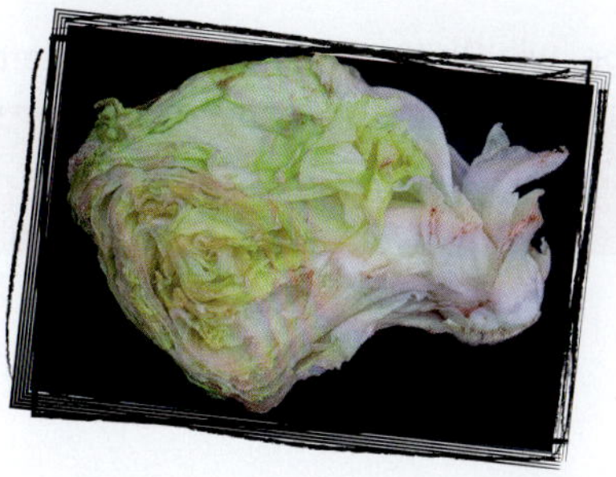

5. Grüner und weißer Spargel werden geliefert und du hilfst bei der Qualitätskontrolle. Gib an, welche Kriterien du bei der Warenübernahme beachtest.

Grüner Spargel	Weißer Spargel

6. Du sollst am Markt Rosenkohl, Auberginen, Karotten und Brokkoli kaufen. Woran erkennst du eine gute Qualität?

Rosenkohl	Auberginen	Karotten	Brokkoli

7. Kreuze an, ob die Aussagen richtig oder falsch sind. Stelle falsche Aussagen richtig.

Aussage	Richtig	Falsch
Je gröber die Blattstruktur bzw. je fester die Blätter sind, desto länger ist der Salat haltbar.		
Blumenkohl ist abgedeckt bei 2–6 °C ohne Qualitätseinbußen für max. zwei Tage lagerbar.		
Tomaten unbedingt unter 10 °C lagern, da sie sonst an Geschmack verlieren und ein glasiges Aussehen bekommen.		
Frische Auberginen haben eine seidige, matt schimmernde Schale und geben auf Fingerdruck leicht nach.		
Petersilienwurzeln über 15 cm Länge sind oft holzig.		
Zwiebeln, bei denen sich grüne Keime zeigen, sind die besten.		
Je dicker die Lauchstange ist, desto frischer ist sie.		

8. Ein Kollege wundert sich, dass die Salatgurken im Gemüsekühlhaus immer rasch verderben. Gib eine Erklärung dafür.

9. In einem Restaurant wird Forelle mit Petersilienkartoffeln angeboten. Ein Gast möchte eine andere Beilage:

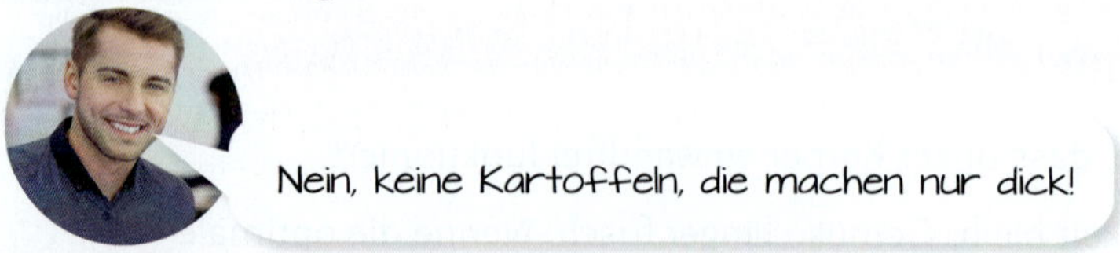

Stimmt das? Wie könnte man ihm antworten?

10. Beschreibe, wie Blattsalate richtig vorbereitet und mariniert werden.

Einen interaktiven Safety-Check findest du in der TRAUNER-DigiBox.

LF 4: Das Restaurant vorbereiten und pflegen

Du findest

Einrichtung und Ausstattung

Im E-Book, das du in der TRAUNER-DigiBox findest, kannst du die fremdsprachigen Begriffe durch Anklicken des Wortes anhören.

Die Art und der Stil des Mobiliars, der Tische und Stühle hängt immer von der Betriebsart ab. Die Tisch- und Tafelwäsche sowie die Dekoration sollen mit der Ausstattung des Betriebes harmonieren, ebenso wie Geschirr, Besteck, Gläser und Serviergegenstände.

Alle Gegenstände müssen in ausreichender Anzahl vorhanden sein. Beim Kauf ist darauf zu achten, dass sie jederzeit ergänzt werden können. Dafür sind in großen Betrieben eigene Abteilungen (Purchasing Department, Stewarding Department) verantwortlich.

KOMPETENZ-ERWERB

Meine Ziele

Nach Bearbeitung dieses Kapitels kann ich

- die Tische und Stühle entsprechend der Betriebssituation fachgerecht aufstellen und ausrichten;
- die Eigenschaften und den Verwendungszweck der Tisch- und Tafelwäsche in einem gastgewerblichen Betrieb erörtern;
- Tisch- und Tafelwäsche im Betrieb sachgemäß einsetzen;
- Geschirr sowie Besteckteile, Gläser und Serviergegenstände richtig benennen;
- Geschirr sowie Besteckteile, Gläser und Serviergegenstände ihrem Verwendungszweck entsprechend einsetzen, fachgerecht reinigen und aufbewahren.

1 Tische und Stühle

Die gesamte Einrichtung mit Tischen, Stühlen und Bänken muss ein harmonisches Bild ergeben – das gelingt, indem die Tischreihen und Stühle exakt ausgerichtet sind, also gleiche Abstände und gerade Linien aufweisen.

Was ist beim Ausrichten/Anordnen der Tische und Stühle zu beachten?

Platzbedarf für

Gäste	Servicemitarbeiter/innen

Zwischen den Tischreihen muss genügend Platz sein, damit die Gäste bequem sitzen können.	Die Servicemitarbeiter/innen benötigen ausreichend Platz für die Servicetätigkeit.

Oft gehen Geschirrteile und Gläser zu Bruch, weil die Mitarbeiter/innen nicht ausreichend Platz zum Arbeiten haben.

Üblicherweise braucht ein Gast

- 70 bis 80 cm in der Breite und 35 bis 40 cm in Richtung Tischmitte.
- Daher ist ein Tisch von 80 mal 80 cm zum Essen für zwei Personen geeignet.

§ Die Stellweise der Tische und Stühle muss den Verordnungen der Feuerwehr und des Bauamtes entsprechen. Im Ernstfall muss ein Fluchtweg frei sein.

Wie viel Platz benötigen die Tische in einem Raum?

Die Tischform und die Tischausrichtung beeinflussen den Platzbedarf.

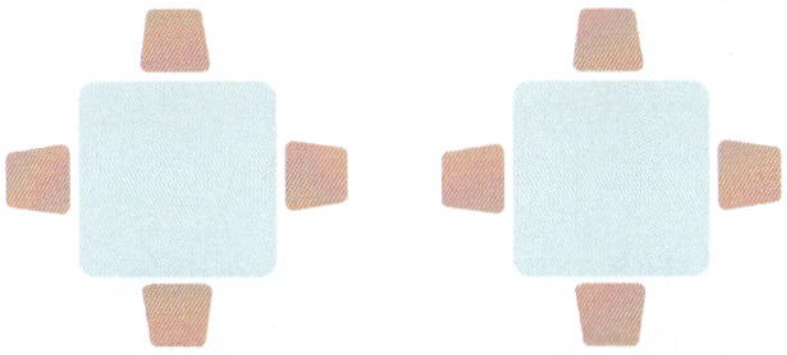

Gerade gestellte Vierertische (meist 1 x 1 m) benötigen 2,5 x 2,5 m = 6,25 m^2. Pro Gast wird also eine Fläche von 1,56 m^2 gerechnet.

Diagonal gestellte Vierertische sparen Platz. Man benötigt lediglich 4 m^2, d. h. pro Gast 1 m^2.

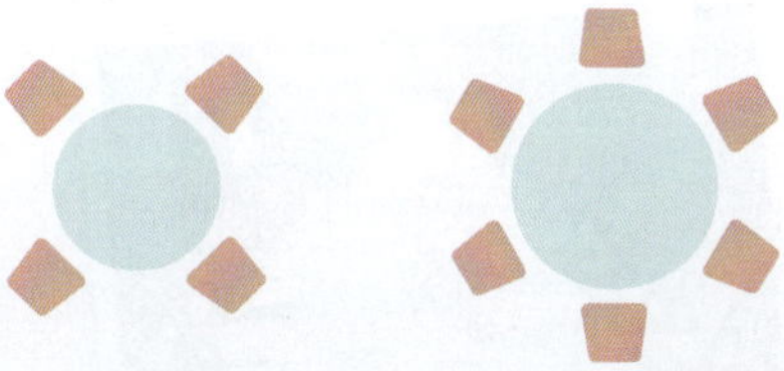

Runde Tische für vier Personen haben einen Durchmesser von ca. 90 cm (pro Gast ca. 1 m^2), für sechs Personen von 110 cm (pro Gast ca. 0,9 m^2).

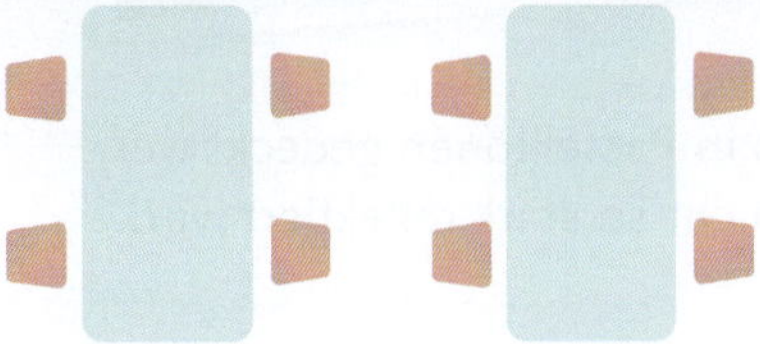

Rechteckige Tische für vier Personen sollten ein Ausmaß von 70 bis 80 cm x 140 bis 160 cm haben, d. h., pro Gast ca. 0,8–0,9 m^2.

Diagonal gestellte Vierertische sparen Platz

Tafelformen

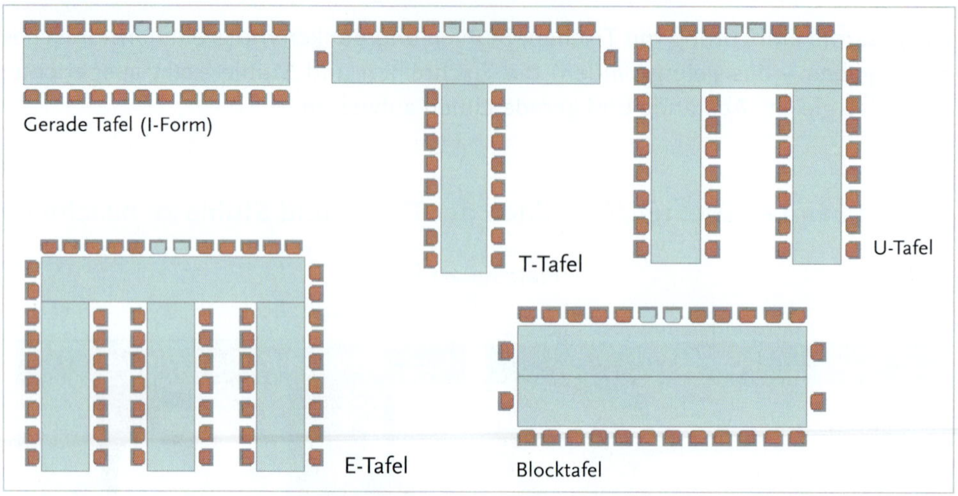

2 Tisch- und Tafelwäsche

Eine schöne Tischwäsche trägt zum positiven Gesamteindruck eines Restaurants wesentlich bei. Natürlich ist es eine Preis- und Stilfrage, ob Tischwäsche verwendet wird und aus welchem Material sie besteht.

Hotelwäscheausstatter bieten eine Vielzahl von äußerst strapazierfähigen Materialien an, die sich für den In- und Outdoor-Bereich eignen, z. B. fleckenabweisende Tischwäsche

Die gebräuchlichsten Materialien sind Baumwolle oder Mischgewebe (Baumwolle und Kunstfaser). Häufig besteht Tisch- und Tafelwäsche aus Materialien, die pflegeleicht, farbbeständig, strapazierfähig, zum Teil chlorecht sind und bei 60 bis 95 °C gewaschen werden können.

DAS SOLLTEST DU SPEICHERN

Tischwäsche ist für den täglichen Gebrauch bestimmt, **Tafelwäsche** für besondere Anlässe (z. B. ein Bankett). Deshalb sind Tafeltücher deutlich größer als Tischtücher. Häufig wird Tafelwäsche aus edleren Materialien und in besserer Ausführung hergestellt.

Weiße oder bunte Tischwäsche?

Tischwäsche ist meist weiß, v. a. bei festlichen Anlässen wie Taufe, Hochzeit und Bankett. Es gibt sie aber auch in Pastellfarben (Gelb, Blau, Grün, Rosa und Beige). Manche Betriebe verwenden für die verschiedenen Mahlzeiten Tischwäsche in unterschiedlichen Farben.

Terrassen- oder Gartentische sollten ebenfalls in Pastelltönen gedeckt werden, da das Sonnenlicht von bunter Wäsche nicht so stark reflektiert wird.

2.1 Die wichtigsten Wäschestücke in einem gastronomischen Betrieb

Bezeichnung	Eigenschaften und Verwendungszweck
Tischauflage (Molton)	■ Aus Filz, Frottee- oder Kunststoff ■ Verhindert ein Rutschen des Tischtuches ■ Schont die Tischplatte und dämmt den Lärm ■ Saugt verschüttete Flüssigkeiten auf (außer Kunststoff)
Tischtuch	■ Für alle Mahlzeiten des Tages ■ In gehobenen Betrieben bei runden Tischen auch bodenlang ■ Tischtücher in Rollenform können einfach in die gewünschte Länge geschnitten werden; in vielen Farben und Materialien erhältlich
Deckserviette (Napperon)	■ Sie kann, muss aber nicht aufgelegt werden ■ Zum Bedecken eines nicht mehr einwandfreien Tischtuches ■ In einfachen Betrieben zum Schonen der Tischtücher
Tafeltuch	■ Für Bankett- und Festtafeln ■ In unterschiedlichen Längen
Tischläufer	■ Häufig anstelle eines Tischtuches in Bistros und Restaurants ■ Als Dekorationselement in der Mitte der Tafel
Set	■ Für Tische aus Holz, Glas oder Marmor ■ Für Frühstückstische ■ Für Kinder auch auf Tischen mit Tischtuch ■ In modernen Betrieben häufig anstelle eines Tischtuches
Mundserviette	■ Gebrochen als Tisch- und Tafeldekor ■ Als Dekoration für Platten ■ Zum Anrichten von Spargel, Artischocken etc.
Skirting (Buffetschürze)	■ Für Buffets und Displaytische ■ Zum Verblenden von der Tischoberkante bis zum Boden ■ Die Befestigung erfolgt mit Klettverschlüssen oder mit speziellen Clips.
Stuhlhusse	■ Dekorativer Überzug für Stühle; mit und ohne Schleifen
Tischhusse	■ Dekorativer Überzug für Stehtische; auch für Biertischgarnituren
Handserviette	■ Zum Tragen von heißen Tellern und Platten ■ Zum Reinigen der Tische, z. B. vor dem Dessert
Weinserviette	■ Für den Flaschenweinservice
Gläser-poliertuch	■ Aus fusselfreiem Material (Leinen, Mikrofaser) ■ Zum Polieren von Gläsern
Geschirrtuch (Poliertuch)	■ Aus fusselfreiem Material (Leinen) ■ Zum Trocknen von Geschirr

Tischauflage (Molton)

Deckserviette

Tischsets waren früher v. a. in der Systemgastronomie im Einsatz. Heute werden sie auch in Hotel- und Gastronomiebetrieben aus Kostengründen immer häufiger verwendet.

Stehtische mit Husse

Die Textilpflegekennzeichnung ist zu beachten

2.2 Wäschepflege und Wäschetausch

Textilien werden in der Gastronomie und Hotellerie stark beansprucht, da sie häufig gewaschen werden. Damit die Wäsche möglichst lange in einwandfreiem Zustand bleibt, muss sie fachgerecht behandelt werden. Wie das geht, hängt vom Material ab. Unterschiedliche **Textilpflegekennzeichen** auf den Etiketten zeigen, wie ein Wäschestück gepflegt werden soll.

Textilpflegekennzeichen

Waschen
Die Zahlen verweisen auf die maximale Waschtemperatur.

60° Normalwaschgang

40° Schonwaschgang

30° Spezialschonwaschgang

Handwäsche

Nicht waschen

Bleichen

Chlor- und Sauerstoffbleiche möglich

Nicht bleichen

Trocknen im Tumbler

Trocknen möglich

Nicht im Tumbler trocknen

Trocknen

Liegend trocknen

Trocknen auf der Wäscheleine im Schatten

Bügeln

Heiß bügeln

Mäßig heiß bügeln

Nicht heiß bügeln

Nicht bügeln

Professionelle Textilpflege
Ⓟ Chemisch reinigen möglich

Wäschetausch

Beim Wäschetausch wird die Anzahl der abgegebenen schmutzigen Wäschestücke in das Wäschetauschbuch eingetragen. Erst dann wird die frische Wäsche ausgegeben.

CHECKLISTE

- ☐ Gib keine feuchte oder nasse Wäsche in die Schmutzwäschelade, sondern lasse die Wäsche vorher trocknen! Feuchte Wäsche beginnt zu schimmeln – es entstehen **Stockflecken** und die Wäsche wird unbrauchbar.
- ☐ Lege Schmutzwäsche im Office zusammen, wo sie auch gestapelt wird, und bewahre sie nur kurz in einer luftdurchlässigen Wäschekiste auf.
- ☐ Bündle Mundservietten, Handservietten und Weinservietten zu zehn Stück. Das erleichtert die Ab- und Ausgabe.
- ☐ Staple die gestärkte, gebügelte Wäsche immer Bug auf Bug, mit der geschlossenen Seite nach vorne, und stets nach Größe sortiert.
- ☐ Lagere gebügelte Wäsche luftdurchlässig und roulierend, d. h., die frische Wäsche wird nicht auf den Stapel im Kasten oder Regal, sondern darunter oder dahinter gelegt (FIFO-Prinzip). So wird nicht immer die gleiche Wäsche verwendet und abgenutzt.
- ☐ Sortiere beschädigte Wäsche aus.

DAS SOLLTEST DU SPEICHERN

Stelle Wäschekörbe niemals auf Tische, Stühle oder Displaytische.
Lege Schmutzwäsche nicht auf sauberen Tischen zusammen.

Mietwäsche

Die wenigsten Betriebe leisten sich heute noch eine eigene Wäscherei. Meist übernehmen Firmen die Textilreinigung. Es besteht auch die Möglichkeit, Wäsche anzumieten.

Der Mietwäscheservice hat den Vorteil, dass die Anschaffungskosten für die Wäsche, die Kosten für die Lagerung und das Personal entfallen und jederzeit frische Wäsche nach Bedarf vorhanden ist.

3 Geschirr, Besteck und Serviergegenstände

3.1 Geschirr

Teller, Tassen und Schüsseln sind meist aus Porzellan. Platzteller und Anrichteplatten sind meist aus Edelstahl, sie können aber auch aus Glas oder Stein sein. Auflaufformen sind aus Steingut. Ob weißes oder farbiges Porzellan in unterschiedlichsten Formen verwendet wird, hängt u. a. vom Betrieb, von der Art der angebotenen Speisen, aber auch von der Wirtschaftlichkeit und den Lagerkapazitäten ab.

Es gibt Restaurantgeschirr aus Porzellan oder Steingut

Kriterien für die Auswahl von Porzellan- und Steingutgeschirr findest du in der TRAUNER-DigiBox.

Tellerformen

Tellerbezeichnung	Durchmesser	Mögliche Verwendung
Brotteller (Kuvertteller)	ca. 16 cm	Steht links neben dem Menügedeck, für Brot bei Grund- und Festgedecken
Mittelteller	ca. 18–20 cm	Für das Frühstücksgedeck, als Trageteller für Suppentassen; für Obst, Torten, Kuchen, Sandwiches und Fingerfood
Französischer Teller (Vorspeisenteller, Menüteller)	ca. 26 cm	Für kalte oder warme Vorspeisen, kreativ angerichtete Desserts, warme Süßspeisen mit Saucen sowie kalte, auf Tellern angerichtete Aufschnitte; als Trageteller für tiefe Teller
Englischer Teller (Hauptgangteller, Grillteller)	ca. 28 cm	Für Hauptgerichte und kreativ angerichtete Grillgerichte
Platzteller	ab 30 cm	Grundteller, auf den der Speisenteller gestellt wird (auch aus Metall oder Glas)

Weiteres Geschirr

Tiefer Teller (Suppenteller)
Für gebundene Suppen, Püree- und Cremesuppen, Suppen mit Einlage bzw. Eintöpfe, gekühlt für kalte Suppen (z. B. Gazpacho) oder Kaltschalen

Suppentasse mit Untertasse
Für klare Suppen

Spezialsuppentasse
Für exotische Suppen und Spezialsuppen

Fischteller
Für ganze Fische und Fischgerichte

Fondueteller
Für Fondues, Garnituren und Salate

Gratiniersuppenschale aus Ton
Für gratinierte Suppen und französische Zwiebelsuppe

Gratinierplatte (Plat russe)
Zum Gratinieren von Teigwaren- und Gemüsegerichten, Kartoffeln, Gemüse und Fischen, für Fischgerichte mit viel Sauce; für Aufläufe und Süßspeisen, z. B. Salzburger Nockerl

Näpfchen (Cocotte)
Für Eier, kleine Ragouts, Gemüseflans und Soufflés

Sauciere
Für kalte und warme Saucen

Kaffeekanne
Ausschließlich für Kaffee

Teekanne
Mit integriertem Sieb im Ausguss

Sahne- und Milchkännchen
Für Sahne am Frühstückstisch (bzw. Kaffeetisch)

Kaffeetasse mit Untertasse
Für Frühstücksgetränke (Kaffee, Tee oder Kakao)

Espressotasse mit Untertasse
Für kleinen Espresso, für Spezialsuppen, wenn keine Spezialsuppentassen vorhanden sind

Welche Art von Geschirr wird in deinem Betrieb verwendet? Tausche dich darüber mit deiner Klasse aus.

Teetasse mit Untertasse
Größte Tasse; ausschließlich für Tee

Eierbecher

3.2 Bestecke und Spezialbestecke

Gleich vorweg: Das geeignete Besteck richtet sich nach der Betriebsart. Das Besteck muss, wie die Tischwäsche und das Porzellan, der Ausstattung des Betriebes entsprechen. Von vielen möglichen Besteckmaterialien ist heute Edelstahl am weitesten verbreitet.

Kriterien für die Auswahl von Besteck

- Einfache Betriebe begnügen sich mit den Grundformen, die meist aus Chromnickelstahl oder Chromstahl hergestellt sind.
- Mittelbetriebe, die ein größeres Speisenangebot haben, erweitern ihr Inventar um Spezialbestecke, wie z. B. Fischbesteck.
- Luxusbetriebe sind mit verschiedensten Spezialbestecken ausgestattet. Edle Materialien und herausragendes Design sollen die Exklusivität dieser Betriebe betonen.

Besteck wird in allen möglichen Formen und Materialien angeboten

- **Chromstahl** mit der Kennzeichnung „rostfrei“, „INOX“ oder „stainless“: Bestecke aus diesem Material sind sehr preiswert, jedoch nicht spülmaschinenfest.
- **Chromnickelstahl 18/10 (Edelstahl):** Bestecke sind durch den hohen Chromanteil garantiert rostfrei und härter als Bestecke aus Chromstahl.
- **Edelstahl mit Silberauflage, Silberbesteck, Edelstahl mit Goldauflage**

Grundformen von Essbesteck

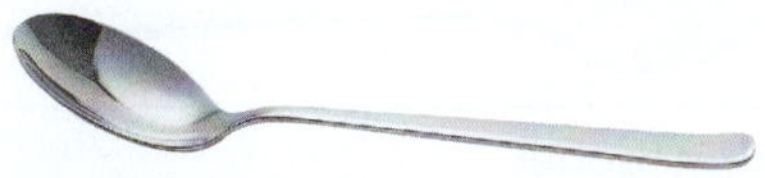

Großer Löffel
Für Creme- und Püreesuppen, die im tiefen Teller serviert werden; mit der großen Gabel als Vorlegebesteck

Großes Messer, Tafelmesser
Mit der großen Gabel für Hauptspeisen

Große Gabel, Tafelgabel
Mit dem großen Messer für Hauptspeisen, mit dem großen Löffel als Vorlegebesteck

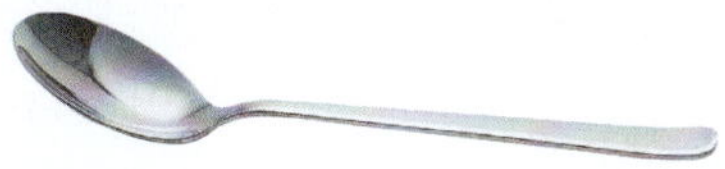

Mittellöffel
Für klare Suppen in der Suppentasse, mit der Mittelgabel für Süßspeisen (= Entremet-Besteck)

Mittelmesser
Zum Frühstück; mit der Mittelgabel für warme und kalte Vorspeisen, geräucherte und gebeizte Fische sowie für Käse

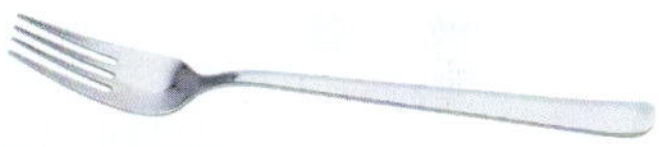

Mittelgabel
Mit dem Mittelmesser für warme und kalte Vorspeisen, geräucherte oder gebeizte Fische und Käse; mit dem Mittellöffel für Süßspeisen (= Entremet-Besteck)

Kleiner Löffel (Kaffeelöffel)
Für Kaffee, Tee, Kakao- und Schokoladengetränke, Desserts und Eisdesserts in Schalen; mit der Kuchengabel für Vorspeisencocktails

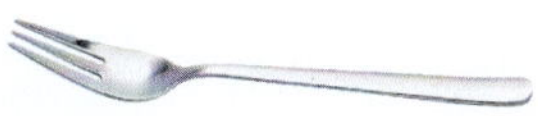

Kuchengabel
Für Kuchen und Torten in Cafés und Konditoreien, mit dem kleinen Löffel für Vorspeisencocktails

Espressolöffel
Für Espresso in der Espressotasse

Besteckreinigung und Besteckpflege

DAS SOLLTEST DU SPEICHERN
Alle Bestecke mit Ausnahme von Silber- und Goldbesteck werden im Geschirrspüler gereinigt.

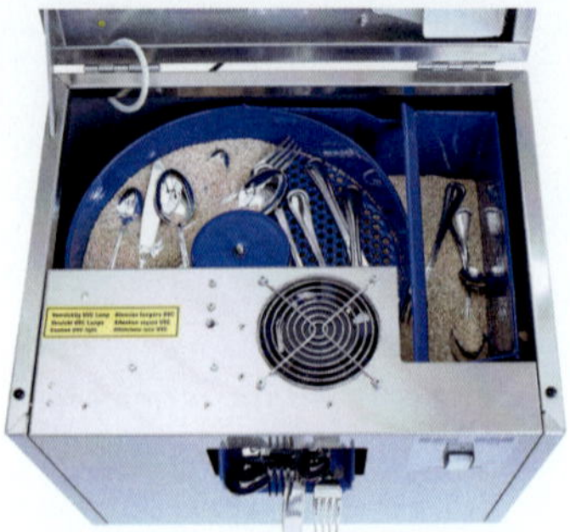

In größeren Betrieben werden häufig Besteckpoliermaschinen eingesetzt

Besteckreinigung Schritt für Schritt

1 Spüle das Besteck vor der Reinigung ab, damit die Speisereste nicht festtrocknen.

2 Nimm das Besteck nach Beendigung des Spülprozesses aus der Maschine und poliere es sofort.

3 Ordne das Besteck in Besteckbehältern aus Kunststoff oder Besteckladen aus Holz mit eingelegtem Filztuch ein.

Wie wird Silberbesteck gereinigt?
Für die Reinigung von Silberbesteck werden spezielle Silberreinigungs- und Poliermaschinen, Silbertauchbäder, Polierpasten etc. verwendet. Das Besteck muss nach der Reinigung mit heißem Wasser nachgespült und poliert werden, damit der Geruch des Reinigungsmittels nicht haften bleibt.

Spezialbestecke

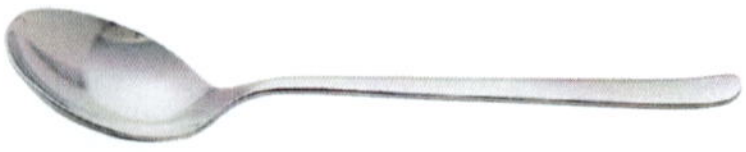

Bouillonlöffel (Suppentassenlöffel)
Für Bouillons, für den Service der Suppe in Suppentassen

Eierlöffel
Für Frühstückseier in der Schale oder im Glas; aus Horn, Perlmutt oder Hartplastik; Löffel aus Silber eignen sich nicht, da sich die Oberfläche schwarz färbt und einen metallischen Geschmack abgibt.

Gourmetlöffel
Für alle Gerichte mit Saucen; kann auch anstelle des Fischmessers benutzt werden, zum Aufnehmen von Fruchtsauce/-mark im Dessert (anstelle des Mittellöffels)

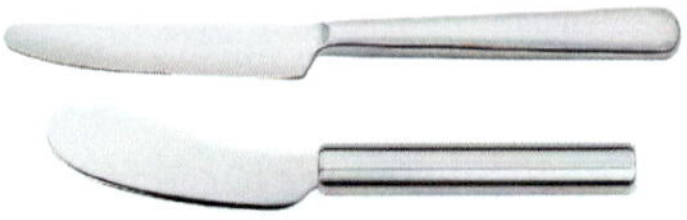

Buttermesser
Für das Grund- oder Festgedeck

Steakmesser
Für alle Steakarten wie T-Bone-, Porterhouse-, Filetsteak, Entrecôte etc.

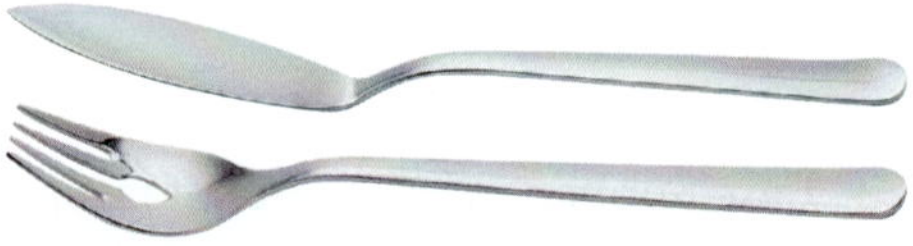

Fischbesteck
Für leicht zerteilbare Fischgerichte, die nicht geräuchert oder gebeizt sind

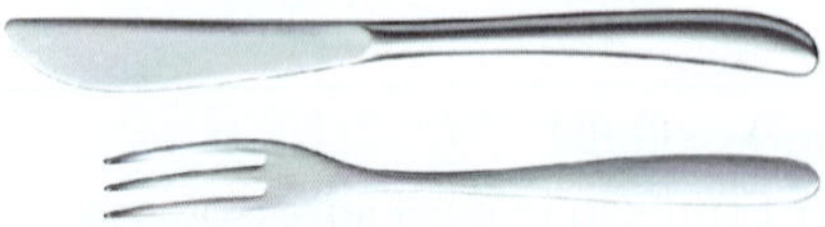

Obstmesser, Obstgabel
Für alle Obstsorten

Grapefruitlöffel
Zum Ausstechen und Essen von halbierten Grapefruits

Grapefruitmesser
Zum Filetieren von Grapefruits

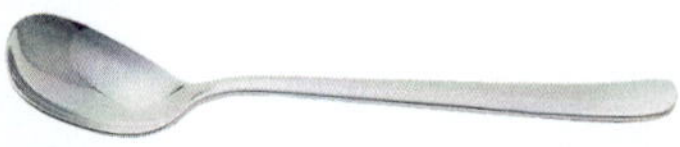

Eislöffel
Für Eis und Eisgerichte

Amuse-Bouche-Löffel
Zum Servieren kleiner, mundgerechter Häppchen

Ein **Amuse-Bouche** ist ein appetitanregendes, mundgerechtes Häppchen, das häufig als Gruß des Hauses ungefragt zu Beginn eines Menüs serviert wird. Es kann auf einem Amuse-Bouche-Löffel angerichtet werden.

Tranchier- und Vorlegebestecke

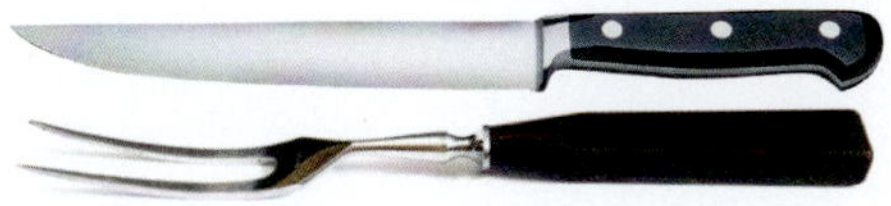

Tranchiermesser, Tranchiergabel
Zum Tranchieren von Braten

Tranchelard
Zum Schneiden von Schinken

Tranchelard
Zum Schneiden von geräuchertem Lachs

Brotmesser

Officemesser
Kleines Universalmesser zum Putzen, Schälen und Filetieren

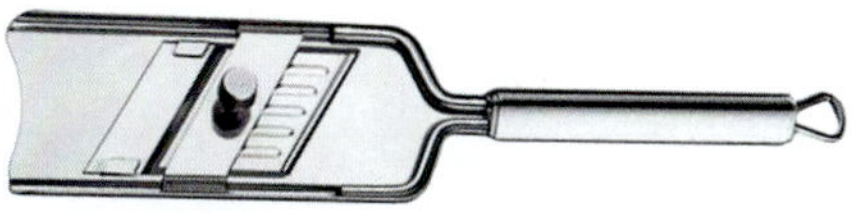

Trüffelhobel
Zum Hobeln von Trüffeln in feinste Blättchen über Pasta, Risotto etc.

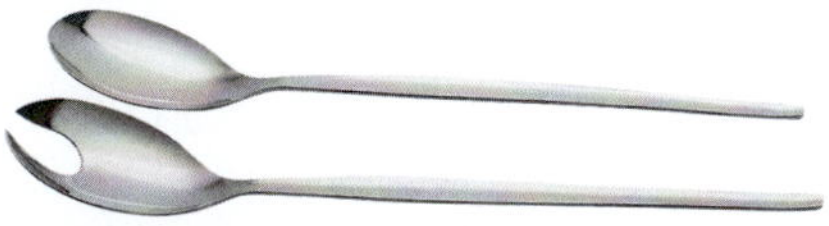

Salatbesteck
Zum Mischen von Salaten in der großen Salatschüssel; zum Anrichten von Salaten

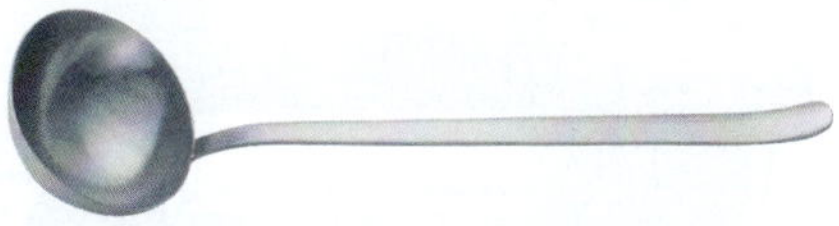

Suppenkelle
Zum Ausschenken von Suppen

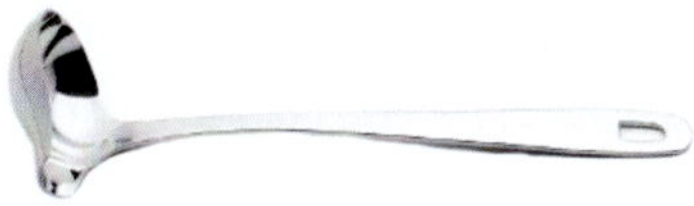

Saucenkelle
Zum Servieren der Sauce

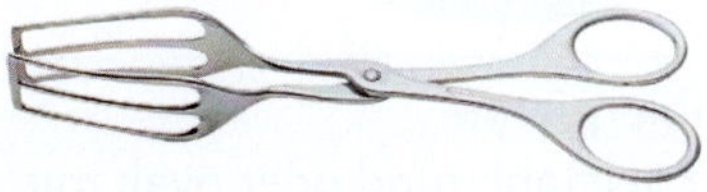

Gebäckzange

Tortenheber, Tortenschaufel

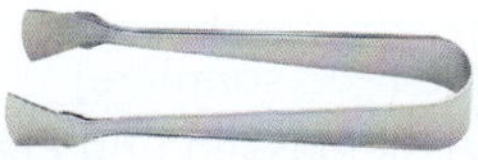

Zuckerzange
Für Würfelzucker

Weitere Spezialbestecke und Serviergegenstände von A bis Z

Austernbrecher
Mit und ohne Handschutz; zum Öffnen frischer Austern

Austerngabel
Für frische Austern

Austernplatte
Zum Anrichten von Austern und anderen Meeresfrüchten

Butterkühler
Zum Kühlen von Butter; mit einem Metalleinsatz mit Löchern

Dekantierkorb
Zum Tragen von Weinflaschen vom Weinklimaschrank zum Guéridon

Dekantierkaraffe
Zum Dekantieren und Belüften lang gelagerter Rotweine; auch zum Belüften von Weinen ohne Depot

Etagere
Vielseitig einsetzbar, z. B. bei Frühstück, Afternoon Tea für Fingerfood, Petits Fours

Fingerbowl
Zum Reinigen der Finger

Fischplatte
Für Fische, Schalen- und Krustentiere

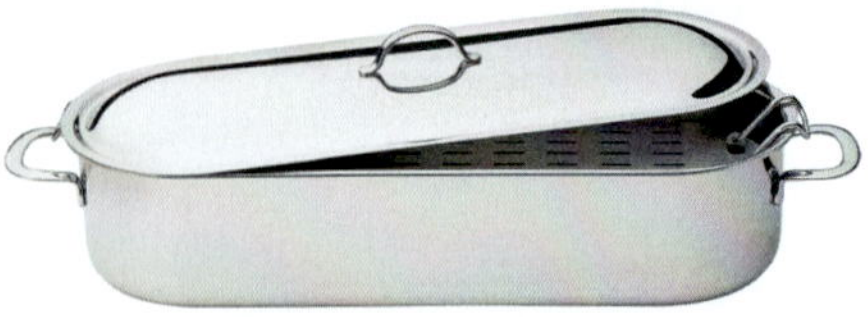

Fischwanne (Poissonnière)
Zum Garziehenlassen und Präsentieren von gegarten Fischen

Flambier- und Servierwagen

Flambierpfanne
Aus Edelstahl; rund oder oval; mit oder ohne äußere Kupferlegierung

Flambierrechaud

Fonduegabel
Für alle Arten von Fondues

Fonduegarnitur, Fonduekarussell
Für alle Fondues, häufig mit drehbarem Untersatz

Fonduepfanne aus feuerfestem Ton
Für Käsefondues, Schokoladenfondues

Hebelkorkenzieher (Kellnermesser)

Hummerpike, -nadel oder -gabel
Zum Auslösen des Fleisches von Hummer, Langusten und Krabben

Hummerzange
Zum Aufbrechen der Scheren und Gelenke von Hummern, Langusten

Käsebehälter (Parmesanbehälter)
Für geriebenen Käse

Kasserolle mit Deckel

Kaviarkühler

Kaviarlöffel
Zum Herausnehmen des Kaviars aus dem kleinen Glasbehälter; aus Horn oder Perlmutt

Kaviarmesser
Zum Auflegen des Kaviars auf Toast oder Blinis; aus Horn oder Perlmutt

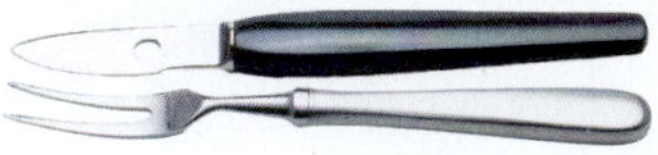

Krebsmesser und -gabel
Zum Zerteilen von frischen Krebsen

Löwenkopfterrine
Suppenterrine

Platemaster (Rechaud-Batterie)

Rechaud-Platte
Platten- oder Tellerwärmer

Salz- und Pfeffermühle
In guten Betrieben statt des Salz- und Pfefferstreuers

Salz- und Pfefferstreuer (Menage)

Saucengefäß (Sauciere)

Schlitten
Großes Tablett zum Transportieren der Speisen aus der Küche zur Servante

Schneckengabel
Für Schnecken im oder ohne Häuschen

Schneckenpfanne
Für Schnecken im Häuschen

Schneckentongutpfanne
Für Schnecken ohne Häuschen

Schneckenzange
Für Schnecken im Häuschen, zum Halten des Schneckenhauses

Servante (Sideboard)
Fest montiertes oder fahrbares Möbelstück mit Besteckladen und Fächern für Tischwäsche, Speisenkarten etc.

Servier- oder Getränketablett
Mit oder ohne Randerhöhung

Servierplatte
Für Speisen beim Plattenservice

Serviertisch, Beistelltisch (Guéridon)
Zum Arbeiten beim Tisch des Gastes

Servierwagen
Zum Präsentieren und Anbieten von Speisen, z. B. Desserts oder Käse

Tellercloche
Zum Warmhalten von Speisen

Thermokühler
Zum Kühlen von Weißwein

Tiegel für Konfitüre oder Honig

Tischbröselabziehklinge
Zum Entfernen von Krümeln

Tischschaufel, Tischbesen
Zum Entfernen von Krümeln

Tranchierbrett
(Holz-)brett mit Saftrille, die zum Auffangen des Fleischsaftes dient

Vorspeisenschalen (Raviers)
Für kalte Vorspeisenvariationen

Wasserbadwanne (Chafingdish)
Zum Warmhalten von Speisen auf einem Buffet; dazu gibt es ein eigenes Vorlegebesteck mit längerem Stiel

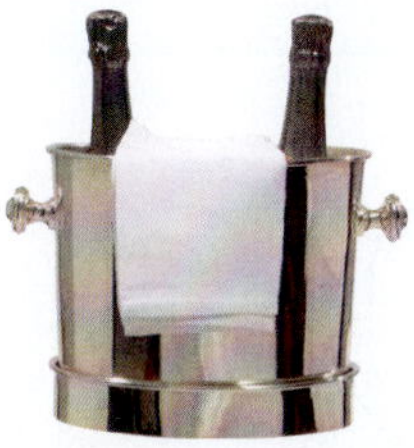

Wein- bzw. Schaumweinkühler
Zum Kühlen von Weißwein und Schaumwein

Zuckerspender
Für Kristall- und Puderzucker

4 Gläser

Gläser sind die „Trendsetter" am Tisch: Sie bestimmen die optische Marschrichtung. Unser Restaurantleiter achtet sehr darauf, dass wir die Weingläser zum Eindecken immer auf einem Tablett zum Gästetisch tragen und nur am Stiel anfassen.

Es gibt für fast jedes Getränk ein eigenes Glas. Viele Betriebe verwenden jedoch sogenannte Normgläser, da diese für verschiedene Getränke eingesetzt und somit Kosten und Lagerplatz gespart werden können. Je gehobener das Restaurant, desto edler sind die Gläser und desto größer ist die Auswahl.

Weingläser

Rotweinglas | Bordeaux-weinglas | Burgunder-weinglas | Weißweinglas | Römerglas

Sekt- und Champagnergläser

Sektflöte | Sekttulpe | Sektspitz

Immer mehr Betriebe verwenden ein Universalglas für Weiß- und Rotwein.

Ursprünglich kam der Römer aus den fränkischen Glashütten des Spessarts und wurde am Römer, dem Frankfurter Marktplatz, verkauft. Das Römerglas wird für den Offenausschank von einfachen Weiß- und Rotweinen verwendet.

Der traditionelle Cognacschwenker wird immer häufiger durch das **Cognacglas** ersetzt. In einem tulpenförmigen Glas kann sich das Bukett besonders gut konzentrieren. Man nennt solche Gläser deshalb auch **Nosing-Gläser,** weil man den Duft besser einfangen kann.

Bleioxidfreie Gläser sind im Vergleich zu bleioxidhaltigen
- härter,
- relativ resistent gegen Reinigungsmittel und Säuren,
- stabiler,
- leichter und vor allem besser ausbalanciert.

Weitere Informationen dazu findest du in der TRAUNER-DigiBox.

FILM AB!

Wie man Gläser richtig poliert, kannst du dir in folgendem Video ansehen:
www.traunerverlag.de/Glaeserpolieren

Biergläser

Bargläser

Gläserreinigung und Gläseraufbewahrung

Die Gläser werden meist in der Gläserspülmaschine (Osmose- bzw. Entkalkungsanlage), selten per Hand gereinigt. Anschließend müssen sie poliert werden.
- Verwende zum Nachpolieren ein eigenes, nicht faserndes Tuch (z. B. Leinentuch).
- Wichtig bei Gläsern mit Fuß: Halte das Glas beim Polieren nicht am Stil oder Fuß, sondern an der Wölbung des Kelches, da du sonst den Glasfuß abdrehen könntest.
- Bewahre die Gläser mit der Öffnung nach oben in verschlossenen Schränken auf, damit sie keine Fremdgerüche annehmen.

WortschatzBox – „Einrichtung und Ausstattung“

- Welche Beschreibung passt zu welchem Wäschestück? Ordne richtig zu.

Tuch zum Tragen von heißen Tellern und Platten	Deckserviette
Zum Trocknen von Geschirr	Tischauflage/Molton
Wäschestück zum Bedecken eines nicht mehr einwandfreien Tischtuches	Handserviette
Dekorativer Überzug für Stehtische	Poliertuch
Wäschestück, das ein Rutschen des Tischtuches verhindert	Tischhusse

Ziele erreicht? – „Einrichtung und Ausstattung“

KOMPETENZ-ERWERB

1. Erkläre, was beim Ausrichten bzw. Anordnen der Tische und Stühle zu beachten ist.
2. Ein Kollege fragt dich, warum die Tische im Restaurant schräg und nicht gerade gestellt sind. Gib ihm eine Erklärung.
3. Erkläre, wodurch sich Tisch- und Tafelwäsche unterscheiden.
4. Zähle vier Gründe auf, warum Tischauflagen (Moltons) verwendet werden.
5. Du hast die Aufgabe, die Tische einzudecken. Dabei entdeckst du, dass einige Tischtücher Flecken haben. Was könnte der Grund dafür sein? Wie verhältst du dich richtig?

6. Nenne die Punkte, die beim Wäschetausch zu beachten sind.
7. Wäschepflegesymbole findet man an Kleidung, Bettwäsche sowie Tisch- und Tafelwäsche.

   Finde heraus, was die folgenden Pflegesymbole bedeuten.

8. Um welche Gläser handelt es sich? Füge die richtigen Bezeichnungen hinzu.

9. Löst folgende Aufgabe in Kleingruppen:

a) Stellt in einem Rollenspiel das Anordnen und Ausrichten der Tische und Stühle für 16 Gäste in einem Restaurant nach.

b) Diskutiert, ob der Arbeitsauftrag rationell durchgeführt wurde. Notiert, was funktioniert hat und was verbessert werden sollte. Stellt euch dabei folgende Fragen: Wurden die Tische platzsparend angeordnet? Wurden der Platzbedarf der Gäste und die Servierwege des Personals berücksichtigt?

Einen interaktiven Safety-Check findest du in der TRAUNER-DigiBox.

Vor dem Service

Die Tätigkeit der Servicemitarbeiter/innen beschränkt sich nicht nur auf das Servieren von Speisen und Getränken. Vieles, wie z. B. das Eindecken der Tische oder das Brechen der Servietten, läuft sozusagen „im Verborgenen“ ab. Diese Aufgaben müssen abgeschlossen sein, bevor die Gäste kommen.

KOMPETENZERWERB

Meine Ziele

Nach Bearbeitung dieses Kapitels kann ich

- anfallende Mise-en-place-Arbeiten im Office, in der Küche und im Restaurant selbstständig durchführen;
- verschiedene Grundgedecke und Menügedecke in der richtigen Reihenfolge eindecken;
- zum Gericht bzw. Menü passende Gläser in unterschiedlichen Formen eindecken;
- selbstständig und im Team die Tische für eine bestimmte Gästeanzahl und nach einem vorgegebenen Menü fachgerecht eindecken;
- den Zweck einer Servicebesprechung erklären.

1 Tische eindecken

Heute habe ich Frühdienst. Das Frühstück wird ab 7:00 Uhr serviert, daher ist sofort das Buffet aufzubauen. Kurz bevor die Gäste kommen, muss ich nochmals die bereits am Vorabend von meinen Kollegen gedeckten Tische sowie die Vollständigkeit und die Präsentation des Frühstücksbuffets kontrollieren.

Je genauer und sorgfältiger eingedeckt wird, desto harmonischer wird der Tisch oder die Tafel und somit der Gesamteindruck des Raumes.

1.1 Reinigen und Ausrichten der Tische

Bevor mit dem Tischdecken begonnen wird, müssen alle Tische, Stühle und Bänke gereinigt und exakt ausgerichtet sein: Alle Tische stehen in einer Linie, die Abstände zwischen den Tischreihen sind gleich groß. So ergibt sich ein ausgewogenes Gesamtbild. Danach prüft man die Standfestigkeit der Tische. Wenn sie wackeln, müssen die Tischbeine durch Drehen angepasst oder Korkscheiben untergelegt werden.

Bevor die Tische eingedeckt werden, müssen sie gereinigt und ausgerichtet werden

1.2 Auflegen der Tischwäsche

Nach dem Reinigen und Ausrichten der Tische wird die Tischauflage (der Molton) aufgelegt.

Auflegen der Tischtücher

❶ Lege das exakt gebügelte, richtig zusammengelegte Tischtuch genau in die Mitte des Tisches über den Molton. Der Mittelbruch liegt oben.

❷ Falte das Tuch so auseinander, dass du die beiden offenen Enden unter dem Bruch fassen und mit Daumen, Zeige- und Mittelfinger halten kannst.

❸ Lasse den untersten Teil zuerst aus und lege ihn über die hintere (gegenüberliegende) Tischkante.

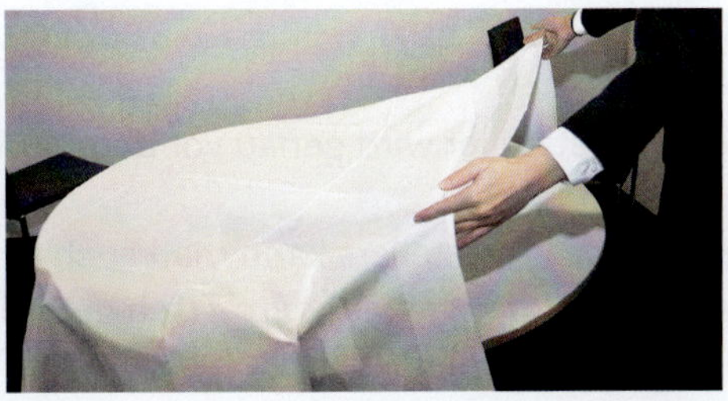

❹ Ziehe das Tischtuch auseinander, wobei sich der zweite festgehaltene Teil öffnet.

Beachtenswertes beim Auflegen des Tischtuches

- Die Enden des Tischtuches sollten auf jeder Seite ca. 25 cm herunterhängen (Ausnahme: bodenlange Tischtücher).

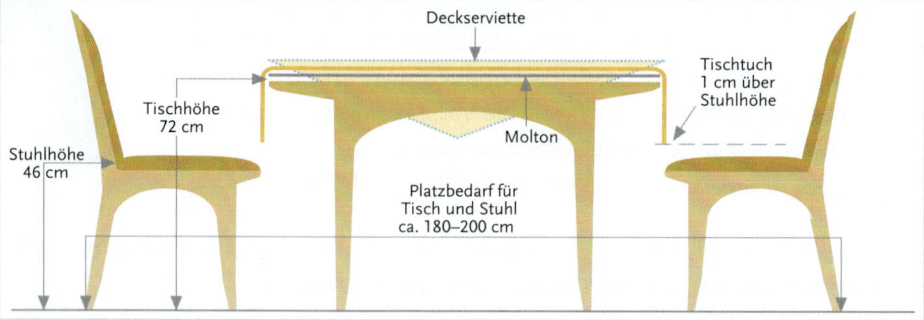

- Wird zum Decken eines runden Tisches ein quadratisches Tischtuch verwendet, so müssen dessen Ecken die Tischbeine bedecken.
- Beim Überdecken von mehreren Tischtüchern auf einem großen Tisch oder einer Tafel ist unbedingt darauf zu achten, dass der Stoß der Tischtücher auf der vom Blickpunkt des Gastes abgekehrten Seite ist.

Decken eines runden Tisches

Überdecken von mehreren Tischtüchern

Die Deckserviette soll mit der Kante des Tischtuches abschließen

Auflegen von Deckservietten (Napperons)

Zum Schonen der Tischtücher können Deckservietten darübergelegt werden. Dabei muss die Größe der Deckserviette so abgestimmt sein, dass der Überhang der Deckserviette nicht über die Abschlusskante des Tischtuches ragt.

Stühle ausrichten

Richtig steht ein Stuhl, wenn der Sitzflächenrand bis zum Tischtuch reicht und der Stuhl sich genau in der Mitte des für den Gast vorgesehenen Platzes befindet. Er ist somit der Gedeckmittelpunkt für Serviette oder Platzteller. Alle Stühle stehen in exakt gleichem Abstand zueinander.

1.3 Eindecken der Platzteller

- Der Platzteller wird genau vor dem Stuhl eingedeckt, wobei auf die Symmetrie zu achten ist.
- Statt des Platztellers kann man auch eine schön gebrochene Serviette verwenden.
- Ist die Einteilung auf dem Tisch getroffen, werden die Stühle, wenn möglich, auf dem rechten hinteren Stuhlbein um 90 Grad nach links gedreht, damit man ungestört weiter eindecken kann.

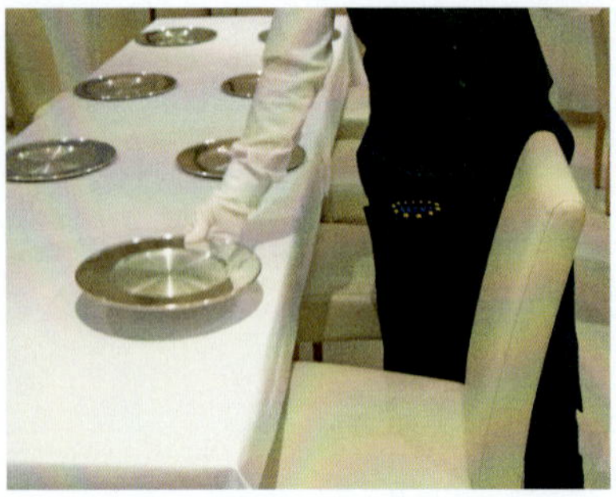

Der Platzteller wird genau vor dem Stuhl eingedeckt

1.4 Servietten brechen

Servietten zählen zu jenen Dingen, die Gäste als Erstes wahrnehmen. Sie sind somit ein wesentlicher Teil der Tischdekoration. Je nach Standard des Betriebes, Mahlzeit und Anlass werden Servietten aus Stoff, Zellstoff oder Papier verwendet.

DAS SOLLTEST DU SPEICHERN

Mundservietten werden häufig zu besonderen Formen gefaltet – in der Fachsprache heißt das **Servietten brechen.** Man unterscheidet zwischen einfachen und festlichen Formen. Aus hygienischen, aber auch aus Zeitgründen werden einfache Formen bevorzugt.

Stoffservietten lassen sich nur dann exakt brechen, wenn sie quadratisch, ordnungsgemäß gestärkt, gebügelt und zusammengelegt sind.

In manchen Betrieben werden die Mundservietten mit weißen Handschuhen gebrochen.

Serviettenformen

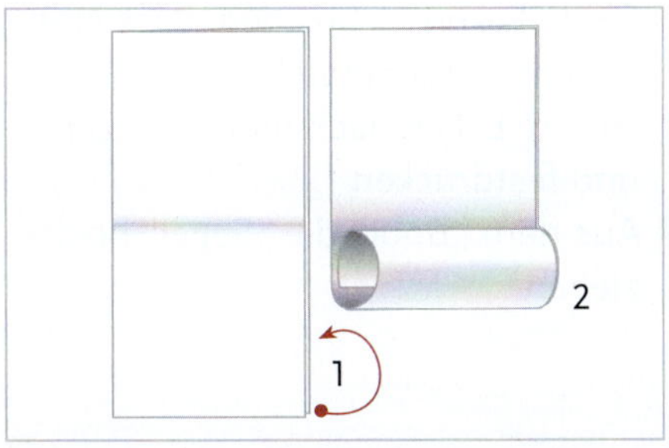

Einserstufe
1. Ausgangsform
2. Serviette von unten zur Mitte hin einschlagen

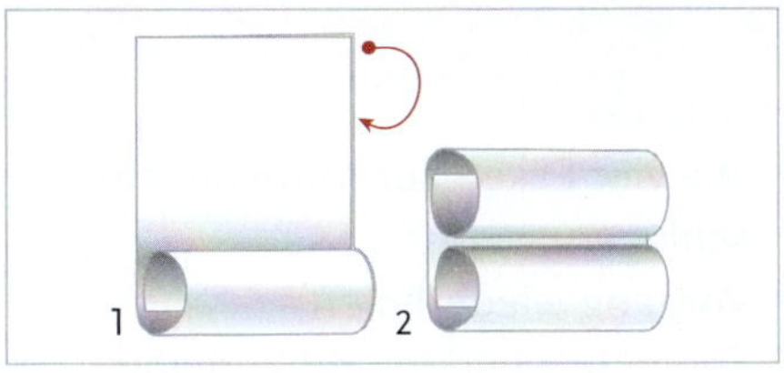

Zweierstufe
1. Einserstufe
2. Obere Hälfte zur Mitte hin einschlagen

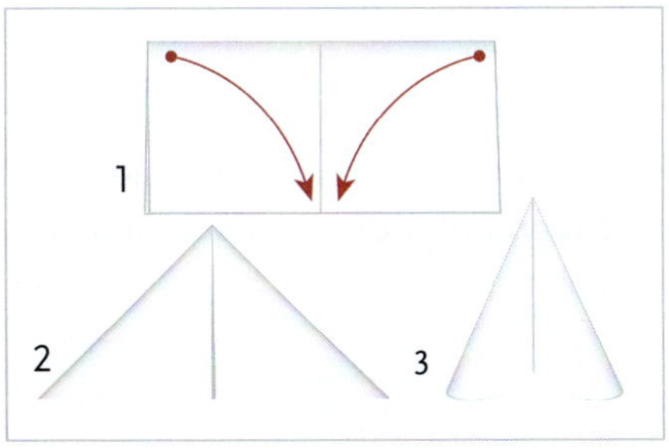

Einfacher Tafelspitz
1. Die oberen Ecken zur Mitte hin einschlagen
2. Serviette leicht zusammenfalten ...
3. ... und aufstellen

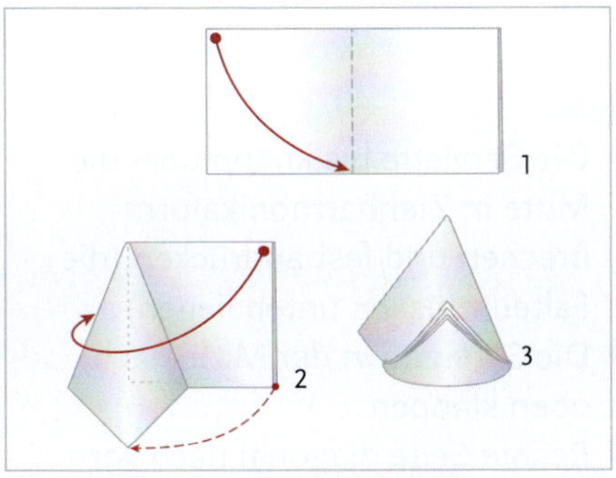

Gestulpter Spitz
1. Linke Hälfte zur Mitte hin einrollen
2. Rechte Hälfte darüberschlagen ...
3. ... und die untere Spitze umstülpen

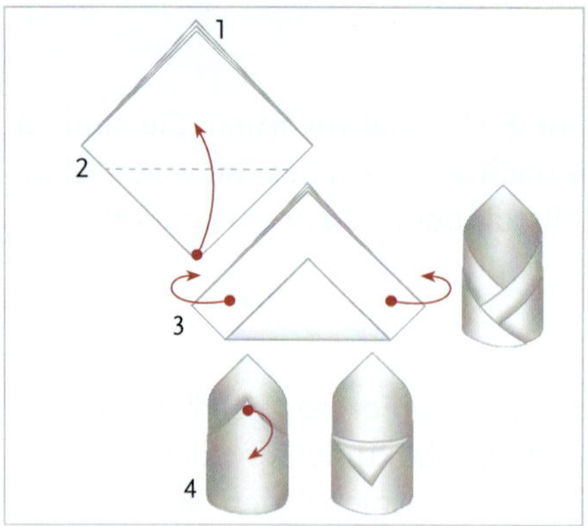

Mütze

1. Die offenen Spitzen liegen oben
2. Geschlossene Spitze zur Mitte hin brechen
3. Beide Ecken hinten zusammenstecken
4. Der Umschlag kann auch umgeklappt werden

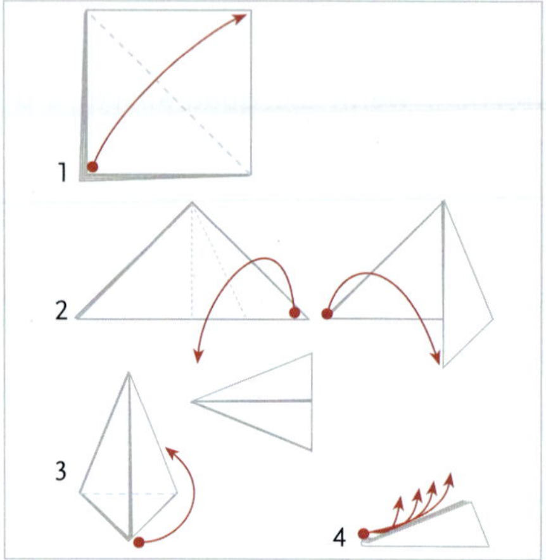

Segelboot/Dschunke

1. Die offenen Spitzen liegen links unten; Quadrat zu einem Dreieck falten
2. Beide Ecken so brechen, dass eine Drachenfigur entsteht
3. Untere Ecken nach hinten biegen und festdrücken
4. Aus dem „Boot" die „Segel" hochziehen

Die Artischocke wird in erster Linie als Zwischenserviette verwendet, z. B. für tiefe Teller, Salatschüsseln und Fingerbowls

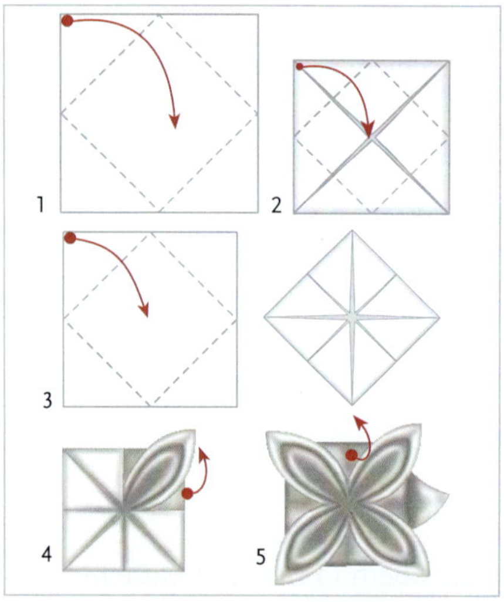

Artischocke

1. Die vier Ecken zur Mitte hin einschlagen
2. Vorgang wiederholen
3. Serviette wenden und Vorgang wiederholen
4. Spitzen, die unter den vier Ecken liegen, herausziehen
5. Ecken aufstellen und restliche vier Spitzen unter der Serviette hervorziehen

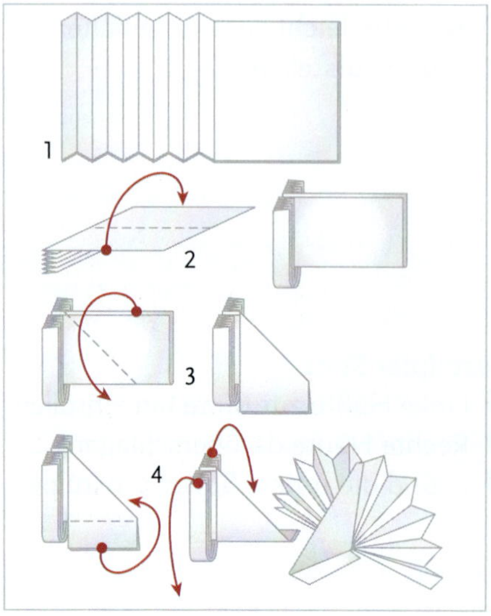

Fächer

1. Die Serviette bis knapp über die Mitte in Ziehharmonikaform brechen und fest andrücken (die Falten müssen unten liegen)
2. Die Serviette in der Mitte nach oben klappen
3. Rechte Seite diagonal nach vorn zum Fächer umschlagen
4. Überstehendes Ende nach unten falten und den Fächer aufstellen

Weitere Serviettenformen findest du in der TRAUNER-DigiBox.

1.5 Auflegen der Gedecke

Welche Gedecke eingedeckt werden, ist abhängig von der Art der Mahlzeit, von betriebsinternen Standards für Frühstück, Mittagessen, Abendessen und von der Speisenfolge, z. B. Menü oder à la carte.

à la carte = Bestellung nach der Karte, d. h., der Gast stellt seine Speisenfolge anhand der Speisenkarte selbst zusammen

DAS SOLLTEST DU SPEICHERN

Das Besteck wird – egal, in welcher Größe – **in der Reihenfolge Messer, Gabel, Löffel** eingedeckt. Hygiene ist dabei das oberste Gebot.

Grundgedecke

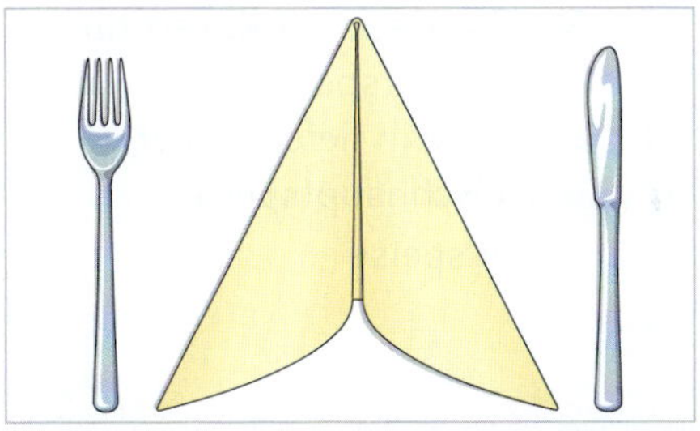

Einfaches Grundgedeck

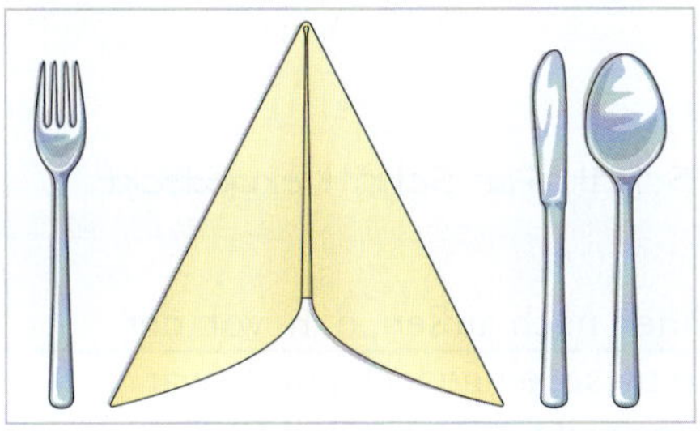

Mit großem Löffel
Die Suppe wird im tiefen Teller serviert.

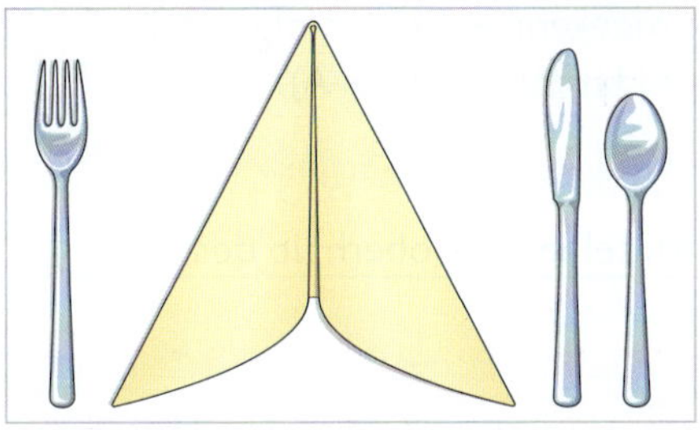

Mit Mittellöffel
Die Suppe wird in der Suppentasse serviert.

Erweitertes Grundgedeck (Kuvert)

(internationales Restaurantgedeck oder À-la-carte-Gedeck)

1. Platzteller mit Stoffserviette (oder nur Stoffserviette)
2. Großes Messer
3. Große Gabel
4. Brotteller mit Buttermesser
5. Rotwein- und Weißweinglas oder Wein- und Wasserglas

Menügedecke

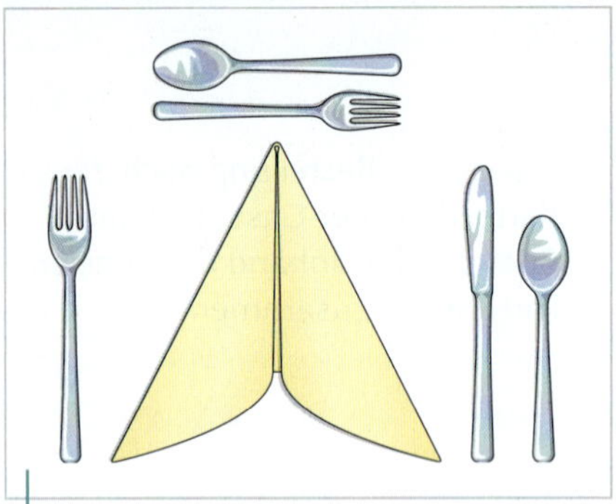

Menügedeck für
- Suppe in der Suppentasse,
- Fleischhauptspeise,
- Süßspeise

Menügedeck für
- kalte Vorspeise,
- Fischhauptspeise,
- Nachtisch (Eisbecher mit Früchten)

Wird statt der Süßspeise Käse nach dem Hauptgericht gereicht, dann wird statt dem Mittellöffel ein Mittelmesser eingedeckt. Die Mittelgabel bleibt, liegt dann aber oben.

Menügedeck mit Kuvert für
- kalte Vorspeise,
- Suppe in tiefem Teller,
- Fleischhauptspeise,
- Süßspeise

Servietten werden entweder anstelle des Platztellers aufgestellt/aufgelegt oder sie werden erst nach dem Aufdecken der Platzteller, Besteckteile und Gläser platziert

So werden die Gedecke Schritt für Schritt eingedeckt:

1 Das Besteck wird von innen nach außen, d. h. von der Hauptspeise bis zur Vorspeise, eingedeckt, und zwar Gang für Gang und Besteckteil für Besteckteil (A–D). Der Gast benutzt es in umgekehrter Reihenfolge, d. h. von der Vorspeise bis zur Hauptspeise (D–A).

2 Anschließend wird das Mittelbesteck oberhalb des Platztellers eingedeckt (A–B).

3 Zuletzt wird der Brotteller mit einem Buttermesser links vom Platzteller eingedeckt.

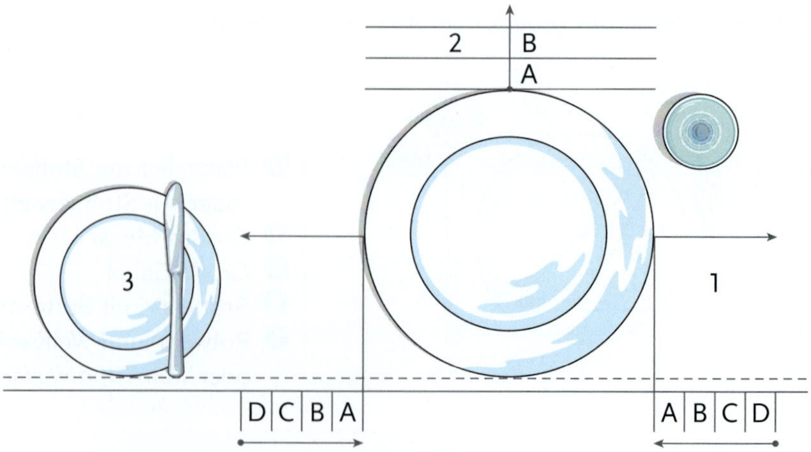

Beachtenswertes beim Eindecken der Gedecke

- Zwischen den linken und rechten Besteckteilen muss genügend Platz sein, um ungehindert einen englischen Teller einsetzen zu können.
- Kuchengabel bzw. kleiner Löffel werden nicht eingedeckt. Sie werden „mitserviert".
- Für Käse und Obst wird das Besteck extra eingedeckt.
- Werden die Gabeln versetzt eingedeckt, müssen die Zinkenspitzen mit den Zinkenenden eine Linie bilden.
- **Platz- und Brotteller** werden so eingedeckt, dass entweder der untere Rand mit dem Besteck eine Linie bildet (Variante 1) oder dass die Mittelpunkte der Teller auf einer gedachten Linie liegen (Variante 2). Bei der Variante 3 wird der Brotteller nach oben geschoben (der Gast hat Platz zum Ablegen der linken Hand).

Bestecktteile werden beim Eindecken in eine Handserviette eingeschlagen oder in einer Bestecktasche auf einem Trageteller/ Tablett zum Tisch getragen

Variante 1
Der untere Rand bildet mit dem Besteck eine Linie.

Variante 2
Die Mittelpunkte der Teller liegen auf einer gedachten Linie.

Variante 3
Der Brotteller wird nach oben geschoben.

Bei großen Veranstaltungen sollten die Gedecke vollzählig eingedeckt werden (Symmetrie, Gesamtbild, keine Unterbrechung des Servierablaufes)

- Gibt es eine **Speisenfolge mit mehr Gängen,** als Besteck oder Platz zur Verfügung steht, werden neben dem Grundbesteck für das Hauptgericht so viele Vorspeisenbestecke wie möglich von Beginn an eingedeckt. Für alle weiteren Gänge wird nachgedeckt. **Prinzipiell gilt, dass auf der rechten Seite des Gedeckes nie mehr als vier Besteckteile** (im gehobenen Service drei Besteckteile) **liegen sollen (auf der linken Seite nie mehr als drei).**
- Es sollten keine zwei gleichen Besteckteile auf einer Seite eingedeckt werden, bei Bedarf werden diese nachgedeckt.
- Letzte Kontrolle nach dem Eindecken: Ist der Tisch sauber, ist alles korrekt und vollzählig eingedeckt?

1.6 Anordnung der Gläser

Im modernen Service beschränkt sich die Anzahl der Gläser meist auf zwei Gläser – ein Wein- und ein Wasserglas –, maximal auf drei. Sind weitere Gläser erforderlich, werden sie nachgedeckt.

Es gibt verschiedene Möglichkeiten für die Anordnung von Gläsern, die **Längsform (Reihenform),** die **Traubenform** und die **Blockform.**

Eine Grundregel lautet: Platziere die Gläser so, dass der Gast keine akrobatischen Bewegungen machen muss, um an sein gefülltes Glas zu kommen.

Grundstellung
Wasserglas (WG) und Weinglas (WWG)

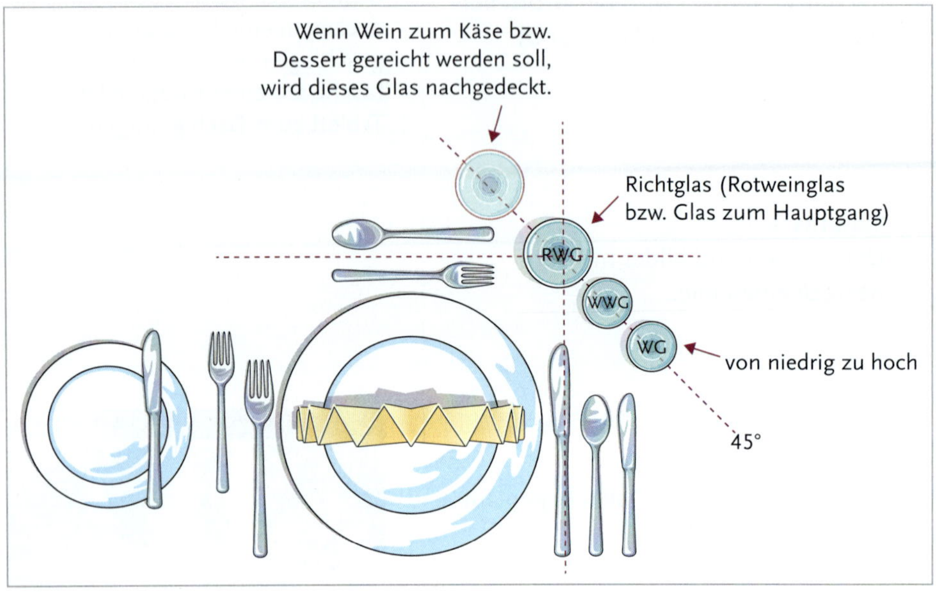

Längsform (Reihenform)
Wasserglas (WG), Weißweinglas (WWG) und Rotweinglas (RWG)

Von niedrig zu hoch
Das Wasserglas muss immer vor dem Wein- bzw. Sektglas stehen. Der Gast soll schließlich zu seinem Wasserglas kommen, ohne über alle höheren Gläser greifen zu müssen.

Wird die Traubenform um ein viertes Glas ergänzt, spricht man von einer Blockform.

Traubenform
Wasserglas (WG), Weißweinglas (WWG) und Rotweinglas (RWG)

DAS SOLLTEST DU SPEICHERN
Das Glas zum Hauptgang ist normalerweise immer das **Richtglas (Stand- oder Grundglas)** und wird als Erstes aufgestellt. Es ist in der Regel das größte Glas. Nach diesem Richtglas werden die übrigen Gläser ausgerichtet.

1.7 Platzieren der Tischdekoration und der Menagen

Erst wenn die Gedecke exakt und symmetrisch eingedeckt sind, werden die Tischdekorationen und die Menagen eingestellt. Stellst du die Tischdekorationen und Menagen vorher ein, verstellen sie dir die Sicht auf die Gedecke.

Als Tischdekoration werden u. a. Blumen, Blumengestecke und/oder Kerzenständer verwendet. Vasen, Dekoration und Menagen nehmen auf allen Tischen den gleichen Platz ein, damit sich ein einheitliches Bild ergibt.

Die Tischdekoration darf nicht zu hoch sein. Schließlich sollen sich die Gäste noch sehen.

DAS SOLLTEST DU SPEICHERN

Im gehobenen Service wird nur die Salz-Menage eingedeckt. Alle anderen Menagen und Zahnstocher werden auf Verlangen des Gastes gebracht.

1.8 Stühle zurückdrehen

Nach dem Eindecken der Tische und einer Abschlusskontrolle auf Vollständigkeit und Korrektheit der Gedecke werden die Stühle zurückgedreht, sodass die Stuhlkante wieder mit dem Tischtuch abschließt.

2 Eindecken und Servieren der Speisenfolge

In der folgenden Tabelle über das Eindecken, Anrichten und Servieren der verschiedenen Speisenfolgen sind die klassischen Grundregeln berücksichtigt.

Die Größe der einzudeckenden Besteckteile richtet sich nach der Größe des Anrichtegeschirrs.

Speisen	Besteckteile	Anrichteweise	Anmerkungen
Butter und Brot	Buttermesser oder Mittelmesser	Brotteller	Brot aus hygienischen Gründen in eine Stoffserviette einschlagen
Amuse-Bouches	Amuse-Bouche-Löffel, kleines oder mittleres Besteck	Unterschiedliche kleine Tellerformen, Gläser, Schälchen oder Tassen auf Untertellern	Amuse-Bouches werden teilweise auch ohne Besteck konsumiert (Fingerfood).
Kalte Vorspeisen			
Allgemein	Mittelmesser und Mittelgabel	Kalter französischer Teller	
Kalte Fischvorspeisen	Fischmesser und Fischgabel, Mittelmesser und Mittelgabel	Kalter Fischteller oder französischer Teller	Für schwer zu zerteilende Fischvorspeisen, z. B. gebeizter oder geräucherter Lachs, Mittelmesser und Mittelgabel eindecken
Vorspeisencocktail	Kleiner Löffel und kleine Gabel	Cocktailschale auf Mittelteller mit Papierserviette	Bei Vorspeisencocktails das Besteck auf dem Unterteller mitservieren

Suppen			
Klare Suppen/ Kraftbrühen	Mittellöffel (Bouillonlöffel)	Heiße Suppentasse mit Untertasse auf Mittelteller mit Papierserviette	Klare Suppen werden in der Suppentasse serviert.
Gebundene Suppen/ Cremesuppen	Großer Löffel	Tiefer Teller auf französischem Teller mit Papierserviette	Gebundene Suppen und Suppen mit Einlage (Eintöpfe) werden im tiefen Teller serviert.
Spezialsuppen: Hummersuppe, Essenzen (z. B. Fasanenessenz)	Kleiner Löffel oder Espressolöffel	Heiße Kaffeetasse oder Espressotasse, mit Untertasse auf Mittelteller mit Papierserviette	Der Henkel zeigt beim Einsetzen nach links; der Löffel wird angelegt.
Warme Vorspeisen			
Allgemein	Mittelmesser und Mittelgabel	Heißer französischer Teller	
Nudelgerichte (Pastagerichte)	Mittelgabel und Mittellöffel In Italien: Mittelgabel	Heißer Pastateller oder tiefer Teller auf französischem Teller mit Papierserviette	Die Mittelgabel rechts eindecken, der Löffel liegt in diesem Fall links. Bei Pastagerichten im À-la-carte-Geschäft wird großes Besteck eingedeckt.
Fische	Fischmesser und Fischgabel oder Gourmetlöffel und Fischgabel	Heißer französischer Teller oder Fischteller; Fisch- oder Servierplatte (für gebratene oder gegrillte Fische im Ganzen)	Bei Fisch im Ganzen (z. B. Forelle) Grätenteller einsetzen. Bei Fischgerichten in Sauce eventuell anstelle des Fischmessers einen Gourmetlöffel eindecken.
Krustentiere (Hummer, Scampi ...)	Mittelmesser und Mittelgabel	Heißer französischer Teller	Fingerbowl und Abfallteller einsetzen
Hauptspeisen			
Allgemein	Großes Messer und große Gabel	Heißer englischer Teller	Bei Bedarf Knochenteller einsetzen
Nachspeisen			
Käse	Mittelmesser und Mittelgabel	Käsewagen, Käsebrett, Käseplatte, kalter französischer Teller	
Warme Desserts	Mittellöffel und Mittelgabel	Heißer französischer Teller Soufflés in feuerfester Portionsauflaufform	Bei Soufflés in Portionsauflaufformen gegebenenfalls kleines Besteck eindecken
Kalte Desserts	Mittellöffel und Mittelgabel Kleiner Löffel und kleine Gabel	Kalter französischer Teller Sekt- oder Weinglas, Glas- oder Porzellanschale auf Unterteller (Mittelteller) mit Serviette	Werden kalte Desserts nicht auf einem französischen Teller, sondern in anderer Form angerichtet, wird in der Regel ein kleines Besteck eingedeckt.
Obst	Mittelmesser und Mittelgabel; Obstbesteck, wenn vorhanden	Mittelteller oder Obstkorb oder Obstschale mit Mittelteller	Fingerbowl und Ablageteller für Schalen und Kerne eindecken
Petits Fours, Pralinen, Konfekt			
Allgemein	Können ohne Besteck konsumiert werden	Kleine Platte, Etagere, Mittel- oder Brotteller mit Spitzenpapier	Sie werden in der gehobenen Gastronomie meist zu Kaffee und Digestif als zusätzliche Aufmerksamkeit gereicht.

3 Frühstück

Das Frühstück ist die erste Mahlzeit des Tages und hat für die meisten Gäste große Bedeutung. Da viele Gäste speziell am Morgen weder über Zeit noch Geduld verfügen, ist ein rascher, freundlicher und aufmerksamer Service besonders wichtig.

Frühstück wird meist zwischen 6:30 und 10:00 Uhr angeboten, zunehmend auch bis zur Mittagszeit und darüber hinaus. Viele Cafés bzw. Betriebsformen der Systemgastronomie widmen sich verstärkt dem Frühstück, um den Betrieb besser auszulasten.

DAS SOLLTEST DU SPEICHERN

In Hotels wird für das Frühstück bereits am Vorabend alles eingedeckt. Je nach Frühstücksart wird unterschiedlich eingedeckt.

Immer mehr Betriebe bieten Frühstück weit über Mittag hinaus an

„Iss morgens wie ein Kaiser, mittags wie ein König und abends wie ein Bettelmann." Ist das Frühstück wirklich die wichtigste Mahlzeit des Tages? Und wenn ja, warum? Wie sieht dein Frühstück aus? Diskutiere mit deinen Kolleginnen und Kollegen.

3.1 Frühstücksgedecke

Gedeck für das einfache Frühstück

Angebot

- Eine Portion Frühstücksgetränk wie Kaffee, Tee, Kakao (mindestens zwei Tassen)
- Je eine Portion Butter, Konfitüre und Honig
- Eine Auswahl an Frühstücksgebäck

1. Mittelteller
2. Serviette
3. Mittelmesser
4. Untertasse mit kleinem Löffel

Befindet sich Schnittbrot im Gebäckangebot, wird noch eine Mittelgabel links vom Teller eingedeckt.

Gedeck für das erweiterte Frühstück

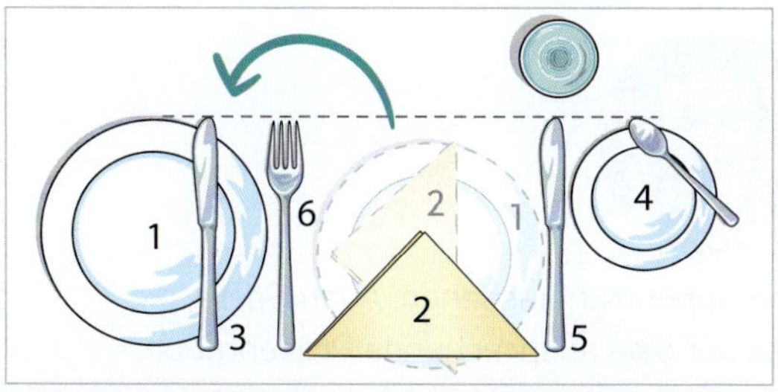

Hier hat der Gast ein Spiegelei bestellt. Das Mittelmesser (3) wird auf den Mittelteller (1) gelegt und nach links verschoben. Mittelmesser (5) und Mittelgabel (6) werden eingedeckt. Wird die bestellte Speise auf einem englischen Teller serviert (z. B. Omelette), wird ein großes Besteck nachgedeckt.

Angebot

- Einfaches Frühstück, zusätzlich ein Glas Frucht- oder Gemüsesaft, Wurst- oder Käseplatte oder Eiergerichte (z. B. Omeletts), Joghurt, Quark oder Müsli
- Der Gast kann seine Komponenten auch aufgrund eines Fixpreises bestellen.

1. Mittelteller
2. Serviette
3. Mittelmesser
4. Untertasse mit kleinem Löffel
5. Mittelmesser
6. Mittelgabel

Bacon and Eggs oder Ham and Eggs sind die bekanntesten und am häufigsten verlangten Gerichte

Gedeck für das interkontinentale Frühstück

Interkontinentales Frühstück ist ein **Sammelbegriff für das englische und das amerikanische Frühstück.** Nach der Fülle des Angebotes kommt es einer Hauptmahlzeit gleich. Es besteht aus einem Frühstücksgetränk, Butter, Konfitüre, Jam, Honig, Toast, verschiedenen Brotsorten und Frischgebäck (Brötchen, Brioche, Plunderteiggebäck, Spezialgebäck etc.). Zusätzlich kann der Gast weitere Gerichte bestellen.

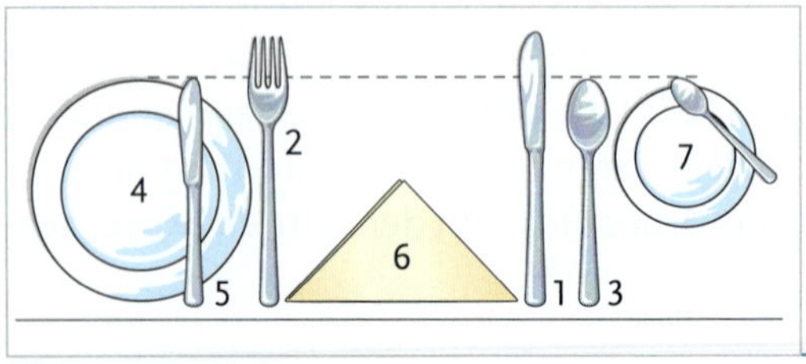

1. Großes Messer
2. Große Gabel
3. Mittellöffel oder großer Löffel
4. Mittelteller
5. Mittelmesser
6. Serviette
7. Untertasse mit kleinem Löffel

3.2 Frühstücksbuffet

Viele Gäste bevorzugen ein Frühstücksbuffet, da sie individuell aus einem großen Speisen- und Getränkeangebot auswählen können. Außerdem müssen sie nicht auf das Frühstück warten. Der Aufbau eines Frühstücksbuffets kann je nach Betriebsart und Art der Gäste sehr unterschiedlich sein.

CHECKLISTE

- ☐ Das Angebot soll für den Gast überschaubar sein.
- ☐ Um das Buffet herum soll ausreichend Platz sein, damit die Gäste alles problemlos erreichen können und der Gästefluss nicht stockt.
- ☐ Speisen und Getränke sollen gut lesbar gekennzeichnet sein, v. a. Spezialprodukte wie z. B. laktosefreie Milch.

An den Gästetischen kann wie für das interkontinentale Frühstück eingedeckt werden. Häufig wird jedoch nur wie für das einfache Frühstück eingedeckt und die Gäste wählen am Buffet selbst die von ihnen benötigten Besteckteile.

TIPP VOM PROFI

Ein Buffet sollte immer schön und appetitlich aussehen. Auch Gäste, die später kommen, haben ein Recht auf eine ansprechende Präsentation.

- Sorge dafür, dass das Buffet rechtzeitig nachbestückt wird.
- Achte auf Gäste, die Fragen zum Speisenangebot oder Bestellwünsche haben.
- Räume benutztes Geschirr und Besteck ab und decke die Tische für nachfolgende Gäste neu.
- Achte darauf, dass das Buffet auch gegen Ende der Frühstückszeit sauber ist.
- Informiere die Gäste am Ende der Frühstückszeit, dass das Buffet in Kürze abgeräumt wird.

Viele Buffets bieten auch ein Teebuffet und eine vollautomatische Kaffeemaschine. Kakao wird üblicherweise auf Bestellung serviert.

Beispiel für den Aufbau eines Frühstücksbuffets

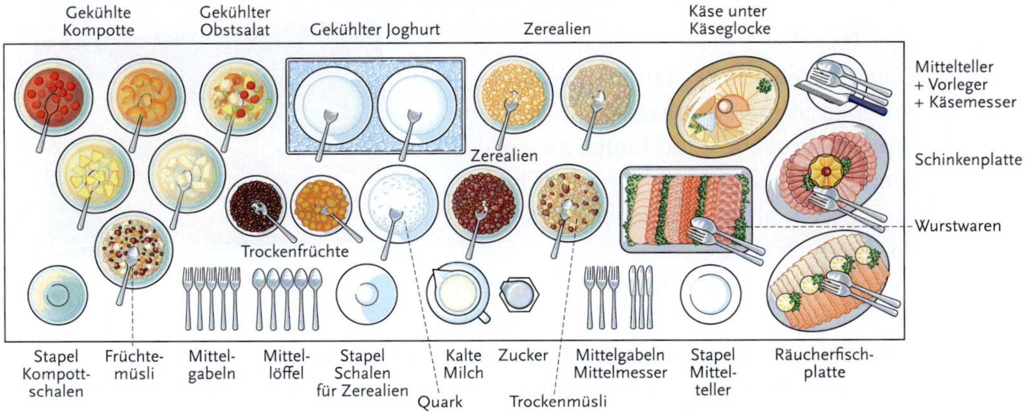

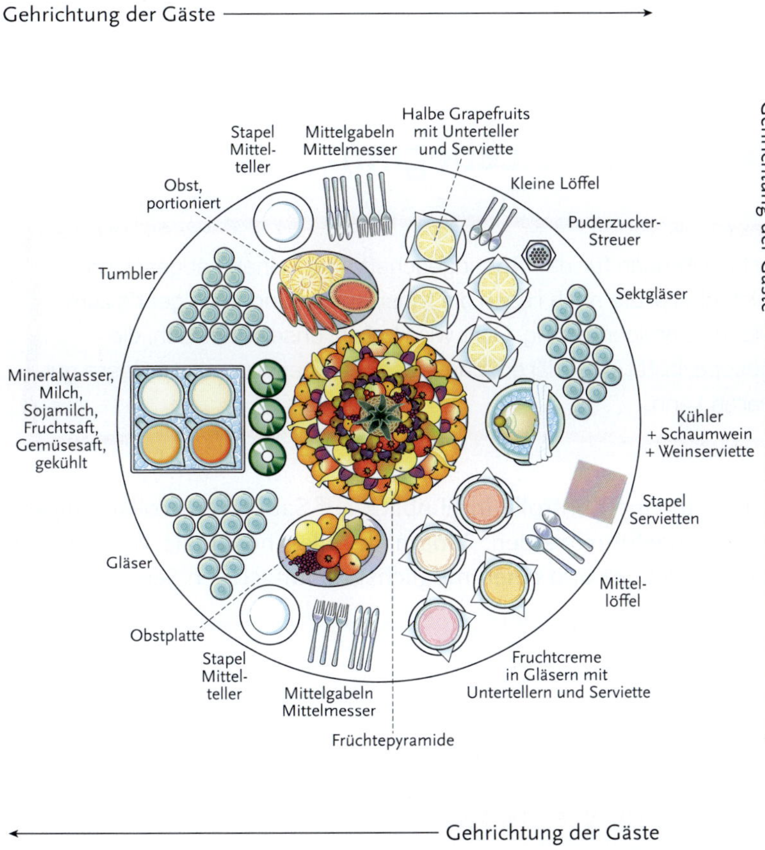

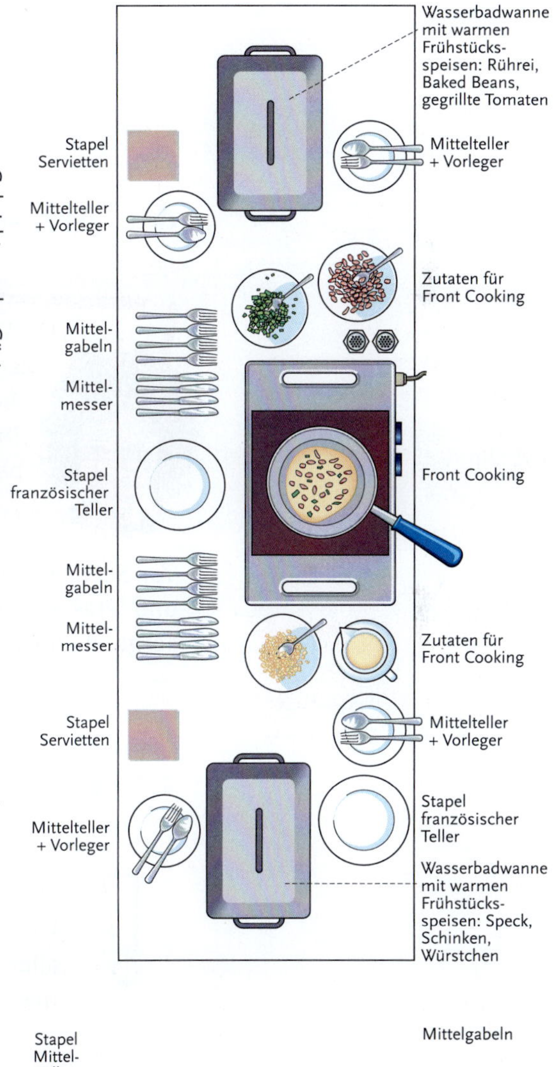

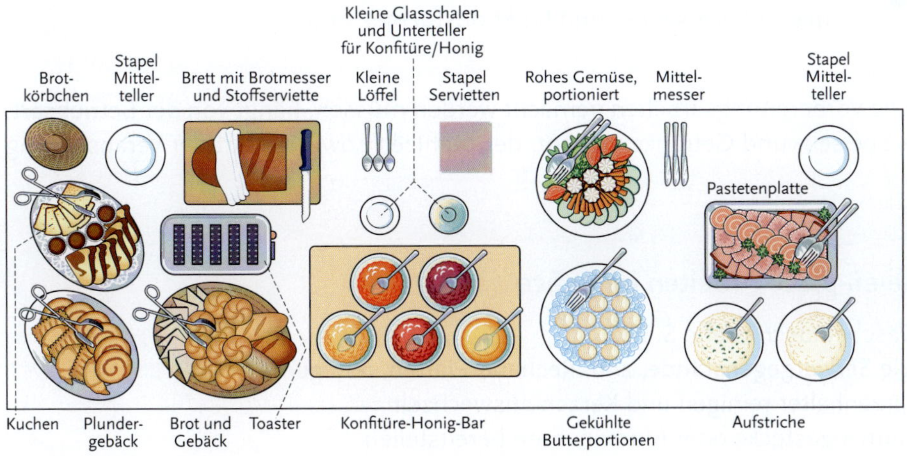

Der Brunch

Diese Bezeichnung stammt aus dem Amerikanischen und setzt sich aus den Wörtern **Br**eakfast und L**unch** zusammen. Damit ist auch bereits der Charakter dieser Mahlzeit zwischen 11:00 und 14:00 Uhr erklärt.
Viele Betriebe bieten speziell sonntags und an Feiertagen Brunchbuffets an. An Speisen und Getränken wird alles angeboten, was auch bei einem Frühstücksbuffet zu finden ist. Dazu kommen kalte Vorspeisen, Salate, Suppen, Fleisch- und Fischgerichte sowie kalte und warme Desserts. Der Gast bezahlt einen Fixpreis.

4 Arbeiten vor Servicebeginn

Die Vorbereitungen für das Abendgeschäft sind beinahe abgeschlossen. Ich überprüfe noch rasch die Musikanlage und dann geht's zum täglichen Servicemeeting. Dort wird Lukas, unser Chefkoch, die Tagesspezialitäten erklären, damit das Servicepersonal die Gäste gut beraten kann.

Vor Servicebeginn sollte eine Kontrolle in Hinblick auf Sauberkeit, Vollständigkeit und Präsentation durchgeführt werden. Indem du alles nochmals kontrollierst, sorgst du für einen guten Start und einen möglichst reibungslosen Servierablauf.

4.1 Mise en place

DAS SOLLTEST DU SPEICHERN

Unter Mise en place versteht man das Vorbereiten und Zurechtlegen aller für den Service notwendigen Gegenstände. Zusätzlich kontrolliert man, ob sie sauber und funktionstüchtig sind.

Welche Vorbereitungsarbeiten gemacht werden müssen, hängt von der Betriebsart, dem Speisen- und Getränkeangebot, der Mahlzeit sowie der Art der Veranstaltung ab.

Mise-en-place-Arbeiten im Office

- Wäschetausch, siehe S. 222
- Alle Serviergegenstände, z. B. Rechaud-Platten, reinigen
- Kerzenhalter reinigen und Kerzen auswechseln
- Blumengestecke oder Blumenvasen bereitstellen

- Menagen, z. B. Salz, Pfeffer, Essig und Öl, reinigen und nachfüllen
- Flambier-, Aperitif-, Digestif- und Käsewagen reinigen und mit Besteck, Tellern, Gläsern etc. auffüllen
- Cloches, Wein- und Sektkühler reinigen
- Maschinen im Office-Bereich (z. B. Kaffeemaschine, Wasser- und Saftspender, Kühlschränke, Eiswürfelmaschine) reinigen
- Erforderliches Porzellan polieren und teilweise warm stellen
- Gläser und Besteckteile polieren
- Silber-, Kupfer- oder Messinginventar (z. B. Flambierpfannen, Vorlegeplatten) polieren
- Gegenstände, die für die Mahlzeit (z. B. Frühstück) oder die Veranstaltung (z. B. Stehbuffet) benötigt werden, vorbereiten
- Leergut (Flaschen, Kisten etc.) wegräumen
- Diverse Abfallbehälter entleeren

der Aperitif = Getränk, das vor dem Essen serviert wird, um den Appetit anzuregen

der Digestif = Begriff aus dem Französischen, bedeutet „verdauungsfördernd"; ist ein Getränk, das nach dem Essen angeboten wird

Mise-en-place-Arbeiten am Küchenpass

Diese fallen je nach Betriebstyp mehr oder weniger umfangreich aus. Mögliche Vorbereitungsarbeiten in Absprache mit der Küchenbrigade können sein:

- **Am Küchenpass:**
  - Teller, Tassen, diverse Platten, Näpfchen, Saucieren und Terrinen bereitstellen
  - Rechauds vorheizen
  - Brot-und-Butter-Mise-en-place (Butterschalen mit Unterteller und Serviette, Brotkörbe mit Stoffservietten, Brotzange bzw. Vorlegebesteck),
  - Näpfchen mit warmem Wasser und Papierserviette zum Reinigen von Tellern beim Anrichten bereitstellen
  - Unterschiedliche Cloches sowie diverse Teller und Platten bereitstellen (z. B. Unterteller mit Servietten für Suppen und Gerichte im tiefen Teller)
  - Schlitten und Silbertabletts mit Stoffserviette bereitstellen
- **Tagesaktuelle Informationen** wie Functionsheets, Menüs, Beilagenänderungen, Musterbilder von Gerichten bei Veranstaltungen u. Ä. aushängen
- **Unmittelbar vor Servicebeginn** Behältnisse mit Garniturbestandteilen (z. B. Kräutern, Blüten, Kartoffelchips) bereitstellen

Staple beim Mise en place am Küchenpass die Suppentassen nicht zu hoch und stelle alle Henkel einheitlich. So sparst du Platz und verhinderst, dass etwas zu Bruch geht.

der Rechaud = Wärmetisch bzw. -platten an der Speisenausgabe

das Functionsheet = Ablaufplan/ Bankettlaufzettel

Mise-en-place-Arbeiten im Restaurant

Zunächst wird das Grund-Mise-en-place auf einem Tisch oder auf einer Servante (einem Sideboard) hergerichtet, damit man keine langen Wege zurücklegen muss, um die Gegenstände aus dem Office zu holen.

Folgende Gegenstände werden bereitgelegt:

- Tischwäsche: Moltons, Tischtücher, Mund- und Deckservietten
- Teller: Brot-, Mittel- und Platzteller
- Besteck: Messer, Gabeln, Löffel, Vorlegebestecke, Spezialbestecke
- Menagen: Salz, Pfeffer, Zucker, Essig, Öl, Senf, Ketchup, Würzsaucen und Parmesan
- Tabletts und Schlitten
- Rechaud-Platten
- Tischbesen und -schaufel
- Papierservietten, Zierservietten, Trinkhalme, Zahnstocher (einzeln verpackt)
- Handservietten, Weinservietten
- Speisen- und Getränkekarten
- Bon- und Paragonblöcke mit Durchschlag, Schreibblöcke für Bestellaufnahme

Checkliste vor Servicebeginn

Sauberkeit, Zustand und Vollständigkeit des Inventars

- Gläser, Porzellan und Besteck
- Tischwäsche und Servietten (Mund-, Hand-, Wein- und Papierservietten etc.)
- Menagen (Zucker, Salz- und Pfefferstreuer, Würzsaucen, Essig, Öl etc.)
- Brotkörbe und Butterservice
- Servante (Sideboard) und Beistelltisch
- Office (Mise en place für den jeweiligen Service, z. B. Mittagsservice)

Beleuchtung, Musik und Technik

- Eingang (Foyer), Beleuchtung im Restaurant (Leuchten, Lüster, Spots), Kerzen und Windlampen
- Hintergrundmusik (Lautstärke)
- Raumtemperatur und Belüftung
- Funktionstüchtigkeit des Kassensystems

Sauberkeit der Räumlichkeiten

- Eingang (Foyer)
- Fenster, Boden
- Tische, Theke, Stühle, Hocker und Bänke
- Vorhänge
- Bilder und Dekoration
- Teppiche
- Garderobe

Verkaufshilfen und Präsentation

- Speisenkarten, Tageskarten (Aktualität), Wein- und Getränkekarten
- Buffets (Salat-, Vorspeisen-, Dessertbuffet etc.)
- Getränkewagen (Aperitif-, Digestif-, Tee- und Kaffeewagen), Dessertwagen, Käsewagen, Weinklimaschrank und Displaytische (siehe S. 290)
- Blumenschmuck und Dekor

Servicemitarbeiter/innen

- Pünktlichkeit, Erscheinungsbild (Kleidung) und Berufsausrüstung
- Servicebesprechung (Verkaufstraining und Tagesspezialitäten)
- Stationseinteilung
- Gästeliste (bei Hotelgästen)
- Reservierungen (VIPs bzw. Besonderheiten)
- Rechnungsmappe, Visitenkarten, Flyer für Promotions und Zusatzleistungen wie Catering, Tragtaschen, Decken für kühle Sommerabende, Sitzkissen u. Ä.

4.2 Servicebesprechung (Servicemeeting, Briefing)

Die Servicebesprechung wird vor dem Mittag- und Abendessen, kurz vor dem Eintreffen der Gäste und nach Abschluss der Vorbereitungsarbeiten im Restaurant durchgeführt. Sie sollte in ungestörter Umgebung und ohne Zeitdruck stattfinden, um alle wichtigen Informationen weiterzugeben. Ein sogenanntes Factsheet ist für die Servicemitarbeiter/innen eine große Hilfe und bietet einen besseren Überblick.

das Factsheet = Daten- oder Informationsblatt, auf dem Reservierungen, VIPs, spezielle Tagesgerichte etc. vermerkt sind

DAS SOLLTEST DU SPEICHERN

Das tägliche Servicemeeting hat den Zweck, die Mitarbeiter/innen über Tagesspezialitäten, Art und Anzahl der zu verkaufenden Speisen, Beilagen, Zubereitungsarten, gezielte Weinempfehlungen und die Stationseinteilung im Restaurant zu informieren.

Informierte Mitarbeiter/innen sind in der Regel selbstbewusster, motivierter und leistungsstärker und somit bessere Verkäufer/innen

Außerdem bietet es die Möglichkeit, über
- das angestrebte Umsatzziel,
- Verbesserungsvorschläge der Mitarbeiter/innen,
- Rückmeldungen der Gäste (Lob und Reklamationen) und
- Anerkennung (Motivationsanreiz) zu sprechen.

Ziele der täglichen Servicebesprechung

Alle Mitarbeiter/innen sollten nach der Servicebesprechung fähig sein,
- ein gezieltes Verkaufsgespräch mit dem Gast zu führen,
- mit Überzeugungskraft zu argumentieren,
- durch Selbstvertrauen sicher und rationell zu arbeiten sowie
- Verständnis für die Arbeit und mögliche Probleme der Küchenmitarbeiter/innen aufzubringen.

Gut geführte Servicemeetings
- sparen Zeit,
- festigen die Teamarbeit,
- erhöhen die Produktivität,
- verbessern die Qualität,
- steigern den Umsatz und
- begeistern das Team.

Briefings ersetzen jedoch keine gezielten fachlichen Schulungen in Bezug auf Speisen und Getränke.

Lob sollte immer öffentlich, Kritik jedoch nur unter vier Augen erfolgen.

WortschatzBox – „Vor dem Service"

- Welche Erklärung passt? Ordne die jeweils richtige Zahl zu.

① Mise en place ② Cloche ③ Servante ④ Factsheet ⑤ à la carte ⑥ Rechaud ⑦ Brunch

- Daten- oder Informationsblatt, auf dem Reservierungen, VIPs, spezielle Tagesgerichte etc. vermerkt sind ◯
- Möbelstück, worin man Besteck, Servietten, Tischdecken etc. griffbereit lagert ◯
- Vorbereiten und Zurechtlegen aller für den Service notwendigen Gegenstände ◯
- Abdeckhaube für Platten und Teller zum Warmhalten von Speisen während des Service ◯
- Der Gast stellt seine Speisenfolge anhand der Speisenkarte selbst zusammen. ◯
- Wärmetisch an der Speisenausgabe ◯
- Mischung zwischen Frühstück (Breakfast) und Lunch ◯

Ziele erreicht? – „Vor dem Service“

KOMPETENZ-ERWERB

1. In Martins Betrieb findet ein Geschäftsessen der nahe gelegenen Bankfiliale statt. Martin wird von seinem Chef beauftragt, fünf runde Sechsertische einzudecken. Martin weiß nicht so recht, womit er beginnen soll. Hilf ihm und beschreibe die richtige Reihenfolge.

2. Du sollst die Tische für den Mittagsservice vorbereiten. Das Mittagsmenü lautet: Tomatencremesuppe – Geschnetzelte Hühnerbrust mit Gemüse und Spätzle – Honig-Zimt-Parfait mit Schokoladensauce.

Erstelle eine Checkliste mit den einzudeckenden Besteckteilen und dem Geschirr, welches für das Menü benötigt wird.

3. Nenne mindestens drei Punkte, die bei einem Frühstücksbuffet sehr wichtig sind.

4. Führe jeweils ein Speisenbeispiel an, für welches die angegebenen Besteckteile eingedeckt werden:

Besteckteile	Speisen
Mittelmesser und Mittelgabel	
Fischmesser und Fischgabel	
Großer Löffel und große Gabel	
Mittelgabel und Gourmetlöffel	
Großes Messer und große Gabel	
Mittellöffel und Mittelgabel	

5. Ergänze die Grundgedecke mit jenen Besteckteilen, die der Gast für die angeführten Speisen benötigt.

Suppe in der Suppentasse
Fleischhauptspeise

Kalte Vorspeise
Fleischhauptspeise
Käseplatte

Kalte Vorspeise
Fischhauptspeise
Süßspeise

6. Beschreibe das Speisen- und Getränkeangebot eines einfachen und eines erweiterten Frühstücks.

7. Erkläre, was unter Brunch verstanden wird und zu welcher Tageszeit er angeboten wird.

8. Erkläre, was unter Mise en place verstanden wird.

9. Nenne drei Mise-en-place-Tätigkeiten auf der Servante/dem Sideboard.

10. Zähle jeweils vier mögliche Mise-en-place-Arbeiten im Office sowie am Küchenpass auf.

11. **Löst folgende Aufgabe in Kleingruppen:** Stellt für 24 Gäste eine Mise-en-place-Liste (Tischwäsche, Porzellan, Bestecke, Gläser, Sonstiges) für ein Vier-Gänge-Menü mit folgenden Gängen zusammen:

Vorspeisencocktail (z. B. Shrimps-Cocktail) – Klare Suppe – Hauptgang – Dessert mit Früchten
Zum Essen werden ein Weißwein und ein Rotwein sowie Wasser serviert. Als Abschluss gibt es Kaffeespezialitäten.

Bereitet das dafür benötigte Mise en place im Office vor. Diskutiert anschließend, ob der Arbeitsauftrag rationell durchgeführt wurde und notiert, was funktioniert hat und was beim nächsten Mal verbessert werden muss.

Einen interaktiven Safety-Check findest du in der TRAUNER-DigiBox.

LF 5: Gastbezogenen Service im Restaurant durchführen

Du findest

Umgang mit dem Gast

Die Umgangsformen, mit denen du den Gästen begegnest, sind die Visitenkarte deines Betriebes, aber auch deine eigene. Denke daran, wenn du mit einem Gast sprichst und sei höflich und zuvorkommend.

Darüber hinaus solltest du versuchen, die Bedürfnisse jedes einzelnen Gastes herauszufinden, um ihm den Aufenthalt so angenehm wie möglich zu gestalten.

So wie deine Umgangsformen den Kontakt mit dem Gast prägen, so beeinflussen sie auch das Miteinander im Team. Wenn der Ton zwischen den Teammitgliedern stimmt, ist die Atmosphäre im Restaurant spürbar besser.

KOMPETENZ-ERWERB

Meine Ziele

Nach Bearbeitung dieses Kapitels kann ich
- erklären, wie Gästeunzufriedenheit entsteht;
- verschiedene Gästetypen und Zielgruppen charakterisieren.

1 Unsere Gäste

Meine Freundin erzählte mir beim Kaffee: „Du kannst dir gar nicht vorstellen, was ich gestern im Restaurant erlebt habe. Ich habe Schnitzel mit Pommes frites bestellt und die Kellnerin bringt statt Pommes frites Salzkartoffeln. Ich habe sie auf den Fehler aufmerksam gemacht, aber sie sagte nur, Salzkartoffeln seien besser für meine Figur. Was für eine Frechheit!"

Hätte die Freundin von einem gewöhnlichen Restaurantbesuch erzählt, der zu ihrer Zufriedenheit abgelaufen ist? Hätte sie von einer ungewöhnlich netten Kellnerin berichtet? Diskutiere mit deinen Kolleginnen und Kollegen.

Die Gäste sind heute selbstbewusster, anspruchsvoller und informierter. Die Vergleichbarkeit von Angeboten und Preisen war noch nie einfacher. Daher ist besonders bei der Gästebetreuung ein kreatives Mehr gefragt, um Stammgäste zu gewinnen.

DAS SOLLTEST DU SPEICHERN

Kein Gast spricht über einen Aufenthalt in einem Hotel oder Restaurant, in dem seine Erwartungen erfüllt wurden. Nur Gäste, die begeistert sind, weil ihre Erwartungen übertroffen wurden, machen Mundpropaganda.

Zuerst musst du dir darüber klar werden, warum dein Gast etwas als gut oder schlecht einstuft.

Für deine Gäste solltest du immer ein offenes Ohr haben. Halte aufmerksamen Kontakt zu ihnen.

1.1 Gästebedürfnisse

Jeder Mensch hat zu fast allen Produkten oder Dienstleistungen eine gewisse, meist unklare Leistungserwartung. Diese Erwartung wirkt stark auf der unbewussten, emotionalen Ebene.

Wie entsteht im Menschen diese subjektive Leistungserwartung?

Subjektive Leistungserwartung

Der Mensch erwartet, was er aus vier verschiedenen Teilaspekten bewusst oder unbewusst in sich bündelt.

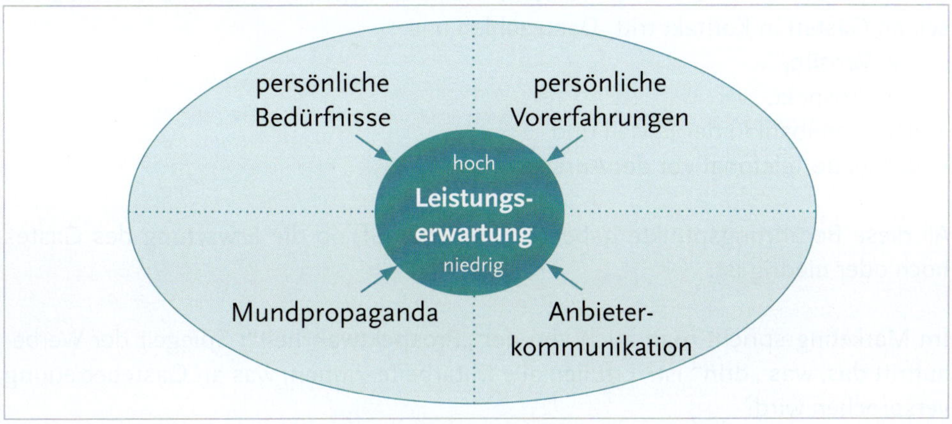

Diese vier Teilaspekte beeinflussen sehr stark, ob die Erwartung des Gastes hoch oder niedrig ist.

Je niedriger seine Erwartung ist, desto einfacher ist es, den Gast mit Unerwartetem zu überraschen. Je höher die Erwartung ist, desto schwieriger ist es, ihn zufriedenzustellen.

Persönliche Bedürfnisse

Welche persönlichen Bedürfnisse bringt der Gast mit? Wollen die Eltern Spaß mit ihren Kindern und ein entsprechendes Kinderangebot oder wollen sie gemeinsam im Wellnessbereich entspannen? Kommt der Gast zum Skifahren oder zu einer beruflichen Veranstaltung?

Die persönlichen Bedürfnisse kannst du in einem gut geführten **Verkaufsgespräch** erfragen und anschließend entsprechend darauf eingehen.

Persönliche Vorerfahrungen

Sind die Erwartungen des Studenten und der Topmanagerin hoch oder niedrig? Welche Erfahrungen haben die beiden wohl schon gemacht? Diskutiere mit deinen Kolleginnen und Kollegen.

Beispiel

Zwei sehr verschiedene Gäste mit sehr unterschiedlichen Vorerfahrungen:
Ein junger Student mit geringem Einkommen war noch nie im Urlaub. Er gewinnt bei einem Preisausschreiben einen Aufenthalt in deinem Fünfsternehotel. Eine Topmanagerin, die jede Woche in den besten Hotels der Welt absteigt, möchte ebenfalls in deinem Hotel zur Ruhe kommen.

Auch persönliche Vorerfahrungen findest du nur mit Fingerspitzengefühl durch **geschickte Fragetechnik** und **aktives Zuhören** im Verkaufsgespräch heraus. Dieses Wissen kannst du später einsetzen, um deinen Gast während seines Aufenthaltes positiv zu überraschen.

Verlässt du dich „blind" auf diese Empfehlung? Steigt dadurch deine Leistungserwartung? Diskutiere mit deinen Kolleginnen und Kollegen.

Mundpropaganda

Mundpropaganda ist wichtig für jeden Betrieb und durch **Social Media** und **Bewertungsplattformen** flexibler und schneller denn je. Man sollte aber nicht vergessen, dass **Empfehlungen** aufgrund persönlicher Erlebnisse und Vorerfahrungen entstehen. Deshalb kann ein Gast trotz positiver Mundpropaganda enttäuscht sein, weil er andere Bedürfnisse, Anforderungen und Eindrücke hat als die/der Empfehlende. Außerdem hat der Gast aufgrund der positiven Empfehlung eine sehr hohe Leistungserwartung.

Negative Berichte können Besuche verhindern, die möglicherweise angenehm und gut ausgefallen wären. Negative Mundpropaganda schraubt auf alle Fälle die Leistungserwartung an einen Betrieb nach unten.

Anbieterkommunikation

Unter Anbieterkommunikation versteht man alle Mittel, mit denen ein Betrieb mit seinen Gästen in Kontakt tritt. Dazu zählen u. a.

- die Website,
- das Prospekt,
- der Schreibstil in der E-Mail und
- das letzte Telefonat vor der Anreise.

All diese Berührungspunkte haben Einfluss darauf, ob die Erwartung des Gastes hoch oder niedrig ist.

Im Marketing spricht man auch von der **„Prospektwahrheit":** Spiegelt der Werbeauftritt das, was „drin" ist? Erfüllen alle Mitarbeiter/innen, was an Gästebetreuung versprochen wird?

Subjektives Leistungsempfinden

Durch die genannten Faktoren entstehen sehr individuelle Erwartungen, mit denen dein Gast den Betrieb betritt. Sobald er ankommt, beginnt er, seine **Wahrnehmung** bewusst und unbewusst mit seinen **Erwartungen** abzugleichen. In weiterer Folge haben diese **subjektiven Momentaufnahmen** wiederum Einfluss auf das Image des Betriebes.

Die Wahrnehmungspunkte des Gastes werden „Momente der Wahrheit" genannt

DAS SOLLTEST DU SPEICHERN

Unzufriedenheit, Zufriedenheit oder Begeisterung definiert allein dein Gast!

Gefühl des Gastes	Ergebnis	Effekt
Seine subjektiven Leistungserwartungen werden **übertroffen.**	**Gästebegeisterung** 	**Der Gast spricht darüber** und setzt somit positive Mundpropaganda in Bewegung. Gästebegeisterung entsteht erst, wenn man etwas erlebt, womit man nicht gerechnet hat.
Seine subjektiven Leistungserwartungen werden **erfüllt.**	**Gästezufriedenheit** 	**Der Gast spricht kaum darüber,** wenn Leistungsstandards erfüllt werden. Oder erwähnst du deinen Freunden gegenüber, dass ein Zimmer nicht schmutzig war oder das Essen soweit ganz gut?
Seine subjektiven Leistungserwartungen werden **nicht erfüllt.**	**Gästeunzufriedenheit** 	**7 von 10 Gästen erzählen schlechte Erlebnisse sofort weiter** – und an wesentlich mehr Personen. Dies kann im Bekanntenkreis passieren oder auch auf Bewertungsplattformen im Internet.

Darum wollen wir unsere Gäste begeistern

Gästebegeisterung führt zu Gästebindung, also zu **Stammgästen.** Dies sichert dem Betrieb seine Zukunft und dir deinen **Arbeitsplatz.**

Wenn Gäste begeistert sind, überträgt sich das auf dich und steigert deine **Motivation** und **Freude am Beruf.**

Zusätzlich führt die Begeisterung zu einem besseren **Trinkgeld!**

Wie umsichtig gehst du mit Gästebedürfnissen außerhalb deines Aufgabenbereiches um? Sprich mit einer Kollegin/einem Kollegen über eine Anfrage, für die du nicht zuständig bist und wie du damit umgehst.

Gästebedürfnisse erkennen

Jeder Gast bringt andere Hoffnungen und Wünsche mit. Dennoch kannst du, wenn du die Bedürfnisse deiner Zielgruppe kennst, jeden einzelnen Gast begeistern.

Achte immer darauf, dass du dich nicht von Stereotypen und Vorurteilen blenden lässt, wenn du versuchst, deine Zielgruppe zu beschreiben.

Achtung Schubladendenken

Stereotype

Unter Stereotype versteht man gleichbleibende oder häufig vorkommende Muster. Es sind meist unbewusste Zuordnungen, die aber auch positiv sein können.

Vorurteile

Vorurteile richten sich vielfach nicht auf Einzelpersonen, sondern kollektiv auf Menschengruppen. Angehörige bestimmter sozialer Gruppen werden nicht mehr in ihrer Individualität wahrgenommen, sondern bloß als Zugehörige dieser Gruppe.

1.2 Zielgruppen

Gibt es in deinem Betrieb klar definierte Gästezielgruppen? Diskutiere mit deinen Kolleginnen und Kollegen.

DAS SOLLTEST DU SPEICHERN

Eine Zielgruppe ist eine relevante Zahl von Gästen, die ähnliche Bedürfnisse, Wünsche und Erwartungen mitbringen.

Jede Zielgruppe hat andere Wünsche, die es zu erfüllen gilt. Diese können am besten durch gekonnte Fragetechnik herausgefunden werden. So kann optimal auf den Gast eingegangen werden.

Wenn du Informationen über (Stamm-)Gäste in Erfahrung gebracht hast, solltest du diese für alle Mitarbeiter/innen zugänglich im Gästeinformationssystem **(CRM)** hinterlegen

Wünsche und Bedürfnisse der Zielgruppen

Stammgäste

Bereits nach dem zweiten Aufenthalt fühlt sich ein Gast als Stammgast und möchte als solcher behandelt werden. D. h., er wird mit seinem Namen angesprochen. Besondere Wünsche (z. B. Vegetarier/in) sollten im **CRM (Customer Relationship Management)** festgehalten werden.

Stammgäste erwarten

- unaufgefordertes Erfüllen von Gewohnheiten und Wünschen (z. B. Lieblingstisch, Lieblingsgetränk etc.) und
- ehrliches Interesse an der Person.

Stammgäste sollten daher
- nach Möglichkeit von der/vom selben Mitarbeiter/in bedient und
- zu einem gewissen Grad in das Betriebsleben eingebunden werden (Du könntest z. B. von Neuerungen im Betrieb erzählen).

DAS SOLLTEST DU SPEICHERN

Für CRM-Systeme gelten die Bestimmungen der EU-Datenschutz-Grundverordnung (DSGVO) und des Bundesdatenschutzgesetzes (BDSG). Darin ist festgehalten, dass die Daten der Gäste nur mit deren Einwilligung gespeichert und nur für den vorgesehenen Zweck (z. B. Reservierung, Newsletter etc.) verwendet werden dürfen.

Passantinnen/Passanten

Als Passantinnen/Passanten bezeichnet man Gäste, die den Betrieb zum ersten Mal besuchen. Passantinnen/Passanten sollten
- nie den Eindruck haben, dass du dich um sie weniger bemühst als um andere Gäste.
- die Spezialitäten des Hauses empfohlen bekommen, von denen du weißt, dass sie bei den Gästen gut ankommen.

Ist ein/e Passant/in mit der Betreuung zufrieden, könnte er/sie zu einem Stammgast werden.

Geschäftsleute

Das Verhalten von Geschäftsleuten ist meist abhängig von der Mahlzeit bzw. Tageszeit, zu der sie kommen. Mittags haben sie es in der Regel eilig, abends bringen sie oft Geschäftspartner/innen mit, die sie verwöhnen wollen.

Geschäftsleute erwarten
- einen besonders aufmerksamen und
- schnellen Service (Business Lunch statt À-la-carte-Gerichte) sowie
- schnelles Kassieren.

Geschäftsleute, die Stammgäste sind, zahlen nicht immer direkt nach der jeweiligen Mahlzeit, sondern häufig in Form einer Monatsrechnung.

Business Lunch = ist für Gäste gedacht, die nur eine begrenzte Zeit zum Essen zur Verfügung haben. Häufig werden Wahlmenüs oder ein Buffet angeboten.

À la carte = Die Gäste stellen ihre Speisenfolge anhand der Speisenkarte selbst zusammen.

TIPP VOM PROFI

Viele Geschäftsleute nutzen den Aufenthalt im Restaurant, um mit ihren Geschäftspartnerinnen/-partnern in entspannter Atmosphäre Verschiedenes zu besprechen. Frage sie, ob ein ruhiger Tisch gewünscht ist (natürlich nur, wenn ein solcher Tisch frei ist).

Einzelgäste

Das Wichtigste ist, den Einzelgast bei der **Platzierung** nicht zu benachteiligen. Er bekommt seinen eigenen Tisch. Ihm sollte weder ein „Katzentisch“ (Tisch, der bei den Toiletten oder der Tür zur Küche steht) noch der „Präsentierteller“ (Tisch, der mitten im Raum steht) zugemutet werden. **Zeitungen** und **Zeitschriften** sind gerade bei Einzelgästen sehr gefragt. Sollte kein Tisch für den Einzelgast frei sein, ist beim Zuplatzieren besonderes Fingerspitzengefühl gefragt.

Kinder, die im Restaurant herumtollen, können sowohl die Servicemitarbeiter/innen als auch sich selbst gefährden!

Da Kinder meist nicht sehr viel Geduld haben, solltest du ihnen das Essen möglichst schnell servieren. Darüber hinaus können ihnen die Eltern helfen, ohne dass ihr eigenes Essen kalt wird.

Kinder

Kinder sind die Gäste der Zukunft und trotzdem werden sie in manchen Betrieben noch immer als Belastung und Lärmquelle empfunden. Für viele Kinder ist es ein Erlebnis, in ein Restaurant mitgehen zu dürfen. Fühlen sie sich wohl, kommen die Eltern mit ihnen wieder.

Kinder wünschen sich
- Mal- und Spielsachen oder eine Spielecke,
- Kindermenüs oder -gerichte, die lustig aussehen,
- altersgerechtes Besteck,
- kindergerechtes Geschirr (z. B. Tumbler statt Stielglas),
- bunte Trinkhalme und Dekorationen,
- Kindersitze und Polster.

Weibliche Gäste

Eine professionelle, **geschlechtsunabhängige Betreuung** wird erwartet. Das alte Rollenverständnis, bei dem die Weinkarte, die Rechnung etc. automatisch dem Herrn gereicht wurden, ist passé. Insbesondere weibliche Businessgäste legen Wert darauf, den Wein selbst auszuwählen, zu verkosten und die Rechnung zu begleichen.

60-plus-Gäste

Der Anteil älterer Menschen an der Gesamtbevölkerung steigt ständig. Die heutigen Seniorinnen/Senioren sind **fit, mobil, aktiv, selbstbestimmt, genussorientiert, preis-** sowie **leistungsbewusst** und meist **zahlungskräftig.**

Viele Betriebe haben den Begriff „Seniorenteller" bereits aus der Speisenkarte gestrichen. Denn nicht nur ältere Gäste wünschen häufig kleinere Portionen. Gründe dafür können Kalorienbewusstsein, kleiner Hunger oder heißes Wetter sein. Oft werden die Preise sowohl für die Normalportion als auch für eine kleinere Portion angegeben.

Gebrechliche Gäste

Manchmal werden gebrechliche Gäste im Restaurant etwas von oben herab behandelt oder bevormundet. Das ist besonders schade, da eine herzliche, zuvorkommende Betreuung gerade von dieser Gästegruppe sehr geschätzt und honoriert wird und sie zu Stammgästen werden lässt.

Was du im Umgang mit gebrechlichen Menschen beachten solltest:
- Nimm Rücksicht und sei geduldig.
- Biete Hilfe beim Platznehmen und Aufstehen sowie beim Ab- und Anlegen der Garderobe an.
- Der Weg vom Tisch zum Buffet ist für gebrechliche Menschen oft beschwerlich. Stelle für sie die Speisen am Buffet zusammen und serviere sie.

DAS SOLLTEST DU SPEICHERN

Frage vorher immer nach, ob Hilfe gewünscht ist. Manche Gäste könnten ein Zuviel möglicherweise als Bevormundung empfinden.

Gäste mit Behinderung

Bei körperlich und/oder geistig beeinträchtigten Gästen ist oft eine **Hilfestellung** angebracht. Diese Gäste schätzen einfühlsame Hilfe, aber auf keinen Fall demonstratives Mitleid.

- Achte bei Personen im Rollstuhl oder mit einem Gipsbein auf die Platzierung (keine Stufen).
- Nimm dir ausreichend Zeit für Gäste mit Sprachstörungen oder schlechtem Gehör.
- Geistig eingeschränkte Personen kommen in der Regel mit einer Begleitperson. Wende dich an diese, wenn es zu Unklarheiten kommt oder du das Gefühl hast, dass eine besondere Hilfestellung notwendig ist.

Vergiss nicht, dass z. B. eine Rampe für Rollstuhlfahrer/innen noch kein barrierefreies Hotel ausmacht, eine Kinderkarte noch kein familienfreundliches Restaurant darstellt und ein Fitnessraum noch kein Sportlertempel ist – dazu braucht es viel mehr.

Internationale Gäste

Drei wesentliche Faktoren für die erfolgreiche Betreuung internationaler Gäste sind:

Fremdsprachenkenntnisse	Speisenkarten in mehreren Sprachen	Rücksicht auf deren Kultur

Erstklassige Betriebe setzen auf sprachkundige Mitarbeiter/innen. Gäste schätzen nicht nur eine fachliche Beratung in einer ihnen bekannten Sprache, sondern auch kleine Plaudereien.	Speisenkarten in mehreren Sprachen sind für Servicemitarbeiter/innen eine große Hilfe, die viel Zeit und Mühe spart.	Es ist wichtig, Rücksicht auf die Kultur und Essgewohnheiten internationaler Gäste zu nehmen. Unwissenheit und Unbedachtheit können zu Missverständnissen oder sogar Beleidigungen führen.

Natürlich nicht – Ess- und Trinkgewohnheiten in anderen Ländern beschreiben eine Tendenz und niemals einen einzelnen Menschen

DAS SOLLTEST DU SPEICHERN

Gerade in der Gastronomie, wo oft **verschiedene Kulturen** aufeinandertreffen, ist ein **sensibler Umgang** angebracht. Durch unterschiedliche Erziehung, Religion und politische Ansichten hat jeder Mensch seine eigenen, **individuellen Grenzen,** die respektiert werden müssen.

Nur, wenn du etwas über die Herkunft deiner Gäste weißt, kannst du dich entsprechend auf sie einstellen und besser mit ihnen umgehen.

Eine digitale Übung zum Thema findest du in der TRAUNER-DigiBox.

Umgang mit anderen Kulturen

Einen hervorragenden Umgang mit Gästen aus anderen Kulturen zu lernen, ist eine spannende Herausforderung. Die Multikulturalität nimmt nicht nur innerhalb der Betriebe zu, sondern ganz besonders unter den Gästen.

Wenn du schon einmal internationale Gäste betreut hast, hast du bestimmt schon festgestellt, dass z. B. Südeuropäer/innen ein weitaus geringeres bzw. Osteuropäer/innen ein etwas geringeres Distanzbedürfnis haben als Mitteleuropäer/innen. Die Betreuung internationaler Gäste verlangt also viel Einfühlungsvermögen und Sorgfalt.

Welche Erfahrungen hast du schon mit internationalen Gästen gemacht? Diskutiere mit deinen Kolleginnen und Kollegen.

1.3 Gästetypen

Es gibt die unterschiedlichsten Typen von Menschen, mit denen du tagtäglich im Restaurant konfrontiert bist. Du musst erkennen, mit wem du es zu tun hast und dich entsprechend verhalten.

Klassifiziere oder beurteile deine Gäste niemals nach deren Aussehen oder Kleidung. Dein Gast möchte in seiner Individualität wahrgenommen aber mit dem gleichen Respekt behandelt werden.

Der anspruchsvolle Gast

Dieser Typ ist sehr leicht zu bedienen. Er weiß, was er will, legt auf gute Beratung großen Wert, bringt dabei seine eigene Meinung ein und ist bereit, für gute Qualität mehr Geld zu bezahlen.

Lasse dich nicht aus der Ruhe bringen, sei selbstbewusst, zeige ihm, dass er eine gute Wahl getroffen hat, und mache ein Kompliment. Berate ihn umfassend, ohne belehrend zu wirken und sei flexibel bei Änderungswünschen.

TIPP VOM PROFI

Überrasche diesen Gast mit einer Besonderheit wie einer guten Flasche Wein, die nicht auf der Karte steht. So kannst du ihn wirklich begeistern!

Der sparsame Gast

Dieser Gast überlegt lange und bestellt vorsichtig. Er versucht zu sparen, wo es möglich ist. Wenn du ihm teure Speisen und Getränke anbietest, kommt er in Erklärungsnot und fühlt sich unwohl.

Gehe auf die Wünsche dieses Gastes ein. Behandle ihn wertschätzend, auch wenn er das günstigste Gericht wählt. Wenn er sich wohlfühlt, kannst du in ihm einen treuen Stammgast finden.

Der/die Angeber/in

Er/sie steht gerne im Mittelpunkt, protzt mit Sprüchen und Statussymbolen. Dieser Gast behandelt das Personal meist abschätzig. Sieh über die eine oder andere Bemerkung hinweg und schenke ihm Aufmerksamkeit. Nutze sein Geltungsbewusstsein und biete ihm nur die besten Produkte an – so steigerst du auch deinen Umsatz.
Lasse dich nicht provozieren. Wenn er allerdings beleidigend oder anzüglich wird, weise den Gast in die Schranken und informiere deine/n Vorgesetzte/n.

Es ist mir schon passiert, dass ich einen Gast komplett falsch eingeschätzt habe. Ich dachte, er sei eingebildet. Er war aber sehr nett. Warum ist es so schwer, die Gäste richtig einzuschätzen?

Der Gast ist König - also bekomme ich alles, was ich will!

Diskutiere mit deinen Kolleginnen und Kollegen darüber, ob dieser Grundsatz immer gilt.

Der unsichere Gast

Dieser Gast wartet förmlich darauf, dass du ihm hilfst und ist dankbar, wenn du ihn begrüßt und die Platzwahl für ihn triffst. Hilf ihm bei der Speisenauswahl und vermittle ihm das Gefühl, eine gute Wahl getroffen zu haben.

Dieser Gast fühlt sich sehr schnell fehl am Platz. Zeige ihm/ihr, dass er/sie willkommen ist und nimm dir etwas mehr Zeit für ein Gespräch, dann kommt er/sie gerne wieder.

Der Gast in Eile

Der eilige Gast wirkt nervös und kommt meist gehetzt ins Restaurant. Er braucht sofort die Karte, bestellt schnell und möchte keine Beratung. Wenn du seine Bestellung nicht schnell genug bringst, wird er nach dir rufen und wahrscheinlich im Tonfall ernster. Das wirkt oft unhöflich, meist ist es aber nicht so gemeint.

Gib diesem Gast das Gefühl, seine Zeit nicht unnötig zu beanspruchen.

Natürlich könnte die Aufzählung der Gästetypen noch erweitert werden. Ein Arbeitsblatt dazu findest du in der TRAUNER-DigiBox.

WortschatzBox – „Umgang mit dem Gast“

- Ordne die folgenden Begriffe den passenden Erklärungen zu:

Vorurteil ■ CRM ■ Zielgruppe ■ Stereotyp

______	⇒	Gästeinformationssystem; du hältst dort alle wesentlichen Informationen über deine Gäste für alle Mitarbeiter/innen zugänglich fest
______	⇒	Menschen werden nicht als Individuen wahrgenommen, sondern als Teil einer Menschengruppe kollektiv be- oder verurteilt
______	⇒	gleichbleibendes oder häufig vorkommendes (z. B. Verhaltens-) Muster, kann auch positiv sein
______	⇒	relevante Zahl von Gästen, die ähnliche Bedürfnisse, Wünsche und Erwartungen mitbringen

Ziele erreicht? – „Umgang mit dem Gast“

KOMPETENZ-ERWERB

1. Nenne die vier Teilaspekte, die die subjektive Leistungserwartung der Gäste beeinflussen.
2. Beschreibe, worauf du bei der Betreuung folgender Gästegruppen besonders achtest.
   a) Stammgäste
   b) Passantinnen/Passanten
   c) Gäste mit einer Behinderung

Einen interaktiven Safety-Check findest du in der TRAUNER-DigiBox.

Servicearten

Hingehört! Die Aussprache vieler fremdsprachiger Fachbegriffe kannst du im E-Book, das du in der TRAUNER-DigiBox findest, durch Anklicken des Wortes anhören.

Der Begriff „Service" hat verschiedene Bedeutungen. Ganz allgemein versteht man darunter eine Dienstleistung. Im Restaurant versteht man darunter in der Regel, dass dem Gast Getränke und Speisen serviert, also gebracht, werden. In diesem Kapitel beschäftigen wir uns jedoch mit dem „Wie", also der Art und Weise, wie die Gäste mit Speisen und Getränken versorgt werden.

KOMPETENZ-ERWERB

Meine Ziele

Nach Bearbeitung dieses Kapitels kann ich

- die einzelnen Servicearten erklären;
- die Vor- und Nachteile der einzelnen Servicearten nennen;
- die Bedeutung des Services für die Gäste (Zielgruppe) erläutern;
- die Bedeutung des Services für die betrieblichen Ziele nennen;
- beurteilen, welche Serviceart zu welchem gastronomischen Konzept passt.

1 Selbstbedienung

In einer Gastrozeitschrift steht: „Ein Selbstbedienungsrestaurant ist sozusagen ein Schnellrestaurant, denn die Selbstbedienung der Gäste dient in erster Linie der Verkürzung des Aufenthaltes." Aber ist das wirklich alles, was man darüber wissen muss?

In Fastfood-Restaurants ist Selfservice häufig anzutreffen. Organisatorisch wird zwischen Counterservice, Onlineservice und Free-flow-Service unterschieden. Von Take-away spricht man, wenn der Gast an einer zentralen Verkaufstheke mit Kasse bedient wird und die Speisen und Getränke mit nach Hause nimmt.

Die Selbstbedienung kann sich auf Speisen und Getränke oder nur auf eines davon beziehen. So erledigt der Gast sozusagen die Dienstleistung zum größten Teil selbst.

der Selfservice = Selbstbedienung
der Counter = Verkaufstisch, Tresen, Theke
Take-away = der Gast nimmt die Speisen und Getränke mit und verzehrt sie außerhalb der Lokalität

1.1 Counterservice

Die Gäste stehen in einer Schlange an der Kasse an. Dort wählen, erhalten und zahlen sie ihre gewünschten Produkte. Die Servicekraft (Verkaufskraft, Kassenkraft) und der Gast stehen sich gegenüber. Sie sind nur durch den **Counter** getrennt.

Diskutiert in der Klasse, für welche Speisen und Getränke sich der Counterservice eignet.

Die „Speise- und Getränkekarte" über Translites
In der Regel informiert sich der Gast vor seiner Bestellung über sogenannte Translites. Diese beleuchteten Schilder hängen z. B. über den Countern. Die Mitarbeiter/innen können Zusatzverkäufe tätigen, indem sie darüber hinaus Empfehlungen geben. Dadurch wird der Umsatz gesteigert.

Am Counter werden die Produkte auf einem Tablett zur Mitnahme für den Gast bereitgestellt. Der Gast geht mit dem Tablett zu einem Tisch und verzehrt dort seine Speisen und Getränke. Oft wird er gebeten, danach sein Tablett in einen dafür vorgesehenen Trolley zu stellen. In einigen Restaurants übernimmt das eine sogenannte Lobbykraft.

der Trolley = Servierwagen
die Lobby = Eingangshalle; in der Systemgastronomie ist Lobby die Bezeichnung für den gesamten Gästebereich
die Lobbykraft = Person, die den Gästebereich aufräumt und für Sauberkeit und Ordnung sorgt

Möchte der Gast die Ware mitnehmen, werden die Produkte in eine Tüte gepackt. Hierbei sollten warme Speisen und kalte Getränke getrennt verpackt werden.

Free-refill-Anlage: Die Gäste zahlen ein Getränk und dürfen so oft auffüllen wie sie wollen.

Drive-in

CHECKLISTE

Darauf kommt es an:

- Da beim Mitnehmen von Speisen der verringerte Umsatzsteuersatz von 7 % anfällt, muss die Kassenkraft vor dem Kassieren fragen, ob der Gast im Restaurant isst.
- Wenn sehr viele Gäste anstehen, sollten weitere Kassen geöffnet werden, um die Wartezeiten zu verringern.
- Unter Berücksichtigung der Haltezeiten müssen für einen schnellen Service genügend teilfertige oder vollfertige Produkte vorrätig sein.

der Onlineservice = on (auf) + line (Linie), also in einer Warteschlange stehen

1.2 Onlineservice

Beim Onlineservice sind **Schauvitrinen** und **Entnahmestellen** für kalte Speisen und Getränke entlang einer Theke aufgereiht. Für warme Speisen gibt es meist eine Ausgabestelle mit Service. Je nach betrieblicher Abrechnungsvariante befindet sich die Kasse am Anfang oder am Ende der Theke.

Tabletts, Besteck und Servietten sind für den Gast am Beginn der Theke bereitgestellt. Sie/er entnimmt die Angebote den Vitrinen oder wird an der Ausgabestelle bedient. Der Gast geht mit dem bestückten Tablett zu einem freien Tisch und verzehrt dort die gewählten Produkte. Auch hier stehen Trolleys für die Tabletts bereit.

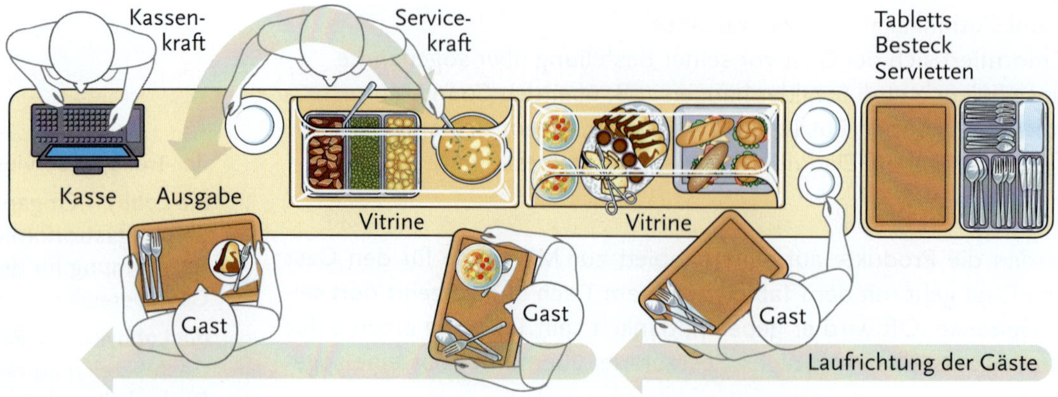

Abrechnung

Bonsystem	Cashsystem
■ Die Kasse befindet sich am Beginn der Theke. ■ Der Gast kauft am Beginn Wertscheine (Bons) und gibt diese an der Ausgabestelle der Servicekraft.	■ Die Kasse befindet sich am Ende der Theke. ■ Der Gast zahlt am Ende mit Bargeld oder Karte.

CHECKLISTE

Beachte:

- Diese Serviceart bedingt eine Beschränkung des Produktangebotes.
- Um die Wartezeiten erträglich zu halten, werden überwiegend vorgefertigte Gerichte angeboten.
- Aus Gründen der Produktsicherheit werden hier häufig Produkte mit längeren Haltezeiten bevorzugt.

Der Onlineservice ist in der Gemeinschaftsverpflegung, z. B. in Betriebskantinen, üblich.

Im Verkaufsgespräch kannst du mit Fachwissen Vertrauen zum Gast aufbauen.

SO SAG ICH'S MEINEM GAST

Die von Ihnen gewählten Speisen enthalten keine Laktose. Auf diesem Bon sehen Sie alle Informationen zu Allergenen und Zusatzstoffen.

The dishes you have chosen do not contain any lactose. On this receipt you can see all the information about allergens and additives.

1.3 Freeline-Service

Um den Gästeandrang auf mehrere Stellen zu verteilen, kann der Freeline-Service eingesetzt werden, d. h., es gibt zwei oder mehrere **identische Theken bzw. Buffets.** Die Verteilung der Hauptgerichte gemäß den Zielgruppen (Vegetarier/innen, Schweinefleischliebhaber/innen etc.) auf die verschiedenen Theken beeinflusst den Gästefluss zusätzlich. Nach dem Kosten-Nutzen-Verhältnis und der Gästeanzahl entscheidet sich der Betrieb für die Anzahl der Lines bzw. Kassen.

Bei Großveranstaltungen können durch ein Freeline-System unnötige Wartezeiten vermieden werden.

1.4 Free-flow-Service und Fresh-flow-Service

Ähnlich einem Wochenmarkt gibt es beim Free-flow-Service im Restaurant mehrere Verkaufsstellen, die nach Produktgruppen geordnet sind. Daran angeschlossen der Sitz- bzw. Verzehrbereich.

- **Free-flow:** An den Verkaufsstellen werden fertige Produkte angeboten.
- **Fresh-flow:** Die Speisen werden von einer Servicekraft auf Bestellung des Gastes individuell zubereitet.

Aus dem Englischen stammende Begriffe zum Thema Selbstbedienung:

der Freeline-Service = die line (Linie) ist frei wählbar; bei größerer Gästezahl ist es sinnvoll, mehrere identische Buffets zu haben

der Free-flow-Service = free (frei) + flow (fließen), also frei zugänglich; die Speisen sind fertig zubereitet;

der Fresh-flow-Service = Köchin/Koch bereitet auf Wunsch die Speisen zu

Die Kasse befindet sich entweder am Restaurantausgang oder am Ausgang vom Marktbereich. Im Sitz- bzw. Verzehrbereich sollten die Tische mit einem Grundgedeck (Serviette, Besteck, evtl. Trinkglas) ausgestattet sein.

Beispiel für eine Anordnung

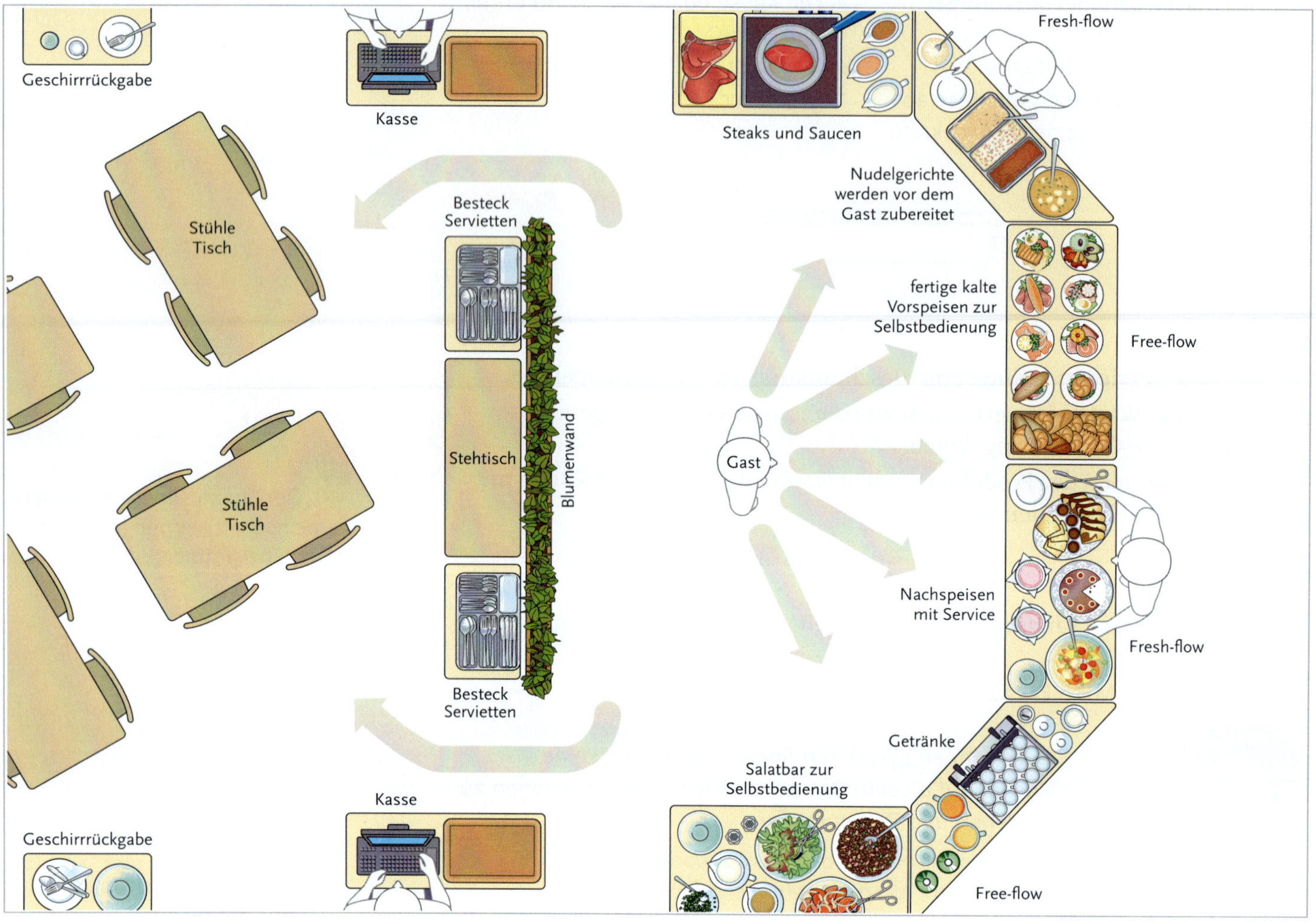

Von der Vielfalt an Sinneseindrücken angeregt, wählt der Gast wie bei einem Einkaufsbummel die gewünschten Produkte aus. Er kann sich ein Menü zusammenstellen und die einzelnen Gänge nach und nach an den jeweiligen Marktständen holen.

Die Position der Marktstände ist frei wählbar.

Für die **Abrechnung** gibt es verschiedene Möglichkeiten:

1. Beim Betreten des Restaurants erhält der Gast eine Chipkarte. Darauf speichert die Servicekraft am jeweiligen Verkaufsstand den Verzehr. Beim Verlassen des Restaurants zahlt der Gast an der zentralen Kasse.
2. Der Gast geht mit seinen gewählten Produkten zur Kasse am Marktausgang. Dort wird abgerechnet (nach Gewicht oder Tellergröße).
3. Der Gast bezahlt beim Betreten des Restaurants einen fixen Preis (all you can eat). Danach kann er essen, so viel er will. Diese Art der Abrechnung kommt häufig bei einem Brunch zur Anwendung.

Ob der Gast die Teller einzeln trägt oder ein Tablett benutzt, bleibt ihm überlassen. Das Abräumen im Verzehrbereich erfolgt in den meisten Betrieben durch das Personal.

2 Vollservice (Service mit Bedienung)

„Ich liebe es, mich gemütlich in ein Restaurant zu setzen und mich bedienen zu lassen“, schwärmt meine Freundin Miriam. Ich bin da ganz ihrer Meinung. Aber was muss eine Restaurantkraft alles bedenken?

Aus dem Englischen stammender Begriff zum Thema **der Fullservice** = der Gast wird bedient, also Service ohne Selbstbedienung

Beim Vollservice werden alle Dienstleistungen im Restaurant durch das Bedienungspersonal erfüllt und ausgeführt. In der klassischen Gastronomie spricht man vom Service. Der zeitgemäße Begriff, auch zur besseren Unterscheidung, ist jedoch Vollservice. Er drückt aus, dass alle Dienstleistungen von den Mitarbeiterinnen/Mitarbeitern erledigt werden.

WortschatzBox – „Servicearten“

- Nenne die englischen Fachbegriffe für die folgenden deutschen Begriffe und Erklärungen.

Selbstbedienung = ____________________

Servierwagen = ____________________

Räumt den Gästebereich auf und sorgt für Sauberkeit = ____________________

Gast wird bedient, also Service ohne Selbstbedienung = ____________________

Anbieten von fertig zubereiteten Speisen, die frei zugänglich sind = ____________________

Ziele erreicht? – „Servicearten“

KOMPETENZ-ERWERB

1. Gib an, wofür die folgenden Servicearten geeignet sind:

a) Counterservice
b) Onlineservice
c) Freeline-Service
d) Free-flow- und Fresh-flow-Service

2. Welche Serviceart ist für die folgenden Speisen/Getränke geeignet?

Speisen	Free-flow	Fresh-flow
Salate		
Alkoholfreie Getränke		
Bier		
Nachspeisen		
Gebäck		
Eiergerichte		
Steaks		
Nachspeisen		

Einen interaktiven **Safety-Check** findest du in der TRAUNER-DigiBox.

Grundlagen des Servierens

Nicht überall wird auf dieselbe Art serviert. Vielmehr hängt die Servierart vom Betrieb und den Zielvorstellungen des Managements, von der Veranstaltung, der Tageszeit, der Art der Gerichte oder Getränke, der Anrichteweise und Anrichtemenge sowie der Anzahl und Ausbildung der Servicemitarbeiter/innen ab.

Die folgenden Grundsätze sollten aber immer gelten:

- Ich mache den Gästen den Aufenthalt so angenehm wie möglich.
- Ich gestalte das Essen so bequem wie möglich.
- Das Wohl des Gastes steht immer an erster Stelle.
- Die Servierregeln erleichtern die Zusammenarbeit mit meinen Kolleginnen und Kollegen.

KOMPETENZ-ERWERB

Meine Ziele

Nach Bearbeitung dieses Kapitels kann ich

- die wichtigsten Serviceregeln und grundlegende Serviertechniken nennen und sie der betrieblichen Situation entsprechend anwenden;
- das Mise en place für den Getränkeservice beschreiben;
- alkoholfreie offene Getränke und alkoholfreie Getränke in Flaschen servieren;
- eine optimale Gästebetreuung von der Reservierung bis zur Verabschiedung durchführen;
- die Betreuung der Gäste in einer Fremdsprache durchführen;
- selbstständig auf Reklamationen zur Zufriedenheit des Gastes reagieren.

1 Grundlegende Serviceregeln

Den allgemeinen Umgangsformen entsprechend, wird zuerst der Dame am Gästetisch serviert – „Ladies first!" lautet die Devise. Was aber, wenn alle Gäste weiblich sind?

1.1 Allgemeine Serviceregeln

Vermeide „leere" Wege! Gehe nie in die Küche oder zum Getränkebuffet, ohne zu überlegen, was du mitnehmen könntest.

Sowohl beim Eindecken der meisten Besteckteile als auch beim Einsetzen und Ausheben von Tellern und Gläsern sollte man im Uhrzeigersinn gehen und zwar immer vorwärts.

Rückwärtsgehen, abruptes Stehenbleiben oder ein überraschender Richtungswechsel können Unfälle verursachen.

Beim Servieren und Ausheben solltest du möglichst geräuschlos sein.

Vignetten auf Gläsern und Tellern zeigen immer zum Gast.

Die linke Hand trägt, die rechte Hand arbeitet.

Gläser, Tassen und andere kleine Serviergegenstände werden immer auf einem Tablett und nicht einfach in der Hand getragen.

Besteckteile werden auf einer Handserviette, besser noch auf einem Trageteller in einer Bestecktasche getragen.

Entferne vor dem Servieren des Desserts die Menagen. Säubere den Tisch und ziehe anschließend das Entremets-Besteck herunter oder decke es ein.

Hebe die Teller und Besteckteile eines Ganges erst dann aus, wenn alle Gäste am Tisch mit diesem Gang fertig sind.

Serviere warme Speisen auf heißen Tellern, kalte Speisen auf kalten Tellern.

Greife beim Nachdecken nicht über das Gedeck!

Nicht benutztes Besteck hebst du mit dem dazugehörenden Gang aus. Hat der Gast irrtümlich falsches Besteck benutzt, ergänzt du es, nachdem der Gast den Gang beendet hat. Das übrig gebliebene Besteck nimmst du mit.

Räume die leeren Kaffeetassen und Digestifgläser ab.

Das zuletzt benutzte Weinglas und das Wasserglas bleiben bis zum Schluss der Mahlzeit stehen. Wird ein Digestif serviert, kann auch das letzte Weinglas abserviert werden.

Verwende unter Schüsseln, Glasgeschirr, feuerfestem Geschirr oder Saucieren, die auf Untertellern oder Schlitten befördert werden, immer passende Stoff- oder Papierservietten als Unterlage.

Trage Speisen auf dem Schlitten nur bis zur Servante/zum Sideboard.

Wechsle die Aschenbecher im Raucherbereich und Garten sowie auf der Terrasse laufend aus. Während der Gast isst, darf kein benutzter Aschenbecher auf dem Tisch stehen.

Wird das Essen für den Gast in der Küche auf dem Teller angerichtet und dann serviert, spricht man vom Amerikanischen Service.

1.2 Reihenfolge beim Einsetzen

Als Reihenfolge für das Servieren am Gästetisch gilt:

- Damen vor Herren (Ausnahmen: kleine Kinder und Bankettservice)
- Ältere vor jüngeren Gästen (Ausnahmen: kleine Kinder und Bankettservice)
- Ehrengäste immer zuerst
- Der/Die Gastgeber/in immer zuletzt

1.3 Service links oder rechts vom Gast

Service rechts vom Gast

1 Mittellöffel (Entremets-Besteck) herunterziehen
2 Getränke einschenken
3 Getränke servieren
4 Besteckteile, die rechts vom Gast liegen, auswechseln bzw. ergänzen
5 Teller einsetzen und wieder ausheben

Service links vom Gast

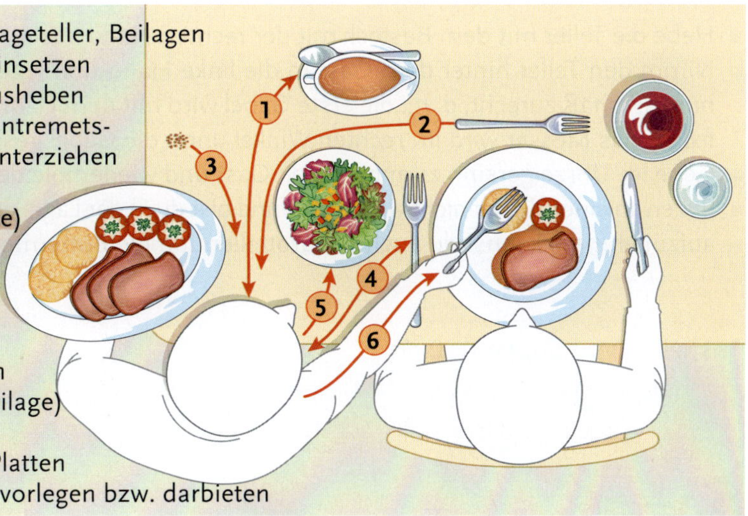

1 Brotteller, Ablageteller, Beilagen und Saucen einsetzen und wieder ausheben
2 Mittelgabel (Entremets-Besteck) herunterziehen
3 Tisch säubern (Krümelservice)
4 Besteckteile, die links vom Gast liegen, auswechseln bzw. ergänzen
5 Salatteller (Beilage) einsetzen
6 Speisen von Platten präsentieren, vorlegen bzw. darbieten

TIPP VOM PROFI

Es ist nicht immer möglich, diese Regeln einzuhalten. Man denke nur an Tische, die in einer Ecke bzw. Nische stehen. Serviere in solchen Fällen so, dass die Gäste dabei so wenig wie möglich gestört werden.

1.4 Ausheben

Ausgehoben wird von rechts, aber erst, wenn alle Gäste mit dem Essen fertig sind.

DAS SOLLTEST DU SPEICHERN

Was von rechts eingesetzt wird, wird von rechts ausgehoben. Ausnahmen sind links vom Gast stehende Teller. Diese werden von links ausgehoben.

Da sich **Entremets-Besteck** und **Dessertbesteck** nur minimal in der Größe unterscheiden, wird in der Regel das Entremets-Besteck eingedeckt.

Die Fingerbowl wird in der Regel auf der linken Seite platziert. Bei Speisen, die der Gast mit den Fingern der rechten Hand isst (z. B. Artischocken), ist es sinnvoll, die Fingerbowl rechts einzusetzen.

der Krümelservice = Säubern der Tische von Brotkrümeln

So wird auf dem Teller angerichtet

Bei dieser Frage hilft dir die Besteckspraсhe!

Besteckspraсhe

Messer und Gabel können in unterschiedlicher Weise auf dem Teller abgelegt werden. Jede Art der Ablage bedeutet etwas anderes.

Bitte ausheben!	Bitte warten!

Ich bin fertig! Ist der Gast mit dem Essen fertig, legt er sein Besteck parallel auf die untere rechte Seite seines Tellers. Das ist für dich das Signal, dass du den Teller ausheben kannst.	Ich mache eine Pause! Ist der Gast mit dem Essen noch nicht fertig, legt er sein Besteck über Kreuz auf den Teller. Du weißt somit, dass du seinen Teller noch nicht ausheben darfst.

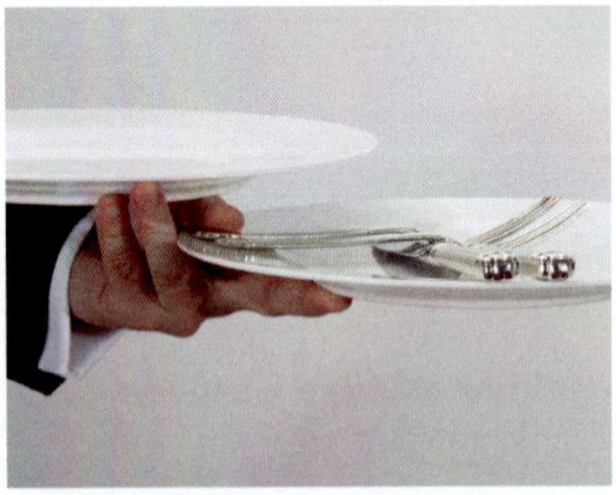

Durch das Fixieren der Gabel mit dem Daumen der linken Hand am Tellerrand bekommt das Besteck eine gewisse Stabilität

Reihenfolge beim Ausheben

- Hebe die Teller mit dem Besteck mit der rechten Hand aus.
- Nimm den Teller hinter dem Gast in die linke Hand und lege das Besteck ordnungsgemäß zurecht, d. h., die erste Gabel wird mit dem Daumen am Tellerrand fixiert, das Messer wird im rechten Winkel unter die Gabel geschoben.
- Gehe im Uhrzeigersinn zum nächsten Gast und wiederhole den Vorgang.
- Sitzen an einem Tisch nicht viele Gäste und bist du in der Lage, noch mehr Geschirr aufzunehmen, kannst du auch die Brotteller und die Buttermesser ausheben.

Ausheben von Suppentassen

Variante A
Alle Löffel sind auf einer Seite gestapelt.

Variante B
Die Löffel werden durch einen darüberliegenden Löffel fixiert.

1.5 Abräumen der Tische

- Zuerst werden alle Vasen, Menagen, Kerzenleuchter etc. auf Schlitten gestellt.
- Schmutzige Deckservietten und Tischtücher kommen in die Schmutzwäschekiste.
- Saubere Tischwäsche wird exakt zusammengelegt und kommt zur Wiederverwendung in den Wäscheschrank oder das Sideboard.
- Die Moltons werden ebenfalls auf Sauberkeit geprüft und gegebenenfalls durch frische ersetzt.

2 Grundlegende Tragetechniken

Letztens sollte ich einen Schlitten mit Desserts und Kaffeekannen transportieren. Ich habe die heißen Kaffeekannen ganz am Rand, weit weg von meinem Körper platziert, weil ich Angst hatte, mich zu verbrennen. Die Kannen sind auf dem glatten Schlitten verrutscht und ratet mal – genau das ist passiert: Ich habe mich verbrüht!

Was würdest du besser machen? Wie kannst du ein Verbrennen verhindern? Diskutiere mit deinen Kolleginnen und Kollegen.

2.1 Tragen von Schlitten

DAS SOLLTEST DU SPEICHERN

Größere Mengen an Speisen, Getränken, Besteck oder Geschirr werden mithilfe von Schlitten von der Ausgabe in das Restaurant und von dort zur Spüle transportiert. Sie werden besonders für lange Servierwege (z. B. Garten und Terrasse) und für den Etagenservice verwendet.

Hohe Tellerstöße werden nicht mithilfe von Schlitten befördert, sondern mit den Händen getragen (siehe S. 277).

Pro Station müssen mindestens zwei, besser jedoch drei Schlitten zur Verfügung stehen – einer zum Transportieren der Speisen von der Ausgabe zum Serviertisch (Servante), einer zum Abräumen von Leergeschirr und einer als Reserve.

CHECKLISTE

Darauf kommt es an:

- ☐ Bedecke den Schlitten (Ausnahme: Etagenservice) mit einem leicht befeuchteten Tuch. Das Tuch verhindert ein Rutschen des zu transportierenden Gutes und saugt verschüttete Flüssigkeit auf.
- ☐ Trage den Schlitten mit der linken Hand. Verteile das Gewicht auf dem Schlitten gleichmäßig, um eine gute Balance zu haben.
- ☐ Du kannst den Schlitten auf der flachen Hand oder auf den Fingerspitzen tragen. Du kannst auch eine gefaltete Handserviette als Stütze der Finger in den Hohlraum der Hand legen.
- ☐ Richte Ausgießöffnungen von Saucieren und Kannen mit Heißgetränken vom Körper weg, damit du dich nicht verbrennst, wenn etwas überschwappt.
- ☐ Verrenke beim Aufnehmen des Schlittens nicht den Körper, sondern fasse ihn in gerader Haltung an.
- ☐ Positioniere schwere Sachen auf der Seite des Schlittens, die dem Körper am nächsten ist und zwar bei der Schulter. Lege den Schlitten während des Tragens nicht auf die Schulter, da sich sonst die Schwingungen des Körpers auf den Schlitten übertragen.
- ☐ Gehe in Gängen, auf Treppen, in der Küche etc. grundsätzlich rechts. Halte beim Treppensteigen und -hinuntergehen die vordere rechte Ecke des Schlittens sicherheitshalber mit der rechten Hand.

Eine (gefaltete) Handserviette stützt die Finger zusätzlich

2.2 Tragen von Tellern

DAS SOLLTEST DU SPEICHERN

Für das richtige und sichere Tellertragen gibt es mehrere Griffe. Getragen wird grundsätzlich mit der linken Hand, egal, welcher Griff verwendet wird. Eingesetzt und ausgehoben wird mit der rechten Hand.

Unter- und Obergriff

Untergriff
Aufnehmen des ersten Tellers

Untergriff
Aufnehmen des zweiten Tellers

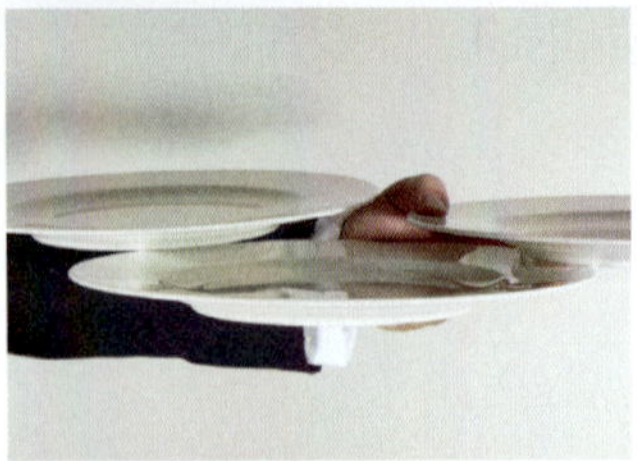

Untergriff mit drei Tellern
Ansicht von oben

Untergriff mit drei Tellern
Ansicht von unten

Obergriff
Aufnehmen des ersten Tellers

Obergriff
Aufnehmen des zweiten Tellers

Kombination aus Ober- und Untergriff

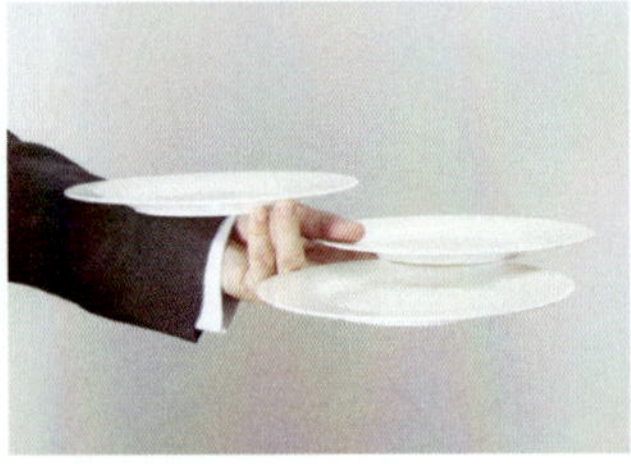

Ansicht von oben

Suppentassen im Obergriff

Ansicht von oben

Im gehobenen Service werden nicht mehr als zwei Teller in der linken Hand getragen.

Übe den Ober- und Untergriff mit zwei Tischtennisschlägern und zwei Tischtennisbällen. Beginne die Übung zunächst nur mit einem Ball. Übe später mit Glastellern. Du siehst sofort, wenn du deine Finger falsch hältst und kannst deine Haltung korrigieren.

Tragen von einem Tellerstoß

Ein Tellerstoß wird mit beiden Händen und einer Handserviette getragen.

Einstellen von Tellern bei Tisch/bei einer Tafel (Bankett)

Eine größere Anzahl von Tellern, die bei Tisch oder einer Tafel eingestellt werden, trägt man in der linken flachen Hand mit einer Handserviette.

2.3 Tragen von Platten

Platten werden für den einfachen Plattenservice und bei Festveranstaltungen verwendet, bei denen vorgelegt oder dargeboten wird.

Die Platte wird beim Vorlegen auf der linken Handfläche auf einer Handserviette getragen. Vorgelegt wird mit der rechten Hand.

Wird von der Platte dem Gast vorgelegt, spricht man vom französischen Service. Nimmt der Gast sich die Speisen selber von der Platte, handelt es sich um den Darbieteservice.

2.4 Tragen von Gläsern

DAS SOLLTEST DU SPEICHERN

Beim Einsetzen sowie beim Ausheben der Gläser werden Tabletts verwendet.

CHECKLISTE

Darauf kommt es an:

- ☐ Fasse die Stielgläser beim Einsetzen immer am Stiel (unten in der Nähe vom Fuß) an, Tumbler im unteren Drittel.
- ☐ In Ausnahmefällen, z. B. beim raschen Abräumen eines Tisches, darfst du die Gläser in der Hand tragen.
- ☐ Keinesfalls darfst du in die Gläser hineingreifen, auch nicht in gebrauchte.

Tragen der Gläser auf einem Tablett

2.5 Handhabung von Vorlegern

DAS SOLLTEST DU SPEICHERN

Das Vorlegebesteck besteht aus einem großen Löffel und einer großen Gabel und ist ein Universalarbeitsgerät der Servicemitarbeiter/innen.

Mit dem Vorlegebesteck können alle beim Service notwendigen Arbeiten ausgeführt werden, also das Vorlegen, Anrichten, Marinieren und Mischen von Salaten und wenn kein Fischbesteck vorhanden ist, auch das Filetieren von Fischen.

Werden Speisen von der Platte auf dem Gueridon vorgelegt (Englischer Service), und du hast beide Hände zur Verfügung, arbeitest du auch mit beiden Händen. In der Regel befindet sich der große Löffel dann in deiner Rechten Hand.

Mit dem Zangengriff wird dem Gast von links vorgelegt

Normaler Vorlegegriff (Standardgriff)

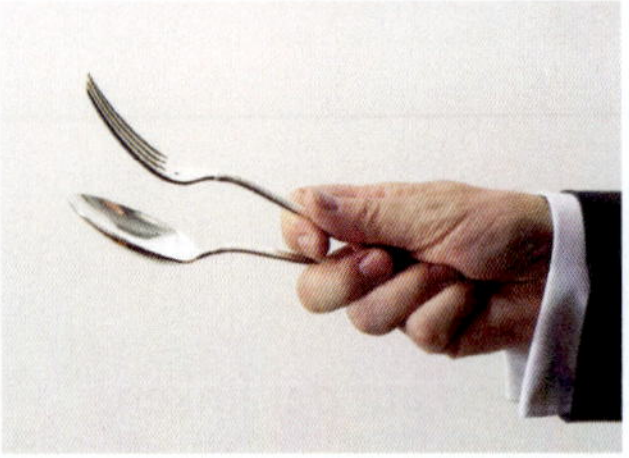

Er wird zum Greifen und Fixieren von Fleischstücken verwendet, die von der Platte auf den Teller des Gastes vorgelegt werden.

Zangengriff

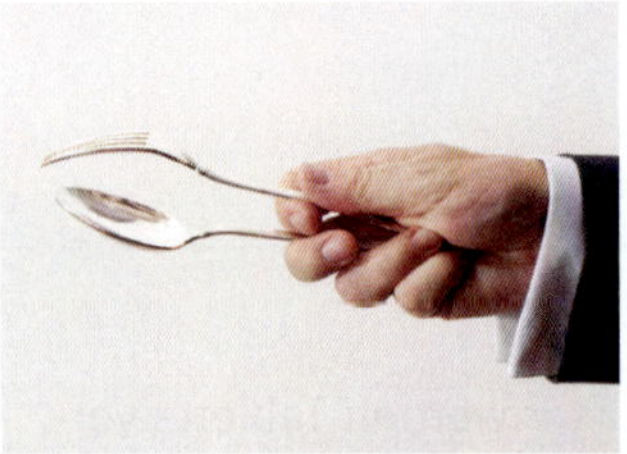

Der Zangengriff wird für Klöße, Folienkartoffeln, gefüllte Tomaten bzw. Tortenstücke u. a. Süßspeisen benötigt.

Flacher Vorlegegriff

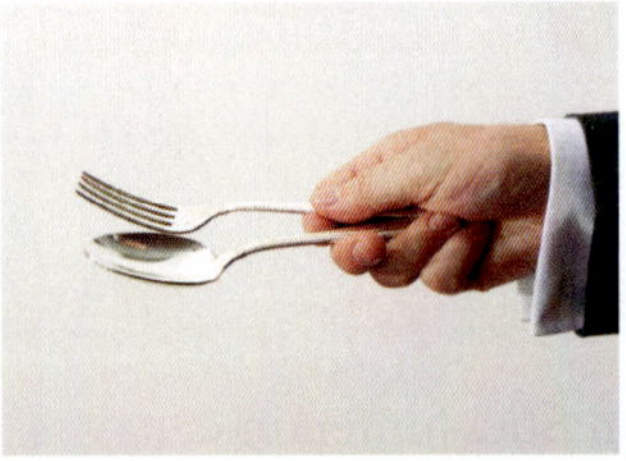

- Löffel und Gabel werden so in die Hand genommen, dass sie eine Schaufel bilden.
- Die Speise wird von unten vorsichtig angehoben, ohne die Oberfläche zu zerstören.
- Der flache Vorlegegriff wird zum Heben von zerbrechlichen Stücken (z. B. Fischfilets) verwendet.

TIPP VOM PROFI

Übe das Tragen von Schlitten, Tellern, Platten und Gläsern sowie die Handhabung von Vorlegern, bevor du in der Praxis damit loslegst. Das gibt dir Sicherheit!

3 Getränkeservice

In meinem Betrieb werden verschiedene Mineralwässer, Fruchtsäfte, Limonaden u. a. Erfrischungsgetränke angeboten. Worauf muss ich beim Service dieser Getränke achten?

3.1 Mise en place für den Getränkeservice

- Rutschfestes Serviertablett oder Tablett mit Stoff- oder Papierserviette
- Nicht beschädigte Karaffen, Krüge und Gläser mit Füllstrich
- Trinkhalme (für Kinder), Eis, Zitronenscheiben, gepresste Säfte etc.

3.2 Ablauf des Getränkeservices

Service von offenen Getränken

- Achte darauf, dass schwere Karaffen, Krüge und Gläser beim Tragen des Tabletts immer beim Körper sind.
- Beim Service von Getränken in Karaffen und Krügen setzt du zuerst das leere Glas dem Gast von der rechten Seite ein. Anschließend wird das Getränk aus der Karaffe bzw. dem Krug eingeschenkt.
- Fülle das Glas maximal bis zu zwei Drittel mit dem Getränk. Platziere die Karaffe oder den Krug rechts oberhalb des Glases.
- Wurde das Glas bereits am Getränkebuffet befüllt, wird es über der Messerspitze des Hauptganges eingesetzt.
- Haben Gläser Vignetten, müssen diese zum Gast zeigen.

Um einen reibungslosen Getränkeservice zu gewährleisten, müssen die Serviertabletts rutschfest oder mit einer Serviette belegt sein

Service von Getränken in Flaschen

- Stelle nur saubere Flaschen auf das Serviertablett (rutschfest oder mit Stoff- bzw. Papierserviette belegt).
- Stelle zu den Flaschen passende Gläser auf das Tablett.
- Stelle zuerst das Glas von der rechten Seite oberhalb der Messerspitze des Hauptganges oder neben dem Richtglas ab.
- Öffne die Flasche erst beim Gast.
- Fülle das Glas zu ca. zwei Drittel mit dem Getränk und stelle die Flasche rechts oberhalb vom Glas ab.
- Lege beim Einschenken den Flaschenhals nicht auf den Glasrand.
- Stelle Gläser und Flaschen immer so ein, dass das Logo des Glases und das Flaschenetikett zum Gast zeigen.
- Vergiss nicht, Säfte und Nektare vor dem Öffnen zu schütteln.

Wie das auf dem Tisch des Gastes aussieht, hast du im Lernfeld 4 gelernt (S. 242).

4 Von der Reservierung bis zur Verabschiedung

Eine richtig entgegengenommene und korrekt durchgeführte Reservierung ist die Voraussetzung für einen erfolgreichen Restaurantbesuch. Ebenso wichtig sind die Begrüßung und die Platzierung der Gäste, weil es die ersten Momente sind, in denen du einen positiven Eindruck hinterlassen kannst.

4.1 Reservierung (Tischbestellung)

Ein Online-Reservierungsbuch erleichtert die Verwaltung

In vielen Betrieben ist ein Restaurantbesuch ohne vorherige Tischreservierung nicht möglich, weil sie bereits mehrere Wochen im Voraus ausgebucht sind.

Die Reservierungen werden in ein **Reservierungsbuch** und/oder **Reservierungsformular** eingetragen. Reservierungen werden bis mindestens eine Viertelstunde nach Ablauf der reservierten Zeit aufrechterhalten, dann wird der Tisch neu vergeben.

Oft werden Reservierungen online über die **Website** oder eine **Reservierungsplattform** durchgeführt. **Online-Reservierungen** haben den Vorteil, dass sich alle Daten der Reservierung bequem erfassen lassen und der Gast eine schriftliche Reservierungsbestätigung per Mail erhält. Verschiedene Tools ermöglichen darüber hinaus das Bewerten des Restaurantbesuches.

Telefonische Reservierungen

SO SAG ICH'S MEINEM GAST

Restaurant ..., guten Tag. Mein Name ist ...
Was kann/darf ich für Sie tun?

Good morning. ... [Restaurant], ... [Name] speaking.
How can/may I help you?

Für das Entgegennehmen von telefonischen Reservierungen ist Folgendes wichtig:

- **Name** der Bestellerin/des Bestellers: Wenn du den Gast mit seinem Namen ansprichst, gewinnst du seine Aufmerksamkeit. Notiere dir den Namen sofort. Wenn du den Namen des Gastes also nicht richtig verstanden hast, frage sofort nach.

SO SAG ICH'S MEINEM GAST

Würden Sie bitte Ihren Namen wiederholen?

I'm sorry I didn't get your name, could you please repeat it?

Können Sie mir bitte Ihren Namen buchstabieren?

Could you please spell your name?

Ebenso wie eine aufrechte Körperhaltung hat ein Lächeln Einfluss auf deine Stimme. Man sieht es nicht, aber man hört es!

- **Datum** und **Uhrzeit** der Reservierung
- **Anzahl der Personen:** Wenn ein Gast für mehrere Personen reserviert, kläre gleich ab, ob Kinder dabei sind. In diesem Fall kannst du bereits im Vorfeld Kindersitz, Spielsachen etc. vorbereiten.
- **Telefonnummer** des Gastes für eventuelle Rückfragen
- **Spezielle Wünsche,** z. B. Tisch- bzw. Tafelform, Geburtstagstorte, Tischdekoration, Lebensmittelunverträglichkeiten.
- **Zimmernummer** bei Hausgästen
- **Einzel- oder Gesamtrechnung:** Es kostet Zeit und Ärger, wenn bereits ausgestellte und gebuchte Rechnungen storniert und neu geschrieben bzw. umgebucht werden müssen.

Achte bei deinen Notizen auf eine deutlich lesbare Schrift, damit die Informationen auch für deine Kolleginnen und Kollegen nachvollziehbar sind.

DAS SOLLTEST DU SPEICHERN

Höre genau zu. Wiederhole und bestätige die Wünsche. Damit vermittelst du die Sicherheit, richtig verstanden worden zu sein.

Verabschiede dich. Sage keinesfalls „Tschüss" o. Ä.

SO SAG ICH'S MEINEM GAST

Danke für Ihren Anruf! Auf Wiederhören, Frau/Herr ...

Thanks for calling. Have a great day, Mrs./Mr. ...

Eine digitale Übung zum Thema findest du in der TRAUNER-DigiBox.

Im Anschluss an das Telefonat wird die Reservierung sofort im Reservierungsbuch oder im Tischplan eingetragen bzw. mit **Reservierungsschildern** vorgenommen. Diese Schilder sind nach dem Eintreffen der Gäste zu entfernen.

4.2 Begrüßung des Gastes

> Heute ist im Restaurant wieder total viel los. Ich signalisiere einem wartenden Gast durch Blickkontakt, dass ich ihn wahrgenommen habe. Ich entschuldige mich für die Verzögerung und informiere ihn, dass der Tisch so schnell wie möglich vorbereitet wird. So verzeiht mir der Gast, dass er warten musste und ist trotzdem gut gelaunt.

Was könntest du noch tun, um wartende Gäste nicht schon zu verärgern, bevor sie Platz genommen haben? Diskutiere mit deinen Kolleginnen und Kollegen.

Die Begrüßung ist der erste persönliche Kontakt mit den Gästen. Schon dieses erste Zusammentreffen, die ersten Gesten können ein guter oder schlechter Anfang für das Verkaufsgespräch sein.

Worauf es bei der Begrüßung ankommt

- Halte dem Gast, wenn möglich, die Tür auf.
- Nimm mit dem Gast Blickkontakt auf. Lächle!
- Gehe dem eintretenden Gast entgegen. Lasse ihn nicht warten.
- Grüße den Gast als Erste/r. Grüße höflich und der Tageszeit entsprechend, z. B. „Guten Morgen", „Guten Abend". Begrüße alle Gäste höflich. Niemand soll sich benachteiligt fühlen.
- Sprich den Gast mit seinem Namen an, wenn du ihn kennst. Achte auf die richtige Aussprache des Namens.

Gib dem Gast dann die Hand, wenn du seinen Namen kennst

SO SAG ICH'S MEINEM GAST

Guten Tag, Frau Baumann, darf ich Ihnen den Mantel abnehmen? Herr Ashani, unser Restaurantmitarbeiter, wird sich heute um Ihr Wohl bemühen.

Hello Ms. Baumann, may I take your coat? Mr. Ashani, our restaurant employee, will take care of your well-being today.

4.3 Platzierung des Gastes

Nach der Begrüßung wird abgeklärt, ob eine Reservierung vorliegt. Ist das nicht der Fall, bietet man, wenn möglich, mehrere Tische zur Auswahl an.

Das Platzieren erfordert viel Umsicht und Fingerspitzengefühl und sollte deshalb nur von erfahrenen Mitarbeiterinnen/Mitarbeitern durchgeführt werden. Sie/er trifft die richtige Wahl des Tisches unter Berücksichtigung von Stammgastwünschen. Darüber hinaus kennt sie/er die Belastbarkeit der einzelnen Stationen bzw. Servicemitarbeiter/innen.

Nachdem die Gäste zum Tisch geleitet wurden, ist man beim Platznehmen behilflich.

SO SAG ICH'S MEINEM GAST

Bitte folgen Sie mir.

Right this way, please.

Was Gäste wünschen

- Ich schätze es, wenn mir mein Mantel abgenommen wird und zur Garderobe gebracht wird.
- Ich finde es sehr aufmerksam, wenn man mich zum Tisch führt und mir beim Platznehmen behilflich ist.
- Der reservierte Tisch soll bereit sein und meinen Vorstellungen entsprechen.
- Ich mag es, wenn sich die/der zuständige Restaurantmitarbeiter/in namentlich vorstellt.

4.4 Präsentation der Speisen- und Getränkekarten

DAS SOLLTEST DU SPEICHERN

Bevor du den Gästen die Speisenkarten überreichst, gib ihnen einen Moment Zeit, um „anzukommen".

Die Speisenkarten werden zuerst den Damen, dann den Herren und zuletzt der/dem Gastgeber/in geöffnet überreicht. Gleichzeitig kann auch die Getränke- oder Weinkarte übergeben werden.

Diskutiert in der Gruppe, welche Seite der Speisen- bzw. Getränkekarte geöffnet sein sollte. Denkt dabei verkaufsfördernd.

Worauf es bei der Präsentation der Speisen- und Getränkekarten ankommt

- Mit dem Präsentieren der Speisenkarten beginnt bereits das Verkaufsgespräch. Zähle nicht nur klassische Aperitifs auf, sondern nutze die Gelegenheit, den Gast mit einer saisonalen Empfehlung zu überraschen.
- Nimmt der Gast keinen Aperitif, frage ihn nach seinem Getränkewunsch.

der Aperitif = appetitanregendes Getränk

SO SAG ICH'S MEINEM GAST

Als Aperitif empfehle ich Ihnen unseren hauseigenen ...
As an appetizer I would recommend our homemade...

TIPP VOM PROFI

„Unsere heutige Empfehlung ist ..." – durch Aussprechen der Empfehlung und gleichzeitiges Hinzeigen verstärkst du den Kaufimpuls.

4.5 Verkaufsgespräch (Aktiver Verkauf)

Für ein erfolgreiches Verkaufsgespräch benötigen die Servicemitarbeiter/innen folgende Voraussetzungen:

Voraussetzungen für ein erfolgreiches Verkaufsgespräch

Produktkenntnisse und Fachwissen	Menschenkenntnis	Verkaufstechnik und Verkaufspsychologie
■ Grundkenntnisse zu Lebensmitteln und Speisenherstellung ■ Fachwissen über korrespondierende Getränke	■ Fähigkeit, das Verhalten des Gastes richtig einzuschätzen ■ Fähigkeit, seine Stimmung zu erkennen und sich darauf einzustellen	■ Beherrschen der richtigen Gesprächs- und Fragetechniken (W-Fragen) ■ Beeinflussungswille ■ Gute Einstellung zum Verkauf

Worauf es beim Verkaufsgespräch ankommt

- Selbstmotivation ist wichtig. Stelle dir folgende Fragen: In welcher Stimmung bin ich gerade? Wie kann ich meine Stimmung positiv beeinflussen? Wie kann ich einen guten Kontakt zum Gast aufbauen?
- Versuche festzustellen, in welcher Stimmung der Gast ist, um dich optimal auf ihn einzustellen. Ist er genervt, gestresst, gelassen, entspannt, fröhlich etc.?
- Informiere dich genau über die Angebote, v. a. auch über die aktuellen Tagesangebote. Du solltest die Speisen und Getränke genau kennen und erklären können.

Eine bewährte Formel im Verkauf ist das KISS-Prinzip: Keep It Short and Simple.

Lasse dem Gast genügend Zeit zum Auswählen

- Sprich konkrete Empfehlungen aus oder biete dem Gast zwei Gerichte zur Auswahl an.

SO SAG ICH'S MEINEM GAST

Darf ich Ihnen als warme Vorspeise unsere hausgemachten ... empfehlen oder würde Ihnen ... mehr zusagen?

As starter, may I bring you our homemade ... or would you prefer ... ?

- Sprich Tagesempfehlungen aus, bevor du die Speisenkarte überreichst. Zu diesem Zeitpunkt hast du die volle Aufmerksamkeit des Gastes.
- Finde die Vorlieben des Gastes heraus. Bevorzugt er große oder kleine Portionen, Fisch oder Fleisch, Weißwein oder Rotwein ...?

SO SAG ICH'S MEINEM GAST

Möchten Sie ein stilles oder lieber ein prickelndes Mineralwasser?

Would you like a still or a sparkling mineral water?

- Biete alkoholfreie Alternativen als Getränkeempfehlung zu Speisen an.
- Wecke das Interesse des Gastes, biete ihm z. B. einen Probeschluck von einem oder zwei verschiedenen Weinen an, die glasweise serviert werden.

SO SAG ICH'S MEINEM GAST

Zum Zanderfilet empfehle ich Ihnen ... vom Weingut ...

With the zander fillet I recommend ... from the winery ...

- Erkläre die Speisen appetitanregend. Drücke dich dabei einfach und deutlich aus. Achte auf eine kurze, nachvollziehbare Weinbeschreibung.

SO SAG ICH'S MEINEM GAST

Medaillons sind kleine, aus dem Kalbsfilet geschnittene Fleischstücke, die gewürzt und gebraten werden.

Medallions are small pieces of meat cut from the veal fillet that are seasoned and fried.

- Gehe im Rahmen des Möglichen auf die Wünsche des Gastes ein. Du solltest dich aber immer mit der Küche abstimmen.

SO SAG ICH'S MEINEM GAST

Ich kläre das schnell mit dem Küchenchef ab und bin gleich wieder bei Ihnen.

"Let me check with the chef and I will get right back to you."

Gerne serviere ich Ihnen Salat statt Gemüse.

I would be happy to serve you salad instead of vegetables.

- Stelle sogenannte W-Fragen: wie, was oder welche. Diese Fragen kann der Gast nicht mit „Ja“ oder „Nein“ beantworten, denn im Zweifelsfall wird der Gast eher zum „Nein“ tendieren.

SO SAG ICH'S MEINEM GAST

~~Möchten Sie einen Salat?~~
Welchen Salat möchten Sie dazu?

~~Would you like a salad?~~
What salad would you like with that?

- Zeige durch kurze Kommentare wie „Ja“ oder „Gerne“ oder durch ein leichtes Kopfnicken, dass du das Gesagte verstanden hast.

- Ist der Gast positiv gestimmt, versuche dich an Zusatzverkäufen, wie einer Weinbegleitung, Salat zur Hauptspeise oder einem großen Salatteller als Vorspeise etc.

SO SAG ICH'S MEINEM GAST

Ich darf Sie noch auf ein spezielles Angebot unserer Küche hinweisen: Heute gibt es ...

May I draw your attention to a special offer from our kitchen: Today there is ...

- Informiere deine Gäste über außergewöhnliche Wartezeiten bei bestimmten Gerichten!

TIPP VOM PROFI

Je sicherer man auftritt, desto erfolgreicher verläuft das Verkaufsgespräch. Es ist aber noch kein/e Meister/in vom Himmel gefallen. Um Sicherheit und Routine zu bekommen, braucht es viel Übung.

4.6 Aufnahme der Bestellung

- Beobachte den Gast, gehe erst an den Tisch, wenn der Gast die Speisenkarte zugeschlagen hat oder durch seine Körperhaltung signalisiert, dass er bestellen möchte.
- Führe mit dem Gast einen Dialog. Wichtig dabei: Der Blickkontakt mit dem Gast schafft persönliches Vertrauen.
- Höre dem Gast aufmerksam zu und lasse dich nicht ablenken.
- Notiere die Bestellung. So vergisst du nichts und vermeidest Fehler bei der Weiterleitung der Bestellung.
- Wiederhole die Bestellung, um sicherzugehen, dass du nichts vergessen oder falsch verstanden hast.
- Bedanke dich für die Bestellung.

Die Mitarbeiter/innen müssen
- fachlich qualifiziert sein,
- über Allergene und Inhaltsstoffe informieren können,
- über Aktionen und Sonderangebote informieren,
- alle notwendigen Utensilien (Kugelschreiber, Bestellblock) griffbereit haben.

Verwendung von Tischplänen

Notiere die Bestellung in Form eines Tischplanes, um Fragen wie „Wer bekommt was?“ zu vermeiden. Außerdem können auch „tischfremde“ Servicemitarbeiter/innen die Speisen dem jeweiligen Gast zuordnen.

Trage Tischnummer und Personenanzahl ein.

Hotel Stern
Residenzplatz 17 ■ 12345 Berlin

Tisch Nr.: 1		Personenanzahl: 4		Datum: 12.11.20..
2	Tatar vom Seesaibling	①	3	
1	Kürbisschaumsuppe	2		
1	Rohschinken aus der Region	④		
1	Filetsteak medium	3		
1	Tafelspitz	2		
1	Zandermedaillons	①		
1	Gemüserösti	④		
				Unterschrift: Lukas

Trage auf dem Bestellblock neben jeder Bestellung eine Nummer (laut Sitzplatznummerierung) ein. Sitzplatz 1 ist z. B. immer diejenige/derjenige, die/der mit der Rückenlehne zum Eingang zeigt. Nummeriere die übrigen Sitzplätze im Uhrzeigersinn weiter.

Kreise die Nummern der weiblichen Gäste ein.

Handschriftliche Version
Speziell bei größeren Tischen sind Skizzen sinnvoll.

2	3	4	5
1	8	7	6

1 Räucherlachs, 1 Spargelsuppe
1 Rumpsteak med, 1 Nusssoufflé

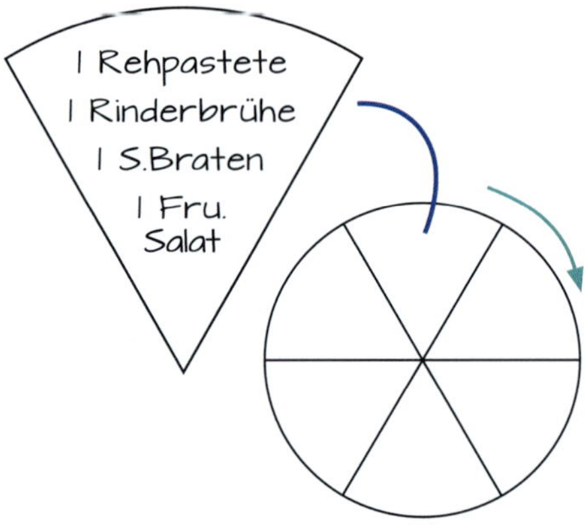

Digitale Version (4er-Tisch)

Tischnummer: Datum:

I
1 x ½ Portion Räucherlachs
1 x Wildpastete
1 x Gemischter Salat
1 x Tomatensuppe

II
2 x Kalbssteak
1 x Kalbsleber
1 x Rinderfilet medium

 Achte bei der Bestellungsaufnahme mit dem Portable Terminal auf den so wichtigen Blickkontakt mit dem Gast!

4.7 Service von Speisen und Getränken

Man beginnt zuerst mit dem Getränkeservice, dann werden die Speisen serviert. Alle Gäste, die denselben Gang bestellt haben, bekommen die Speisen gleichzeitig. Ebenso wird erst dann abgeräumt, wenn alle Gäste mit dem entsprechenden Gang fertig sind.

Der Gast muss laufend betreut werden, d. h., dass Servicemitarbeiter/innen ihre Gäste regelmäßig beobachten und sich nach ihren Wünschen erkundigen. Wein und Mineralwasser sollen nachgeschenkt werden (jedoch erst, nachdem der Gast zugestimmt hat).

SO SAG ICH'S MEINEM GAST

Haben Sie alles, was Sie brauchen? Sind Sie zufrieden?
Do you have everything you need? Is everything to your satisfaction?

Darf ich Ihnen etwas Mineralwasser nachschenken?
May I pour you some mineral water?

Was Qualität im Service bedeutet, bestimmen nicht der Betrieb, die/der Vorgesetzte oder die/der Servicemitarbeiter/in, sondern der Gast!

Worauf es bei der Gästebetreuung ankommt

- Achte auf das richtige Timing, d. h., serviere das erste Getränk und den ersten Gang rasch. Gib den Gästen zwischen den Gängen etwas Zeit.

SO SAG ICH'S MEINEM GAST

Darf ich Ihnen das Dessert schon servieren oder möchten Sie noch etwas warten?
May I already serve you the dessert or would you like to wait a little longer?

- Wenn du ein Amuse-Gueule servierst, musst du dieses deinen Gästen erklären und wenn notwendig auch, wie man es isst.

das Amuse-Gueule = Amuse-Bouche bzw. „Gruß aus der Küche“; appetitanregendes Häppchen auf Kosten des Hauses

- Falls dem Gast eine Serviette, Besteck etc. hinuntergefallen ist, bringe ihm ein/e neue/s.
- Zeige dich am Tisch, ohne dabei aufdringlich zu sein.
- Reagiere umgehend, wenn beim Gast erste Signale einer Verärgerung zu beobachten sind.
- Frage den Gast beim Abservieren, ob er mit den Speisen zufrieden war.
- Frage Paare, die nur ein Dessert bestellen, ob sie es teilen wollen.

SO SAG ICH'S MEINEM GAST

Darf ich ein zweites Dessertbesteck bringen? Darf ich das Dessert auf zwei Tellern angerichtet servieren?
May I bring a second set of dessert cutlery?
May I serve the dessert on two plates?

- Begleite einen Gast, der dich nach dem Weg zur Bar, zur Terrasse o. Ä. fragt, zum gewünschten Ziel.

SO SAG ICH'S MEINEM GAST

Darf ich vorausgehen?

Allow me to show you.

4.8 Präsentieren und Kassieren der Rechnung

- Signalisiert der Gast, dass er zahlen möchte, z. B. durch Blickkontakt oder einen kleinen Wink, bestätige ihm, dass du seinen Wunsch verstanden hast.
- Kontrolliere die Rechnung genau, bevor du sie dem Gast in einer kleinen Mappe (mit Visitenkarte) oder auf einem Teller in einer Stoffserviette eingeschlagen präsentierst.
- Lasse dem Gast ausreichend Zeit, um die Rechnung zu prüfen und das Bargeld bzw. die Kreditkarte in die Mappe zu legen.

4.9 Verabschiedung des Gastes

Bleibt der Gast nach dem Kassieren noch eine Weile, sollte man ihm weiterhin volle Aufmerksamkeit schenken und ihn nicht unbeachtet vom Tisch gehen lassen.

DAS SOLLTEST DU SPEICHERN

Auch wenn der erste Eindruck des Gastes oftmals der entscheidende ist, ist der letzte Eindruck meist der bleibende.

Wenn der Gast aufbricht, hilf ihm beim Verlassen des Tisches, kontrolliere, ob er nichts vergessen hat und verabschiede den Gast, indem du

- ihm beim Anlegen der Garderobe hilfst,
- dich für seinen Besuch bedankst,
- dich mit dem Wunsch verabschiedest, ihn und seine Gäste bald wieder willkommen heißen zu dürfen.

SO SAG ICH'S MEINEM GAST

Danke für Ihren Besuch.

Thanks for your visit.

Auf Wiedersehen. Wir freuen uns auf Ihren nächsten Besuch bei uns.

Goodbye. We look forward to your next visit.

4.10 Richtiges Verhalten bei Beschwerden (Reklamationen)

Wer beschwert sich schon gerne?
Viele Vorgesetzte und Mitarbeiter/innen wundern sich darüber, warum der Gast nichts gesagt hat. Aber denke nach: Wie offensiv und unmittelbar äußerst du selbst Unzufriedenheit in Hotels und Restaurants? Wenn es dir schwerfällt, etwas zu sagen, kannst du das von deinen Gästen noch viel weniger erwarten. Entscheidend ist deshalb, dass du dich ständig darum bemühst, durch deine Kommunikation ein Klima herzustellen, das es dem Gast erleichtert, Wünsche, Anregungen und Beschwerden loszuwerden.

Passieren Pannen, was trotz aller Bemühungen vorkommen kann, dann denke daran: Die meisten Gäste, die den Grund ihrer Unzufriedenheit mitteilen, geben dir die Chance, aus Fehlern zu lernen und den Service zu verbessern.

DAS SOLLTEST DU SPEICHERN
Beschwerden müssen stets zur Zufriedenheit des Gastes bereinigt werden. Nutze den positiven Effekt, den Beschwerden haben. Du erhältst mehr Informationen über deine Dienstleistungen und hast damit die Chance, dich zu verbessern.

Worauf es im Umgang mit Beschwerden ankommt

- Bedanke dich für die Beschwerde.
- Höre zu und sei höflich.
- Lasse den Gast ausreden.
- Mache keine umständlichen Erklärungsversuche.
- Mache dir Notizen.
- Nimm die Reklamation ernst.
- Behandle Reklamationen großzügig.

- Entschuldige dich und zeige Verständnis.
- Frage bei erfolgter Nachbesserung noch einmal nach und lasse dir die Zufriedenheit des Gastes bestätigen.
- Kläre den genauen Sachverhalt.
- Fühle dich nicht persönlich angegriffen.
- Schiebe die Schuld nicht auf andere.
- Zeige Bereitschaft zur schnellen Problemlösung.

Gästetreue

Im Normalgeschäft	37 %
Nach Reklamation mit mittelmäßiger Behandlung	50 %
Nach guter Reklamationsbehandlung	70 %
Nach hervorragender Reklamationsbehandlung mit Reaktion/Wiedergutmachung	95 %

Eine digitale Übung zum Thema findest du in der TRAUNER-DigiBox.

Ein zufriedener Gast bringt dem Betrieb einen neuen Gast. Ein unzufriedener Gast kostet dem Betrieb zehn Gäste.

Gäste, die Grund zur Beschwerde hatten, erhalten von der Geschäftsführung oft ein kostenloses Dessert oder Getränk

Ein Arbeitsblatt zum Thema „Beschwerden (Reklamationen)“ findest du in der Trauner-DigiBox.

Eine zur vollen Zufriedenheit des Gastes behandelte Beschwerde fördert das Vertrauen des Gastes in den Betrieb. Er wird glücklich nach Hause gehen, den Betrieb weiterempfehlen und gerne wiederkommen.

4.11 Verkaufsfördernde Maßnahmen

Verkaufsfördernde Maßnahmen beziehen sich nicht nur auf Aktivitäten im Restaurant, sondern beginnen bereits beim Newsletter, bei Inseraten in Magazinen und Zeitungen sowie Einladungen zu speziellen Veranstaltungen. Die Webseite muss laufend aktualisiert werden.

Alles, was der Gast sieht, erhöht den Kaufanreiz

Ein Menükartenständer weckt Interesse

DAS SOLLTEST DU SPEICHERN

Ziel all dieser Maßnahmen ist es, das Interesse und die Neugier des Gastes zu wecken bzw. zu verstärken und somit den Verkauf zu fördern.

Schaufenster bzw. kästen vor dem Restaurant bzw. beim Eingang haben nur einen Zweck: Sie sollen den Betrachter (also einen potenziellen Gast) überzeugen, das Restaurant zu betreten. Wichtig ist, dass sie immer sauber und aktuell gehalten werden.

In **Vitrinen** und auf **Display-Tischen** können Weine und Spirituosen, hauseigene Torten, Fische und Krustentiere auf Crushed Ice etc. ansprechend präsentiert werden.

Flaschen, die in **Weinklimaschränken** schräg gelagert werden, sind ein Blickfang für Gäste und sollen zur Bestellung animieren. Zusätzlich haben Weinklimaschränke gegenüber dem Displaytisch den Vorteil, dass die Weine bereits richtig temperiert sind.

Buffets bieten eine breite Palette an Gerichten, sodass jeder Gast etwas nach seinem Geschmack finden kann. Meist werden auch unterschiedliche Ernährungsvorlieben berücksichtigt. Das führt zu höherer Zufriedenheit, da die Gäste nicht an ein festes Menü gebunden sind.

Der **Verkauf vom Wagen** (z. B. Aperitif-, Champagner- und Digestifwagen, Voiture für das Warmhalten und Tranchieren von Fleischstücken, Flambier-, Käse- und Süßspeisenwagen) macht neugierig. Der Gast kann sich selbst vom Angebot überzeugen.

Originelle bzw. verführerische **Speisen- und Getränkekarten** animieren die Gäste zum Kauf. Das Auflegen von Tages- und Spezialitätenkarten (Wildwochen, Spargelzeit etc.) bringt zusätzliche Anreize. Mit **Tischaufstellern** können Gäste auf Angebote, Sonderaktionen und Spezialitäten aufmerksam gemacht werden, um so den Verkauf anzukurbeln.

WortschatzBox – „Grundlagen des Servierens“

- Ordne die folgenden Begriffe (verkaufsfördernde Maßnahmen) den passenden Erklärungen zu:

Buffets ▪ Verkauf vom Wagen ▪ Schaukästen

______________________ → regen Gäste an, das Lokal zu betreten.

______________________ → befriedigen das Bedürfnis, sich selbst seine Speisen zusammenzustellen.

______________________ → macht neugierig.

Ziele erreicht? – „Grundlagen des Servierens“

KOMPETENZ-ERWERB

1. Formuliere passende Servierregeln zu den folgenden Bildern.

2. Gib an, mit welcher Hand Teller grundsätzlich getragen werden.
3. Erkläre, worauf du beim Tragen mit Schlitten besonders achten musst.
4. Kreuze in der Tabelle an, welche Servicetätigkeiten rechts und welche links vom Gast durchgeführt werden.

Servicetätigkeiten	Rechts vom Gast	Links vom Gast
Getränke servieren		
Speisen von Platten vorlegen		
Entremets-Besteck herunterziehen		
Beilagensalat einsetzen		
Fingerbowl platzieren		
Krümelservice		

5. Übe das Tragen mehrerer Gläser auf einem Tablett beim Einsetzen.

6. Übt in Partnerarbeit folgende Tätigkeiten: das fachgerechte Einsetzen der Teller im Untergriff und das Ausheben der Teller mit Besteck im Obergriff. Decke für diese Übung einen Tisch mit drei einfachen Grundgedecken. Erkläre die dabei zu beachtenden Servierregeln.

7. Gruppenarbeit: Stellt einen Teller oder eine Platte mit Brotscheiben, Kartoffeln, Zitronen, Flaschenkorken etc. auf den Tisch. Gebt die Stücke im Uhrzeigersinn weiter und verwendet dabei die verschiedenen Vorlegegriffe.

8. Beschreibe die Reihenfolge beim Abräumen der Tische.

9. Löst die folgende Aufgabe in Kleingruppen:

   Stellt in einem Rollenspiel eine Restaurantbestellung auf der Terrasse nach. Drei Gäste bestellen ein dreigängiges Menü (warme Vorspeise, Fischspeise und kalte Süßspeise), zwei Gläser Limonade, ein Glas Soda mit Zitrone und eine Karaffe Wasser. Führt einen fachgerechten Teller- und Getränkeservice durch.

   Diskutiert im Anschluss daran, ob alle Beteiligten mit dem Serviceablauf zufrieden waren und notiert, was funktioniert hat und was beim nächsten Mal verbessert werden muss.

10. Du nimmst telefonisch eine Tischreservierung entgegen. Erkläre, welche Notizen du in das Reservierungsbuch bzw. Reservierungsformular einträgst.

11. Fasse zusammen, welche Voraussetzungen Servicemitarbeiter/innen für ein erfolgreiches Verkaufsgespräch benötigen.

12. Erkläre die Verwendung von Tischplänen bei der Bestellungsaufnahme.

13. Löse folgende Aufgabe mit deinen Kolleginnen und Kollegen in Kleingruppen:

    Stellt in einem Rollenspiel einen einfachen Serviceablauf nach – von der Begrüßung und Platzierung des Gastes über die Präsentation der Speisen- und Getränkekarten, das Verkaufsgespräch, die Aufnahme der Bestellung, die Gästebetreuung bis hin zur Rechnungslegung und Verabschiedung des Gastes.

    Diskutiert anschließend, ob der Serviceablauf in der Praxis zufriedenstellend verlaufen wäre. Notiert, was funktioniert hat und was beim nächsten Mal verbessert werden kann.

14. Wie reagierst du auf folgende Gästebeschwerden:

Beschwerde	Reaktion
Die Suppe ist kalt!	
Die Gläser sind schmutzig!	
Das Fleisch ist zäh!	
Im Speisesaal zieht es!	
Die Wartezeit ist zu lang!	

    Wähle eine dieser Gästebeschwerden und schildere deinen Kolleginnen und Kollegen, wie du versuchst, die Reklamation zur Zufriedenheit des Gastes zu behandeln.

15. Löse folgende Aufgabe mit deinen Kolleginnen und Kollegen in Kleingruppen:

    Stellt in einem Rollenspiel nachfolgende Beschwerdesituation in einem Restaurant nach: Du servierst zwei Gästen die Hauptspeise. Einer der Gäste diskutiert heftig mit seinem Tischnachbarn und lässt sein Gericht etwa zehn Minuten stehen. Anschließend beschwert er sich bei dir, dass die Speise nicht heiß genug ist. Behandle seine Beschwerde.

    Befrage im Anschluss daran eine unbeteiligte Person, wie zufrieden sie mit der Lösung des Problemes in der Praxis gewesen wäre. Notiere eventuelle Verbesserungsvorschläge. Stelle dir dabei folgende Fragen: Hast du den Gast wertschätzend behandelt? Hast du Verständnis gezeigt und seine Reklamation großzügig behandelt?

Einen interaktiven **Safety-Check** findest du in der TRAUNER-DigiBox.

Alkoholfreie Kalt- und Heißgetränke, Bier, Wein

In der Gastronomie sind die Getränke meist die wichtigsten Umsatzbringer. Mit ihnen werden im Vergleich zu Speisen höhere Gewinne erzielt. Getränke werden abhängig vom Betriebstyp den ganzen Tag über serviert und der Aufwand beim Service ist relativ gering.

KOMPETENZ-ERWERB

Meine Ziele

Nach Bearbeitung dieses Kapitels kann ich

- die unterschiedlichen Wässer, Säfte und Erfrischungsgetränke aufzählen und ihre Zusammensetzung beschreiben;
- den perfekten Service von Mineralwässern, Säften und Erfrischungsgetränken durchführen;
- einen Überblick über die im Handel erhältlichen Milcherzeugnisse geben;
- den perfekten Service von Milch und Milchmischgetränken durchführen;
- den perfekten Service von alkoholfreien Heißgetränken durchführen;
- die wichtigsten Bier- und Weinsorten nennen;
- anhand der Gästewünsche passende Fragen im Verkaufsgespräch formulieren;
- Gästen Empfehlungen und Hintergrundinformationen zu Kaffee, Kakao und Tee bzw. teeähnlichen Getränken geben.

1 Kaltgetränke

Ein Gast, der offensichtlich von einer langen Wanderung kommt, nimmt auf der Terrasse meines Ausbildungsbetriebes Platz. Er bestellt nur ein Glas Leitungswasser, bleibt etwa eine Stunde, um sich zu erholen und verabschiedet sich dann. Meine Kollegin berechnet ihm das Wasser, worüber ich etwas erstaunt bin.

Diskutiert in der Gruppe, ob es legitim ist, dem Gast den Service von Leitungswasser in Rechnung zu stellen. Welcher Betrag ist deiner Meinung nach vertretbar?

1.1 Wässer

In Deutschland hat der Konsum von Trinkwasser, also Wasser aus der Wasserleitung (von Brunnen oder Quellen), Tradition. Die Leitungswasserqualität nimmt im internationalen Vergleich einen Spitzenplatz ein. Deutlich an Bedeutung dazugewonnen hat aber auch der Verkauf von natürlichen Mineralwässern.

Wusstest du, dass ...
ein Liter Trink bzw. Leitungswasser 0,2 Cent kostet?
Quelle: gesundheit.de

Zusammensetzung von Wasser

Wasser kommt tief aus der Erde. Es durchfließt verschiedene Bodenschichten (siehe Grafik S. 295). Dabei nimmt es unterschiedliche Stoffe auf und speichert diese. Je nach Kalkgehalt und anderen gelösten Stoffen (Mineralsalzen bzw. Mineralstoffen) unterscheidet man zwischen weichem und hartem Wasser.

Wasserart nach Härte

Weiches Wasser	Hartes Wasser

Inhaltsstoffe Es enthält nur **wenige gelöste Stoffe,** besteht also fast nur aus Wasserstoff (H) und Sauerstoff (O).	**Inhaltsstoffe** Es enthält sehr viel Magnesium und Calcium.
Geschmack, Eignung Schmeckt schal (fad), besitzt aber **große Lösungskraft** und ist daher gut für die Tee- oder Kaffeeherstellung geeignet.	**Geschmack, Eignung** Schmeckt frisch und ist daher **gut zum Trinken** geeignet. Es verkalkt jedoch die Geräte, Behälter und Rohre.
Beispiele Wasser aus Granitgesteinsböden (z. B. aus dem Schwarzwald), Regenwasser	**Beispiel** Kalkgesteinswasser (z. B. aus Ostholstein)

Finde heraus, ob das Wasser in deinem Ausbildungsbetrieb hart oder weich ist. Wie schmeckt dieses Wasser?

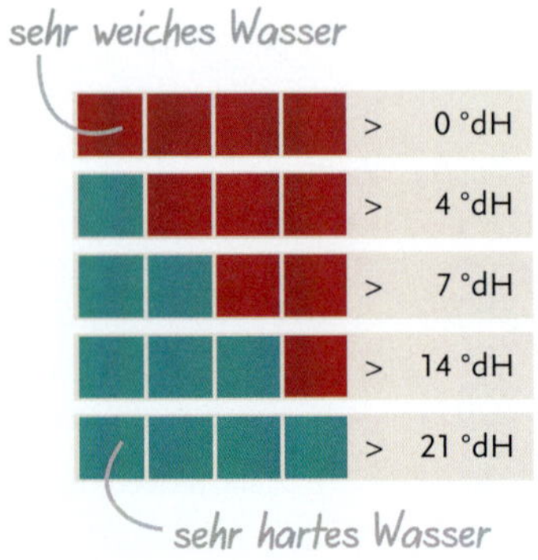

Je mehr deutsche Härtegrade, desto mehr gelöste Stoffe sind enthalten.

Die Härte des Wassers wird in **°dH,** deutschen Härtegraden, gemessen. Das Wissen um die Wasserhärte ist wichtig, weil z. B. die Einstellung für die Wasserenthärtungsanlage einer Kaffeemaschine davon abhängt.

- Bis zu 4 °dH: Man spricht von sehr weichem Wasser.
- Über 21 °dH: Man spricht von sehr hartem Wasser.

Arten von Wasser

Qualitätsstufen von Wässern

Trinkwässer (Grundwässer)
Behördlich kontrolliert (Lebensmittelgesetz)
Beigabe zu Wein oder Kaffee

Tafelwässer
Aufbereitete Trink- oder Mineralwässer (erlaubte Zusätze sind Natursalz, Mineralsalze und keimfreies Meereswasser)
Spielt in der Gastronomie südlicher Länder eine Rolle

Quellwässer
Aus natürlichen Vorkommen stammendes Wasser (benötigt keine amtliche Anerkennung und muss keine gleichbleibende Menge an Mineralstoffen aufweisen)
In der Gastronomie selten

Natürliche Mineralwässer
Quellwässer aus natürlichen Vorkommen (muss eine gleichbleibende Menge an Mineralstoffen aufweisen)
Umsatzbringer in der Gastronomie

Heilwässer
Nachgewiesene Heilwirkung (unterliegt dem Arzneimittelgesetz)
In der Gastronomie selten

Tafelwasser mit mindestens 570 mg/l Natriumhydrogencarbonat versetzt nennt man Sodawasser (vorwiegend aus Thekenzapfgeräten, meist zum Mischen für z. B. Soda-Zitron, Cocktails).

Natürliche Mineralwässer

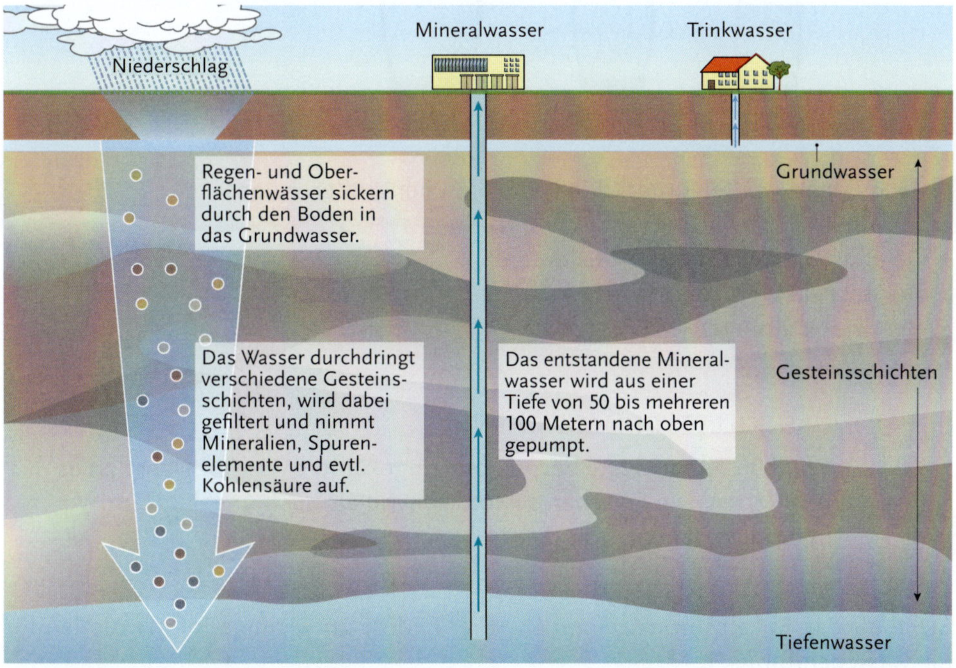

Natürliches Mineralwasser muss laut **Mineral- und Tafelwasserverordnung** folgende zusätzliche Anforderungen erfüllen:

- Es muss am Quellort abgefüllt werden.
- Es muss entsprechende ernährungsphysiologische Eigenschaften aufweisen.
- Seine Zusammensetzung wird von einem Institut amtlich analysiert und auf dem Etikett angeführt.

✓ **Erlaubt sind**

- das Zusetzen und Entfernen von Kohlensäure bzw.
- das Entfernen von Schwefel und Eisen (damit es nicht schlecht riecht, tintig bzw. braun aussieht).

Ab 1 500 mg/l Mineralstoffen (laut Etikett) gilt der Mineralstoffanteil, also etwa an

- Eisen (Fe),
- Natrium (Na),
- Magnesium (Mg) oder
- Calcium (Ca),

als hoch. Diese Wässer eignen sich nicht zum Mischen mit anderen Getränken, da sie Geschmacks und Farbveränderungen bewirken können (z. B. färbt Bad Bockleter Heilwasser durch den hohen Eisengehalt Wein braun).

Aromatisierte Wässer zählen nicht zu den Wässern, sondern zu den Erfrischungsgetränken (siehe S. 303 bzw. 306).

Bezeichnungen für natürliche Mineralwässer

Still (ohne Kohlensäure)/ohne	Keine oder nur sehr geringe Spuren quelleigener Kohlensäure
Sanft/mild	Wenig Kohlensäure (meist 1,5 bis 2,5 g CO_2 pro Liter)
Säuerling **Sprudel**	**Säuerling** ist ein natürliches Mineralwasser, das nur eigene Quellkohlensäure enthält (mehr als 250 mg pro Liter). Es wird keine Kohlensäure zugesetzt. **Sprudel** sind Säuerlinge, die unter natürlichem Gasdruck hervortreten (hervorsprudeln).
Prickelnd/mit	Wässer mit viel Kohlensäure

Einkauf und Lagerung von Wässern

Deutsche Mineralwässer für die Gastronomie sind in folgenden Flaschengrößen erhältlich:

0,25 l   0,5 l   0,75 l

Es handelt sich in der gehobenen Gastronomie immer um Glasflaschen, sogenannte Mehrwegflaschen, für die Pfand erhoben wird.

Je nach Bedarf werden unterschiedliche Flaschengrößen eingesetzt:

- In Minibars
- Bei Einzelbestellungen im Restaurant
- Bei Bestellungen von mehreren Gästen an einem Tisch
- Bei Veranstaltungen

DAS SOLLTEST DU SPEICHERN

Rund 30 % der Gäste bevorzugen ungekühltes Wasser! Daher ist es von Vorteil, alle Flaschen sowohl gekühlt als auch ungekühlt zur Verfügung zu haben.

Siehe dir das Etikett immer genau an. Hier findest du wichtige Informationen für die Gästeberatung!

Etikettensprache

1. Analyseinstitut
2. Inhaltsstoffe
3. Abfüller
4. EAN-Code
5. Füllmenge
6. Marke
7. Bezeichnung des Wassers

In originalverschlossenen Glasflaschen ist Mineralwasser über einen längeren Zeitraum (siehe Mindesthaltbarkeitsdatum) haltbar. Man lagert es am besten kühl und dunkel.

Bekannte Mineral- und Heilwassermarken in Deutschland

Mineralwässer

Apollinaris, Bad Neuenahr-Ahrweiler (1)
Christinen, Bielefeld (2)
Elisabethen, Bad Vilbel (3)
Extaler, Rinteln (4)
Bismarck, Aumühle (5)
Gerolsteiner, Gerolstein (6)
Glashäger, Bad Doberan (7)
hella, Rellingen (8)
Lichtenauer, Lichtenau (9)
Oppacher, Oppach (10)
Selters, Löhnberg-Selters (11)
Spreequell, Lausitz (12)
Bad Harzburger, Bad Harzburg (13)
Thüringer Waldquell, Schmalkalden (14)
Franken Brunnen, Neustadt/Aisch (15)
Adelholzener Alpenquellen, Siegsdorf (16)
Spessart Waldquellen, Waldaschaff (17)
alwa Mineralbrunnen, Sersheim (18)
Aqua Römer, Mainhardt (19)
Bad Liebenwerda, Bad Liebenwerda (20)
Stralsunder, Stralsund (21)

Heilwässer

St. Gero, Gerolstein (1)
Heppinger, Bad Neuenahr (2)
Staatlich Fachingen, Fachingen/Lahn (3)
Hirschquelle, Bad Teinach (4)

Bekannte Marken in anderen Ländern (Auswahl)

(B) **Belgien:** Spa, Chaudfontaine, Clémentine
(A) **Österreich:** Vöslauer, Römerquelle, Gasteiner, Montes
(F) **Frankreich:** Evian, Perrier, Vittel, Vichy, Volvic
(GB) **Großbritannien:** Tŷ Nant, Elsenham, Hildon
(I) **Italien:** San Benedetto, San Pellegrino, Fontalba, Plose
(N) **Norwegen:** Voss (Kultmarke vieler Stars), Isklar, Osa
(CH) **Schweiz:** Passugger, Eptinger, Valser
(SLO) **Slowenien:** Radenska, Rogaška, Costela
(CZ) **Tschechien:** Mattoni, Biliner, Magnesi
(DK) **Dänemark:** Iskilde, Denice, Egekilde
(NL) **Niederlande:** Bar-Le-Duc, Euregio, Source de Ciseau

Weitere Informationen zum Thema findest du z. B. bei der Informationszentrale Deutsches Mineralwasser unter www.mineralwasser.com.

Ideale Trinktemperaturen:
- Kohlensäurehaltiges Mineralwasser ca. 7–10°C
- Stilles Wasser 10–14°C
- Heilwasser 16–18°C

Verkauf und Service von Wässern

Wasser kannst du in jeder Situation, zu fast allen Getränken und Speisen anbieten und so **Zusatzverkäufe** generieren. Außerdem kannst du damit am meisten verdienen, weil keine Maschinen und keine arbeitsintensiven Vorbereitungen notwendig sind. Daher gilt: Verkaufe aktiv!

SO SAG ICH'S MEINEM GAST

Hätten Sie gerne ein kohlensäurehaltiges oder ein stilles Wasser?"

Would you prefer sparkling or still water?

Darf ich Ihnen zu Ihrem Kaffee auch eine kleine Flasche Mineralwasser bringen?

May I bring you a small bottle of mineral water with your coffee?

Soll ich Ihren Kindern stilles Mineralwasser zum Mischen der Säfte servieren?

May I bring your kids still mineral water to mix the juices with?

TIPP VOM PROFI

Eiswürfel und Zitrone nur auf Wunsch des Gastes servieren! Die Eiswürfel verwässern und die Zitrone überdeckt den Eigengeschmack.

Viele Mineralwasserfirmen bieten für die Gastronomie auch eigens entworfene Gläser mit dem jeweiligen Markenlogo an. Diese sind selbstverständlich ebenso für den perfekten Wasserservice geeignet.

Gläser und Karaffen für Wässer

Wasserbecher

Stielglas

Tumbler

Karaffen in verschiedenen Größen (für Leitungswasser)

1.2 Frucht- und Gemüsegetränke

Frucht und Gemüsegetränke werden aus **frisch gepressten Säften** bzw. aus **Saftkonzentraten** hergestellt. Sie liefern wichtige Stoffe für den menschlichen Organismus und den Stoffwechsel (Wasser, Fruchtzucker, Vitamine, Mineralstoffe, natürliche Fruchtsäuren).

Herstellung von Frucht- und Gemüsegetränken

1 Ernten

2 Kontrollieren und Waschen der Früchte

3 Maischen (Zerkleinern) und Pressen der Maische = **naturtrüber Saft**

4 Filtern (z. B. Trennen durch Schleudern) bzw. Klären (z. B. feste Stoffe sinken ab) des gewonnenen Saftes = **klarer Saft**

Bei der gewerbsmäßigen Produktion muss die **Haltbarkeit** der Säfte gewährleistet werden. Die Erzeugung durchläuft daher zusätzlich folgende Schritte:

- **Konservieren** (durch Pasteurisieren oder durch Eindicken auf ein Konzentrat)
- **Abfüllen** in Flaschen, Dosen, Getränkekartons oder Container

das Pasteurisieren = sekundenlanges Erhitzen auf 80 °C

das Eindicken = Konzentrieren durch Wasserentzug im Vakuumverdampfer

Naturtrübe Mischsäfte aus verschiedenen Apfel- bzw. Birnensorten werden auch als **Süßmost** bezeichnet und sind meistens alkoholfrei.

Arten von Fruchtgetränken

Qualitätsstufen von Fruchtsäften

Direktsaft
100 % Saft
Höchste Qualität (z. B. frisch gepresst)

Fruchtsaft aus Fruchtsaftkonzentrat
100 % Saft
Häufig für Frühstück

Nektar
25–50 % Saft
Oft auch mit Wasser gemischt serviert

Direktsaft

Gärfähiger (jedoch nicht gegorener!) Saft aus gesunden reifen Früchten einer oder mehrerer Fruchtarten. Farbe, Aroma und Geschmack müssen für die verwendete Fruchtart charakteristisch sein.

§ Laut aktueller EU-Fruchtsaftverordnung darf Fruchtsäften kein Zucker zugesetzt werden. Die neuesten EURichtlinien findest du unter www.eurlex.europa.eu.

Fruchtsaft aus Fruchtsaftkonzentrat

Hierfür wird Direktsaft sofort nach der Herstellung eingedickt (für einen leichteren, günstigeren Transport). Vor der Abfüllung in Verkaufsgrößen wird das entzogene Wasser wieder zugefügt.

Nektar

- Aus Wasser, Fruchtsaft oder Fruchtmark, Zucker oder Honig
- Mindestsaftanteil je Fruchtart gesetzlich vorgeschrieben (25 bis 50 %, wird meist überboten)
- Darf bis zu 5 % anderen Fruchtsaft enthalten

Zusätze

✓ **Erlaubt sind**
- Wasser
- Vitamine, Mineralstoffe
- Fruchtfleisch
- Genusssäuren (z. B. Zitronensäure)
- Speisegelatine

✗ **Verboten sind**
- Chemische Konservierungsstoffe
- Chemische Farbstoffe
- Chemische Antioxidantien
- Emulgatoren
- Stabilisatoren

die Antioxidantien = Substanzen, die eine Oxidation (z. B. das Braunwerden von Früchten) verhindern

die Emulgatoren = Stoffe, wie z. B. Lezithin (E 322), die es ermöglichen, eigentlich nicht miteinander mischbare Flüssigkeiten (z. B. Wasser und Öl) zu verbinden

die Stabilisatoren = Zusatzstoffe, die das Absetzen von Stoffen verhindern bzw. verzögern

Smoothies wurden in den USA erfunden. Der Name heißt übersetzt etwa „geschmeidig, cremig". Die Basis für einen Smoothie ist Fruchtmark, also Frucht oder Gemüsepüree (z. B. von Bananen), das mit Frucht bzw. Gemüsesaft gemixt wird, bis ein cremiges Getränk entsteht.

Weitere Informationen zu trendigen Smoothies findest du unter www.innocentdrinks.de.

Arten von Gemüsegetränken

Gemüsegetränke sind unvergorene oder milchsauer vergorene Getränke aus Gemüse. Milchsauer vergorene Gemüsegetränke sind geschmacksintensiver und leichter zu verdauen.

Qualitätsstufen von Gemüsegetränken

Nektar, Gemüsetrunk
40 % Saft
Evtl. auch mit Wasser gemischt serviert

Gemüsesaft aus Gemüsesaftkonzentrat
100 % Saft
Häufig für Frühstück

Direktsaft
100 % Saft
Höchste Qualität (z. B. frisch gepresst)

Alle Gemüsesäfte werden mit Salz, Gewürzen und Kräutern abgeschmeckt.

Direktsaft

Das ist Saft aus gesundem reifem Gemüse einer oder mehrerer Sorten. Farbe, Aroma und Geschmack müssen für die verwendete Sorte charakteristisch sein.

Gemüsesaft aus Gemüsesaftkonzentrat

Konzentrierte Gemüserohsäfte werden wie Fruchtkonzentrat durch Rückverdünnen mit Trinkwasser hergestellt.

Nektar, Trunk

Dieser besteht aus Wasser, Gemüsesaft bzw. Gemüsemark, Salz, Gewürzen, Zucker oder Honig und teilweise Essig.

Einkauf und Lagerung von Säften

Frucht- und Gemüsegetränke werden in der Gastronomie bei Tisch in Flaschen angeboten, wenn sie nicht frisch gepresst werden. Nur selten sind Postmixanlagen, PET-Flaschen oder Getränkekartons in Verwendung.

Zum Service von Tomatensaft gehören neben Salz und Pfeffer auch Tabasco und Worcestershiresauce

die Worcestershiresauce = klassische englische Würzsauce; ursprünglich aus Essig, Melasse, Zucker, Salz, Sardellen, Zwiebeln und Knoblauch

Folgende Angaben müssen auf den Gebinden bzw. Packungen stehen und helfen dir beim Einkauf bzw. später beim Beratungsgespräch:

1. **Verkehrsbezeichnung:** z. B. Apfelsaft, Fruchtsaft aus Konzentrat, Aprikosennektar, Multivitaminsaft bzw. Gemüsecocktail (bei mindestens drei Früchten bzw. Gemüsearten)
2. **Fruchtgehalt:** z. B. 100 %
3. **Nettofüllmenge:** nach EU-Norm
4. **Firmendaten**

5. **MHD**
6. **Zutatenverzeichnis:** in mengenmäßig absteigender Reihenfolge; z. B. Ballaststoffe (wie Fruchtfleisch), bei Nektar evtl. eine genaue Zuckerauflistung (Fructose = Fruchtzucker, Saccharose = Haushaltszucker aus Zuckerrübe oder Zuckerrohr, Honig)

Mögliche weitere Informationen:

- „Reich an Vitamin C“: mindestens 250 mg Vitamin C (Ascorbinsäure) pro Liter Saft
- „Vitamin-C-haltig“: mindestens 150 mg Vitamin C pro Liter Saft
- „ACE“: Frucht- und Gemüsegetränke, denen zusätzlich die Vitamine A, C und E zusammen mit Mineralstoffen beigefügt wurden

Lagere Frucht- und Gemüsesäfte in Originalgebinden am besten kühl und dunkel. In angebrochenen Gebinden gären sie – besonders bei Zimmertemperatur – innerhalb kurzer Zeit (deshalb z. B. einen geöffneten Getränkekarton sofort in den Kühlschrank stellen).

Denke schon beim Aperitif an Frucht- bzw. Gemüsegetränke (frisch gepresster Orangensaft ist ein Klassiker)!

DAS SOLLTEST DU SPEICHERN
Schäumende Säfte oder Säfte, die Alkoholgeruch verströmen, gären bereits. Bitte entsorge diese – sie dürfen auf keinen Fall mehr serviert werden!

Bekannte Marken von Frucht- und Gemüsesäften

- Dittmeyer's Valensina, Mönchengladbach
- Eckes-Granini, Nieder-Olm
- becker's bester, Lütgenrode
- Niehoffs Vaihinger, Bad Überkingen
- Voelkel, Höhbeck

Bekannte Marken in anderen Ländern

- Österreich: Pago und Hohes C (gehören zu Eckes-Granini), Cappy, Pfanner, Rauch
- Schweiz: Biotta
- Italien: Skipper (Firma Zuegg)
- Frankreich: Monin (Fruchtpürees), Caraïbos Fruchtsäfte und -nektare

Verkauf und Service von Säften

Frucht- und Gemüsesäfte – besonders als Schorle – kannst du als Erfrischungsgetränke empfehlen. Sie passen hervorragend für Menschen, denen Sport und Wellness wichtig sind und sind ideal für die Herstellung von Mixgetränken.
Richtig kombiniert können Säfte auch als Speisenbegleiter perfekt geeignet sein.

Frage schon bei der Bestellung nach, was dein Gast genau erwartet. Das wirkt professionell und begeistert den Gast.

SO SAG ICH'S MEINEM GAST

Darf ich Ihnen zu Ihrer Gemüselasagne einen Karotten-Orangen-Saft empfehlen?
May I recommend a carrot-orange juice for your vegetable lasagne?

Für die Kinder kann ich einen reinsortigen Apfelsaft von der Apfelsorte Topaz in der Karaffe anbieten.
For the children I can offer a pure apple juice from the apple variety Topaz in the carafe.

Schüttle Originalflaschen, bevor du dem Gast einschenkst, um den abgesunkenen Fruchtsatz aufzuwirbeln: So wird der Inhalt gleichmäßig aufgemischt.

Reiche zu Karottensaft ein gutes Öl, da es die Aufnahme des enthaltenen Provitamins A ermöglicht. Das gelingt auch mit einem fetthaltigen Lebensmittel wie z. B. einem Stück Käse.

Ideale Trinktemperatur für Frucht- und Gemüsesäfte: 8–12 °C
Eis wird nur auf Wunsch des Gastes serviert.

SO SAG ICH'S MEINEM GAST

Hier bringe ich Ihnen noch bestes Olivenöl zu Ihrem Karottensaft.

Here I bring you the best olive oil to go with your carrot juice.

Gläser und Karaffen für Säfte

Stielglas

Tumbler

Karaffen in verschiedenen Größen

TIPP VOM PROFI

Gemüsegetränke immer auf einem Unterteller mit Serviette, passendem kleinem Löffel und evtl. Menagen einstellen.

die Menagen = Gewürze wie z. B. Salz, Pfeffer und Zucker

1.3 Erfrischungsgetränke

Erfrischungsgetränke **(Softdrinks)** sind industriell gefertigte Produkte. Sie erfrischen und sind in ihrer Vielfalt für alle Gästegruppen jeden Alters bei fast jeder Gelegenheit einsetzbar. Manche Betriebe machen ihre Limonaden, Eistees etc. auch selbst.

Zu den Erfrischungsgetränken zählen auch aromatisierte Mineralwässer und industrielle Eistees!

DAS SOLLTEST DU SPEICHERN

Für den Erfrischungseffekt im Mund sorgen Wasser und die meist zugesetzte Kohlensäure. Die Erfrischung wird umso stärker wahrgenommen, je kälter das Getränk ist.

Inhalt von Erfrischungsgetränken

Handelsübliche Erfrischungsgetränke bestehen grundsätzlich aus drei Inhaltsstoffen.

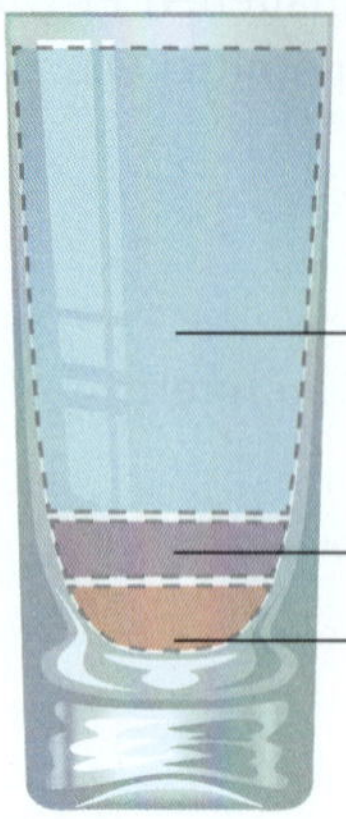

Erlaubt sind

- Fruchtsäfte
- Teeauszüge
- Molke
- Malzextrakte
- Hefe
- Vitamine, Mineralstoffe
- Koffein oder ähnliche Stoffe (z. B. Guarana)
- Natürliche Genusssäuren (z. B. Zitronensäure) bzw. Aromen
- Natürliche Farbstoffe
- Geschmacksverstärker (z. B. Taurin)
- Zucker bzw. andere Süßungsmittel
- Kohlensäure

das Süßungsmittel = natürlicher bzw. künstlicher Zuckerersatzstoff, wie z. B. Ahorn- oder Agavensirup, Stevia, Saccharin, Cyclamat, Aspartam

Verboten ist

- Alkohol; Erfrischungsgetränke dürfen max. 0,5 % Alkohol enthalten

Kracherl sind in Teilen Süddeutschlands und in Österreich produzierte Erfrischungsgetränke mit meist „naturidenten", also künstlichen Farb-, Aroma- und Geschmacksstoffen. Der Name geht auf den ursprünglich verwendeten Kugelverschluss zurück (Maisinger Kracherl, Wachauer Kracherl).

Arten von Erfrischungsgetränken

Jedes Erfrischungsgetränk hat spezielle geschmacksgebende Inhaltsstoffe, die sich in Gruppen zusammenfassen lassen. Das hilft dir, den Überblick über diese große Getränkegruppe zu behalten. Die Zuordnung und die Inhaltsstoffe unterstützen dich bei den Beratungsgesprächen.

Fruchtsaftgetränke

Der Saftanteil beträgt mindestens 30 % bei Kernobst und Trauben, 10 % bei anderen Früchten, 6 % bei Zitrusfrüchten.

Bekannte Marken

Capri-Sun, Frucade, Orangina, Durstlöscher

Limonaden

Der Saftanteil ist mindestens halb so hoch wie bei Fruchtsaftgetränken, also 15 % bei Kernobst und Trauben, 5 % bei anderen Früchten, 3 % bei Zitrusfrüchten.

Bekannte Marken

Sprite, Fanta, Keli, Seven Up, Bionade, Bluna, Sinalco, Aloha, Lemonaid

Kräuterlimonaden
Kräuterauszüge

Bekannte Marken
Almdudler, Schmex Kräuterlimonade, Wostok Birne-Rosmarin, Proviant

Colalimonaden
Phosphorsäure als Säuerungsmittel und Koffein (65–250 mg/l)

Bekannte Marken
Coca-Cola, Pepsi-Cola, Fritz-Kola, Red Bull Cola, Afri Cola, Vita Cola

Ingwerlimonaden
Auszüge aus Ingwerwurzeln (englisch: ginger)

Bekannte Marke
Ginger Ale von Schweppes und Thomas Henry

Bitterlimonaden
Bitterstoffe, z. B. Chinin (bis max. 85 mg/l), ab 15 mg/l Chinin Tonic

Bekannte Marken
Schweppes (Tonic Water, Bitter Lemon, Bitter Orange), weitere Tonics: Kinley, Fever Tree, Fentimans, Sens, Thomas Henry

Malzlimonaden, Malztrunk
Alkoholfreie Biere bis zu 0,5 Vol.-% Alkohol – auch gemischt, z. B. als alkoholfreie Radler

Bekannte Marken
Clausthaler, Schlossgold, Vitamalz, Karamalz, Veltins Malz

Molkelimonaden
Mindestens 40 % Molke

die Molke = Nebenprodukt bei der Käseerzeugung

Bekannte Marken
Latella, Rivella, Limuh

Eistees
Tee-Extrakte (von Schwarz- oder Früchtetee, mindestens 0,12 %), Fruchtsaft und Aromen

Bekannte Marken
Rauch, Lipton, Pfanner, Club-Mate

Isotonische Getränke
Mineralstoffgetränke, häufig mit Vitaminen (B, C, Biotin, E)

das isotonische Getränk = Mineralstofflieferant – es gleicht den Wasser- und Mineralstoffverlust aus, den das Schwitzen verursacht. Auch ein alkoholfreies Bier ist bei Sportlerinnen/Sportlern als Durstlöscher sehr beliebt.

Bekannte Marken
Gatorade, Isostar (Light), Iso-Fresh, Power Bar, Peeroton, Xenofit

Die Höchstmengen des Koffeingehaltes von Energydrinks sind länderspezifisch unterschiedlich geregelt. Für alle gilt jedoch: Der Koffeingehalt ist in mg/100 ml anzugeben. Außerdem müssen die Getränketiketten eine Warnung für Kinder, Schwangere und stillende Frauen enthalten.

Energy– oder Powerdrinks
Stark koffeinhaltige Getränke (anregend!), enthalten Taurin

Bekannte Marken
Red Bull, Burn, Taurus, Flying Horse, Dynamite, Shark, Mystery, Dark Dog, Blinde Kuh, Boss!, Full Speed, Monster

Wellnessgetränke
Sollen das Wohlbefinden erhöhen, z. B. Mineralwässer mit Kräuter- oder Fruchtauszügen (auch aromatisierte Wässer, Flavoured Waters oder Near-Water-Getränke genannt)

Bekannte Marken
Lipton Aquae Vital, Frankenbrunnen Aqua Wellness, Bismarck Wellness Balance, Petrusquelle Wellness, Vöslauer Balance, Nativa (Grünteegetränk), Carpe Diem (Kombucha), Voelkel, Kombuchery

der Kombucha = gesüßte Teemischung, vergoren mit Hefe, Milchsäurebakterien und dem Kombuchapilz

Sirupe
Sirupe sind Dicksäfte mit hohem Zuckergehalt, die durch Verdünnen mit Wasser trinkfähig gemacht werden. Der Verdünnungsfaktor muss angegeben werden (z. B. 1 : 6, also ein Teil Sirup wird mit sechs Teilen Wasser verdünnt). Sie werden v. a. zum Mischen an der Bar verwendet.

Bekannt sind Anton Riemerschmid (Erding), Tri Top (Drinks Star GmbH Rosenheim), Deutsche Blütensekt Manufaktur (Trebur bei Mainz), Darbo und Sodastream (Österreich), Fabbri (Italien) sowie Monin und Giffard (Frankreich).

Einkauf und Lagerung von Erfrischungsgetränken

In der Gastronomie sind bei Erfrischungsgetränken sogenannte Mehrwegflaschen üblich, also Glasflaschen, für die meist ein Pfand erhoben wird. Es gibt aber auch den Ausschank über Thekenzapfgeräte.

Grundsätzlich sind Erfrischungsgetränke kühl und dunkel bis max. zum gekennzeichneten Mindesthaltbarkeitsdatum zu lagern.

Verkauf und Service von Erfrischungsgetränken

DAS SOLLTEST DU SPEICHERN
Als Begleiter zum Essen sind Softdrinks eigentlich nicht optimal, da ihr Geschmack den jeder Speise übertönt. Dennoch sind sie sehr beliebt und weltweit nach Wasser die Getränkegruppe mit dem meisten Absatz.

Ideale Trinktemperatur: 8–10 °C
Ausnahme Cola- und Malzlimonaden: 6 °C

Alkoholfreie Getränke kannst du nicht nur Kindern und Jugendlichen anbieten, sondern auch

- Verkehrsteilnehmerinnen/-teilnehmern,
- Gästen, die aus gesundheitlichen Gründen Alkohol ablehnen (z. B. Schwangere und Stillende) und
- Gästen, die aus religiösen Gründen Alkohol ablehnen.

SO SAG ICH'S MEINEM GAST

Hier im Spa-Bereich kann ich Ihnen besonders Molkelimonaden und isotonische Getränke empfehlen.

Here in the spa area, I can particularly recommend whey lemonades and isotonic drinks.

TIPP VOM PROFI

Wichtig für die Gästeberatung ist auch die Menge bzw. Art der verwendeten Süßungsmittel, die auf den Gebinden angegeben sein muss (z. B. für Diabetiker/innen). Lies dir diese Angaben genau durch, bevor du mit deinen Gästen sprichst.

Beispiele für Süßungsmittelangaben und was sie bedeuten:

- Zuckerarm = der Gehalt an Zucker darf höchstens 4 % betragen.
- Kalorienreduziert, kalorienarm = der meiste Zucker wird durch Süßstoffe ersetzt.
- Kalorienfrei/Zero = fast der gesamte Zucker wird durch Süßstoffe ersetzt; es bleiben maximal 1 kcal bzw. 4,2 kJ pro 100 ml.

Was bei uns verpönt ist, ist in Italien auch in der gehobenen Gastronomie durchaus üblich

Gläser für Erfrischungsgetränke

Stielglas

mittlerer Tumbler

großer Tumbler

Erfrischungsgetränke kommen in Originalflaschen (aus Glas) auf den Tisch des Gastes oder werden im Tumbler (aus der Schankanlage befüllt) serviert.

1.4 Milch und Milchmischgetränke

Milch zählt – neben Wasser – zu den ältesten Getränken der Menschheit und ihr Wert als leicht verdauliches und ideal zusammengesetztes Grundnahrungsmittel war schon vor Jahrtausenden bekannt. Unter Milch als Handelsware versteht man im Allgemeinen Kuhmilch.

DAS SOLLTEST DU SPEICHERN

In der Gastronomie spielt fast ausschließlich Kuhmilch eine Rolle – lediglich Betriebe mit speziellem Schwerpunkt (z. B. für Menschen mit Allergien) bieten auch Milch vom Schaf, von der Ziege oder der Stute an.

Manche Fast-Food-Ketten verpflichten sich zu gesunden Alternativen und stellen sogar ihre Werbung zugunsten von Milch um!

Heutzutage ist ein Trend hin zu fettarmer Trinkmilch (Natur oder mit Geschmack) bzw. fettreduzierten Milchprodukten (z. B. Trinkjoghurts) festzustellen.

Laktosefreie Erzeugnisse werden ebenfalls stärker verlangt und zwar von immer mehr Menschen mit Laktoseintoleranz, einer Unverträglichkeit von Milchzucker. Auch der Konsum von pflanzlichen Alternativen (Soja-, Reis- oder Haferdrinks) nimmt zu. Diese sind in der pflanzlichen Ernährung ein Ersatz für Kuhmilch und somit für vegane Verpflegung geeignet.

vegan = Ernährung ohne Tierprodukte; bewusster Verzicht auf Fleisch, Fisch, Eier, Milch und deren Produkte

Milchprodukte (aus Kuhmilch)

Milch und Milchprodukte (von der Kuh) gehören zu den 14 kennzeichnungspflichtigen Allergenen.
Näheres dazu findest du in der TRAUNER-DigiBox.

Trinkmilch

- Pasteurisierte **Frischmilch** mit 0,1–4,5 % Fettgehalt (vier bis sechs Tage haltbar); Vollmilch hat 3,5 % Fett.
- **ESL-Milch** (**e**xtended **s**helf **l**ife, Milch mit längerer Haltbarkeit) hält sich durch spezielle Behandlung länger als drei Wochen.

Biomilch

Artgerechte Tierhaltung mit Verzicht auf Antibiotika; Fütterung von gentechnikfreiem, biologischem Futter.
Gesetzlich mit EU-Bio-Logo etikettiert.

Bei Heumilch verzichten die Landwirte auf Silofutter. Das Logo „gentechnikfrei" gibt an, dass die Milch völlig frei von Gentechnik erzeugt wurde.

Fermentierte Milchprodukte

Diese meist leicht säuerlich schmeckenden Produkte, wie z. B. Sauermilch, Buttermilch, Trinkjoghurt, sind etwas dickflüssiger.

Milchprodukte mit erhöhtem Fettanteil

Produkte wie Sahne oder Kaffeesahne haben einen wesentlich höheren Fettanteil als Milch. Sie werden meist als Beigabe zu Heißgetränken verwendet.

Haltbarmilch

Sie wird kurz H-Milch genannt und entsteht durch ultrahohes Erhitzen, wodurch sie bis zu acht Wochen haltbar ist.

das Ultrahocherhitzen (UHT) = Verfahren zur Konservierung von Lebensmitteln, bei dem diese für einige Sekunden auf mindestens 135 °C erhitzt werden

Dauermilchprodukte

Produkte wie Kondensmilch oder auch Trockenmilchpulver werden meist durch Eindicken (Wasserentzug) hergestellt und sind originalverschlossen mehrere Monate haltbar.

Milchmischgetränke

Für diese Mischgetränke wird ein Milchprodukt mit anderen Produktgruppen harmonisch verbunden.
Milchmischgetränke lassen sich in

- kalte und warme sowie in
- alkoholfreie und alkoholhaltige einteilen.

In der Getränkekarte haben Milchmischgetränke oft Fantasiebezeichnungen, die du deinen Gästen näher erklären musst.

Einkauf und Lagerung von Milch und Milchmischgetränken

Frischmilch sollte im Idealfall von Herstellerbetrieben der Region gekauft werden.

Die Milchverpackung enthält Informationen, mit denen du Gästefragen problemlos beantworten kannst.

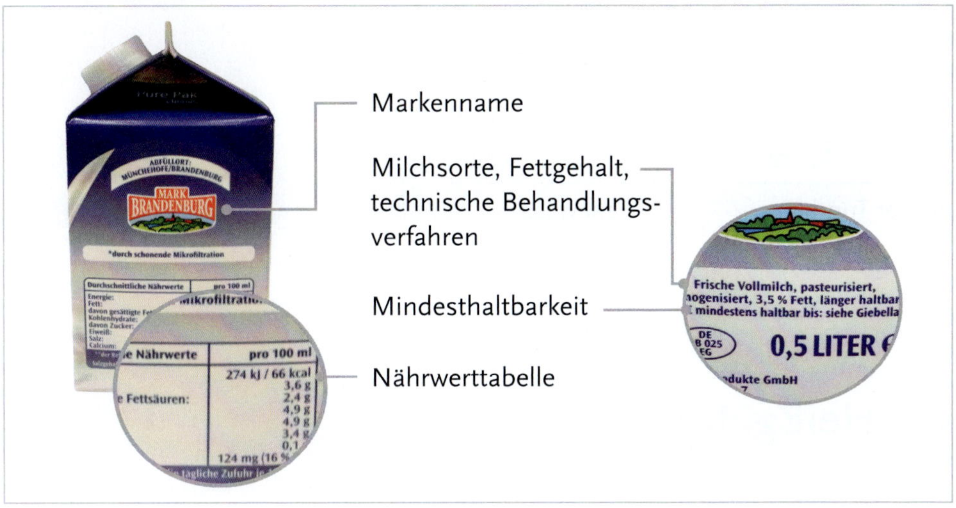

Auch wenn Haltbarmilch in geschlossenen Packungen bei Zimmertemperatur gelagert werden kann, musst du geöffnete Packungen kühlen und innerhalb weniger Tage aufbrauchen. Frischmilch und fermentierte bzw. fettreichere Frischmilchprodukte müssen lichtgeschützt, verschlossen und bei 4–6 °C aufbewahrt werden.

Verkauf und Service von Milch und Milchmischgetränken

Im ersten Moment denkst du bei Milch in der Gastronomie sicher an die Zutat für Kaffee, z. B. für Latte macchiato. Tatsächlich wird Milch als Getränk selten vom Gast nachgefragt. Darum solltest du in einem Betrieb mit Milchangeboten deinen Gästen diese am besten bewusst in passenden Situationen empfehlen.

Milch beim Frühstücksbuffet kann man auf sehr originelle Weise präsentieren

SO SAG ICH'S MEINEM GAST

Als alternative Erfrischung kann ich Ihnen Buttermilch mit Mineralwasser anbieten.

As an alternative refreshment I can offer you buttermilk with mineral water.

Falls du in einem Betrieb arbeitest, der Milch vom eigenen oder einem benachbarten Hof anbietet, scheue dich nicht, das zu erwähnen!

SO SAG ICH'S MEINEM GAST

Zum Kaiserschmarrn empfehle ich Ihnen ein Glas frische Milch von unserem Biobauern.

I recommend a glass of fresh milk from our organic farmer with the Kaiserschmarrn.

Vor allem von internationalen Gästen wird Deutschland als Land mit einer intakten Umwelt – urige Bergwelt, blühende Heidelandschaften, weite Küstenregionen – wahrgenommen. Frische, Natürlichkeit, aber auch die deutsche Herkunft sind daher wichtige Argumente beim Verkauf dieses Produktes.

TIPP VOM PROFI

Denke immer an einen Trinkhalm und serviere bei dickflüssigeren Getränken das Glas auf einem Unterteller mit Serviette und passendem Löffel.

Gläser für Milch und Milchmischgetränke

großer Tumbler

Fancyglas

Kaffee, Kakao und Tee enthalten Alkaloide, auf die der Körper mit beschleunigtem Stoffwechsel reagiert, um sie wieder „loszuwerden“ (z. B. durch Harndrang).

2 Heißgetränke

2.1 Kaffee

DAS SOLLTEST DU SPEICHERN

Kaffee ist ein Getränk, das aus den aufbereiteten, gerösteten, gemahlenen Samen der Kaffeekirsche gewonnen wird. Es ist ein Aufgussgetränk, wird also mit heißem Wasser aufgegossen.

Die Pflanze blüht weiß und trägt Kaffeekirschen in verschiedenen Reifegraden

Herkunft von Kaffee

Die ursprüngliche Heimat des Kaffees ist die Provinz Kaffa in Äthiopien, wo der Kaffeebaum wild wächst. Heute ist Brasilien Kaffeelieferant Nr. 1, gefolgt von Vietnam.

Anbaugebiete von Kaffee

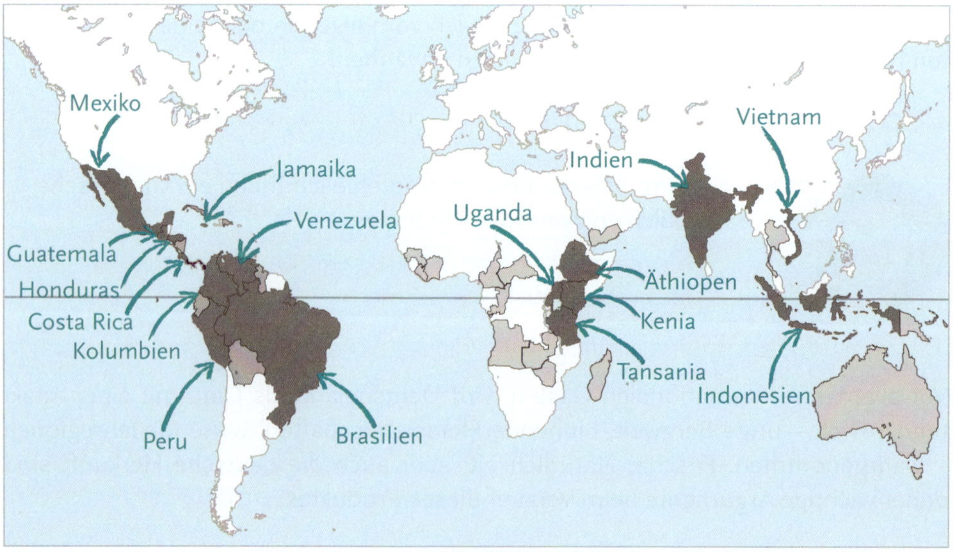

Kaffeepflanze

Der Kaffeestrauch bzw. -baum (botanisch: Coffea) ist eine tropische, immergrüne Pflanze und wächst in Gebieten bis jeweils zum 25. Breitengrad nördlich und südlich des Äquators. Von vielen Coffea-Arten sind nur zwei für den weltweiten Anbau bedeutend:

Hochlandkaffee ist begehrter und teurer.

Je nach Höhenlage der Plantage gibt es

Hochlandkaffee (Arabica-Bohnen)	Tieflandkaffee (Robusta-Bohnen)

Form: Arabica-Bohnen sind länglich, blaugrün, die Furche ist leicht gewunden.	**Form:** Robusta-Bohnen sind rundlich, gelbgrün bis bräunlich-grün, die Furche ist gerade.
Bohnenlänge: 8–12 mm	**Bohnenlänge:** 5–8 mm
Geschmack: Im Vergleich zu Robusta bringt Arabica höherwertigen, aromaintensiven Kaffee mit feiner Säure und einem Koffeingehalt von bis zu 1,2 % im Rohkaffee.	**Geschmack:** Robusta ist durch den höheren Koffeingehalt (bis zu 3 % im Rohkaffee), Gerbstoffe und Chlorogensäure rauer im Geschmack (wirkt bitter, holzig und adstringierend).
Lage: Bevorzugt Höhenlagen zwischen 600 und 2 000 Metern.	**Lage:** Bevorzugt Höhenlagen bis 600 Meter (verträgt Temperaturen über 30 °C) Nicht anspruchsvoll beim Boden
Wachstum: Die Früchte wachsen langsamer.	**Wachstum:** Wächst schnell (mehr Früchte)
	Blüte: Blüht mehrmals im Jahr
Ertrag: Der Ertrag ist geringer.	

die Chlorogensäure = natürlich vorkommende organische Säure, die bei empfindlichen Menschen Magenschmerzen verursachen kann; ihr Gehalt wird beim Rösten von Kaffeebohnen verringert.

das Koffein = Alkaloid

adstringierend = zusammenziehend

Informiere dich ausführlicher im Internet unter www.kaffeeverband.de.

Ernte und Aufbereitung von Kaffee

Art der Ernte bestimmt Rohkaffeequalität

Picking (Handpflückung)	Stripping (Handpflückung)	Maschinelle Ernte
Nur einzelne vollreife Früchte werden geerntet.	Zweige mit überwiegend reifen Kaffeekirschen werden abgestreift, später werden unreife entfernt.	Alle Kaffeekirschen, egal, wie reif sie sind, werden eingesammelt und später aussortiert.

Die Kirschen reifen unterschiedlich rasch

Kaffeekirschen enthalten im Allgemeinen zwei Samenkerne (Bohnen) und müssen nach der Ernte sofort aufbereitet werden, um lagerfähigen Rohkaffee zu erhalten.

Beste Qualitäten werden oft von Hand verlesen, nass aufbereitet und als solche gekennzeichnet in den Handel gebracht.

Kaffeekirsche mit Kaffeebohnen

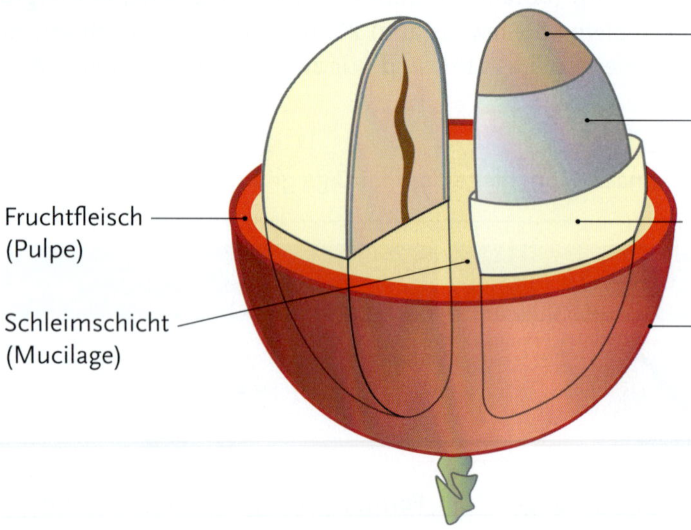

Nasse Aufbereitung (gewaschener Kaffee)

1 **Waschen und Quellen** der Kaffeekirschen im Schwemmkanal

2 **Zerquetschen** der Kirschen im sogenannten **Pulper;** das Fruchtfleisch wird mit Wasser weggeschwemmt

3 **Fermentieren** (= Angären) in Fermentationstanks – ein bis zwei Tage

4 **Waschen** der Bohnen und Entfernen des restlichen Fruchtfleisches

5 **Trocknen** der Bohnen (erfolgt künstlich oder in der Sonne); Entfernen der Pergamentschicht und des Silberhäutchens in **Schäl- und Poliermaschinen**

6 **Sortieren** der Bohnen nach ihrer Größe; Entfernen von unreifen oder beschädigten Bohnen sowie Verunreinigungen (z. B. Steinchen)

Fertig aufbereiteter Rohkaffee wird traditionell in 60-kg-Jutesäcken, heute meist in klimatisierten Lebensmittelcontainern verpackt. Anschließend wird er in die Verbraucherländer exportiert, wo er geröstet wird.

Trockene Aufbereitung (ungewaschener Kaffee)

1 Sortieren und Reinigen der Kaffeekirschen

2 Trocknen der Früchte in der Sonne; Fruchtfleisch wird spröde

3 Aufbrechen der trockenen Kirschen durch Walzen in der Brechmaschine; Entfernen des Fruchtfleisches, der Pergamentschicht und des Silberhäutchens

4 Sortieren und Reinigen (wie beim nassen Verfahren)

Rösten von Kaffee

Gut gerösteter Kaffee hat eine gleichmäßige Färbung. Der sehr helle Rohkaffee erhält durch das trockene Erhitzen

- seine braune Farbe und
- sein typisches Aroma.

Für Espresso sind die Bohnen dunkler geröstet als für die Filterkaffeezubereitung.

Der Röstvorgang ist, abgesehen von der Qualität der Rohbohne und der richtigen Zubereitung, bestimmend für den Kaffeegenuss.

1 Rohkaffee wird in Rösttrommeln bei 200–230 °C geröstet. Das Wasser verdampft und die Bohnen vergrößern sich.

2 Die Bohnen werden in einem Kühlsieb unter ständigem Rühren abgekühlt. Dadurch wird ein Nachrösten verhindert.

3 Kalt werden sie in Schütten gefüllt. Von den Schütten gelangt der Kaffee in die Verpackung, entweder in ganzen Bohnen oder gemahlen.

§ Steht in der Gastronomie Kaffee auf der Karte, muss er aus reinem Bohnenkaffee hergestellt sein.

⚠ Entkoffeinierter Kaffee ist Gästen mit Herz- oder Kreislaufbeschwerden zu empfehlen.

⚠ Wird eine Kaffeemaschine schlampig gereinigt, beginnen die im Kaffee enthaltenen Fette ranzig zu werden. Künftige Kaffees schmecken unangenehm.

Kaffeeprodukte

Kaffee ist noch vor Wasser das beliebteste Getränk in Deutschland. Wir trinken im Schnitt pro Person und Jahr ca. 169 Liter (2022).

Kaffeeprodukte

Bohnenkaffee	Besondere Kaffeesorten	Kaffee-Ersatzmittel (Surrogate)
■ Sortenreine Bohnenkaffees oder Plantagenkaffees ■ Bohnenkaffeemischungen	■ Entkoffeinierter Kaffee (kaum Koffein) ■ Schonkaffee (säure- und damit reizstoffarmer Kaffee) ■ Instantkaffee (lösliches Kaffeepulver)	Röstprodukte aus anderen Pflanzen: ■ Malzkaffee ■ Feigenkaffee ■ Zichorienkaffee etc.

Zubereitung in der Gastronomie

Die Qualität des Kaffeegetränkes hängt ab von
- der Qualität des Rohkaffees,
- der Mischung der Rohkaffeesorten,
- der Röstung,
- der Verpackung und der Lagerung,
- der Wasserqualität (hartes Wasser laugt nicht so gut aus wie weiches),
- der Zubereitungsart,
- der Reinigung (Brühgruppe und Siebträger der Kaffeemaschine sowie die Mahlscheiben und den Bohnenbehälter täglich sorgfältig reinigen!).

Zubereitungsarten

Siebträgermaschine, Halbautomat
- Hier wirken ein Druck von etwa 9 bar und eine Brühtemperatur von ca. 92 °C, damit die sogenannte Crema gelingt. Fein gemahlenen Kaffee für eine oder zwei Tassen (pro Espresso ca. 7 g) im Filtersieb gleichmäßig verteilen, anpressen und den Siebträger in die Brühgruppe einsetzen. Zu jeder Siebträgermaschine gehört eine Kaffeemühle mit Portionierung.
- Das ist die üblichste Zubereitungsform in der Gastronomie.

Vollautomatische Kaffeemaschine
- Bereitet auf „Display-Druck“ verschiedene Kaffeegetränke automatisch zu.
- Die Vollautomaten sind oft mit dem Schankanlagen-Abrechnungssystem verknüpft und verfügen über Selbstreinigungssysteme.
- Ist ideal für einfachen und schnellen Kaffeeservice.

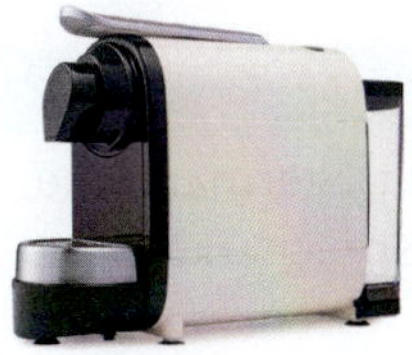

Pad– oder Kapselsystem
- Die Bedienung ist durch Einsetzen von Pads oder Kapseln einfach.
- Ist perfekt für geringen Kaffeebedarf.
- Ein Nachteil ist die Umweltbelastung.

Gut zubereiteter Espresso hat immer eine feinporige, haselnussbraune Crema

Crema

Die Crema des Kaffees liefert wichtige Hinweise auf die korrekte Einstellung der Kaffeemühle (Menge und Mahlgrad des Kaffees) und der Kaffeemaschine (Brühtemperatur und Druck).

Ist die Crema zu dunkel und grobporig, war die Brühtemperatur zu hoch und der Kaffee schmeckt verbrannt. Bei zu geringer Temperatur ist die Crema flach und zu hell.

Milchschaum

So stellst du kompakten Milchschaum her (z. B. für Cappuccino):
- Milch mit 4–8 °C in eine Milchkanne füllen, das Gefäß darf nur zur Hälfte gefüllt werden.
- Vor dem Eintauchen des Dampfrohres das Ventil kurz öffnen, Wasser abtropfen lassen, bis nur noch Dampf austritt.
- Nun den Dampfstab in die Milchkanne halten und den Dampf knapp unterhalb der Milchoberfläche einströmen lassen, um das Volumen zu vergrößern.
- Anschließend den Dampfstab etwas tiefer in das obere Drittel der Milch einbringen. Dadurch „rollt" die Milch in der Kanne, es verkleinern sich die Luftblasen und es entsteht ein sämiger, kompakter Milchschaum.
- Die Temperatur der Milch darf dabei 70 °C nicht übersteigen (Kännchen zur Prüfung in der Hand halten).
- Kännchen fest auf die Arbeitsplatte stellen („abklopfen"), damit große Luftblasen verschwinden.
- Dampf kurz ablassen, Düse mit einem Tuch abwischen.

Filtermethode
- Mittelfein gemahlenen Kaffee (50–60 g pro Liter) in einen Papier- oder Metallfilter geben und mit etwa 90 °C heißem Wasser aufbrühen. Gastromaschinen mahlen und brühen den Kaffee automatisch. Der Kaffee wird in Kannen oder Vorratsbehältern warm gehalten.
- Wird häufig beim Frühstücks-, aber auch beim Bankettservice eingesetzt.

Kaffeegetränke

Kaffeegetränk	Herstellung
Espresso	Nach der Espressomethode (in einer Siebträgermaschine, siehe S. 314) zubereiteter Kaffee (mit entsprechender Crema), ca. 30 ml
Deutscher Mokka	■ Ist ein Filterkaffee aus stärker gerösteten Mokkabohnen; bei gleicher Menge Kaffeepulver wird nur halb so viel Wasser verwendet. ■ Es entsteht ein kleiner, sehr starker Kaffee.
Kaffee komplett	■ Ist ein Filterkaffee; dazu reicht man Kaffeesahne und Zucker. ■ Man rechnet einen Kaffeelöffel Kaffeepulver pro Tasse.

Kaffeespezialitäten

Unser Nachbarland Österreich hat eine lange Kaffeehaustradition und Kaffeekultur, Italien ist bekannt für viele Kaffeespezialitäten. Beide Länder haben unsere Kaffeegetränke stark beeinflusst.

Beim Einkauf von Kaffee sollte nicht der möglichst niedrige Preis, sondern die Qualität (bis zum Service) maßgebend sein

Kaffeespezialität	Herstellung
Cappuccino	■ Klassisch (italienisch): Besteht aus einem Espresso mit Milchschaum.
Latte macchiato	■ Besteht aus heißer Milch, Milchschaum und einem Espresso, der sich in der Mitte des Getränkes absetzt; dadurch entstehen die drei Schichten. ■ Das Getränk besteht zu ca. zwei Drittel aus Milch.
Espresso macchiato	■ Ist ein Espresso mit einem Esslöffel Milchschaum.
Schümli, Café crème	■ Wird in der Espressomaschine hergestellt. ■ Hat die typische Crema an der Oberfläche. ■ Milch kann separat serviert werden.
Milchkaffee	■ Klassisch: Halb Filterkaffee und halb heiße Milch; wird in der französischen Tasse (Bowl) serviert. ■ Ist heute oft auch ein Schümli mit Milchschaum.

Alle Kaffeespezialitäten können auf Wunsch des Gastes auch aromatisiert werden. In erster Linie werden dafür Sirupe verwendet (z. B. Karamell- oder Vanillesirup) oder Kaffeegewürz in Pulverform (z. B. Pumpkin Spice Latte).

Einkauf und Lagerung von Kaffee

Nach dem Rösten reagiert Kaffee empfindlich auf Licht, Sauerstoff und Feuchtigkeit. Eine Verpackung mit Aromaventil ist sinnvoll. Kaffee muss **kühl, trocken, lichtgeschützt** und in **luftdicht** abschließenden Gefäßen gelagert werden. Die Mindesthaltbarkeit ist auf der Verpackung angegeben.

DAS SOLLTEST DU SPEICHERN

In geöffnetem Zustand sollte Bohnenkaffee nicht länger als zwei Wochen, gemahlener Kaffee nicht länger als eine Woche aufbewahrt werden. Daher ist es immer besser, kleinere Packungen zu kaufen. Geöffnete Packungen solltest du möglichst dicht wiederverschließen und zusätzlich in einer passenden Dose schützen.

Verkauf und Service von Kaffee

Kaffee ist ein sehr beliebtes Getränk. Allgemein lassen sich mit dem Kaffeeumsatz gute Deckungsbeiträge erzielen.

SO SAG ICH'S MEINEM GAST

Bei dieser Kälte draußen kann ich Ihnen eine Tasse Milchkaffee empfehlen.

With this cold outside, I can recommend a cup of milk coffee.

Darf ich Ihnen zum Abschluss Ihres Essens noch Kaffee anbieten – vielleicht sogar eine Kaffeespezialität?

May I offer you coffee at the end of your meal – maybe even a coffee specialty?

Porzellan und Gläser für Kaffee

Espressotasse mit Untertasse

Kaffeetasse mit Untertasse

Sahne- und Milchkännchen

Kaffeekanne

Irish-Coffee-Glas

Eiskaffeeglas

Serviere heiße Kaffeegetränke ausschließlich in vorgewärmten Kaffeetassen bzw. -gläsern mit passenden Löffeln.

Kaffeetrends

Gäste sind beim Thema Kaffee informierter denn je. Dadurch reagieren sie sensibel darauf, wie ein Betrieb mit dem Produkt Kaffee umgeht (sowohl beim Angebot als auch beim Service). Sie sind aber auch offen für Neues.

Latte-Art heißt die Kunst, Verzierungen auf den Milchschaum zu zaubern.

Viele Menschen bevorzugen mittlerweile biologisch hergestellte und fair gehandelte Kaffees.

Bei Coffee to go ist die Frage der Müllvermeidung wichtig. Geschätzt werden Mehrwegbehälter.

Im Restaurant ist Kaffee der klassische Abschluss eines Menüs. Vergiss daher diesen Zusatzverkauf nicht!

BONUS LEVEL

Stoffe mit Süßgeschmack

Tee und Kaffee werden gerne gesüßt. Zu den Stoffen mit Süßgeschmack zählen
- Zucker
- Honig
- Süßstoffe

Lagerung von Zucker

Du solltest **Zucker** trocken und nicht neben stark duftenden Lebensmitteln aufbewahren. Durch seine wasseranziehende Wirkung verklumpt Zucker, wenn er feucht gelagert wird. Bei richtiger Lagerung ist er jedoch unbegrenzt haltbar.

Auf einem Zuckerkarussell kannst du dem Gast verschiedene Zuckersorten sowie Süßstoffe anbieten

Zuckerarten

Kristallzucker
Er wird in verschiedenen Korngrößen, von fein bis grob, angeboten. Feinkristallzucker löst sich schneller auf.

Würfelzucker
Angefeuchteter, feiner Kristallzucker wird zu Würfeln gepresst und anschließend wieder getrocknet.

Kandiszucker
Das sind Zuckerkristalle in unterschiedlicher Größe und Farbe (braun oder weiß); die Braunfärbung erfolgt durch Karamellisieren der Zuckerlösung.

SO SAG ICH'S MEINEM GAST

Hier noch ein Zuckerset für Ihre persönliche Auswahl.
Here is a sugar set for your personal selection.

BONUS LEVEL ENDE

2.2 Kakao

Kakaofrucht mit Kakaobohnen

DAS SOLLTEST DU SPEICHERN

Kakao ist ein Aufgussgetränk aus den aufbereiteten Samen der Kakaofrucht. Kakao enthält Theobromin, das dem anregenden Koffein im Kaffee ähnlich ist, jedoch den Kreislauf nicht belastet.

Herkunft von Kakao

Kakaobäume erreichen auf Plantagen eine Höhe von zwei bis fünf Metern. Sie blühen ganzjährig und bilden in einem Jahr bis zu 10 000 Blüten. Die Früchte sind gurken- oder melonenähnlich. Jede Frucht enthält 25 bis 50 Kakaobohnen.

Alle Kakaoanbauländer befinden sich in Äquatornähe. Ein Großteil der Kakaomenge stammt aus Afrika.

Anbaugebiete von Kakao

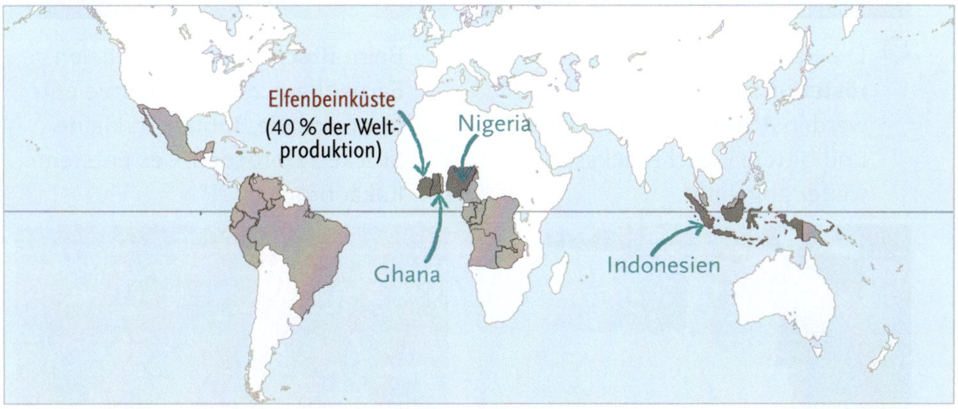

Aufbereitung von Kakao

Aufbereitung im Ernteland

❶ Zuerst werden die Früchte **geerntet.**

❷ Dann werden die Samen **ausgelöst.**

❸ Es folgt die **Fermentation,** ein Gärprozess, meist in großen Holzkisten mit Lochboden, durch den der Saft, der bei der Gärung entsteht, abfließen kann. Nach drei bis acht Tagen bildet sich das Aroma und die Bohnen färben sich braun.

❹ Das anschließende **Trocknen** der Bohnen dient ihrer Haltbarkeit. Außerdem entwickelt sich das Aroma weiter. Die getrockneten Bohnen werden in 60-kg-Säcken dorthin verschifft, wo sie verarbeitet werden.

Fermentieren oder Gären hilft, Bitter- oder Gerbstoffe etwas abzubauen. Dadurch werden die Produkte milder.

Aufbereitung im Verarbeitungsland

1 Die Kakaobohnen werden **gesäubert** (von Staub, Metall, Sand, Jutefasern etc.).

2 Die Kakaobohnen werden **geröstet** und rasch abgekühlt. So werden Aromastoffe entwickelt und bittere Geschmacksstoffe weiter abgebaut.

3 Beim **Brechen** werden Schalen, Samenhäutchen und Keime entfernt und die Bohnen in kleine Stücke zerbrochen – es entsteht Kakaobruch.

4 Der Kakaobruch wird **gemahlen** und auf 70 °C erhitzt. So entsteht die braune, dicke Kakaomasse. Sie wird abgekühlt und erstarrt.

5 Ein Teil der Kakaomasse wird als **Kakaobutter** (für die Schokoladenerzeugung) abgepresst.

6 Übrig bleibt der Kakaopresskuchen, der zu **Kakaopulver verarbeitet wird.**

Das Kakaopulver besteht also v. a. aus trockenen Bestandteilen, enthält jedoch noch Kakaobutter. Je nach Butteranteil wird daher Voll und Magerkakao unterschieden.

Kakaoprodukte und ihre Zubereitung

F. i. T. = Fettgehalt in der Trockenmasse

Edel– oder Vollkakao (reinste Form)

- Er enthält mindestens 20 % F. i. T. Das Kakaopulver ist nur schwach entölt. Er ist dunkel und mild im Geschmack.
- Pro Portion benötigt man etwa 20 g. Da sich reines Kakaopulver in Flüssigkeit nur schwer auflöst, ist es ratsam, das Pulver mit etwas heißem Wasser in einer Schale anzurühren. Erst dann kann es gut in heißes Wasser oder heiße Milch eingerührt werden. Gesüßt wird nach Wunsch.
- **Bekannte Marken:** Bensdorp, Monbana, Naturata

Magerkakao enthält mindestens 8 % F. i. T. Er ist stark entölt, hell, herb im Geschmack und fein gemahlen.

Kakaogranulate, aromatisierte Kakaopulver

- Sie bestehen aus Kakaopulver, viel Zucker, Eiweißstoffen sowie evtl. Geschmacksstoffen und Vitaminen. Diese Produkte werden mit kalter oder heißer Milch aufgegossen (lösen sich leicht und rasch). Nicht mehr süßen!
- **Bekannte Marken**
  Nesquik, Benco, Siggi, Suchard, Monbana

Vorsicht bei Kakaogranulaten und Trinkschokoladen: Sie haben einen hohen Zuckergehalt!

Trinkschokolade

- Sie besteht bis zu 80 % aus Schokoladenpulver sowie aus Zucker, Voll- und Magermilchprodukten, Kakaobutter, Kakaoaroma, Speisesalz, Soja und Vanillin. Trinkschokolade ist meist als fertiges Pulver, aber auch in Form von Tafeln, Flocken, Kugeln oder Pastillen erhältlich.
- Für die Zubereitung einer Tasse werden ca. 25 g Pulver mit heißer Milch aufgegossen. Trinkschokolade muss nicht mehr gesüßt werden.
- **Bekannte Marken:** Suchard, Pompadour, Van Houten, Zotter

Österreichs bekanntester Trinkschokoladenhersteller Zotter zeigt in Filmen seine Reisen zu Kakaoplantagen und bietet Sensorik-Koffer zum Thema an: www.zotter.at

Einkauf und Lagerung von Kakao

Je nach Umsatz und Stil des Betriebes werden die Produkte eher in Großpackungen oder in Einzelportionen verpackt gekauft. Kakao soll kühl, trocken, dunkel und verschlossen (aromageschützt) gelagert werden.

DAS SOLLTEST DU SPEICHERN

Durch Fremdgerüche (z. B. daneben gelagerte Gewürze) und Feuchtigkeit leidet das Aroma des Kakaos.

Verkauf und Service von Kakao

Kreative Beigaben steigern den Umsatz beim Kakaoverkauf. Marshmallows, edle Pralinen zu ausgesuchten Trinkschokoladen, aber auch hausgemachte Kekse begeistern die Gäste.

Serviere die heißen Varianten immer in vorgewärmten Tassen bzw. Gläsern.

Denke auch an passende Untertassen (mit Underlinern), entsprechende Löffel und evtl. Trinkhalme oder auch kleine Quirle (für Trinkschokolade zum Selbsteinrühren). Bei Edel- oder Vollkakao freut sich der Gast über ein vielfältiges Zuckerangebot.

SO SAG ICH'S MEINEM GAST

Darf ich zum Aufwärmen einen heißen Kakao empfehlen – vielleicht mit etwas Schlagsahne?

May I recommend a hot cocoa to warm you up – maybe with some whipped cream?

Tassen und Gläser für Kakao und Trinkschokolade

hitzefeste Gläser

Schokoladentasse mit Untertasse

Tumbler

Kakaotrends

Aus dem Süden kommt der Trend zu dickflüssigeren Schokoladen, die es in unterschiedlichen Geschmacksrichtungen gibt (z. B. Orange-Zimt).

Neu sind auch Varianten bei der Produktpräsentation. Es gibt Trinkschokolade am Stiel, Kakaogranulate im Trinkhalm – frei nach dem Motto: Spaß muss es machen.

FAIRTRADE

Ein ganzheitliches Konzept, dass u. a. folgendes beinhaltet:
- Zusammenschluss in Kooperativen
- Stabile Einkommen
- Verbot von Kinderarbeit

2.3 Tee

DAS SOLLTEST DU SPEICHERN

Tee ist der Aufguss von mehr oder weniger aufbereiteten Blättern und Knospen des Teestrauches. Tee enthält wie Kaffee das Alkaloid Koffein (früher Tein genannt).
Aufgüsse aus heimischen oder exotischen Kräutern, Früchten, Blüten oder Samen fallen gesetzlich unter den Begriff „teeähnliche Erzeugnisse“.

Herkunft von Tee

Teepflanzen wachsen wie Kaffee und Kakao nahe dem Äquator in den Tropen bzw. Subtropen. China produziert mehr als ein Drittel der Welternte.

Anbaugebiete von Tee

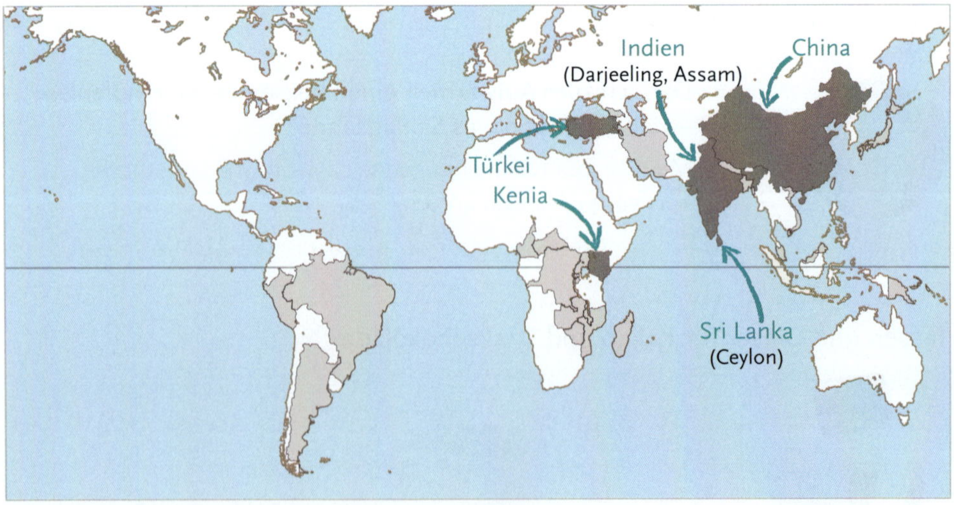

Ernte und Aufbereitung von Tee

Die erste Ernte beginnt am etwa fünfjährigen Teestrauch. Tee wird fast immer von Hand gepflückt. Qualitätspflückungen beschränken sich auf die Blattknospe und die zwei jüngsten Blätter (two leaves and a bud).

Triebspitze – two leaves and a bud

Für die **Charakteristik des Tees** spielt wie bei allen Getränken aus der Natur nicht nur die Pflanze, sondern auch
- das Anbaugebiet,
- die Anbauhöhe (Klima),
- die Bodenbeschaffenheit und
- die Lage

eine große Rolle.

Der **Teestrauch** liebt Hochplateaus, Temperaturen um 19 °C, hohe Luftfeuchtigkeit, viel Sonne und fruchtbare Böden.

Je nach Höhenlage der Plantage gibt es

High Grown (Hochlandtee)

- Höhenlage bis zu 2 500 Metern
- Pflanze wächst langsamer, ganzjähriges Ernten nicht immer möglich
- Zart duftende, fein aromatische, elegante Tees
- Besondere Qualitäten: aus Indien (Darjeeling) und Sri Lanka/Ceylon (Uva, Dimbula, Nuwara Eliya)

Low Grown (Tieflandtee)

- Bis zu 600 Metern Höhe
- Pflanze wächst sehr rasch
- Aromatisch im Geschmack, kräftiger und würziger als High Grown
- Meist für Teemischungen und aromatisierte Tees

Aus 1 kg Teeblättern entstehen etwa 125–250 g Schwarztee

Die erste Ernte im Frühjahr (First Flush) ist von besonders hoher Qualität und sehr selten. Diese Tees haben ein blumiges Aroma und schmecken erfrischend fruchtig. Spätere Ernten färben den Aufguss intensiver und sind körperreicher, wodurch sie ideal im Winter eingesetzt werden können.

Aufbereitung von fermentiertem (schwarzem) Tee

Die Teeblätter werden in den Anbauländern bis zum fertigen Endprodukt aufbereitet. Nachfolgend ist die **orthodoxe Methode** dargestellt, also die **traditionelle Vorgehensweise.** Damit können Tees in beliebiger Blattgröße hergestellt werden.

Die sofortige Aufbereitung im Anbauland ist nötig, da frische Teeblätter viel Feuchtigkeit enthalten und daher nicht lange haltbar sind. Sie würden bei einem längeren Transport zu schimmeln beginnen.

Der Unterschied zwischen schwarzem, grünem und weißem Tee liegt in der Herstellung. Schwarzer Tee wird fermentiert (dadurch ist er in getrockneter Form schwarz), grüner und weißer Tee nicht.

1 Welken
Geerntete Blätter werden ausgebreitet und bis zu 18 Stunden gewelkt.

2 Rollen
Rollmaschinen brechen durch ihre kreisenden Bewegungen die Blattzellen auf und das Blatt wird zerkleinert.

3 Fermentieren (= Oxidieren)
Der beim Rollen austretende Zellsaft oxidiert durch den Kontakt mit Sauerstoff. Die Teeblätter färben sich zunächst kupferrot. Dabei bildet sich das typische Teearoma und die **bittere Gerbsäure** wird teilweise **abgebaut.**

4 Die Fermentationszeit bestimmt den Geschmack des Tees:
- **Kurz:** frischer, noch leicht bitterer Geschmack, heller Aufguss
- **Länger:** kräftiger Geschmack, dunkler Aufguss

5 Trocknen, Reinigen und Sortieren
Durch Heißluft kommt es zur typischen Schwarzfärbung der Blätter und sie werden haltbar. Das Teematerial wird durch Stufensiebe in verschiedene Blattgrade/Größen sortiert und dabei gereinigt.

6 Verpacken
Meist werden Papiersäcke für den Transport verwendet. Um Aromaverluste zu vermeiden, werden diese mit Folie ausgekleidet.

BONUS LEVEL

Teequalitäten

Je stärker das Blatt gebrochen wurde, umso intensiver ist der Aufguss.

Blatt-Tee (Leaf Tea)
Diese Blätter werden bei der Aufbereitung nur geringfügig gebrochen. Das Aufgusswasser kann die Teeblätter nur wenig auslaugen, deshalb sind Blatt-Tees leicht und aromatisch. Etwa 2 % der Weltproduktion sind Blatt-Tees.

Früher wurde die Qualität von Blatt-Tees nach der Stellung der gepflückten Blätter am Ast (Spitze, 1. Blatt, 2. Blatt etc.) eingeteilt, heute wird jede Teequalität durch Verkostung beurteilt.

Teequalitäten von Blatt-Tees (britisches System der Blattgrade)	
Flowery	Blumig (Duft/Aroma des Tees) mit kleinen Knospen im Tee
Orange	Der Begriff wird mit dem niederländischen Fürstengeschlecht Oranien in Verbindung gebracht und steht für „königlich“ bzw. „Tee von besonderer Güte“.
Pekoe	Chinesisch für „weißer Flaum“ (feine Härchen der zarten Blätter)
Fine	Bezeichnung für besonders herausragende Teequalitäten
Tipps/Tippy	Tipps sind die Spitzen der ganz jungen Blätter und Knospen, die bei der Fermentation hell (goldbraun) bleiben, da sie wenig Zellsaft enthalten. Tipps/Tippy bedeutet einen besonders hohen Anteil dieser Knospen.
Golden	In Indien ein Hinweis auf besonders viele helle, goldbraune Blattspitzen

Qualitätsbezeichnungen für Tee werden abgekürzt, z. B.: Darjeeling-**FTGFOP**-Tee = Fine Tippy Golden Flowery Orange Pekoe. Das ist ein Tee von höchster Qualität mit vielen hellen und goldbraunen Spitzen von jungen Blättern und Knospen mit blumigem Duft und Aroma.

Broken Tea

Das ist die Bezeichnung für mehrmals gebrochene Teeblätter. Broken Teas haben einen kräftigeren Aufguss, da wegen der größeren Oberfläche mehr Geschmacks und Aromastoffe im Teewasser gelöst werden können. Broken Teas werden durch ein zusätzliches B gekennzeichnet, wie etwa bei FBOP (Flowery Broken Orange Pekoe).

Fannings

Das sind kleine Blattteilchen, die beim Sieben größerer Sortierungen durchfallen. Sie färben den Aufguss sehr rasch und kräftig und werden für Teebeutel verwendet.

Dust

Das ist die kleinstblättrige Aussiebung, die hauptsächlich zur Teebeutelproduktion und zur Herstellung von Eistees verwendet wird.

★★★ BONUS LEVEL ENDE

Teeprodukte

Fermentierter oder schwarzer Tee

Klassischer Tee aus den Blättern des Teestrauches, die eine volle Fermentation (Oxidation) durchlaufen

Beispiele: Darjeeling, Assam, Ceylon

Schwarzteemischungen, Blends

- Für gleichbleibenden Geschmack
- Um jahreszeitliche Qualitäts- und Preisschwankungen (z. B. durch unterschiedliche Pflückzeiten) auszugleichen

Beispiele: English Breakfast, Ostfriesenmischung

Spezialtees

- Tees mit kürzerem oder gar keinem Fermentationsprozess
- Tees, die mit Aromen angereichert sind

Beispiele: Grüner Tee, Oolong, weißer Tee, aromatisierter Tee

Teeähnliche Aufgüsse
Produkte, die wie Tee mit heißem Wasser aufgegossen werden

Beispiele: Früchtetee, Kräutertee, Gewürztee

Und was ist Rooibos?
Der Rotbuschstrauch wächst nur in Südafrika. Seine nadelartigen Blätter enthalten kein anregendes Koffein. Er ist leicht süßlich mit sanft erdigem Aroma. Sehr begehrt ist er auch als Sportgetränk, da viele Mineralstoffe enthalten sind.

Einkauf und Lagerung von Tee

Auch beim Einkauf von Tees muss auf Qualität geachtet werden. Selbst bei Tee in Teebeuteln gibt es qualitative Unterschiede.

DAS SOLLTEST DU SPEICHERN
Tee kann gut auf Vorrat gekauft werden, er muss jedoch luftdicht und trocken gelagert werden. Tee, der einmal Feuchtigkeit (z. B. durch den Dampf beim Milchaufschäumen in der Nähe der Kaffeemaschine) aufgenommen hat, ist nicht mehr verwendbar.

Schwarztee muss getrennt von Früchte- und Kräutertee gelagert werden, da er leicht Fremdgerüche annimmt. Das eigene Aroma wird dann überlagert. Ein großes Teesortiment ist v. a. bei Frühstücksbuffets ein toller Blickfang und wird von Gästen sehr geschätzt.

Bekannte große Teehandelshäuser

Lipton
Meßmer
Ronnefeldt
Teekanne (Sir Winston, Pompadour)
Milford
Twinings

Ein Samowar hält heißes Wasser bereit. Er wird gerne am Frühstücksbuffet oder für Seminarpausen verwendet.

Verkauf und Service von Tee

Tee bietet eine große Geschmacks- und Aromavielfalt und kann heiß oder mit Eiswürfeln getrunken werden. Du kannst Tee zu jeder Tages- und Jahreszeit empfehlen.

SO SAG ICH'S MEINEM GAST

Hätten Sie gerne eine Tasse Earl Grey zu Ihrem Räucherlachs-Sandwich?
Would you like a cup of Earl Gray with your smoked salmon sandwich?

Heute kann ich Ihnen zur Erfrischung einen hausgemachten Eistee anbieten.

Today I can offer you a homemade iced tea for refreshment.

Teemengen für die Zubereitung
Schwarztee: ca. 1 TL (2–3 g) pro Tasse (5–6 TL pro Kanne)
Grüntee, Oolong: 1 TL; weißer Tee: etwas mehr als 1 TL pro Tasse

Tee wird in eine vorgewärmte Ton-, Porzellan- oder Glaskanne bzw. Tassen oder Gläser gegeben und mit kochendem Wasser aufgegossen. Teeliebhaber/innen trinken Tee am liebsten aus einer dünnwandigen Porzellantasse.

Die Ziehdauer entscheidet über den Genuss und die Wirkung des Tees

- Lässt man Schwarztee bis max. drei Minuten ziehen, wirkt er belebend, da drei Viertel des Koffeins bereits in den ersten zwei Minuten freigesetzt werden.
- Lässt man Schwarztee länger ziehen, lösen sich verstärkt die Tannine, die beruhigend auf Magen und Darm wirken. Er sollte jedoch nicht länger als fünf Minuten ziehen, da er sonst zu bitter schmeckt.

die Tannine = Gruppe von Gerbstoffen/Bitterstoffen

Für Schwarztee empfehle ich Ihnen eine Ziehzeit von maximal drei Minuten, wenn Sie ihn belebend wünschen.

For black tea, I recommend a brewing time of no more than three minutes if you want it to be invigorating.

Möchten Sie zu Ihrem Tee kalte Milch oder Sahne?

Would you like cold milk or cream with your afternoon tea?

Sandhur als sogenannte Teeuhr für die Bestimmung der Ziehdauer

Porzellan und Gläser für Tee

Teetasse mit Untertasse

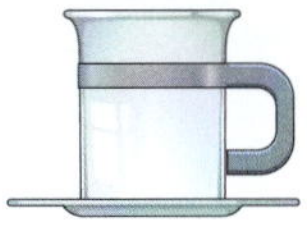

Teeglas mit Untertasse

Tumbler für Eistee

Ablageschale für Teesieb bzw. Teebeutel

Teetrends

Biologischer Anbau und FairTrade-Produkte sind auch bei Tees vielen Menschen ein Anliegen.

Als trendige Abwandlung des Caffè Latte gibt es Chai Latte: schwarzer Tee mit Gewürzen wie Zimt, Ingwer, Kardamom, Gewürznelken und aufgeschäumter Milch.

Das Wort Chai steht in vielen Teilen der Welt einfach für Tee.

3 Bier

Bier ist ein alkoholisches und kohlensäurehaltiges Getränk, das hauptsächlich aus gemälztem Getreide (z. B. Gerste, Weizen, Roggen, Dinkel etc.) Hopfen, Wasser und Hefe hergestellt wird.

Hopfen für die Biererzeugung

Von der Gerste zum Bier

1. Das Getreide wird gereinigt und eingeweicht. Dadurch beginnt es zu keimen. Das **Grünmalz** entsteht. Dabei werden Enzyme aktiviert. Diese beginnen, Stärke in Zucker umzuwandeln.
2. **Darren (Heißlufttrocknen)** des Grünmalzes zu Darrmalz. Je dunkler das Bier werden soll, desto höher muss die Temperatur sein.
3. Das Malz wird zerkleinert und mit Brauwasser im Maischebottich auf ca. 70 °C erhitzt. Die Stärke wird vollständig in Malzzucker umgewandelt.
4. **Läutern:** Würze (Flüssigkeit) und nicht lösliche Malzbestandteile werden getrennt.
5. **Brauen:** Die Würze wird mit Hopfen in der Sudpfanne gekocht. So lösen sich die Aroma- und Bitterstoffe des Hopfens.
6. Die gehopfte Würze **(Stammwürze)** wird abgekühlt und in Gärbehälter weitergeleitet.
7. **Gären:** Die Würze wird mit Reinzuchthefe versetzt. Diese wandelt den Zucker in Alkohol und Kohlensäure um. Nach etwa sieben Tagen entsteht das **Jungbier.**
8. Zur Nachgärung und Reifung wird das Jungbier eingelagert. Dabei klärt es sich und baut Kohlensäure ab.
9. Dann wird das Bier filtriert (außer Zwickel- und Weizenbiere) und abgefüllt.

Während der Gärung entsteht eine dicke Schaumschicht

Stammwürze = alle gelösten Stoffe in der Bierwürze; es sind dies Malzzucker, Eiweiß-, Bitter- und Aromastoffe, Mineralstoffe sowie Vitamine.

Unterscheidung von Bieren	
Nach der Getreideart	▪ **Gerstenbier** ▪ **Weizenbier (Weißbier):** mind. 50 % Weizen, Rest Gerste ▪ **Roggenbier** ▪ **Dinkelbier**
Nach der Farbe	▪ **Helles Bier:** gelblich bis kupferfarben ▪ **Dunkles Bier**

Helles Bier

Das Malz wird bei 70 °C bis 85 °C gedarrt.
Es ist hellgelb oder gelb bzw. kräftig bernstein- oder kupferfarben.

Dunkles Bier

Das Malz wird bei 90 °C bis 110 °C gedarrt.
Die dunkle Farbe kann auch durch Zusatz von Farbmalz (Darren bei 150 °C bis 200 °C) oder Zuckerkulör erreicht werden.

Bekannte deutsche Biere sind z. B. Berliner Pilsner, König Pilsener, Beck's und Kronbacher Pils.

Bekannte internationale Biere sind

- Niederlande: Heineken
- Großbritannien: Fulller's
- Irland: Guinness
- Italien: Moretti
- Tschechien: Starobrno

Nach dem Alkohol- und Stammwürzegehalt	■ **Alkoholfreies Bier:** helles Bier, max. 0,5 Vol.-% Alkohol ■ **Alkoholreduziertes Bier:** helles, mildes Bier, max. 3 Vol.-% Alkohol ■ **Leichtbier:** helles, kalorienarmes Bier, max. 3 Vol.-% Alkohol ■ **Schankbier:** hellgelbes, leichtes, hopfenbitteres Bier, max. 4,5 Vol.-% Alkohol ■ **Vollbier:** intensiv gelbes Bier, ca. 5–5,9 Vol.-% Alkohol; dazu zählen Märzen, Pils, Lager- bzw. Exportbier ■ **Stark- bzw. Bockbier:** bernsteinfarbiges, starkes, vollmundiges Bier, ca. 7 Vol.-% Alkohol
Nach der Gärart	■ **Untergäriges Bier:** Die untergärige Hefe setzt sich nach der Hauptgärung am Boden des Gärbehälters ab (macht das Bier länger haltbar) ■ **Obergäriges Bier:** Die obergärige Hefe schwimmt nach der Hauptgärung oben (geringe Haltbarkeit des Bieres)

Untergäriges Bier (kalte Gärung)	Obergäriges Bier (warme Gärung)

■ Vergärt wird bei 4 °C bis 9 °C. ■ Die Gärdauer beträgt sieben bis zehn Tage und ist damit länger als bei obergärigem Bier. Dabei setzt sich die Hefe nach und nach am Boden des Gärbottichs ab.	■ Entsteht bei 15 °C bis 20 °C und hat dadurch eine schnellere Hauptgärung (ca. 4–6 Tage). Die Hefe sammelt sich durch die starke Kohlensäureentwicklung an der Oberfläche.
Beispiele Pils (Pilsener), Export, Helles, Märzen- und Bockbiere	**Beispiele** Weizen- und Altbier sowie Kölsch, Berliner Weiße

Deutsche Bierspezialitäten sind z. B.:

- **Kölsch =** obergäriges, goldfarbenes Bier mit fruchtigem Geschmack für den Kölner Raum;
- **Berliner Weiße =** obergäriges, leichtes, mild hopfenbitter schmeckendes Bier, geschützte Marke des Brauereiverbandes Berlin/Brandenburg.

4 Wein

Wein wird aus dem vergorenen Saft der Weintrauben hergestellt. Die Wachstumszeit der Weintrauben ist mit 180 bis 240 Tagen relativ lang. Die Lesezeit liegt je nach Region und Sorte zwischen Mitte August und November.

Weinarten

Weißwein	Rotwein	Roséwein

Aus weißen Trauben ■ Riesling ■ Weißburgunder	Aus roten Trauben: ■ Spätburgunder ■ Lemberger	Aus roten Trauben: ■ Spätburgunder ■ Dornfelder

Rotling ist ebenfalls eine Spezialität des deutschen Weingesetzes. Es handelt sich hierbei um einen blass-hellroten Verschnitt von Weiß- und Rotweintrauben bzw. deren Maischen. Die genauere Bezeichnung ist abhängig davon, aus welchem Anbaugebiet er stammt. In Württemberg spricht man von Schillerwein, in Baden von Badisch Rotgold und in Sachsen existiert dafür die Bezeichnung Schieler.

Ein **Verschneiden,** also ein Vermischen von zwei oder mehreren Weinen, kann sinnvoll sein, um dem Endprodukt (Cuvée) eine bestimmte Geschmacksrichtung zu geben.

Weißweinerzeugung

Die Herstellung von Weißwein kann ganz einfach in **sechs Arbeitsschritte** unterteilt werden.

1. **Entrappen und Maischen:** Die Trauben werden entrappt (von den Stielen getrennt). Die Beeren werden mit Walzen zerquetscht (gemaischt). Der Maischebrei wird entweder sofort gepresst oder zum Auslaugen der Aroma- und Extraktstoffe in Abseihbehälter gepumpt.
2. In der **Presse** wird der Saft (Most) von den festen Bestandteilen (Trestern) getrennt.
3. **Gärung:** Der Most wird in Fässer oder Tanks gefüllt und die Gärung durch Hefe eingeleitet. Durch diese wandelt sich der Zucker in Alkohol und Kohlensäure um.

   Die **Hauptgärung (stürmische Gärung)** erkennt man daran, dass Kohlendioxid unter starkem Schäumen entweicht. Der Most **(Federweißer)** verfärbt sich milchig-trüb. Nach der stürmischen Gärung beginnt die ruhigere Phase. Diese dauert, bis die Hefe den gesamten Zucker der Trauben verarbeitet hat bzw. ein Alkoholgehalt erreicht wird, bei dem die Hefe abstirbt.
4. **Abziehen vom Geläger:** Die abgestorbene Hefe setzt sich als Bodensatz (Geläger) ab. Der Jungwein wird meist über einen Filter in einen Lagerbehälter gepumpt.
5. **Lagern und Reifen:** Der Jungwein reift in Holzfässern, Kunststoff- oder Stahltanks. Das dauert je nach Sorte, Reifegrad, Herkunft und Jahrgang unterschiedlich lang.
6. **Filtrieren und Abfüllen:** Hat der Wein das optimale Ausbaustadium erreicht, wird er eventuell nochmals filtriert und dann in Flaschen gefüllt.

Weißweinerzeugung im Überblick

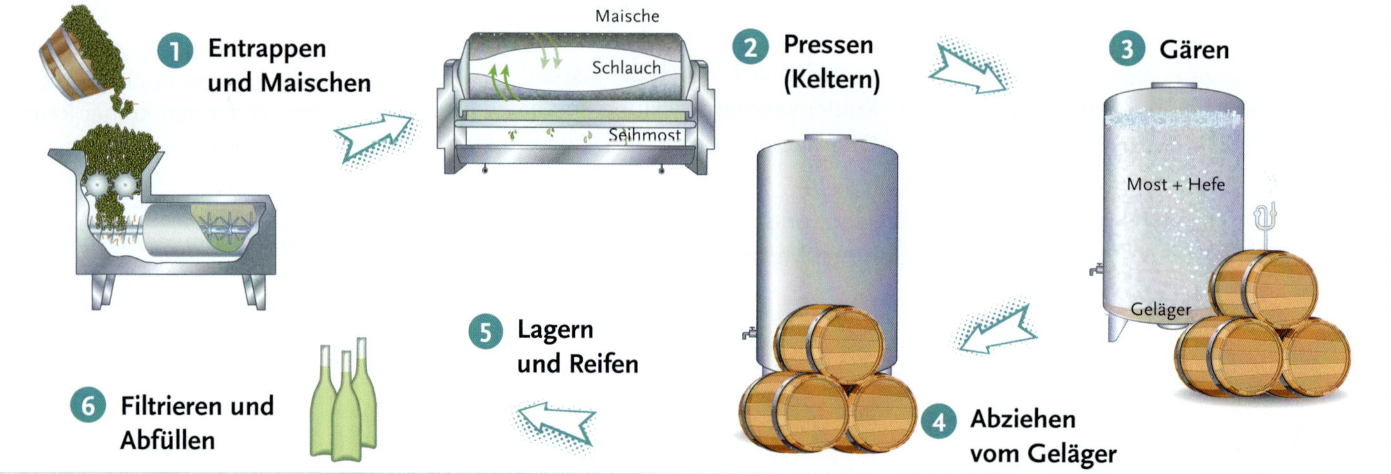

Rotweinerzeugung

Die häufigste Methode der Rotweinbereitung ist die Maischegärung. Rote Trauben werden entrappt und gemaischt. Die gesamte Maische (nicht der abgepresste Most!) gärt bis zu zwei Wochen in Gärbehältern. Erst danach wird gepresst (gekeltert).

1 Entrappen und Maischen ▸ 2 **Gären** ▸ 3 **Pressen (Keltern)** ▸ 4 Abziehen vom Geläger ▸ 5 Lagern und Reifen ▸ 6 Filtrieren und Abfüllen

Roséweinerzeugung

Die Maische aus roten Trauben wird zum Auslaugen der Farbstoffe aus den Beerenschalen einige Stunden stehen gelassen (Maischestandzeit) und dann abgepresst. Eine schnellere Farbausbeute für Roséwein kann durch Rühren, Umpumpen oder Maischeerwärmung erzielt werden.

1 Entrappen und Maischen + **Maischestandzeit** ▸ 2 **Pressen (Keltern)** ▸ 3 Gären ▸ 4 Abziehen vom Geläger ▸ 5 Lagern und Reifen ▸ 6 Filtrieren und Abfüllen

WortschatzBox – „Getränke alkoholfrei“

- Wiederhole die Begriffe aus dem Kapitel und ordne zu.

1 Emulgator 2 Süßungsmittel 3 Molke 4 Koffein 5 Oxidation 6 Stabilisator 7 Grad deutsche Härte 8 Antioxidantien

- ◯ Maßeinheit für Wasserhärte
- ◯ Zusatzstoff, der das Absetzen von Stoffen verhindert bzw. verzögert
- ◯ Natürliche bzw. künstliche Zuckerersatzstoffe
- ◯ Braunwerden von Früchten
- ◯ Substanzen, die eine Oxidation verhindern
- ◯ Nebenprodukt der Käseerzeugung
- ◯ Stoff, der es ermöglicht, nicht mischbare Flüssigkeiten zu vermischen
- ◯ Alkaloid

Ziele erreicht? – „Getränke – alkoholfrei“

KOMPETENZ-ERWERB

1. Erkläre den Unterschied zwischen hartem und weichem Wasser und wofür welches verwendet wird.
2. Nenne die fünf Arten von Wasser und beschreibe die Unterschiede.
3. Ein Gast bestellt Mineralwasser. Zähle drei Fragen auf, die du ihm im Verkaufsgespräch stellen könntest.
4. Sammle Etiketten von Mineralwassermarken und besprich sie mit deinen Kolleginnen/Kollegen in der Gruppe. Nenne die Informationen, die für Gäste interessant sind.
5. Erkläre den Unterschied zwischen Fruchtsaft und Fruchtnektar.
6. Nenne fünf erlaubte Zusätze in Fruchtgetränken.
7. Gib an, woraus sich Erfrischungsgetränke grundsätzlich zusammensetzen.
8. Erkläre einem Gast die folgenden Begriffe: isotonisches Getränk, Energydrink, Malzlimonade. Gehe dabei auch auf die Vor- und Nachteile des jeweiligen Getränkes ein.
9. Erkläre die folgenden Begriffe: Haltbarmilch, ESL-Milch, Kondensmilch.
10. Arbeitet in Gruppen: Lasst euch mindestens drei Situationen einfallen, in denen die Empfehlung von Milch oder Milchmischgetränken gelingen kann. Spielt eine der Situationen durch.
11. Nenne die zwei verschiedenen Kaffeearten und deren Eigenschaften.
12. Bringe die Schritte der (nassen) Kaffeeaufbereitung in die richtige Reihenfolge und erkläre die einzelnen Schritte.

    ◯ Sortieren ◯ Zerquetschen ◯ Waschen und Quellen
    ◯ Waschen ◯ Trocknen ◯ Fermentieren
13. Wodurch unterscheidet sich der Röstkaffee vom Rohkaffee? Nenne zwei Merkmale.
14. Welche Zubereitungsverfahren für Kaffee kennst du? Beschreibe eine davon näher.

15. Gib vier Kriterien an, auf die du bei der Lagerung von Kaffee achtest.

16. Wie wird Kaffee richtig serviert und was wird dazu gereicht? Beschreibe ein Kaffeegedeck und zeiche dazu eine Skizze.

17. Kreuze an, ob die Verarbeitungsschritte für Kakao im Ernte- oder Verarbeitungsland stattfinden.

Verarbeitungsschritt	Ernteland	Verarbeitungsland
Röstung der Bohnen		
Auslösen der Samen		
Brechen der Bohnen		
Mahlen des Kakaobruches		
Fermentation in großen Holzbottichen		
Trocknen der Bohnen		

18. Erkläre, worauf du bei der Lagerung von Kakao achtest.

19. Bringe die Schritte der Aufbereitung von schwarzem Tee in die richtige Reihenfolge und erkläre sie.

◯ Verpacken ◯ Welken ◯ Rollen
◯ Trocknen ◯ Fermentieren ◯ Reinigen und Sortieren

20. Erkläre, was es mit der Ziehdauer von Schwarztee auf sich hat.

21. Erkläre den wesentlichen Unterschied in der Herstellung zwischen Schwarztee und grünem Tee.

22. Recherchiere die Ziehdauer für Grüntee und formuliere Tipps.

23. Ordne zu, für welche Getränke die folgenden Gläser/Tassen verwendet werden können:

Wasser (W) ▪ Frucht- und Gemüsegetränke (F) ▪ Erfrischungsgetränke (E) ▪ Milch (M) ▪ Kaffee (C) ▪ Kakao (K) ▪ Tee (T)

BONUS LEVEL

24. Kreuze die richtige Erklärung des Begriffes im Zusammenhang mit Tee an.

Flowery

☐ Geschmackvoll ☐ Blumenwiese ☐ Blumiger Duft/blumiges Aroma

Blend

☐ Weißer Tee ☐ Mittelstarker Aufguss ☐ Teemischung

Pekoe

☐ Bestimmtes Gebiet in den Bergen ☐ Weiße, feine Härchen von jungen, zarten Blättern
☐ Spezielle Teezubereitung ☐ Höchste Spitze des Teestrauches

Broken Tea

☐ Mehrmals gebrochene Blätter („B") ☐ Verdorbene Teeblätter

Oolong-Tee

☐ Afrikanische Teesorte ☐ Nur kurz fermentierter Tee
☐ Tee, der lange ziehen muss ☐ Tee von schlechter Qualität

Einen interaktiven Safety-Check findest du in der TRAUNER-DigiBox.

LF 6: Am Empfang arbeiten

Du findest

Der Empfang – dein Arbeitsplatz

Hingehört! Die Aussprache vieler fremdsprachiger Fachbegriffe kannst du im E-Book, das du in der TRAUNER-DigiBox findest, durch Anklicken des Wortes anhören.

Der Empfang – auch Rezeption genannt – ist der zentrale Informationsknotenpunkt eines Hotelbetriebes. Neben der Abwicklung von Teilen des Schriftverkehrs, der Check-ins und der Check-outs werden hier auch Essensgewohnheiten von Gästen notiert, Anreisezeiten vereinbart, Gäste aktiv betreut und Sonderwünsche bezüglich der Zimmer festgehalten. In diesem Kapitel erfährst du, warum der Empfang ein wichtiges Kommunikationszentrum im Hotel ist.

Meine Ziele

Nach Bearbeitung dieses Kapitels kann ich

- den Aufbau und die Gestaltung des Empfangsbereiches beschreiben;
- die Begriffe Frontoffice und Backoffice erklären;
- für die Arbeit am Empfang wichtige Organisationsmittel nennen;
- die Bedeutung einer Frontoffice-Software für die Arbeitsabläufe am Empfang bewerten;
- eine Schichtübergabe am Empfang durchführen;
- die Bedeutung des Empfangs als zentrale Schnittstelle eines Hotels begründen;
- Maßnahmen zum ressourcenschonenderen Arbeiten planen und umsetzen.

1 Der Empfangsbereich

Stell dir vor, du kommst als Gast in deinen Ausbildungsbetrieb.
Was siehst du, wenn du durch die Tür gehst? Kreuze an.

- ○ Empfang
- ○ Sitzgelegenheit
- ○ Gästecomputer
- ○ Bar
- ○ Kiosk
- ○ Informationsmaterial für Gäste

Der Empfangsbereich in Hotels ist die erste Anlaufstelle für Gäste (bei organisatorischen Angelegenheiten ebenso wie bei der Suche nach Auskünften). Am Empfang checken die Gäste im Hotel ein und aus und bezahlen ihre Rechnung. Außerdem erhalten sie Auskünfte aller Art, können Theaterkarten, Sightseeingtouren, Flugtickets, einen Tisch in einem Restaurant etc. buchen oder auch Geld wechseln.

Um für Gäste leicht erreichbar zu sein, befindet sich der Empfang zentral in der Lobby.

Der Empfangstresen wird auch **Frontdesk** genannt.

die Lobby = Eingangsbereich eines Hotels, Hotelhalle

Plan einer Hotelhalle eines europäisch geführten Hotels

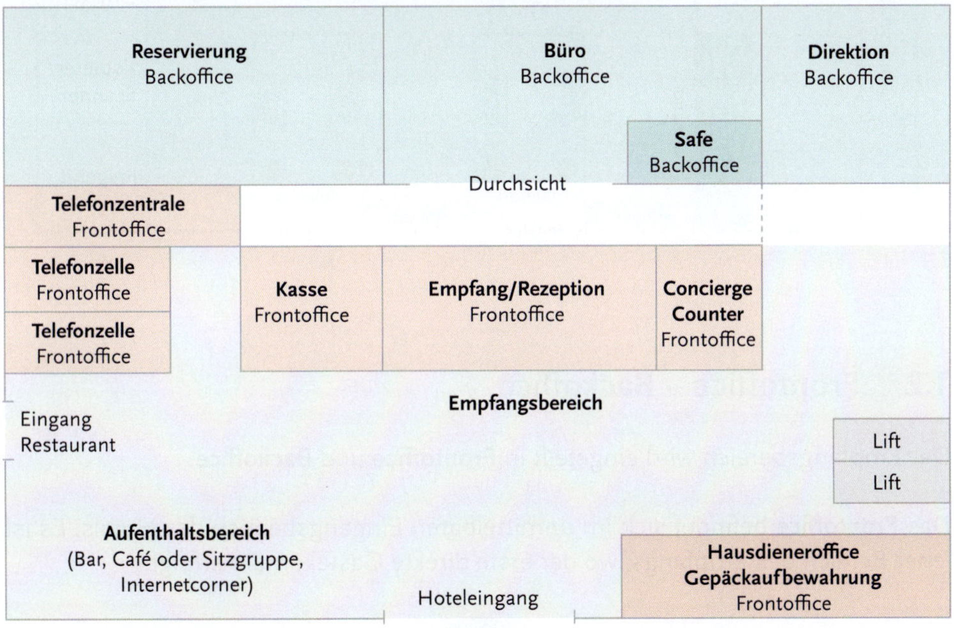

In gehobenen Großbetrieben ist die/der Concierge für die unmittelbare Gästebetreuung zuständig und eine Informationsstelle für die Gäste. Der Arbeitsplatz der/des Concierge ist der Concierge Counter.

Von der Lobby führen Verbindungen ...

- ... zum Beherbergungsbereich (Etagen/Zimmer)
- ... zum Verpflegungsbereich (Restaurant, Café, Bar etc.)
- ... zum Seminar- bzw. Veranstaltungsbereich (Bankettsäle etc.)
- ... zu den Freizeitanlagen (Schwimmbad, Sauna etc.)

1.1 Aufbau und Ausstattung des Empfangsbereiches

DAS SOLLTEST DU SPEICHERN

Der **Frontdesk** ist aus funktionellen Gründen als Barriere zwischen Gast und Mitarbeiter/in konstruiert. Er soll einladend und überschaubar wirken, damit Gäste sich sofort willkommen fühlen. Unterlagen, die für die Gästebetreuung benötigt werden, sind meist in Fächern unter dem Tresen untergebracht.

Damit alles reibungslos funktioniert, ist eine moderne und funktionale Ausstattung des Empfangs notwendig. Neben räumlichen und technischen Gegebenheiten erleichtern auch organisatorische Hilfsmittel wie **Checklisten, Functionsheets, Reservierungsformular** und andere Vordrucke die Kommunikation in und zwischen den einzelnen Abteilungen.

das Functionsheet = Übersicht/Laufzettel, wichtig für die Zusammenarbeit zwischen Abteilungen (etwa bei der Vorbereitung von Veranstaltungen); darauf werden alle Details zur jeweiligen Veranstaltung notiert

Der Frontdesk soll einladend und ansprechend gestaltet sein

Ideale Raumaufteilung am Empfang

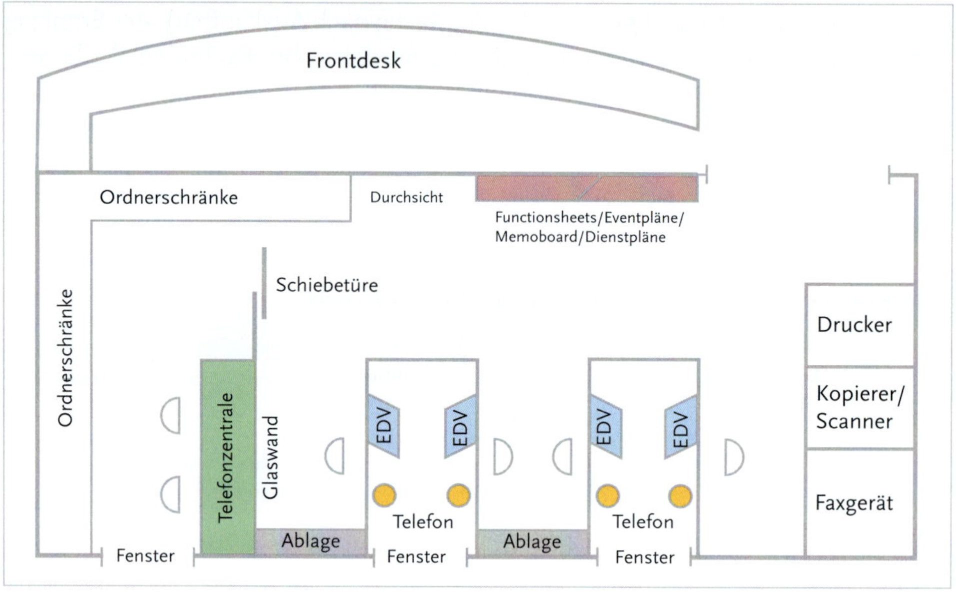

1.2 Frontoffice – Backoffice

Der Empfangsbereich wird eingeteilt in **Frontoffice** und **Backoffice.**

Das **Frontoffice** befindet sich im unmittelbaren Eingangsbereich des Hotels. Es ist jener Bereich des Empfangs, wo der erste direkte Gästekontakt erfolgt.

TIPP VOM PROFI

Egal, welche Anfrage dich am Empfang erreicht: Professionelles Agieren ist gefragt – der Gast erwartet, dass man auf sein Anliegen eingeht. Du bist für ihn die Kontaktperson.

Am Empfang werden folgende Arbeiten erledigt:

- Gästeempfang, Check-in der ankommenden Gäste
- Bearbeitung von Gästefragen und -wünschen
- Geldwechsel
- Check-out und Rechnungserstellung, Verabschiedung der Hotelgäste
- Überwachung der Lobby, Erfüllung von Gästewünschen, Weiterleitung von Bestellungen an die entsprechenden Abteilungen
- Ausgabe von Utensilien wie Bademänteln, Handtüchern, Gutscheinen usw.
- Annahme von telefonischen Reservierungen
- Verkauf von hoteleigenen Leistungen (z. B. Wellnessbehandlungen, Merchandise-Artikel)

Die professionelle Gästebetreuung ist eine der wichtigsten Aufgaben am Empfang

Das **Backoffice** befindet sich in den meisten Fällen unmittelbar hinter dem Frontoffice. Die Gäste können diesen Bereich nicht einsehen. Bei bestimmten Arbeiten ist es vorteilhaft, diese in Ruhe und ohne Störung zu erledigen.

Im Backoffice werden folgende Arbeiten erledigt:

- Abwicklung von Teilen des Hotelschriftverkehrs
- Entgegennahme von telefonischen Reservierungen
- Wartung und Aktualisierung von Buchungsplattformen, Social-Media-Auftritten und sonstigen digitalen Kommunikationskanälen
- Erstellung von Speisen- und Menüplänen
- Dienstplanerstellung
- Teilweise Ablage des Hotelschriftverkehrs
- In kleineren Hotels: Kontrolle bzw. Ablage der Eingangsrechnungen, Vorbereitungen für die Buchhaltung
- Kontrolle bzw. Versand der Ausgangsrechnungen, Vorbereitungen für die Buchhaltung
- Evtl. Erstellung der Functionsheets für Veranstaltungen und Seminare
- Führung des Kassenbuches
- Durchführung der Tagesabschlussarbeiten, Ausdruck der Tagesreports
- Ausdruck von Checklisten sowie internen Listen für sämtliche betriebliche Abteilungen

Die Informationen, die am Empfang gesammelt und benötigt werden, dürfen niemals personengebunden sein, sondern müssen für alle Empfangsmitarbeiter/innen zugänglich sein.

Eine digitale Übung zum Thema findest du in der TRAUNER-DigiBox.

2 Arbeiten am Empfang

Welche Listen, Ordner und Organisationsmittel für die Arbeit am Empfang kennst du aus deinem Ausbildungsbetrieb? Tausche dich mit deinen Kolleginnen und Kollegen aus.

2.1 Organisationsmittel

Check-ins, Check-outs, Sonderwünsche der Gäste, Veranstaltungsanfragen etc. – am Empfang sind täglich viele verschiedene Aufgaben und Anfragen zu koordinieren. Zahlreiche **Organisationsmittel** helfen dabei, den Überblick zu bewahren.

Nähere Beschreibungen zu den angeführten Organisationsmitteln findest du bei den Arbeitsabläufen, für die das jeweilige Organisationsmittel benötigt wird.

die FAQ = **F**requently **A**sked **Q**uestions, häufig gestellte Fragen

Im Sinne der Nachhaltigkeit verzichten viele Hotels auf Listen in Papierform und setzen auf digitale Versionen.

Organisationsmittel sind unter anderem:

1 Rezeptionsmappe

mit Infos rund um den Betrieb und FAQs von Gästen

2 Pläne

Zimmerplan, Reservierungsplan, Dienstplan

3 Formulare

Gästekartei, Zimmerausweis, Vordruck für Garagenplatzvergabe, Mitteilungsblätter, Vordruck Minibar, Functionsheet, Memo, Reservierungsformular, Formular der Barauslagen für Gäste, Zimmerwechselbeleg, Übergabebuch

4 Ordnersysteme

für die Ablage von Anfragen, Angeboten, Reservierungen etc.

5 Gesetzlich vorgeschriebene Organisationsmittel

Meldeschein, Preisliste, Depotschein, Fundbuch, aushangpflichtige Gesetze (z. B. Jugendschutzgesetz)

6 Listen

Wechselkursliste, An- und Abreise- sowie Stay-over-Liste (Tagesgästeliste), Verpflegungsliste, Weckliste, Wäscheliste, Gruppenliste, aktuelles Hotelverzeichnis

7 Organisationsmittel für die Gästebetreuung

Liste mit Internetadressen, Liste mit wichtigen Telefonnummern, Ausflugsangebote, Fahrpläne, Verbandskasten, Notfallapotheke, Sonstiges (z. B. Spiele, Zündhölzer, Hygieneartikel)

BONUS LEVEL

Meine individuell gestaltete Rezeptionsmappe

Eine Rezeptionsmappe enthält etwa Informationen zu den Räumlichkeiten, deren technischer Ausstattung, den Hotelzimmern und deren Lage sowie zu Fluchtwegen und Sicherheitseinrichtungen. Außerdem finden sich in der Mappe Bedienungshandbücher und Checklisten. Aber auch genaue Ablaufpläne (z. B. Frühdienst, Spätdienst) und Tischpläne können Teil einer solchen Mappe sein.

Folgende Informationen kann eine individuelle Rezeptionsmappe enthalten:

- Zimmerlageplan, um rasch Auskunft über Lage und Ausstattung der einzelnen Hotelzimmer geben zu können
- Zimmerbeschreibung(en)
- Reservierungsblatt (Kopiervorlage)
- Zimmerpreisliste
- Annulations-, Geschäfts- bzw. Stornobedingungen des Hotels
- Pauschalangebote
- Tagungsangebote
- Bedienungsanleitung für die Telefonanlage
- Bestuhlungspläne der Veranstaltungsräume
- Informationen zu Architektur und Ausstattung
- Telefonnummern, Internetadressen, Anreiseplan
- Wichtige externe Telefonnummern evtl. mit Adressen (z. B. Taxi, Arzt, Bank, Tourismusbüro), Notrufnummern (Rettung, Feuerwehr etc.)
- Interne Telefonnummern (Durchwahlen der einzelnen Abteilungen)
- Gegliederte Internetadressenliste (Favoriten)
- Restaurantempfehlungen im Ort
- Skischulen (Adressen, Telefonnummern)
- Öffnungszeiten des hoteleigenen Restaurants, evtl. Beschreibung der Küche
- Checklisten für verschiedene Arbeitsabläufe am Empfang (als Kopiervorlage)
- Muster der Minibarliste
- Anleitung „Verhalten im Brandfall"
- Bedienungsanleitung für die Brandmeldeanlage
- Muster einer Wäscheliste
- Informationen zu Freizeitaktivitäten und Sehenswertem bzw. zum Ort
- Ortsplan
- Winter-/Sommerattraktionen
- Preise Skiliftkarten, Thermeneintritte etc.
- Busfahrpläne
- Informationen zum Hotel
- Hotelprospekt
- Geschichte des Hotels/Restaurants
- Philosophie des Hotels
- Diverse Prospekte

BONUS LEVEL ENDE

Fertige eine Rezeptionsmappe deines Ausbildungsbetriebes in digitaler oder Papierform an. Besprich die Mappe mit deinen Kolleginnen und Kollegen und deiner Lehrkraft.

die Annulation = Ungültigkeitserklärung

Besonders beeindruckend für Hoteliers ist es, wenn du bereits beim Bewerbungsgespräch viele Informationen rund um das Hotel gesammelt und abgelegt hast. Wer soll da noch Nein sagen?

Vorteile der individuellen Rezeptionsmappe

- Täglich benötigte Informationen werden rasch gefunden, das spart Zeit und Nerven.
- Vor den Gästen wirkst du sicher, kompetent und gut informiert.
- In Notsituationen kannst du schnell die richtigen Aktionen einleiten.
- Nur wenn du dich sicher fühlst, kannst du Gäste gut betreuen.

2.2 Frontoffice-Software

Im Logisbereich wird täglich mit vielen Daten und Listen gearbeitet. Eine Frontoffice-Software, auch **Property Management System (PMS)** genannt, kann helfen, Arbeitsabläufe zu erleichtern. Daten können dokumentiert, strukturiert sowie zugänglich gemacht und aussagekräftige Listen können erstellt werden.

Diskutiere mit deinen Kolleginnen und Kollegen, welche Aufgaben in deinem Ausbildungsbetrieb mit einer Frontoffice-Software erledigt werden.

Es gibt eine Vielzahl von Software-Paketen mit unterschiedlichen funktionalen Schwerpunkten (z. B. Fidelio, GASTROdat [vor allem in der Ferienhotellerie], protel, OPERA, SiTec, Elite, Aida, Hogatex oder Casablanca).

das Feature = Merkmal, Eigenschaft, Anwendung

die Zielgruppe = Gästesegment; jene Gäste, die dasselbe Reisemotiv haben, z. B. Wellnessgäste, Golfer/innen, Gourmets, Kulturinteressierte

der Channel Manager = steuert die Zimmerkontingente, die über verschiedene Plattformen angeboten werden

CHECKLISTE

Features, über die eine Frontoffice-Software verfügen sollte:

- ☐ Zimmerbelegungsplan
- ☐ Gästekartei: Adressdatenbank mit Marketingfunktionalität (Selektionscodes für zielgruppengerechte Aussendungen)
- ☐ Reservierungs- und Buchungsfunktion
- ☐ Check-in
- ☐ Gästebetreuung (Weckrufservice, Nachrichtenübermittlung auf das Zimmer)
- ☐ Check-out
- ☐ Gästerechnung
- ☐ Tagesabschluss (ist nicht für alle Mitarbeiter/innen freigegeben)
- ☐ Erstellung von Reports (Statistikabfrage und -auswertung) für das Management
- ☐ Integrierter Yield Manager (ermittelt den optimalen Zimmerpreis auf Basis von Angebot und Nachfrage)
- ☐ Textverarbeitungs- und Mailing-Modul
- ☐ Interne Schnittstellen zu Finanzbuchhaltung, Controlling, Restaurant, Kasse, Telefon-, Schließ- und Pay-TV-Anlagen etc.
- ☐ Externe Schnittstellen zu Online-Reservierungssystemen (z. B. HRS) und Buchungsplattformen (z. B. Booking.com), Meldewesensystemen, Kreditkartenterminals, Channel Managern etc.
- ☐ Kompatibel mit gängigen Office-Anwendungen

Mit einer modernen Frontoffice-Software können automatisierte Angebotsbriefe bzw. Reservierungsbestätigungen verschickt werden. Ein Großteil des Schriftverkehrs kann daher – falls erwünscht – bereits automatisiert an mögliche Gäste versendet werden. Neben der Frontoffice-Abteilung benötigen auch andere Abteilungen Zugriff auf Teile des Hotelprogramms.

der Zimmerplan = Organisationsmittel für die Zimmerzuteilung; liefert einen Überblick über die Belegung

Beispiele

- Für die Planung der Reinigung der Gästezimmer benötigt das Housekeeping Zugriff auf den Zimmerplan.
- Die Food-and-Beverage-Abteilung benötigt das Hotelprogramm z. B., um Tischreservierungen zu organisieren oder verzehrte Speisen und Getränke abzurechnen.

TIPP VOM PROFI

Mit modernen Frontoffice-Systemen ist es möglich, beinahe alle benötigten Informationen zu Buchungslage, Gästeanzahl, Arrangement, Nationalität etc. innerhalb kürzester Zeit zu erhalten. Wichtig ist jedoch, dass alle Gästedaten korrekt eingegeben werden. Hier ist die Sorgfalt aller Empfangsmitarbeiter/innen gefragt.

2.3 Nachhaltigkeit im Frontoffice

Im Frontoffice werden häufig viele Dokumente und Listen gedruckt, nur um einmal angesehen oder abgehakt zu werden, bevor sie im Altpapier landen. Im Sinne der Nachhaltigkeit ist es wichtig, Papier zu sparen.

Drucke so wenig wie möglich!

CHECKLISTE

- ☐ Biete Gästen an, die Rechnungen per E-Mail zu senden, statt sie zu drucken.
- ☐ Viele Listen sind auch digital verfügbar. Überlege, bevor du etwas ausdruckst, ob du es wirklich benötigst oder ob nicht auch die digitale Variante ausreicht.
- ☐ Drucke interne Listen doppelseitig.
- ☐ Recycle leere Tonerkartuschen.
- ☐ Verwende „Rebuilt-Toner“!

der Rebuilt-Toner = Toner, der schon verwendet worden ist. Diese Toner werden neu befüllt und gewartet. Sie sind günstiger als neue Toner und es müssen keine neuen Toner produziert werden.

Recycling-Papier

Bei der Papierherstellung aus Altpapier werden im Vergleich zur Herstellung von Frischfaserpapieren Ressourcen geschont sowie weniger Energie und Wasser verbraucht. Recyclingpapiere, die mit dem Siegel „Blauer Engel“ ausgezeichnet sind, bestehen zu 100 % aus Altpapier. Bei der Herstellung sind zudem der Einsatz von optischen Aufhellern, Chlor oder halogenierten Bleichmitteln verboten.

Verwende recyceltes Papier! Achte beim Papierkauf auf das Siegel „Blauer Engel“.

2.4 Schichtübergabe

Damit die Tätigkeiten am Empfang reibungslos ablaufen, müssen alle Mitarbeiter/innen über aktuelle Vorkommnisse oder wichtige Geschehnisse informiert sein.

Das erfolgt im Zuge der **Schichtübergabe** am Empfang. Die Form der Übergabe ist von der Art und Größe eines Betriebes abhängig. Sie erfolgt entweder handschriftlich oder mittels EDV in Form eines **Übergabebuches (Logbuches)** oder eines **Übergabeformulares.**

Am Empfang beginnt jeder Dienst mit einer Übergabe. Dabei werden aktuelle Vorkommnisse, Veranstaltungen, Zimmerpreise etc. besprochen.

Übergabebuch

Im Übergabe-/Logbuch werden in geordneter Form alle wichtigen Tages- und Wochenereignisse eingetragen.

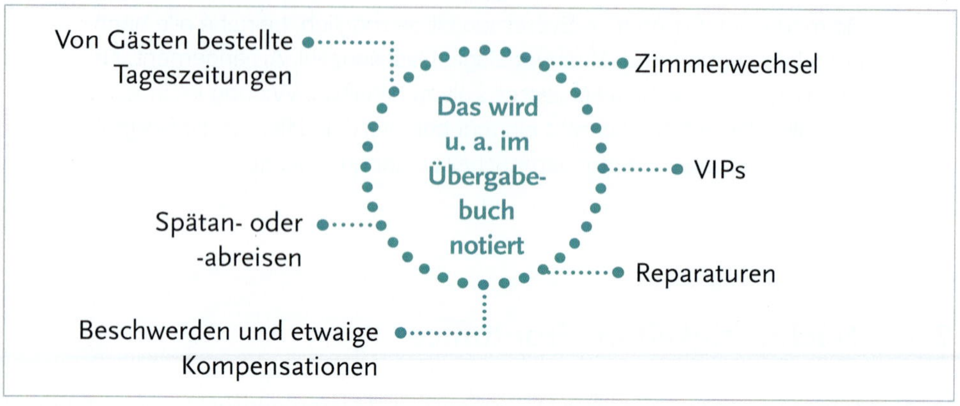

DAS SOLLTEST DU SPEICHERN

Alle anfallenden Aufgaben werden im Übergabebuch genau notiert und nach Erledigung durchgestrichen. Offene Arbeiten oder mehrtägige Aufgaben werden übertragen. Bei der Schichtübergabe werden diese Punkte besprochen, um alle Informationen weiterzugeben.

Beispiel: Übergabeformular

ÜBERGABEFORMULAR Datum: ____________

VIP-Treatment

205	Obstteller/Hausmarke
324	Haustorte/Hausmarke

Zeitungsservice

128	„Salzburger Nachrichten"
212	„Frankfurter Allgemeine"

Technikmängel

416	Wasserhahn tropft
123	~~TV kaputt~~ ✓
Halle	~~Spot über Rec. defekt~~ ✓

Late Check-out	Early Check-out
222	

Out of order	Not for sale
410 - Fleck auf dem Fußboden	222 - late CO

Late Check-in	Early Check-in
111 - 23:00 Uhr	

Zimmerwechsel von	– nach
112	312

Diverses

Anreise 324 - VIP! Unbedingt aufs Zimmer begleiten! Geschäftspartner!
JTB-Gruppe - Anreise gegen 16:00 Uhr
108 - Reinigung erst nach 12:00 Uhr
126 - ACHTUNG: Hund!!!

Digitale Lösungen
Es gibt auch digitale Übergabebücher in Form von Handy-Apps. Damit können Mitarbeiter/innen relevante Informationen jederzeit abrufen. Derjenige, der eine Information sendet, kann anhand eines Farbleitsystems erkennen, ob die Information bei der Empfängerin/beim Empfänger angekommen ist.

2.5 Zusammenarbeit mit anderen Abteilungen

Der Empfang ist einerseits die wichtigste Anlaufstelle für Gäste, andererseits eine zentrale Schaltstelle des Betriebes. Sämtliche Abteilungen eines Hotelbetriebes werden vom Frontoffice mit den für sie relevanten Informationen versorgt. Eine gute und reibungslose Zusammenarbeit mit den anderen Abteilungen ist wichtig, um Gästewünsche rasch zu erfüllen und die Gästezufriedenheit zu gewährleisten.

Mit folgenden Abteilungen arbeitet die Frontoffice-Abteilung zusammen:

Direktion
Die Direktion ist regelmäßig über die aktuellen Vorkommnisse am Empfang, z. B. An- und Abreisen wichtiger Gäste, sowohl mündlich als auch schriftlich zu informieren.

Food-and-Beverage-Abteilung
Die F-&-B-Abteilung benötigt korrekte Daten über die Anzahl der Frühstücksgäste, Halb- und Vollpensionen, Tischreservierungen, Sonderwünsche der Gäste, Menüänderungswünsche etc.

Etage (Housekeeping)
Die Frontoffice- und die Housekeeping-Abteilung stehen in regelmäßigem Kontakt.

Beispiel
Die Housekeeping-Abteilung erhält vom Frontoffice Informationen darüber, welche Gäste an- und abreisen, um die Zimmer für neue Gäste vorbereiten zu können. Die Hausdame meldet dem Frontoffice, welche Zimmer gereinigt wurden.

Sales-&-Marketing-Abteilung
Die Sales-&-Marketing-Abteilung betreut Firmenkunden und Reisebüros und ist die Schnittstelle zu Onlinebuchungsplattformen. Von der Sales-&-Marketing-Abteilung erhält das Frontoffice Informationen über diese Kunden und Angebote. Umgekehrt informiert das Frontoffice die Sales-&-Marketing-Abteilung über das Zimmerkontingent und über Anfragen, gibt Reservierungsprobleme bekannt, meldet Stornierungen und Fehlreservierungen von Partnern etc.

Besonders wichtige Gäste (z. B. VIP-Gäste) begrüßt der General Manager persönlich.

Going international
Eine Reihe von englischen Begriffen ist auch im deutschen Sprachgebrauch üblich:
Accounting = Buchhaltung
Facility management = Einrichtungsverwaltung
Food and beverage = Verpflegung
Frontoffice = Empfang
Human resources = Personalmanagement
Laundry = Wäscherei
Public relations (PR) = Öffentlichkeitsarbeit
Housekeeping = Dienstleistungen auf der Etage

die Inhouse-Guests = jene Gäste, die zurzeit im Hotel wohnen

Zimmerservice (Roomservice)

Der Roomservice bekommt von der Frontoffice-Abteilung An- und Abreiselisten sowie die Zimmerliste der Inhouse-Guests. Der Roomservice meldet die vom Gast konsumierten Leistungen (Frühstück, Getränke, Minibar etc.) an den Empfang bzw. bucht diese direkt auf die Gästerechnung.

Bankettabteilung

Die Bankettabteilung ist zuständig für Veranstaltungen, Caterings (sofern es keine eigene Catering-Abteilung gibt), Seminare, Konferenzen usw. Da die ersten Ansprechpartner für den Gast aber meist die Empfangsmitarbeiter/innen sind, müssen diese über getroffene Vereinbarungen informiert sein. Auch Zimmerkontingente sind bei Bedarf abzusprechen.

Technische Abteilung

Die Haustechnik ist ebenfalls mit dem Empfang vernetzt.

Beispiel
Der Abfluss in der Dusche von Zimmer 404 ist verstopft. Der Gast meldet dies am Empfang. Die Empfangsmitarbeiter/innen informieren die Haustechnik.

Die Frontoffice-Abteilung arbeitet außerdem mit der Wellnessabteilung, in Kurhotels mit den speziellen Kureinrichtungen, mit dem Veranstaltungsmanagement etc. zusammen.

WortschatzBox – „Der Empfang – dein Arbeitsplatz“

- Ordne folgende Begriffe den passenden Erklärungen zu.

Frontoffice	Frontoffice-Software
Backoffice	Empfangsbereich
Property Management System	Für die Reinigung der Gästebereiche zuständige Abteilung
Housekeeping	Speisen und Getränke
F&B	Bürobereich des Empfangs

Ziele erreicht? – „Der Empfang – dein Arbeitsplatz“

KOMPETENZ-ERWERB

1. Zähle vier Situationen des Gästekontakts auf, die im Frontoffice stattfinden.

2. Nenne fünf Tätigkeiten, die im Backoffice ausgeführt werden.

3. Führe aus, warum eine Trennung in Frontoffice und Backoffice sinnvoll ist.

4. Nenne fünf Organisationsmittel, die am Empfang benötigt werden.

5. Zähle mindestens acht Funktionen auf, über die eine moderne Frontoffice-Software verfügen sollte.

6. Lasse dir von deinen Mitschülerinnen/Mitschülern erzählen, wie die Schichtübergabe in ihren Ausbildungsbetrieben funktioniert.

7. Zähle jene Abteilungen auf, mit denen das Frontoffice regelmäßig zusammenarbeitet.

8. Analysiere anhand von zwei Beispielen, warum zwischen Empfang und Roomservice ein Informationsaustausch erfolgen muss.

9. Beschreibe die Zusammenarbeit von Frontoffice und Bankettabteilung.

10. Erkläre, weshalb eine gute Zusammenarbeit zwischen Frontoffice und Food-and-Beverage-Abteilung wichtig ist.

11. Erläutere, warum die Sales-Abteilung Informationen über Zimmerkontingente benötigt.

12. Führe aus, warum Housekeeping und Frontoffice-Abteilung voneinander abhängig sind.

Einen interaktiven **Safety-Check** findest du in der TRAUNER-DigiBox.

Gästebetreuung am Empfang

Hingehört! Die Aussprache vieler fremdsprachiger Fachbegriffe kannst du im E-Book, das du in der TRAUNER-DigiBox findest, durch Anklicken des Wortes anhören.

Frontoffice-Mitarbeiter/innen sind oft die ersten Betriebsangehörigen, mit denen der Gast Kontakt hat. Das Auftreten und Verhalten dieser Mitarbeiter/innen kann einen wichtigen Einfluss auf den ersten Eindruck haben, den ein Gast von einem Haus hat.

KOMPETENZ-ERWERB

Meine Ziele

Nach Bearbeitung dieses Kapitels kann ich

- die Vorbereitungsarbeiten für die Gästeanreise beschreiben;
- einen Individual-Check-in durchführen;
- den Ablauf eines Gruppen-Check-in beschreiben;
- einen Check-out durchführen;
- Gäste über den Hotelbetrieb umfassend informieren;
- eine korrekte Gästerechnung erstellen;
- Zahlungsmöglichkeiten unterscheiden und beschreiben.

1 Der persönliche Kontakt mit den Gästen

Tausche dich mit deinen Kolleginnen und Kollegen aus: In welchen Situationen kommst du mit Gästen am Empfang in Kontakt? Was sind die häufigsten Gästefragen? Welche Wünsche haben die Gäste?

Diskutiere mit deinen Kolleginnen und Kollegen: Was bedeutet „A hotel is a home away from home"?

Vorbereitung der Ankunft
Gäste, die das Gefühl haben, dass sie erwartet werden, fühlen sich wohler. Die Anreise und eine neue Umgebung verursachen Stress. Sieh dir die Anreiseliste und die Gästekartei gut an.

Check-in
Stehe auf, lächle und begrüße deine Gäste mit Namen. Frage, wie die Anreise war. Besprich mit den Gästen den Aufenthalt, informierte Menschen fühlen sich gut betreut. Gib dem Gast zu verstehen, dass seine Wünsche bei der Zimmerauswahl berücksichtigt wurden.

Betreuung während des Aufenthaltes
Gäste schätzen das Gefühl, dass die Mitarbeiter/innen des Hauses sich um sie kümmern.

Check-out
Nimm dir Zeit für deine Gäste. Nun ist die letzte Möglichkeit, einen unzufriedenen Gast umzustimmen. Frage nach, ob alles in Ordnung war. Wenn nicht, suche nach Lösungen und biete diese an. Danke dem Gast für sein Feedback und seine Offenheit. Mache ihm einen weiteren Aufenthalt schmackhaft.

Nachsenden einer Good-bye-E-Mail (Follow-up)
Bitte um Bewertung des Aufenthaltes auf Bewertungsplattformen sowie Onlinebuchungs- und Social-Media-Plattformen.

Gästekartei pflegen
Die Gästekartei ermöglicht es, Gäste und deren Wünsche und Interessen auch dann noch zu kennen, wenn diese schon vor einem Jahr abgereist sind.

Der Empfang ist die erste Anlaufstelle für Gäste bei Fragen verschiedener Art

2 Gästeanreise

Stell dir vor, du kommst in einem Hotel an und freust dich, endlich einige Minuten gemütlich im Zimmer entspannen zu können. Doch als du die Hotelhalle betrittst, ist diese menschenleer. Der Frontdesk ist verwaist. Da keine Klingel zu finden ist und auch sonst kein Hinweis, warum kein/e Empfangsmitarbeiter/in anwesend ist, versuchst du dich durch „Hallo"-Rufe bemerkbar zu machen ...

Diskutiere mit deinen Kolleginnen und Kollegen über die beschriebene Situation. Was ist hier schiefgelaufen? Wie kann das verbessert werden?

Going international
Unterkunft = accommodation
Einzelzimmer = single room
Doppelzimmer = double room
Zweibettzimmer = twin-bedded room

Wenn Gäste in einem Hotel ankommen, haben sie häufig bereits eine lange Anreise hinter sich und sind müde und erschöpft. Umso wichtiger ist es, dass sie rasch ihr Zimmer beziehen können. Die Mitarbeiter/innen am Empfang sind für einen reibungslosen Ablauf verantwortlich und können viel dazu beitragen, dass die Gäste sich in einem Hotel willkommen fühlen.

2.1 Vorbereitungsarbeiten vor der Gästeanreise

Damit die Gästeanreise reibungslos abläuft, sind davor einige Vorbereitungsarbeiten nötig. So müssen etwa die benötigten Zimmer gereinigt und für die Gäste vorbereitet werden.

Am Vorabend der Anreise oder am frühen Morgen werden die Daten und Angaben der Gäste, die am betreffenden Tag erwartet werden, abgeglichen. So ist es möglich, bei Unklarheiten noch rechtzeitig zu reagieren und gegebenenfalls mit dem Gast Kontakt aufzunehmen. Auch ein Meldeschein kann bereits vorbereitet werden.

Diskutiere, warum es sinnvoll ist, die Anreiseliste entweder am Vorabend oder bei Dienstbeginn am Morgen auszudrucken.

Anreiseliste (Arrivals)

Die Anreiseliste enthält die Namen aller Gäste, die am aktuellen Tag anreisen. Die Liste wird entweder am Vorabend des Anreisetages oder unmittelbar bei Dienstbeginn in der Früh ausgedruckt. In dieser Liste sind die Personenanzahl im Zimmer, zusätzliche Kinder und deren Alter, das Arrangement (z. B. Halbpension), die Aufenthaltsdauer sowie mögliche Extrawünsche (z. B. späte Anreise) ersichtlich.

2.2 Check-in

Als Check-in werden die Anmeldeformalitäten am Empfang bezeichnet.

Man unterscheidet

Check-in nach Reservierung (Individualgast oder Gruppe)
Die Ankunft wurde schriftlich oder telefonisch bestätigt.

Check-in ohne Reservierung (= Walk-in)
Der Gast hat nicht reserviert.

der Walk-in = Gast, der ohne Reservierung in ein Hotel kommt

So gehst du beim Check-in eines Gastes mit Reservierung vor.

1 Begrüßung

- Bereits bei der Vorfahrt des Gastes Aufmerksamkeit signalisieren
- Freundlich grüßen – nach Möglichkeit mit dem Namen
- Den Gast fragen, wie seine Anreise war
- Dem Gast Zeit zur Erholung lassen
- Evtl. einem erschöpften Gast einen Platz und eine Erfrischung anbieten (z. B. kühles Getränk, Glas Sekt)

2 Überprüfung, Anmeldung und Gästeinformation

- Anreiseliste und Korrespondenz bereithalten
- Den Gast bitten, den Meldeschein auszufüllen bzw. den Gast bei vorausgefülltem Schein um Unterschrift bitten. Bei Gästen, die schon einmal im Hotel waren, wird der Meldeschein vor der Anreise ausgefüllt und nur noch zur Kontrolle und Unterschrift vorgelegt
- Wenn der Gast über ein Reisebüro gebucht hat: Voucher abnehmen oder Durchschlag heraustrennen und zum Gästeakt legen
- Den Zimmerschlüssel aushändigen bzw. die Keycard programmieren
- Über Verpflegung und Hoteleinrichtungen informieren (den Gast aber nicht mit Informationen überhäufen)
- Auf Depotmöglichkeiten hinweisen

3 Auto und Gepäck

- Über Garagenplatzvergabe oder Stellplätze informieren
- Den Kofferträger anweisen, den Gepäcktransport zu erledigen

4 Zimmerübergabe

- Falls möglich, den Gast in das Zimmer begleiten (bei Häusern ab **** aufwärts)
- Im Zimmer Hinweise zur Bedienung von Lichtschaltern, Heizung, Klimaanlage, TV, Telefon etc. geben
- Dem Gast einen angenehmen Aufenthalt wünschen und darauf hinweisen, dass man für weitere Fragen gerne zur Verfügung steht

5 Abschluss des Check-in

- Gästekartei mit fehlenden Daten ergänzen – mit dem Meldeschein vergleichen
- Die anderen Abteilungen über die Ankunft des Gastes informieren

TIPP VOM PROFI

Ist das Zimmer bei der Anreise des Gastes noch nicht fertig, informierst du den Gast höflich über die Wartezeit und bittest ihn, Platz zu nehmen. Evtl. wird der Gast auf ein Getränk eingeladen.

FILM AB!

Hier findest du ein Video zum Ablauf eines Check-in:
www.traunerverlag.de/rezeption_Ablauf_Check-in

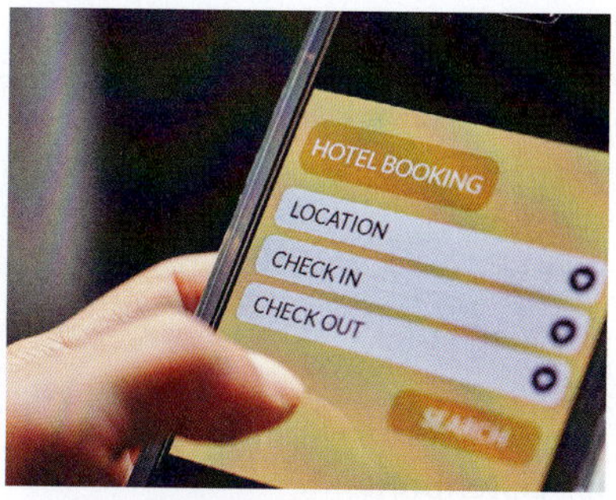

In manchen Hotels können Gäste mittels spezieller Apps online einchecken. Sie erhalten dabei z. B. die Zimmernummer sowie einen digitalen Zimmerschlüssel direkt auf ihr Smartphone.

der Voucher = Gutschein

die Keycard = digitale Schlüsselkarte

Vom Online-Check-in bis zum digitalen Meldeschein gibt es für viele Prozesse in der Gästebetreuung digitale Lösungen. Tausche dich mit deinen Kolleginnen/Kollegen darüber aus, welche digitalen Lösungen im Hotelbereich du kennst bzw. welche in deinem Ausbildungsbetrieb eingesetzt werden. Diskutiere außerdem darüber, welchen Einfluss diese Entwicklungen auf die Arbeit am Empfang nehmen.

1 Begrüßung

- Bereits bei der Vorfahrt des Gastes Aufmerksamkeit signalisieren
- Freundlich grüßen
- Dem Gast Zeit zur Erholung lassen (nicht „überfallen")
- Evtl. einem erschöpften Gast einen Platz und eine Erfrischung anbieten (z. B. kühles Getränk, Glas Sekt)

2 Überprüfung, Anmeldung und Gästeinformation

- Überprüfen, ob freie Zimmer verfügbar sind (im Zimmerplan, in der Frontoffice-Software)
- Den Gast über Zimmerausstattung, Preise, Hotelleistungen, Depotmöglichkeit etc. informieren
- Wenn möglich, eine Rack Rate anbieten
- Meldeschein ausfüllen – Check-in und gleichzeitige Neuanlage in der Gästekartei vornehmen
- Bei Bedarf Vorauszahlung erbitten oder Kreditkartenanfrage machen
- Den Zimmerschlüssel aushändigen bzw. die Keycard programmieren

die Rack Rate = Vollpreis, offizieller Listenpreis

3 Auto und Gepäck

- Über Garagenplatzvergabe oder Stellplätze informieren
- Den Kofferträger anweisen, den Gepäcktransport zu erledigen

4 Zimmerübergabe

- Falls möglich, den Gast in das Zimmer begleiten (bei Häusern ab **** aufwärts)
- Im Zimmer Hinweise zur Bedienung von Lichtschaltern, Heizung, Klimaanlage, TV, Telefon etc. geben
- Dem Gast einen angenehmen Aufenthalt wünschen und darauf hinweisen, dass man für weitere Fragen gerne zur Verfügung steht

5 Abschluss des Check-in

- Gästekartei anlegen/fertigstellen – mit Meldeschein vergleichen
- Die anderen Abteilungen über die Ankunft des Gastes informieren

Was beim Ausfüllen des Meldescheines bei Reisegruppen zu beachten ist, kannst du auf S. 353 nachlesen.

Besonderheiten beim Check-in von Reisegruppen

Um den Ablauf beim Check-in von Reisegruppen zu erleichtern, ist es praktisch, die Keycards für Reisegruppen bereits vor der Ankunft der Gruppe zu codieren. Wenn die Reisegruppe im Hotel Verpflegung erhält, sind die Modalitäten dafür (Essenszeiten etc.) mit der Reiseleitung abzustimmen.

Um einen raschen Check-in von Reisegruppen zu ermöglichen, ist es empfehlenswert, vorab die Zimmeraufteilung der Gäste zu erfragen, um die Keycards vorbereiten zu können.

BONUS LEVEL

VIP-Check-in

Wer ein VIP-Gast ist, wird vom Management festgelegt. VIPs können sein:

- Stammgäste
- Berühmte Persönlichkeiten
- Geschäftspartner
- Hochzeitspaare, Jubilare
- Mitglieder von Kundenbindungsprogrammen (Firmenreisende)
- Inhaber einer Platin-Kreditkarte

die/der VIP = **V**ery **I**mportant **P**erson, besonders wichtige Gäste

VIP-Gäste haben meist ein hohes Buchungsvolumen bzw. sind gut für das Renommee eines Betriebes. Sie genießen daher eine besondere Betreuung und einen verbesserten Service.

Besonderer Service für VIP-Gäste

- Quick-Check-in und Quick-Check-out im eigenen VIP-Bereich
- VIP-Club mit Zugangsbeschränkungen
- VIP-Bar und VIP-Frühstücksraum
- Obstkorb, Champagner auf dem Zimmer

Im Umgang mit VIPs benötigt man Fingerspitzengefühl und Menschenkenntnis, um herauszufinden, ob der VIP besonders diskret behandelt werden möchte oder ob er gern gesehen wird und im Rampenlicht stehen möchte.

DAS SOLLTEST DU SPEICHERN

VIP-Gäste machen mit ihren regelmäßigen Besuchen einen wichtigen Bestandteil des Hotelumsatzes aus und sind daher besonders aufmerksam zu betreuen. Vergiss nie, dass es leichter ist, einen Kunden zu halten, als einen Neukunden – vor allem einen VIP – zu gewinnen.

BONUS LEVEL ENDE

Zimmerausweis

Bei der Ankunft erhält der Gast den Zimmerausweis. Dieser dient als Nachweis, dass der Gast im Betrieb wohnt, und wird zur Schlüsselausgabe, zur Benützung der Garage, des Wellnessbereiches etc. benötigt. Auf dem Zimmerausweis sind folgende Informationen vermerkt:

- Name, Adresse und Telefonnummer des Hotels
- Name und Zimmernummer des Gastes
- Zimmerpreis und/oder Arrangement

Der Zimmerausweis eignet sich auch als Hülle für die Keycard, als Werbeträger (z. B. für Taxiunternehmen, Tourismusverbände) bzw. als Informationsträger (z. B. für Öffnungszeiten, Stadtpläne).

Viele Hotels bieten ihren Gästen Parkmöglichkeiten

Parkplatz/Garagenplatz

Viele Hotels bieten ihren Gästen Park- und/oder Garagenplätze an.

DAS SOLLTEST DU SPEICHERN

Stellplätze sind meist gratis. Für Garagenplätze hingegen ist häufig eine Gebühr zu bezahlen. Der Preis wird – anders als der Zimmerpreis – nicht pro Nacht, sondern pro Tag als 24-Stunden-Tarif berechnet.

Die Frontoffice-Abteilung vergibt die Garagenplätze, so bleibt der Überblick über die vergebenen Stellplätze gewahrt.

Going international

Praktische Phrasen auf Englisch

Hello, welcome to [name of the hotel].	Guten Tag, willkommen im [Name des Hotels].
What can I do for you?	Was kann ich für Sie tun?
Do you have a reservation?	Haben Sie eine Reservierung?
May I see your passport please?	Könnte ich Ihren Reisepass sehen, bitte?
Your room is on the [...] floor, room number [...].	Ihr Zimmer ist im [...] Stock, Zimmernummer [...].
Breakfast is served from [...] to [...].	Frühstück gibt es von [...] bis [...].
I wish you a pleasant stay.	Ich wünsche Ihnen einen angenehmen Aufenthalt.

Vergisst der Gast den Code oder verliert die Keycard oder den Zimmerschlüssel, muss gewährleistet sein, dass ein/e Mitarbeiter/in im Dienst die Möglichkeit hat, den Zimmersafe zu öffnen.

Depot

Hotels sind verpflichtet, Wertgegenstände und Geld – wenn der Gast dies wünscht – für ihn zu verwahren. Oft können die Gäste Wertgegenstände am Empfang abgeben, diese werden dann in einem allgemeinen Tresor aufbewahrt.

Depotschein

Die Übernahme der Gegenstände wird auf einem Depotschein vermerkt und sowohl von der Mitarbeiterin/vom Mitarbeiter als auch vom Gast mit Unterschrift bestätigt. Das Original behält der Gast als Quittung, ein Durchschlag bleibt am Empfang.

Gegen Vorlage des Depotscheines erhält der Gast die Gegenstände wieder ausgehändigt. Etwaige Änderungen (z. B. wenn der Gast einen Teil der Gegenstände abholt oder noch etwas ergänzt) müssen jeweils eingetragen werden.

Alternativen zum Tresor

Als Alternativen zum Tresor gibt es in vielen Hotels Schließfächer oder **Zimmersafes.** In Vier- und Fünfsternehotels sind Zimmersafes verpflichtend. Sie können mit Zahlencode, Keycard bzw. Zimmerschlüssel betätigt werden.

2.3 Rechtliche Bestimmungen bei der Beherbergung von Gästen

Die Beherbergung von Gästen unterliegt verschiedenen rechtlichen Bestimmungen.

Melderecht

Das Bundesmeldegesetz sieht vor, dass ausländische Gäste ab dem Tag der Ankunft gemeldet werden müssen. Dafür ist ein **Meldeschein** (digital oder in Papierform) auszufüllen.

Der Meldeschein muss folgende Daten enthalten

- Familienname
- Vorname
- Staatsangehörigkeit
- Gültiges Identitätsdokument (z. B. Pass) bei ausländischen Personen
- Zahl der Mitreisenden und ihre Staatsangehörigkeit
- Anschrift
- Geburtsdatum
- Datum der Ankunft und Abreise

Auf dem Meldeschein ist die Zahl etwaiger mitreisender Angehöriger angegeben.

Haftung des Gastwirtes

Hotelièren/Hoteliers und Gastwirtinnen/-wirte haften bei Beherbergung von Gästen für vom Gast eingebrachte Gegenstände. Werden Sachen, die der Gast im Hotel aufbewahrt, beschädigt oder verschwinden diese, muss die Wirtin/der Wirt dafür aufkommen. Dies gilt nicht, wenn die Beschädigung durch den Gast selbst verursacht wird. Zudem sind Beherberger/innen verpflichtet, Geld und Wertgegenstände (z. B. Schmuck) bis zu einem bestimmten Wert für den Gast sicher aufzubewahren.

Unterscheidung

Beschränkte Haftung	Unbeschränkte Haftung
Die Wirtin/der Wirt haftet bis zu einem Betrag, der dem Hundertfachen des Beherbergungspreises pro Tag entspricht (mindestens bis zu 600 EUR, höchstens 3500 EUR, bei Geld und Schmuck bis zu 800 EUR).	Wenn die Hotelière/der Hotelier oder ihre/seine Angestellten für den Verlust oder die Beschädigung des Eigentums des Gastes verantwortlich sind, haftet die Hotelière/der Hotelier unbeschränkt. Selbiges gilt, wenn Wertgegenstände, die sie/er aufbewahrt hat bzw. deren Aufbewahrung sie/er abgelehnt hat, betroffen sind.
Beispiel Wenn aus dem verschlossenen Zimmer des Gastes oder aus dem Zimmersafe dessen Handy verschwindet, haftet die Hotelière/der Hotelier beschränkt dafür.	**Beispiel** Ein Gast gibt eine Perlenkette zur Verwahrung ab. Am nächsten Tag ist diese verschwunden. Die Hotelière/Der Hotelier haftet unbeschränkt, weil Verschulden des Personals vorliegt.

Meldescheine sind ein Jahr aufzubewahren und danach innerhalb von drei Monaten zu vernichten.

Bei Reisegruppen von mehr als zehn Personen füllt die Reiseleiterin/der Reiseleiter den Meldeschein aus und gibt die Anzahl und Staatsangehörigkeit der weiteren Reisenden bekannt

BGB § 701 Haftung des Gastwirtes:
Ein Gastwirt, der gewerbsmäßig Fremde zur Beherbergung aufnimmt, hat den Schaden zu ersetzen, der durch den Verlust, die Zerstörung oder die Beschädigung von Sachen entsteht, die ein im Betrieb dieses Gewerbes aufgenommener Gast eingebracht hat.

Die Haftung gilt nicht für Fahrzeuge.

Die Haftung entfällt bei Verschulden des Gastes oder höherer Gewalt.

Datenschutz

DAS SOLLTEST DU SPEICHERN

Die **Datenschutz-Grundverordnung (DSGVO)** regelt, wie und welche Daten ihrer Gäste Hotelièren/Hoteliers verarbeiten dürfen und wie sie diese speichern müssen. Hotelièren/Hoteliers müssen genau darlegen, wie die Daten verarbeitet, gespeichert und evtl. weitergegeben werden.

Achtung: Die strengen Bestimmungen den Datenschutz betreffend erfordern einen verantwortungsvollen und sensiblen Umgang mit Gästedaten.

Prinzipiell dürfen Beherbergungsbetriebe personenbezogene Daten von Gästen nur dann erheben und verarbeiten, wenn dies für die Erfüllung des Beherbergungsvertrages notwendig ist. D. h., sobald der Gast abreist bzw. alle offenen Rechnungen beglichen wurden, sind die Daten zu löschen (Ausnahme: Meldeschein).

Eine darüber hinausgehende Nutzung der Daten ist nur dann möglich, wenn der Gast dieser explizit zugestimmt hat. Der Gast muss außerdem auf jeden Fall auf die Möglichkeit, seine Zustimmung widerrufen zu können, hingewiesen werden.

3 Gästebetreuung

Diskutiere mit deinen Kolleginnen und Kollegen, welche Anfragen von Gästen in euren Ausbildungsbetrieben häufig vorkommen.

Ich arbeite als Frontoffice-Mitarbeiterin am Empfang eines Stadthotels. Häufig kommen Gäste zu mir und fragen nach Tipps für Sehenswürdigkeiten oder Restaurantempfehlungen.

Damit Gäste sich in einem Hotel wohlfühlen, ist eine perfekte Gästebetreuung das A und O. Der Gast muss das Gefühl haben, dass man seine Wünsche ernst nimmt, sein Wohlbefinden an erster Stelle steht und man ihm den Aufenthalt unvergesslich machen möchte.

Going international
Nimm einen Stadtplan/eine Tourismuskarte deines Ortes/deiner Region und erkläre einem Gast auf Englisch den Weg zu einer Sehenswürdigkeit deiner Wahl.

die Animation = sämtliche Angebote zur Unterhaltung und Geselligkeit in der Freizeit, z. B. Sport- oder Genussangebote

Zur Gästebetreuung zählen:

Gästeinformation
Einerseits müssen Fragen von Gästen kompetent beantwortet werden, andererseits sollen die Gäste aktiv informiert werden, z. B. über Ausflugsangebote oder Animationsprogramme.

Dienstleistungen, die den Aufenthalt des Gastes betreffen
Z. B. Weckruf oder Zimmerwechsel

Beschwerdemanagement
Behandlung von Reklamationen

Bedürfnisse und Verhaltensweisen von Gästen aus verschiedenen Kulturen

DAS SOLLTEST DU SPEICHERN

In der Tourismusbranche triffst du täglich Menschen aus unterschiedlichen Ländern und Kulturen. Offenheit und Sensibilität für besondere Bedürfnisse und feine kulturelle Unterschiede sind wichtig. Diese Unterschiede können etwa bei sozialen Konventionen (Begrüßungsritual, körperliche Distanz), Sprache (Lautstärke, Tonfall) oder Essgewohnheiten deutlich werden.

Das Ziel ist aber nicht, Menschen nach ihren Herkunftsländern bestimmte Eigenschaften zuzuschreiben, sondern vielmehr, mit Fingerspitzengefühl besondere Bedürfnisse unserer Gäste zu erkennen. Verschiedene Kleinigkeiten oder Aufmerksamkeiten und Dienstleistungen können Gästen aus aller Welt den Aufenthalt verschönern. Z. B. sollen Mitteilungen für die Gäste je nach Herkunft in ihrer Sprache oder in Englisch verfasst sein, denn das signalisiert Entgegenkommen.

Was ist der Quellmarkt?
Das sind die Herkunftsländer jener Gästegruppen, die einen Betrieb, eine Region oder ein Land vorwiegend besuchen. In Deutschland kommen die meisten Gäste aus dem Inland, 15 % sind ausländische Gäste, hauptsächlich aus europäischen Ländern, Asien und Nordamerika.

3.1 Gästeinformation

Erste Anlaufstelle bei Gästefragen aller Art ist der Empfang. Daher ist es umso wichtiger, stets hilfsbereit, freundlich und auf Gästeanfragen gut vorbereitet zu sein.

DAS SOLLTEST DU SPEICHERN

Du musst in der Lage sein, den Gast über aktuelle Angebote in der Umgebung zu informieren bzw. gewünschte Informationen rasch zu recherchieren. Achte darauf, Verzeichnisse, Internetadressen (wichtige Links als Favoriten verwalten), Mappen, Prospekte und Folder sorgsam zu ordnen und die Unterlagen jederzeit griffbereit zu haben.

TIPP VOM PROFI

Viele Unternehmen bemühen sich, im Sinne der Nachhaltigkeit, weniger Papier zu verbrauchen. Eine Möglichkeit sind hier Gästeinformationen in digitaler Form, z. B. digitale Gästemappen.

Vielen Gästen hilft es bei der Orientierung, wenn du die Lage des Hotels in einem Stadtplan markierst.

Wichtige Informationen für die Gästebetreuung

Informationen über das Hotel

- Kontaktdaten des Hotels (Adresse, Telefonnummer, Website, E-Mail-Adresse, Lageplan)
- Verpflegung (Restaurants, Bars und Frühstücksräume – Öffnungszeiten, Lage und Angebot)
- Zimmer (Funktion von Telefon, TV etc.)
- Roomservice (Erreichbarkeit inkl. Telefonnummer, Uhrzeiten und Abwicklung beschreiben)
- Hoteleinrichtungen (z. B. Sauna, Fitnessraum mit Öffnungszeiten und Lage)
- Garage/Parkplatz (Preis und Lage)
- Empfang (Telefonnummer und Uhrzeiten)
- Gepäck (Transport und Aufbewahrung)

Informationen über die Region

- Allgemeine Infrastruktur (z. B. Bank, Postamt, Friseur, Taxistand, Arzt)
- Sehenswürdigkeiten anhand eines Stadtplanes erklären (z. B. Weg ins Stadtzentrum)
- Kulturangebot (z. B. aktuelle Programme von Theatern, Konzerte, Ausstellungen, Museen, Opern, Festivals)
- Folder/Angebote für Stadtrundfahrten, Ausflüge in die Region
- Folder für Sport- und Freizeitangebote der Umgebung
- Gastronomiebetriebe (Cafés, Restaurants etc.)
- Öffentliche Verkehrsmittel (z. B. Fahrscheine, Fahrpläne)
- Vorteilskarten der Region

Manche Hotels arbeiten mit Apps, mittels derer Gäste Informationen zum Hotel erhalten, aber auch mit dem Hotel in Kontakt treten können, z. B. mit dem Roomservice oder um ein zusätzliches Kissen anzufordern.

Alle Mitarbeiter/innen müssen über aktuelle Angebote Bescheid wissen. Informationen finden Gäste etwa auf Aushängen, Infoscreens im Gästezimmer oder in der Lobby oder in Informationsmaterialien wie der **Morgenpost** oder einer **Gästeinformationsmappe** im Gästezimmer.

Informationsmaterialien für die Gästebetreuung

1 Morgenpost
- Täglicher Überblick über das Tagesprogramm, das Menü und weitere Aktivitäten
- Besonders für Kurzurlauber/innen interessant

2 Wochenvorschau
- Kalendarischer Überblick über die Aktivitäten der nächsten Tage/Woche
- Nicht nur im Hotel, sondern auch an anderen Orten aushängen

3 Gästezeitung
- Umfangreicheres Informationsmagazin
- Aktuelles aus dem Angebotsprogramm, aus der Umgebung, Ausflugsangebote, Informationen über den Betrieb

Erstelle ein Konzept für eine Gästezeitung, Morgenpost oder Wochenvorschau für deinen Ausbildungsbetrieb.

3.2 Dienstleistungen, die den Aufenthalt des Gastes betreffen

Während des Aufenthaltes im Hotel wenden sich Gäste bei Wünschen immer wieder an die Mitarbeiter/innen am Empfang. Die Bandbreite der Gästewünsche ist groß und reicht von der Reservierung eines Tisches im (hoteleigenen) Restaurant über einen Weckruf bis zum Wunsch nach einem anderen Zimmer.

Damit die Gästewünsche möglichst reibungslos erfüllt werden, ist oft die Zusammenarbeit mit anderen Abteilungen nötig.

Gästezufriedenheit hat oberste Priorität bei der Arbeit am Empfang

Beispiel

Frau Hubmann gibt am Frontdesk Bescheid, dass sie ein zusätzliches Kissen wünscht.

Christina, die gerade Dienst hat, verständigt das Housekeeping.

Housekeeping-Mitarbeiterin Milena bringt das Kissen aufs Zimmer.

Für die Kommunikation zwischen den Abteilungen stehen verschiedene Kommunikationsmittel zur Verfügung. So kann sichergestellt werden, dass alle involvierten Abteilungen informiert sind.

Im Folgenden wird anhand von zwei Beispielen dargestellt, wie Gästewünsche abteilungsintern bzw. abteilungsübergreifend kommuniziert werden.

Weckruf

Manchmal wünschen Gäste, zu einer bestimmten Zeit geweckt zu werden. Dieser sogenannte Weckruf wird meist von Frontoffice-Mitarbeiterinnen/-Mitarbeitern durchgeführt. Viele Hotels haben auch automatische Weckeinrichtungen über die Telefonanlage, mit deren Hilfe sich der Gast entweder die Weckzeit über das Zimmertelefon selbst einstellt oder sie am Empfang bekannt gibt.

Zeitpunkt und Zimmernummer werden auf der **Weckliste** eingetragen. Der Weckruf ist unbedingt pünktlich auszuführen.

Beim Weckruf ist so lange zu warten, bis der Gast das Telefon abnimmt. Wenn der Gast nicht ans Telefon geht, ist der Weckruf zu wiederholen bzw. der Gast persönlich zu wecken.

Ein besonderer Service ist es, den Gast persönlich (telefonisch) zu wecken.

Zimmerwechsel

Manchmal sind Gäste mit ihrem Zimmer unzufrieden und wollen in ein anderes umziehen. Diese Gästewünsche werden nach Möglichkeit erfüllt. Es ist wichtig, darauf zu achten, dass Zimmer nicht versehentlich doppelt belegt werden. Die Empfangsmitarbeiter/innen prüfen, ob weitere Zimmer frei sind.

Ablauf Zimmerwechsel

1. Der Zimmerwechsel wird in der Frontoffice-Software bzw. im Zimmerplan vermerkt.
2. Das Frontoffice beauftragt eine zuständige Mitarbeiterin/einen zuständigen Mitarbeiter, den Gast beim Zimmerwechsel, etwa beim Gepäcktransport, zu unterstützen.
3. Nach dem Zimmerwechsel sind alle betroffenen Abteilungen, z. B. Housekeeping, zu informieren.
4. Das Housekeeping überprüft das Zimmer, z. B. die Minibar, aus dem der Gast ausgezogen ist, und reinigt es. Danach wird das Zimmer wieder freigegeben.

3.3 Gästekartei

In der Gästekartei werden alle Informationen über den Gast gesammelt. So können sich alle Mitarbeiter/innen jederzeit ein umfangreiches Bild über einen Gast machen und dieses bei der Buchung, aber auch im Rahmen von Kundenbindungsaktivitäten berücksichtigen.

Auch Firmen und Reisebüros erhalten Einträge in der Gästekartei. Sie enthalten sämtliche Verträge, Vereinbarungen, Modalitäten der Geschäftsabwicklung, Ansprechpartner, Kontingente etc.

Die Gästekartei enthält

- Zimmernummer
- Tischnummer
- Gewohnheiten und Extrawünsche (z. B. Kaffee und Zeitung auf das Zimmer bringen)
- Hobbys
- Preise (z. B. Discount für Stammgäste oder Company Rates)
- Handicaps (z. B. Allergie)
- Informationen über die Aufenthaltsdauer
- Vorlieben (z. B. bestimmtes Zimmer)
- Genaue Angaben zur Person (Name, Adresse, Geburtstag etc.)

die Company Rate = Firmenpreis

In der Gästekartei ist auch die gesamte Korrespondenz mit dem Gast festgehalten, so lässt sich nachvollziehen, welche Angebote etc. dieser erhalten hat. Vergiss dennoch nicht, den Schriftverkehr in den dafür bestimmten Ordnern abzulegen!

Nutzung der Informationen aus der Gästekartei

Korrespondenz

- Angebote
- Reservierungsbestätigung
- Follow-up
- Glückwünsche

Listen

- Anreiseliste
- Abreiseliste
- Gästeliste

Statistiken

- Umsatzstatistik
- Belegungsstatistik

Beispiel: Gästekartei

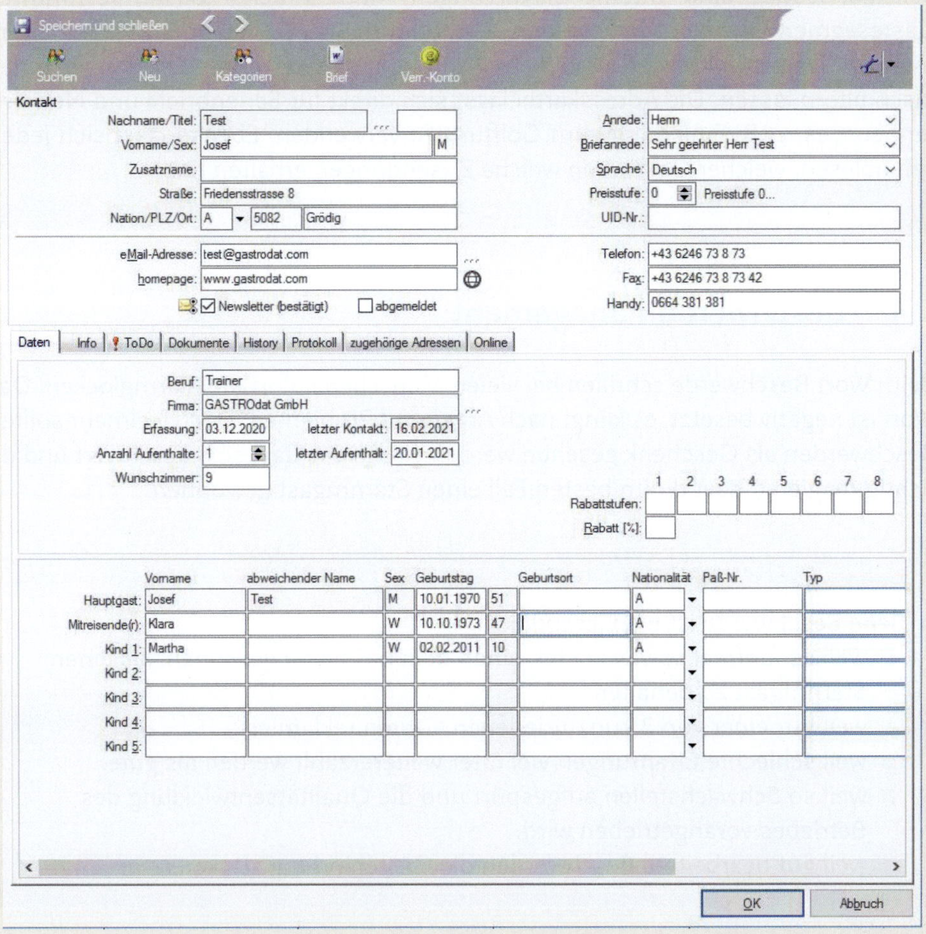

Je detaillierter du sämtliche Daten deiner Gäste notierst, desto angenehmer wird dein beruflicher Alltag: Speichere nicht nur die Telefonnummern der Gäste, sondern auch deren E-Mail-Adressen und Wohnadressen.

§ Um die Informationen in der Gästekartei speichern und nutzen zu können, ist aufgrund der Datenschutz-Grundverordnung die Zustimmung des Gastes nötig.

DAS SOLLTEST DU SPEICHERN

Je detaillierter die Notizen in der Gästekartei sind, umso besser kann ein Gast betreut werden. Wichtig ist, dass die Kartei einheitlich strukturiert ist und die Daten leicht auffindbar sind.

Gäste haben hohe Ansprüche, sie kommen nur wieder, wenn sie von einem Hotel begeistert sind. Eine gut geführte Gästekartei kann dabei unterstützen, Gäste positiv zu überraschen.

Beispiel

Stell dir vor, du warst im letzten Jahr einige Tage in einem Hotel zu Gast und hast um ein Seitenschläferkissen gebeten. Als du nun wieder im selben Hotel eincheckst, sagt die Frontoffice-Mitarbeiterin:

Zusätzlich zum normalen Kopfkissen haben wir – wie Sie das bei Ihrem letzten Aufenthalt wünschten – ein Seitenschläferkissen für Sie im Zimmer vorbereitet. Sollten Sie noch weitere Wünsche haben, melden Sie sich gern!

Dank Selektionscodes erhalten Gäste genau die Informationen, die ihren Interessen entsprechen.

Selektionscodes

Selektionscodes sind interne Abkürzungen, mittels derer Gäste bestimmten Gästesegmenten zugeordnet werden, z. B. Stammgast, Golfer/in, Einzelgast, Sommergast. Das ist hilfreich für Marketingaktionen, da sich so die Empfänger/innen rasch filtern lassen. Die Adresskartei lässt sich direkt für Serienbriefe und Newsletter-Services, z. B. Einladung zum Golfturnier, verwenden. Ebenso lässt sich jederzeit ablesen, welcher Gast wann welche Zusendungen erhalten hat.

Diskutiere mit deinen Kolleginnen und Kollegen: Worüber hast du dich auf Reisen in Hotels schon einmal geärgert?

3.4 Beschwerdemanagement

Beim Wort Beschwerde schrillen bei vielen Menschen sofort die Alarmglocken. Das Wort ist negativ besetzt, es klingt nach Ärger und Problemen. Doch vielmehr sollten Beschwerden als Geschenk gesehen werden: Wenn ein Gast sich beschwert und du richtig reagierst, hast du im besten Fall einen Stammgast gewonnen.

Beschwerden von Gästen müssen ernst genommen und professionell behandelt werden

Jede Beschwerde ist ein Geschenk, ...

- weil es fünfmal so viel kostet, einen neuen Gast zu gewinnen, als einen Stammgast zu behalten.
- weil nur einer von 25 unzufriedenen Gästen reklamiert.
- weil schlechte Erfahrungen viel öfter weitererzählt werden als gute.
- weil so Schwachstellen aufgespürt und die Qualitätsentwicklung des Betriebes vorangetrieben wird.
- weil gut bearbeitete Beschwerden die Gästebindung stärken.

Der korrekte Umgang mit Reklamationen ist die einzige Chance, eine Beschwerde in Begeisterung umzuwandeln und den Gast so emotional an einen Betrieb zu binden.

Oft handelt es sich bei „Beschwerden“ eher um Verbesserungsvorschläge und nicht unbedingt um eine Reklamation. Deshalb bezeichnet man Beschwerdemanagement auch als **Feedback-** oder **Zufriedenheitsmanagement.**

Um Gästebeschwerden professionell und zufriedenstellend zu meistern, gilt es, diese Schritt für Schritt in Angriff zu nehmen.

1 Zuhören

Meist ist der Gast aufgeregt oder aufgebracht, wenn er an den Empfang kommt, um sich zu beschweren. Daher gilt:

- Unterbrich alle anderen Tätigkeiten und höre dem Gast aufmerksam zu.
- Unterbrich den Gast nicht.
- Notiere die wichtigsten Eckpunkte.
- Im Idealfall bittest du den Gast, an einem ungestörten Ort Platz zu nehmen.

2 Reagieren

- Nimm das Anliegen nicht persönlich und lass dich nicht provozieren.
- Bleibe ruhig und sachlich.
- Versetze dich in die Lage des Gastes und gib ihm zu verstehen, dass du ihn und sein Anliegen ernst nimmst.

FILM AB!

Ein Video zum richtigen Verhalten bei einer Gästebeschwerde findest du hier: www.traunerverlag.de/Beschwerde

3 Beschwerde kategorisieren

- Fasse das Problem in eigenen Worten zusammen. So stellst du sicher, dass du alles richtig verstanden hast.
- Beschwerden sollten nach internen Vorgaben bestimmten Kategorien zugeordnet werden. Überlege daher: In wessen Zuständigkeitsbereich fällt die Beschwerde? Wie schwerwiegend ist die Beschwerde? Wer ist zuständig? Kann ich die Beschwerde bearbeiten oder ziehe ich besser eine Managerin/einen Manager hinzu?
- Gib dem Gast zu verstehen, dass du dich um eine Lösung bemühst.

4 Nach Lösungen suchen

- Finde heraus, wer dir helfen kann, das Problem zu beheben. Welche Abteilung ist zuständig?
- Kontaktiere die zuständige Person und erkläre den Grund für die Unzufriedenheit des Gastes.
- Frage, ob und bis wann das Problem gelöst werden kann.

5 Dem Gast Bescheid geben

- Erkläre dem Gast, wie das Problem gelöst werden kann.
- Mache eine ungefähre Zeitangabe, bis wann er mit der Lösung rechnen kann.

6 Kompensation

- Bei berechtigten Beschwerden bietest du dem Gast eine angebrachte Entschädigung/Wiedergutmachung an.
- Notiere, was dem Gast angeboten wurde. So kannst du kontrollieren, ob das Versprochene umgesetzt wurde, und auch deine Kolleginnen und Kollegen wissen im Fall einer etwaigen Nachfrage durch den Gast sofort Bescheid.

Notiere, welche Aufmerksamkeiten in deinem Ausbildungsbetrieb zur Wiedergutmachung angeboten werden:

___

___

___

Bei Beschwerden (besonders, wenn sie sich zu einem Thema häufen) sollte überprüft werden, wie es zu dem Beschwerdegrund kommen konnte und mit welchen Maßnahmen sich verhindern lässt, dass sich weitere Gäste aus einem ähnlichen Grund beschweren.

Aktives und passives Beschwerdemanagement

Beim **passiven Beschwerdemanagement** schulen Unternehmen ihre Mitarbeiter/innen, sich im Beschwerdefall professionell um die Anliegen der Gäste zu kümmern.

Beim **aktiven Beschwerdemanagement** dagegen geht ein Betrieb einen entscheidenden Schritt weiter: Er fordert aktiv Reklamationen/Verbesserungsvorschläge ein.

Instrumente für aktives Beschwerdemanagement sind z. B. Bewertungskarten oder Fragebögen. Auch Feedback-Formulare auf der Website oder E-Mails mit der Bitte, den Aufenthalt zu bewerten, eignen sich, um Feedback einzuholen.

Bewertungsportale im Internet sollen regelmäßig auf neue Kommentare und Reviews kontrolliert werden. Verbesserungsvorschläge können Hinweise liefern, was die Gäste sich wünschen. Werden Anregungen umgesetzt, kann dies direkt kommuniziert werden.

das/der Review = Gästebewertung im Internet

Mehr zum Thema Gästebefragung erfährst du ab S. 467.

TIPP VOM PROFI

Das Ausfüllen eines Gästefragebogens ist nicht unbedingt eine Garantie für die Zufriedenheit der Gäste. Nutze auch die Gelegenheit für persönliche Gespräche. Stelle offene Fragen (Wie? Warum? Was? Wer?), um herauszufinden, ob sich der Gast wohlfühlt, welche Wünsche und Interessen er hat und wie man ihn eventuell überraschen könnte.

Qualitätsmanagement: Korrektur- und Vorbeugemaßnahmen

Notiere akribisch alle Details, die du von deinen Gästen erhältst. Besonders wichtig ist es, Beschwerden zu protokollieren. Unterscheide einmalige Beschwerden wie technische Störungen, für die schnell eine zufriedenstellende Lösung verfügbar ist, und Beschwerden, die sich wiederholen. In diesem Fall muss eine dauerhafte Veränderung geplant werden, um diesen Problemen nachhaltig entgegenzuwirken.

Die Gründe für Beschwerden können vielfältig sein

Beispiel: Gebäckauswahl

Beschweren sich mehrere Gäste über eine zu kleine Gebäckauswahl beim Frühstücksbuffet, ist zu klären, wer dafür verantwortlich ist. Wurde vom Hotel nur eine kleine Auswahl bestellt? Kann der Bäcker keine größere Auswahl liefern? Dann muss entweder mit dem Lieferanten gesprochen werden, ob eine größere Auswahl lieferbar ist, oder es ist ein Lieferantenwechsel anzudenken.

4 Gästeabreise

Diskutiere mit deinen Kolleginnen und Kollegen, was bei der Gästeabreise zu beachten ist. Gibt es etwas, wonach du fragen musst? Werden in deinem Ausbildungsbetrieb Give-aways ausgegeben?

das Give-away = Werbegeschenk, kleine Aufmerksamkeit des Hauses, z. B. ein kleines Glas hausgemachte Marmelade, ein Schlüsselanhänger

4.1 Vorbereitungsarbeiten für die Gästeabreise

Ein wichtiges Instrument für die Empfangsmitarbeiter/innen bei der Bearbeitung von Abreisen ist die **Abreiseliste.** Diese wird am Vorabend der Abreise bzw. gleich bei Dienstbeginn am Morgen ausgedruckt.

Welche Give-aways kennst du? Nenne Beispiele.

Abreiseliste

Auf dieser Liste sind alle Hotelgäste angeführt, die am entsprechenden Tag abreisen. Ebenso sind auf der Liste die Anzahl der Personen im Zimmer, Kinder und deren Alter, das Arrangement (z. B. Zimmer mit Frühstück), die Aufenthaltsdauer sowie, auf Wunsch, der vereinbarte Nächtigungspreis ersichtlich.

Die Abreiseliste ist für mehrere Abteilungen wichtig. Alle betroffenen Abteilungen erhalten diese Liste zu Schichtbeginn (bzw. können diese der Frontoffice-Software entnehmen).

Beispiel
Das Housekeeping benötigt die Abreiseliste, um die Zimmerreinigung zu koordinieren.

4.2 Check-out

Die Abreiseformalitäten des Gastes werden als Check-out bezeichnet. Der Check-out erfolgt am Vormittag des Abreisetages. Der Check-out soll persönlich gestaltet sein, außer es wird ein Quick-Check-out durchgeführt.

FILM AB!
Ein Video zum Ablauf eines Check-out findest du unter: www.traunerverlag.de/Check-out

So gehst du beim Check-out am Empfang vor.

1 Begrüßung

- Begrüße den Gast und frage ihn nach seinen Wünschen.
- Frage, ob noch etwas zu verbuchen ist (Minibar, Auslagen etc.).
- Teile dem Gast mit, dass du die Rechnung vorbereitest – bitte um etwas Geduld.

2 Abrechnung

- Gib dem Gast die Belege (ordentlich gesammelt) zur Durchsicht und erkläre ihm evtl. die Rechnung unter Vorlage einer Informationsrechnung. Gleiche ggf. die verbuchten Inhouse-Rechnungen, z. B. Restaurant, Bar, Wellness, mit dem Gast ab.
- Händige das Depot aus und ziehe den Schließfachschlüssel ein.
- Erkundige dich, wie der Gast bezahlen möchte (bar, Fremdwährung, Kreditkarte, Debitkarte etc.).
- Unterhalte dich mit dem Gast, während die Rechnung gedruckt wird. Nun ist eine gute Gelegenheit, dich zu erkundigen, ob ihm der Aufenthalt gefallen hat etc.
- Bedanke dich nach der Bezahlung beim Gast.

3 Verabschiedung

- Organisiere evtl. einen Gepäcktransport vom Zimmer.
- Bitte den Gast um den Zimmerschlüssel bzw. die Keycard.
- Rufe dem Gast bei Bedarf ein Taxi.
- Frage, ob alles zur Zufriedenheit des Gastes war. Der Check-out ist die letzte Chance, einen unzufriedenen Gast umzustimmen und Probleme zu beheben. Nicht nur der erste, auch der letzte Eindruck ist entscheidend.

Lass dem Gast genug Zeit zum Durchlesen der Rechnung, werde nicht ungeduldig, wenn der Gast länger braucht.

Bitte den Gast, das Hotel auf Hotelbewertungs- oder Onlinebuchungsplattformen (z. B. tripadvisor.com, trivago.de, booking.com) zu bewerten, wenn er zufrieden war.

Late-Check-out

Manchmal möchten Gäste zu einem späteren Zeitpunkt als dem fixierten Check-out-Zeitpunkt auschecken, etwa weil sie spätere Flug- oder Zugverbindungen haben. Ob dies möglich ist, hängt von den internen Regelungen des Hotels ab und davon, ab wann das Zimmer wieder benötigt wird.

Businessgäste in der Stadthotellerie bevorzugen häufig einen Quick-Check-out

Quick-Check-out/Business-Check-out

In diesem Fall benötigt das Hotel eine Kostenübernahmebestätigung durch den Gast oder der Gast bezahlt den Aufenthalt im Voraus bzw. am Vorabend der Abreise. Am Vorabend der Abreise prüft das Frontoffice, ob bei der Reservierung eine Anzahlung gemacht wurde bzw. ob der Aufenthalt bei Anreise mittels Kreditkarte beglichen wurde. Manchmal ist es möglich, über den Infoscreen oder das TV-Gerät auf dem Zimmer auszuchecken.

Going international

Praktische Phrasen auf Englisch

What's your room number?	Sagen Sie mir bitte Ihre Zimmernummer?
Could you hand me your key, please?	Ihren Schlüssel bitte.
Do you want to pay cash or with card?	Wie möchten Sie bezahlen? Bar oder mit Karte?
Your total is [...]	Das macht [...]

5 Gästerechnung

Überlege, welche Leistungen in die Hotelrechnung eines Gastes einfließen können. Welche Leistungen werden in deinem Ausbildungsbetrieb auf die Rechnung eines Gastes gesetzt? Kreuze an:

Minibar	
Telefon	
Pay-TV	
Wellnessbehandlungen	
Rechnungen aus dem Restaurant/der Bar	
Sonstiges	

5.1 Erfassen der Leistungen

Jede in Anspruch genommene Leistung im Hotel wird täglich auf die jeweilige Zimmernummer der einzelnen Gäste gebucht. Die Leistungen werden in fixe und in zusätzliche Leistungen unterteilt.

Leistungen werden getrennt in

fixe Leistungen = automatische Buchungen	variable Leistungen = Buchungen laut Belegen
■ Logis ■ Verpflegung (z. B. Frühstück, Halb- oder Vollpension)	z. B. Minibar, Restaurant, Wellnessbehandlungen, Garage, Telefon

In Stadthotels gehört die Verpflegung oft zu den variablen Leistungen.

Die Leistungen können über die Frontoffice-Software verbucht werden. **Telefongebühren** und **Restaurantbelege** werden mit geeigneten Schnittstellen direkt aufgebucht, die **Garage** wird im Hotelprogramm ebenso täglich mit dem Tagesabschluss auf das Konto des Gastes gebucht.

Mehr zum Tagesabschluss erfährst du im Lernfeld 10.

5.2 Zuteilung der Leistungen nach Steuergruppen

Alle erbrachten Leistungen und Dienstleistungen unterliegen der **Umsatzsteuer (USt).** Die Leistungen werden mit der Frontoffice-Software erfasst und den jeweiligen Steuergruppen zugeordnet.

Wie werden Pauschalangebote versteuert?

Bei Leistungspaketen sind die einzelnen Leistungen entsprechend der jeweiligen Steuersätze auszuweisen. Bei einer Übernachtung mit Frühstück ist die Nächtigung mit 7 % USt, die anderen Leistungen mit 19 % zu versteuern.

DAS SOLLTEST DU SPEICHERN

Der reguläre Umsatzsteuersatz beträgt 19 %. Es gibt auch einen ermäßigten Umsatzsteuersatz, dieser beträgt 7 %.

Umsatzsteuersätze

19 % (Regelsteuersatz)	7 % (Ermäßigter Steuersatz)
Beispiele ■ Getränke ■ Speisen im Restaurant ■ Garage ■ Businesscenter-Leistungen ■ Telefon ■ Wäscherei ■ Wellnessangebote	**Beispiele** ■ Logis ■ Zeitungen ■ Blumen von der hauseigenen Floristin/dem hauseigenen Floristen ■ Speisen außer Haus

Kurtaxe und City Tax

Die **Kurtaxe** ist ein fester Betrag, der von der Gemeinde zum Erhalt der touristischen Infrastruktur eingehoben wird. Er scheint auf der Hotelrechnung mit einem Steuersatz von 0 % auf.

Einige Städte bzw. Gemeinden heben eine sogenannte **City Tax** ein. Diese fällt ausschließlich bei touristischen Übernachtungen an.

Kurtaxe und City Tax werden separat auf Hotelrechnungen erfasst.

Einige Städte heben eine City Tax ein

Diskutiere mit deinen Kolleginnen und Kollegen, ob in euren Heimatstädten eine City Tax eingehoben wird.

5.3 Preisangabenverordnung

Die **Preisangabenverordnung (PAngV)** regelt, wie der Preis von Dienstleistungen und Waren anzugeben ist. Die Preise aller Leistungen müssen ersichtlich gemacht werden, d. h., der Gast muss vor der Buchung über die Preise informiert sein und auf Verlangen Einsicht in die Preisliste bekommen.

Die Preise sind in Euro anzugeben und müssen Inklusivpreise sein, d. h., sie müssen sämtliche Steuern und Abgaben enthalten. Ebenso muss aufscheinen, was der Inklusivpreis beinhaltet.

Die Preisangabenverordnung ist eine deutsche Verbraucherschutzverordnung, welche Gesetzescharakter hat.

Gäste aus den USA (aber auch aus Kanada) rechnen mit Exklusivpreisen, d. h. mit Preisen ohne Frühstück und Steuern. Es sollte als Wettbewerbsvorteil oder Special erwähnt werden, dass die Preise all-inclusive sind, da sich die Gäste dann beschenkt fühlen.

Der Inklusivpreis für ein Hotelzimmer setzt sich wie folgt zusammen:

	Selbstkosten je Zimmer (fixe und variable Kosten)
+	Gewinnzuschlag
=	**Nettoangebotspreis**
+	Umsatzsteuer
=	**Inklusivpreis (Bruttoangebotspreis)**

5.4 Erstellen einer korrekten Gästerechnung

Eine korrekte Gästerechnung muss bestimmte Angaben enthalten.

Alle Rechnungen ab einem Betrag von 250,00 EUR müssen diese Bestandteile enthalten:

1. Name und Anschrift der Empfängerin/des Empfängers
2. Fortlaufende Rechnungsnummer
3. Ausstellungsdatum
4. An- und Abreisetermin (Datum/Zeitraum der Leistung)
5. Menge und Art der Leistungen
6. Nach Steuersätzen aufgeschlüsselte Nettobeträge
7. Anzuwendende Steuersätze und darauf entfallende Steuerbeträge
8. Nettorechnungsbetrag
9. Steuernummer oder Umsatzsteuer-Identifikationsnummer des Unternehmens
10. Name und Anschrift des liefernden oder leistenden Unternehmens

Die Kurtaxe oder City Tax ist separat bei Rechnungen auszuweisen und fällt ausschließlich für touristische Gäste an.

Beispiel für eine Gästerechnung

(10) Hotel Vier Jahreszeiten ****

10785 Berlin | Potsdamer Platz 8 | DEUTSCHLAND/GERMANY
Tel. +49 30 726536-0 | E-Mail office@hotelvierjahreszeiten.de I www.vierjahreszeiten.de

Klitscher GmbH
Herrn Peter Jahns
Berliner Ring 2
38440 Wolfsburg (1)

Rechnung

(3) Rechnungsdatum:	23.08.20.. (2)	Anreise:	20.08.20.. (4)	Gast:	Herr Dr. Meyer
Rechnungsnummer:	08/512	Abreise:	23.08.20..	Zimmernummer:	413

Datum (5)	Menge	Leistung	USt.-Code	Einzelpreis	Gesamtpreis
20.08.20..	1	Logis	7%	140,00 €	140,00 €
20.08.20..	1	Garage	19%	35,00 €	35,00 €
21.08.20..	1	Frühstück	19%	20,00 €	20,00 €
21.08.20..	1	Garage	19%	35,00 €	35,00 €
21.08.20..	1	Logis	7%	140,00 €	140,00 €
22.08.20..	1	Frühstück	19%	20,00 €	20,00 €
22.08.20..	1	Garage	19%	35,00 €	35,00 €
22.08.20..	1	Logis	7%	140,00 €	140,00 €
23.08.20..	1	Frühstück	19%	29,00 €	29,00 €
			Rechnungsbetrag inklusive USt.		594,00 €

Zahlungsart Debitor

Saldo (Offener Betrag) 594,00 €

Aufteilung der Netto- und Umsatzsteuerbeträge:		Netto (6)	USt. (7)	Brutto
Beträge mit	0% Umsatzsteuer	0,00 €	0,00 €	0,00 €
Beträge mit	7% Umsatzsteuer	392,52 €	27,48 €	420,00 €
Beträge mit	19% Umsatzsteuer	146,22 €	27,78 €	174,00 €
Summen:		(8) 538,74 €	55,26 €	594,00 €

Vielen Dank für Ihren Besuch!

(9) Rechtsform: GmbH, Geschäftsführung: Johann Peters, Registergericht Berlin, Handelsregister-Nr.: HRB 25892,
USt-IdNr.: DE844587112 I Commerzbank Berlin: IBAN DE09 1004 0000 0100 2121 88, BIC COBADEFFXXX

Empfohlen sind darüber hinaus:
- Geschäftsmäßige Unterschrift, Saldierungsvermerk
- Kontoinformationen (Bankinstitut, IBAN, BIC)

5.5 Zahlungsarten

Welche Zahlungsarten kennst du? Welche sind in deinem Ausbildungsbetrieb möglich?

Der Gast kann die Hotelrechnung auf unterschiedliche Arten bezahlen

Barzahlung	Kartenzahlung	Zahlung mit Voucher	Zahlung per Überweisung

Euro oder Fremdwährung zum Tageskurs	Debit- oder Kreditkarte	Reisebüro-, Hotel-, Firmengutschein	Debitor

der Debitor = offene Rechnung oder Schuldner, der Waren von einem Lieferanten auf Kredit bezogen hat; das Wort wird meist im Plural (Debitoren) verwendet

die Valuten (Plural) = Bargeld in ausländischer Währung;
die Devisen (Plural) = ausländische Währung als Buchgeld auf einem Konto

Barzahlung

Die Barzahlung erfolgt in Euro oder in Fremdwährungen zum Tageskurs. Dieser wird entweder von der Hausbank zur Verfügung gestellt oder der Tageszeitung bzw. dem Internet entnommen (Valuten). Banknoten werden auf ihre Sicherheitsmerkmale hin überprüft. Für Euro-Scheine gibt es eigene Prüfgeräte, die im Büromaschinenhandel erworben werden können.

Was tun mit Fremdwährungen?
Gäste aus Ländern der EU, die nicht den Euro haben, sowie Gäste aus anderen Staaten bezahlen evtl. in ihrer eigenen Landeswährung. Dabei sind u. a. folgende Punkte zu beachten:
- Die Devisen- und Valutenkurse müssen täglich aktualisiert werden.
- Im Zweifelsfall soll mit der betriebseigenen Bank Rücksprache gehalten werden.
- Die Sicherheitsmerkmale der Banknoten sind zu beachten.

Jedes Hotel kann selbst entscheiden, ob bzw. welche Fremdwährungen akzeptiert werden.

Mehr Informationen zu den Sicherheitsmerkmalen auf Euro-Banknoten findest du unter www.traunerverlag.de/sicherheits-merkmale-euro.

Sicherheitsmerkmale des Euro

Euro-Banknoten sind mit verschiedenen Sicherheitsmerkmalen gegen Fälschung geschützt. Die Echtheit eines Euro-Geldscheines kann mit Fühlen-Sehen-Kippen überprüft werden.

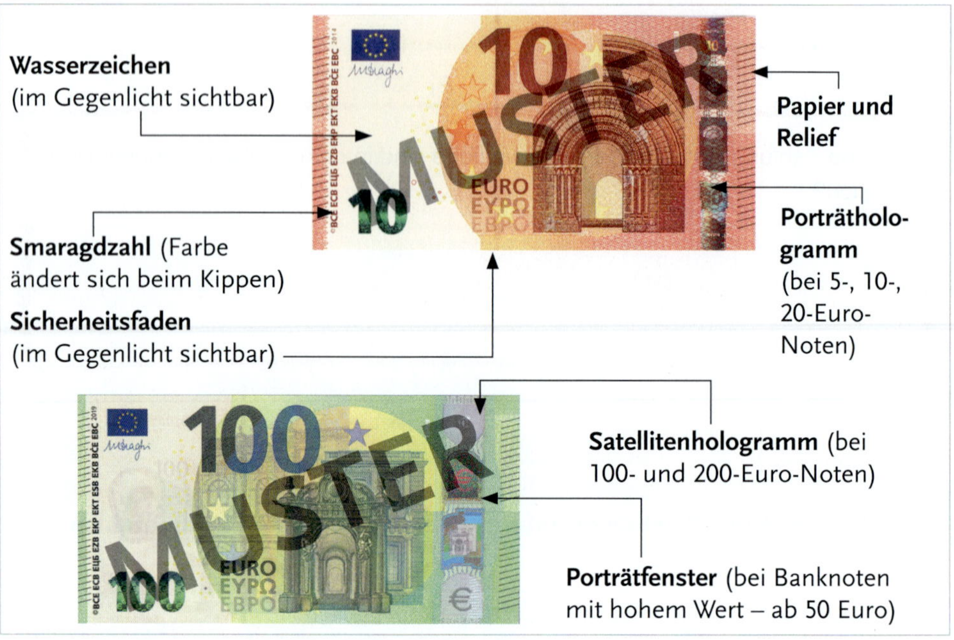

Mit speziellen Hilfsmitteln sind außerdem noch weitere Merkmale sichtbar.

Zusätzliche Merkmale

Mikroschrift
Unter der Lupe sind an mehreren Stellen winzige Schriftzeichen zu sehen.

UV-Licht
Mehrere Stellen leuchten gelb oder fluoreszieren grün und rot.

UV-C-Licht
Mehrere Stellen leuchten gelb oder fluoreszieren orange.

Infrarot-merkmale
Unter Infrarotlicht sind nur Teile der Motive sichtbar.

Eine digitale Übung zum Thema findest du in der TRAUNER-DigiBox.

Zahlung mit Karten

das POS-Terminal = (von engl. *Point of Sale*) Terminal zum bargeldlosen Bezahlen

Mit Zahlungskarten können Waren oder Dienstleistung bargeldlos bezahlt werden. Die Zahlung wird dabei über universelle **POS-Terminals** abgewickelt. Möglich ist dies mit **Debitkarte** sowie mit **Kreditkarte** (z. B. MasterCard, Visa, Diners Club, American Express und JCB [Japan Credit Bureau]). Der bezahlte Betrag wird vom Bankkonto abgebucht.

Zahlungskarten

Debitkarte („pay now“)
Der Betrag wird bei der Zahlung umgehend vom Konto abgebucht.

Kreditkarte („pay later“)
Die Zahlungen einer Periode (meistens ein Monat) werden erst am Ende der Periode gesammelt vom Konto abgebucht.

Was bedeutet NFC?
NFC steht für „Near Field Communication“ und ermöglicht ein kontaktloses Bezahlen per Funk durch Hinhalten der Karte an das NFC-Lesegerät. Es gibt sowohl Debit- als auch Kreditkarten mit Kontaktlosfunktion. Diese erkennt man am Kontaktlos-Logo.

Bezahlung mit Debitkarte

1. Der Betrag wird in das Terminal eingetippt oder erscheint automatisch und wird mit Eingabe des PIN-Codes bestätigt.
2. Der Geldbetrag wird vom Konto des Gastes abgebucht und ist auf dem Kontoauszug zu sehen.

der PIN-Code = vierstellige Geheimzahl, die von der Bank vergeben wird

Als Bestätigung der Zahlung erhält der Gast eine Rechnung und einen zusätzlichen Zahlungsbeleg, der vom Lesegerät ausgedruckt wird.

DAS SOLLTEST DU SPEICHERN
Die Bezahlung mit Debitkarte beim Check-out kommt der Hotelière/dem Hotelier sehr entgegen, denn die Disagio-Gebühren sind für sie/ihn wesentlich geringer als bei Kreditkartenzahlungen.

das Disagio = Gebühr, Abschlag

Bezahlung mit Kreditkarte

Mit einer **Kreditkarte** kann weltweit bargeldlos bezahlt werden, auch für den Einkauf im Internet werden Kreditkarten häufig verwendet. Im Gegensatz zur Debitkarte wird das Konto erst nach ein paar Wochen mit den Beträgen belastet.

Aufbau einer Kreditkarte

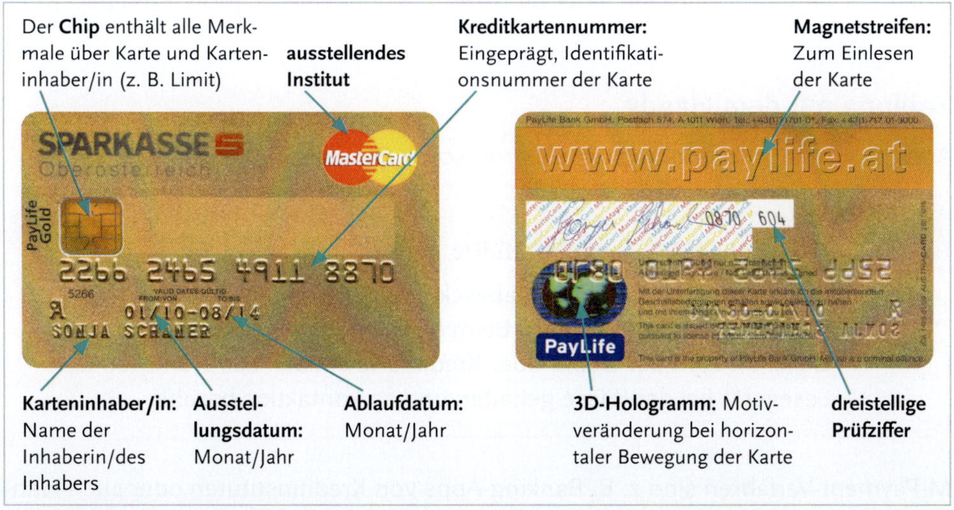

Die **Prüfziffer** wird abgefragt, um zu gewährleisten, dass der/die Käufer/in die Karte auch tatsächlich in Händen hält und sich nicht etwa alter Kartenbelege bedient.

So ist der Ablauf einer Bezahlung mit Kreditkarte beim Check-out:

1 Karte überprüfen

Die Daten und das Kartenlimit der Karte werden mittels Lesegerät überprüft.

2 PIN-Code eingeben

Nach Freigabe bestätigt die Kundin/der Kunde die Zahlung mittels PIN-Code-Eingabe.

3 Abrechnung

- Die Abrechnung erfolgt über die Kreditkartenfirma direkt mit dem Bankkonto der Kreditkartenbesitzerin/des Kreditkartenbesitzers. Zahlungen einer Periode (meistens ein Monat) werden erst am Ende dieser gesammelt vom Konto der Kartenbesitzerin/des Kartenbesitzers abgebucht.
- Die Unternehmen (Vertragspartner/innen) erhalten ihre per Kreditkarte erzielten Umsätze von der Kreditkartenfirma auf ihrem Konto abzüglich einer Gebühr (Disagio) gutgeschrieben.

Der ausgedruckte Zahlungsbeleg wird an die Gästerechnung geheftet.

Sicherheit

Das 3D-Secure-Verfahren erhöht die Sicherheit beim Bezahlen mit der Kreditkarte im Internet. Visa und Mastercard bieten das Verfahren unter den Namen Visa Secure bzw. Mastercard Identity Check an. Dabei wird festgestellt, ob der/die Karteninhaber/in auch berechtigt ist, die Karte zu nutzen. Kundinnen/Kunden müssen sich bei allen elektronischen Zahlungen zweifach identifizieren: je nach Bank z. B. mit einem Fingerabdruck-Scan in einer Banking-App oder einem SMS-Einmalpasswort.

Zahlung mit dem Handy

Auch das Smartphone kann zum elektronischen Bezahlen verwendet werden.

Kontaktlos Bezahlen mit dem Mobiltelefon

DAS SOLLTEST DU SPEICHERN

Die elektronische Zahlungsabwicklung per Mobiltelefon heißt **Mobile-Payment (M-Payment).** Beim M-Payment wird beim Einkauf im Geschäft statt der Debit- oder Kreditkarte einfach das Handy an das Lesegerät bei der Kasse gehalten und so kontaktlos bezahlt.

M-Payment-Verfahren sind z. B. Banking-Apps von Kreditinstituten oder auch Handy-Bezahlsysteme (z. B. Apple Pay, Google Pay, Samsung Pay).

Beispiel
Ein populärer Handy-Bezahldienst ist Apple Pay. Dieser funktioniert mit iPhone, iPad und Apple Watch. Es ist eine geeignete Debit- oder Kreditkarte zu hinterlegen.

Zahlung mit Voucher

Ein Voucher ist ein Gutschein für touristische Leistungen (Hotelaufenthalt, Theaterkarten, Skipass, Sightseeing-Tour, Shuttledienst etc.). Die Ausstellerin/der Aussteller des Gutscheines rechnet die Leistungen direkt mit dem Leistungsträger ab. Der Gast zahlt im Betrieb nur jene Leistungen, die über die mit dem Voucher abzurechnenden Leistungen hinausgehen.

Zahlung per Überweisung

Eine Rechnung, die nicht unmittelbar bei der Abreise bezahlt wird, bezeichnet man als **Debitor** (offene Rechnung). Grundlage dafür ist eine vorherige schriftlich bestätigte Kostenübernahme der Rechnungsempfängerin/des Rechnungsempfängers.

Überweisungen können per Zahlungsanweisung bei allen Banken persönlich oder auch online via Electronic Banking durchgeführt werden.

Manchmal sind QR-Codes in Zahlungsanweisungen integriert. So können die Daten mittels Smartphone eingelesen und für die Überweisung übernommen werden. Das verhindert Tippfehler, die beim manuellen Übertragen von Bankdaten vorkommen können.

Deposit (Vorauszahlung, Anzahlung, Sicherheitszahlung)

Bei Abschluss eines Beherbergungsvertrages kann die Hotelière/der Hotelier eine **Anzahlung** verlangen, um die Reservierung zu garantieren. Der Vertrag gilt ab dem Zahlungseingang, den das Hotel dem Gast unverzüglich schriftlich bestätigt.

Bei der Anreise oder während seines Aufenthaltes hat der Gast die Möglichkeit, eine Zahlung zu leisten, die im Hoteljournal verbucht und bei Bezahlung der Rechnung automatisch gutgeschrieben wird. Sie wird in diesem Fall als **Zwischenzahlung** bezeichnet.

WortschatzBox – „Gästebetreuung am Empfang“

- Ordne folgende Begriffe den passenden Erklärungen zu.

Check-in	Abreise
Check-out	Rückfrage nach einem unbeantwortet gebliebenen Angebot bzw. nach der Abreise
Follow-up	Gast, der ohne Reservierung anreist und ein Zimmer möchte
Walk-in	Anreise
Weckruf	Gast zieht in ein anderes Zimmer
Zimmerwechsel	Gast wird zu einer vereinbarten Zeit mittels Anruf geweckt

Ziele erreicht? – „Gästebetreuung am Empfang“

KOMPETENZ-ERWERB

1. Beschreibe den Ablauf eines Check-in bei Individualgästen mit Reservierung. Erkläre anschließend die Unterschiede beim Check-in von Walk-ins.
2. Du arbeitest gerade am Empfang, eine Reisegruppe aus Spanien mit 16 Personen kommt an und möchte einchecken. Führe aus, welche Informationen du für die ordnungsgemäße Meldung lt. Meldegesetz benötigst.
3. Nenne mindestens drei Arten von schriftlichen Informationen zur Gästebetreuung.
4. Erstelle ein Informationsblatt für einen Ganztagsausflug in die Umgebung für Familie Müller (zwei Erwachsene, drei Kinder [14, 8 und 5 Jahre], Hund) während ihres Aufenthaltes. Informiere Familie Müller über die Anfahrt (mit dem Auto oder öffentlich), die Öffnungszeiten, die Preise und eventuelle Zusatzaktivitäten. Empfiehl auch ein familienfreundliches Restaurant.
5. Beschreibe die Funktionen der Gästekartei. Was wird darin vermerkt?
6. **Ausgangssituation**

Eine Gruppe von Seminarteilnehmerinnen und -teilnehmern geht am Abend an die Bar auf einen Drink. Sie unterhalten sich ausgezeichnet und bleiben bis nach Mitternacht sitzen. Da der Empfang nicht mehr besetzt ist, bitten sie die Barmitarbeiterin um einen Weckruf um 07:30 Uhr. Diese schreibt einen Zettel für ihre Kollegin und legt ihn an den Empfang. Dabei denkt sie nicht daran, dass der Empfang erst ab 08:00 Uhr besetzt ist. Um 08:30 Uhr beginnt das Seminar. Die Teilnehmer/innen kommen ohne Frühstück mit großem Stress zum Seminar. Sie sind sehr verärgert und beschweren sich.

   a) Lies dir den Text durch und beschreibe die Situation.
   b) Sammle Ideen, wie die Situation hätte verhindert werden können.
   c) Entwirf in der Diskussion Modelle, wie du dich in dieser Situation als Rezeptionist/in verhalten würdest. Überlege, was du den Gästen als angemessene Entschädigung anbieten könntest.
   d) Spiele die Situation am Übungsempfang durch.
7. Gib an, warum ein professionelles Beschwerdemanagement wichtig für einen Betrieb ist.
8. Überlege, was du in folgenden Situationen sagen würdest und spiele die Gespräche mit einer Kollegin/einem Kollegen in Rollenspielen durch. Reagiere so, dass der Gast sich verstanden fühlt. Beachte die Grundregeln für den Umgang mit Beschwerden.
   a) Frau Meyer beschwert sich, weil der Koch am Buffet ein bestimmtes Gericht, auf welches sie sich sehr gefreut hat, nicht mehr angeboten hat.
   b) Familie Maienburg beschwert sich über eine Familie im Nebenzimmer, die sehr laut ist – und das zu später Stunde!
   c) Familie Bergthaler empört sich lautstark vor anderen Gästen, weil sie nicht dasselbe Appartement wie im Vorjahr erhalten hat. (Bei der Reservierung wurde nichts dergleichen vereinbart.)
9. Fasse zusammen, welche Arten des Check-out du kennst. Beschreibe die Abläufe.
10. Erkläre, wann die Abreise- und Anreiseliste am besten vorbereitet werden. Begründe deine Antwort.
11. Nenne die Bestandteile einer korrekt erstellten Gästerechnung.
12. Ein Gast bezahlt die Gästerechnung beim Check-out mit seiner Kreditkarte. Beschreibe die Abwicklung im Detail.
13. Der Gast hat eine Anzahlung getätigt. Beschreibe, wozu diese dient und wie du sie in der Abrechnung berücksichtigst.

Einen interaktiven Safety-Check findest du in der TRAUNER-DigiBox.

LF 7: Dienstleistungen und Angebote verkaufen

Du findest

Von der Anfrage zur Reservierung

Hingehört! Die Aussprache vieler fremdsprachiger Fachbegriffe kannst du im E-Book, das du in der TRAUNER-DigiBox findest, durch Anklicken des Wortes anhören.

Unseren Gästen steht heute eine Vielzahl an Möglichkeiten zur Verfügung, ein Hotelzimmer oder Hotelangebot zu buchen. Jede Art der Anfrage kann einem Beherbergungsbetrieb neue Gäste bringen, deshalb ist es besonders wichtig, Anfragen professionell zu bearbeiten.

Im folgenden Kapitel erfährst du, wie du Anfragen und Reservierungen professionell bearbeitest.

KOMPETENZ-ERWERB

Meine Ziele

Nach Bearbeitung dieses Kapitels kann ich
- verschiedene Vertriebsarten in der Hotellerie nennen;
- mündliche, schriftliche und telefonische Anfragen situationsadäquat bearbeiten;
- Angebote unter Berücksichtigung spezifischer Gästewünsche erstellen;
- Reservierungen durchführen und Reservierungsbestätigungen verfassen.

1 Wie Gäste auf ein Hotel aufmerksam werden

Stell dir vor, du planst einen Urlaub. Kreuze an, wie du nach einem passenden Hotel suchst:

Empfehlungen von Bekannten		Reiseblogs	
Online-Bewertungsportale		Hotelwebsites	
Reisebüros		Social-Media-Kanäle	

Gäste sollten sich vom ersten Moment an in einem Hotel wohlfühlen

Es gibt viele Möglichkeiten, wie der Gast auf ein Hotel aufmerksam wird. Entscheidend ist der erste Eindruck – die Website, der telefonische Kontakt oder der Augenblick, in dem der Gast das Hotel zum ersten Mal betritt. Bereits hier muss sich ein Haus von anderen eindeutig unterscheiden und sich als einzigartig präsentieren.

Mundpropaganda

Der beste Werbeträger sind Gäste, die begeistert sind und ein Hotel weiterempfehlen. Hat sich ein Hotel auf gewisse Zielgruppen spezialisiert (z. B. Familien, Geschäftsreisende) und bietet perfekt geschnürte Packages für diese Zielgruppe, wird sich das schnell herumsprechen. Man spricht von **Mundpropaganda.**

Buchungsplattformen

Wer nach Hotels sucht, tut dies oft mithilfe einer **Buchungsplattform** im Internet. Was praktisch für den Gast ist, macht es für Hotels umso schwerer, aus der Masse herauszustechen und ihre USP zu präsentieren. Auf Buchungsplattformen werden nur Fakten zum Hotel abgebildet und nicht die individuellen Besonderheiten. Positive Gästebewertungen können Einfluss darauf haben, ob sich jemand für ein Haus entscheidet.

die USP = Unique Selling Proposition; Alleinstellungsmerkmal, mit dem sich Marken, Firmen etc. von der Konkurrenz abheben.

Gutscheine

Begeisterte Gäste verschenken zu persönlichen Anlässen, z. B. zu Geburtstagen oder Hochzeitsjubiläen, evtl. Hotelgutscheine. Ein persönlich gestalteter **Gutschein** wird meist in Briefform übermittelt. Im Idealfall wird die/der Beschenkte ebenfalls zum begeisterten Gast – vielleicht sogar zum Stammgast.

Denke immer daran, dem Gutschein einen Hotelprospekt und Informationen zur Region beizulegen.

Hotelwebsites

Ein perfekter Internetauftritt mit aktuellen Informationen und übersichtlicher Navigation ist wichtig, um positiv aufzufallen. So zieht man die Aufmerksamkeit eines suchenden Gastes auf sich. Auch gut gewartete Accounts auf sozialen Netzwerken, wie Facebook oder Instagram, helfen dabei, Gäste auf sich aufmerksam zu machen.

2 Vertriebskanäle

Tausche dich mit deinen Kolleginnen und Kollegen darüber aus, wie Gäste in deinem Ausbildungsbetrieb buchen.

Die Gäste, die in meinem Ausbildungsbetrieb urlauben, können entweder direkt beim Betrieb z. B. über die Website, telefonisch oder per E-Mail, bzw. indirekt über Reisevermittler und Reiseveranstalter buchen. Immer mehr Gäste buchen über das Internet.

Für Hotels ist es wichtig, dass Gäste überhaupt auf ein Haus aufmerksam werden. Daher nutzen Hotels meist verschiedene Kanäle, über die Gäste Zimmer buchen können.

Die gleichzeitige Nutzung verschiedener Absatzwege nennt man **Multi-Channel-Strategie.**

Mögliche Vertriebskanäle sind:

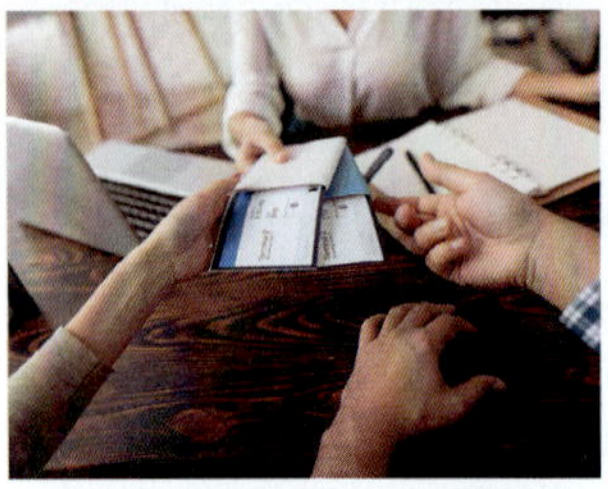

Persönlich

- Verkaufsgespräche (z. B. auf Messen, Anfrage am Empfang)
- Verkauf im Reisebüro

Trotz der großen Bedeutung des Online-Vertriebes darf der persönliche Kontakt im Verkauf nicht unterschätzt werden.

Schriftlich und elektronisch

- Per Post, E-Mail oder Kontaktformular über die hoteleigene Website
- Über Internetbuchungssysteme (z. B. Buchungsplattformen, Buchungstool auf der hoteleigenen Website)

Telefonisch

- Reservierungsabteilung
- Unternehmenshotline

2.1 Verkauf in Reisebüros

Reisebüros unterstützen bei der Reiseplanung

Reisebüros sind **Dienstleistungsbetriebe**, die ihren Kundinnen/Kunden bei der Planung und Durchführung von Reisen helfen. Sie geben Auskunft über Reiseländer und Reiseorte, Verkehrsverbindungen und Verkehrsmittel, Beherbergungsbetriebe, Sport- und Kulturangebote etc. und buchen die gewünschten Leistungen für die Reisenden.

das Kontingent = bestimmte Anzahl vorreservierter Zimmer

Der Verkauf über Reisebüros stellt einen **indirekten Absatzweg** dar. Gewöhnlich übernehmen Reisebüropartner ein bestimmtes Kontingent von Zimmern oder Pauschalleistungen zum Verkauf. Für die tatsächlich getätigten Buchungen müssen die Leistungsträger, z. B. Hotels, **Provisionen** an das Reisebüro entrichten (ab 8 %).

Mehr zur Abrechnung mit Reisebüros erfährst du im Lernfeld 10.

DAS SOLLTEST DU SPEICHERN

Je nach angebotenen Leistungen treten Reisebüros als **Reiseveranstalter** oder als **Reisevermittler** am Markt auf.

das Package, das Arrangement = Angebot, das zwei oder mehrere Leistungen (z. B. Transfer, Hotel, Ausflug) umfasst

Unterscheidung

Reiseveranstalter (Tour Operator, Wholesaler)	Reisevermittler (Travel Agent, Retailer)
Diese stellen aus touristischen Einzelleistungen sinnvolle Leistungspakete (Packages, Arrangements) zusammen. Diese Pauschalreisen werden marktgerecht, d. h. nach Kundenwunsch, gestaltet und in geeigneter Form präsentiert. Das geschieht in Katalogen, Inseraten, im Internet etc. Der Reiseveranstalter kauft diese Leistungen direkt beim Leistungsträger (Fluglinie, Hotel, Transportunternehmen, Versicherung) ein.	Diese sind auf die Vermittlung von Verkehrsleistungen, Unterkünften etc. im Namen der Kundin/des Kunden einerseits und auf den Verkauf aus den Programmen der Reiseveranstalter andererseits spezialisiert. **Reisevermittler verkaufen** somit **die Leistungspakete,** die die Reiseveranstalter schnüren.

Skiurlaube werden z. B. in Packages angeboten

2.2 Onlinevertrieb

Die Reise- und Urlaubsorganisation ist mit hohem Informationsbedarf seitens der Gäste verbunden. So rasch wie kein anderes Medium bringt das Internet Informationen über touristische Leistungspakete multimedial, interaktiv und kostensparend direkt zu den Gästen.

Der Onlinevertrieb im Tourismus kann über unterschiedliche Kanäle erfolgen. Auch hier gilt, dass eine sinnvolle Kombination der einzelnen Kanäle maßgeblich zum Erfolg beitragen kann.

Onlinebuchungssysteme

Die kontinuierlich steigenden Umsatzzahlen der internationalen Online-Reiseplattformen bestätigen die Beliebtheit der Internetnutzung für die Reiseplanung. Die meisten Hotels bieten heutzutage die Möglichkeit, über das Internet Zimmer zu buchen.

Möglichkeiten der Onlinebuchung

direkt über die Website des Betriebes	über Buchungsplattformen, z. B.
▪ Kontaktformular ▪ Web Booking Engine (Direktbuchungstool)	▪ OTAs (Online Travel Agencies, z. B. booking.com, expedia.de, lastminute.com ▪ GDS (Global Distribution System, Verkaufssysteme für Reisebüros)

Das Ziel eines Hotels sollte sein, die Buchungen überwiegend direkt **über die eigene Website** zu generieren und nicht über Vermittler, da beim Vertrieb über die eigene Website geringere Kosten anfallen.

Viele Buchungsplattformen haben mittlerweile Apps herausgebracht, über die Reiseleistungen mit dem Mobiltelefon gebucht werden können.

Diskutiere mit deinen Kolleginnen und Kollegen: Kann der Vertrieb über Onlinebuchungssysteme auch Nachteile haben? Wenn ja, welche?

Der Vertrieb über Onlinebuchungssysteme bringt einige Vorteile:

- **Erhöhung der Bekanntheit:** Zielgruppen und Quellmärkte weltweit werden angesprochen.
- **Reduzierung der Offline-Kosten:** Das bedeutet eine Kostensenkung bei der Kunden- bzw. Gästeberatung am Empfang und am Telefon, bei Werbemittelversand etc.
- **Verbesserung der Auslastung:** In den saisonschwachen Zeiten generieren Packages, Last-Minute-Angebote und Schnäppchen zusätzliche Buchungen.

Vertrieb über elektronische Kommunikationsmittel

Auch **elektronische Kommunikationsmittel,** wie z. B. E-Mails, haben weiterhin Bedeutung im Vertrieb. Die Grenzen zur Beziehungspflege sind hier fließend.

E-Mail-Marketing ist eines der wachstumsstärksten Direktmarketing-Instrumente und zählt zu den effektivsten Informations- und Kommunikationsmedien.

Beispiele

- **Newsletter:** Per E-Mail werden regelmäßig Informationen und Angebote an eine Gruppe von Empfängerinnen/Empfängern gesendet. Dabei sind die Regelungen des Datenschutzes zu beachten.
- **Kontaktformulare/E-Mails:** Für Betriebe, die kein eigenes Buchungssystem über ihre Website haben, bietet es sich an, ein Kontaktformular einzurichten. Potenzielle Gäste können so ihre Anfrage einfach an den Betrieb übermitteln. Die Betriebe erstellen basierend darauf ein Angebot. Der Gast kann das Angebot dann per E-Mail buchen.

Mehr zum Thema Marketing erfährst du im Lernfeld 9.

2.3 Verkauf auf Messen

Eine **Messe** (oftmals auch als Ausstellung bezeichnet) ist eine zeitlich und örtlich festgelegte Veranstaltung, bei der sich mehrere Anbieter/innen den Zielgruppen präsentieren. Üblicherweise finden Messen periodisch (z. B. einmal im Jahr) statt und haben klar festgelegte Schwerpunkte (häufig Wirtschaftszweige).

Sie bieten Tourismusbetrieben sowie Destinationen die Möglichkeit, ihre Produkte bzw. Dienstleistungen zu präsentieren, zu erläutern und zu verkaufen.

Fachmessen für Tourismus/Gastronomie

Es gibt viele Fachmessen, sehr bekannt ist die ITB in Berlin oder die Internorga in Hamburg. Darüber hinaus gibt es eine Reihe von Freizeitmessen sowie Hochzeitsmessen.

3 Anfrage

Die meisten unserer Gäste buchen ihren Aufenthalt vorab. Manchmal kommt es aber auch vor, dass Gäste an den Empfang kommen und fragen, ob wir noch ein Zimmer frei haben.

Weißt du noch, wie man Gäste nennt, die ohne Reservierung anreisen und nach einem Zimmer fragen?

Eine Anfrage kann auf unterschiedliche Weise erfolgen – **telefonisch, schriftlich** oder **persönlich.** In jedem Fall ist es wichtig, alle Daten des Gastes korrekt zu erfassen. Um nichts Wesentliches zu übersehen, ist es empfehlenswert, ein **Reservierungsformular** auszufüllen.

DAS SOLLTEST DU SPEICHERN

Erreicht eine Anfrage ein Hotel, muss diese immer mit größter Aufmerksamkeit bearbeitet werden. Anfragen sollen immer korrekt und möglichst zeitnah innerhalb eines Tages beantwortet werden.

Wichtig ist, bei Gästeanfragen professionell zu reagieren und den Gast zufriedenstellend zu beraten.

Wer zu spät kommt, hat den Gast verloren – Entscheidungen werden immer kurzfristiger und schneller getroffen. Nur wer sich diesen Herausforderungen stellt und auf die Bedürfnisse und Wünsche der Gäste eingeht, wird auf dem Markt bestehen können.

Folgende Fragen musst du jederzeit professionell beantworten können:

- Was kostet bei Ihnen ein Einzel-/Doppelzimmer in der Zeit von ... bis ...?
- Haben Sie von ... bis ... noch ein Zimmer der Kategorie ... frei?
- Wie viel kostet ein Zusatzbett/Kinderbett?
- Worin unterscheiden sich die Kategorien ... und ... genau?
- Wie sind Ihre Zimmer ausgestattet?
- Wie viele Quadratmeter hat Ihr ...zimmer?
- Wie ist die Lage dieses Zimmers?
- Wann servieren Sie die Mahlzeiten?
- Welche Verpflegung bieten Sie an?
- Welche Wellness- und Beauty-Angebote gibt es bei Ihnen?
- Wie sind Ihre Seminarräume ausgestattet?
- Welche Zahlungsmöglichkeiten gibt es?
- Ist es möglich, Diätmahlzeiten oder vegane/glutenfreie/laktosefreie Gerichte zu erhalten?
- Wie hoch sind die Kosten für ein Haustier pro Tag?
- Ist es möglich, Haustiere mitzubringen?
- Wie erreiche ich Ihr Hotel mit dem Pkw/Bus/Zug am schnellsten?
- Welche Aktivitäten und Animationsprogramme gibt es im Haus und im Ort?
- Welche Parkmöglichkeiten gibt es?
- Bieten Sie Transfers vom/zum Bahnhof/Flughafen an? Wie viel kosten diese?
- Welche Ausflugsmöglichkeiten und Sehenswürdigkeiten gibt es im Ort und in der Region?

TIPP VOM PROFI

Achte darauf, den gesamten Prozess von der Anfrage bis zum Check-out sorgsam zu verwalten und alle schriftlichen Unterlagen aufzubewahren. Alle Informationen, die du vom und über den Gast erhältst – von der ersten Kontaktaufnahme bis zur Abreise –, sind für das gesamte Team von Bedeutung und daher in der Gästekartei festzuhalten.

Notiere dir den Namen der Anruferin/des Anrufers und sprich den Gast wiederholt mit Namen an.

Die Gesprächspartnerin/Der Gesprächspartner kann deine positive Stimmung wahrnehmen. Darum: Lächle beim Telefonieren.

Stelle dich freundlich mit deinem Namen und dem Namen des Hotels vor bzw. halte dich gegebenenfalls an betriebsinterne Vorgaben zur Begrüßung am Telefon.

Wichtig: Notiere Namen, Adresse, Telefonnummer, E-Mail-Adresse, Gästewunsch etc.

3.1 Telefonische Anfrage

Bei telefonischen Anfragen ist es wichtig, kompetent und professionell aufzutreten. Studiere daher das Angebot des eigenen Betriebes genau, um es sicher präsentieren zu können. Biete, wenn es passt, konkrete Zusatzleistungen an.

Erfolgreich telefonieren

So gelingt's	Das sollst du vermeiden

■ Spätestens beim zweiten oder dritten Läuten abheben ■ Alle für Auskünfte nötigen Unterlagen bereithalten ■ Lächle beim Telefonieren; die Anruferin/der Anrufer merkt das ■ Den Gast mehrmals mit dem Namen ansprechen, den Namen evtl. buchstabieren lassen; ein falsch geschriebener Name in der Korrespondenz ist fatal ■ Gehe auf Gästewünsche ein ■ Kurze, aussagekräftige Sätze ■ Gehörtes in eigenen Worten wiedergeben ■ Positive Formulierungen („Ja, bitte", „Ja, gerne", „Ich erledige das umgehend für Sie", „Danke für Ihren Anruf")	■ Lange läuten lassen oder nicht erreichbar sein (der Gast ruft selten ein zweites Mal an) ■ Nebengeräusche, laute Umgebung ■ Killerphrasen („Das ist bei uns nicht üblich", „Das ist bei uns noch nie vorgekommen", „Darüber hat sich noch nie jemand beschwert") ■ Lange Sätze und umständliche Formulierungen ■ Negative Formulierungen und Umgangssprache ■ Der Gesprächspartnerin/dem Gesprächspartner ins Wort fallen, sie/ihn unterbrechen

Wiederhole am Ende des Gespräches die Ergebnisse und fasse das Besprochene zusammen. Bedanke dich für das Gespräch und verabschiede dich. Sprich zum Abschied den Gast namentlich an. Der Gast legt zuerst auf.

Namen, Namen, Namen

Häufig hört man den Tipp, Gäste immer mit Namen anzusprechen, doch wie weiß man, welcher Name der richtige ist?

- Im **Russischen** wird zwischen den Vor- und Nachnamen der Vorname des Vaters (Vatersname) gestellt. Mit diesen beiden Vornamen wird der Gast angesprochen.
- Bei **chinesischen Namen** steht der Nachname an erster Stelle.
- In **Spanien** setzt sich der Familienname normalerweise aus zwei Namen zusammen, aus dem ersten Nachnamen des Vaters und dem ersten Nachnamen der Mutter. Bei der Hochzeit behalten in der Regel beide ihren Geburtsnamen.

DAS SOLLTEST DU SPEICHERN

Telefonische Verkaufsgespräche sind oft effizienter als die Beantwortung schriftlicher Anfragen, weil Fragen direkt beantwortet werden können. Tendenziell bevorzugen Gäste aber eine schriftliche Kommunikation, um die Details schwarz auf weiß zu haben.

Going international

Praktische Phrasen auf Englisch

Hotel ..., what can I do for you?	Hotel ..., was kann ich für Sie tun?
I'm afraid we're fully booked.	Es tut mir leid, wir sind ausgebucht.
Would you like a room with two single beds or one kingsize bed?	Möchten Sie ein Zweibett- oder ein Doppelzimmer?
How long would you like to stay?	Wie lange möchten Sie bleiben?
The rate is ... a night/per person.	Das macht ... pro Nacht/pro Person.
We require a credit card for a deposit.	Wir benötigen eine Kreditkarte für eine Anzahlung.

3.2 Schriftliche Anfrage

Eine rasche schriftliche Anfragebeantwortung ist ein wichtiger Bestandteil eines aktiven Hotelmarketings und der Gästeakquisition. Schriftliche Anfragen sollten unabhängig davon, ob diese das Hotel per Post, E-Mail, via Onlinebuchungssystem oder Fax erreichen, sofort bearbeitet werden.

Erfasse alle Daten vollständig und korrekt in der Gästekartei der Frontoffice-Software. So können diese jederzeit abgerufen und bearbeitet werden. Selbstverständlich müssen schriftliche Anfragen ordnungsgemäß abgelegt und gespeichert werden.

Manche Hotelketten setzen bereits KI-basierte Chatbots zum Beantworten einfacher Fragen ein.

Achtung: Die Daten dürfen nur für den Verlauf des Geschäftsvorganges gespeichert werden. Storniert der Gast oder antwortet er nicht auf das Angebot, müssen die Daten wieder gelöscht werden. Nur wenn der Gast aktiv einwilligt, dürfen die Daten in der Gästekartei gespeichert werden.

Achte stets darauf, freundlich, aufmerksam und serviceorientiert aufzutreten. Ziel ist es, nicht nur eine Buchung zu erfassen, sondern den Gästen ein gutes Gefühl und Vertrauen zu vermitteln.

3.3 Verkaufsgespräch

Wenn ein Gast eine Anfrage an ein Hotel stellt, ist es wichtig, den Gast möglichst zufriedenstellend zu beraten und das beste Angebot für ihn zu finden.

Phasen eines Verkaufsgespräches

1 Vorbereitung

Achte darauf, alle benötigten Unterlagen vorzubereiten und lege diese bereit.

2 Kontaktaufnahme

Begrüße den Gast freundlich und angemessen.

3 Bedarfsermittlung

Dies ist die zentrale Phase im Beratungs- und Verkaufsgespräch. Es geht darum, anhand gezielter Fragen herauszufinden, was der Gast sich wünscht.

4 Beratung

Nun werden dem Gast jene Angebote präsentiert, die am besten zu seinen Wünschen passen. Biete dem Gast zwei oder drei Auswahlmöglichkeiten. Nenne die Vorteile des jeweiligen Angebotes und wäge die Mehrwerte der einzelnen Angebote gegeneinander ab.

5 Abschluss

Fasse nochmals alle vereinbarten Punkte zusammen und kläre die nächsten Schritte. Man sollte sich immer für das Gespräch und das Interesse am Haus bedanken.

Die Abschlussphase ist auch eine gute Möglichkeit für Zusatzverkäufe (Upselling und Cross-Selling).

das Upselling = Verkauf einer hochwertigeren Zimmerkategorie

das Cross-Selling = Zusatzverkauf; der Gast bucht zusätzlich zu den von ihm gewünschten Leistungen weitere Leistungen; z. B. zusätzlich zur Zimmerbuchung eine Massage

SO SAG ICH'S MEINEM GAST

Darf ich Ihnen für den Anreiseabend gleich einen Tisch in unserem Hotelrestaurant reservieren?

6 Nachbetreuung

Der After-Sales-Service ist wichtig, um die Zufriedenheit des Gastes zu steigern und ihn langfristig an das Unternehmen zu binden, z. B. Feedback-Fragebögen, Stammkundenangebote.

Richtig formulieren im Verkaufsgespräch

Bei einem erfolgreichen Verkaufsgespräch sind passende Formulierungen wichtig! Positive Formulierungen erzeugen Begeisterung und Vertrauen.

Beispiele

✗ „Das ist ein altes Gebäude."	✓ „Unser Haus ist traditionell und hat eine lange Geschichte."
✗ „Das Zimmer ist billig."	✓ „Dieses Zimmer bietet ein ausgezeichnetes Preis-Leistungs-Verhältnis."
✗ „Das Zimmer ist klein."	✓ „Dieses Zimmer ist kompakt und sehr gemütlich eingerichtet."
✗ „Das Deluxe-Zimmer ist teuer."	✓ „Das Deluxe-Zimmer ist besonders hochwertig und bietet exklusiven Komfort."
✗ „Das ist ein einfaches Zimmer."	✓ „Das ist ein funktionales Zimmer, ideal für einen kurzen Aufenthalt."

Mehr zum Thema Zielgruppen und Gästebedürfnisse hast du im Lernfeld 5 (siehe S. 254 ff.) erfahren.

Zielgruppen- und an Gästebedürfnissen orientiert verkaufen

Für ein erfolgreiches Verkaufsgespräch ist es wichtig, dass das Angebot zu den Bedürfnissen des Gastes passt. Versuche daher, möglichst genau herauszufinden, was der Gast sich wünscht und mache ihm ein passendes Angebot.

Was ein Gast sich wünscht und erwartet, kann sehr unterschiedlich sein und hängt u. a. von der Zielgruppe ab.

Selbstverständlich gibt es noch viele weitere Zielgruppen. Nicht jedes Hotel ist für jede Zielgruppe passend.

MICE = **M**eetings, **I**ncentives, **C**onferences, **E**xhibitions; Bezeichnung für jenen geschäftlichen Teil des Tourismus, der sich mit der Organisation von Tagungen, Konferenzen, großen Ausstellungen und Incentive-Initiativen beschäftigt

Beispiele für wichtige Zielgruppen und ihre Bedürfnisse

Geschäftsreisende (Business Traveller)

Diese Gäste benötigen ein gutes WLAN, einen Schreibtisch/Arbeitsplatz im Zimmer und schnelle Check-in-/Check-out-Möglichkeiten (Business-Check-in/-Check-out).

Freizeitreisende (Leisure Traveller)

Diese Gäste wünschen sich Entspannung, Unterhaltung und ein interessantes Angebot an Sehenswürdigkeiten oder Unternehmungen in der Umgebung.

Familien

Familien verreisen meist in der Ferienzeit. Sie wünschen sich eine familienfreundliche Ausstattung, z. B. Kinderbetreuung, (Indoor-)Spielplatz, Ausflugsangebote für Kinder und spezielle Zimmer mit Beistellbetten, Wickeltisch, Fläschchenwärmer etc.

MICE-Gäste

Diese Gäste benötigen Tagungsräume mit moderner Technik und freuen sich über Sitzecken oder einen Raum für Gruppenarbeiten oder Pausen. Die Gäste sollen in gleichwertigen Zimmern in der Nähe der Seminarräume untergebracht werden.

3.4 Zimmerausstattung und Hotelklassifizierung

Um Gästeanfragen professionell und korrekt beantworten zu können, ist es notwendig, über die Ausstattung des Hotels Bescheid zu wissen.

Zimmerarten und -ausstattung

Vom Singleroom bis hin zur Präsidentensuite gibt es zahlreiche Möglichkeiten, um die Gästebedürfnisse Schlafen, Wohnen, Waschen, Verpflegung, Arbeiten und Aufbewahren der persönlichen Dinge zu erfüllen.

Die meisten Hotels haben Zimmer- und Suitenpläne mit einer Ausstattungsbeschreibung, die bei der Gästeberatung hilfreich sein können.

Zimmerkategorie	Erklärung
Einzelzimmer/Single Room	Zimmer für eine Person
Doppelzimmer/Double Room	Zimmer für zwei Personen mit einem Doppelbett
Zweibettzimmer/Twin Room	Zimmer für zwei Personen mit zwei Einzelbetten
Economy	Günstiges Zimmer mit einfacher Ausstattung
Standard	Zimmer mit Basisausstattung, reguläre Kategorie
Superior	besser ausgestattet als Standardzimmer
Deluxe	hochwertige Ausstattung, bessere Lage oder Aussicht
Executive	bessere Ausstattung plus zusätzliche Services wie Zugang zur Executive Lounge, Late-Check-out, Minibar inklusive
Familienzimmer/Family Room	meist zwei separate Schlafräume, Wohnraum, Badezimmer mit Dusche, Badewanne und getrenntem WC
Studio	kombinierter Wohn- und Schlafbereich, oft mit Küche
Apartment	Wohn- und Schlafraum getrennt, meist mit Küche, ideal für längere Aufenthalte
Junior Suite	größeres Zimmer, Schlaf- und Wohnbereich optisch getrennt, z. B. durch Raumteiler oder Möblierung
Suite	Wohn- und Schlafraum getrennt, luxuriöse Ausstattung, großzügige Räume
Penthouse	exklusive Suite auf der obersten Etage, meist mit Terrasse und besonderer Aussicht
Präsidentensuite/Presidential Suite	höchste Kategorie, mehrere großzügige Räume, luxuriöse Ausstattung und exklusiver Service

Gästeräume müssen Wohnlichkeit und Funktionalität vereinen. Im Design zeigt sich, wofür ein Hotel steht, z. B. Sachlichkeit in einem Seminarhotel oder familiäres Ambiente in einem Ferienhotel.

Welche Zimmerkategorien werden in deinem Ausbildungsbetrieb angeboten? Welche Ausstattung steht dem Gast in dem jeweiligen Zimmer zur Verfügung?

Informiere dich eingehend über die verschiedenen Zimmerarten in deinem Ausbildungsbetrieb. Achte auf die Unterschiede, die Verkaufsvorteile, die Möglichkeiten und Ausstattungsvarianten.

Viele Hotels stellen ihren Gästen **Tea and Coffee Making Facilities** (= Kaffeemaschine und Kaffeekapseln oder Wasserkocher, Teebeutel, Zucker, Tasse etc.) auf dem Zimmer zur Verfügung.

Going international
Junior suite: usually one room with more space and furniture than a standard hotel room; may include a living and sitting area
Suite: a multiple room; some sleeping rooms and one living room with connecting doors
Penthouse: apartment on the highest floor
Grand lit, queensize bed, kingsize bed: beds vary in size; grand lit is a larger single bed, queensize has approx. 150 x 200 cm, kingsize has approx. 190 x 200 cm

Connecting Rooms sind Zimmer mit einer Verbindungstür. **Adjoining Rooms** sind nebeneinanderliegende Zimmer.

Hotelklassifizierung

Um die in Hotels angebotenen Leistungen von der Zimmerausstattung über die Verpflegung bis hin zu den Zusatzleistungen im Wellnessbereich etc. vergleichbar zu machen, haben viele Länder nationale Hotelklassifizierungen eingeführt. Basierend auf einem Kriterienkatalog sollen die Beherbergungsbetriebe für Gäste vergleichbar gemacht werden.

Hotelstars Union

Die Hotelstars Union geht über die nationale Ebene hinaus und ist ein Hotelklassifizierungssystem, das derzeit 21 Mitgliedsländer, darunter Deutschland, Österreich und die Schweiz, umfasst. Die Klassifizierung der Mitglieder basiert auf einem gemeinsamen Kriterienkatalog.

Beherbergungsbetriebe werden in Kategorien von einem bis fünf Sterne eingeteilt. Um die jeweilige Kategorie zu erreichen, müssen vorgegebene Mindeststandards in verschiedenen Bereichen erfüllt sein. Beurteilungskriterien sind etwa der Gesamteindruck, der Erhaltungszustand, die Qualität der Dienstleistungen (z. B. das Auftreten, die Kleidung sowie die Freundlichkeit und Kompetenz der Mitarbeiter/innen), hoteleigene Freizeit- und Zusatzeinrichtungen (z. B. Hallenbad, Tagungsräume) sowie die Gästezufriedenheit.

Hotel- und Restaurantklassifizierungen sind ein Beurteilungskriterium für die Qualität von Dienstleistungen im Tourismus. Als ebenso wichtiges Qualitätskriterium werden von potenziellen Kundinnen/Kunden bzw. Gästen jedoch häufig die **(Gäste-)Bewertungen** auf unterschiedlichen Plattformen bzw. in Suchmaschinen wahrgenommen.

HOTELSTARS.EU

Gäste lieben es, zu wählen! Biete speziell beim Telefonverkauf nicht sofort das günstigste Zimmer an, sondern versuche, den Gast von den Vorteilen eines Premiumzimmers zu überzeugen. Das Standardzimmer kannst du später immer noch anbieten.

4 Angebot

Auf jede Anfrage muss eine Reaktion folgen, die es dem Gast so einfach wie möglich macht, zu buchen. Das Angebot präsentiert dem Gast den Betrieb. Angebote werden meist in der **Ferienhotellerie** erstellt. Der Gast will wissen, was ihn im Urlaub erwartet. Geschäftsreisende, die die **Stadthotellerie** frequentieren, benötigen hingegen meist nur knappe Informationen zur Verfügbarkeit der Zimmer.

DAS SOLLTEST DU SPEICHERN

Das Angebot ist am Tag der Anfrage zu erstellen. Darum ist das Datum der Anfrage gleichzeitig das Datum des Angebotes. Anfragen per E-Mail bzw. über die Website/Onlinebuchungsplattformen sollten innerhalb eines Tages beantwortet werden.

das Follow-up = Nachfrage nach einem Angebot, um zu klären, ob Interesse besteht

Es können zwei Arten von Angeboten unterschieden werden

freibleibendes Angebot	verbindliches Angebot
Der Gast hat keinen verbindlichen Anspruch auf das Angebotene. Es gibt keinen Optionstermin/kein Optionsdatum. Der Anspruch auf das Angebot funktioniert nach dem Prinzip „first come, first serve". Daher kann es sein, dass das Angebot nicht mehr zur Verfügung steht, wenn sich ein Gast zur Buchung entschlossen hat.	Es wird eine bestimmte Zimmerkategorie angeboten. Das Angebot gilt bis zum Optionsdatum, danach verfällt es automatisch. Ob die Hotelière/der Hotelier ein Follow-up macht, hängt von der Kategorie des Betriebes ab. In der Ferienhotellerie sind Follow-ups durchaus üblich, in der Stadthotellerie der Kategorien von 1–4* eher nicht. Wenn der Gast sich vor Ablauf der Optionsfrist meldet, steht ihm das Angebotene zur Verfügung.

Inhalte eines Angebotes:

1. **Persönliche Daten des Gastes** (Vor- und Familienname, Straße, Ort, Staat)
2. **Datum der Anfrage:** Nach Möglichkeit soll das Datum des Angebotes mit dem Eingangsdatum der Anfrage identisch sein.
3. **Anrede:** Gast mit Namen und Titel ansprechen
4. **Aufenthaltsdauer** (Anreise- und Abreisetag/Nächte)
5. **Zimmerangebot** (z. B. Einzel- oder Doppelzimmer, Familienzimmer, Suite etc. mit Lage, evtl. Größe und Preis inkl. Leistungen)
6. **Ausstattung des Zimmers** (Bad/WC, Dusche/WC, Kategorie, Balkon, Telefon, TV, Minibar etc.)
7. **Anzahl der Gäste**
8. **Preis** (Grundpreis, Frühstück, Package-Preis, Verlängerungsmöglichkeit, Steuern, Ermäßigungen, Kurtaxe und City Tax)
9. **Art der Verpflegung** (Frühstück, Halb- oder Vollpension, Package etc.)
10. Optionstermin
11. **Hinweis auf Reservierungsbedingungen** (AGB etc.)
12. **Anlagen** (Prospekte, Preislisten, Ortsinformation etc.)

Hotel Vier Jahreszeiten ****

10785 Berlin | Potsdamer Platz 8 | DEUTSCHLAND/GERMANY
Tel. +49 5476 265 36-0 | E-Mail office@hotelvierjahreszeiten.de I www.vierjahreszeiten.de

Ihre Nachricht: 20..-03-06 (2)

(1) Hotel Vier Jahreszeiten****, 10785 Berlin, Potsdamer Platz 8, GERMANY
Frau und Herrn
Frederike und Karl-Theodor Sturm
Hauptstraße 24
80634 München

Name: Elke Herzog
Telefon: +49 5476 265 36-0
E-Mail: office@vierjahreszeiten.de

Datum: 20..-03-10

Unser exklusives Verwöhnangebot für Sie!

(3) Sehr geehrte Frau Sturm, sehr geehrter Herr Sturm,

vielen Dank für Ihre Anfrage vom 6. März 20.. und Ihr Interesse an unserem Hotel. Wir freuen uns, Ihnen folgendes Angebot zu unterbreiten:

- (4) Aufenthalt von 11. bis 15. Mai 20..
- (5) (6) 1 Familiensuite mit 2 Schlafräumen für 2 Erwachsene und 2 Kinder inkl. Wohnraum, begehbarem Schrank, Bad, Dusche, separatem WC, Minibar, TV (7)
- Zum Preis von 225,00 EUR (8)

Für die Unterbringung Ihrer beiden Kinder, 6 und 8 Jahre alt, gewähren wir in der Suite eine Ermäßigung von 40 %, das entspricht einem Preis von 135,00 EUR. Unsere Preise verstehen sich pro Person und Nacht und beinhalten sämtliche Steuern und Abgaben. Das entspricht einem Gesamtpreis von 2.880,00 EUR. Folgende Leistungen sind in den genannten Preisen inbegriffen:

(9)
- Reichhaltiges Frühstücksbuffet
- Benutzung unseres Wellnessbereiches
- Gratis E-Bike-Verleih
- Hoteleigener Parkplatz

(10) Bitte informieren Sie uns bis spätestens 2. April 20.., ob wir die Familiensuite für Sie reservieren dürfen. Sollten wir bis zum genannten Datum keine Rückmeldung von Ihnen erhalten haben, erlauben wir uns, das (11) Angebot zurückzuziehen. Es gelten unsere Geschäftsbedingungen. Sie finden diese im Anhang bzw. auf unserer Website www.vierjahreszeiten.de. Sie haben noch weitere Fragen? Gerne beraten wir Sie unter der Nummer +49 5476 265 36-0.

Wir würden uns freuen, Sie in unserem Haus zu begrüßen.

Freundliche Grüße

Hotel Vier Jahreszeiten****

Elke Herzog

(12) Prospektmaterial

Rechtsform: GmbH, Geschäftsführung: Johann Peters, Registergericht Berlin, Handelsregister-Nr.: HRB 25892,
USt-IdNr.: DE844587112 I Commerzbank Berlin: IBAN DE09 1004 0000 0100 2121 89, BIC COBADEFFXXX

Wichtig ist, auf die Anfrage des Gastes konkret einzugehen, z. B. auf Sonderwünsche (z. B. Kinderbett) oder besondere Bedürfnisse (z. B. Hausstauballergie, barrierefreies Zimmer). Die Antwort soll nicht zu lang, aber auch nicht zu kurz sein und die gewünschten Informationen übermitteln.

Beurteile den nebenstehenden Angebotsbrief. Was gefällt dir? Was würdest du anders machen? Verfasse einen Angebotsbrief, der dem Stil deines Ausbildungsbetriebes entspricht.

TIPP VOM PROFI

Nutze die Möglichkeit, um auf zusätzliche Angebote (Frühstücksbuffet mit Bio-Ecke, besondere Verpflegungsangebote, Freizeiteinrichtungen, Theater- oder Konzertkarten, Sonderpreise für bestimmte Termine etc.) und Sonderleistungen (z. B. Kinderbett und -betreuung, Garage, Skischuhtrockner) hinzuweisen.

Das Angebot ist auch eine gute Gelegenheit, auf die USP des Hauses aufmerksam zu machen, z. B. einzigartige Lage, Spitzenkoch.

4.1 Regeln zum Formulieren von Angeboten

Inhalt

- Auf die Fragen des Gastes eingehen („Was will der Gast?").
- Die Vorteile und Alleinstellungsmerkmale des Hauses beschreiben.
- Preise für das angebotene/angeforderte Arrangement angeben und erläutern („Was beinhaltet der angegebene Preis?" etc.).
- Das Arrangement mit verkaufsfördernden Adjektiven beschreiben.
- Urlaubsstimmung verbreiten.
- Den Gast zum Handeln auffordern.
- Auf sinnvolle und vollständige Beilagen achten.
- Einen emotionalen Einstieg und ein Ende, das in Erinnerung bleibt, formulieren.
- Im PS Sonderarrangements oder diverse Aktionen erwähnen. Das PS wird von Leserinnen/Lesern besonders beachtet!

Notiere Adjektive, die dem Gast das Angebot verkaufsfördernd anpreisen: z. B. großzügig, gemütlich, atemberaubend, ...

das PS = (lat. *Postskriptum*) Anhang am Ende eines Textes, meist bei Briefen

Textbausteine

Einleitung

- Herzlichen Dank für Ihr Schreiben und Ihr Interesse an unserem Hotel.
- Wir danken herzlich für Ihren Anruf und freuen uns, dass Sie Ihren Urlaub bei uns in ... verbringen möchten.
- Herzlichen Dank für Ihren heutigen Anruf und Ihr Interesse an unserem Hotel. Wir freuen uns, Ihnen für den gewünschten Zeitraum folgendes Angebot unterbreiten zu können: ...
- Wir danken für Ihr Interesse an unserem Haus und freuen uns, dass Sie Ihren Urlaub in unserem Hotel verbringen möchten.

Angebot

- Wunschgemäß bieten wir Ihnen an: ...
- Gerne machen wir Ihnen für den gewünschten Zeitraum folgendes Angebot: ...
- Für den gewünschten Zeitraum von ... (Anreise) bis ... (Abreise) können wir Ihnen gerne wie folgt anbieten: ...

Schluss

- Wir hoffen, dass unser Angebot Ihren Erwartungen entspricht.
- Gerne würden wir Sie, sehr geehrte Frau/geehrter Herr ..., in unserem Hotel begrüßen.
- Nähere Informationen über die Unterhaltungsmöglichkeiten in unserem Hotel sowie die zahlreichen Sport- und Freizeitaktivitäten in unserer Urlaubsregion entnehmen Sie bitte den beiliegenden Unterlagen. Besuchen Sie auch unsere Website unter ...
- Sehr geehrte Frau/geehrter Herr ..., wir hoffen, dass Sie unser Angebot anspricht und würden uns freuen, Sie in unserem Haus begrüßen zu dürfen.
- Wir freuen uns sehr, wenn Ihnen unser Angebot zusagt und wir Sie während der Weihnachtsfeiertage in unserem Hotel verwöhnen dürfen.
- Wir freuen uns, Sie bald als unsere Gäste willkommen zu heißen. Um Ihnen das Buchen zu erleichtern, haben wir ein Reservierungsformular beigelegt.
- Sollten wir Ihr Interesse geweckt haben, senden Sie uns bitte das beiliegende Antwortformular bis spätestens ... zurück, um Ihre Reservierung zu fixieren.
- Bitte senden Sie uns das beiliegende Antwortformular bis spätestens ... ausgefüllt und unterschrieben zurück oder kontaktieren Sie uns per Fax oder E-Mail (Adresse).
- Wenn Sie noch Fragen oder Wünsche haben, kontaktieren Sie uns bitte unter (Tel.-Nr.) oder senden Sie uns eine E-Mail an (E-Mail-Adresse).

Grußformel

- Wir freuen uns, bald von Ihnen zu hören.
- Herzliche Grüße/Liebe Grüße/Freundliche Grüße/Sportliche Grüße ...

Ergänze!

Positive Reizwörter: ja, gerne, bitte, danke, selbstverständlich, Name des Gastes, ...

Diese Formulierungen sind zu vermeiden:

Füllwörter: äh, mh, also, ok, ...

Vage Wörter: vielleicht, eigentlich, könnte, soll ich, ...

Negative Reizwörter: nein, nie, keine Ahnung, ...

Killerphrasen: Sie haben mich falsch verstanden. Das haben wir nicht. Ich bin nicht zuständig, ...

Allgemeine Regeln zur Bearbeitung von Korrespondenz

So gelingt's

- Leicht lesbare, interessante Texte
- Positiv formulieren
- Vorteile betonen
- Konkret formulieren
- Kurze Sätze: Briefe = maximal zwölf Wörter pro Satz; Werbetexte = maximal vier bis fünf Wörter pro Satz
- Trennen von zusammengesetzten Hauptwörtern, wenn es der Lesbarkeit dient, z. B. Lottoannahmestelle = Lotto-Annahme-stelle
- „Sie"-bezogene Sätze und Fragen statt „wir"-bezogene verwenden
- Verben statt Nomen verwenden

Beispiel

+	„Sie wollen buchen?"
–	„Sie wollen eine Buchung vornehmen?"

Das sollst du vermeiden

- Komplizierte Sätze
- Fremdwörter und Fachausdrücke
- Floskeln
- „Ballast", unnötige Füllwörter (z. B. doch, aber, auch)
- Das Wort „mitteilen"

Beispiel

+	„Wir haben ein Doppelzimmer für Sie reserviert."
–	„Wir möchten Ihnen mitteilen, dass wir ein Doppelzimmer für Sie reserviert haben."

- Hilfszeitwörter (z. B. müssen, können, dürfen)

Beispiel

+	„Wir weisen Sie darauf hin, dass ..."
–	„Wir müssen Sie darauf hinweisen, dass ..."

4.2 Follow-up

Follow-up heißt übersetzt weiterverfolgen. Dies bedeutet, dass nach der Angebotserstellung aktiv nachgearbeitet wird, z. B. durch telefonische Nachfrage, ob das Angebot eingegangen ist, ob der Optionstermin eingehalten werden kann oder ob noch weitere Details zu klären sind.

Ein Follow-up wird hauptsächlich bei Angeboten für Reisegruppen oder bei VIP-Gästen durchgeführt.

Diese aktive Angebotsbetreuung gibt dem Gast das Gefühl, wertgeschätzt und gut betreut zu sein und führt sehr oft zur Fixbuchung.

5 Reservierung

Tausche dich mit deinen Kolleginnen und Kollegen darüber aus, wer in deinem Ausbildungsbetrieb Reservierungen durchführt.

In der Regel führt die **Reservierungsabteilung** eines Hotels Reservierungen durch. Da viele Gäste kurzfristig reservieren oder gleich direkt bei der Abreise neuerlich buchen (Optimalfall!), ist es wichtig, dass Frontoffice-Mitarbeiter/innen Einzelreservierungen vornehmen können.

Arten von Buchungen

fixe Buchung	tentative (nicht fixe, optionale) Buchung
Fixe Buchungen sind von Gast und Hotel fix bestätigt, alle Vertragsbedingungen werden damit akzeptiert. Das Hotel hat als Garantie für die Ankunft des Gastes z. B. eine Anzahlung erhalten. Im Gegenzug verfügt der Gast über die fixe Zusage des Hotels, dass die reservierte Leistung bei der Anreise im vereinbarten Ausmaß zur Verfügung steht.	Tentative Buchungen sind noch nicht verbindlich. Gründe dafür können z. B. sein: ▪ Ein Angebot (mit Ablaufdatum, Deadline) wurde versendet, aber die Buchung ist noch nicht erfolgt bzw. die Deadline ist noch nicht verstrichen. ▪ Eine Reservierungsvertragsbedingung ist noch nicht erfüllt, z. B. eine Anzahlung/ein Deposit wurde noch nicht getätigt. ▪ Eine Reservierung hat ein bestimmtes Optionsdatum, bis zu dem diese Reservierung gehalten wird. Nach Ablauf der Deadline verfällt die Reservierung automatisch. ▪ Noch ausstehende Kontingentbuchungen sind ebenso nicht verbindlich.

DAS SOLLTEST DU SPEICHERN

Die Reservierung bildet den Abschluss der Angebotsbehandlung. Man unterscheidet Reservierungen mit vorangegangenem Angebot und Reservierungen, die nicht aufgrund eines Angebotes durchgeführt werden.

5.1 Beherbergungsvertrag

Gast und Betrieb gehen einen Vertrag über die Rechte und Pflichten ein, die mit der Beherbergung für beide Seiten verbunden sind. Der Beherbergungsvertrag ist rechtlich ein Kauf-, Miet-, Dienstleistungs- und Werkliefervertrag für die Dienstleistung Beherbergung und andere Leistungen wie z. B. Frühstück und die Nutzung der Einrichtung.

Grundsätzlich legt jedes Hotel seine AGB selbst fest. Es gibt jedoch Empfehlungen, z. B. vom DEHOGA (Deutscher Hotel- und Gaststättenverband).

Vor Vertragsabschluss muss der Gast die Möglichkeit haben, die AGB einzusehen. Diese können entweder dem Angebot schriftlich beigefügt oder digital eingesehen werden. Dann kann im Angebot etwa der Hinweis eingefügt werden: „Unter www... finden Sie unsere allgemeinen Geschäftsbedingungen." Grundsätzlich sollte darauf hingewiesen werden, dass die AGB gelten.

Kann der Gast die AGB vor Abschluss des Beherbergungsvertrages nicht einsehen, werden sie nicht Vertragsbestandteil und müssten separat ausgehandelt werden.

5.2 Ablauf einer Reservierung

der Zimmerplan = wichtiges Organisationsmittel am Empfang; zeigt, welche Zimmer frei und welche belegt sind

Wenn eine Reservierung das Hotel erreicht, wird zuerst die Verfügbarkeit von Zimmern mittels Zimmerplan überprüft. Der Zimmerplan gibt Auskunft über freie Kapazitäten, zur Verfügung stehende Zimmerkategorien und Preise. Entscheidend ist, die optimale Auslastung zu beachten, d. h., Buchungen nach Möglichkeit lückenlos einzutragen.

der Forecast = Buchungsvorschau

Ein weiteres Hilfsmittel bei der Reservierung ist der Forecast/die Reservierungsvorschau. Anhand der Belegungsgrafik können sich die Mitarbeiter/innen der Frontoffice- bzw. Reservierungsabteilung zusätzlich einen Überblick über fixe und tentative Buchungen verschaffen.

Mit sogenannten **Channel Managern** lassen sich Kontingente auf mehreren Plattformen gleichzeitig vergleichen und steuern, so werden Überbuchungen vermieden und Zeit gespart.

Ist ein Zimmer laut Zimmerplan verfügbar, kann eine Reservierung durchgeführt werden. Damit alle Daten bezüglich des Gästeaufenthaltes ordnungsgemäß erfasst werden, wird das **Reservierungsformular** (in Papierform oder digital) ausgefüllt.

Bei einer telefonischen Reservierung kann dies gleich während des Telefonates geschehen. Bei schriftlichen Reservierungen werden die Daten in die **Gästekartei** übertragen. Dabei sollen alle Informationen sorgfältig notiert werden.

CHECKLISTE

Das ist bei Reservierungen zu berücksichtigen:

- ☐ Verfügbarkeit prüfen
- ☐ Preis: Leistungsumfang detailliert erklären (alle Vertragsbestandteile), alle Vorteile hervorheben, Upselling, Cross-Selling
- ☐ Abklären, ob es sich um eine Firmen- oder Privatbuchung handelt – dadurch wird der Preis bestimmt (Preise können in der Frontoffice-Software abgefragt werden)
- ☐ Name des Gastes, evtl. der Kontaktperson, E-Mail-Adresse (evtl. auch die Adresse für die schriftliche Bestätigung)
- ☐ Telefonnummer für Rückfragen
- ☐ An- und Abreisedatum
- ☐ Art des Zimmers (Einzel- oder Doppelzimmer/Package-Angebote beachten), Sonderwünsche (Gartenblick, getrennte Betten etc.)
- ☐ Personenanzahl
- ☐ Art der Bezahlung (Garantie durch Vorauszahlung oder Anzahlung, Kostenübernahme durch die Firma)

Verpflegungsarten:

- **Vollpension (VP):** inkludiert sind Logis, Frühstück, Mittag- und Abendessen
- **Halbpension (HP):** inkludiert sind Logis und zwei Mahlzeiten (z. B. Frühstück und Abendessen)
- **All-inclusive (AI):** inkludiert sind Logis und Verpflegung

Anschließend erhält der Gast als Bestätigung des Beherbergungsvertrages eine **Reservierungsbestätigung.**

5.3 Reservierungsbestätigung

Die Reservierungsbestätigung muss klar und einfach formuliert sein, aber präzise, was die Konditionen betrifft.

Die Reservierungsbestätigung ist die Bestätigung des Beherbergungsvertrages zwischen Gast und Gastwirt/in.

DAS SOLLTEST DU SPEICHERN

Vereinbarungen werden am besten immer schriftlich abgeschlossen. Bei Problemen im Nachhinein hast du so einen schriftlichen Nachweis über die vereinbarten Bedingungen, z. B. bei Annulierung oder Storno.

Hotel Vier Jahreszeiten ****

10785 Berlin | Potsdamer Platz 8 | DEUTSCHLAND/GERMANY
Tel. +49 5476 265 36-0 | E-Mail office@hotelvierjahreszeiten.de I www.vierjahreszeiten.de

Hotel Vier Jahreszeiten****, 10785 Berlin, Potsdamer Platz 8, GERMANY
Familie
Karl-Theodor und Frederike Sturm
Hauptstraße 24
80634 München

Ihre Nachricht: 20..-03-06
Name: Elke Herzog
Telefon: +49 5476 265 36-0
E-Mail: office@vierjahreszeiten.de
Datum: 20..-03-10

Ihre Reservierung

Sehr geehrte Frau Sturm, sehr geehrter Herr Sturm,

wir danken Ihnen für Ihre Reservierung und freuen uns sehr, Sie im Hotel Vier Jahreszeiten willkommen heißen zu dürfen. Hiermit bestätigen wir Ihre Reservierung wie folgt:

1 - Aufenthalt von 6. Juli 20.. bis 9. Juli 20.. für 2 Personen 4
- 1 Doppelzimmer Deluxe inkl. Terrasse 2
- 159,00 EUR pro Person und Nacht inkl. Wellness-Pension 5

6 Unsere Deluxe-Zimmer sind mit Sat-TV, Zimmersafe, Föhn, Minibar und Kaffeemaschine ausgestattet. Die Benutzung unseres Sport- und Spa-Bereiches ist im Preis inkludiert. Alle Preise verstehen sich inkl. aller 7
3 Abgaben. Die Kurtaxe von 2,00 EUR pro Person und Nacht wird gesondert verrechnet.

8 Um Ihre Reservierung zu garantieren, bitten wir um eine Anzahlung in Höhe von 200,00 EUR bis zum 28. März 20… Bitte überweisen Sie diese auf unser Konto bei der Commerzbank Berlin, IBAN DE09 1004 0000 0100 2121 89, BIC COBADEFFXXX. Für diese Reservierung gelten unsere AGB, Sie finden diese auf 10
9 unserer Website www.vierjahreszeiten.de.

Ihr Zimmer ist am Anreisetag ab 15:00 Uhr bezugsfertig. Wir ersuchen Sie, am Abreisetag das Zimmer bis 12:00 Uhr freizugeben.

Wir freuen uns, Sie in unserem Haus begrüßen zu dürfen!

Mit freundlichen Grüßen

Hotel Vier Jahreszeiten****

Elke Herzog

11 Prospektmaterial

Rechtsform: GmbH, Geschäftsführung: Johann Peters, Registergericht Berlin, Handelsregister-Nr.: HRB 25892,
USt-IdNr.: DE844587112 I Commerzbank Berlin: IBAN DE09 1004 0000 0100 2121 89, BIC COBADEFFXXX

Inhalte einer Reservierungsbestätigung:

1. Datum und Dauer des Aufenthaltes
2. Zimmerangebot mit Ausstattung
3. Preis mit genauen Angaben zu Steuern, Orts-, Kur- oder Nächtigungstaxen, Ermäßigungen
4. Anzahl der Gäste
5. Art der Verpflegung (inkludiert oder extra zu bezahlen)
6. Im Preis inkludierte Leistungen (z. B. Benutzung des Wellness- oder Fitnessbereiches, Kinderbetreuung, Parkplatz)
7. Sonderleistungen (z. B. Hundebetreuung, Shuttle Service, Theaterkarten) und zusätzliche Angebote (z. B. Packages, Begrüßungscocktail, Veranstaltungen)
8. Zahlungsmodalitäten: bei Gruppen- und Firmengästen, Deposit
9. Stornobedingungen
10. Bankverbindung
11. Anlagen: z. B. Zahlungsanweisung für Depositzahlung

Bei sehr kurzfristigen Reservierungen ist es üblich, nach dem ungefähren Anreisezeitpunkt zu fragen.

Reservierung ohne Anzahlung
Werden Zimmer bei Reservierung ohne Anzahlung nur bis zu einem bestimmten Zeitpunkt am Anreisetag (z. B. 18 Uhr) gehalten, ist der Gast in der Reservierungsbestätigung darauf hinzuweisen und um Bekanntgabe eines etwaigen späteren Anreisezeitpunktes zu bitten.

Textbausteine

Einleitung

- Wir danken Ihnen herzlich für Ihre Nachricht und freuen uns, dass Sie Ihren Urlaub bei uns verbringen möchten.
- Vielen Dank für Ihr freundliches Schreiben vom ...
- Herzlichen Dank für das freundliche Telefonat und Ihren Entschluss, Ihren Urlaub bei uns zu verbringen.
- Wir danken für Ihren heutigen Anruf und freuen uns, Ihnen die gewünschte Reservierung wie folgt bestätigen zu können: ...
- Herzlichen Dank für Ihr Schreiben und Ihr Interesse an unserem Haus. Gerne bestätigen wir die gewünschte Reservierung wie folgt: ...
- Wir freuen uns, dass Sie sich für unser Haus entschieden haben und bestätigen, dass wir für Sie wunschgemäß ein Zweibettzimmer von ... (Datum der Anreise) bis ... (Datum der Abreise) reserviert haben.

Textteil und Reservierung inklusive Gästewünsche laut Angebot und Anfrage

- Gerne bestätigen wir Ihre Reservierung wie folgt: ... (Zeitraum, Anzahl der Zimmer, Preis der Zimmer, Verpflegung [Frühstück, Halbpension etc.], Ausstattung der Zimmer, zusätzliche Gästeanfragen oder -wünsche)
- Wir freuen uns, für Sie die folgende Reservierung verbindlich vornehmen zu dürfen: ...
- Für die Unterbringung Ihrer beiden Kinder im Alter von ... und ... Jahren im Zimmer der Eltern gewähren wir eine Ermäßigung von ... %, das entspricht einem Preis von ... EUR pro Kind und Tag.

Zahlungs- und Stornobedingungen sowie Garantiebestimmungen

- Um Ihre Reservierung zu garantieren, bitten wir Sie um eine Anzahlung in Höhe von ... %, das entspricht ... EUR, auf unser Konto bei der ... Bank, IBAN ...
- Nach Erhalt dieser Bestätigung bitten wir um eine Anzahlung auf unser Konto bei der ... Bank, IBAN ..., in Höhe von ... %, das entspricht ... EUR. Erst dann gilt die Reservierung als verbindlich.
- Bitte bestätigen Sie uns diese Reservierung schriftlich bis zum ... Vielen Dank!
- Ihr Zimmer ist am Anreisetag ab 15:00 Uhr bezugsfertig. Wir ersuchen Sie, am Abreisetag das Zimmer bis 12:00 Uhr freizugeben.
- Wir halten Ihre Reservierung bis 18:00 Uhr am Anreisetag. Sollten Sie später anreisen, bitten wir Sie um eine kurze Mitteilung.
- Für diese Reservierung gelten unsere AGB. Wir empfehlen Ihnen, evtl. eine Reiserücktrittsversicherung abzuschließen. Auf unserer Website ... finden Sie bei den Serviceleistungen das Formular der Europäischen Reiseversicherung.

Schlussteil

- Frau/Herr ..., wir freuen uns, Sie bei uns begrüßen und verwöhnen zu dürfen.
- Wir freuen uns, Sie bald zu unseren Gästen zählen zu dürfen und wünschen Ihnen eine gute Anreise.
- Sehr geehrte Frau/geehrter Herr ..., wir freuen uns, Sie in unserem Haus begrüßen zu dürfen.
- Wir freuen uns auf Sie!

5.4 Deposit(-zahlung)

Eine Anzahlung/Ein Deposit dient als Sicherstellung der Reservierung. Die Anzahlung muss bis zu einem festgelegten Termin überwiesen sein. Die Höhe hängt von der Anzahl der Personen und vom Zimmerpreis ab. Mit dem Zahlungseingang der Anzahlung auf dem Bankkonto ist die Reservierung fixiert. Dies ist dem Gast unverzüglich schriftlich zu bestätigen.

Das Deposit ist von der Rechnung abzuziehen!

5.5 Storno einer Reservierung

Eine Stornierung ist die Absage einer Reservierung durch den Gast. Stornierungen sind grundsätzlich schriftlich vorzunehmen. Die Höhe der Stornogebühren legt jedes Hotel individuell fest. Die Hotels orientieren sich dabei meist an den Empfehlungen des DEHOGA.

Eine digitale Übung zum Thema findest du in der TRAUNER-DigiBox.

Die Höhe der Stornogebühren wird prozentuell vom Übernachtungspreis festgelegt. Die Stornogebühren erhöhen sich, je kurzfristiger die Reservierung abgesagt wird.

Man unterscheidet

USt bei Storno
Bei einer Stornierung weiß das Hotel, dass der Gast nicht kommt. Daher wird keine Leistung erbracht und eine Stornierungsrechnung ohne Umsatzsteuer ausgestellt.

USt bei No-Show
Bei einem No-Show bereitet das Hotel alles für den Gast vor, er reist aber nicht an. Da das Hotel hier die Leistung erbracht hat, das Zimmer bereithält und nicht anderweitig verkaufen konnte, wird die Rechnung mit Umsatzsteuer ausgestellt.

Wenn der Gast ohne weitere Information nicht anreist, wird dies als **No-Show** bezeichnet.

5.6 Absage

Auch wenn ein Betrieb ausgebucht ist, muss Kundenpflege betrieben werden. Alle Anfragen müssen sorgfältig behandelt werden, da es sich um zukünftige Gäste handeln kann. Biete dem Gast daher Alternativen an, so gibst du ihm das Gefühl, dass das Anliegen ernst genommen wird.

DAS SOLLTEST DU SPEICHERN

Darauf ist bei einer Absage zu achten:

- Versuche, die Anfrage des Gastes auf einen anderen Zeitpunkt umzulenken.
- Biete verschiedene Alternativen an, z. B. Ersatztermine, Reihung auf einer Warteliste.
- Habe keine Angst, ein anderes, gleichwertiges Haus in der Umgebung anzubieten – beim nächsten Mal macht das die Mitbewerberin/der Mitbewerber zu Gunsten deines Ausbildungsbetriebes.

	Textbausteine
Gekonnt absagen	■ Diese Reisezeit ist bei unseren Gästen sehr beliebt. Daher sind alle Zimmer bereits reserviert. Wir können Ihnen folgende Alternativen anbieten: ... ■ Damit es im nächsten Winter klappt, nehmen wir schon jetzt die Buchungen für ... entgegen. ■ Darf ich Ihnen folgenden Termin anbieten: ...? Rufen Sie uns an, um dafür eine Reservierung vorzunehmen. ■ Schade, dass wir Sie zu diesem Zeitpunkt nicht empfangen können. Gerne bieten wir Ihnen aber folgende Alternativen an: ... ■ Wir sind ab ... wieder für Sie da und freuen uns auf Ihren Besuch bei uns. ■ Weil es bei uns um diese Zeit (im Herbst, zu Weihnachten etc.) besonders schön (romantisch etc.) ist, sind bereits alle Zimmer reserviert. ■ Wir haben uns für Sie bei unserem Partnerbetrieb erkundigt – das Hotel ... hat im gewünschten Zeitraum noch Zimmer frei. Herr Badisch wird Ihnen ein vergleichbares Angebot senden. ■ Ab Mitte Januar (März etc.) haben wir wieder Zimmer frei.

A WortschatzBox – „Von der Anfrage zur Reservierung“

- Löse das Kreuzworträtsel.

1 Reisevermittler
2 Reiseveranstalter
3 Bestimmte Anzahl vorreservierter Zimmer
4 Gehobene Zimmerkategorie
5 Buchungsvorschau
6 Verkauf einer hochwertigeren Zimmerkategorie als die vom Gast bestellte
7 Vorauszahlung
8 Absage einer Reservierung durch den Gast
9 Gast reist ohne Verständigung nicht an

Lösungswort:

KOMPETENZ-ERWERB

Ziele erreicht? – „Von der Anfrage zur Reservierung“

1. Rufe die Website deines Ausbildungsbetriebes auf und recherchiere, welche Vertriebskanäle der Betrieb derzeit nutzt.

2. **Ausgangssituation**

   Frau Winter ist die Geschäftsführerin eines Viersternewellnesshotels mit Restaurant in der Eifel. Bisher erfolgte der Vertrieb ausschließlich über die Website des Hotels und über www.booking.com. Du unterstützt Frau Winter nun im Marketing und möchtest die Vertriebskanäle ausbauen.

   a) Erkläre Frau Winter, welche weiteren Vertriebsmöglichkeiten es gibt.

   b) Entwickle für Frau Winter eine Multi-Channel-Strategie. Welche Kanäle sollte Frau Winter kombinieren?

3. Nenne die Bestandteile eines schriftlichen Angebotes.

4. Frau Müller bittet per E-Mail um ein Angebot. Sie möchte ihren Mann zum 30. Hochzeitstag auf ein romantisches Wochenende (3.–5. Mai 20..) einladen. Verfasse ein Angebotsschreiben.

5. Zähle mindestens sechs Punkte auf, die eine Reservierungsbestätigung enthalten muss.

6. Familie Huber möchte von 4.–8. Juni 20.. in deinem Ausbildungsbetrieb bleiben. Sandra und Robert Huber (Silbersteinstraße 25, 41598 Berlin) reisen gemeinsam mit ihren beiden Töchtern Sophie (14 Jahre) und Katharina (12 Jahre). Schicke der Familie eine Reservierungsbestätigung für ein Familien-Appartement (ein Doppelzimmer, ein Zweibettzimmer inkl. WC/Dusche, TV, WLAN, Kochnische) inkl. Frühstück und freier Benutzung des Wellnessbereiches für 175,00 EUR pPN.

7. Herr und Frau Moser fragen per E-Mail für ein verlängertes Wochenende (1.–4. September 20..) in deinem Ausbildungsbetrieb an. Zum gewünschten Zeitpunkt ist das Haus jedoch ausgebucht. Am darauffolgenden Wochenende (8.–11. September 20..) ist das gewünschte Romantikzimmer noch frei. Verfasse eine E-Mail, in der du Herrn und Frau Moser diesen Vorschlag unterbreitest.

8. **Ausgangssituation**

   Familie Berger möchte mit Hund Pepper an der Ostsee urlauben. Die Familie sucht nach einem Hotel, um mit ihren drei Kindern (12, 6 und 4 Jahre) entspannte Tage zu verbringen. Wandern, Radfahren und Schwimmen zählen zu den Hobbys der Familie. Die Töchter reiten gerne, Lukas spielt leidenschaftlich gern Fußball. Auch im Urlaub möchte die Familie aktiv sein und wünscht sich viele Angebote in freier Natur. Die Kinder freuen sich, wenn sie Zeit mit Gleichaltrigen verbringen können. Die Bergers suchen im Internet nach der geeigneten Unterkunft. Der Preis spielt keine vordergründige Rolle, in erster Linie geht es um ein interessantes Angebot für Kinder.

   a) Nenne Angebote, die Familie Berger auf der Website finden sollte.

   b) Recherchiere auf Buchungsplattformen/Hotelwebsites und finde das perfekte Hotel für Familie Berger. Zeige auf, wodurch es sich von seinen Mitbewerbern unterscheidet.

   c) Präsentiere das gewählte Haus deinen Mitschülerinnen/Mitschülern. Begründe deine Entscheidung.

   d) Erstelle nun für Familie Berger ein unwiderstehliches Angebot. Beschreibe alle Hotelleistungen (Verpflegung, Wellness- und Fitnessbereich, Kinderbetreuung, Sportmöglichkeiten, Aktivitäten im Hotel) und gehe auf die individuellen Wünsche von Familie Berger ein.

   e) Erstelle für Familie Berger als Fixierung des Beherbergungsvertrages zu deinem Angebot eine Reservierungsbestätigung. Achte darauf, alle wichtigen Inhalte unterzubringen und bestätige zusätzlich Theater- oder Konzertkarten für die ganze Familie.

Einen interaktiven **Safety-Check** findest du in der TRAUNER-DigiBox.

Preisgestaltung

Wie viel darf ein Hotelzimmer kosten? Um diese Frage zufriedenstellend zu beantworten, werden meist verschiedene Überlegungen einbezogen. Einerseits müssen selbstverständlich die Kosten gedeckt werden. Andererseits ist aber auch zu berücksichtigen, wie viel Gäste bereit sind, für ein bestimmtes Hotel zu bezahlen und wie viel die Konkurrenz verlangt.

KOMPETENZERWERB

Meine Ziele

Nach Bearbeitung dieses Kapitels kann ich

- unterschiedliche Faktoren nennen, die bei der Preisgestaltung im Beherbergungsbereich eine Rolle spielen;
- beschreiben, welche Kosten bei der Preisgestaltung eines Hotelzimmers einbezogen werden müssen;
- die Kosten pro Übernachtung in einem Beherbergungsbetrieb berechnen;
- die Auslastung/Frequenz eines Beherbergungsbetriebes für einen bestimmten Zeitraum berechnen;
- erklären, warum Kennzahlen für Beherbergungsbetriebe eine wichtige Rolle spielen;
- erklären, was Revenue Management ist und wichtige Parameter dafür nennen.

1 Wie kommt ein Hotelzimmer zu seinem Preis?

Mein Ausbildungsbetrieb bietet immer wieder Verwöhnangebote an. Dabei werden mehrere Leistungen zu einem tollen Angebot kombiniert. Aber Gäste achten nicht nur auf die im Paket enthaltenen Leistungen, sondern auch auf den Preis.

Wie viel ein Zimmer oder Bett in einem Hotel kostet, ist das Ergebnis verschiedener Überlegungen. Grundsätzlich ist für die Preisgestaltung in einem Hotel wichtig, einen Überblick über die Kosten einer Nächtigung zu haben, da diese die Basis für die Berechnung des Zimmerpreises sind. Es geht im Zuge der Preisplanung aber nicht nur um die Kostendeckung, sondern auch darum, wettbewerbsfähig zu bleiben.

Was ein Preis beinhalten muss und was bei der Angabe von Preisen zu beachten ist, ist in der Preisangabenverordnung geregelt. Mehr dazu erfährst du auf S. 366.

Orientierungsgrößen bei der Preisbestimmung

Nachfrage der Gäste

Wie viel ist ein Gast bereit, für eine Nacht in unserem Haus zu bezahlen?

Preise der Konkurrenz

Wie viel verlangen Konkurrenzbetriebe für eine Nacht?

Kosten

Wie viel müssen wir einnehmen, um unsere Kosten zu decken?

1.1 Nachfrage

Viele Gäste sind Smart Shopper, die gute Qualität zu günstigen Preisen suchen, das beste Preis-Leistungsverhältnis. Sie verreisen öfter und dafür kürzer. Das Internet hilft Ihnen dabei, Preise zu vergleichen und die besten Angebote zu finden.

der Smart Shopper = qualitätsbewusste/r, informierte/r Käufer/in, die/der maximale Qualität (z. B. Markenprodukte) zum niedrigsten Preis nachfragt; Online-Bewertungen dienen als wertvolles Recherche-Instrument.

Allerdings ist nicht nur der tatsächliche Preis entscheidend, ob ein Gast bucht. Es geht auch darum, ob das Angebot seine Erwartungen erfüllt. So haben beispielsweise Geschäftsreisende in einer Stadt andere Ansprüche an eine Nächtigung mit Frühstück als eine Familie in einem Ferienhotel. Tourismusbetriebe sollten daher eine gästezentrierte Preispolitik betreiben.

DAS SOLLTEST DU SPEICHERN

Die Nachfrage kann z. B. abhängig von Saisonen schwanken. In der Hauptsaison akzeptieren Gäste möglicherweise höhere Preise als in der Nebensaison. Forecasts und die Erfahrungen aus den Vorjahren helfen, einzuschätzen, wie viel Gäste bereit sind, zu einem bestimmten Buchungszeitpunkt für ein Zimmer zu bezahlen.

1.2 Wettbewerb

Da ein Hotel meist nicht das Einzige an einem Ort ist, verfolgen viele Beherbergungsbetriebe das Prinzip der konkurrenzorientierten Preispolitik. Das bedeutet, dass die Preise nicht im Sinne einer kostenrechnerisch korrekten Preiskalkulation eruiert werden, sondern sich an der Konkurrenz orientieren. Eine an die Mitbewerber/innen angepasste Preispolitik vereinfacht zwar die Preisfindung, kann jedoch zu Problemen führen, wenn die Kosten des täglichen Hotelbetriebes nicht erwirtschaftet werden.

Mehr zum Thema Niedrigpreispolitik erfährst du auf S. 400.

TIPP VOM PROFI

Nicht nachvollziehbare Preisanpassungen schaden dem Image des Hotels. Durch Niedrigpreispolitik bzw. rein konkurrenzorientierte Preispolitik (ohne Rücksicht auf die wirtschaftliche Situation) haben sich Betriebe schon gegenseitig in den Ruin getrieben.

1.3 Kosten

Bei den Kosten unterscheidet man **fixe** (z. B. Personal, Verwaltung) und **variable Kosten** (z. B. Reinigungskosten eines Zimmers, Wareneinsatz für das Frühstück).

Kosten im Beherbergungsbereich

Fixkosten

Das sind Kosten, die unabhängig von der Belegung des Hotels anfallen.

Beispiele
Löhne der Festangestellten, Pacht, Zinszahlungen, Versicherungen, Gebühren, Werbung

Variable Kosten

Diese Kosten fallen nur an, wenn Gäste im Hotel wohnen.

Beispiele
Wäschereikosten für die Zimmer, Zimmerreinigung, Guest Amenities

TIPP VOM PROFI

Sollen die Kosten gesenkt werden, lohnt sich eine Überprüfung der Fixkosten. Manchmal rentiert es sich, verschiedene Angebote einzuholen und zu vergleichen. So sollen etwa Versicherungsbeiträge regelmäßig überprüft und Vergleichsangebote eingeholt werden.

Kalkulation des Zimmerpreises

Bei der **Kalkulation von Zimmerpreisen (Vollkostenrechnung)** ist wie folgt vorzugehen:

	Selbstkosten je Zimmer (fixe und variable Kosten)
+	Gewinnzuschlag
=	**Nettoangebotspreis**
+	Umsatzsteuer
=	**Inklusivpreis (Bruttoangebotspreis)**

Die **Vollkostenrechnung** wird i. d. R. einmal im Jahr durchgeführt, um die Standardrate (Rack Rate) zu ermitteln.

Hat ein Hotel im Laufe des Jahres freie Kapazitäten, dann (und nur dann) kann die Teilkostenrechnung angewendet werden.

Teilkostenrechnung

	Nettoangebotspreis
–	variable Kosten
=	**Deckungsbeitrag I**
–	fixe Kosten
=	**Deckungsbeitrag II**

Der **Gewinn** errechnet sich aus der Differenz zwischen Selbstkosten und Nettoverkaufspreis.

Berechnung des kalkulatorischen Gewinnes

	Inklusivpreis pro Zimmer
–	Umsatzsteuer
=	**kalkulierter Preis**
–	Selbstkosten
=	**kalkulatorischer Gewinn**

1.4 Preispolitische Strategien

Bei der **Preisgestaltung** können verschiedene **Strategien** angewendet werden. Wichtig bei der Wahl der Strategie ist, das **Nachfrageverhalten der Gäste,** die **Preise der Wettbewerber** sowie die **eigenen Kosten,** die langfristig gedeckt sein müssen, zu berücksichtigen.

Faktoren, die den Deckungsbeitrag im Bereich Beherbergung beeinflussen, sind:

- Nettoverkaufspreise
- Variable Kosten (Deckungsbeitrag I und Deckungsbeitrag II)
- Fixe Kosten (Deckungsbeitrag II)

Der **Break-even-Point** (Gewinnschwelle) gibt die Anzahl der verkauften Zimmer an, ab der das Hotel Gewinn erwirtschaftet.

Berechnung

$$\frac{\text{Fixkosten}}{\text{Deckungsbeitrag I}}$$

Mehr zu Strategien der Preisgestaltung erfährst du auf S. 484 f.

Möglichkeiten der Preisgestaltung

Hochpreispolitik	Niedrigpreispolitik	Kalkulatorischer Ausgleich
Sie zielt auf zahlungskräftige Gäste und bietet ein entsprechend teures Angebot.	Sie kann zur besseren Auslastung bzw. zur Gewinnung neuer Zielgruppen eingesetzt werden.	Dabei setzt man die Preise so fest, dass Mindererträge bei bestimmten Produkten durch den Gewinn bei anderen Produkten ausgeglichen werden.

Die Festlegung unterschiedlicher Preise für dieselbe Dienstleistung zu unterschiedlichen Zeiten nennt man auch **Dynamic Pricing.**

Preisdifferenzierung

Die **Preisdifferenzierung** ist eine besondere Maßnahme der Preispolitik. Dabei sind für ein und dieselbe Leistung verschiedene Preise vorgesehen. Eingesetzt wird diese Maßnahme etwa, um die Auslastung/Frequenz zu verbessern.

Kriterien bei der Preisdifferenzierung

Saison/Aufenthaltszeitpunkt

Beispiele
- Lockangebote für bestimmte Reisezeiten (Nebensaison)
- Günstige Packages für Aufenthalte in auslastungsschwächeren Zeiten

Buchungs- bzw. Zahlungszeitpunkt

Beispiel
- Last-Minute-Buchungen mit Preisvorteil
- Early-Bird-Angebote: Günstige Raten für Frühbucher/innen

Qualität

Beispiel
Preise je nach Ausstattung oder Lage eines Hotelzimmers, z. B. Meerblick, Whirlpool etc.

Quantität

Beispiele
- Spezialpreise für Reisegruppen
- Preisdifferenzierung nach Aufenthaltsdauer (bei Buchung von nur einer Nacht ist der Preis höher)

1.5 Kennzahlen

Die Preispolitik des Betriebes wird mit sogenannten **Kennzahlen**, wie etwa **Zimmerbelegung in Prozent, durchschnittlicher Beherbergungserlös pro belegtem Zimmer,** oder **durchschnittliche Aufenthaltsdauer,** kontrolliert.

die Kennzahl = macht Ziele mess- und vergleichbar, gibt Auskunft über die aktuelle Situation des Betriebes

DAS SOLLTEST DU SPEICHERN

Die zentralen Logiskennzahlen (für den Logisumsatz) sind die **Auslastung** und die **Zimmerrate.**

Zimmerrate

Bei der Preisgestaltung geht man üblicherweise von der Zimmerrate ohne Frühstück und netto aus, die Provision wird ebenfalls abgezogen.

Frequenz/Zimmerauslastung (Occupancy)

Eine weitere wichtige Kennzahl ist die **Zimmerauslastung (Occupancy).** Diese zeigt, wie viel Prozent der zur Verfügung stehenden Zimmer zu einem bestimmten Zeitpunkt bzw. in einem bestimmten Zeitraum belegt sind.

Berechnung der Frequenz/Zimmerauslastung

$$\textbf{Zimmerfrequenz in \% für einen Tag} = \frac{\text{Verkaufte Zimmer x 100}}{\text{Verfügbare Zimmer}}$$

$$\textbf{Zimmerfrequenz in \% für einen Zeitraum} = \frac{\text{Verkaufte Zimmernächte im Zeitraum x 100}}{\text{Anzahl der Zimmer x Tage im Zeitraum}}$$

Beispiel

Ein Hotel hat 300 Zimmer und ist an 365 Tagen im Jahr geöffnet. Letztes Jahr wurden 81 235 Zimmernächte verkauft.

$$\frac{81\,235 \times 100}{300 \times 365} = 74{,}19\ \%$$

Vollbelegstage

Vollbelegstage sind jene Tage, an denen **alle verfügbaren Zimmer im Hotel komplett ausgebucht** waren. Es zeigt also, **wie oft ein Hotel zu 100 % ausgelastet war,** was ein Zeichen für besonders starke Nachfrage ist.

Berechnung Vollbelegstage

$$\textbf{Vollbelegstage} = \frac{\text{Anzahl der verkauften Zimmernächte im Zeitraum}}{\text{Anzahl der Zimmer}}$$

ARR (Average Room Rate)/ADR (Average Daily Rate)

Da die Zimmerraten variieren können, ist eine einzelne Rate wenig aussagekräftig. Interessanter ist die durchschnittliche Rate für einen bestimmten Zeitraum – die sogenannte **ARR (Average Room Rate)/ADR (Average Daily Rate).**

Zimmerrate vs. Zimmerpreis: Der Gast bezahlt den **Zimmerpreis,** dieser ist brutto. Die **Zimmerrate** als Kennzahl wird immer netto verwendet.

Eine digitale Übung zum Thema findest du in der TRAUNER-DigiBox.

Je nach Art des Beherbergungsbetriebes können entweder die **Zimmerauslastung** oder **Vollbelegstage** die aussagekräftigere Kennzahl sein. Ein Ganzjahresbetrieb ohne Betriebsferien oder Schließtage wird die Zimmerauslastung berechnen, da er so erkennen kann, wieviel freie Kapazitäten er im betreffenden Zeitraum hat. Ein Saisonbetrieb mit Betriebsferien wird die Berechnung der Vollbelegstage als aussagekräftiger erachten. Schließtage sind Perioden, in denen keine Reservierungen angenommen werden können. Bei der Berechnung der Zimmerauslastung werden diese jedoch in die Berechnung mitaufgenommen, das würde die Auslastungsdarstellung verfälschen.

Berechnung der ARR/ADR

$$\text{ARR} = \frac{\text{Netto-Logisumsatz im Zeitraum}}{\text{Anzahl der verkauften Zimmernächte im Zeitraum}}$$

RevPAR (Revenue per available Room)

Die Kennzahl **RevPAR (Revenue per available Room)** gibt die durchschnittliche Zimmerrate pro verfügbarem Zimmer in einem bestimmten Zeitraum an.

Diese Kennzahl macht klar, dass nichts so teuer ist wie ein leeres Hotelzimmer und leerbleibende Zimmer im Endeffekt Geld kosten, da der Durchschnittspreis sinkt. Außerdem zeigt der RevPAR, wie niedrig der Zimmerpreis für die leer gebliebenen Zimmer hätte sein können.

Berechnung des RevPAR

$$\text{RevPAR} = \frac{\text{Netto-Logisumsatz}}{\text{Anzahl der verfügbaren Zimmer} \times \text{Offenhaltungstage}}$$

Going international

To control whether strategies of revenue is successful or not you have to know about the ADR (average daily rate) and the Revpar (revenue per available room).

ADR/Revpor (Revenue per occupied room) = average price of each room sold per day
Revpar = average price of each available room per day

Example:	
Hotel capacity: 100 rooms	ADR = 4,820.00:80 = 60.00 €
Sold: 80 rooms	Revpar = 4,820:100 = 48.20 €
Revenue: 4,820.00 €	

Ideal is ADR = Revpar, because it means 100 % employment.

die Revenue = Einnahmen, auch Umsatz

Durchschnittliche Aufenthaltsdauer (Average Length of Stay, ALOS)

Die **durchschnittliche Aufenthaltsdauer (Average Length of Stay, ALOS)** gibt an, wie lange Gäste im Durchschnitt im Hotel bleiben.

Berechnung des ALOS

$$\text{Average Length of Stay} = \frac{\text{Anzahl der Zimmernächte}}{\text{Anzahl der Ankünfte}}$$

2 Revenue Management

In meinem Ausbildungsbetrieb spielen bei der Gestaltung der Preise unterschiedliche Faktoren eine Rolle. Wichtig ist eine gute Frequenz, denn leer stehende Hotelzimmer bedeuten weniger Umsatz. Um dies zu vermeiden, wird das Revenue Management eingesetzt.

Welcher Zimmerpreis im Hotel ist gerechtfertigt, wenn am Abend ein großes Event stattfindet? Wie viel kann ein Hotel an einem Wochentag für ein Zimmer verlangen?

Die Zeiten, in denen Hotels einen fixen Zimmerpreis für alle Zimmer hatten bzw. evtl. die Preise je nach Kategorie und **Haupt-** und **Nebensaison** staffelten, sind vorbei. Die meisten Hotels versuchen heute mithilfe von **Revenue Management,** die Zimmerpreise anhand verschiedener Faktoren zu optimieren, um den **Umsatz zu steigern.**

Das geschieht durch **dynamische Preisgestaltung (Dynamic Pricing).** Dabei werden die Preise kontinuierlich an die aktuelle Marktsituation, z. B. unmittelbare und kurzfristige Nachfrageschwankungen, angepasst. Ziel ist die Maximierung des Umsatzes und des Gewinnes. Die Anpassung der Preise basiert auf Faktoren wie Nachfrage, Angebot, Wettbewerb und Kundenverhalten.

Weißt du noch, was Dynamic Pricing bedeutet? Wenn du unsicher bist, kannst du auf S. 400 nachlesen.

Beispiele

Ein Hotel hebt während einer großen Handelsmesse die Preise für Standardzimmer an, da die Nachfrage für diesen Zeitpunkt höher ist und die Businessgäste tendenziell bereit sind, mehr zu bezahlen.

2.1 Revenue Management vs. Yield Management

Wenn von Revenue Management die Rede ist, fällt häufig auch der Begriff „Yield Management“. Oft werden die Begriffe synonym verwendet. Bei genauer Betrachtung wird jedoch deutlich, dass es einen Unterschied gibt.

Revenue Management ist also ein umfassenderer Ansatz und man könnte sagen, dass Yield Management ein Teil des Revenue Managements ist.

Revenue Management

Revenue Management ist eine Strategie der Preisgestaltung. Durch möglichst genaues Vorhersagen der Gästebedürfnisse werden Preise, die Verfügbarkeit von Zimmern und Vertriebswege so gesteuert (an die Marktbedingungen angepasst), dass Umsatz und Gewinn maximiert werden.

Yield Management

Das Ziel des Revenue Management ist es, den gesamten Umsatz eines Hotels aus allen Bereichen und über alle Gästegruppen hinweg zu maximieren. Yield Management konzentriert sich speziell auf die Optimierung des Umsatzes pro verfügbarem Zimmer, indem die Preise je nach Nachfrage angepasst werden.

2.2 Kennzahlen

Um die Zimmerraten und die Auslastung seriös planen zu können, ist ein **Überblick über die gegenwärtige Situation** nötig.

Es ist wichtig zu wissen:
- Wie viel zahlen Gäste im Durchschnitt für ein Zimmer in meinem Hotel?
- Wie viele Zimmer sind zu einem bestimmten Zeitpunkt gebucht?

Um diesen Überblick zu bekommen, sind **Kennzahlen** hilfreich.

Beim Revenue Management ist es wichtig, mit spezifischen Kennzahlen zu arbeiten, um fundierte Entscheidungen zu treffen. Diese Kennzahlen helfen, den Erfolg von Preisstrategien zu messen bzw. wenn nötig Anpassungen vorzunehmen.

Einige Kennzahlen hast du bereits im Kapitel „Preisgestaltung" kennengelernt (ab S. 400).

DAS SOLLTEST DU SPEICHERN

Die **zentralen Logiskennzahlen** (für den Logisumsatz) sind die **Auslastung** und die **Zimmerrate.** Weitere relevante Kennzahlen sind u. a. die **ARR** und der **RevPAR.**

2.3 Segmentierung

DAS SOLLTEST DU SPEICHERN

Ziel des **Revenue bzw. Yield Managements** ist es, den Umsatz zu erhöhen. Das gelingt, indem mehr Gäste im Hotel bleiben, also die Auslastung gesteigert wird bzw. die einzelnen Gäste mehr für eine Übernachtung bezahlen, also die Zimmerrate höher ist.

Um zielgerichtete Strategien zur Umsatzsteigerung planen zu können, ist es wichtig, zu wissen,
- welche Gäste in ein Haus kommen,
- wie viel Umsatz diese bringen und
- was sie bereit sind, für ein Zimmer zu zahlen.

Dafür werden verschiedene Gäste- und Buchungsgruppen definiert. Diese nennt man **Segmente.**

Unterschiedliche Buchungskanäle kosten das Hotel unterschiedlich viel Geld. Daher ist es wichtig, zu wissen, welche Buchungskanäle zu welchem Zeitpunkt welche Buchungen bringen.

Beispiel
Bei einer Direktbuchung kommt der Preis direkt zum Hotel, während bei einer Buchung über Online-Kanäle Provisionen anfallen können oder Reisevermittler mit dem Hotel eine niedrige Rate vereinbart haben.

Beispiele für Gästesegmente
- Geschäftsreisende
- Freizeitreisende
- Direktbucher
- Unterschiedliche Buchungskanäle
- Reisegruppen

Diese Segmentierung vermittelt einen Überblick, welche Gäste zu einem bestimmten Zeitpunkt in ein Hotel reisen, wann und wie sie buchen.

Rolle der einzelnen Segmente

Die jeweiligen Segmente werden nun genauer betrachtet. Dabei ist u. a. Folgendes interessant:

Beitrag des jeweiligen Segmentes zu Umsatz und Auslastung

Beispiel
Wenn Geschäftsreisende 36 % zur Auslastung, aber 49 % zum Umsatz beitragen, kann ich davon ausgehen, dass sie eher hohe Raten zahlen.

Zeitpunkt der Buchung
Buchen die Gäste lange im Voraus oder eher kurzfristig?

Aufenthaltsdauer/Wochentage des Aufenthaltes

Beispiel
Businessgäste bleiben eher unter der Woche im Hotel und Freizeitreisende eher am Wochenende.

Stornoquote
Hat ein Segment eine besonders hohe Stornoquote?

Die genaue Analyse der Segmente hilft bei der Entscheidung, welche Segmente im Revenue Management welche Gewichtung bekommen.

Beispiel
Wenn in einem klassischen Seminarhotel Freizeitreisende nur einen sehr geringen Anteil an Buchungen generieren, ist etwa zu überlegen, ob es sich lohnt, sich beim Marketing speziell auf diese Zielgruppe zu fokussieren.

2.4 Weitere Voraussetzungen für Revenue Management

Um den Preis für ein Hotelzimmer im Zuge des Revenue Managements zielführend festlegen zu können, gibt es noch weitere Faktoren, über die man Bescheid wissen muss. Diese sehen wir uns im Folgenden an.

Mehr zur Kalkulation des Zimmerpreises erfährst du auf S. 399.

Kosten

Wie viel ein Zimmer mindestens kosten muss, ist durch die Kosten begrenzt. Die Reinigung der Zimmer, das Waschen der Wäsche, das Heizen der Zimmer etc. kosten Geld. Um wirtschaftlich zu sein, muss ein Hotel mit dem Verkauf von Zimmern diese Kosten mindestens decken (Break-even-Point).

Die Kosten können eingeteilt werden in:
- Variable Kosten (z. B. Zimmerreinigung, Wäschereikosten für die Zimmer)
- Fixe Kosten (z .B. Löhne der Festangestellten, Pacht)

Buchungslage

Sind für einen bestimmten Zeitpunkt bereits viele Zimmer gebucht, kann man von einer hohen Nachfrage ausgehen und es können eher höhere Preise verlangt werden. Manche Gäste werden sich nach einer billigeren Alternative umsehen. Wenn klar ist, dass die Nachfrage höher ist als das Angebot, kann durch den Verkauf der übrigen Zimmer zu einem höheren Preis der Umsatz gesteigert werden.

Es gibt Programme, die den Vergleich der Raten automatisiert vornehmen (Rate Shop Service).

Preise der Konkurrenz

Der Vergleich der Preise mit jenen der Konkurrenz kann helfen, einen Überblick zu erhalten, wie viel andere Betriebe für ein Zimmer verlangen. Wichtig ist, sich mit Betrieben mit ähnlicher Zielgruppe/Ausrichtung zu vergleichen.

Beispiel
Es ist wenig aussagekräftig, wenn ein Fünfsternehotel sich an den Preisen der Jugendherberge nebenan orientiert.

Unterschiedliche Gäste haben unterschiedliche Grenzen bei der Frage, wie viel sie für ein Zimmer bezahlen.

Zahlungsbereitschaft der Zielgruppen

Ein weiterer Faktor bei der Preisgestaltung ist die Frage, wie viel Gäste bereit sind, zu bezahlen. Das kann von Zielgruppe zu Zielgruppe variieren. Dabei gibt es mehrere Punkte zu berücksichtigen. Etwa ob es Alternativen gibt. Ist man das einzige Hotel im Ort, kann man evtl. höhere Preise verlangen, wenn Nachfrage vorhanden ist.

Erfahrungswerte

Folgende Faktoren sind zu klären: Wann waren in den letzten Jahren stark gebuchte Zeiten, wann eher schwach gebuchte Zeiten? Wie lange im Voraus buchen die Gäste im Durchschnitt?

Feiertage/Ferien

Feiertage sollten vorab im Kalender markiert werden. Je nach Ausrichtung des Hotels kann hier eine höhere (Ferienhotellerie) oder niedrigere (Stadthotellerie) Nachfrage angenommen werden.

Auch Messen und besondere Veranstaltungen sollten vorab im Kalender markiert werden und wenn möglich das Buchungsverhalten der Gäste im vergangenen Jahr berücksichtigt werden.

2.5 Forecasting

Ziel ist es, einen möglichst hohen Umsatz zu erwirtschaften. Damit das gelingt, müssen möglichst viele Zimmer zu einem möglichst hohen Preis verkauft werden.

DAS SOLLTEST DU SPEICHERN

Optimal ist, erst dann wenn es nicht ausreichend Buchungen zu hohen Raten gibt, Buchungen mit niedrigeren Raten anzunehmen.

In der Realität sieht das jedoch oft anders aus. Oft erfolgen hochpreisige Buchungen erst kurzfristig, während z. B. Gruppenbuchungen, die eher niedrige Raten haben, eher langfristig erfolgen. Mithilfe von Daten aus der Vergangenheit kann prognostiziert werden, wie viele Zimmer in einem bestimmten Zeitraum gebucht werden. Man spricht von **Forecasting.**

Für Prognosen sind keine übersinnlichen Kräfte nötig. Aufgrund des vorhandenen Datenmaterials aus den Reservierungssystemen können Trends beim Gästeverhalten im Voraus erkannt werden.

Beispiel

Um einschätzen zu können, wie viele Gäste zur heurigen Herbstmesse anreisen, lohnt sich ein Blick in die Vergangenheit, nämlich zur Situation vor der Messe im vergangenen Jahr. Wie war die Auslastung damals? Wie viele Gäste sind wegen der Messe angereist? Wann haben diese gebucht?

DAS SOLLTEST DU SPEICHERN

Wichtige Faktoren bei der Beurteilung der individuellen Buchungssituation sind **Lead Time** und **Pick up.**

Lead Time

Lead Time bezeichnet den Zeitraum zwischen Buchung und Anreise. Für ein Hotel ist es hilfreich, wenn es weiß, wann der Großteil der Buchungen für ein bestimmtes Datum stattfindet.

Wichtig für ein gelungenes Revenue Management ist etwa, zu wissen, ob Gäste eher kurzfristig oder weit im Voraus buchen bzw. wie sich die Segmente in Bezug auf den Buchungszeitpunkt unterscheiden.

Pick up

Pick up bezeichnet die Anzahl der Buchungen, die in einem bestimmten Zeitraum für ein bestimmtes Datum zu erwarten sind.

Beispiel

Vier Monate vor der jährlichen Herbstmesse sind 10 % der Zimmer gebucht. Um diese Zahl einordnen zu können, lohnt es sich, zu prüfen, wie die Situation im vergangenen Jahr vier Monate vor der Messe aussah.

- Waren damals bereits bedeutend mehr Zimmer gebucht?
- Waren ähnlich viele Zimmer gebucht?
- Wie viele Buchungen sind in den vier Monaten noch hinzugekommen?
- Wann sind die meisten Buchungen hinzugekommen?
- Über welche Buchungskanäle sind wie viele Buchungen hinzugekommen?

Anhand der Antworten auf diese Fragen lassen sich die zu erwartenden Buchungen für einen bestimmten Zeitraum und damit buchungsstarke und -schwache Zeiten frühzeitig erkennen und gegebenenfalls Maßnahmen setzen (z. B. Preisanpassungen, Last-Minute-Angebote).

2.6 Parameter beim Revenue Management

Es gibt verschiedene Hebel, an denen gedreht werden kann, um den Umsatz und die Auslastung zu maximieren. Einige von ihnen sehen wir uns nun genauer an.

Buchungszeitpunkt

Langfristige Buchungen helfen, die Buchungssituation für einen bestimmten Zeitpunkt besser planen zu können.

Beispiel
Frühbucher-Angebote (mit niedriger Zimmerrate) sind eine Möglichkeit, wenn ein Hotel die Zahl der langfristigen Buchungen steigern möchte, um einen besseren Überblick über die Buchungssituation für ein bestimmtes Datum zu bekommen. Umgekehrt können aber auch Last-Minute-Angebote helfen, die Auslastung kurzfristig zu erhöhen.

Die Preise können je nach Saison variieren

Aufenthaltsdatum

Wenn es Wochentage mit tendenziell niedrigerer Auslastung gibt, kann man versuchen, an diesen mit niedrigeren Preisen oder Packages die Auslastung zu erhöhen. Bei gut gebuchten Tagen kann die Durchschnittsrate erhöht werden.

Aufenthaltsdauer

MLOS = Minimum Length of Stay; Mindestaufenthalt

Auch die Aufenthaltsdauer kann den Preis beeinflussen. So können etwa bestimmte Angebote mit einem MLOS verknüpft sein.

Packages

Um die Nachfrage zu fördern, werden häufig Packages angeboten. Dabei werden mehrere Leistungen (z. B. Übernachtung, Thermeneintritt, Romantic Dinner) gemeinsam verkauft.

Steuerung nach Buchungskanal

BAR = Best available Rate

Hotels verkaufen ihre Zimmer über verschiedene Kanäle, z. B. (Online-)Reisebüros. Das Hotel stellt diesen die Zimmerverfügbarkeiten zur Verfügung und diese verkaufen sie an ihre Kundinnen/Kunden weiter. Die Vertriebspartner erhalten dafür vom Hotel eine Provision bzw. die Zimmer zu sehr günstigen Raten, die teilweise unter der BAR liegen.

DAS SOLLTEST DU SPEICHERN
Das Hotel erhält je nach Buchungsweg unterschiedlich hohe Raten. Um den Umsatz zu steigern, kann überlegt werden, welche Kontingente den jeweiligen Partnern zur Verfügung gestellt werden und wie diese verfügbar sind.

Beispiel
Bei schwacher Nachfrage ist das Hotel auf allen Kanälen verfügbar. Ist die Nachfrage stark, schließt das Hotel jene Vertriebskanäle, die am teuersten für das Hotel sind.

Stornierungsbedingungen

Günstige Raten (z. B. Early Bird Rate) sind manchmal mit strengeren Stornierungsbedingungen verbunden (z. B. nicht stornierbar). So ist sichergestellt, dass selbst bei kurzfristigen Absagen oder bei No-Shows ein Umsatz generiert wird.

No-Show = Nichtanreise des Gastes ohne vorherige Verständigung

Überbuchungsstrategie
Aufgrund der Beobachtung von No-Shows und Stornierungen wird durch Überbuchung versucht, eine Vollauslastung zu erzielen. Vollzahler erhalten Vorrang vor ermäßigten Gruppenbuchungen. Sind bestimmte Hotelkategorien überbucht worden, erfolgt nach Möglichkeit ein Upgrade in die nächst höhere Buchungsklasse, das stört die Gäste am wenigsten.

WortschatzBox – „Preisgestaltung"

- Ergänze die gesuchten Begriffe.

Umsatz

R ______ ______ ______ ______ ______ ______

Gibt Auskunft über die aktuelle Situation eines Betriebes

K ______ ______ ______ ______ ______ ______ ______

Frühbucherrate

E ______ ______ ______ ______ - ______ ______ ______ ______ - ______ ______ ______ ______

Kennzahl, die angibt, wie stark ein Hotel in einem bestimmten Zeitraum belegt war

F ______ ______ ______ ______ ______ ______ ______

Gewinnschwelle

B ______ ______ ______ ______ - ______ ______ ______ ______ - ______ ______ ______ ______ ______

Maßnahme der Preispolitik, bei der zu unterschiedlichen Zeiten unterschiedliche Preise für dieselbe Dienstleistung festgelegt werden

D ______ ______ ______ ______ ______ ______ P ______ ______ ______ ______ ______ ______

Zeitraum zwischen Buchung und Anreise

L ______ ______ ______ T ______ ______ ______

KOMPETENZ-ERWERB

Ziele erreicht? – „Preisgestaltung“

1. Nenne Orientierungsgrößen der Preisbestimmung, auf die ein Unternehmen zurückgreifen kann. Führe Vor- und Nachteile der jeweiligen Parameter an.
2. Das Hotel Vier Jahreszeiten (76 Zimmer) hat im August 31 Tage geöffnet. Insgesamt wurden im August 1 923 Zimmernächte verzeichnet. Berechne die Frequenz des Hotels für den Monat August.
3. Die jährlichen Fixkosten im Hotel Vier Jahreszeiten betragen 91.172,81 €. Der Nettoverkaufspreis pro Nacht beträgt 49,87 €, die variablen Kosten pro Nacht 8,68 €. Berechne den Break-even-Point.
4. Das Hotel Vier Jahreszeiten hat 76 Zimmer. Im November betrug der Logisumsatz bei 30 Offenhaltungstagen insgesamt 184.110,00 €. Die Auslastung lag bei 85 %.
   a) Berechne die Zahl der Zimmernächte im November.
   b) Berechne die ARR und den RevPAR.
5. Analysiere, welche Vor- bzw. Nachteile das Revenue Management für ein Hotel haben kann.
6. Sieh dir die Preisübersicht des Hotels Vier Jahreszeiten an und analysiere, nach welchen Kriterien die Preise variieren könnten. Versuche, diese den auf S. 405 ff. genannten Kriterien zuzuordnen.

Hotel Vier Jahreszeiten ****

10785 Berlin | Potsdamer Platz 8 | DEUTSCHLAND/GERMANY
Tel. +49 5476 265 36-0 | E-Mail office@hotelvierjahreszeiten.de I www.vierjahreszeiten.de

Preisliste vom 18.12.20..

Anreisemonat		Anreisetag	
Januar	ab € 145,00	Mi., 11.1.	€ 147,80
Februar	ab € 135,00	Do., 12.1.	€ 148,00
März	ab € 150,00	Fr., 13.1.	€ 152,00
April	ab € 150,00	Sa., 14.1.	€ 152,00
Mai	ab € 145,00	So., 15.1.	€ 150,00
Juni	ab € 145,00	Mo., 16.1.	€ 145,00
Juli	ab € 150,00	Di., 17.1.	€ 145,00

Rechtsform: GmbH, Geschäftsführung: Johann Peters, Registergericht Berlin, Handelsregister-Nr.: HRB 25892, USt-IdNr.: DE844587112 I Commerzbank Berlin: IBAN DE09 1004 0000 0100 2121 89, BIC COBADEFFXXX

7. Als Revenue Manager/in des Hotels Vier Jahreszeiten sollst du den „besten“ Preis für ein Weihnachtspackage, das zwei Übernachtungen zwischen Weihnachten und Silvester sowie eine Massage enthält, ermitteln. Überlege, welche Faktoren in diesem Fall für die Preisbildung als Kalkulationsbasis dienen.
8. Stell dir vor: Du arbeitest im Wohlfühlhotel Hauserhof. Da die Frequenz im März meist nicht zufriedenstellend ist, sucht dein Vorgesetzter nach Möglichkeiten, in dieser Zeit mehr Gäste zu gewinnen. Mache ihm drei Vorschläge.

Einen interaktiven Safety-Check findest du in der TRAUNER-DigiBox.

LF 8: Im Housekeeping arbeiten

Du findest

Das 1x1 der Reinigung

Perfekt gereinigte Räumlichkeiten und gepflegtes Inventar sind die Visitenkarte eines Hotels. Eine einwandfreie Reinigungsleistung ist daher ein Muss. Empfinden Gäste die Sauberkeit in einem Hotel als mangelhaft, checken sie selten ein zweites Mal ein.

Das Thema Reinigung ist komplexer als vielen Menschen bewusst ist. Es gibt viele verschiedene Materialien, die unterschiedlich gereinigt werden müssen. Eine falsche Reinigung kann zu frühzeitigem Verschleiß und sogar zu irreparablen Schäden an Materialien und Inventar und damit zu erhöhten Kosten führen. Es ist daher umso wichtiger, Reinigungsvorgänge systematisch zu strukturieren, die passenden Arbeitsgeräte und Reinigungsmittel auszuwählen und die Mitarbeiter/innen gut zu schulen.

KOMPETENZ-ERWERB

Meine Ziele

Nach Bearbeitung dieses Kapitels kann ich

- die für die Reinigung eines Gästezimmers nötigen Arbeitsschritte nennen;
- die Farbsystematik in der Reinigung richtig anwenden;
- die Eigenschaften von Tensiden beschreiben;
- verschiedene Arbeitsmittel und ihre Einsatzbereiche bewerten.

1 Reinigungsablauf und Reinigungssystematik

Familie Müller in Zimmer 212 reist heute ab. Die Hausdame hat mir aufgetragen, das Zimmer zu reinigen. Sie zeigt mir genau, in welcher Reihenfolge ich welche Tätigkeiten erledigen muss.

Tausche dich mit deinen Kolleginnen und Kollegen darüber aus, wie die Vorgehensweise bei der Reinigung eines Abreisezimmers in euren Ausbildungsbetrieben ist. Welche Tätigkeiten gehören dazu? Welche Arbeitsmittel werden benötigt?

Um ein perfektes Reinigungsergebnis zu erzielen, müssen nicht nur die einzelnen Arbeitsschritte exakt ausgeführt werden, auch die Reihenfolge der Reinigungsarbeiten ist zu beachten. So ist es etwa nicht sinnvoll, zuerst zu saugen und dann die Betten zu beziehen, da Letzteres Staub aufwirbelt.

1.1 Reinigungsablauf

Vorarbeiten

Vorarbeiten sind jene Arbeiten, die einen reibungslosen Reinigungsablauf ermöglichen. Zu unterscheiden sind **Vorarbeiten zu Arbeitsbeginn** und **Vorarbeiten im zu reinigenden Raum.**

In der Fachsprache werden die Vor- und Nachbereitungstätigkeiten vor Arbeitsbeginn und am Arbeitsende als **Rüstzeiten** bezeichnet.

Unterscheidung

Vorarbeiten zu Arbeitsbeginn

Dazu gehören jene vorbereitenden Tätigkeiten, die es ermöglichen, den Arbeitsauftrag reibungslos zu erfüllen.

Beispiele

- Vorbereitung und Überprüfung der Arbeitsmittel und -geräte (z. B. Funktionsfähigkeit und Sicherheit des Staubsaugers)
- Kontrolle des Wäsche- und Reinigungswagens
- Bereitstellen der Schmutzwäschecontainer
- Vorbereiten der Reinigungsmaterialien und -geräte für Spezialarbeiten (z. B. Fensterreinigung)

Vorarbeiten im zu reinigenden Raum

Diese Arbeiten werden vor der eigentlichen Reinigung im zu reinigenden Raum (z. B. Gästezimmer) durchgeführt.

Beispiele

- Vorhänge öffnen
- Fenster öffnen und lüften
- Im Raum Ordnung schaffen, z. B. schmutziges Geschirr wegräumen, Kleidungsstücke ordnen
- Möbel zurechtrücken
- Schmutzwäsche zum Etagenwagen bringen
- Müll entsorgen

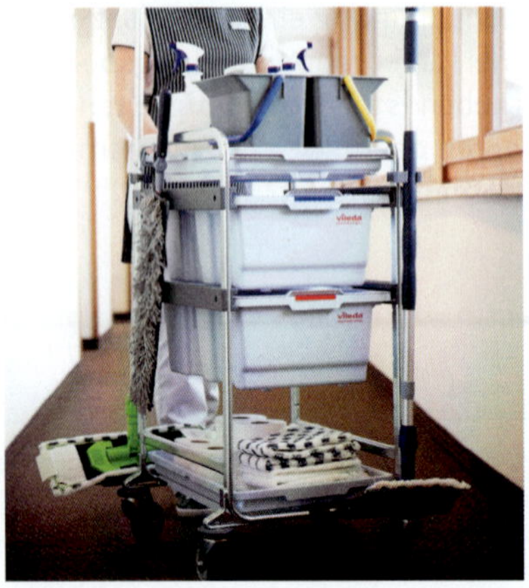

Der Wagen soll zum Anspruch des Hauses passen

die Guest Amenities = kleine Annehmlichkeiten für Gäste

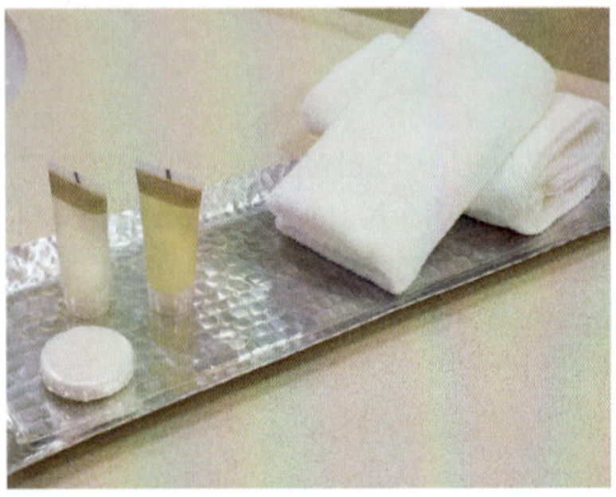

Aus hygienischer Sicht ist es empfehlenswert, die Utensilien für Reinigung und Entsorgung auf einem Reinigungswagen und Wäsche und Zubehör auf einem Hotelwagen unterzubringen.

FIFO-Prinzip

Bei der Vorbereitung der Arbeitsmittel und bei Entnahmen aus dem Lager ist nach dem FIFO-Prinzip vorzugehen. FIFO steht für „First in, first out". Damit ist gemeint, dass von jeder Produktgruppe jene Waren, die zuerst ins Lager kamen, als erste verwendet werden sollen. Alle Mitarbeiter/innen sind angehalten, sich an diese Vorgaben zu halten.

Etagenwagen/Reinigungswagen

Um Reinigungsutensilien oder Wäsche zu transportieren, werden Transportwagen verwendet. Wie die Wagen ausgestattet sind, hängt davon ab, was für die Aufgaben des aktuellen Arbeitstages benötigt wird. Es gibt verschiedene Arten von Wagen.

Auf dem **Etagenwagen** werden u. a. die benötigten Reinigungsutensilien (z. B. Reinigungstücher, Mopps, Stielgeräte etc.) transportiert.

Auf dem **Wäschewagen** werden die Badwäsche (Handtücher, Duschtücher, Badvorleger) sowie Bettwäsche und möglicherweise Infomaterial oder Guest Amenities untergebracht. Manche Wäschewagen verfügen über Wäschesäcke zum Sammeln der Schmutzwäsche, manchmal wird die Schmutzwäsche auf einem eigenen Wagen gesammelt.

Beispiel für die Bestückung eines Wäschewagens

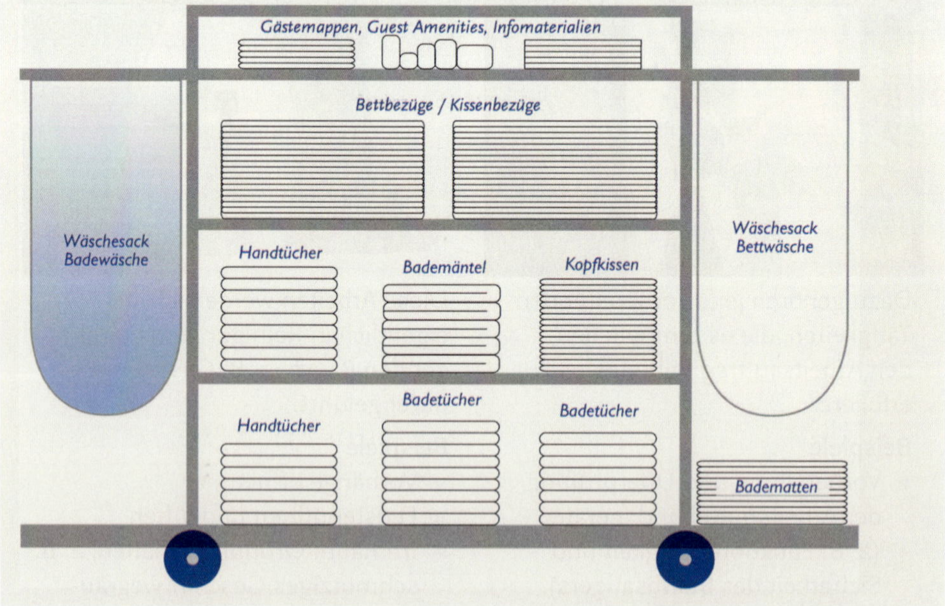

Je nach Anspruch des Hauses können auch weitere Wagen im Einsatz sein. Es gibt z. B. auch eigene **Minibarwagen.**

DAS SOLLTEST DU SPEICHERN

- Da auch die Gäste die Transportwagen sehen können, z. B. auf dem Gang, ist Ordnung das oberste Gebot. Herumliegende Tücher, Werbematerial mit Eselsohren oder überquellende Schmutzwäschewagen wirken unordentlich.
- Auch das Thema Datenschutz darf nicht vergessen werden: Lasse daher keine Listen mit Gästenamen offen auf dem Wagen liegen. Dies gilt natürlich auch für den Zentralschlüssel.

Staub verursachende Arbeiten

Staub sammelt sich in der Luft und auf Flächen. In Staub sind u. a. Pollen, Bakterien, Viren, Hautschuppen und Exkremente der Hausstaubmilbe enthalten, die gesundheitliche Probleme verursachen können. Auch der Abrieb von Textilien verursacht Staub.

Beispiele
- Bettwäsche abziehen
- Betten beziehen
- Matratzenschoner tauschen
- Matratzen wenden
- Trockenes Abstauben, z. B. Fensterbank, Schreibtisch
- Tagesdecke auflegen

Feuchte und nasse Arbeiten

Feuchtwischen mit nebelfeuchten Reinigungstextilien beseitigt Staub und leichte Verschmutzungen wie Fingerabdrücke an Türklinken, Telefonen, Lichtschaltern oder Straßenschmutz auf Böden. **Nasswischen** entfernt stark anhaftende Verschmutzungen, z. B. Fußspuren oder Getränkeabdrücke auf Tischen.

Mehr zum Feucht- und Nasswischen erfährst du ab S. 430.

Pflegende Arbeiten

Die Pflege der Einrichtungs- und Ausstattungsgegenstände dient dem Qualitäts- und somit auch dem Werterhalt. Pflegende Arbeiten werden in bestimmten Intervallen bzw. bei starker Beanspruchung durchgeführt.

Beispiele
- Beschichtungen auf Böden ergänzen
- Einrichtungsgegenstände mit Pflegeprodukten behandeln, z. B. unlackierte Holzschränke oder Lederpflege

Durch Pflegeprodukte können Schutzschichten erneuert bzw. ergänzt werden. Dies verbessert nicht nur die Optik, sondern schützt auch vor mechanischen Einflüssen, wie dem Abrieb durch Sesselrollen, und Umwelteinflüssen.

Staubsaugen

Das Staubsaugen spielt eine wichtige Rolle in der täglichen Reinigung. Es entfernt losen Schmutz.

Durch mangelnde Wartung oder einen schlechten Filter kann auch ein Staubsauger zur Staubschleuder werden. Der eingesaugte feine Staub gelangt mit der Abluft des Staubsaugers wieder in den Raum.

Allergien werden häufiger. Daher kommt der Staubentfernung große Bedeutung zu. Der Staub muss entfernt werden, ohne ihn aufzuwirbeln.

Das Finish bringt einen Raum in jenen Zustand, in dem ihn der Gast beim Betreten vorfinden soll.

Nacharbeiten

Nacharbeiten oder **Finish** nennt man jene Arbeiten, die einen Reinigungsvorgang abschließen. Im Zuge dessen wird auch überprüft, ob das Zimmer zufriedenstellend gereinigt wurde.

Zu den **Nacharbeiten/zum Finish im zu reinigenden Raum** gehören u. a. folgende Tätigkeiten:

- Gästeartikel und Informationsmaterial ergänzen
- Frotteewaren ergänzen
- Minibar kontrollieren und gegebenenfalls nachfüllen
- Fenster schließen und Vorhänge zurechtziehen
- Klimaanlage bzw. Heizung auf Standard des Hauses einstellen
- Kontrolle der elektronischen Geräte auf Funktionstüchtigkeit
- Zimmercheck und Freimeldung durch die Hausdame

Zu unterscheiden davon sind die **Nacharbeiten am Arbeitsende im Etagenoffice.** Dabei werden am Ende des Arbeitstages u. a. die Arbeits- und Betriebsmittel für den nächsten Tag vorbereitet, um einen problemlosen Arbeitsablauf zu garantieren.

Beispiele

- Reinigung der Arbeitsmittel und Geräte
- Nachfüllen der Reinigungsmittel
- Wäsche- und Reinigungswagen für den nächsten Tag vorbereiten
- Versorgung und Abgabe der Wäsche
- Defekte Geräte melden und Austausch veranlassen
- Evtl. Etagenoffice säubern und Müll entsorgen
- Sofern nötig: Ergänzung der Lagerbestände

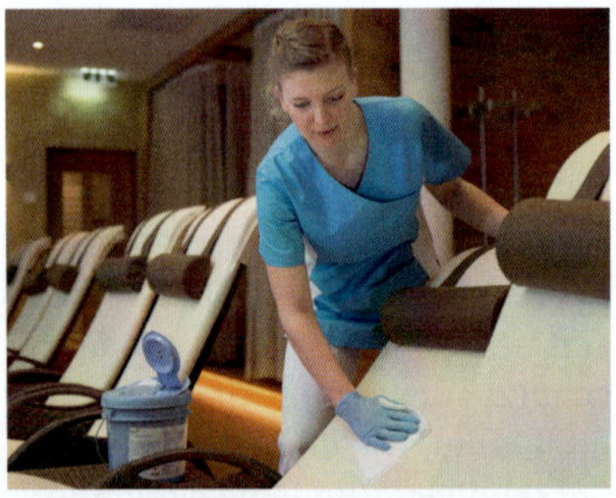

Bestimmte Desinfektionsmaßnahmen im Wellness- und Fitnessbereich sind durch Gesetze oder Verordnungen geregelt

die Reduktion = Verringerung

Desinfektion

Die Desinfektion ist eine Maßnahme zur Reduktion von Krankheitserregern. Mittels Desinfektion sollen Mikroorganismen auf einer Oberfläche abgetötet oder deaktiviert werden, sodass keine Infektionsgefahr davon ausgeht. Dabei kann statistisch eine Reduktion der Mikroorganismen um 99,999 % erreicht werden.

DAS SOLLTEST DU SPEICHERN

Die Desinfektion muss im Arbeitsablauf genau eingeplant werden. Einwirkzeiten, eventuelle Nachreinigungen und die erforderlichen Schutzmaßnahmen für die Mitarbeiter/innen sind genau zu beachten. Die Durchführung ist zu dokumentieren.

Viele Betriebe haben eine/n spezielle/n Hygienebeauftragte/n für die Desinfektion im Betrieb.

Desinfektion im Gästezimmer

Die Desinfektion eines Abreisezimmers gehört zu einem zeitgemäßen Hygienestandard. Ist ein Gast erkrankt, ist eine tägliche Desinfektion des Gästezimmers empfehlenswert.

1.2 Reinigungssystematik

Reinigung von Räumen

Räume werden immer von oben nach unten (also von der Decke zum Boden) und zum Ausgang hin gereinigt. In einem Gästezimmer wird immer vom Balkon bzw. vom Fenster zur Eingangstür hin gearbeitet.

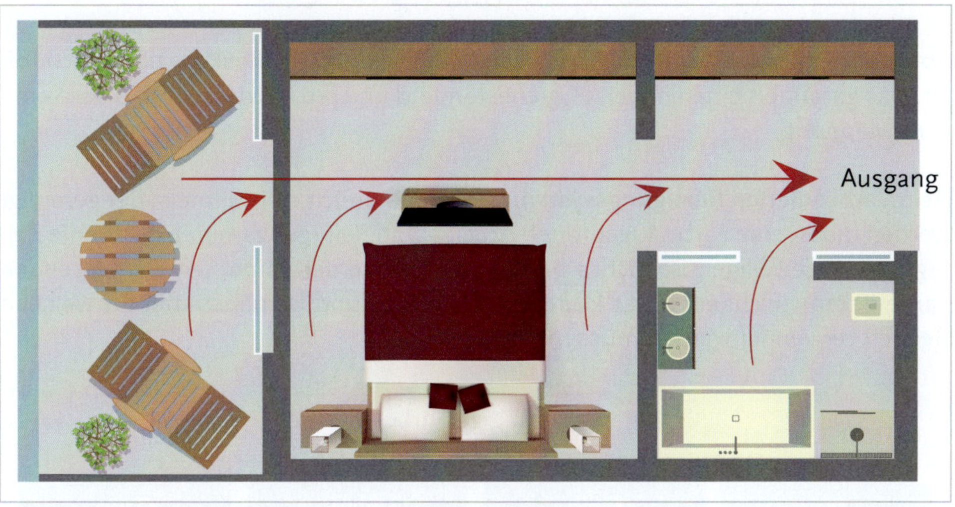

Es gibt Zeitvorgaben/Richtwerte für die Reinigung eines Zimmers abhängig von Zimmerart (Ausstattung, Bleibe-/Abreisezimmer) und Reinigungsstandard (z. B. Wie oft wird die Bettwäsche gewechselt?).

Reinigung von Flächen

Die rechte Hand hält das Reinigungstuch mit dem Reinigungsmittel, die linke Hand hält das ausgespülte Reinigungstuch. Bei Linkshändern ist es umgekehrt. Die Fläche wird in Serpentinen gereinigt.

die Serpentine = sich in engen Kurven schlängelnde Straße

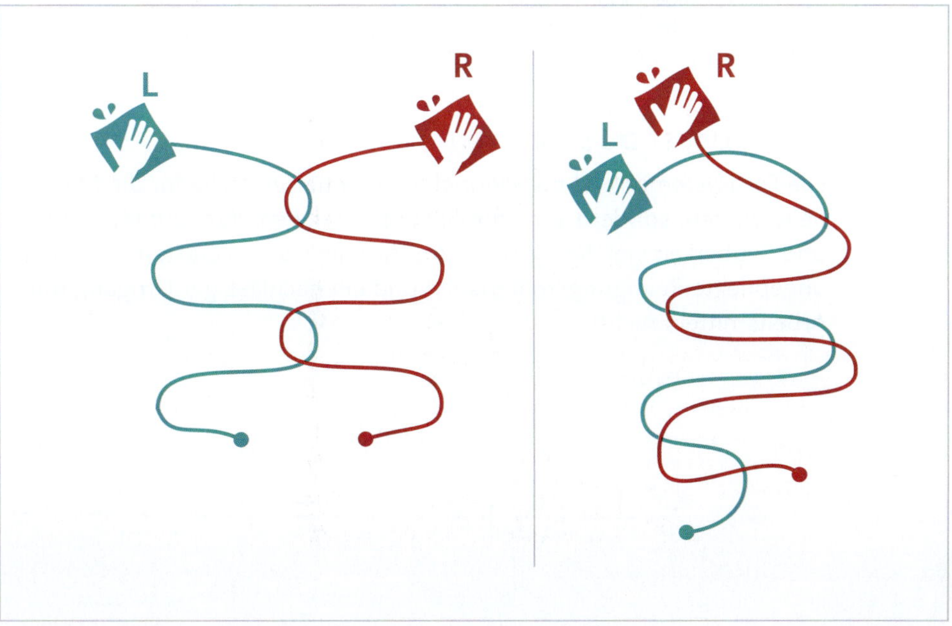

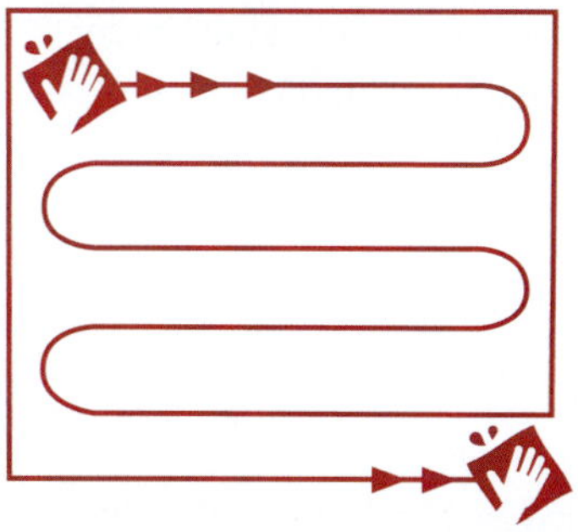

Serpentinenförmige Bewegung bei der Fensterreinigung

Farbsystematik in der Reinigung

Wenn der zu reinigende Bereich gewechselt wird, werden neue Reinigungstextilien und Arbeitsmaterialien benutzt.

Beispiele
- Wechsel von einem Gästezimmer ins nächste
- Wechsel vom Dampfbad in die Sauna

Ebenso werden die Textilien gewechselt, wenn die Reinigungskapazität erschöpft ist. Das garantiert einen hohen Hygienestandard und reduziert das Risiko der Keimverschleppung.

Beim **farbcodierten Reinigungssystem** ist jedem Bereich eines Hotels, der gereinigt werden muss, eine Farbe zugeordnet. Arbeits- und Reinigungsmittel, die für die Reinigung des jeweiligen Bereiches bestimmt sind, werden in der jeweils passenden Farbe gekennzeichnet. So ist klar, welche Arbeits- und Betriebsmittel für welchen Bereich verwendet werden müssen.

Reinigungstücher sind in verschiedenen Farben erhältlich. Auch Reinigungsmittel sind farblich gekennzeichnet erhältlich.

Eine digitale Übung zum Thema findest du in der TRAUNER-DigiBox.

Allgemein gängige Farbcodierung

Rot	Gelb	Blau	Grün
		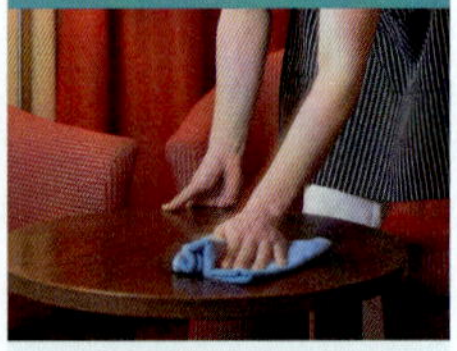	
WC, Urinal, Bidet	Sanitäre Oberflächenreinigung wie Waschbecken, Armaturen, Dusche, Badewanne, Ablagen etc.	Allgemeine Oberflächenreinigung wie Türen, Mobiliar, Glas, Spiegel etc.	Küchenbereich bei Studioappartements, evtl. Desinfektion

DAS SOLLTEST DU SPEICHERN

Die Farbsystematik ist nicht nur eine Orientierungshilfe für die Mitarbeiter/innen, sondern auch für Gäste ein Zeichen, dass auf Hygiene und Sauberkeit viel Wert gelegt wird. Aufmerksamen Gästen entgehen ungepflegte Reinigungsmaterialien und ein nachlässiger Umgang mit Arbeitsmitteln nicht!

2 Reinigungsmittel

Je mehr umso besser – starken Verschmutzungen würde ich mit möglichst viel Reinigungsmittel entfernen, damit auch sicher alles wieder sauber wird. Ist doch logisch, oder?

Reinigungsmittel sind in ihrer Zusammensetzung sehr komplex. Sie enthalten Schmutz lösende, z. T. auch desinfizierende und pflegende Substanzen, deren Einsatz genau auf die Schmutzart, den Verschmutzungsgrad und das zu reinigende Material abgestimmt werden muss. Welches Reinigungsmittel verwendet wird, ist von der zu reinigenden Oberfläche abhängig. Durch Nutzung präziser Dosieranlagen und effektiver Reinigungsmittel lässt sich die Wirksamkeit genau abschätzen.

2.1 pH-Wert

Jedes Reinigungsprodukt hat einen spezifischen pH-Wert. Dieser sagt aus, wie aggressiv die enthaltenen Säuren oder Basen sind. Der pH-Wert eines Produktes gibt an, ob eine Reinigungslösung im neutralen, sauren oder basischen Bereich liegt. Der Messbereich wird auf einer Skala von 0 bis 14 dargestellt, wobei der pH-Wert 7 für eine neutrale Lösung steht.

Einsatzbereiche von Reinigungsmitteln

Saure Reinigungsmittel	Neutrale Reinigungsmittel	Alkalische Reinigungsmittel
	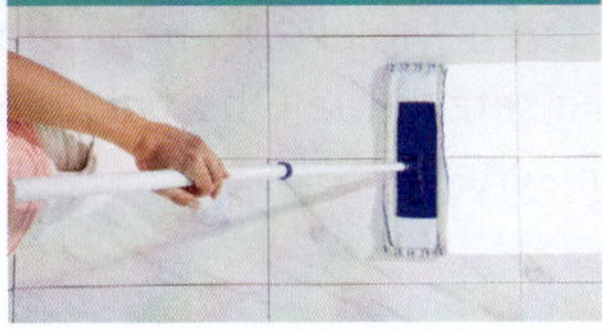	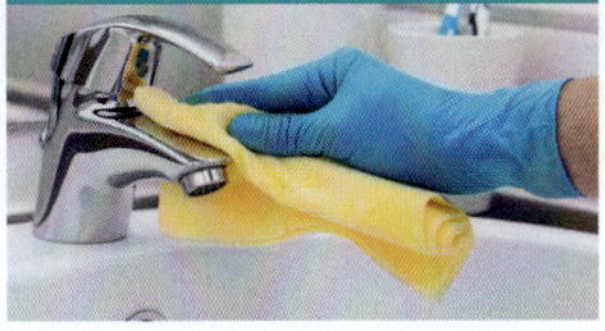
Geeignet		
■ Bei Kalkrückständen ■ Als Grundreiniger; für Armaturen, im Sanitärbereich; als Maschinenentkalker	■ Für normale Verschmutzungen ■ Für Oberflächen- und Fußbodenreinigung, manuelles Geschirrspülen	■ Für Fett- und Ölverunreinigungen ■ Für Kosmetikrückstände
Nicht geeignet		
Für stark fettige und ölige Verschmutzungen	Für eingebrannte Fette, Kalkrückstände, graue Schlieren (Kalkseife)	Für Kalkrückstände, graue Schlieren (Kalkseife)
Persönliche Schutzausrüstung (PSA)		
Schutzhandschuhe und Schutzbrille verwenden	Aus hygienischen und Gründen des Gesundheitsschutzes sollten Schutzhandschuhe verwendet werden	Schutzhandschuhe und Schutzbrille verwenden

Ist mehr immer besser beim Thema Reinigungsmittel? Diskutiere mit deinen Kolleginnen und Kollegen.

Den Umweltschutz nicht vergessen! Jeder Betrieb sollte prüfen, ob es ökologische Alternativen zu chemischen Reinigern gibt und diese auch einsetzen. Abhängig von der Fleckenart kann auch mechanisch oder thermisch gereinigt werden, z. B. können mit einem Profidampfreiniger, der ohne chemische Mittel auskommt, mühelos auch stark verschmutzte Flächen gereinigt und desinfiziert werden. Tabs, Pulver oder Konzentrate, die im Betrieb verdünnt werden, sowie die Verwendung von Nachfüllpackungen für die Dosierflaschen helfen Müll zu vermeiden.

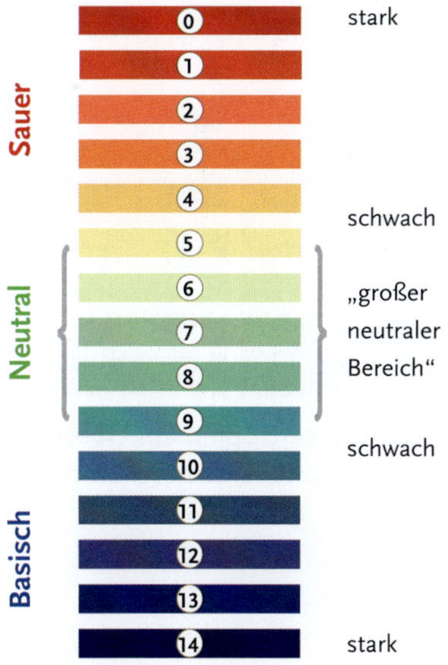

DAS SOLLTEST DU SPEICHERN

Saure Produkte eignen sich zur Lösung von Kalk. Basische/alkalische Produkte lösen Fette und Wachse. Je näher der pH-Wert eines Produktes bei 0 oder 14 liegt, umso schneller können Materialschäden auftreten. Produkte im pH-Wert-Bereich von 6 bis 9 werden als neutral (= großer neutraler Bereich) eingestuft.

Auch bei **Allzweckreinigern** ist die chemische Zusammensetzung zu beachten. Es gibt Inhaltsstoffe, die auf bestimmten Materialien, wie z. B. Marmor oder Holz, auch bei niedrigem pH-Wert Schäden verursachen können. Eine genaue Abstimmung der Reinigungsmittel auf den Einsatzbereich ist deshalb sehr wichtig.

2.2 Tenside – die waschaktiven Substanzen

Das älteste Tensid ist Seife. Erste Hinweise auf die Herstellung von Seifen finden sich 2500 v. Chr. bei den Sumerern, später sollen die Ägypter und Phönizier Öle und Fette mit Laugen verkocht haben.

Tenside haben die Aufgabe, wasserunlösliche Schmutzpartikel zu lösen. Tenside werden auch als **waschaktive Substanzen (WAS)** bezeichnet.

Aufbau eines Tensides

Wasser abstoßender (hydrophober)/ fettfreundlicher (lipophiler) Teil

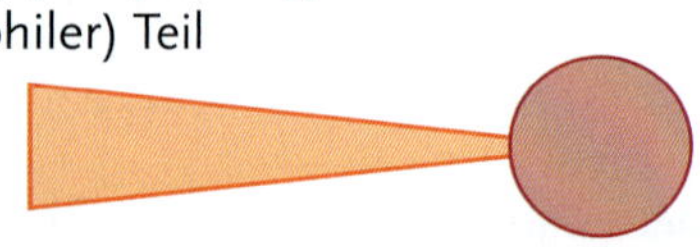

wasserfreundlicher (hydrophiler)/ Fett abstoßender (lipophober) Teil

Tenside sind Verbindungen, deren Moleküle aus je einem wasser- und einem fettfreundlichen Teil bestehen. Sie setzen die Oberflächenspannung herab und sorgen für eine gute Benetzung der Flächen.

Links: Wassertropfen auf Oberfläche, rechts: Tenside brechen die Kugelform auf

Weitere Eigenschaften von Tensiden

- Sie emulgieren Öl- und Fettverschmutzungen, d. h., Öl und Fett werden in der Reinigungslösung feinst verteilt und können von der Fläche entfernt werden.
- Kleinste unlösliche Stoffe wie z. B. Staub werden in der Lösung feinst verteilt und können abtransportiert werden.
- Sie ermöglichen eine gezielte Schaumbildung.
- Indem Tenside den Schmutz in der Reinigungsflüssigkeit in Schwebe halten, wird verhindert, dass er sich wieder absetzt.

§ Tenside sind umweltschädlich. Gesetzliche Verordnungen regeln, welche chemischen Substanzen erlaubt sind und in welchen Bereichen sie eingesetzt werden dürfen.

2.3 Sinner'scher Kreis

Als Sinner'scher Kreis werden die Wirkungsfolge und das Zusammenspiel der vier Komponenten Zeit, Mechanik, Chemie und Temperatur für eine effektive und nachhaltige Reinigung bezeichnet. Nur mit einer gelungenen Abstimmung dieser Faktoren lässt sich ein perfektes Reinigungsergebnis erzielen.

Beispiel
Durch die Erhöhung des Faktors Mechanik, z. B. durch optimalen Geräteeinsatz, kann der Reinigungsmitteleinsatz verringert werden. Auch die benötigte Zeit lässt sich auf diese Weise verkürzen.

Bei manchen Reinigungsvorgängen kommen nicht alle Faktoren gleichzeitig zum Einsatz.

Der Sinnersche Kreis, benannt nach Dr. HERBERT SINNER, Mitarbeiter der Firma Henkel, wird auch als Wirkungsmechanismus bezeichnet.

2.4 Dosierung von Reinigungsmitteln

„Viel hilft viel" ist häufig die gängige Meinung beim Thema Reinigungsmittel und so wird hartnäckigen Verschmutzungen mit einer Zusatzportion Reinigungsmittel der Kampf angesagt. Doch oft ist das Gegenteil der Fall und schlecht entfernte Reinigungsmittelreste lassen Oberflächen vergrauen und abstumpfen oder sorgen für Schlieren.

Die Dosierangaben sind genau einzuhalten. Zur richtigen Dosierung sollten **Dosierhilfen** eingesetzt werden. Möglichkeiten sind z. B. die Verschlusskappe, der Dosieraufsatz auf dem Reinigungsmittel, eine Dosierpumpe, ein Dosierhahn oder ein Messbecher. Reinigungsprodukte müssen genau nach **Dosieranleitung** aufbereitet werden. Die Arbeit mit einer **Dosieranlage** erleichtert dies. Auch dabei gilt: Zuerst das Wasser und dann das Reinigungsmittel dazugeben.

Wird „nach Gefühl" dosiert, führt das meist zu einer 60-prozentigen Überdosierung.

Berechnung der Lösungskonzentration

$$\frac{\text{Reinigungsmittel in ml} \times 100}{(\text{Reinigungsmittel in ml} + \text{zugeführte Wassermenge in ml})} = \text{\% Lösungsverhältnis}$$

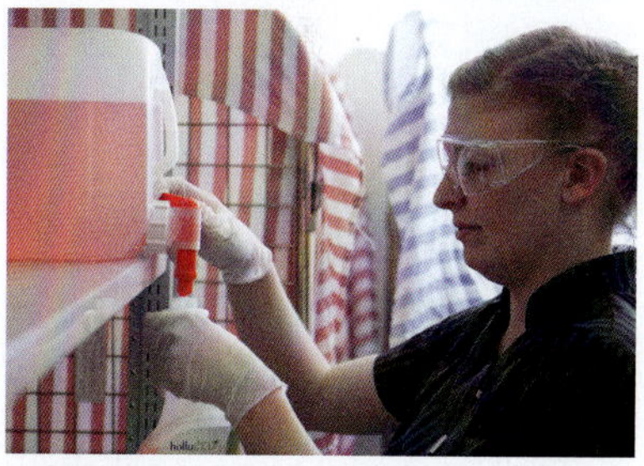
Mitarbeiterin beim Dosieren von Reinigungsmitteln

Dosiertabellen helfen bei der Herstellung von richtigen Lösungskonzentrationen.

DAS SOLLTEST DU SPEICHERN
Eine **Überdosierung** bedeutet eine unnötige Verschwendung, höhere Reinigungskosten und mehr Umweltbelastung. Außerdem können die im Reinigungsmittel enthaltenen Inhaltsstoffe Schäden an den zu reinigenden Gegenständen verursachen.
Eine **Unterdosierung** kann zu Hygieneproblemen führen.

Bei der Dosierung von Reinigungsmitteln gilt: So viel wie nötig und so wenig wie möglich.

Sicherheit geht vor
Bei Umfüllarbeiten müssen eine Schutzbrille und Schutzhandschuhe (PSA) getragen werden. Manchmal ist auch eine Schutzmaske erforderlich.

Die Mitarbeiter/innen sind regelmäßig zum Umgang mit und zur Verwendung von Reinigungsmitteln zu schulen.

die Toxikologie = Lehre von Giften

2.5 Sicherer Umgang mit Reinigungsmitteln

Die Hersteller der Reinigungsprodukte liefern zu jedem Produkt sogenannte **Sicherheits-** bzw. **Produktdatenblätter.** Diese müssen für die Mitarbeiter/innen zugänglich sein. In diesen Unterlagen sind Hinweise zur Anwendung, Lagerung, Entsorgung und zum Umgang enthalten. Außerdem finden sich hier Hinweise auf mögliche Gefahren, die von einem Produkt ausgehen können, sowie toxikologische Angaben.

Sicherheitszeichen und Gefahrensymbole

Sicherheitszeichen dienen der Unfallverhütung und dem Gesundheitsschutz. Sie können zudem bestimmte Verhaltensweisen im Ernstfall vorgeben. Es ist wichtig, dass alle Mitarbeiter/innen die Sicherheitszeichen kennen und auch befolgen. Auf diese Weise lassen sich viele Unfälle vermeiden.

Noch gespeichert oder brauchst du eine kleine „Datenauffrischung"? Auf S. 54 findest du alles zum Nachlesen.

Es gibt mehrere Gruppen von Sicherheitszeichen

Verbotszeichen	Warnzeichen	Gebotszeichen	Rettungszeichen	Brandschutzzeichen
Verbot bestimmter Handlungen	Warnung vor möglichen Gefahren	Aufforderung zu einem bestimmten Verhalten	Hinweise, die für die Rettung von Personen wichtig sind	Hinweis auf Geräte, die für die Brandbekämpfung wichtig sind

Piktogramme weisen auf die Gefahren hin, die von bestimmten Stoffen, z. B. in Reinigungsmitteln, ausgehen. Entsprechend der Kennzeichnung ist die persönliche Schutzausrüstung (PSA) zu wählen.

Die Gefahrenpiktogramme und die Symbole für eine schadlose Beseitigung sollen an sichtbarer Stelle mit leicht verständlichen Erklärungen angebracht werden.

Beispiele

Ätzend **Leicht- oder hochentzündlich**

Lagerung von Reinigungsmitteln

Aus sicherheitstechnischen Gründen empfiehlt es sich, die Reinigungsmittel in einem abschließbaren Raum zu lagern. Steht kein separater Raum zur Verfügung, kann z. B. ein abgeschlossener Bereich (Gitterabtrennung oder Regalschrank) geschaffen werden.

Reinigungsmittel müssen im Originalgebinde gelagert werden. Auf keinen Fall dürfen sie in Lebensmittelflaschen umgefüllt werden. Wer Entnahmen durchführen darf, ist hausintern geregelt.

Das **GHS** (**G**lobally **H**armonised **S**ystem of Classification and Labelling of Chemicals) ist ein weltweit vereinheitlichtes System für die Kennzeichnung von Chemikalien.

Entsorgung von Reinigungsmitteln

Bei der Entsorgung von Reinigungsmitteln sind unbedingt die angegebenen Entsorgungshinweise zu beachten.

Hausmüll
Kann mit dem Restmüll entsorgt werden.

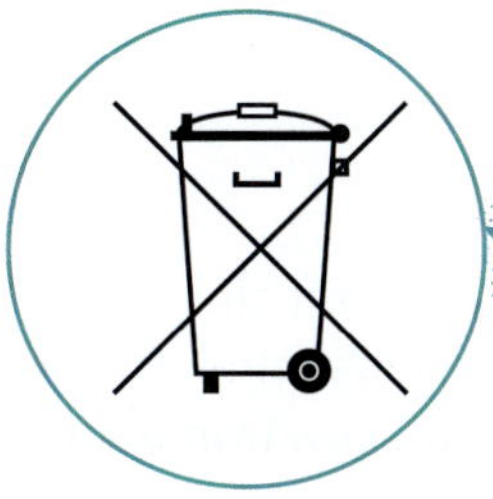

Sonderabfall, Problemstoff
Nicht mit dem Restmüll, sondern über die Problemstoffsammlung entsorgen. Gifte an den Abgeber bzw. an die Verkaufsstelle zurückgeben.

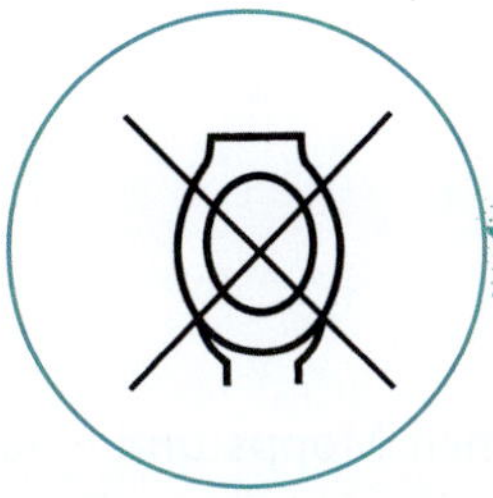

Verbot der Beseitigung über die Kanalisation
Reste nicht in den Ausguss oder das WC leeren, sondern mit dem Restmüll entsorgen, dem Abgeber bzw. der Verkaufsstelle oder der Problemstoffsammlung übergeben.

Bei der täglichen Reinigung fällt eine Menge Müll an. Nachfüllpackungen, Großgebinde und in Wasser lösliche Reinigungsmittel in Tablettenform oder als Pulver helfen, die Müllmenge zu reduzieren und die Umwelt zu schonen.

Diskutiere mit deinen Kolleginnen und Kollegen: Welche anderen Möglichkeiten fallen euch ein, um im Reinigungsbereich Müll zu vermeiden?

3 Arbeitsmittel

Zum Reinigen des Bodens in den Gästezimmern wird in meinem Ausbildungsbetrieb ein Staubsauger verwendet. In der Lobby jedoch ist ein Fliesenboden, diesen reinigt meine Kollegin Mirella mit einer Scheibenmaschine.

Für die tägliche Reinigungsarbeit benötigt die Housekeeping-Abteilung zahlreiche Reinigungs- und Arbeitsmittel sowie Produkte zur Bestückung von Gästezimmern. Auf den folgenden Seiten lernst du wichtige Arbeitsmittel und -geräte kennen. Es handelt sich jedoch nur um einen Überblick. Je nach Größe und Ausstattung eines Hotels können noch zahlreiche weitere Arbeitsmittel und -geräte im Einsatz sein.

Zähle auf: Welche Geräte werden in deinem Ausbildungsbetrieb im Housekeeping verwendet?

3.1 Reinigungstücher

Ein Reinigungstuch ist das wichtigste Arbeitsmaterial der Housekeeping-Mitarbeiter/innen. Qualitativ hochwertige Tücher erhöhen die Arbeitsgeschwindigkeit. Reinigungstücher gibt es in unterschiedlichen Materialien und Größen.

Die Reinigungstücher müssen zu den Pflegeeigenschaften der zu reinigenden Oberflächen, der Art der Reinigung und dem Reinigungsmittel passen.

Mittels Farbsystematik werden Reinigungstücher bestimmten Arbeitsbereichen zugeordnet. Eine falsche Verwendung, etwa dass ein Tuch, das für Möbeloberflächen vorgesehen ist, im Badezimmer verwendet wird, ist so unwahrscheinlicher. Das verhindert die Verschleppung von Keimen.

3.2 Schwämme

Dank ihrer waffelartigen Struktur haben Schwämme ein hohes Wasser- und Schmutzaufnahmevermögen. Sie entfernen groben Schmutz gut und eignen sich für alle Vorreinigungsarbeiten. Schwämme sind sehr robust und flexibel einsatzbar, z. B. schwer erreichbare Ecken lassen sich mit Schwämmen reinigen.

Dadurch ist der Kraftaufwand geringer. Arbeitsgeräte mit Teleskopstangen bzw. -rohren lassen sich an die individuelle Körpergröße der Mitarbeiterin/des Mitarbeiters anpassen.

DAS SOLLTEST DU SPEICHERN

Schwämme haben verschiedene Strukturen oder sind mit einem Scheuervlies beschichtet, sodass sie vielseitig einsetzbar sind. Für die Housekeeping-Abteilung eignen sich ausschließlich Schwämme mit weißem Vlies, da diese kratzfrei sind.

3.3 Wischsystem

Ein Wischsystem besteht aus einem Stielgerät, verschiedenen Mopps und einem Fahreimer und gehört zur Grundausstattung der Housekeeping-Abteilung. Besonders beim täglichen Wischen von Bodenflächen sind Wischsysteme ein wichtiges Arbeitsmittel.

Mopps

Mopps, auch Breitwischbezüge genannt, bestehen aus Mischungen von Baumwolle und/oder synthetischen Fasern und Mikrofaser.

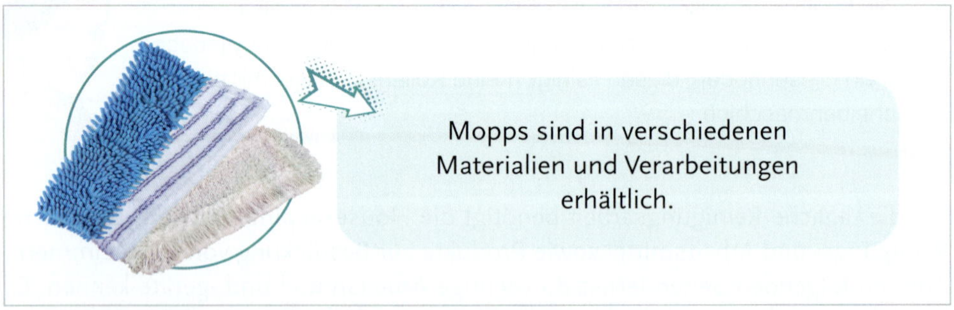

Qualitativ hochwertige Mopps sind formstabil, einwandfrei verarbeitet und verschleißfest

Je nach Verarbeitung und Material eignen sich die Bezüge zur Reinigung verschiedener Oberflächen. Die Mopps werden passend zu den Reinigungsansprüchen der zu reinigenden Materialien ausgewählt.

Fahreimer

Auch Fahreimer gehören zum Wischsystem. Diese Wagen bestehen aus einem Wischsystem und evtl. einigen kleinen Ablagen und werden für Belagsflächenreinigungen verwendet. Die Fahreimer sind mit einer Mopppresse ausgestattet.

3.4 Bürsten

Mit Handbürsten in verschiedenen Ausführungen lassen sich hartnäckige Verschmutzungen entfernen. Werden Bürsten im Wellness- und Sanitärbereich verwendet, müssen sie hygienisch zu reinigen sein, z. B. durch thermische Desinfektion in der Spülmaschine.

Bürsten gibt es in unterschiedlichen Größen und Ausführungen.

3.5 Fensterwischer

Auf einen ergonomischen Griff wird mit einer Feststellklemme eine Wischschiene mit dazugehöriger Gummilippe montiert. Sowohl die Länge als auch der Winkel der Wischposition sollten stufenlos verstellbar sein. So können problemlos schwer zugängliche Stellen, z. B. Flächen hinter Griffen, gereinigt werden.

Die Gummilippe ist regelmäßig auf Kerben oder Risse zu kontrollieren, da dadurch Wasserspuren entstehen können.

⚠ Um eine sichere und effektive Reinigung zu garantieren, ist vor der Verwendung von bestimmten Geräten eine Unterweisung nötig.

3.6 Reinigungsmaschinen

Welche Reinigungsmaschinen verwendet werden, hängt vom Reinigungsumfang und der Art der zu reinigenden Flächen ab.

Staubsauger
Es gibt verschiedene Arten für verschiedene Bodenflächen, z. B. Bürstsauger für Teppiche/Teppichböden, Rückentragsauger für die Reinigung von Treppenhäusern oder Nasssauger zum Aufnehmen größerer Wassermengen.

Scheibenmaschine
Diese Maschinen können mit Bürsten in verschiedenen Härtegraden oder Pads aus verschiedenen Materialien (z. B. Vlies, Melamin) ausgestattet werden. Dadurch können die Geräte für verschiedene Reinigungsvorgänge auf unterschiedlichen Materialien eingesetzt werden, z. B. Reinigung des Foyers, der Lobby.

Scheuersaugmaschine
Diese auch Reinigungsautomaten genannten Geräte vereinen die Funktionen von einer Scheibenmaschine und einem Nasssauger, somit werden zwei Arbeitsgänge gekoppelt. Sie werden bei der Reinigung von größeren Flächen, wie z. B. in Hallenbädern, Gängen und Hallen, eingesetzt.

Sprühextraktionsgerät
Diese Geräte, die auch als Wasch-(bürst)sauger bezeichnet werden, lösen und entfernen starke Verschmutzungen aus Fasern und kommen bei der Reinigung textiler Beläge und Oberflächen zum Einsatz, z. B. bei der Reinigung des Teppichbodens in Tagungsräumen.

Dampf- und Trockendampfreiniger
Die Flächen werden mit 140–180 °C heißem Dampf gereinigt. Da keine chemischen Hilfsmittel gebraucht werden, ist die Anwendung sehr umweltschonend. Die Geräte eignen sich z. B. für die Fugenreinigung im Badezimmer.

Kehr(saug)maschine
Mit diesen Geräten können große Flächen kraft- und zeitsparend gereinigt werden, z. B. Außenanlagen, Parkplätze und Tiefgaragen.

WortschatzBox – „Das 1x1 der Reinigung“

- Ergänze die gesuchten Begriffe.

	Maßnahme zur Reduktion von Mikroorganismen
	Waschaktive Substanz
	Lehre von den Giften
	System zur Kennzeichnung von Chemikalien

Ziele erreicht? – „Das 1x1 der Reinigung“

KOMPETENZ-ERWERB

1. Die Hausdame gibt dir den Auftrag, folgende Reinigungsarbeiten in einem Gästezimmer durchzuführen. In welcher Reihenfolge führst du die Arbeiten aus?
   - ◯ Staubsaugen
   - ◯ Bettwäsche abziehen
   - ◯ Im Raum Ordnung schaffen, z. B. schmutziges Geschirr wegräumen, Kleidung ordnen
   - ◯ Inventar abstauben
   - ◯ Betten beziehen
   - ◯ Gästeartikel ergänzen
2. Erkläre, warum Staub nicht nur ein ästhetisches, sondern auch ein gesundheitliches Problem sein kann.
3. Beschreibe den Begriff „Desinfektion“.
4. Erkläre, wann ein Wechsel von Reinigungstextilien nötig ist und nenne die Gründe dafür.
5. Beschreibe die Funktionsweise von Tensiden.

6. Betrachte die folgenden Bilder und analysiere, ob die Farbsystematik richtig angewendet wird und begründe deine Antwort.

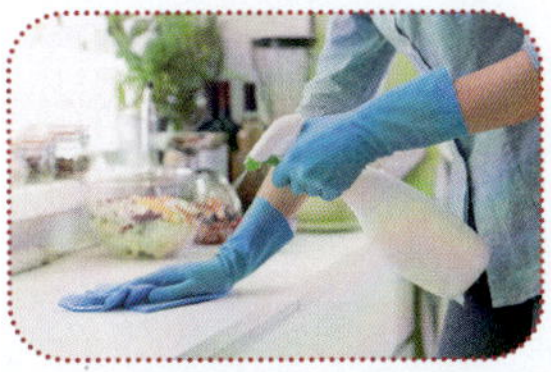
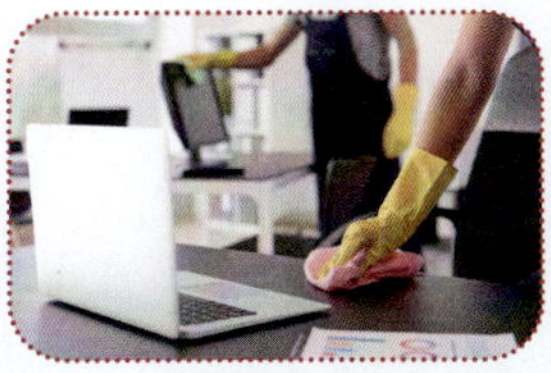
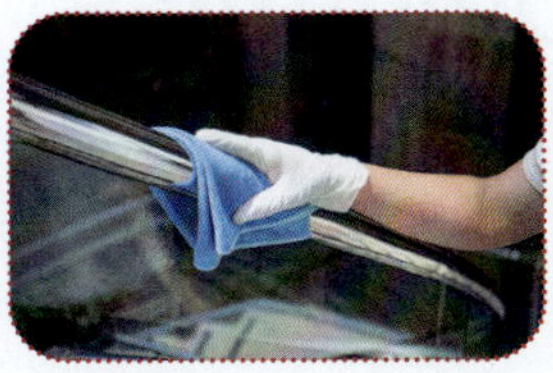

7. Du sollst aus dem Konzentrat eines Desinfektionsmittels eine gebrauchsfertige dreiprozentige Lösung herstellen. Die Sprühflasche des Herstellers fasst 750 ml.

a) Wie viel Desinfektionsmittelkonzentrat musst du in die Flasche geben?

b) Mit wie viel Wasser füllst du diese auf?

c) Das Desinfektionsmittelkonzentrat wird in Fünf-Liter-Kanistern angeboten. Wie viele 0,75-Liter-Flaschen können damit befüllt werden?

8. Vervollständige die Dosiertabelle, die als Standardanweisung für die Mitarbeiter/innen im Reinigungsmittellager aufgehängt ist. Es werden verschiedene Flaschengrößen verwendet. Die unterschiedlichen Dosierungen sichern ein umweltfreundliches, kostensparendes und sicheres Arbeiten.

Dosiertabelle für Reinigungsmittelkonzentrat
Bitte jeweils die unten angegebene Menge in die Gebrauchsflasche geben und mit Wasser auffüllen!

	0,25 %	0,3 %	0,4 %	0,5 %	0,6 %	0,7 %
0,3 l						
0,5 l						
0,75 l						
1 l	2,5 ml			5 ml		7 ml

9. Für einen Fünf-Liter-Eimer sollen 60 ml Parkettpflegemittel verwendet werden. Pro Öffnungstag (365 Tage pro Jahr) benötigst du drei Eimer Wischwasser. Wie lange reicht eine Ein-Liter-Flasche aus?

10. Recherchiere, was die folgenden Piktogramme bedeuten.

11. Erkläre die Reinigungsfaktoren (Sinner'scher Kreis). Verdeutliche diese am Beispiel „Geschirrtücher im Eco-Programm der Waschmaschine waschen".

12. Nenne Einsatzbereiche der folgenden Arbeitsmittel.

- Mopp
- Staubsauger
- Scheuersaugmaschine
- Dampfreiniger

Einen interaktiven **Safety-Check** findest du in der TRAUNER-DigiBox.

Aufgaben der Housekeeping-Abteilung

Aus Umweltschutzgründen bieten manche Hotels ihren Gästen an, die Zimmerreinigung nicht täglich durchzuführen. Gäste, die auf die tägliche Reinigung verzichten, erhalten dafür z. B. einen Getränkegutschein.

Tausche dich mit deinen Kolleginnen und Kollegen aus: Welche Maßnahmen gibt es in euren Ausbildungsbetrieben, um die Zimmerreinigung nachhaltiger zu gestalten?

In Hotels ist die Housekeeping-Abteilung meist für die Reinigung, Pflege und gegebenenfalls Desinfektion folgender Bereiche zuständig:

- Gästezimmer
- Lobby
- Flure und Treppenhäuser
- Wellnessbereich
- Wirtschaftsräume, z. B. Magazin, Lagerräume und Büros
- Tagungs- und Seminarräume
- Restaurant und Bar
- Evtl. Mitarbeiterunterkünfte

In manchen Hotels sind Teile der Reinigung, z. B. die Laundry oder das Facility Management, an externe Dienstleister ausgelagert. Das nennt man **Outsourcing.**

Außerdem ist die Housekeeping-Abteilung häufig für die Reinigung der Hotel- und manchmal auch Gästewäsche zuständig.

Im folgenden Kapitel werden die Grundlagen der Reinigung von Gästezimmern und öffentlichen Bereichen näher beschrieben.

KOMPETENZ-ERWERB

Meine Ziele

Nach Bearbeitung dieses Kapitels kann ich

- unterschiedliche Bodenbeläge und ihre Reinigungseigenschaften beschreiben;
- Inventar und Ausstattung eines Gästezimmers reinigen;
- den Einfluss von Ausstattungsmerkmalen eines Gästezimmers hinsichtlich der täglichen Reinigung bewerten;
- den Arbeitsablauf in der Wäscherei beschreiben;
- einen Zimmercheck durchführen.

1 Reinigung von Böden

In meinem Ausbildungsbetrieb sind in einigen Gästezimmern bis zu drei verschiedene Bodenbeläge zu reinigen: Parkett im Eingangsbereich, Teppichboden im Gästezimmer und Fliesen im Bad.

Tausche dich mit deinen Kolleginnen und Kollegen darüber aus, welche Bodenbeläge in deinem Ausbildungsbetrieb täglich gereinigt werden müssen.

Die Reinigung der Böden in den Gästezimmern und öffentlichen Bereichen eines Hotels gehört zu den Hauptaufgaben der Housekeeping-Abteilung.

Wie die Reinigung genau funktioniert, ist von Art und Stärke der Verschmutzung, aber auch vom zu reinigenden Material abhängig. Im folgenden Kapitel werden Methoden, die bei der täglichen Reinigung im Beherbergungsbereich wichtig sind, vorgestellt. Je nach Pflegeanspruch der Bodenbeläge bzw. anderen Oberflächen, z. B. im Wellnessbereich, können auch andere Reinigungsmethoden zum Einsatz kommen.

1.1 Kehren

Das Kehren dient hauptsächlich der Entfernung von losem, grobem Schmutz. Es erfolgt durch **manuell** oder **maschinell** geführte Kehrgeräte und -maschinen. Beim Kehren wird Staub aufgewirbelt. Daher dient es meist zur Vorreinigung von Flächen.

manuell = händisch

Kehrbewegung mit Besen

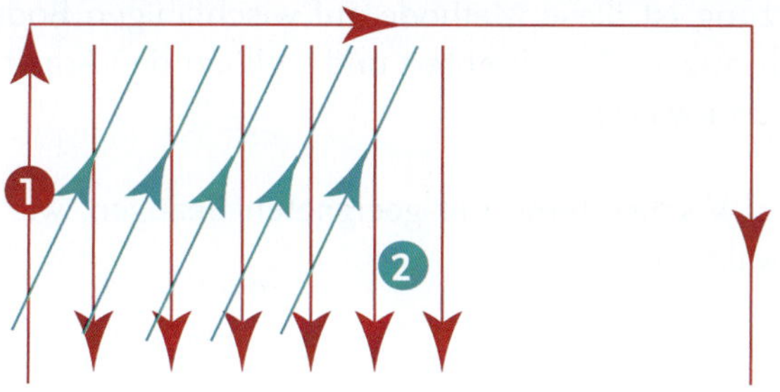

Die Gesamtfläche in überschaubare Arbeitsabschnitte einteilen. Die Mitarbeiterin/Der Mitarbeiter steht seitlich zum Besen und führt ihn am Körper vorbei, die Borstenrichtung bleibt bestehen. Es wird immer in Richtung Ausgang gearbeitet:

1. Ecken und Ränder kehren.
2. Besen in sich überlappenden Bahnen führen.

Der gesammelte Staub und Schmutz wird am Ende des Kehrvorganges manuell aufgenommen und entsprechend entsorgt.

Um die Staubbelastung möglichst gering zu halten, sollte der Raum gegebenenfalls während oder nach dem Kehren gelüftet werden. Ebenso ist zu vermeiden, extrem staubige Flächen in Anwesenheit von Gästen zu kehren.

Kehrrichtung

Retourbewegung: Der Besen wird wieder in Kehrposition gebracht.

TIPP VOM PROFI

Auch Kehrgeräte können entsprechend der Farbsystematik gekennzeichnet sein. Die Farbcodierung erleichtert den Überblick und man kann schnell kontrollieren, ob sich die Reinigungsutensilien am richtigen Ort befinden und „abtrünnige" Arbeitsmittel werden rasch wiedergefunden.

Besen müssen immer hängend gelagert werden, da die Borsten ansonsten durch das Gewicht des Stiels umgebogen werden.

Für die Reinigung von Teppichen und Teppichböden ist ein Bürstsauger gut geeignet. Bürstsaugen pflegt die Fasern und entfernt tiefliegenden Schmutz.

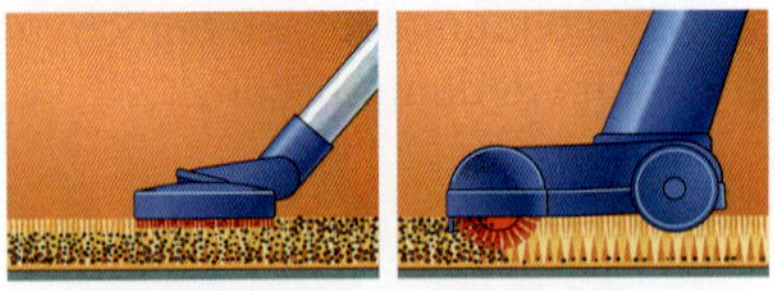

Teppichreinigung mit Sauger (links) und Bürstsauger (rechts) im Vergleich

1.2 Saugen

Das Staubsaugen entfernt hauptsächlich losen und schwach haftenden Schmutz auf glatten und textilen Bodenbelägen. Die Saugdüse wird passend zur Bodenart gewählt.

Arbeitsablauf Saugen

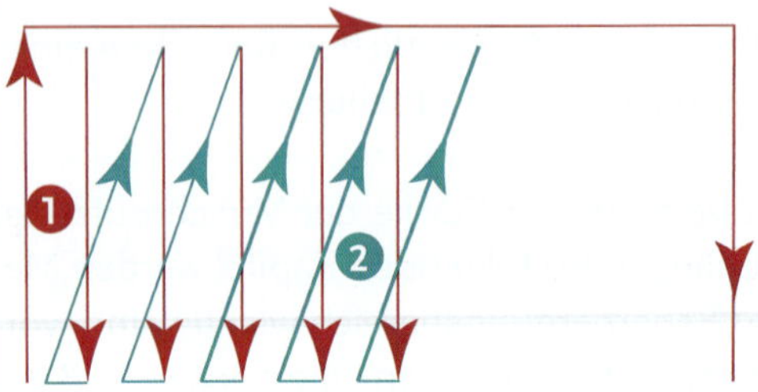

Die Gesamtfläche in überschaubare Arbeitsabschnitte einteilen. Die Mitarbeiterin/Der Mitarbeiter zieht das Saugrohr mit der Saugdüse gerade zu sich und schiebt es schräg überlappend nach vorne. Es wird immer in Richtung Ausgang gearbeitet:

1. Ecken und Ränder saugen.
2. Fläche in sich überlappenden Bahnen saugen.

1.3 Wischen

Feuchtwischen

Staub bindende oder feuchte Reinigung – oft auch nebelfeuchte Reinigung genannt – bedeutet, ohne oder mit sehr wenig Reinigungsflüssigkeit zu arbeiten. Bei normaler Verschmutzung ist diese Methode auf wischfähigen Bodenbelägen besser geeignet als Staubsaugen. Sie erleichtert und verkürzt den Arbeitsablauf und spart Reinigungsmittel und Wasser.

Hartnäckige Verschmutzungen werden durch Feuchtwischen ungenügend entfernt.

Verwendet werden Wischsysteme mit geeigneten Bezügen, wie z. B. Gazetücher oder Mopps aus Mikrofaser.

Achte bei Wischarbeiten stets auf eine gleichmäßige Belastung der Arme und Hände, d. h., der Stiel wird abwechselnd mit der rechten und der linken Hand geführt.

Feuchtwischbewegung mit Mopp mit Drehgelenk

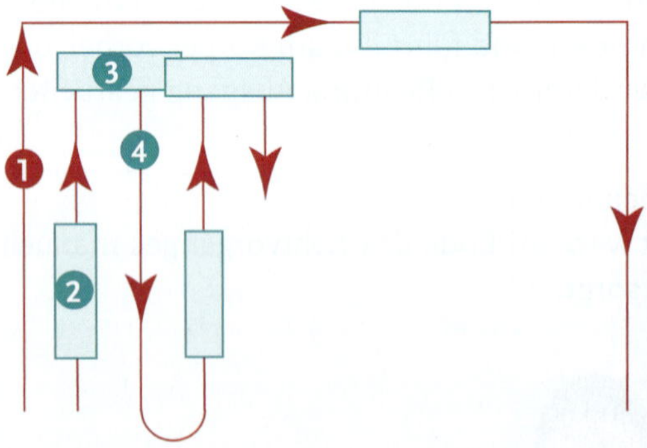

Die Mitarbeiterin/Der Mitarbeiter arbeitet immer zum Körper hin in Richtung Ausgang:

1. Ecken und Ränder säubern.
2. Wischmopp mit der Schmalseite nach vorne schieben.
3. Wischfläche drehen.
4. Mit der Breitseite in sich überlappenden Bahnen zum Körper ziehen.

Nasswischen

Nasswischen eignet sich, um hartnäckige Verschmutzungen zu entfernen und Pflegefilme aufzubringen.

DAS SOLLTEST DU SPEICHERN

Die zu reinigende Fläche wird in Arbeitsabschnitte eingeteilt, die auf die Größe des verwendeten Arbeitsgerätes abgestimmt sind.

Einstufiges Nasswischen

Diese Methode ist für Flächen mit geringer Verschmutzung geeignet, wenn die Verschmutzung mit einem Wischgang entfernt werden kann. Beim einstufigen Nasswischen trocknet die zurückbleibende Flüssigkeit selbstständig.

Böden, die bei der täglichen Reinigung einstufig gewischt werden, neigen zu Vergrauungen. Es empfiehlt sich, intervallmäßig ein zweistufiges Nasswischen durchzuführen.

Ablauf einstufiges Nasswischen

1. In einen Eimer mit Wasser ein für den Bodenbelag passendes Reinigungsmittel füllen.
2. Die Reinigungslösung mit dem Mopp aufnehmen. Den Mopp in der Mopppresse auspressen, bis er die gewünschte Feuchtigkeit hat.
3. Einen Teil der Fläche reinigen, anschließend den Mopp über dem Eimer auspressen.
4. Schließlich wieder Reinigungslösung mit dem Mopp aus dem Eimer aufnehmen.

Im Laufe mehrerer Anwendungen verschmutzt die Reinigungslösung immer mehr und die Reinigungsleistung sinkt. Wird die Reinigungslösung zu selten gewechselt, wird der Schmutz auf der Fläche verteilt.

Aus hygienischen Gründen ist das zweistufige Wischen zu bevorzugen.

Zweistufiges Nasswischen

Beim zweistufigen Nasswischen wird im ersten Schritt die Verschmutzung gelöst, im zweiten Schritt wird die schmutzige Flüssigkeit aufgenommen und die Fläche trocknet schneller.

1 Vorbereitung

- In einen blauen Eimer mit Wasser ein für den Bodenbelag passendes Reinigungsmittel füllen.
- Roten Eimer zu einem Drittel mit Wasser füllen.
- Presse über dem roten Eimer anbringen.
- Mopp mit Wischgerät vorbereiten.

2 Arbeitsablauf

a) Mopp in den blauen Eimer eintauchen und leicht auspressen.
b) Fläche wischen: zuerst Ecken und Ränder, Fläche in Wischbewegung.
c) Mopp im roten Eimer schwenken und fest auspressen.
d) Mopp in blauen Eimer eintauchen und fest auspressen.
e) Überschüssige Reinigungslösung wird durch Wischen – wie in Punkt b) ausgeführt – aufgenommen.
f) Mopp im roten Eimer auswaschen (durchschwenken) und gut auspressen.
g) Der Arbeitsablauf beginnt von vorne.

Durch Aufsteller muss auf Gefahren wie Stolpern, Rutschen und Stürzen aufmerksam gemacht werden

1.4 Bodenbeläge und ihre Reinigung

Aufgrund der Rohstoffe, die zur Herstellung verwendet werden, sind folgende Böden zu unterscheiden:

- Hartbodenbeläge aus Natur- und Kunststein
- Textile Bodenbeläge
- Elastische Bodenbeläge
- Beläge aus Holz und Holzwerkstoffen

Je nach Material des Bodens muss dieser unterschiedlich gereinigt werden.

⚠ Bei den genannten Reinigungsmaßnahmen handelt es sich um grobe, allgemeine Richtlinien – zur Sicherheit muss immer die Reinigungsanleitung des Herstellers beachtet werden. Dort sind spezielle Reinigungsanforderungen des Materiales beschrieben.

Reinigungsansprüche verschiedener Materialien

Böden aus Natur- und Kunststein

Von Granit über Marmor bis zu Terrazzo und Schiefer reichen die verwendeten Materialien im Hotelbereich. Jedes Material hat unterschiedliche Pflegeeigenschaften. Generell eignen sich für die tägliche Reinigung meist neutrale Universalreiniger. Die Beläge werden feucht oder nass gewischt.

⚠ Bei **Laminat** besteht die Oberfläche aus melaminharzgetränktem Papier und sollte nur nebelfeucht gewischt werden.

Textile Bodenbeläge

Staub und Verschmutzungen müssen regelmäßig entfernt werden. Tägliches Staubsaugen mit einem Bürstsauger erzielt die besten Ergebnisse.

Elastische Bodenbeläge

Zu den elastischen Bodenbelägen zählen z. B. **PVC-Beläge, Linoleum** sowie **Kautschuk-** und **Gummibeläge.** PVC-Beläge können mit Alkoholreiniger gewischt werden, Linoleum sowie Kautschuk- und Gummibeläge mit einer Wischpflege mit wasserlöslichen Polymeren.

Holzböden

Die Oberflächen von Holzböden können unterschiedlich aufbereitet sein. Geölte und gewachste Holzböden sind im Gegensatz zu lackversiegelten Oberflächen aufwändiger zu pflegen. Je nach Verschmutzungsgrad werden Holzböden gekehrt, gesaugt oder nebelfeucht gewischt.

2 Reinigung von Ausstattung und Einrichtung

Auch bei der Ausstattung sind in meinem Ausbildungsbetrieb viele verschiedene Materialien verarbeitet. Unsere Hausdame hat mir erklärt, dass es sehr wichtig ist, die Reinigungsmaßnahmen auf das jeweilige Material abzustimmen. Falsche Reinigung kann der Ausstattung schaden.

Diskutiere mit deinen Kolleginnen und Kollegen, welche Folgen eine unsachgemäße Reinigung für die Ausstattung und ein Hotel haben können.

Bei der Ausstattung und Einrichtung sowohl im Gästezimmer als auch in den Wirtschaftsräumen und öffentlichen Bereichen des Hotels gibt es eine Vielzahl unterschiedlicher Materialien. Die Bandbreite reicht von Textilien wie Teppichen oder Gardinen über Holz bis hin zu Glas oder Keramik.

Bei der Reinigung sind die Eigenschaften der Materialien zu berücksichtigen und die Reinigungsmittel und Arbeitsgeräte darauf abzustimmen.

Verschiedene Materialien müssen unterschiedlich gereinigt werden – das ist eine Herausforderung für das Housekeeping.

2.1 Tägliche Reinigung der Ausstattung

Die Möbel in den Gästezimmern und öffentlichen Bereichen eines Hotels werden täglich abgestaubt. Dabei arbeitet das Housekeeping-Team mit verschiedenen **Reinigungstüchern** – oft aus **Mikrofaser**. Diese werden mittels **Farbsystematik** bestimmten Arbeitsbereichen zugeordnet.

Die Reinigungstücher müssen zu den Pflegeeigenschaften der zu reinigenden Oberflächen, der Art der Reinigung und dem Reinigungsmittel passen.

Mehr zur Farbsystematik in der Reinigung erfährst du auf S. 418.

BONUS LEVEL

Falttechnik von Reinigungstüchern

Mit der richtigen Falttechnik werden Reinigungstücher in 8 bzw. 16 Flächen gefaltet. Wenn eine neue Oberfläche gereinigt werden soll oder eine Seite des Tuches stark verschmutzt ist, wird die Seite gewechselt. So kann ein Tuch öfter verwendet werden und es werden Arbeitsmittel und Waschgänge gespart.

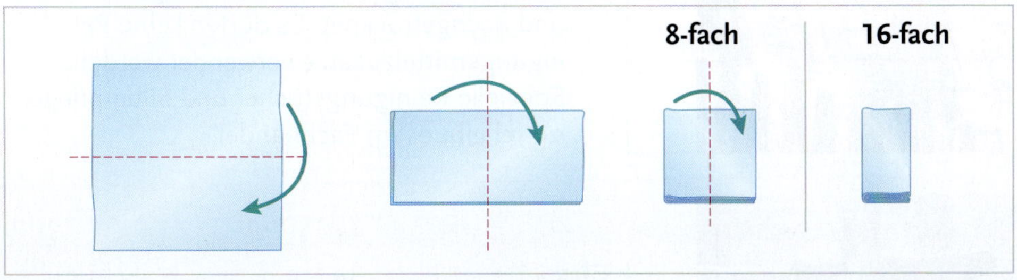

Immer wieder werden alte Bettwäsche und Handtücher zum Polieren verwendet. Zerrissene und ausgefranste Tücher wirken unprofessionell. Achte darauf, dass die Tücher ordentlich verarbeitet sind.

BONUS LEVEL ENDE

Reinigung der Ausstattung nach Material

Die Reinigungstextilien dürfen nur nebelfeucht verwendet werden, da Nässe Wasserschäden auf der Oberfläche verursachen kann.

Holz

Es gibt Möbelstücke aus lackiertem und unbehandeltem Holz. Staub lässt sich am besten mit Staub bindenden Tüchern entfernen. Bei hartnäckigeren Verschmutzungen oder Griffspuren eignen sich feuchte Tücher. Bei lackiertem Holz können Griffspuren mit Reinigungsmitteln auf Alkoholbasis entfernt werden.

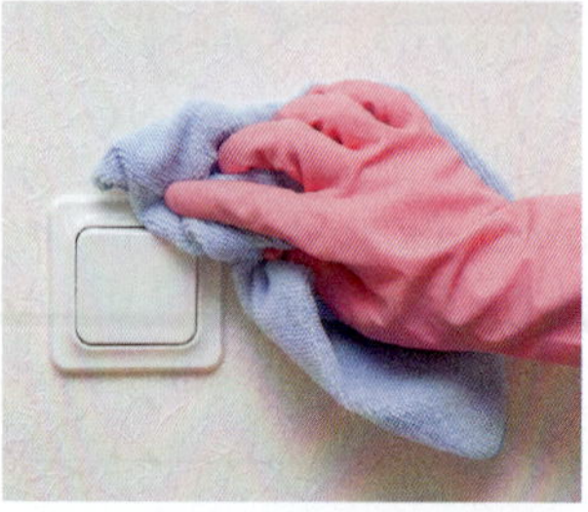

Kunststoff

Kunststoffinventar wird am besten mit Staub bindenden oder nebelfeuchten Tüchern gereinigt. Bei stärkeren Verschmutzungen, wie Griffspuren, werden Reinigungsprodukte mit rasch trocknenden Inhaltsstoffen eingesetzt. Hartnäckig anhaftende Verschmutzungen können mit einem Neutralreiniger entfernt werden.

Je schneller Flecken behandelt werden, desto besser lassen sie sich entfernen.

Textilien

Um Polstermöbel von Staub zu befreien, eignet sich Saugen mit entsprechender Saugdüse und Saugstärke sowie das Bürsten mit einer weichen Möbelbürste in Strichrichtung der Fasern. Flecken müssen mit kreisenden Bewegungen von der Fleckaußenseite hin zum Zentrum entfernt werden. Das verhindert, dass die Verschmutzung größer wird.

Metall

Lehnen, Füße, Verzierungen, Rahmen, Beschläge oder Gartenmöbelteile bestehen oft aus Metall, da dieses sehr langlebig ist. Die **Reinigungsansprüche** variieren von Material zu Material.

Beispiele

- **Chrom, Chromstahl, Chromnickelstahl, Edelstahl** werden abgestaubt, feucht abgewischt und nachpoliert.
- **Messing** wird abgestaubt. Pflege- und Spezialmittel werden mit einem Schwamm oder Tuch aufgebracht und abgespült. Anschließend wird die Fläche mit einem weichen Tuch trockengerieben und poliert.
- **Silber** wird abgestaubt, feucht abgewischt und nachgetrocknet. Es dürfen keine Reinigungsmittelzusätze verwendet werden. Spezielle Reinigungstücher und Silberpflegemittel gibt es im Fachhandel.

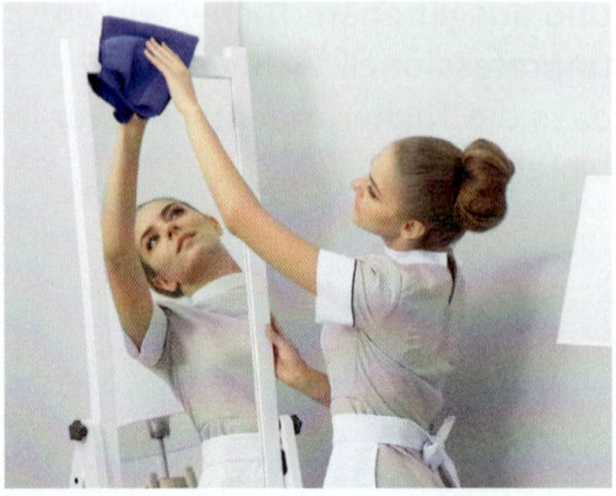

Ein Spiegel verzeiht nichts! Schlieren und sogar Staubflusen von Reinigungstextilien können einen Spiegel verschmutzt wirken lassen.

Glas

Meist sind hochwertige Mikrofasertücher zur Reinigung ausreichend. Es ist darauf zu achten, dass die Oberflächen nicht zerkratzt werden, so können z. B. Frotteetücher die Oberfläche aufrauen.

Leder
Staub, der sich in den Poren absetzt, kann das Material austrocknen und spröde machen. Glatte Lederoberflächen werden nebelfeucht gewischt und geraute Flächen mit der entsprechenden Saugdüse gesaugt. Raue Flächen lassen sich mit einer geeigneten Bürste oder einem Spezialschwamm behandeln. Stark benutzte Stellen werden mit einem weichen Tuch mit handwarmer Neutralseifenlösung behandelt.

Für die Fleckentfernung auf Leder gibt es Spezialprodukte, keinesfalls dürfen herkömmliche Fleckentferner verwendet werden.

2.2 Reinigung von Wänden

Auch die Wände müssen regelmäßig gereinigt werden. Durch die Luftzirkulation lagert sich Staub an der Oberfläche ab. Über Möbeln, Rahmen, Türstöcken und Heizkörpern können die Wände durch Staub dunkler werden. Für die laufende Reinigung gibt es Wandbesen.

Die Bereiche über den Heizkörpern sollten öfter gereinigt werden, da sich der hochsteigende Staub hier besonders festsetzt.

Wände können mit Wandbesen gereinigt werden

2.3 Fensterreinigung

Zuerst werden die **Rahmen** mit den Beschlägen und Dichtungen, dann die **Scheiben** und zum Schluss die **Fensterbänke** innen und außen gereinigt. Für die Reinigung der Scheiben eignen sich Fensterleder, Glasreinigungstücher aus Mikrofaser und ein gut netzender Glasreiniger.

Fensterscheiben werden in **Serpentinen** bearbeitet, wobei am entferntesten Punkt begonnen und zum Körper hin gearbeitet wird.

Mehr zur Reinigung von Tapeten, Anstrichen und Bespannungen findest du in der TRAUNER-DigiBox.

Reinigung der Fenster
Die Reinigung der Fenster, inklusive der Rahmen, Glasflächen, Fensterbänke (innen und außen) und evtl. auch der Sonnenschutzvorrichtungen gehört zu den körperlich anstrengendsten Arbeiten der Housekeeping-Abteilung.

TIPP VOM PROFI

Verwende keine Frotteetücher zum Polieren von Glas oder Spiegeln, da sie die Oberflächenstruktur aufrauen und somit mehr Schmutz haften bleiben kann.

3 Reinigung von Gästezimmern

Bei der Reinigung eines Gästezimmers ist viel zu beachten. Vom Bettenmachen bis zur Reinigung des Sanitärbereiches gibt es viele Einzelschritte, die man nicht vergessen darf. Auch die richtige Reihenfolge der einzelnen Arbeitsschritte ist wichtig.

Tausche dich mit deinen Kolleginnen und Kollegen aus: Was ist bei der Reinigung eines Gästezimmers alles zu tun?

3.1 Ausstattung und Gestaltung von Gästezimmern

Gästeräume müssen Wohnlichkeit und Funktionalität vereinen. Im Design zeigt sich, wofür ein Hotel steht, z. B. Sachlichkeit in einem Seminarhotel oder familiäres Ambiente in einem Ferienhotel.

Hotels bieten ihren Gästen meist verschiedene **Zimmerarten** an, die sich in Bezug auf Größe und Ausstattung, z. B. Zahl der Betten, unterscheiden.

Mehr über die verschiedenen Zimmerarten erfährst du auf S. 384.

Gäste müssen sich in einem Hotelzimmer wohlfühlen, nur dann kommen sie wieder bzw. empfehlen sie ein Haus weiter. Neben den grundlegenden Ausstattungsmerkmalen wie Bettenanzahl oder Zimmergröße gibt es daher viele weitere Ausstattungsfaktoren, die für Gäste wichtig sind.

Besondere Ausstattungsmerkmale sollten im Verkaufsgespräch bzw. beim Check-in besonders hervorgehoben werden.

Beispiele

- Qualitativ hochwertige Matratze: Guter Schlaf ist wichtig für einen erholsamen Aufenthalt.
- Badewanne: Manche Gäste wünschen sich eine Badewanne, um im Urlaub ein Bad zu genießen.
- Balkon: Besonders in der Ferienhotellerie freuen sich Gäste über ein Zimmer mit Balkon, um den Sonnenuntergang zu genießen oder gemütlich draußen zu lesen.

DAS SOLLTEST DU SPEICHERN

Alle Ausstattungsmerkmale eines Hotelzimmers haben auch einen Einfluss auf die Arbeit der Housekeeping-Abteilung. Die Balkonreinigung oder die Reinigung der Badewanne muss in die Arbeitszeit eingerechnet werden.

Oft haben Gäste **Sonderwünsche,** sei es ein Kinderbett oder ein Zusatzkissen. Diese sind nach Möglichkeit zu erfüllen. Informationen bezüglich der Sonderwünsche erhält die Housekeeping-Abteilung meist vom Frontoffice.

Bettengrößen

- **Einzelbett:** meist 90 oder 100 x 200 cm; auch 100 x 210 oder 220 cm sind mittlerweile Standard
- **Kinderbett:** 60 x 120 cm oder 70 x 140 cm
- **Queensize:** Bett für eine oder zwei Personen mit einer durchgehenden Matratze; meist 140 bis 180 x 200 cm
- **Kingsize:** Doppelbett (200 x 200 cm) mit einer durchgehenden Matratze

Bett und Matratze

Das Bettenmachen und Wechseln der Bettwäsche gehört zu den zentralen Aufgaben der Housekeeping-Abteilung bei der Zimmerreinigung. Wie das Bett gemacht wird und welche/wie viele Decken und Kissen aufgelegt werden, legt jedes Hotel selbst fest.

Bettwäsche

Hotelbettwäsche (Kissen- und Deckenbezüge sowie Bettlaken und Matratzenauflagen) muss strapazierfähig und bei 60 °C waschbar sein. Bevorzugte Materialien sind **Baumwolle** oder **Leinen.**

DAS SOLLTEST DU SPEICHERN

- Wie häufig die Bettwäsche gewechselt wird, ist hausintern geregelt.
- Der **Hotelverschluss,** ein Einschlag, der in die Bezüge eingearbeitet ist, hilft, Zeit zu sparen, da keine Knöpfe geschlossen werden müssen. Decken und Kissen werden in das an der Schmalseite entstandene Kuvert gesteckt.

Eine Größentabelle als Überblick über die gängigen Größen von Kissen und Decken findest du in der TRAUNER-DigiBox.

Kissen und Decken

Für **Decken** gibt es verschiedene Füllmaterialien.

Füllmaterialien

Federn und Daunen	Synthetische Füllungen	Lyocell	Naturhaar-, Seiden- und Baumwollfüllungen
Als **Daunen** bezeichnet man den feinen Brustflaum von Enten und Gänsen. Hochwertige **Federn** stammen ebenfalls von Enten und Gänsen.	Diese sind meist aus Polyester, sehr strapazierfähig und günstig. Sie eignen sich für stark strapazierte Bereiche, z. B. für Kur- oder Kinderhotels, da sie sich gut reinigen lassen.	Die Faser zeichnet sich durch hohe Atmungsaktivität, gute Hautverträglichkeit und eine außergewöhnlich hohe Wasseraufnahmefähigkeit aus.	**Tierhaare,** etwa Schafwolle und Kamelhaar, sind atmungsaktiv und zeichnen sich durch einen guten Temperaturausgleich aus. **Seidendecken** sind sehr gut für die wärmere Jahreszeit geeignet. **Baumwollfüllungen** sind sehr pflegeleicht und hautfreundlich.

Als Füllmaterial für **Kissen** werden im Hotel hauptsächlich Federn oder synthetische Fasern verwendet. Die Füllungen sollten wasch- und desinfizierbar sein.

das Lyocell = Faser aus Holz, die industriell hergestellt wird

Kissenmenü
Um die Gästewünsche bestmöglich zu erfüllen, legen viele Hotels Informationen zum Kissenmenü im Zimmer aus. Darauf sind die verfügbaren Kissen(formen) angeführt. Der Gast kann das perfekte Kissen für eine erholsame Nachtruhe auswählen und anfordern.

Mehr über Fasern erfährst du ab S. 442.

DAS SOLLTEST DU SPEICHERN
Gäste, die **Allergiker/innen** sind, bekommen keine Kissen und Decken mit Daunen- oder Federfüllung. Besser geeignet sind synthetische Füllungen, wie etwa Polyester. Diese lassen sich auch gut reinigen.

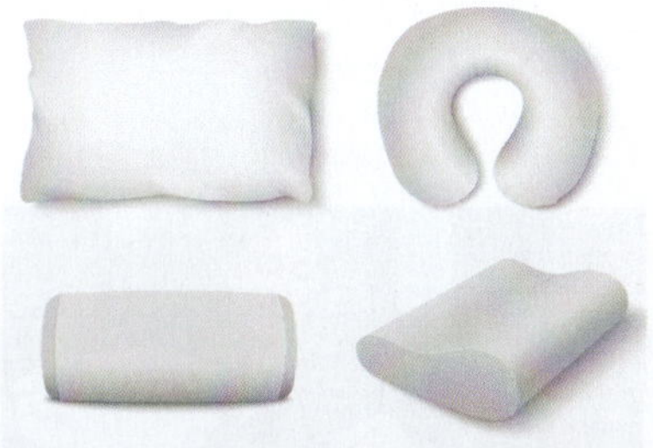

Kissen sind in unterschiedlichen Formen erhältlich. Viele Gäste wünschen sich etwa Spezialkissen zur Unterstützung des Halswirbelsäulenbereiches.

Encasings sind eine Art Schutz, der über Matratzen, Kissen oder Decken gezogen wird. Darüber wird die Bettwäsche aufgezogen. Der Vorteil von Encasings ist, dass sie milbendicht und somit für Allergiker/innen vorteilhaft sind.

Matratze

Es gibt verschiedene Arten von Matratzen:

- **Federkernmatratzen** haben einen Kern aus Stahlfedern.
- Bei **Taschenfederkernmatratzen** sind alle Stahlfedern einzeln in textile Taschen eingenäht und locker miteinander verbunden. Dadurch passt sich die Matratze dem Körper sehr gut an.
- **Schaumstoff-** und **Kaltschaummatratzen** bestehen hauptsächlich aus Polyurethan und sind sehr atmungsaktiv und dauerelastisch. Kaltschaummatratzen sind im Gegensatz zu Schaumstoffmatratzen atmungsaktiver.
- Matratzen aus **viskoelastischem Material** passen sich durch die Körperwärme der Körperform an.
- **Latexmatratzen** sind eher schwer und werden daher im Beherbergungsbereich vermehrt durch Modelle aus Kaltschaum ersetzt.

Boxspringbetten haben keinen Lattenrost, die Matratze liegt auf einem gefederten Untergestell.

DAS SOLLTEST DU SPEICHERN

- Matratze und Lattenrost müssen aufeinander abgestimmt sein.
- Matratzen sind regelmäßig – meist vierteljährlich – zu wenden.
- Zwischen Bettlaken und Matratze kommt eine Matratzenauflage oder ein Encasing.

Frotteeware

das Frottee = Textilgewebe mit guter Saugfähigkeit, das für Hand- und Badetücher verwendet wird

Die Zimmer werden mit Badtextilien ausgestattet. Diese werden nach Vorgaben des Hauses entweder im Bad oder auf dem Bett ausgelegt. Getauscht werden die Textilien entweder auf Wunsch des Gastes oder in hausintern vorgegebenen Intervallen.

Beispiele

- 1 Duschtuch je Gast
- 1 Badvorleger im Bad
- 1 Handtuch je Gast
- Evtl. 1 Bademantel je Gast
- 2 Waschlappen je Gast

Eine Tabelle mit den gängigen Größen von Hand- und Duschtüchern findest du in der TRAUNER-DigiBox.

BONUS LEVEL

Guest Amenities

Die meisten Hotels stellen Gästen kleine Annehmlichkeiten im Gästezimmer zur Verfügung. Klassiker sind Shampoo, Seife und Duschgel. Außerdem zählen dazu auch kleine Aufmerksamkeiten, mit denen der Gast willkommen geheißen wird, z. B. ein Kärtchen mit Urlaubswünschen oder ein Stück Konfekt.

Wer ist zuständig?

Für die Bereitstellung der Guest Amenities im Zimmer ist die Housekeeping-Abteilung zuständig. Die Guest Amenities werden im Rahmen der Vorbereitung des Anreisezimmers (z. B. Begrüßungskärtchen) bzw. bei der Zimmerreinigung (z. B. Duschgel und Seife) ausgelegt.

DAS SOLLTEST DU SPEICHERN

Diese Gästeartikel müssen bei der täglichen Vorbereitung des Reinigungswagens eingeplant werden, um eine ausreichende Menge mitzuführen.

Nachhaltigere Alternativen
Die kleinen Fläschchen für Duschgel und Shampoo verursachen eine enorme Menge an Abfall. Daher setzen immer mehr Hotels auf nachfüllbare Spender für diese Produkte. Positiver Nebeneffekt: Diese können nicht so einfach von den Gästen eingepackt und mit nach Hause genommen werden wie die kleinen Fläschchen, die täglich neu ergänzt werden müssen.

BONUS LEVEL ENDE

3.2 Beispiele für Reinigungsabläufe

Die Reinigungsabläufe in Hotels sind standardisiert. Zeitpunkt und Art der zu erledigenden Tätigkeiten werden hausintern definiert. Dabei wird auch festgelegt, wie viel Zeit die Mitarbeiterin/der Mitarbeiter für die jeweilige Tätigkeit hat.

Reinigung eines Abreisezimmers

1 Anklopfen

- Den vorbereiteten Hotelwagen vor dem Zimmer abstellen.
- Gut hörbar mehrmals anklopfen und das Zimmer betreten; die Tür offenstehen lassen.

2 Vorarbeiten

- Vorhänge und Fenster öffnen.
- Das Zimmer auf liegengebliebene Sachen überprüfen; etwaige Gegenstände wie hausintern vereinbart behandeln, z. B. am Empfang melden, im Fundbuch eintragen.
- Müll und schmutziges Geschirr entfernen.

3 Staub verursachende Arbeiten

- Bett abziehen, Bettwäsche in einen Wäschesack geben, evtl. Matratze absaugen.

Bevor mit der Zimmerreinigung fortgefahren wird, wird nun das Bad gereinigt. Einen exemplarischen Ablauf der Badreinigung findest du auf S. 441.

- Bett mit frischer Bettwäsche beziehen.
- Heizkörper, Bilderrahmen etc. abstauben.
- Lampen abstauben.
- Möbel richtig positionieren.

Trotz möglichen Zeitdruckes ist es wichtig, sauber, ordentlich und unter Einhaltung aller Arbeitsschutzmaßnahmen zu arbeiten.

Bei der Reinigung eines Abreisezimmers sind mehr Arbeitsschritte nötig als bei der Reinigung eines Bleibezimmers. Daher ist für die Reinigung eines Abreisezimmers mehr Zeit einzuplanen als für die Reinigung eines Bleibezimmers.

Bei den Abläufen in der Hauptspalte handelt es sich um exemplarische Abläufe für die Reinigung eines Abreise- und Bleibezimmers (siehe S. 440) sowie für die Sanitärreinigung (siehe S. 441). Bei diesen Arbeitsschritten handelt es sich um übliche Vorgehensweisen. Die genauen Reinigungsschritte werden in jedem Hotel abhängig von Ausstattung, Kategorie und verwendeten Materialien individuell festgelegt.

Going international
Before entering a guest room knock at the door and identify yourself by saying "Housekeeping".

4 Feuchte Arbeiten

- Die Schubladen des Nachttisches und den Schrank auf vergessene Gegenstände kontrollieren und feucht auswischen.
- Alle weiteren Oberflächen im Raum feucht abwischen.

5 Staubsaugen

Zimmer saugen (vom entferntesten Punkt hin zur Tür).

6 Nacharbeiten

- Minibar überprüfen und gegebenenfalls auffüllen.
- Gästeartikel nach hausinternen Vorgaben auflegen.
- Alle technischen Geräte auf Funktionalität überprüfen und gegebenenfalls defekte Geräte melden.
- Heizkörper/Klimaanlage auf die vereinbarte Temperatur drehen.
- Vorhänge wieder in Position bringen, Fenster schließen.
- Gegebenenfalls Laufspuren auf dem Teppich durch Saugen entfernen.
- Licht abdrehen, sich vergewissern, dass alles erledigt wurde, Zimmer abschließen.
- Zimmer für Zimmercheck freigeben.

Reinigung eines Gästezimmers bei Bleibe

Die Reinigung eines Gästezimmers bei Bleibe läuft ähnlich ab wie jene eines Abreisezimmers. Besondere Punkte bei der Reinigung eines Bleibezimmers sind:

Herumliegende Kleidungsstücke aufheben und zusammenfalten.

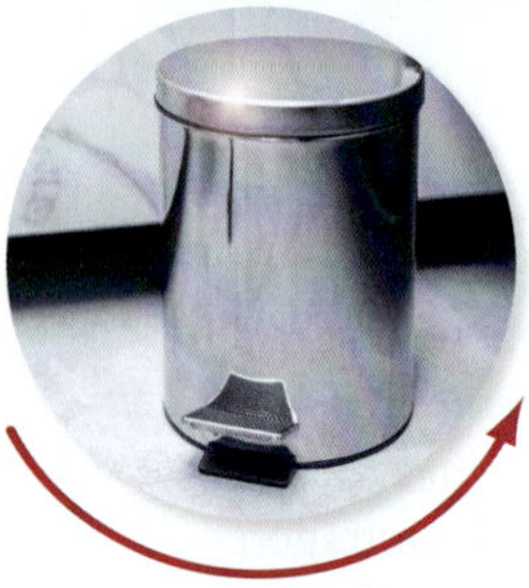

Mülleimer entleeren. Benutztes Geschirr entfernen und gegebenenfalls frisches aufstellen.

Das Bett machen – Bettwäsche im vereinbarten Intervall tauschen.

Das Badezimmer reinigen. Die Kosmetikartikel ordnen. Handtücher laut Vorgaben erneuern. Nur am Boden liegende Handtücher ersetzen.

Wie geht ihr in euren Betrieben vor, wenn ein „Bitte nicht stören“-Schild an der Tür hängt?

Beim Reinigen eines Bleibezimmers ist Diskretion wichtig. Persönliche Gegenstände des Gastes sind mit Vorsicht zu behandeln und vor Diebstahl zu schützen.

DAS SOLLTEST DU SPEICHERN

Hängt ein „Bitte nicht stören“-Schild an der Tür, wird ein anderes Zimmer zuerst gereinigt.

Sanitärreinigung

1 Vorarbeiten

- WC-Reiniger im WC verteilen und einwirken lassen.
- Mülleimer entleeren, Müllbeutel tauschen.
- Schmutzwäsche einsammeln und in einen Wäschesack geben.

2 Badewanne und Duschkabine reinigen

- Fliesen und Trennwände von oben nach unten reinigen.
- Badewanne bzw. Dusche reinigen und trockenwischen.
- Armaturen polieren.

3 Waschbecken reinigen

- Waschbeckenspiegel und Beleuchtung reinigen.
- Waschbeckenabfluss reinigen, gegebenenfalls Haare und Schmutz entfernen.
- Waschbecken, Ablage und Armaturen reinigen und polieren.

4 Toilette reinigen

- Toilette innen mit der Toilettenbürste reinigen; außen mit einem Reinigungstuch reinigen.
- Toilettensitz und Spültaste feucht reinigen und desinfizieren.
- Mülleimer und WC-Bürstenhalterung abwischen.
- Toilettenpapier nachfüllen.

5 Nacharbeiten

- Dusch- und Handtücher nach Vorgabe auslegen.
- Weitere Oberflächen, z. B. Handtuchtrockner, Handtuchhalter, feucht abwischen.
- Boden feucht wischen.
- Kontrollieren, ob alles erledigt wurde und Licht ausschalten.

In Bleibezimmern werden die Handtücher auf Wunsch des Gastes getauscht

Verwende im Sanitärbereich keine Schwämme mit grünem Vlies; nur Schwämme mit weißem Vlies sind aufgrund der Kratzfreiheit dafür geeignet.

Einen Ablaufplan für eine WC-Reinigung findest du in der TRAUNER-DigiBox.

4 Wäsche/Textilien im Hotel

In meinem Ausbildungsbetrieb fallen täglich Berge an Wäsche an. Bettwäsche und Handtücher werden außer Haus gewaschen, Gästewäsche, aber auch Mitarbeiterkleidung hausintern. Zuständig ist die Housekeeping-Abteilung. Die Mitarbeiter/innen kümmern sich auch um das Bügeln und Sortieren der Wäsche.

Neben Bettwäsche, Hand- und Duschtüchern gehören auch Reinigungstextilien, Restaurantwäsche und Arbeitskleidung zu den Textilien, die in der Hotellerie verwendet werden.

Die verwendeten **Gewebe** müssen bestimmte Ansprüche erfüllen, z. B. müssen sie robust und hygienisch zu reinigen sein. Teilweise werden die Gewebe auch besonders ausgerüstet, um besondere Eigenschaften zu erhalten.

Tausche dich mit deinen Kolleginnen und Kollegen darüber aus, wie die Reinigung der Wäsche in euren Ausbildungsbetrieben organisiert ist.

Die Reinigung der täglichen Wäscheberge verbraucht viel Strom und Wasser. Überlegt gemeinsam, wie die zu waschende Wäschemenge reduziert werden kann.

Beispiele: Gewebeausrüstungen
- **Merzerisieren:** dauerhafte Verbesserung des Glanzes
- **Sanforisieren:** Einlaufschutz der Baumwolle durch Behandlung in Dampfkammern
- **Imprägnieren:** wasserabweisend machen
- **Farbechtheit:** verhindert ein Ausbleichen
- **Flammschutz:** Textilien sind schwer entflammbar
- **Eulanisieren:** Schutz vor Motten

4.1 Fasern

Textilien im Hotel bestehen aus verschiedenen Fasern. Diese bestimmen die Reinigungseigenschaften und den Einsatzbereich. In der Tabelle findest du im Housekeeping-Bereich häufig verwendete Fasern.

Auch im Textilbereich spielt Nachhaltigkeit eine immer größere Rolle. Beispiele sind etwa der Einsatz von Biobaumwolle oder Recyclingfasern. Außerdem gibt es laufend Innovationen, z. B. neue Fasern mit besonderen Eigenschaften.

Unterscheidung von Fasern

Pflanzliche Fasern	Tierische Fasern	Chemiefasern

■ Baumwolle ■ Leinen ■ Hanf ■ Jute ■ Sisal ■ Kokos	■ Schafwolle ■ Mohair ■ Kaschmir ■ Alpaka ■ Kamelhaar ■ Seide	■ Zellulosefasern (aus Naturprodukten, z. B. Holz, hergestellt): Viskose, Lyocell, Modal ■ Synthetische Fasern (aus Erdöl, Kohle etc.): Polyamid, Polyester, Elasthan

Baumwolle

Textilien in der Gastronomie und Hotellerie sind häufig aus **Baumwolle.** Sie ist sehr weich und kann gut zu feinen oder groben Fäden versponnen werden. Baumwolle ist reißfest und strapazierfähig. Ihre Eigenschaften machen sie beliebt für Berufskleidung, Tisch- und Bettwäsche.

DAS SOLLTEST DU SPEICHERN

Baumwolltextilien können je nach Farbe und Ausrüstung bei 60 oder 95 °C mit Vollwaschmittel gewaschen werden und sind so hygienisch rein. Somit sind sie gut für Küchenkleidung, Tischwäsche, Bettwäsche, Servietten und Handtücher geeignet. Auch oftmaliges Waschen ist kein Problem.

Als Bekleidung getragen, ist Baumwolle sehr saugfähig und luftdurchlässig. Baumwolle hat allerdings eine geringe Elastizität und neigt stark zum Knittern. Sie kann jedoch heiß gebügelt werden. Durch die Beimischung von Elasthan wird die Elastizität verbessert und die Knitterneigung verringert.

Leinen

Geschirrtücher werden seit jeher aus **Leinen** hergestellt, da dieses extrem saugfähig sowie strapazierfähig ist und nicht fusselt. Die Gewinnung der Faser ist aufwendig und teuer. Deswegen wird Leinen immer seltener verwendet. Heute sind Geschirrtücher häufig aus Halbleinen. Leinen ist wie Baumwolle bei 60 oder 95 °C mit einem Vollwaschmittel waschbar.

das Halbleinen = Textil aus Baumwolle und mindestens 40 % Leinen

Geschirrtücher aus Leinen

Viskose und Modal

Die Chemiefasern **Viskose** und **Modal** ergeben weich fließende, feine Stoffe, die sich für Berufskleidung gut eignen. Viskose und Modal können bei 40–60 °C mit Feinwaschmittel gewaschen werden. Am besten im Schonwaschgang, um ein Einlaufen und Verformen zu verhindern. Sie sollten nicht in den Wäschetrockner gegeben werden.

Synthetische Fasern

Synthetische Fasern werden in vielen Bereichen, v. a. für die Herstellung von Berufskleidung, Tischwäsche, Reinigungstüchern (Mikrofaser) und Schwämmen eingesetzt.

Die Pflegeeigenschaften dieser Textilien sind sehr unterschiedlich, die **Textilpflegekennzeichnung** ist daher unbedingt zu beachten.

Synthetische Fasern = erhalten zur Verdeutlichung, dass sie aus Molekülketten gewonnen werden, die Vorsilbe „Poly“, z. B. Polyamid, Polyester, Polyacryl

4.2 Waschmittel für Textilien

Es gibt eine Vielzahl von Waschmitteln. Welches Waschmittel gewählt wird, hängt von der Textilfaser und vom Gewebe ab.

Vollwaschmittel
- Temperatur: 30–95 °C
- Geeignet für die meisten Textilien
- Enthalten optische Aufheller und Bleichmittel

⚠ Für schwarze und bunte Textilien statt Vollwaschmittel besser Colorwaschmittel (ohne Bleichmittel) verwenden.

Feinwaschmittel
- Temperatur: 30–60 °C
- Enthalten keine Bleichmittel und optischen Aufheller, Farben bleiben gut erhalten, zudem mildern sie die Gefahr des Abfärbens von einem Wäschestück auf ein anderes

Die Textilpflegekennzeichen sind zu beachten.

Eine digitale Übung zum Thema findest du in der TRAUNER-DigiBox.

Spezialwaschmittel

- Speziell auf bestimmte Textilien abgestimmte Waschmittel
- Geeignete Waschtemperatur ist abhängig vom behandelten Textil

Beispiele

- **Gardinenwaschmittel:** enthalten Vergrauungsinhibitoren, optische Aufheller und Bleichmittel; gut für ergraute Chemiefasergardinen geeignet
- **Wollwaschmittel:** ohne Enzyme, optische Aufheller und Bleichmittel; verhindert das Verfilzen der empfindlichen Wollfasern (Wollwaschprogramm verwenden!)

Waschmittel sind in den verschiedensten Formen, vom Pulver bis zum Flüssigwaschmittel, erhältlich.

4.3 Textilpflegekennzeichen/Waschzeichen

Diese Piktogramme zeigen, wie ein Textilstück gepflegt werden sollte. Die Angaben auf dem Etikett sind Maximalangaben; und sie sind auf das empfindlichste Material im Stück abgestimmt.

Waschen Die Zahlen verweisen auf die maximale Waschtemperatur.				
Normalwaschgang	**Schonwaschgang**	**Spezialschonwaschgang**	**Handwäsche**	**Nicht waschen**
60°	40°	30°		

Trocknen im Tumbler		
Trocknen möglich	**Schonende Trocknung bei niedriger Temperatur**	**Nicht im Tumbler trocknen**

Trocknen	
Liegend trocknen	**Trocknen auf der Wäscheleine im Schatten**

Bleichen		
Chlor- und Sauerstoffbleiche möglich	**Nur Sauerstoffbleiche möglich**	**Nicht bleichen**

Bügeln			
Heiß bügeln	**Mäßig heiß bügeln**	**Nicht heiß bügeln**	**Nicht bügeln**

Professionelle Textilpflege Im Kreis befindliche Buchstaben verweisen auf die möglichen Lösemittel.		
Chemisch reinigen möglich	**Schonend chemisch reinigen**	**Nicht chemisch reinigen**
P	F	

4.4 Wäschekreislauf

1 Vorsortierung

Die Schmutzwäsche wird entsprechend der Textilpflegekennzeichnung für die einzelnen Waschvorgänge vorsortiert. Bei der Vorsortierung ist bereits auf Flecken zu achten.

Wichtig

- Tischwäsche wird ausgeschüttelt, damit keine Brotkrümel oder Reste der Tischdekoration zurückbleiben.
- Die Taschen von Kleidungsstücken, wie z. B. Bademänteln, werden entleert, um nichts mitzuwaschen.

2 Fleckentfernung

Evtl. eine Fleckentfernung, auch Detachur genannt, entsprechend der Verschmutzung und des Materials durchführen.

Tipps zur Entfernung häufiger Flecken

- **Blut:** Textil mit kaltem Wasser ausspülen und laut Textilpflegekennzeichnung waschen.
- **Kaugummi:** Die betroffene Stelle mit einem sehr kalten Gegenstand kühlen (z. B. Eiswürfel in einer Plastiktüte). Dadurch wird der Kaugummi hart, die erstarrte Masse kann vorsichtig „abgekratzt" werden, anschließend das Textil waschen (Teppiche saugen).
- **Fett:** Fleck mit Spülmittel/Waschmittel und heißem Wasser behandeln, ausspülen und laut Textilpflegekennzeichnung waschen.
- **Rotwein:** Sofort Salz, Essig oder Zitrone unverdünnt mit einem Tuch auftragen, mit Wasser benetzen, einwirken lassen und alles mit einem saugfähigen Tuch aufnehmen.

3 Waschen

Die Füllmenge der Waschmaschinen ist genau einzuhalten und die Waschtemperatur entsprechend der Textilpflegekennzeichnung zu wählen. Die maximale Füllmenge der Maschinen ist zu beachten.

Wichtig

- Eine Waschmaschine ist optimal befüllt, wenn die Handfläche – vertikal gehalten – im oberen Bereich der Trommel noch gut Platz hat.
- Wird die Waschmaschine mit vorbehandelter feuchter Wäsche beladen, dürfen nur zwei Drittel der angegebenen Füllmenge eingelegt werden.

Die Reinigung und das Bügeln der Wäsche werden in vielen Hotels von externen Dienstleistern durchgeführt.

Die internationale Bezeichnung für den Wäschereibereich ist **Laundry**.

die Detachur = Fleckentfernung

Um Flecken zu entfernen, lege ein Baumwolltuch unter den Fleck und bearbeite diesen mit einem mit Fleckentferner benetzten weißen Reinigungstuch vom Rand zur Mitte hin in kreisenden Bewegungen. Das Wäschestück anschließend kalt ausspülen oder in der Waschmaschine waschen.

Für einen besseren Wascherfolg sollte die Waschmaschine abwechselnd mit großen und kleinen Stücken befüllt werden.

4 Trocknen

Eine **Volltrocknung** wird bei Frotteewäsche und oft auch bei Küchenwäsche vorgenommen. Bei einer **Teiltrocknung** werden die Wäschestücke auf eine Restfeuchte von ca. 35 % getrocknet.

Arbeit an der Wäschemangel

5 Bügeln

Der Großteil der Wäsche in der Hotellerie wird mit einer **Wäschemangel** bearbeitet. Am Bügelbrett werden hauptsächlich Arbeitskleidung und Gästewäsche mit dem Dampfbügeleisen gebügelt.

Das Bügeln verringert den Feuchtigkeitsgehalt der Wäsche sowie die Elastizität und Festigkeit der Fasern stark. Bei der Lagerung nimmt die Wäsche wieder Feuchtigkeit aus der Raumluft auf. Werden Wäschestücke nach dem Bügeln sofort wieder verwendet, kann es durch die eingeschränkte Elastizität der Fasern zu Gewebeschäden kommen.

Wichtig
Nur wirklich saubere Wäsche darf gebügelt werden. Restverschmutzungen können sich beim Bügeln fest mit der Faser verbinden und lassen sich dann nur mehr schwer entfernen.

Bettwäsche wird im Wäscheoffice auf links gedreht gelagert

6 Zwischenlagerung

Um die Haltbarkeit und Belastungsfähigkeit des Textils aufrechtzuerhalten, müssen Wäschestücke nach der Reinigung ruhen (z. B. 24 Stunden).

7 Lagerung

Im Wäscheoffice wird die Wäsche nach Größe und Art (z. B. Bettwäsche, Badetücher, Duschtücher) sortiert gelagert. Die Wäscheausgabe erfolgt nach dem **Rotationsprinzip,** d. h., die zuletzt gewaschene Wäsche wird auch zuletzt wieder verwendet.

4.5 Qualitätskontrolle der Wäsche

Die Mitarbeiter/innen in der Wäscherei sind dafür verantwortlich, dass nur einwandfreie Wäschestücke in Umlauf kommen. Die Mitarbeiter/innen überprüfen die Wäsche und entscheiden, ob diese noch ausgebessert, ein Fleck noch entfernt und das Wäschestück danach wieder verwendet werden kann. Ist dies nicht möglich, werden die entsprechenden Wäschestücke aussortiert.

DAS SOLLTEST DU SPEICHERN
Qualitätsmerkmale bei Wäschestücken sind u. a. keine ausgefransten Kanten, keine dünnen Stellen, keine Löcher.

4.6 Wäscheservice für Gäste

Viele Betriebe bieten ihren Gästen einen Wäscheservice an, d. h., Gästewäsche wird zum Waschen und Bügeln übernommen. Im Folgenden findest du einen exemplarischen Ablauf für einen Wäscheservice für Gäste. Dieser kann abhängig von den hausinternen Gegebenheiten natürlich variieren.

1 Anforderung durch den Gast

Der Gast gibt die Wäsche in einen Wäschesack. In der Wäscheliste trägt er die erforderlichen Daten ein, z. B. Zimmernummer, Name, Anzahl der Wäschestücke und Datum der erwarteten Rückgabe. Anschließend gibt der Gast am Empfang Bescheid.

2 Abwicklung durch die Housekeeping-Abteilung

Die Empfangsmitarbeiter/innen informieren das Housekeeping, das den Wäschesack abholt bzw. diesen bei der Zimmerreinigung mitnimmt.

- Wird die Gästewäsche nicht im Hotel gereinigt, gibt die Housekeeping-Abteilung diese an die externe Wäscherei weiter.
- Die Kosten der Reinigung werden entweder auf die Gästerechnung gebucht oder der Gast zahlt den Betrag bei der Übergabe der gereinigten Wäsche.

Der Wäschesack und die Wäscheliste befinden sich meist zusammengefaltet im Kleiderschrank.

5 Qualitätskontrolle und Checklisten

Der Gast aus Zimmer 150 hat angerufen und um ein weiteres Handtuch gebeten. Ich frage mich, warum nicht genug Handtücher im Gästezimmer bereitgelegt wurden.

Welches Infomaterial der Gast im Zimmer vorfindet, soll nicht dem Zufall überlassen sein.

5.1 Standards in den Gästezimmern

Wie viele Handtücher oder welches Infomaterial in einem Gästezimmer bereitliegen, ist mittels hausinterner Standards, die einzuhalten sind, definiert. Bereits bei der Einarbeitung erfahren die Mitarbeiter/innen im Housekeeping, wie die Zimmer ausgestattet sind und welche Utensilien wo zu positionieren sind.

Für alle Räume, in denen Housekeeping-Mitarbeiter/innen für die Reinigung oder Bestückung zuständig sind, sollten Standards zur Gestaltung und Ausstattung festgelegt werden und den Mitarbeiterinnen/Mitarbeitern **Manuals** (digital oder in Papierform) zum Nachschlagen zur Verfügung stehen.

Auch digitale Gästemappen können das Housekeeping betreffen, etwa wenn es um das Laden von Tablets etc. geht.

Eine Beispielcheckliste für den Zimmercheck findest du in der TRAUNER-DigiBox.

Das Gästezimmer muss in tadellosem Zustand sein, wenn ein neuer Gast es bezieht.

5.2 Zimmercheck

Bevor ein Zimmer bei der Frontoffice-Abteilung als frei gemeldet wird, wird der Zimmercheck durchgeführt. Damit nichts übersehen wird, gibt es für die Zimmerkontrolle **Checklisten.**

Zur lückenlosen Qualitätskontrolle empfiehlt es sich, systematisch vorzugehen, z. B. bei gleich eingerichteten Räumen stets die gleiche Blickrichtung einzuhalten, um kein Detail zu übersehen.

Nach dem Zimmercheck gibt die Hausdame oder eine befugte Mitarbeiterin/ein befugter Mitarbeiter am Empfang Bescheid, dass das Gästezimmer fertig ist. In manchen Unternehmen melden auch die Mitarbeiter/innen die Zimmer selbst frei. Die Hausdame kontrolliert die frei gemeldeten Zimmer in periodischen Abständen. Das Freimelden kann auf verschiedene Arten erfolgen, z. B. per Zimmertelefon oder auf digitalem Weg.

DAS SOLLTEST DU SPEICHERN

Die Zimmer, die am selben Tag wieder belegt werden, sollen als erste gereinigt und frei gemeldet werden. Wenn möglich, sind Extrawünsche der anreisenden Gäste, z. B. Zusatzkissen, gleich zu berücksichtigen.

WortschatzBox – „Aufgaben der Housekeeping-Abteilung"

- Ordne folgende Begriffe den passenden Erklärungen zu.

Lyocell	Milbendichter Überzug für Betten
Frottee	Industriell hergestellte Faser aus Holz
Encasing	Fleckentfernung
Halbleinen	Sehr saugfähiges Textilgewebe, das gern für Handtücher verwendet wird
Detachur	Textil, das aus Leinen und Baumwolle besteht

Ziele erreicht? – „Aufgaben der Housekeeping-Abteilung"

KOMPETENZ-ERWERB

1. Nenne jene Hotelbereiche, für deren Reinigung die Housekeeping-Abteilung zuständig ist.
2. Lies dir die folgenden Situationen durch und plane die Reinigung (Methode, Arbeitsmittel, evtl. Ablauf).
   a) Da der Baum in der Hotelauffahrt viele Blätter verloren hat, die nun auf der Zufahrt und am Gehweg liegen, bittet der Frontoffice Manager das Housekeeping-Team, diese zu entfernen.
   b) In Zimmer 167 ist Teppichboden verlegt. Du sollst den Boden reinigen.

c) Ein Gast hat in der Lobby auf dem Steinboden seinen Kaffee verschüttet.

d) Die Sitzgruppe in der Lobby hat einen Bezug aus Leder und soll gereinigt und gepflegt werden.

3. **Ausgangssituation**

Deine Kollegin Michelle ist diese Woche dem Housekeeping zugeteilt. Sie erzählt dir, wie sie bei der Zimmerreinigung eines Abreisezimmers vorgeht.

Ich beginne damit, dass ich das ganze Zimmer sauge, von der Tür ins Zimmer hinein. So entferne ich gleich mal den Großteil des Schmutzes. Anschließend mache ich das Bett, das ist eine anstrengende Arbeit, die will ich rasch erledigen. Dann staube ich die Möbel ab und räume das Zimmer auf. Zum Schluss kontrolliere ich das Zimmer. Dann brauche ich nur noch die Tür hinter mir zu schließen und kann das Zimmer freimelden.

a) Würdest du bei der Zimmerreinigung genauso vorgehen oder würdest du eine andere Reihenfolge wählen? Begründe deine Antwort.

b) Werte aus, ob alle wichtigen Aufgaben erledigt wurden oder ob noch weitere Arbeitsschritte nötig sind.

4. Beschreibe, wie du bei der Reinigung von Flächen vorgehst.

5. Sieh dir die Abbildungen an. Welche Aufgaben erledigt das Housekeeping-Team hier? Wie werden diese in deinem Betrieb konkret umgesetzt?

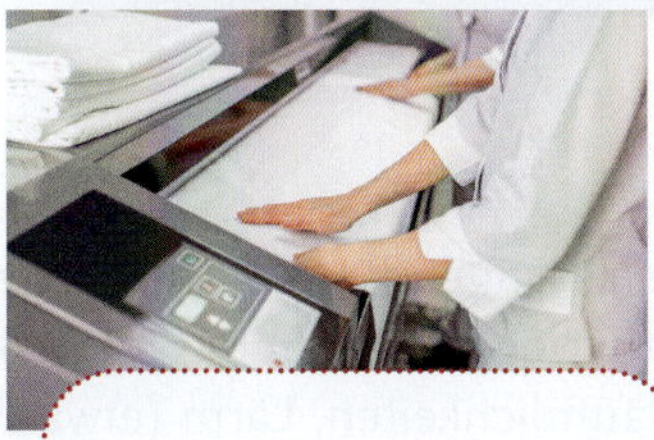

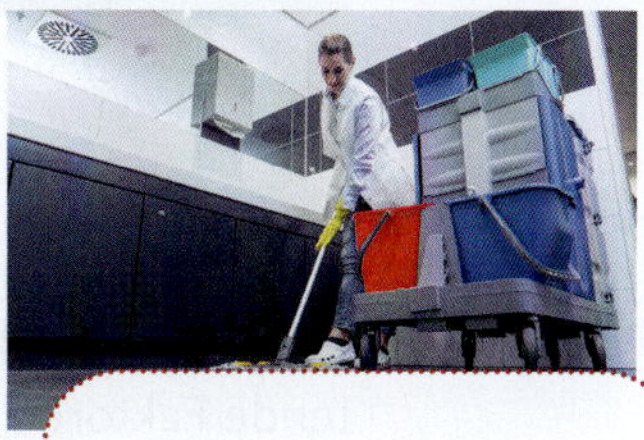

6. Analysiere die Bilder zur Toilettenreinigung und bewerte, ob alles richtig gemacht wird.

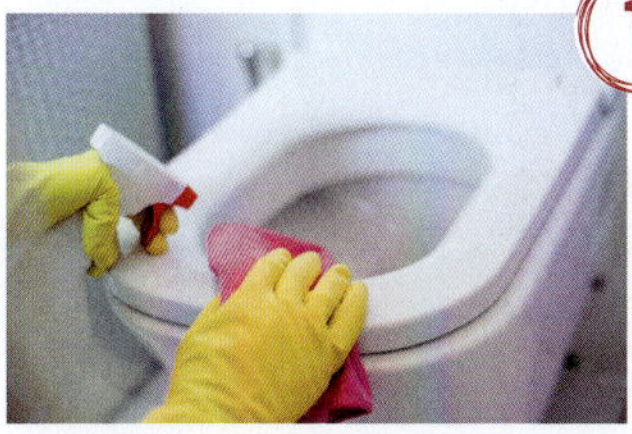

1

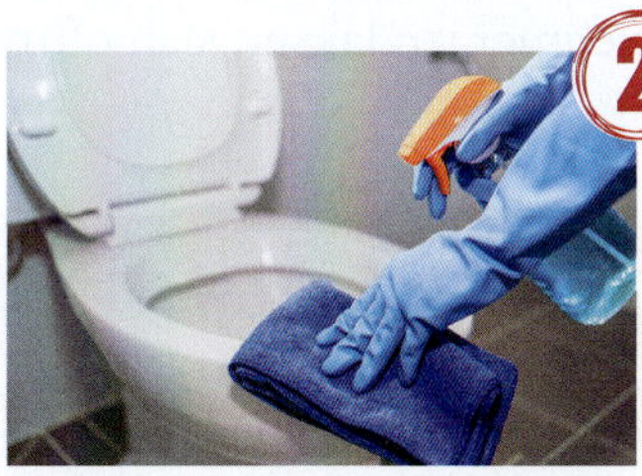

2

3

7. Beschreibe den Ablauf und die Funktion des Zimmerchecks.

8. Beschreibe den Wäschekreislauf im Hotel.

9. Erläutere den Ablauf des Wäscheservice für Gäste.

10. Die Hausdame bittet dich, die Reinigung der Gästebettwäsche zu übernehmen. Du findest folgende Symbole auf der Textilpflegekennzeichnung an der Bettwäsche. Was musst du beim Waschen, Trocknen und Bügeln beachten?

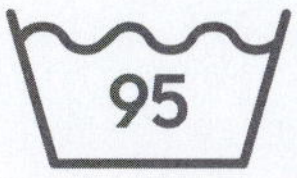

Einen interaktiven **Safety-Check** findest du in der TRAUNER-DigiBox.

Mitarbeitergesundheit

Hinsichtlich der körperlichen und psychischen Belastungen für die Mitarbeiter/innen zählt die Tätigkeit im Housekeeping zu den anstrengendsten im Hotel. Belastende Faktoren sind z. B. Hitze, Zeitdruck, enge Räumlichkeiten, Lärm (etwa durch Staubsauger verursacht).

Werden ergonomische Gesichtspunkte berücksichtigt, kann die Arbeitsbelastung gesenkt, das Unfallrisiko minimiert und die Produktivität gesteigert werden. Rasche Ermüdung bzw. Schmerzen lassen sich oftmals verhindern.

KOMPETENZ-ERWERB

Meine Ziele

Nach Bearbeitung dieses Kapitels kann ich

- erklären, was Arbeitsergonomie ist;
- Tipps zur richtigen Haltung abgestimmt auf die jeweilige Arbeitsaufgabe geben;
- erklären, was die persönliche Schutzausrüstung ist.

1 Arbeitsergonomie

Ich arbeite im Housekeeping. Nach einem langen Arbeitstag habe ich leider regelmäßig Rückenschmerzen. Manchmal weiß ich nicht, wie ich die Reinigung der vielen Zimmer schaffen soll.

Bei Reinigungstätigkeiten sind die Housekeeping-Mitarbeiter/innen verschiedenen körperlichen und psychischen Belastungen ausgesetzt. Ergonomisch auf die jeweilige Tätigkeit abgestimmte Körperhaltungen und die korrekte Handhabung von Arbeitsmitteln helfen, die körperliche Belastung zu reduzieren.

DAS SOLLTEST DU SPEICHERN

Die Ergonomie sorgt dafür, dass die Gesundheit am Arbeitsplatz geschützt wird. Damit ein Arbeitsplatz als ergonomisch gilt, muss er den gesetzlichen Anforderungen entsprechen. Dafür muss das Unternehmen sorgen. Je nach Aufgabenbereich sind diese Anforderungen unterschiedlich.

Vom Raumklima über die Gestaltung von Arbeitsmaterialien bis hin zur richtigen Technik bei körperlich schweren Tätigkeiten deckt die Arbeitsergonomie unterschiedliche Bereiche ab.

Was Ergonomie im Arbeitsbereich bewirkt

1. Senkung der Arbeitsbelastung
2. Minimierung des Unfallrisikos
3. Steigerung der Produktivität
4. Verhinderung von Schmerzen und rascher Ermüdung

1.1 Arbeitshöhe und Arbeitsbreite

Die Arbeitsmittel müssen an die **individuelle Körpergröße** der jeweiligen Mitarbeiterin/des jeweiligen Mitarbeiters angepasst werden. Arbeiten, die **über Schulterhöhe** bzw. **unter Kniehöhe** verrichtet werden müssen, belasten extrem.

Überkopfarbeit ist zu vermeiden. Vorhangstangen und -schienen sowie **unfallsichere Aufstiegshilfen** erleichtern das Aufhängen von Vorhängen sowie das Reinigen der Fenster. Im Treppenbereich kann durch **Sicherheitsleitern** mit Fußverlängerungen eine bessere Stabilität erreicht werden.

Kraftraubende Arbeiten sollen nur in Schulterbreite ausgeführt werden, denn die Kraft geht von den Schultergelenken aus. Die zu bearbeitende Fläche wird in passende Abschnitte, die sich überlappen, eingeteilt.

Tausche dich mit deinen Kolleginnen und Kollegen darüber aus, welche Möglichkeiten es gibt, um die körperlichen Belastungen bei der Arbeit im Housekeeping zu minimieren.

die Ergonomie = optimale Anpassung der Arbeitsumgebung und der Arbeitsmittel an die menschlichen Bedürfnisse

Die beste Planung von Arbeitsabläufen hat keinen Sinn, wenn die Ausführung ergonomisch nicht korrekt ist und die körperlichen Belastungen Mitarbeiter/innen schwächen. Daher sind Schulungen zum Thema sehr wichtig.

Arbeite in Abschnitten, die deiner Schulterbreite entsprechen, und stets zum Körper hin. Vermeide großflächige Bewegungen.

1.2 Arbeitshaltung

Die richtige Arbeitshaltung ist wichtig, um rückenschonend zu arbeiten und Schmerzen und Fehlbelastungen vorzubeugen.

- Keinesfalls gebückt arbeiten. Entweder die Arbeitsfläche erhöhen oder in der Hocke bzw. – noch besser – kniend arbeiten.

Ein- und Ausschaltvorrichtungen, die mit dem Fuß betätigt werden können, ersparen das Bücken.

Bei Boden- oder Wandsteckdosen in Bodennähe den Netzstecker immer hockend ein- bzw. ausstecken.

- Gehe, um Lasten aufzuheben, in die Hocke. Das schont die Wirbelsäule.

Gehe beim Heben von Gepäckstücken leicht in die Knie und ziehe das Gepäckstück zur Körpermitte.

Kehrgut immer hockend auf die Kehrschaufel aufnehmen.

Eimer mit Reinigungsmitteln stets aus der Hocke heraus anheben.

- Manche Arbeiten können sitzend oder mit einer Stehhilfe ausgeführt werden. Das schont Beine, Füße und Rücken. Etwa in der Wäscherei bietet es sich an, einen entsprechenden Arbeitsplatz einzurichten.
- Schieben ist besser als heben. Rollende Arbeitsbehelfe sind zu bevorzugen, z. B. Wäschewagen, fahrbare Blumenübertöpfe, Arbeitswagen. Muss trotzdem etwas getragen werden, soll die Last gleichmäßig auf beide Arme verteilt werden, um die Wirbelsäule zu schonen.
- Bei einhändiger Führung von Arbeitsgeräten sollen sie abwechselnd mit der rechten und mit linken Hand gehalten werden.
- Bedienungselemente müssen auch mit feuchten Händen betätigt werden können.

Der Etagenwagen ist ein wichtiges Arbeitsmittel im Housekeeping

Hebel sollen zum Körper hin gezogen werden, z. B. bei Mopppressen.

DAS SOLLTEST DU SPEICHERN

Bei falscher Körperhaltung ist mehr Kraft nötig, um das gewünschte Ergebnis zu erzielen. Daher ist es günstig, wenn die Arbeitshöhe sich an die Körpergröße anpassen lässt, z. B. höhenverstellbare Stiele. Einseitige Belastungen können zu Verspannungen und Rückenbeschwerden führen.

2 Arbeitskleidung

Beim Arbeiten im Housekeeping gibt es in meinem Ausbildungsbetrieb bestimmte Kleidungsvorschriften. Das Housekeeping-Team hat eine eigene Arbeitskleidung, die die Mitarbeiter/innen tragen müssen.

Bei der Arbeitskleidung der Mitarbeiter/innen der Housekeeping-Abteilung spielen verschiedene Faktoren eine Rolle.

Die Kleidung muss funktionell, robust und gut zu reinigen sein. Auch die Faktoren Sicherheit und Bewegungsfreiheit sind wichtig. Außerdem sollte die Mitarbeiterkleidung zum Stil des Hauses passen.

Beispiel
Housekeeping-Mitarbeiter/innen müssen Betten überziehen oder auf Leitern steigen. Schnitt und Material der Arbeitskleidung dürfen die Mitarbeiter/innen nicht einengen oder in ihrer Bewegung einschränken.

Wichtige Eigenschaften der Arbeitskleidung des Housekeeping-Teams

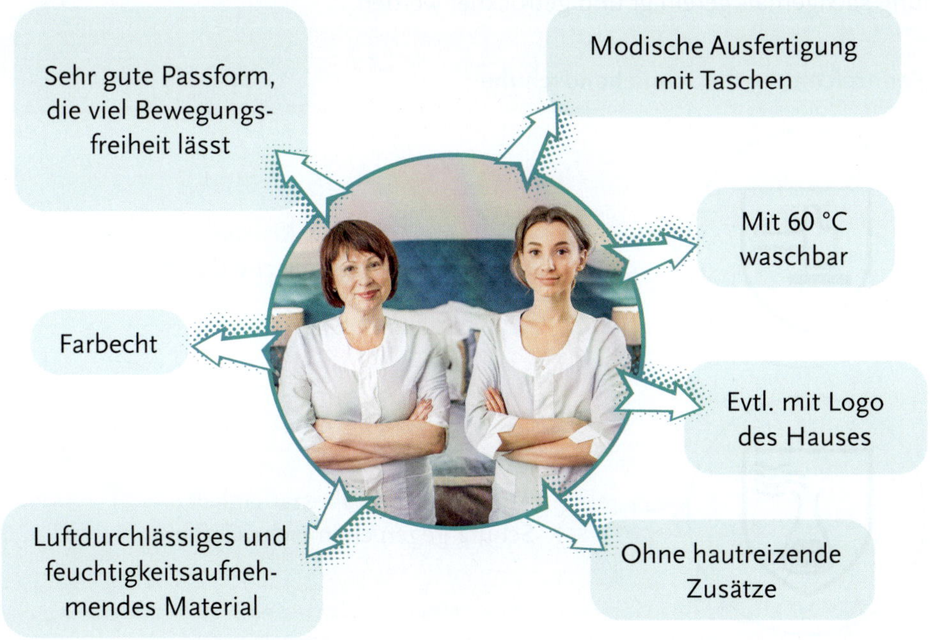

Wohlfühlen im Team
Fühlen sich die Mitarbeiter/innen in ihrer Arbeitskleidung wohl, fördert das das Selbstbewusstsein und das Zugehörigkeitsgefühl zum Team. Eine einheitliche Kleidung der Mitarbeiter/innen einer Abteilung erleichtert es den Gästen, Angehörige des Hauses zu erkennen und zuzuordnen.

Tausche dich mit deinen Kolleginnen und Kollegen darüber aus, welche Kleidungsvorschriften es in euren Ausbildungsbetrieben gibt.

Der Arbeitgeber muss die PSA für die Arbeitnehmer/innen zur Verfügung stellen.

3 Persönliche Schutzausrüstung (PSA)

3.1 Schutzhandschuhe

Das Tragen von Schutzhandschuhen dient dem persönlichen Schutz der Mitarbeiter/innen. Oft werden verschiedene Reinigungsprodukte verwendet, nicht alle Schutzhandschuhe eignen sich für jedes Produkt.

CHECKLISTE

Was vor dem Kauf geprüft werden sollte:

- ☐ Gute Passform
- ☐ Reißfest und elastisch
- ☐ Keine Beeinträchtigung der Haut
- ☐ Schadstoffundurchlässigkeit
- ☐ Gutes Tastgefühl

Der Schaft der Schutzhandschuhe wird nach außen umgeschlagen, um zu verhindern, dass die Reinigungslösung beim Heben der Arme die Arme der Mitarbeiterin/des Mitarbeiters entlangläuft.

Werden Schutzhandschuhe mehrmals verwendet, müssen sie nach jeder Verwendung sachgemäß gereinigt und getrocknet werden.

Schutzhandschuhe unterliegen einer Kennzeichnungspflicht. Piktogramme zeigen die Gefahrenklasse bzw. das Einsatzgebiet.

Kennzeichnung für Schutzhandschuhe

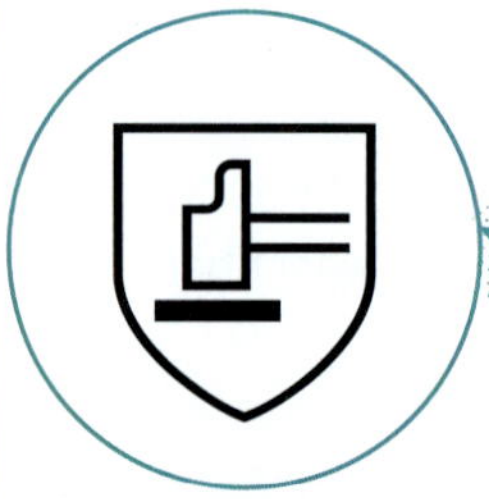

Mechanische Risiken
Schutz gegen mechanische Gefahren

Chemikalienbeständigkeit
Schutz gegen chemische Gefahren

Schutz vor Mikroorganismen
Schutz gegen bakteriologische Kontamination

die Kontamination = Verunreinigung

3.2 Schutzbrille

Bei Tätigkeiten, bei denen die Gefahr besteht, dass den Mitarbeiterinnen/Mitarbeitern Flüssigkeiten in die Augen spritzen sowie beim Umfüllen oder Dosieren von Reinigungsmitteln sind Schutzbrillen zur Verfügung zu stellen. Praktisch ist, wenn diese griffbereit auf dem Reinigungswagen liegen.

3.3 Atemschutzmaske

Bei der Verwendung von speziellen Reinigungsprodukten, z. B. bei Sonderreinigungen, kann es zu Aerosolbildung oder starker Geruchsentwicklung kommen. In diesen Fällen kann die Verwendung von Atemschutzmasken sinnvoll sein.

die Aerosole = feinste Teilchen, die sich in einem Gas verteilen, z. B. in der Luft

WortschatzBox – „Mitarbeitergesundheit“

- Ordne folgende Begriffe den passenden Erklärungen zu.

PSA	Feinste Teilchen in der Luft
Ergonomie	Verunreinigung
Aerosole	Optimale Anpassung der Arbeitsumgebung an den Menschen
Kontamination	Persönliche Schutzausrüstung

Ziele erreicht? – „Mitarbeitergesundheit“

KOMPETENZ-ERWERB

1. Erkläre, warum Arbeitsergonomie wichtig ist.
2. Deine Kollegin Clarissa arbeitet im Housekeeping. Gib ihr Tipps, was sie tun kann, um die körperlichen Belastungen zu verringern.

3. Marvin bekommt von der Hausdame den Auftrag, die Vorhänge in den Gästezimmern abzunehmen, da diese gereinigt werden sollen. Wie muss Marvin vorgehen, um diese Tätigkeit unfallfrei und ergonomisch auszuführen?

4. Dein Chef beauftragt dich, Handschuhe für die Housekeeping-Abteilung zu bestellen. Lies dir durch, was dein Chef sagt.

Stimmst du der Aussage zu? Begründe deine Antwort.

5. Erkläre, was mit dem Begriff „Persönliche Schutzausrüstung" gemeint ist.

Einen interaktiven Safety-Check findest du in der TRAUNER-DigiBox

LF 9: Marketingpläne erarbeiten

Du findest

Einführung in das Marketing

Im Begriff „Marketing" steckt das Wort Markt. Der Markt ist jener Bereich, an dem Angebot (gastronomische Leistung) und Nachfrage (durch den Gast) aufeinandertreffen.

Das Angebot im heimischen Tourismus ist sehr groß, es ist sogar größer als die Nachfrage. Das bedeutet, dass der Gast mitbestimmt, was auf dem Markt passiert, weil er die Möglichkeit hat, aus einem großen Angebot zu wählen.

Tourismusbetriebe müssen sich daher Strategien (Schachzüge) überlegen, wie sie ihr Produkt, also ihr Angebot, vermarkten. Weil viele Anbieter am Markt um Aufmerksamkeit ringen, muss sich ein bestimmter Betrieb (bzw. eine Region) überlegen, wie er aus der Masse herausstechen kann. Die strategischen Maßnahmen, um die Aufmerksamkeit der potenziellen Gäste zu erlangen, nennt man **Marketing.**

KOMPETENZ-ERWERB

Meine Ziele

Nach Bearbeitung dieses Kapitels kann ich
- einen knappen Überblick über das Wichtigste in Sachen Marketing geben;
- die grundlegenden Aufgaben von Marketing beschreiben.

1 Was ist Marketing?

Diskutiere mit deinen Kolleginnen und Kollegen: Was verstehst du unter dem Begriff Marketing? Welche Marketingaktionen setzt dein Ausbildungsbetrieb?

DAS SOLLTEST DU SPEICHERN

Unter Marketing versteht man die wirtschaftliche Ausrichtung eines Unternehmens auf die Förderung des Absatzes der erzeugten Waren bzw. der angebotenen Dienstleistungen. Der Grundgedanke des Marketings ist die konsequente Ausrichtung eines Tourismusbetriebes an den Bedürfnissen der Gäste.

Marketing wird fälschlicherweise oft mit Werbung gleichgesetzt. Werbung ist aber nur ein Teilbereich des Marketings.

Going international

"Marketing is an organizational function and set of processes for creating, communicating and delivering value to customers and for managing customer relationships in ways that benefit the organization and its stakeholders." (American Marketing Association, 2003)

Das Angebot eines Unternehmens muss darauf ausgerichtet sein, die **Zufriedenheit der Gäste** und damit den **Erfolg des Unternehmens** sicherzustellen. Dabei müssen die Strategien der **Konkurrenz** sowie die **Entwicklung der gesamten Branche** beobachtet und berücksichtigt werden.

Ziele professionellen Marketings im Tourismus

Wünsche erfüllen	Beziehungen aufbauen	Beziehungen pflegen

Die Wünsche und Bedürfnisse des Gastes frühzeitig erkennen.	Eine Beziehung zum Gast herstellen.	Diese Beziehung pflegen.

Marketing soll im Idealfall nicht nur die Bedürfnisse der Gäste erkennen und befriedigen, sondern auch deren Verhalten beeinflussen.

Um diese Ziele zu erreichen, ist es wichtig, seine Gäste und aktuelle **Trends** zu kennen. Tourismusmarketing bedeutet nicht nur, auf die Gäste bzw. den Markt zu reagieren. Es soll aktiv dazu beitragen, bei den potenziellen Gästen das Bedürfnis bzw. die Sehnsucht nach der Destination oder der Dienstleistung zu wecken.

2 Grundlegende Aufgaben des Marketings

Tausche dich mit deinen Mitschülerinnen und Mitschülern aus: Interessiert ihr euch alle für die gleichen Reiseziele? Warum gibt es Fünfsternehotels und Jugendherbergen?

In meinen Ausbildungsbetrieb kommen sehr unterschiedliche Gäste. Aber dennoch haben sie etwas gemeinsam: Sie interessieren sich für Wellness und Erholung bzw. Sport. Es gibt viele verschiedene Urlaubsangebote und -möglichkeiten. Aber die Menschen haben auch ganz unterschiedliche Vorstellungen zum Thema Urlaub. Wenn ich mit meinen Freundinnen verreise, sind die Erwartungen sehr verschieden.

Marketing ist die Schnittstelle zwischen Markt und Unternehmen. Alle Vorgänge im Unternehmen werden auf die Bedürfnisse der Gäste ausgerichtet.

Die zentrale Aufgabe des Marketings ist die Umsatzmaximierung. Um das zu erreichen, wird versucht alle Berührungspunkte mit dem Produkt als einzigartiges Erlebnis für die Gäste zu gestalten.

Berührungspunkte (Touchpoints) mit einem Unternehmen oder Produkt

Vor dem Kauf	Während des Kaufs	Nach dem Kauf
Erstkontakt	Hotel	Gästeservice

Kundenreise (Customer Journey)

Marketingmaßnahmen unterstützen bei der Umsatzmaximierung

Die gesamte Kundenreise soll ein einzigartiges Erlebnis für den Gast sein. Hierfür werden vermehrt digitale Werkzeuge (z. B. Social Media, Blogs etc.) eingesetzt.

Aktuelle und potenzielle Gäste nehmen die Leistungen eines Hotels nur in Anspruch, wenn sie von ihrem persönlichen Vorteil überzeugt sind. Je besser man die Bedürfnisse des Gastes abdecken kann, desto zufriedener ist er. Dieser Gast wird wiederkommen und genau darauf zielt das moderne Marketing ab.

Ein Gast soll öfter als einmal in unser Hotel kommen und so zum Stammgast werden. In diesem Zusammenhang spricht man vom **Kundenlebenszeitwert (Customer Lifetime Value).**

Marketing-Management

Mehr zum Thema Corporate Identity erfährst du ab S. 465.

Unter dem Begriff **„Marketing-Management"** versteht man die zielorientierte Gestaltung aller marktgerichteten Unternehmensaktivitäten: Im Zentrum steht immer das Leitbild des Unternehmens, welches als **Corporate Identity** für Außenstehende sichtbar ist. Davon ausgehend geht es einerseits um die strategische Planung **(Situationsanalyse, Marketingziele, Marketingstrategien)** und andererseits um operative Tätigkeiten **(Marketinginstrumente)** sowie um die laufende **Erfolgskontrolle.**

Die **Marktforschung** dient in diesem Zusammenhang als unterstützendes Instrument für alle genannten Bereiche.

Ein modernes Marketing-Management verfolgt vier Kernaufgaben

1 **Kundenakquisition**
Gäste gewinnen

2 **Leistungsinnovation**
Neue Leistungen anbieten

3 **Kundenbindung**
Vorhandene Gäste an das Unternehmen binden

4 **Leistungspflege**
Bestehende Leistungen verbessern

WortschatzBox – „Einführung in das Marketing"

- Ergänze die folgenden Begriffe an den passenden Stellen im Lückentext.

Erfolgskontrolle ■ Kundenbindung ■ Nachfrage ■ Kundenaquisition ■ Situationsanalyse ■ Marketingstrategie ■ Marketing

Der Begriff ______________________ bezeichnet Maßnahmen,
die Unternehmen setzen, um die Aufmerksamkeit der Kundinnen und Kunden zu bekommen.
Dazu zählen Maßnahmen, um Kundinnen und Kunden zu gewinnen (______________________)
und solche, die Kundinnen und Kunden an ein Unternehmen binden sollen
(______________________).
Ziel aller Maßnahmen ist die Steigerung der ______________________.
Um herauszufinden, welche Maßnahmen zielführend sein können, wird zuerst eine
______________________ gemacht.
Anschließend wird eine ______________________ erarbeitet.
Ob die Maßnahmen das gewünschte Ergebnis gebracht haben, wird mittels
______________________ erhoben.

Ziele erreicht? – „Einführung in das Marketing"

KOMPETENZ-ERWERB

1. Definiere den Begriff „Marketing" mit eigenen Worten.

2. Nimm zu folgenden Aussagen Stellung:
   a) Marketing ist Werbung.
   b) Marketing dient nur der Absatzförderung.
   c) Marketing bewirbt immer ein Produkt.
   d) Marketing kostet nur Geld, bringt aber nichts.

3. Erkläre den Begriff Customer Journey.

4. Nenne die vier Kernaufgaben des modernen Marketings.

5. Welche Funktion hat Marketing innerhalb eines Hotels? Mit welchen anderen Unternehmensbereichen muss sich die Marketingabteilung absprechen?

Einen interaktiven Safety-Check findest du in der TRAUNER-DigiBox.

Erstellung eines Marketingkonzeptes

Nur durch exakt geplante Aktivitäten und eine strategische Vorgehensweise kann Marketing funktionieren und können die Unternehmensziele erreicht werden. Die Erstellung eines konkreten Marketingkonzeptes ist dabei unerlässlich.

Ein Marketingkonzept ist die strategische und operative Anleitung zur Vermarktung eines Produktes oder einer Dienstleistung. Es dient als Leitfaden für alle Marketingaktivitäten und stellt sicher, dass diese auf die Unternehmensziele ausgerichtet sind und effizient umgesetzt werden.

Meine Ziele

Nach Bearbeitung dieses Kapitels kann ich

- die Arbeitsschritte zur Erstellung eines Marketingkonzeptes nennen;
- mithelfen, eine Istanalyse des Betriebes zu erstellen;
- Ideen und Beispiele für realistische Marketingziele liefern;
- die Zusammenhänge der einzelnen Marketinginstrumente im Marketingmix erkennen;
- Marketingstrategien unter Einbeziehung aller Marketinginstrumente entwickeln;
- bei der Planung von Erfolgskontrollen mitwirken;
- die Bestandteile eines Marketingplanes nennen.

Die wesentlichen Schritte zur Erstellung eines Marketingkonzeptes

Das EU-Wettbewerbsrecht gilt für alle Aktivitäten eines Unternehmens – auch im Marketing. Es soll einen fairen Wettbewerb gewährleisten. Wettbewerbsfeindliche Praktiken werden kontrolliert und bestraft. U. a. finden sich darin folgende **Verbote zu unlauterem Wettbewerb (UWG):**

- Keine Herabsetzung eines Unternehmens
- Kein Missbrauch von Kennzeichen eines Unternehmens
- Keine irreführenden Geschäftspraktiken
- Keine aggressive, irreführende bzw. herabsetzende Werbung

Das Gesetz gegen den unlauteren Wettbewerb findest du unter: www.gesetze-im-internet.de/uwg_2004.

KOMPETENZERWERB

Eine digitale Übung zum Thema unlauterer Wettbewerb findest du in der TRAUNER-DigiBox.

1 Vision und Leitbild des Unternehmens

Mein Ausbildungsbetrieb will Sporturlauber/innen anlocken. Ein vielfältiges Sportangebot, kombinierbar mit Wellnessangeboten und zusätzliche Services, wie ein Radverleih und die Zusammenarbeit mit der im Ort ansässigen Gleitschirmschule, gehören zum Angebot.

1.1 Vision

Die Erstellung des Marketingkonzeptes für ein Unternehmen beginnt mit der **Formulierung einer Vision.**

DAS SOLLTEST DU SPEICHERN

Eine **Vision ist ein Zukunftsbild** und dient als **Orientierungsgrundlage.** Sie zeigt in welche Richtung und in welcher Form sich ein Unternehmen entwickeln sollte.

In jedem erfolgreich geführten Betrieb werden zunächst wichtige Leitgedanken formuliert. Für die Entwicklung von Visionen gibt es keine fertigen Rezepte.

Eine **Vision** sagt aus, wo man in Zukunft stehen will. Sie ist zunächst frei von einer konkreten Umsetzung bzw. Realisierbarkeit. Sie ist **nicht exakt messbar,** aber treibt voran und ermöglicht, ungeahnte Ergebnisse zu erzielen.

Wer seine Mitarbeiter/innen regelmäßig an seinen Visionen teilhaben lässt, ermuntert sie, auch selbst neue, kreative Ideen einzubringen. Es entsteht ein Gefühl der Zusammengehörigkeit und der gemeinsamen Verantwortung für den Betrieb.

Beispiele für Visionen aus Wirtschaft und Tourismus
- Microsoft (1975): Ein Computer auf jedem Schreibtisch und in jedem Zuhause
- Wikipedia: Stell dir eine Welt vor, in der jeder einzelne Mensch freien Anteil an der Gesamtheit des Wissens hat.
- Allgäu: Urlauben, Wirtschaften und Leben – am liebsten im Allgäu!
- Hilton Hotels Corporation: To be the first choice of the world's travellers.

Recherchiere weitere Visionen von Tourismusbetrieben, -destinationen bzw. -organisationen.

1.2 Unternehmensleitbild und Unternehmensphilosophie

Ein **Leitbild** gibt Orientierung für das tägliche Handeln und beschreibt die Werte, Grundsätze und Ziele eines Unternehmens. Vom Unternehmensleitbild lassen sich kurze, prägnante Handlungsweisen für alle Beteiligten ableiten. Deshalb ist es wichtig, dass das Leitbild immer schriftlich verfasst wird. Im Idealfall sorgt ein Leitbild dafür, dass sich die Mitarbeiter/innen mit dem Unternehmen identifizieren. Oft werden auch konkrete Verhaltensrichtlinien für die Mitarbeiter/innen definiert.

Gutes und qualifiziertes Personal ist ein wichtiger Faktor eines Beherbergungsbetriebes. Um als Arbeitgeber attraktiv zu sein, ist ein gutes Employer Branding wichtig. Darunter versteht man, dass ein Unternehmen gezielt daran arbeitet, als attraktiver Arbeitgeber auf dem Arbeitsmarkt wahrgenommen zu werden.

Beispiel

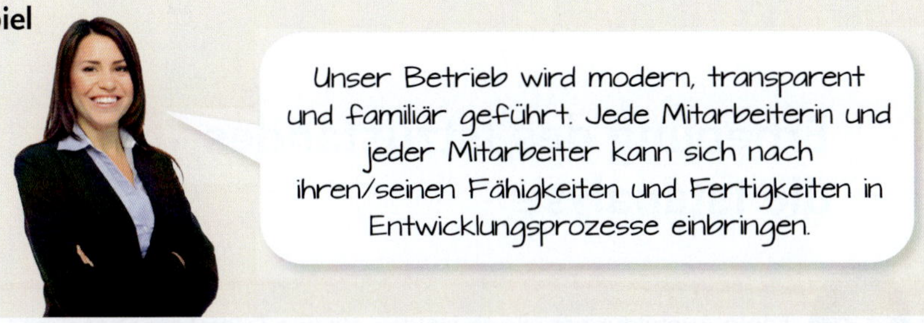

Die **Unternehmensphilosophie** beschreibt, wie sich ein Unternehmen selbst sieht und wie es von Gästen, Mitarbeiterinnen/Mitarbeitern und Partnerinnen/Partnern gesehen werden will.

Beispiel

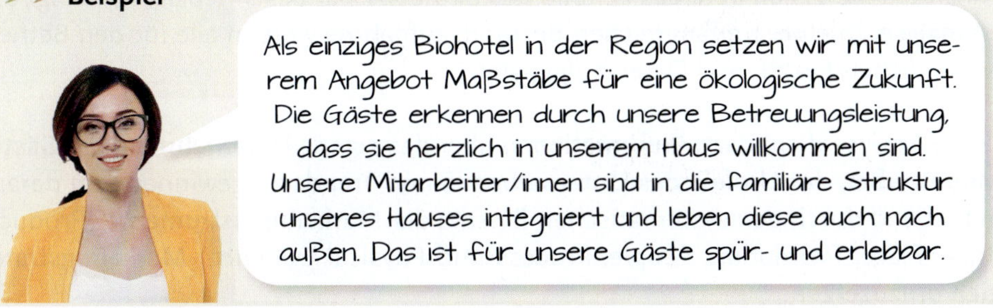

1.3 Corporate Identity

DAS SOLLTEST DU SPEICHERN

Corporate Identity (CI) ist die unverwechselbare Identität eines erfolgreichen Betriebes. Zur eindeutigen Wiedererkennung in der Öffentlichkeit nutzt man u. a. ein einheitliches Erscheinungsbild. Diese Identität drückt sich im Unternehmensleitbild, Namen, in Logos, Symbolen, Farben, Schriften und Umgangsformen aus. Dieses Erscheinungsbild nennt man **Corporate Design (CD)**.

CI und CD sind kein Privileg der Systemgastronomie, obwohl diese Betriebe es perfektioniert haben

Das Logo ist ein eindeutiges Erkennungsmerkmal eines Unternehmens.

Eine einheitliche Kommunikationsstrategie nach innen (Mitarbeiter/innen) und außen (Werbung, PR) nennt man **Corporate Communication. Corporate Behavior** bezeichnet Regeln zum Verhalten und Benehmen innerhalb des Unternehmens und gegenüber Gästen (z. B. Ansprache per „Du" oder „Sie").

Durch die CI werden Unverwechselbarkeit, schnelle Erkennbarkeit, Selbstdarstellung und gutes Image angestrebt. Die Gestaltung sämtlicher Räumlichkeiten, aber auch Werbematerialien (Folder, Zimmerausweise etc.) soll einheitlich sein und der CI des Unternehmens entsprechen. Außerdem führt ein eindeutiges, bekanntes **Logo** zu Kundenbindung.

Berufskleidung – auch diese gehört zu einer gelungenen CI

Berufsbekleidung ist heutzutage ein fester Bestandteil der Marken- und Identitätsbildung vieler Unternehmen. Mit einer einheitlichen Berufsbekleidung vermitteln Mitarbeiter/innen nicht nur den unverwechselbaren Look des Unternehmens, sondern auch einen professionellen Eindruck. Die Gäste erkennen sofort, wer zum Unternehmen gehört.

2 Erhebung des Istzustandes – die Istanalyse

Mein Ausbildungsbetrieb ist das einzige Fünfsternehotel im Ort. Spielt das eine Rolle bei der Wahl der Marketingmaßnahmen?

Nachdem die Vision bzw. das Leitbild des Betriebes klar beschrieben ist, erfolgt die **Istanalyse.** In einer umfangreichen Bestandsaufnahme werden alle für den Betrieb wesentlichen Fakten und Daten aufgelistet.

Diese Analyse dient dazu, **Informationen** über das eigene **Unternehmen,** die **Gäste, Mitbewerber,** das **Umfeld des Unternehmens** und **Trends** zu gewinnen, um darauf aufbauend durch den systematischen Einsatz der **Marketinginstrumente** (Product, Price, Place, Promotion, People, Process und Physical Evidence) **Marketingstrategien** umzusetzen.

Die SWOT-Analyse berücksichtigt interne und externe Faktoren. Mehr zur SWOT-Analyse erfährst du auf S. 472.

Interne vs. externe Analyse

Interne Analyse	Externe Analyse
Diese untersucht die Stärken und Schwächen des eigenen Unternehmens.	Diese dient dazu, ein Verständnis für die Unternehmensumwelt zu schaffen. Dabei sollen die Chancen und Risiken, die sich für das Unternehmen ergeben, aufgedeckt werden.
Beispiele ■ Unternehmensanalyse ■ Produktlebenszyklus	**Beispiele** ■ Umfeldanalyse ■ Branchenanalyse

Informationsquellen für diese Erhebungen

Interne Informationsquellen	Externe Informationsquellen
■ Gästekartei ■ Reservierungsstatistik ■ Gästekorrespondenz ■ Kostenrechnung ■ Umsatzanalysen ■ Reklamationsstatistik ■ Gästefragebögen ■ Mitarbeitergespräche ■ Berichte der Verkaufsabteilung	■ Veröffentlichungen der Tourismusbranche ■ Prospekte der Mitbewerber ■ Publikationen des Deutschen Hotel- und Gaststättenverbandes (DEHOGA) ■ Fachzeitschriften ■ Betriebsbesuche ■ Testgäste (Mystery Guests)

Mehr zur Gästekartei erfährst du auf S. 358 ff.

2.1 Gästebefragung

Eine Möglichkeit, um herauszufinden, ob das Angebot eines Betriebes den Gästen gefällt und ihren Erwartungen entspricht bzw. wo Verbesserungen möglich oder nötig sind, ist die **Gästebefragung.** Eine solche kann direkt durch den Betrieb erfolgen oder von einem unabhängigen Unternehmen durchgeführt werden.

Gästebefragungen

Mündlich/Telefonisch	Schriftlich	Computerunterstützt
Vorteile ■ Umfangreiche Befragung möglich ■ Nachfragen möglich ■ Interviewer/in kann flexibel reagieren und ergänzende Beobachtungen notieren	**Vorteile** ■ Eine große Anzahl von Personen kann befragt werden ■ Relativ niedrige Kosten je Befragung	**Vorteile** ■ Keine Kosten für Porto und Interviewer ■ Elektronische Antworten können bestenfalls direkt in das Auswertungsprogramm übernommen werden
Nachteile ■ Zeitaufwendig ■ Relativ hohe Kosten (z. B. Interviewerkosten) ■ Interviewereinfluss (durch die Art der Fragestellung, Gesprächsführung etc.)	**Nachteile** ■ Erfahrungsgemäß niedrige Rücklaufquote ■ Umfang der Befragung ist begrenzt ■ Unklarheiten bei der Fragestellung können nicht geklärt werden	**Nachteile** ■ Es können nur Personen befragt werden, die Internet haben bzw. auf der Website surfen ■ Unklarheiten bei der Fragestellung können nicht geklärt werden ■ Viele User/innen brechen ab
Beispiele ■ Im Betrieb beim Check-out ■ Telefonische Nachfrage nach dem Aufenthalt	**Beispiel** Gästefragebogen im Zimmer	**Beispiel** Fragebogen via E-Mail oder über die Website bzw. Buchungsplattformen

Gäste können auf unterschiedliche Weise befragt werden

Der Fragebogen sollte anonym sein - ein Gewinnspiel oder ein Rabattgutschein kann als Motivation beigelegt werden. Dort kann der Gast seine Adresse eintragen, ohne sie mit der Befragung in Zusammenhang zu bringen. Freiwillig kann der Gast seine Zimmernummer verraten, damit er kontaktiert werden kann.

die Eisbrecherfrage = leicht beantwortbare Frage, die verwendet wird, um eine positive Stimmung zu erzeugen

die geschlossene Frage = Frage, die nur mit „Ja" oder „Nein" oder einer klar begrenzten Antwortauswahl beantwortet werden kann

Fragebogen

Wird die Gästebefragung im Betrieb selbst durchgeführt, ist ein Fragebogen die Grundlage dafür.

Gäste können mittels Fragebogen u. a. zu folgenden Themen befragt werden:

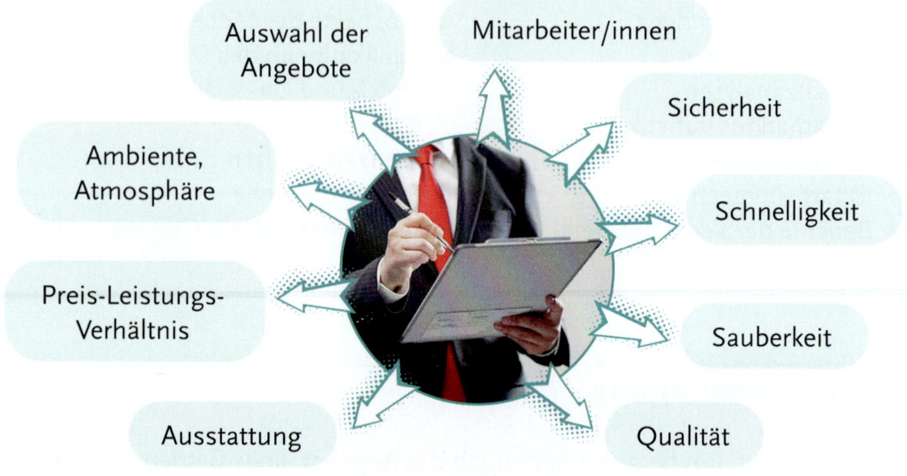

CHECKLISTE

Bei der Erstellung eines Fragebogens sollte Folgendes beachtet werden:

- ☐ Der Fragebogen sollte nicht zu lange sein.
- ☐ Der Fragebogen sollte in einem Pretest getestet werden, d. h. vor der eigentlichen Befragung.
- ☐ Am Beginn soll es einen Hinweis geben, dass die Ergebnisse anonym und völlig vertraulich behandelt werden.
- ☐ Eine einfache und motivierende Frage (Eisbrecherfrage) sollte als Einstieg gewählt werden.
- ☐ Inhaltlich zusammengehörende Fragen werden nacheinander gefragt und sind zu Frageblöcken zusammengefügt.
- ☐ Die Reihenfolge der Fragen (inklusive demografischer Aspekte wie Geschlecht, Alter, etc.) wird durch die Relevanz für den Befrager bestimmt.
- ☐ Am Schluss wird für die Teilnahme an der Befragung gedankt.
- ☐ Bei standardisierten Fragebögen nur dort offene Fragen verwenden, wo es wirklich notwendig ist.
- ☐ Bei geschlossenen Fragen müssen alle möglichen Antwortkategorien abgebildet werden.
- ☐ Es sollte eine gerade Anzahl an Auswahlmöglichkeiten (2, 4, 6) vorgegeben werden, damit der Gast nicht verleitet wird, den Mittelwert anzukreuzen.
- ☐ Die Fragen einfach und eindeutig formulieren.
- ☐ Pro Frage nur einen Sachverhalt erheben.
- ☐ Sind Mehrfachantworten möglich, ist darauf hinzuweisen.
- ☐ Der/dem Befragten keine Antworten „in den Mund legen" (Suggestivfragen), um sie/ihn nicht zu beeinflussen (z. B. „Besonders wichtig in einem Hotel ist Ihnen sicherlich der Wellnessbereich.")

Die Fragebögen werden ausgewertet und die Ergebnisse verglichen. Werden bestimmte Bereiche immer negativ bewertet, sollten hier Verbesserungsmaßnahmen gesetzt werden.

TIPP VOM PROFI

Bei der Auswertung ist die Gästestruktur zu berücksichtigen. Nicht jede von manchen Gästen gewünschte Veränderung ist für alle Gäste wünschenswert.

Vom Betrieb unabhängige, externe Befragung

Für diese Art der Befragung wird eine Firma beauftragt, die den Betrieb anhand bestimmter Kriterien überprüft. Im Anschluss werden die Ergebnisse und ein Maßnahmenkatalog präsentiert.

MYGA – Mystery Guest Analysis

Bei dieser Analyse beurteilen Testkundinnen/-kunden einen Betrieb anonym. Große Hotelberatungsgesellschaften bieten sogenannte **Mystery Quality Checks** durch qualifizierte und akkreditierte Mystery Checker/innen an. Diese überprüfen die Häuser individuell nach festgelegten Kriterien. Anschließend werden die Ergebnisse inkl. Fotodokumentation, Aufzeigen von Stärken und Verbesserungspotenzialen präsentiert.

BONUS LEVEL

Stammgäste

Stammgäste und weiterempfehlende Gäste sind Gold wert. Gäste, die regelmäßig Leistungen eines Hotels oder Restaurants in Anspruch nehmen, senken die Marketing- und Betriebskosten, steigern den Umsatz und stärken die Marktposition. Es wird aber immer schwieriger, Stammgäste langfristig zu halten.

Stammgäste sollten daher für ihre Treue belohnt werden, z. B. mit
- frühzeitigen Informationen über Veränderungen im Betrieb,
- Exklusivangeboten,
- individuellen Geschenken,
- Geschenkgutscheinen oder einem Geburtstagspräsent,
- einem Aperitif oder Digestif,
- einem interessantem Zusatznutzen durch die Zusammenarbeit mit lokalen Partnern, z. B. einer Tagesskikarte,
- Stammkundenevents oder exklusiven Einladungen,
- einer kleinen Aufmerksamkeit für die Empfehlung eines neuen Gastes.

BONUS LEVEL ENDE

Mundpropaganda
Von seinen Gästen weiterempfohlen zu werden (Mundpropaganda), ist die wirkungsvollste und preisgünstigste Möglichkeit, neue Gäste zu gewinnen. Gäste sollten daher höflich gebeten werden, das Haus aktiv an Freundinnen/Freunde und Bekannte weiterzuempfehlen.

Stammgäste reisen immer wieder in ein Hotel

2.2 Interne Unternehmensanalyse – Potenzialanalyse

Jeder Betrieb hat Stärken und Schwächen, die die Wettbewerbsstellung (Marktposition) beeinflussen.

Bei der internen Analyse werden die Stärken und Schwächen des Unternehmens untersucht. Beurteilt werden verschiedene Unternehmensbereiche, u. a. Produkte, Finanzen, die Organisation und die Führung.

Beispiele

- Stärken sind z. B. hoch qualifizierte Mitarbeiter/innen, internationale Bekanntheit oder eine exzellente Gästebetreuung.
- Schwächen könnten z. B. langsame Entscheidungsprozesse oder eine schlechte Kostenstruktur sein.

Mehr zu verschiedenen Kennzahlen erfährst du auf S. 400 ff.

1 Angebote und Preise

- Wie gut ist unser Angebot?
- Passt das Preis-Leistungs-Verhältnis?
- Wie ist unsere Ausstattung?

2 Kennzahlen

Kennzahlen geben einen Einblick in die wirtschaftliche Situation des Hotels.

3 Image des Betriebes

- Wie groß ist der Bekanntheitsgrad des Betriebes im Ort/Land, in der Region?
- Wofür ist der Betrieb bekannt?
- Wie denken Gäste, Einheimische, Mitbewerber, Lieferanten, Mitarbeiter/innen über den Betrieb?

4 Mitarbeiter/innen des Betriebes

Die Mitarbeiter/innen sind das Aushängeschild eines Hotels. Exzellente Gästebetreuung und hochqualifizierte Mitarbeiter/innen zählen zu den Stärken eines Hauses.

CI ist das **Selbstbild,** so sieht sich ein Betrieb selbst. **Image** ist das **Fremdbild,** so sieht die Öffentlichkeit das Unternehmen.

Was macht uns einzigartig?

Eine **USP ist ein Alleinstellungsmerkmal,** das einen Betrieb bzw. seine Produkte bzw. Leistungen von anderen Mitbewerbern abhebt und für seine Gäste einzigartig macht.

Beispiele

- Wir sind das einzige Schlosshotel an der Strandpromenade.
- Wir verarbeiten ausschließlich Fleisch aus dem eigenen Schlachtbetrieb.
- Unser Hotel hat durch eine Fernsehserie Berühmtheit erlangt.
- Wir haben einen schattigen Gastgarten mit altem Baumbestand.
- Unser Haus ist ein guter Ausgangspunkt für spezielle Klettertouren.

Der Gast hat die Wahl zwischen einer Vielzahl von Angeboten, die einander sehr ähnlich sind. Wenn ein Hotel deutlich kommuniziert, was es besonders macht, erleichtert dies dem Gast die Kaufentscheidung.

Beispiel: Auszug aus einer Analyse eines Saisonbetriebes mit 50 Betten

- Eigenes Strandbad, exklusiv für Hausgäste
- Zwei Sandtennisplätze beim Haus
- Persönlicher Kontakt zum Gast
- Wanderwege direkt vom Haus weg in das Landschaftsschutzgebiet
- Frühstücksbuffet mit Bioecke
- Familiär geführter Betrieb
- Beeren- und Kräuterwanderung mit der Seniorchefin
- Kleiner Ort, kein Massentourismus
- Chefin kocht regionale Gerichte
- Gesicherter, zeitgemäßer Kinderspielplatz
- Kinderbetten und -sessel, Kindermenüs

- À-la-carte-Geschäft stört Hausgäste
- Angebot ist gut, wird aber in der Werbung zu wenig hervorgehoben
- Telefonverkauf und Direktwerbung wurden vernachlässigt
- Gästebetreuung braucht neue Impulse
- Gästekartei und Adressenmaterial sind ungeordnet
- 20 % der Zimmer sind nicht mehr zeitgemäß ausgestattet
- Mangelnde Lesebeleuchtung in den Gästezimmern
- Zu wenig Platz für Reisegruppen

Die Stärken und Schwächen werden in einem **Stärken-Schwächen-Profil** zusammengefasst. Oft werden dabei die Stärken und Schwächen des eigenen Unternehmens mit denen der stärksten Konkurrenten verglichen und grafisch dargestellt.

Vergleich mit Mitbewerbern

Zunächst wird der Kreis der Mitbewerber festgelegt, die im Ort, in der Region oder in einem anderen Bundesland angesiedelt sein können. Auch Betriebe, die nur Teilleistungen (Bewirtung, Catering etc.) anbieten, können eine Konkurrenz sein. Bei der Analyse der Mitbewerber/innen sind dieselben Punkte zu erfassen, die auch im eigenen Betrieb erhoben wurden, also z. B. die Ausstattung und die Leistungen.

Beispiel: Stärken-Schwächen-Profil eines Seminarhotels

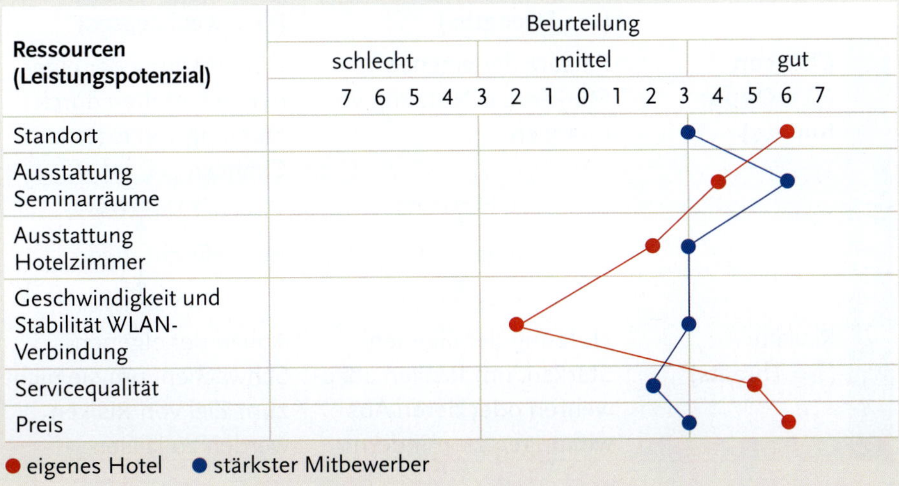

In den Bereichen, in denen die Abstände zum stärksten Mitbewerber besonders hoch sind, zeigen sich relative Stärken und Schwächen gegenüber dem Konkurrenten und damit Ansatzpunkte für eine Strategie des eigenen Unternehmens.

Beim **Benchmarking** soll durch einen Vergleich mit den Mitbewerbern gelernt werden, um so die eigene Wettbewerbsfähigkeit zu erhöhen. Dabei können Kennzahlen, wie Occupancy oder Gewinn, aber auch Angebote, die Gästezufriedenheit oder Marketingmaßnahmen verglichen werden.

Die Daten der Wettbewerber erhält man durch:
- Geschäftsberichte
- Internetauftritt
- Fachliteratur
- Prospekte
- Handelsregister
- Gespräche mit Gästen
- Lieferanten
- Branchenverzeichnisse

2.3 SWOT-Analyse

Für die betriebliche Entwicklung ist es wichtig, die eigenen Stärken und Schwächen ins Verhältnis zu den Chancen und Risiken auf dem Markt zu setzen und zu bewerten. Chancen und Risiken ergeben sich aus den Trends und Veränderungen im betrieblichen Umfeld.

Folgende Bereiche sollten dabei u. a. berücksichtigt werden:

Aktuelle Wirtschaftslage

Ökonomische und politische Veränderungen, z. B. Streiks, Arbeitslosigkeit, haben Einfluss auf das Urlaubsverhalten. Auch die politische Situation, z. B. geänderte Visabestimmungen, kann einen Rückgang bei bestimmten Gästegruppen bedeuten.

Rechtsvorschriften

Rechtsvorschriften haben einen Einfluss auf die Betriebe, z. B. Einschränkungen der Öffnungszeiten (z. B. vorverlegte Sperrstunde für Außengastronomie in der Innenstadt) oder eine Leistungseinschränkung durch veränderte Dienstnehmervorschriften.

Bevölkerungsentwicklung

Die Menschen werden älter und mobiler. Die Generation 50plus wird zu einer immer wichtigeren Zielgruppe. Daher lohnt es sich, zu überlegen, wie man diese Bevölkerungsgruppe für das eigene Haus begeistern kann.

Arbeitsmarkt

Gibt es genügend erfahrene Fachkräfte, um den Bedarf vollständig zu decken?

Eine **SWOT-Analyse (Strengths, Weaknesses, Opportunities, Threats)** ist ein strategisches Tool, mit dem Unternehmen ihre Stärken und Schwächen sowie Chancen und Risiken identifizieren und bewerten können.

SWOT-Analyse

		Interne Analyse	
		Stärken (S = Strengths)	**Schwächen (W = Weaknesses)**
Externe Analyse	**Chancen (O = Opportunities)**	Einsatz der eigenen Stärken zur Nutzung von Chancen	Überwindung der eigenen Schwächen durch Nutzung von externen Chancen
		S-O-Strategien	W-O-Strategien
		abgeleitete strategische Stoßrichtungen	
		S-T-Strategien	W-T-Strategien
	Risiken (T = Threats)	Nutzung der eigenen Stärken, um Risiken abzuwehren oder deren Auswirkungen zu mindern	Abbau der eigenen Schwächen, um sie nicht zum Ziel von Risiken werden zu lassen

Anschließend können anhand der ausgefüllten Matrix Maßnahmen für die Strategieentwicklung des Unternehmens abgeleitet werden.

3 Marketingziele

Wie formuliert man ein Marketingziel? Ich habe gelesen, dass es sinnvoll ist, Ziele so festzulegen, dass man später auch kontrollieren kann, ob sie erreicht wurden. Es reicht also nicht, zu sagen, dass man mehr Gäste möchte, oder?

Nach der sehr umfangreichen Bestandsaufnahme (Istanalyse) können im Marketingkonzept nun konkrete Ziele formuliert und festgelegt werden.

3.1 Richtiges Formulieren von Zielen

Bei der Zielformulierung ist es hilfreich, sich an die **SMART-Regel** zu halten. So kann man sicherstellen, dass Ziele auch korrekt definiert und somit mess- und überprüfbar sind.

Ohne klare Zielsetzungen kann auf Dauer niemand erfolgreich sein!

Was ist die SMART-Methode?
Eine Methode, die bei der richtigen Ausrichtung der Marketingziele hilft, ist die SMART-Methode. SMART bedeutet übersetzt „schlau", ist aber zugleich eine Formel, um Ziele klar zu formulieren und zu verfolgen.

Spezifisch
Klare Ansagen, was erreicht werden soll.

Messbar
Um rückblickend festzustellen, ob das Ziel erreicht wurde, muss es überprüfbar sein.

Attraktiv
Die wenigsten Ziele sind leicht zu erreichen. Erfolg wird begleitet von Widerständen. Nur wenn das Ziel attraktiv genug ist, übersteht es Rückschläge.

Realistisch
Ziele dürfen gerne groß sein, aber nicht gänzlich unrealistisch.

Terminiert
Das Ziel sollte in einer bestimmten Zeit erreicht werden.

3.2 Beispiele für Zielformulierungen eines Tourismusbetriebes

Quantitativ messbare Ziele: z. B. Kostensenkung, Umsatzsteigerung, Erhöhung des Gewinnes, Veränderungen im Umsatzmix (Food-and-Beverage, Logis), Anhebung des Durchschnittserlöses pro Nächtigung, Verminderung von Reklamationen

Beispiele

- Steigerung des Jahresumsatzes um 10 % im Vergleich zum Vorjahr
- Auslastung von 75 % in der Sommersaison (Juni bis August)
- Reduktion der Leerstandstage um 15 % in der Nebensaison
- Verkauf von mindestens 1 000 Nächten pro Monat in der Hauptsaison
- Steigerung des Anteils an internationalen Gästen auf 40 %

Qualitative Ziele lassen sich oft durch Feedback, Bewertungen, Beobachtungen oder Mitarbeitergespräche überprüfen – auch wenn sie nicht rein zahlenbasiert sind.

Qualitative Ziele: z. B. Verbesserung der Zimmer bzw. Gasträume, Umstellung auf Frischprodukte, bequeme Reservierungsmöglichkeit übers Internet

Beispiel

Durch die Renovierung der letzten 30 Gästezimmer soll mit Ende des Jahres die Voraussetzung geschaffen sein, als Viersternebetrieb eingestuft zu werden. (Was? In welchem Zeitraum?)

Persönliche Ziele: z. B. Aus- und Weiterbildung für die Unternehmerin/den Unternehmer und für die Mitarbeiter/innen, mehr Freizeit

Beispiele

- Verbesserung der Fremdsprachenkenntnisse, um internationale Gäste besser betreuen zu können
- Anstreben einer Führungsposition, z. B. als Abteilungsleiter/in im Housekeeping
- Training, um in Stresssituationen gelassener zu sein

4 Marketingstrategie

Du kennst wahrscheinlich eines der unzähligen Strategiespiele, wie Sparta, Sim City, Empire oder Heroes of the Storm, und weißt, dass man für eine Strategie einen genauen Plan braucht.

In einem Unternehmen werden ebenso strategische Entscheidungen getroffen. Auch hier plant man sorgfältig die einzelnen Schritte – in Abhängigkeit davon, was die Mitbewerber voraussichtlich tun werden oder was die Veränderungen des Marktes erfordern. **Strategien** sind für einen Betrieb **eine Art Wegbeschreibung (Was? Womit? Warum?).** Sie dienen dazu, die gesetzten Ziele zu erreichen.

DAS SOLLTEST DU SPEICHERN

Eine Marketingstrategie ist ein taktischer Plan, wie ein Unternehmen seine Produkte oder Dienstleistungen vermarkten will. Die Strategie muss zum Hotel, zu seinen Gästen und seinen Ressourcen passen.

Die Ableitung von Marketingstrategien basiert auf den Ergebnissen der Situationsanalyse und orientiert sich an den festgelegten Zielen.

Wichtige Fragen bei der Suche nach der passenden Marketingstrategie

Mit welcher Leistung soll welcher Markt bearbeitet werden: Kurzreisen, All-inclusive-Reisen, Workation, Bustourismus, Gourmet-Aufenthalte?

Welche Absatzgebiete sollen gezielt bearbeitet werden: Region, Inland, benachbartes Ausland, Asien etc.?

Mit welcher Gästeschicht können die gesteckten Ziele am ehesten erreicht werden (Zielgruppendefinition)? Soll das angestrebte Ziel alleine oder durch eine Partnerschaft (Angebotsgruppe) erreicht werden?

Wie differenziert soll der gesamte Tourismusmarkt bearbeitet werden: Seminare, Wellness, Familienurlaube, Fast Food, Outside-Catering etc.?

die Workation = Kofferwort aus „work" und „vacation"; Kombination von Arbeit und Urlaub; Arbeitsort wird an den Urlaubsort verlegt

4.1 Marktwahlstrategie

Nicht jedes Hotel kann alle Zielgruppen gleichermaßen ansprechen, denn die Bedürfnisse und das Kaufverhalten der verschiedenen Kundengruppen sind sehr unterschiedlich. Will man etwas erfolgreich verkaufen, muss man wissen, wer als Abnehmer/in infrage kommt.

DAS SOLLTEST DU SPEICHERN

Im Rahmen der **Marktwahlstrategie** wird entschieden, welche Märkte/Zielgruppen für ein Hotel attraktiv sind und bearbeitet werden sollen.

Marktsegmentierung

Dafür wird der Gesamtmarkt anhand bestimmter Kriterien in verschiedene **Käufergruppen (Marktsegmente)** mit gleichen oder ähnlichen Interessen und Bedürfnissen unterteilt.

Segmentierungskriterien

Geografisch	Demografisch	Psychografisch	Verhaltensbezogen

Beispiel Das Hotel Seeblick empfängt v. a. Gäste aus Deutschland, Österreich und der Schweiz.	**Beispiel** Das Hotel Seeblick ist ein Familienhotel.	**Beispiel** Die Gäste des Hotels sind naturverbunden und sportlich.	**Beispiel** Die Gäste des Hotels machen in der Regel nur einen großen Urlaub im Jahr.

Eine digitale Übung zum Thema findest du in der TRAUNER-DigiBox.

Nachdem der Gesamtmarkt in verschiedene Segmente unterteilt wurde, wählt das Unternehmen jene Segmente aus, die als Zielmärkte bearbeitet werden sollen.

Wer sind die typischen Gäste deines Ausbildungsbetriebes? Charakterisiere diese so konkret wie möglich.

Gästezielgruppen

Zielgruppen sind Personenkreise mit gleichen Merkmalen und Bedürfnissen, denen eine bestimmte Leistung angeboten bzw. verkauft werden soll. Auf diese wird das Angebot abgestimmt.

Nur wer seine Gästezielgruppe genau beschreiben kann, kann auch passende Angebote erstellen. Allgemeine Formulierungen wie „Urlauber/innen" oder „Einheimische" sind dabei nicht sehr hilfreich.

Es hat keinen Sinn, jede Zielgruppe um jeden Preis ansprechen zu wollen. Manche Zielgruppen passen auch nicht gut zueinander, z. B. Seniorinnen/Senioren und Jungfamilien mit Kindern.

Beispiele für Zielgruppen
Motorradfahrer/innen, Mountainbiker/innen, Wellness-Urlauber/innen, Golfer/innen, Tennisspieler/innen, Skifahrer/innen, Schnäppchenjäger/innen, Luxusreisende, Kunst- und Kulturinteressierte, Pferde- oder Hundeliebhaber/innen, Läufer/innen, Wanderinnen/Wanderer, Bergsteiger/innen, Business Traveller, Gäste mit Haustieren, Familien

BONUS LEVEL

Sinus-Milieus®

Die klassische Zuteilung von Gästen zu Segmenten hat ihre Grenzen. Je genauer man die Gästegruppen definieren will, desto kleiner werden auch die Zielgruppen. Jedoch ist die Bedienung zu kleiner Zielmärkte betriebswirtschaftlich nicht sinnvoll.

Neuere Ansätze, die bei der Einteilung von Marktsegmenten zum Einsatz kommen, sind die Sinus-Milieus® oder Affinity Groups.

die Affinity Group = soziale Bezugsgruppe

Mithilfe der Sinus-Milieus® werden Menschen nach **Werten, Lebensstilen und sozialer Lage** – also nicht nur nach Einkommen oder Bildung, sondern auch nach Einstellungen und Lebenszielen – in Cluster zusammengefasst. Es werden aktuell zehn Cluster unterschieden.

Mehr Informationen zu Sinus-Milieus® findest du unter www.sinus-institut.de.

Beispiele für Cluster

- **Traditionelles Milieu:** ältere Generation, Sicherheit und Ordnung spielen eine wichtige Rolle, traditionelle Weltanschauung
- **Performer:** erfolgsorientierte, ambitionierte, global denkende Leistungselite, technologisch affin
- **Expeditives Milieu:** ambitioniert, kreativ, urban, hip, digital, kosmopolitisch und vernetzt

urban = städtisch

kosmopolitisch = weltoffen, sich überall zuhause fühlend

★★★ BONUS LEVEL ENDE

4.2 Marktbearbeitungsstrategie

Die **Marktbearbeitungsstrategie** beschreibt, wie ein Unternehmen den zuvor ausgewählten Zielmarkt konkret bearbeiten will. Sie umfasst sämtliche Marketingmaßnahmen, die darauf abzielen, die Bedürfnisse der Zielgruppen zu erfüllen, die Dienstleistung erfolgreich zu positionieren und sich im Wettbewerb durchzusetzen.

Um die Gäste des Marktsegmentes von den eigenen Leistungen zu überzeugen, ist es wichtig, echte Gästenutzen zu präsentieren. Außerdem soll sich das Unternehmen positiv von der Konkurrenz abgrenzen. Das gelingt mit einer Unique Selling Proposition (USP), d. h. einem einzigartigen Verkaufsversprechen.

Mehr zur USP hast du auf S. 470 erfahren.

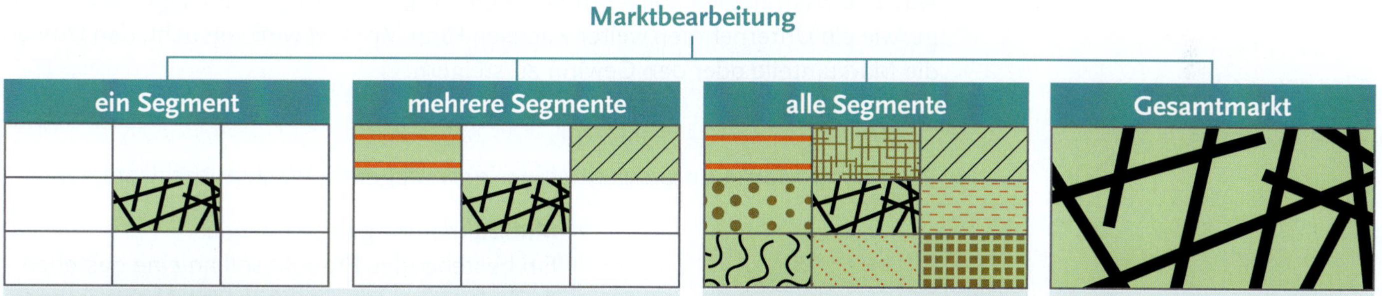

Konzentriertes Marketing:
Aus allen Teilmärkten werden ein oder mehrere Teilmärkte ausgewählt und intensiv mit maßgeschneiderten Marketingaktivitäten bearbeitet.

Beispiel
Ein Hotel spezialisiert sich auf das Segment Sporttourismus für Singles.

Beispiel
Ein Hotel spezialisiert sich auf die Segmente Sporttourismus für Singles sowie Sporttourismus für (Schüler-)Gruppen und Vereine.

Differenziertes Marketing:
Der Gesamtmarkt wird in Teilmärkte unterteilt, und diese werden mit unterschiedlichen Marketingaktivitäten bearbeitet.

Beispiel
Ein Hotel deckt alle Segmente ab (Familien, Geschäftsreisende etc.) und geht bei der Angebotsgestaltung auf die verschiedenen Bedürfnisse ein.

Undifferenziertes Marketing:
Der gesamte Markt wird ohne Unterscheidung der Zielgruppe bearbeitet. Dies ist möglich bei Produkten, die viele Gäste ansprechen.

Beispiel
Ein Hotel bietet eine einzige Zimmerkategorie für den gesamten Markt an.

4.3 Weitere Marketingstrategien

Wettbewerbsstrategien

Diese Strategien zielen darauf ab, die Position des eigenen Unternehmens im Umfeld der Mitbewerber durch gezieltes Marketing zu stärken.

Wettbewerbsstrategien

Strategie der Kostenführerschaft	Strategie der Differenzierung	Konzentrationsstrategie (Nischenstrategie)

Ziel ist es, Gäste durch günstigere Preise als jene der Konkurrenz zu gewinnen.	Das Angebot soll so einzigartig sein, dass es sich von der Konkurrenz deutlich abhebt.	Das Unternehmen konzentriert sich auf eine klar abgegrenzte Gästegruppe (Nische) durch ein gezieltes und abgestimmtes Angebot.

Wachstumsstrategien

Wachstumsstrategien konzentrieren sich – wie der Name schon sagt – auf die Frage, wie ein Unternehmen weiter wachsen kann. Konkret wird versucht, den Umsatz, die Marktanteile oder den Gewinn zu steigern.

Die Ansoff-Matrix unterscheidet vier grundlegende Wachstumsstrategien:

Marktdurchdringungsstrategie

Ein bestehendes Produkt soll an eine bestehende Zielgruppe mit einer **höheren Absatzmenge** verkauft werden, z. B. dadurch:

- Steigerung der Verwendungsmöglichkeiten: Gäste sollen nicht nur Urlaub, sondern auch Kurz- oder Tagesausflüge planen
- Kunden/Gäste durch Preissenkung ansprechen
- Treuerabatte für häufige Besuche

Marktentwicklungsstrategie

Ein bestehendes Produkt wird einer **neuen Zielgruppe** zugänglich gemacht:

- Neue Destinationen für das gleiche Angebot, z. B. wenn ein Wellnesshotel einen neuen Standort eröffnet
- Neue Kunden durch neue Absatzwege: Nicht nur im Reisebüro oder telefonisch, sondern auch online buchbar

Produktentwicklungsstrategie

Ein neues Produkt wird für eine bestehende Zielgruppe entwickelt, z. B.

- ein **völlig neues Produkt/Angebot** oder
- eine **Abwandlung eines bestehenden Produktes oder einer Dienstleistung** (z. B. Umgestaltung der Kinderwelt eines Restaurants).

Diversifikationsstrategie

Das Unternehmen offeriert **neue Produkte völlig neuen Zielgruppen,** z. B.:

- Ein Familienhotel bietet außerhalb des Hotelbetriebs Service für Hochzeiten an (Catering, Kinderbetreuung etc.).
- Ein Wellnesshotel funktioniert die Außenfassade als Klettermauer um. So werden nun auch sportbegeisterte Gäste angelockt.

5 Marketingmix – Marketinginstrumente

Warum kommen Gäste in meinen Ausbildungsbetrieb? Geht es nur um den besten Preis oder spielen andere Faktoren auch eine Rolle?

Marketingstrategien werden mithilfe von Marketinginstrumenten umgesetzt.

DAS SOLLTEST DU SPEICHERN

Die Marketing-Instrumente sind die zentralen Werkzeuge zur Gestaltung und Umsetzung von Marketingstrategien. Ursprünglich wurden vier Elemente unterschieden – **Product, Price, Place** und **Promotion.** Im Laufe der Zeit wurde dieses Modell erweitert. Heute werden häufig sieben Ps unterschieden. Zusätzlich zu den ursprünglichen vier kommen **People, Process** und **Physical Evidence** hinzu.

Marketinginstrumente haben eine größere Wirkung, wenn sie zusammen eingesetzt und so gut wie möglich aufeinander abgestimmt werden. Die Kombination der einzelnen Marketinginstrumente bezeichnet man als **Marketingmix.**

Durch einen optimalen Marketingmix kann ein Unternehmen auf dem Markt

- den Eindruck eines einzigartigen Angebotes vermitteln (USP),
- seine Marktposition ausbauen und
- einen wirtschaftlichen Erfolg erzielen oder steigern.

Going international

Marketing mix means: putting the right product, at the right price, in the right place, at the right time (when you promote it).

Marketingstrategien werden umgesetzt durch den systematischen Einsatz der Marketinginstrumente

Product
Produkt- und Leistungspolitik

Die Produkte und Dienstleistungen bzw. das Sortiment müssen den Bedürfnissen des Gasts entsprechend gestaltet werden.

Price
Preis- und Konditionenpolitik

Alle Entscheidungen rund um die Gestaltung von Preisen und Konditionen (z. B. Rabatte, Zahlungsbedingungen, Packages und Pauschalen) werden festgelegt.

Place
Distributionspolitik (Vertriebspolitik)

Es wird über die Vertriebswege entschieden, z. B. der direkte Verkauf an den Kunden über Reiseveranstalter oder andere Vertriebspartner, wie z. B. Onlinebuchungsportale …

Promotion
Kommunikationspolitik

Alle Entscheidungen rund um Werbung, Verkaufsförderung, Imagepflege und Öffentlichkeitsarbeit werden getroffen.

Der Kunde bzw. Gast im Mittelpunkt aller Aktivitäten

Marktforschung als Grundlage

People
Personalpolitik

Dienstleistungen werden in der Regel von Personen an Personen erbracht. Der Eindruck, den die Gäste von ihrem direkten Gegenüber haben, wirkt sich maßgeblich auf die Qualitätsbewertung und damit auf die Zufriedenheit und Treue aus.

Process
Prozesspolitik

Da die Gäste bei der Erstellung einer Dienstleistung meist anwesend sind, müssen die Prozesse stets optimiert und kundenfreundlich gestaltet werden.

Physical Evidence
Ausstattungspolitik

Das sichtbare Umfeld und die Ausstattung spielen eine entscheidende Rolle für die wahrgenommene Servicequalität. Der Gast nimmt die Ausstattung (u. a. Atmosphäre, Gestaltung der Räume) als einen Anhaltspunkt, um im Vorfeld auf die Qualität zu schließen.

Systematische Kombination der Marketinginstrumente zum Marketingmix

5.1 Produkt- und Leistungspolitik

Die Gestaltung des Angebotes ist ein wesentlicher Marketingbaustein. Gutes Essen und freundliches Personal sind jedoch zu wenig, um Gäste nachhaltig zu begeistern. Ein eigenständiges, unverwechselbares Angebot ist gefragt. Die Leistungen müssen sich deutlich von denen der Mitbewerber abheben, optimal auf die Zielgruppe zugeschnitten sein, aber auch zum Betrieb passen.

Wer auch in Zukunft erfolgreich sein will, muss sein Angebot rechtzeitig den sich ständig ändernden Gästebedürfnissen anpassen.

DAS SOLLTEST DU SPEICHERN

Bei der Auswahl der Angebote suchen die Gäste nach dem besten Preis-Leistungs-Verhältnis – unabhängig von der Kategorie des Betriebes.

Diese Eigenschaften machen ein Angebot zum Bestseller

1. **Attraktivität**
Ob ein Angebot attraktiv ist, hängt von seinem Nutzen für den Gast ab. Hat der Gast dadurch einen besonderen Vorteil? Was ist die USP des Betriebes?

2. **Einzigartigkeit**
Mit positiven Überraschungen oder Leistungen kann man verblüffen. Solche Erlebnisse bleiben dem Gast am besten in Erinnerung.

3. **Klarheit**
Die Beschreibung des Angebotes muss klar, leicht verständlich und sofort erkennbar sein.

TIPP VOM PROFI

Neue Angebote müssen nicht automatisch mit Zusatzkosten verbunden sein. Allerdings lassen sich Veränderungen im Angebot nicht immer sofort umsetzen und benötigen manchmal etwas Zeit.

Grundnutzen und Zusatznutzen

Wenn Gäste ein Hotelzimmer buchen, haben sie eine bestimmte Erwartungshaltung – in diesem Fall etwa, dass sie dort ein Zimmer für die Übernachtung zur Verfügung gestellt bekommen. Man nennt dies den **Grundnutzen** eines Angebotes. Werden darüber hinaus weitere Leistungen angeboten, spricht man von **Zusatznutzen.**

Beispiele für Zusatznutzen
Kostenlose Benutzung des Wellnessbereiches, kostenloses Frühstücksbuffet bei früherer Anreise, Late-Check-out ohne Aufpreis

DAS SOLLTEST DU SPEICHERN

Vergleicht man nur den Grundnutzen, sind Angebote häufig austauschbar. Der Gast wählt dann oft das günstigste Angebot. Um sich von der Masse abzuheben, kann mittels Zusatzleistungen ein Zusatznutzen geschaffen werden, der die Gäste überzeugt.

Sammle weitere Ideen für Marketingaktivitäten.

Marketingaktivitäten in Bezug auf Angebot und Leistung

Im Beherbergungsbereich

- Mobile Check-in/Check-out via App
- Flexible Buchungsoptionen (z. B. „Sleep & Go“, Tageszimmer)
- Kinder- und Jugendräume mit altersgerechter Ausstattung (z. B. Gaming, Bastelbereich)
- Hunde- oder haustierfreundliche Zimmer mit Willkommenspaket
- All-inclusive-Pauschalen für Familien
- Einführung einer Regionsgästekarte mit Rabatten
- Upgrading bei Einbettzimmer-Reservierungen
- Packages für die Nebensaison
- Late-Check-out (z. B. bis 18:00 Uhr)
- Kooperationen mit Thermen, Skigebieten oder Museen der Region
- Angebote für Alleinreisende oder Gruppenreisende

Im Verpflegungsbereich

- Neue, kreative Gerichte
- Lunchbuffets oder Sonntagsbrunch
- Spezialitätentage oder -wochen
- Menüpass für Stammgäste
- Tagesmenükarte in verschiedenen Sprachen
- Einführung eines „Zero Waste“-Konzeptes in der Küche
- Einführung von vegetarischen und veganen Menülinien
- Kooperation mit lokalen Produzenten für Themenabende („Dinner aus der Region“)
- Geführte Weinverkostungen, Mixology-Abende und Barkeeper-Shows etc.
- Glasweiser Ausschank edler Flaschenweine
- „Frühstück rund um die Uhr“ – flexible Essenszeiten für Langschläfer/innen
- Frühstücksbuffet auch für À-la-carte-Gäste

Kleine Aufmerksamkeiten für ein besonderes Gästeerlebnis

- Im Winter: Reinigung der Windschutzscheibe vor der Abreise
- Persönliche handgeschriebene Begrüßungskarte auf dem Zimmer
- Kleine regionale Willkommensgeschenke (z. B. Honig, Schnaps, Kräutersalz)
- Geburtstags- oder Jubiläumsüberraschung (z. B. Zimmer-Upgrade oder Dessert)
- Wöchentliche Begrüßungsabende mit der Gastgeberfamilie
- Selfie-Spot mit Panoramablick inkl. Social-Media-Hashtag

Produktlebenszyklus

Im Tourismusbereich gibt es viele Trends und Entwicklungen.

Beispiele
- Bestimmte Destinationen boomen einige Zeit, bis die Gäste weiterziehen.
- Gastronomie: Auch hier gibt es Trends, z. B. Regionalität, vegane Kost.

Die angebotenen Leistungen und Produkte sollten daher regelmäßig analysiert werden. Ein wichtiges Hilfsmittel hierfür ist der **Produktlebenszyklus.**

Das **Produktlebenszyklusmodell** geht davon aus, dass Produkte einem Lebenszyklus unterworfen sind. Die Lebensdauer ist u. a. begrenzt durch
- Veränderungen des Verbraucherverhaltens,
- kurzlebige Trends,
- bedarfsgerechte Angebote der Mitbewerber,
- den technischen Fortschritt.

Man unterscheidet folgende Lebenszyklusphasen:

1 Einführungsphase
Das Produkt kommt neu auf den Markt und erwirtschaftet noch wenig Umsatz. Die Kosten für das Marketing sind hoch.

2 Wachstumsphase
Das Produkt setzt sich am Markt durch und der Umsatz steigt stetig. Die Kosten für das Marketing können reduziert werden.

3 Reifephase
Die Umsatzzuwächse lassen nach. Die Umsatzmaximierung ist erreicht.

4 Sättigungsphase
Der Markt ist gesättigt und weitere Steigerungen sind nicht mehr möglich. Der Umsatz beginnt zu sinken.

5 Rückgangsphase
Der Umsatz sinkt immer mehr. Das Produkt wird vom Markt genommen.

Produktlebenszyklus

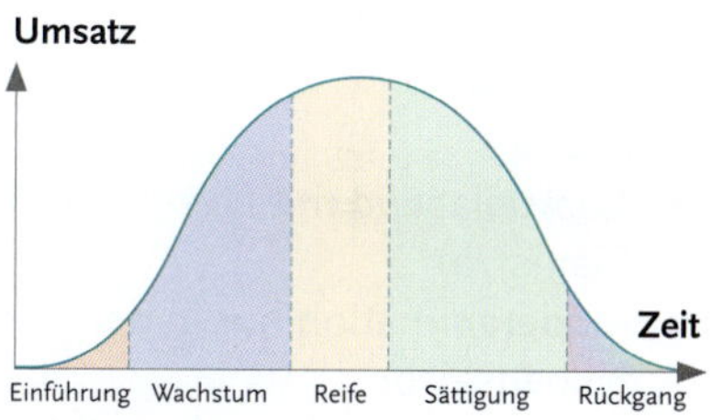

Portfolioanalyse

Eine weitere Möglichkeit, Produkte und Dienstleistungen zu bewerten, ist die **Portfolioanalyse.** Diese liefert einen Überblick, wie gut die Angebote des Hotels bei den Gästen ankommen. Dafür werden das aktuelle Produktsortiment und die Lebenszyklen der einzelnen Produkte untersucht und das weitere Vorgehen kann geplant werden.

Eine digitale Übung zum Thema findest du in der TRAUNER-DigiBox.

Beispiele:

Stars

- Trendige Wellness-Suite mit privatem Spa
- Workation-Angebote mit Co-Working-Space für digitale Nomadinnen/Nomaden
- Instagram-taugliche Rooftop-Bar mit Signature-Drinks

Cashcows

- Klassisches Halbpension-Angebot für Stammgäste
- Kleines Wellness-Angebot (z. B. Sauna + Dampfbad)
- Tagungspauschalen mit Seminarraum und Kaffee

Question Marks

- Thematische Zimmer (z. B. Almzimmer, Weinzimmer) – noch wenig Buchungen
- E-Bike-Verleih mit GPS-Touren – Nachfrage steigt saisonal

Poor Dogs

- Cocktailabend mit Live-Pianist/in
- Kinderanimation nur in der Nebensaison
- Veraltetes Fitnessstudio mit wenigen Geräten

Produktportfolioanalyse

Marktwachstum (niedrig – hoch) / Relativer Marktanteil (niedrig – hoch)

Question Marks (geringer Marktanteil/hohes Wachstumspotenzial)	Stars (hoher Marktanteil/hohes Wachstum)
Diese Angebote könnten sich gut entwickeln, sind aber aktuell noch unsicher – hier muss entschieden werden: fördern oder streichen?	Diese Angebote laufen sehr gut und haben weiteres Wachstumspotenzial. Hier lohnt es sich zu investieren.
Poor Dogs (geringer Marktanteil/geringes Wachstum)	**Cash Cows (hoher Marktanteil/geringes Wachstum)**
Diese Angebote laufen schlecht und haben kaum Zukunft – oft lohnt sich ein Rückzug oder eine Überarbeitung.	Bewährte Angebote, die stabil Einnahmen bringen, aber kaum noch wachsen – sie finanzieren oft andere Bereiche.

Der Preis sagt einiges über das Produkt aus. Für viele Gäste bedeutet es: „Was nichts kostet, ist nichts wert." Diskutiere darüber!

5.2 Preis- und Konditionenpolitik

Alle Entscheidungen rund um die Gestaltung von Preisen und Konditionen (z. B. Rabatte, Zahlungsbedingungen, Packages, Pauschalangebote) werden festgelegt.

Faktoren bei der Preisgestaltung

Bedürfnisse und Erwartungen der Gäste

Markt und Mitbewerber

Langfristige Rentabilität des Betriebes

Going international

Pricing is the process of determining what a company will receive in exchange for its products. Pricing factors are manufacturing cost, marketplace, competition, market condition, brand and quality of product.

Wichtig bei der Preisgestaltung ist, dass für den Gast in erster Linie die Leistung im Vordergrund steht. Der vom Gast erwartete Nutzen muss höher sein als der für diese Leistung geforderte Preis.

DAS SOLLTEST DU SPEICHERN

Alle Preise sind zu kalkulieren! In der Kalkulation sind auch die eigene Arbeitsleistung und eine Abgeltung für die Abnutzung der Einrichtung und des Hauses zu berücksichtigen.

Bei der **Preisgestaltung** können verschiedene **Strategien** angewendet werden. Wichtig ist, das Nachfrageverhalten der Gäste, die Preise der Konkurrenz sowie die eigenen Kosten, die langfristig gedeckt sein müssen, zu berücksichtigen.

- **Hochpreisstrategie:** Es werden möglichst hohe Preise festgesetzt. Diese Strategie ist bei Luxushotels oder außergewöhnlichen Angeboten erfolgreich.
- **Niedrigpreisstrategie:** Möglichst niedrige Preise sollen eine preisbewusste Kundschaft anlocken.

Mehr zur Preisgestaltung erfährst du im Lernfeld 7.

- **Abschöpfungsstrategie** (Skimming-Strategie): Bei Markteintritt wird ein hoher Anfangspreis angesetzt. Mit zunehmender Erschließung des Marktes wird der Preis schrittweise gesenkt.
- **Marktdurchdringungsstrategie:** Hier wird bei Markteintritt ein niedriger Anfangspreis angesetzt, um möglichst viele Gäste anzulocken. Hat das Unternehmen einen bestimmten Marktanteil erreicht, wird der Preis Schritt für Schritt angehoben.

Oft gibt es im Hotelbereich viele ähnliche Angebote. Dann ist häufig der Preis für die Gäste das ausschlaggebende Kriterium für die Wahl eines Hotels. Preisvergleichsportale führen zu einer hohen Preistransparenz und erleichtern es Konsumentinnen/Konsumenten die Preise zu vergleichen.

Eine besondere Maßnahme der Preispolitik ist die **Preisdifferenzierung,** d. h., dass für ein und dieselbe Leistung verschiedene Preise vorgesehen sind.

Beispiele für weitere Preisstrategien

- Kennenlernpreise
- Psychologische Preise festlegen, z. B. 49,90 statt 50,00 EUR
- Special-Event-Preise, z. B. für Hochzeitsnacht, Silvester
- Pauschalen, z. B. Kaffee und Kuchen (inklusive geschenkter Tasse)
- Gratisunterbringung einer dritten Person im Zimmer von zwei voll zahlenden Gästen
- Zur Abdeckung der Inflationsrate die Preise jährlich anpassen
- Preisstaffelungen nicht nach Saison, sondern entsprechend der Belegung des Hauses
- Belohnung für längere Aufenthalte: wohne sieben, zahle nur sechs Tage
- Besondere Zahlungskonditionen: Frühzahlerbonus, inkludierte Stornoversicherung etc.

Für manche Produkte werden Mindererträge in Kauf genommen, die durch höhere Gewinne bei anderen Produkten wieder ausgeglichen werden. Das nennt man **kalkulatorischen Ausgleich.**

die Inflationsrate = allgemeine Erhöhung der Güterpreise, gleichbedeutend mit einer Minderung der Kaufkraft des Geldes

5.3 Distributionspolitik

Für Hotels ist es wichtig, dass Gäste überhaupt auf sie aufmerksam werden. Daher nutzen Hotels meist **verschiedene Kanäle,** über die Gäste Zimmer buchen können.

DAS SOLLTEST DU SPEICHERN

Bei der Distributionspolitik (Vertriebspolitik) geht es um die Frage: Über welche Kanäle vermarktet und verkauft ein Hotel welche Angebote zu welchem Preis? Oder noch kürzer: Wo und wie buchen die Gäste ihr Zimmer?

Es wird über Verkaufsförderungsmaßnahmen und Vertriebswege entschieden, z. B. direkter Verkauf an die Kundin/den Kunden über Reiseveranstalter oder andere Vertriebspartner, wie z. B. Onlinebuchungsportale.

die Verkaufsförderung = Sales-Promotion; alle Maßnahmen, die direkt oder indirekt zur Steigerung der Verkaufszahlen führen können

Vertriebskanäle in der Hotellerie sind u. a.

Mehr über Vertriebskanäle in der Hotellerie erfährst du auf S. 376 ff.

Man kann zwischen direkten und indirekten Vertriebswegen unterscheiden.

Beim **direkten Vertrieb** verkauft das Hotel direkt an den Gast.

> **Beispiele**
> Buchung über die eigene Hotel-Website, Verkauf am Frontoffice, am Telefon, bei Messen

Vorteile
- Bessere Beobachtung der Bedarfsentwicklung
- Persönlicher Kontakt mit dem Gast
- Unabhängigkeit von anderen Vertragspartnern und deren Zielen
- Keine Provisionen und Vermittlungsgebühren

Nachteile
- Ein einzelnes Hotel hat oft nicht die Kapazitäten, allein einen größeren Kunden- bzw. Gästekreis anzusprechen
- Hohe Fixkosten (z. B. Personal, Wartung der Vertriebskanäle)

Beim **indirekten Vertrieb** sind zwischen Gast und Hotel noch andere Partner zwischengeschaltet. Diese erhalten für die Vermittlung eine Provision.

> **Beispiele**
> Verkauf von Hotelzimmern über Reisevermittler, Reisebüros oder Online-Buchungsplattformen

Vorteile
- Vermittler übernimmt einen Teil der Marketingaufgaben
- Größere Reichweite der Vertragspartner

Nachteile
- Marktmacht der Vermittler könnte langfristig ihren Einsatz unumgänglich machen
- Provisionen und Vermittlungsgebühr

5.4 Kommunikationspolitik

Mehr zum Beschwerdemanagement erfährst du ab S. 360.

Auch das **Beschwerdemanagement** ist Teil der Kommunikationspolitik eines Unternehmens.

Werbung (Advertising)

Werbung soll bei den Kundinnen/Kunden eine positive Einstellung zum beworbenen Produkt/Unternehmen auslösen und diese bestenfalls zum Kauf animieren.

Werbebotschaften sollen die Zielgruppen möglichst ohne Streuverlust erreichen. Daher ist eine gute **Werbeplanung** wichtig.

der Streuverlust = Eine Werbung wird im optimalen Fall so gestreut, dass sie genau ihre Zielgruppe anspricht. Wenn mit einer Werbemaßnahme viele nicht interessierte Empfänger/innen angesprochen werden, spricht man von einem Streuverlust.

Auswahl der Werbemittel und Werbeträger

Man unterscheidet **Werbeträger** und **Werbemittel.**

Unterscheidung

Werbeträger	Werbemittel
Als Werbeträger bezeichnet man das Medium, das die Werbung transportiert.	Ein Werbemittel ist die Form, in der eine Werbebotschaft übermittelt wird. Welche Werbemittel verwendet werden, hängt u. a. vom Ziel der Werbung, von der Zielgruppe und den Kosten ab.
Beispiele ▪ Zeitungen/Zeitschriften ▪ Fernsehen ▪ Radio ▪ Internet ▪ Plakatwände ▪ Infoscreens	**Beispiele** ▪ Inserate ▪ Plakate ▪ Prospekte, Flyer, Kataloge ▪ TV-Spots ▪ Radiospots ▪ Social-Media-Posts ▪ Website

der Infoscreen = Informationsbildschirm, häufig z. B. vor Einkaufszentren, in Hotels, U-Bahn-Stationen, Verkehrsmitteln oder bei Veranstaltungen

Werbebudget/Werbekosten

Die Kosten für Werbung können abhängig von Werbemittel und Werbeträger stark variieren. Zu den Kosten des Werbeträgers, z. B. den Einschaltkosten für Werbungen im Radio oder Fernsehen, kommen noch die Kosten für die Herstellung des Werbemittels, z. B. des Werbespots.

DAS SOLLTEST DU SPEICHERN

Die Wahl der Werbemittel und Werbeträger hängt sehr stark vom zur Verfügung stehenden **Budget** ab.

Um die Kosten von Werbemaßnahmen vergleichen zu können, wird der **Tausend-Kontakt-Preis (TKP)** verwendet. Der Tausend-Kontakt-Preis gibt die Kosten an, die zu bezahlen sind, um 1 000 Personen mit einer Werbemaßnahmen zu erreichen.

Berechnung des TKP

$$\textbf{Tausend-Kontakt-Preis} = \frac{\text{Kosten x 1 000}}{\text{Zahl der User}}$$

Ein Störfaktor bei der Anwendung des TKP kann der **Streuverlust** sein. Denn nur weil 1 000 Personen erreicht werden, bedeutet das nicht, dass diese auch alle zur Zielgruppe gehören. Durch eine gezielte Auswahl und Planung der Werbemaßnahmen sollen Streuverluste gering gehalten werden. Die **Reichweite** gibt an, in welchem Maß die Zielgruppe mit dem Werbeträger erreicht wird.

Werbeplanung

Werbung verursacht Kosten und sollte daher gut geplant sein:

SCHRITTE DER WERBEPLANUNG	ERKLÄRUNG BZW. BEISPIELE
❶ **Werbeziele** Welche Ziele werden mit der geplanten Werbung verfolgt?	■ Hotel/Produkt/Marke bekannt machen ■ Gäste informieren (z. B. über Gutscheinaktionen)
❷ **Werbebudget** Wie viel Geld steht zur Realisierung der Ziele zur Verfügung?	■ Orientierung am Umsatz oder Gewinn (z. B.: Das Werbebudget beträgt 5 % des Umsatzes.) ■ Orientierung am Werbebudget der Mitbewerber
❸ **Werbeobjekt** Was soll beworben werden?	■ **Produkt:** Werbung für neu renovierte Zimmer ■ **Unternehmen:** Image-Kampagne
❹ **Werbesubjekt** Wer ist in der Zielgruppe?	Die Zielgruppe der Werbung wird anhand verschiedener Kriterien festgelegt (z. B. Alter, Einkommen, Region).
❺ **Werbebotschaft** Was soll der Inhalt der Werbung sein?	Eine Kette von Familienhotels wirbt mit einer kreativen und witzigen Werbung für ihre Angebote für die Kleinsten.
❻ **Werbemittel und Werbeträger**	Die Auswahl und die Kombination der geeigneten Werbemittel und -träger beeinflussen den Erfolg der Kampagne wesentlich.
❼ **Werbeperiode/Werbetiming** Wann, wie lange und wie oft erfolgt die Werbung?	Eine Hotelkette macht von Oktober bis Dezember auf Gutscheine als tolles Weihnachtsgeschenk aufmerksam.
❽ **Werbeerfolgskontrolle** Wurden die Ziele erreicht?	■ Vergleich von Verkaufszahlen vor und nach der Werbemaßnahme ■ Gästebefragungen (z. B.: Welche Werbemaßnahme hat zum Kauf/zur Buchung geführt?)

Mehr zum Thema Corporate Identity erfährst du auf S. 465 f.

Gestaltung von Werbemaßnahmen

Bei der Gestaltung von Werbebotschaften muss darauf geachtet werden, dass sie in kürzester Zeit (in ein bis zwei Sekunden) vermittelt werden. Bei der Gestaltung von Werbemaßnahmen ist auch die Einhaltung der Corporate Identity (CI) zu berücksichtigen.

DAS SOLLTEST DU SPEICHERN

Das Logo des Unternehmens – falls vorhanden – sollte auf alle Fälle in jede Kommunikationsbotschaft eingebaut werden, um den Wiedererkennungseffekt zu steigern.

Grundsätze für die Gestaltung von Werbemaßnahmen

Wahrheit	Klarheit	Wirksamkeit	Wirtschaftlichkeit
Der Inhalt muss wahr sein.	Der Inhalt muss eindeutig sein.	Die Maßnahme muss wirksam sein, also z. B. den Absatz eines Produktes ankurbeln.	Die Kosten für Werbemaßnahmen sollen wirtschaftlichen Kriterien entsprechen.

§ Bei der Gestaltung von Werbemitteln ist das **Gesetz gegen den unlauteren Wettbewerb** zu beachten. Laut diesem darf eine Werbeaussage nicht irreführend sein und muss der Wahrheit entsprechen. Wird bei der Werbung Bezug auf einen Mitbewerber genommen, müssen die Aussagen nachprüfbar und wahr sein. Auch dürfen keine rufschädigenden Aussagen über Mitbewerber gemacht werden.

AIDA-Regel

Die bekannte AIDA(S)-Regel zeigt, wie eine Werbemaßnahme aufgebaut sein soll, um Aufmerksamkeit zu erhalten.

A **Attention (Aufmerksamkeit)**
Die Zielgruppe wird auf das Produkt aufmerksam gemacht.

I **Interest (Interesse)**
Das Produkt weckt das Interesse des Kunden.

D **Desire (Verlangen)**
Beim Kunden entsteht der Wunsch, das Produkt zu kaufen.

A **Action (Handlung)**
Der Kunde wird zum Kaufabschluss gebracht (Call-to-Action).

\+

S **Satisfaction (Zufriedenheit)**
Die Zufriedenheit des Kunden nach dem Kauf wird überprüft.

Neben der AIDA(S)-Regel sollte man bei der Gestaltung von Werbemaßnahmen auch die **KISS-Regel** beachten. KISS steht für **„Keep it short and simple"** und weist darauf hin, Dinge auf den Punkt zu bringen. In der Werbung bedeutet dies, einfache und kurze Werbetexte zu verwenden.

Moderne (Online-)Werbung lässt manchmal bewusst das AIDA+S Schema außer Acht und setzt auf Storytelling.

Mehr zum Thema Storytelling erfährst du auf S. 511.

Text

Der Text muss klar formuliert sein und alles enthalten, was die Konsumentin/der Konsument wissen muss. Wie umfangreich der Text ausfällt, hängt vom Werbemittel ab.

Beispiele

- **Flyer:** Ein Flyer sollte in übersichtlicher Form alle Informationen beinhalten, die der Gast benötigt. Achte darauf, die W-Fragen (Was? Wer? Wie? Wo? Wann?) zu beantworten. Außerdem sollte auf den Mehrwert (z. B. besonders günstige Zimmerrate) hingewiesen werden. Auch Kontaktinformationen und Buchungskonditionen sollten enthalten sein.
- **Plakat:** Bei einem Plakat ist es besser, sich kurz und knapp zu halten. Eine knackige Headline, ein eingängiger Slogan, Wortspiele oder Fragen können genutzt werden, um die Neugier zu wecken. Auch die Kombination von Wort und Bild spielt hier eine wichtige Rolle.

die Headline = Hauptüberschrift

Auch wenn im Internet zahllose Bilder zur Verfügung stehen, darf man sie ohne Genehmigung des Urhebers (Fotograf/in) oder des Rechteinhabers (z. B. Agentur) nicht verwenden.

Optik
Farben ziehen Aufmerksamkeit auf sich, **Headlines** müssen besonders sorgfältig gestaltet werden, weil sie im Zentrum der Wahrnehmung stehen.

Bilder spielen bei Botschaften die Hauptrolle, da sie immer vor dem Text wahrgenommen werden.

So lässt sich gezielt die Aufmerksamkeit für eine Werbung erhöhen

- (Abgewandelte) Sprichwörter oder ein bekannter Slogan sorgen für einen hohen Wiedererkennungseffekt.

Beispiel
Kampagne der B&B Hotels mit dem Slogan „Hier liegst du richtig".

- Künstlicher Zeitdruck verführt zu raschen Buchungen, das geschieht z. B. durch Aussagen wie „Solange der Vorrat reicht!".
- Promis als Testimonials fungieren als Eyecatcher.

der Eyecatcher = Blickfang

Beispiel
Die Hard-Rock-Gruppe (Hotels, Cafés, Casinos) setzt bei der Werbung für ihr Mitgliederprogramm „Unity" auf Promis wie SHAKIRA, JOHN LEGEND und LIONEL MESSI.

- Schockierende oder irritierende Bilder sorgen für Aufmerksamkeit – sollten aber vorsichtig bzw. mit Bedacht auf die Zielgruppe bzw. das Werbeobjekt eingesetzt werden.
- Ungewöhnliche oder nicht auf den ersten Blick zuordenbare Bilder sorgen dafür, dass man ein zweites Mal hinschaut.

Beispiel
Das Hans Brinker Budget Hotel in Amsterdam bezeichnet sich selbst als das schlechteste Hotel der Welt und wirbt offensiv damit.

Verkaufsförderung (Sales Promotion)

DAS SOLLTEST DU SPEICHERN
Unter Verkaufsförderung fallen alle Maßnahmen, die direkt oder indirekt zur Umsatzsteigerung führen können.

Verkaufsförderung lässt sich oft nicht klar von Distributionspolitik und Preispolitik abgrenzen. Wenn z. B. eine Rabattcouponaktion in der Zeitung abgedruckt wird, ist das gleichzeitig Distributionspolitik und ein preispolitisches Instrument.

Zu den Maßnahmen der Verkaufsförderung zählen:

Auch Mitarbeiterschulungen zählen streng genommen zur Verkaufsförderung.

Öffentlichkeitsarbeit (Public Relations)

DAS SOLLTEST DU SPEICHERN

Öffentlichkeitsarbeit oder PR hat das Ziel, ein positives Image zu schaffen und die Bekanntheit eines Unternehmens oder einer Marke zu stärken. Sie zielt darauf ab, Vertrauen aufzubauen, die Reputation zu stärken und eine positive Wahrnehmung bei der Zielgruppe zu erzielen.

die Reputation = (guter) Ruf, Ansehen

Im Gegensatz zur Absatzwerbung, bei der ein bestimmtes Produkt beworben wird, ist Öffentlichkeitsarbeit Werbung für das Unternehmen als Ganzes.

Ziele der Öffentlichkeitsarbeit

Bekanntheit erhöhen → Image verändern oder verbessern → Öffentliche Meinung beeinflussen → Vertrauen aufbauen

Pressemitteilungen an Tageszeitungen zu verschicken, ist nur dann sinnvoll, wenn über ein außergewöhnliches Angebot oder Ereignis berichtet werden kann. Für die Arbeit mit der überregionalen Presse ist auch die Einbindung der Gemeinde bzw. der Region sinnvoll. Tipps zum Schreiben von Pressemitteilungen findest du in der TRAUNER-DigiBox.

Wichtige PR-Instrumente sind **Presseaussendungen** und **Kampagnen** (Print und digital), **Pressekonferenzen, Veranstaltungen** und **Werbevideos.** Ohne den Einsatz von Social Media ist eine zeitgemäße Öffentlichkeitsarbeit nicht mehr denkbar.

Beispiele

Interne Öffentlichkeitsarbeit:
- Funktionierender Informationsfluss unter den Mitarbeiterinnen und Mitarbeitern
- Auszeichnungen für Mitarbeiter/innen

Externe Öffentlichkeitsarbeit:
- Newsletter-Versand an Gäste
- Einladung von Pressevertreterinnen/-vertretern; Versenden von Presseunterlagen
- Tag der offenen Tür, Hausführungen
- VIPs, Reiseveranstalter einladen
- Professionelle Behandlung von schriftlichen Gästebeschwerden
- Postings auf Social-Media-Kanälen des Hotels

Die Mitarbeiter/innen müssen vom Zweck der PR und von den Betriebszielen überzeugt sein und sich damit identifizieren.

Im Verkaufsgespräch kannst du der Kundin/dem Kunden ein Produkt genau erklären

Mehr über Verkaufsgespräche erfährst du im Lernfeld 7, Lernfeld 10 und Lernfeld 13.

Merchandising-Artikel

Herzstück des Direktmarketings ist das **Customer-Relationship-Marketing,** dieses umfasst den Auf- und Ausbau von Kundenbeziehungen.

Verkaufsgespräch

DAS SOLLTEST DU SPEICHERN

Die persönliche Ansprache des Gastes im Verkaufsgespräch ist eines der wirksamsten Kommunikationsinstrumente.

Persönlicher Verkauf wird eingesetzt, um

- Produkte zu erklären,
- Präferenzen des Gastes herauszufinden,
- Zusatzverkäufe zu tätigen und dann
- den Kauf abzuschließen.

Verkaufsgespräche können u. a. am Empfang, bei Messen oder auch am Telefon stattfinden.

Merchandising

Das englische Wort Merchandising heißt übersetzt **Vermarktung.** Sogenannte Merchandising-Artikel unterscheiden sich aber von reiner Verkaufsförderung dadurch, dass mit ihnen selbst Umsatz erzielt wird. Das Ziel ist, dass die Verbreitung dieser Artikel auch den Absatz der Kernprodukte stärkt.

Einige Merchandise-Artikel werden auch direkt am Empfang oder in einem eigenen Shop zum Verkauf angeboten – darunter beispielsweise Rucksäcke, Trinkflaschen oder Kosmetikprodukte aus dem Spa-Bereich. Diese werden von den Gästen häufig als Erinnerungsstücke oder Souvenirs erworben.

Direktmarketing

Beim Direktmarketing richten sich die Maßnahmen an einen bestimmten Gast. Durch die gezielte Ansprache bestimmter Personen verringern sich – im Vergleich zu klassischer Werbung – die Streuverluste. Direktmarketing eignet sich hervorragend zur Gästebindung.

Werbemittel des Direktmarketings sind:

BONUS LEVEL

Newsletter

Der Newsletter ist ein beliebtes Direktmarketinginstrument.

E-Mail-Newsletter bieten einige Vorteile:

- Niedrige Kosten (im Vergleich zu postalischen Aussendungen)
- Für jeden Gast individuell und personalisiert (mit Namen und abgestimmt auf die persönlichen Vorlieben)
- Die Adressatin/Der Adressat kann auf diese E-Mail direkt antworten (z. B. bei Umfragen) oder mit einer Bestellung. Jede Aussendung sollte die Möglichkeit bieten, direkt zu antworten.

Zu den **Nachteilen** zählt, dass Newsletter manchmal im Spam landen bzw. Empfänger/innen oft zahlreiche Newsletter erhalten, sodass es schwierig ist, sich von der Masse abzuheben.

Der Erfolg von Newsletter-Kampagnen kann durch bestimmte **Kennzahlen** erhoben werden. Dazu zählt etwa die **Klickrate.** Diese gibt an, wie viel Prozent der Empfänger/innen einen Link im Newsletter geklickt haben.

CHECKLISTE

Kriterien für erfolgreiches Newsletter-Marketing

- ☐ Aussagekräftiger und persönlich gestalteter Betreff
- ☐ Kurzes Inhaltsverzeichnis am Anfang
- ☐ Kurze Beschreibung des Angebotes (Ausführliche Informationen findet die Empfängerin/der Empfänger auf einer Landingpage, auf die sie/er mittels im Newsletter integrierten Links gelangt.)
- ☐ Übersichtliche Gestaltung mit klarer Gliederung und kurzen, präzisen Texten
- ☐ Korrekte und ausführliche Angabe der Absenderin/des Absenders
- ☐ Mit allen gängigen E-Mail-Clients und Free-Mail-Systemen zu öffnen
- ☐ Information zur Option auf Abmeldung
- ☐ Urheberrechte beachten (Zitate, Textausschnitte etc.)
- ☐ Ausgewogenes Verhältnis zwischen News und Verkaufsangeboten: Der Newsletter sollte wirklich „News“ und nicht nur eine Ansammlung von Pauschalangeboten beinhalten.
- ☐ Versand in regelmäßigen Intervallen (auf Basis eines Kampagnenplanes)
- ☐ Druckbares Layout
- ☐ Den Newsletter so optimieren, dass er auch auf mobilen Endgeräten anwenderfreundlich dargestellt wird.
- ☐ Versand an konkrete Ansprechpartner/innen (Das verhindert, dass die E-Mails ungelesen in office@-Postfächern liegenbleiben.)
- ☐ Bestellmöglichkeit für den Newsletter auf der Website

BONUS LEVEL ENDE

Achtung: Die strengen Bestimmungen den Datenschutz betreffend erfordern einen verantwortungsvollen und sensiblen Umgang mit Gästedaten.

Mehr zur Klickrate erfährst du auf S. 513.

Um E-Mail-Marketing erfolgreich durchführen zu können, müssen einige wichtige Grundregeln eingehalten werden. E-Mail-Marketing muss auf dem Konzept des **Permission-E-Mail-Marketings** basieren. Das bedeutet, dass der Gast sein Einverständnis zur Zusendung des Newsletters gegeben haben muss. Das in der Praxis angewendete **Double-Opt-in-Verfahren** kommt v. a. deshalb zum Einsatz, weil der Versand unangeforderter kommerzieller E-Mails verboten ist (Gesetz gegen den unlauteren Wettbewerb § 7 Abs. 2).

permission (engl.) = Erlaubnis

die Landingpage = „Landeseite“; Website, die man durch Klicken eines Links erreicht

Betreffzeile und Absender/in sind meist das Erste, was Empfänger/innen eines Newsletters lesen.

Sponsoring

Beim Sponsoring unterstützen Unternehmen (Sponsoren) Veranstaltungen, Vereine oder Organisationen mit Geld- oder Sachspenden bzw. Dienstleistungen. Als Gegenleistung wirbt die/der Gesponserte für den Sponsor.

Ziele von Sponsoring

- Steigerung des Bekanntheitsgrades
- Imageverbesserung
- Motivation der Mitarbeiter/innen
- Gesellschaftliches Engagement und Verantwortung

Entwicklung einer Kommunikationsstrategie

Die Erstellung einer Kommunikationsstrategie im Hotelmarketing folgt einem strukturierten Prozess, der besonders auf die Bedürfnisse und Erwartungen von Gästen zugeschnitten ist.

Eine professionelle Kommunikationsstrategie besteht meist aus folgenden Schritten:

1. Ziele und Zielgruppen definieren
2. Werbebotschaft entwickeln
3. Kommunikationskanäle auswählen
4. Maßnahmen planen
5. Maßnahmen umsetzen
6. Erfolgskontrolle und Evaluierung

Ziele und Zielgruppen

Zunächst muss klar festgelegt werden, welche Ziele angepeilt und welche Zielgruppen angesprochen werden sollen.

1 **Ziele**

Klare Ziele für die Kommunikation festlegen –
Was soll erreicht werden?

Beispiele
Mehr Direktbuchungen, höhere Auslastung in der Nebensaison, Markenbekanntheit

2 **Zielgruppen**

Festlegen, welche Zielgruppen angesprochen werden sollen

Beispiele
Geschäftsreisende, Familien, Paare

Ob Inserate in Zeitschriften oder Plakate, Radio-Spots oder Instagram-Posts – Werbemöglichkeiten gibt es zahlreiche. Beim Entwickeln einer Kommunikationsstrategie ist es wichtig, jene Kanäle auszuwählen, die am besten zur Zielgruppe und zur gewünschten Botschaft passen.

Botschaft

Nun wird festgelegt, welche Botschaften vermittelt werden sollen. Hier werden etwa die Besonderheiten und USPs eines Betriebes herausgearbeitet. Ebenso wichtig ist ein einheitlicher Markenauftritt.

Wahl der Kanäle

Im nächsten Schritt werden die Kommunikationskanäle ausgewählt, über die kommuniziert werden soll.

Beispiele
Werbung in Zeitschriften, Newsletter, Social-Media-Posts auf Instagram und Facebook, Landingpage auf der Website

Maßnahmenplanung

Nun werden die konkreten Maßnahmen für jeden Kanal festgelegt. Dabei wird einerseits das benötigte **Budget** berücksichtigt sowie der **Zeitpunkt,** die **Häufigkeit** und auch die **Verantwortlichkeiten** festgelegt.

Das können etwa klassische Werbeinserate in Zeitschriften sein, eine Kampagne auf Social-Media-Plattformen, eine Newsletter-Kampagne sowie eine Landingpage auf der hoteleigenen Website mit Direktbuchungsmöglichkeit.

Beispiel
Im Hotel „Vier Jahreszeiten" stehen große Veränderungen an. Ein Teil der Zimmer wird bis zum nächsten Sommer renoviert. Diese Zimmer sind während der Renovierungsarbeiten natürlich geschlossen. Im anderen Teil des Hotels läuft der Betrieb aber wie gehabt weiter. Um keine Gäste zu verärgern bzw. die renovierten Zimmer gut zu vermarkten, überlegt sich das Hotelteam eine Kommunikationsstrategie für die Zeit der Renovierung und Wiedereröffnung.

Maßnahme	Kanal	Datum	Verantwortlich	Budget	Ziel
„Baustellen-Update": Einblicke in die Renovierung	Instagram, Facebook	Ab 15.06.20.. (Start Renovierung), 1 x wöchentlich	Marketing-Team/ Social-Media-Team		Stammkundenbindung und Imagepflege
Landingpage mit Infos, Fotos, Link zur Direktbuchung	Website	15.07.20..	Marketing-Team/ Web-Team		Buchungen steigern
Newsletter an Stammgäste mit exklusivem Einblick + Frühbucherangebot (mit Direktbuchungslink)	E-Mail-Newsletter	15.07.20..	Marketing-Team		Buchungen steigern, Stammkundenbindung
Teaser-Video + Zeitraffer der Baustelle	Instagram, Facebook	15.08.20..	Marketing-Team/ Social-Media-Team	500 € (Content-Erstellung)	Aufmerksamkeit, Interesse erregen
Countdown-Posts bis zur Eröffnung („30 Tage bis …")	Instagram, Facebook	Ab 01.08.20.., 1 x wöchentlich	Marketing-Team/ Social-Media-Team		Vorfreude steigern
Google-Ads-Kampagne	Google Ads	15.08.–15.09.20..	Marketing-Team	1.000–2.500 €	Buchungen generieren, Reichweite steigern
Eröffnungspost + Video der fertigen Zimmer + Link zur Buchung	Website, Social Media, Newsletter	30.08.20..	Marketing-Team/ Social-Media-Team	200–500 € (Postproduktion)	Buchungen generieren, Stammkundenbindung

Umsetzung

Dann geht es an die Umsetzung. Dabei werden für die Zielgruppen die relevanten Inhalte produziert.

Erfolgskontrolle und Evaluierung

Während und nach der Kampagne wird der Erfolg überprüft und gegebenenfalls werden Korrekturmaßnahmen eingeleitet. Diese Evaluierung erfolgt anhand bestimmter Kennzahlen wie Website-Besuche, Buchungen und Conversion Rate.

Mehr zur Conversion Rate erfährst du auf S. 514.

5.5 Personalpolitik

Alle Mitarbeiter/innen, die mit den Gästen in Kontakt kommen, hinterlassen einen Eindruck. Viele Gäste trennen das Produkt nicht von der Mitarbeiterin/dem Mitarbeiter, der es bereitstellt. Deshalb haben Mitarbeiter/innen einen erheblichen Einfluss auf die Gästezufriedenheit – im positiven wie im negativen Sinn. Der Ruf einer Marke liegt also auch in den Händen der Mitarbeiter/innen.

Employer Branding

Unter Employer Branding werden alle Maßnahmen verstanden, die einerseits die vorhandenen Mitarbeiter/innen an das Unternehmen binden und andererseits das Unternehmen für mögliche Bewerber/innen attraktiv machen.

Personalmarketing (Employer Branding)

Internes Personalmarketing	Externes Personalmarketing

Richtet sich an bestehende Mitarbeiter/innen	**Richtet sich an potenzielle Mitarbeiter/innen**
Ziel: Bestehende Mitarbeiter/innen sollen gern zur Arbeit gehen und sich nicht nach anderen Jobs umsehen.	**Ziel:** Qualifizierte Arbeitnehmer/innen sollen längerfristig für das Unternehmen gewonnen werden.
▪ Gute Einführung neuer Mitarbeiter/innen (Onboarding) ▪ Mentoringprogramm für neue Mitarbeiter/innen und Lehrlinge ▪ Rechtzeitige und mitarbeiterorientierte Dienstpläne ▪ Prämien für hervorragende Arbeit ▪ Mitarbeiter-Benefit-Programm (z. B. Rabatte, Fitnessstudio) ▪ Cross-Training: Mitarbeitende schnuppern in anderen Abteilungen ▪ Fortbildungen ▪ Regelmäßige Feedbacks	▪ Mitarbeitersuche über SocialMedia: Verschiedene Kanäle werden genutzt, um potenzielle Mitarbeiter/innen anzusprechen, Stellenanzeigen zu verbreiten. ▪ Empfehlungen durch Mitarbeiter/innen, z. B. über Online-Portale, auf denen Mitarbeiter/innen das Unternehmen bewerten können ▪ Übersichtlicher Bewerbungsprozess ▪ Tag der offenen Tür ▪ Gute Betreuung von Schülerinnen und Schülern während ihres Ferienjobs/Praktikums

5.6 Prozesspolitik

Je besser und reibungsloser die Prozesse ablaufen, desto zufriedener werden die Gäste sein. Nur zufriedene Gäste kommen wieder und äußern sich positiv über den Betrieb.

Der Prozess von der Begegnung bis zum Kauf muss reibungslos verlaufen:

- Wie rasch erhalten Gäste bei Anfragen eine Rückmeldung (telefonisch, per E-Mail)?
- Ist die Website des Unternehmens benutzerfreundlich und schnell genug? Ist die Darstellung auf allen Geräten gut? Gibt es eine Direktbuchungsfunktion?
- Sind die Mitarbeiter/innen gut geschult? Sind sie freundlich? Machen sie ihre Arbeit effizient?
- Ist die Qualität der Dienstleistung während des Aufenthaltes des Gastes im Hotel zufriedenstellend? Funktionieren alle Abläufe, z. B. Check-in, Check-out, Gästebetreuung, reibungslos?

Beispiel

Tom möchte online ein Hotelzimmer buchen. Er findet auf der Website des Hotels ein Angebot mit Halbpension, das ihm zusagt.

Da er laktoseintolerant ist, möchte er wissen, ob das Restaurant auf dieses Bedürfnis eingehen kann. Auf der Website findet er keine Informationen dazu. Deshalb ruft er im Hotel an, um nachzufragen.

Eine gefühlte Ewigkeit hängt er in einer Warteschleife. Schließlich nimmt ein unfreundlicher Mann ab. Dieser antwortet auf Toms Frage, ob das Restaurant auch laktosefreie Alternativen anbietet: „Das weiß ich nicht. Aber wir können ja nicht auf alle Sonderwünsche eingehen.“ Tom ist enttäuscht von so wenig Gästeorientierung und Servicequalität.

Viele Gäste, denen so etwas passiert, werden entweder schon auflegen, bevor sie überhaupt durchgestellt wurden oder in einem anderen Hotel buchen. Auch die Bewertung wird dementsprechend schlecht ausfallen.

5.7 Ausstattungspolitik

Hochwertige Matratzen und ein gemütliches Bett sorgen dafür, dass Gäste sich in einem Hotel wohlfühlen

Die Ausstattungspolitik umfasst alle sichtbaren Elemente eines Hotels, wie Architektur, Ausstattung der Zimmer, Design, Lichtkonzept und sogar Gerüche.

Ein gutes Design erhöht den Wiedererkennungswert einer Marke oder eines Betriebes. Eine hochwertige Ausstattung ist wichtig, um einen gepflegten Eindruck zu vermitteln und Gäste zu begeistern.

Die Ausstattungspolitik umfasst im Hotel u. a. folgende Punkte:

- Hotelzimmer, z. B. hochwertige Möbel, modernes Design, angenehme Matratzen, Kissenmenü
- Ausstattung des Wellness-Bereiches
- Technische Ausstattung (WLAN, Ausstattung der Seminarräume mit Beamer, Whiteboard, Laptop etc.)
- Barrierefreiheit

6 Erfolgskontrolle/Marketing-Controlling

Ein Betrieb muss überprüfen, ob die gesetzten Marketingziele auch erreicht wurden oder zumindest teilweise einen Erfolg gebracht haben. Aber wie macht man das am besten? Kann es sein, dass es dafür Kennzahlen gibt?

Alle Marketingmaßnahmen müssen auf ihre Wirksamkeit überprüft werden. Dabei wird u. a. kontrolliert, ob die gesetzten Marketingziele erreicht wurden.

Ergibt die Kontrolle, dass die gewünschten Ziele kaum oder nicht erreicht wurden, müssen die Marketingziele bzw. -instrumente im nächsten Konzept entsprechend geändert werden.

DAS SOLLTEST DU SPEICHERN

Das sogenannte Marketing-Controlling dient nicht nur der Kontrolle am Ende – es soll den gesamten Marketingprozess aktiv begleiten: von der Planung über die Umsetzung bis hin zur Optimierung. Gleichzeitig ist es ein wichtiger Bestandteil der Qualitätssicherung im Hotelbetrieb.

Mehr zur Produktportfolio-Analyse findest du auf S. 484, den Tausend-Kontakt-Preis hast du auf S. 487 kennengelernt.

die Gap-Analyse = Soll-Ist-Analyse; Vergleich der Soll-Vorgabe (Ziel) mit der voraussichtlichen Entwicklung des Basisgeschäftes (Ist)

Das Controlling führt Planungs-, Steuerungs- und Kontrollaufgaben durch, um die Unternehmensführung mit relevanten Informationen zu versorgen.

Die Erfolgskontrolle im Marketing basiert auf unterschiedlichen **Kennzahlen** und **Analysen.** Dazu gehören u. a. **Umsatzzahlen,** die **Produktportfolio-Analyse,** der **Tausend-Kontakt-Preis** und die **Gap-Analyse.**

6.1 Kosten-Nutzen-Analyse

Marketingmaßnahmen kosten Geld – Geld, das ein Unternehmen investiert, da es sich im Gegenzug von diesen Investitionen auch einen Nutzen (z. B. höheren Umsatz, mehr Nächtigungen) erwartet. Ob der finanzielle Aufwand einer Marketingmaßnahme sich gelohnt hat, sollte immer überprüft werden.

Bei der Kosten-Nutzen-Analyse werden Kosten und Nutzen einander gegenüber gestellt.

DAS SOLLTEST DU SPEICHERN

Die sogenannte **Kosten-Nutzen-Analyse** ist ein Instrument, um die Wirtschaftlichkeit von Marketingmaßnahmen zu bewerten. Dabei werden alle erwarteten Kosten (z. B. für Werbung, Personal, Material) dem zu erwartenden Nutzen gegenübergestellt.

Ablauf einer Kosten-Nutzen-Analyse

1. Erfassung der Kosten
2. Bestimmung des Nutzens
3. Kosten-Nutzen-Vergleich

Netto-Nutzen

Der Netto-Nutzen gibt an, wie viel nach dem Abzug der Kosten einer Marketingmaßnahme verbleibt und hilft, zu bewerten, ob sich eine Investion lohnt.

Berechnung des Netto-Nutzens

Nettonutzen = Nutzen – Kosten

DAS SOLLTEST DU SPEICHERN

Der Netto-Nutzen in der Kosten-Nutzen-Analyse sollte immer positiv sein – d. h., der erwartete Nutzen einer Maßnahme muss die anfallenden Kosten übersteigen.

Kosten-Nutzen-Verhältnis

Das Kosten-Nutzen-Verhältnis (engl. Benefit-Cost Ratio, kurz BCR) hilft, den wirtschaftlichen Nutzen der Maßnahmen im Verhältnis zu den dafür anfallenden Kosten zu beurteilen.

Berechnung des Kosten-Nutzen-Verhältnisses

$$\textbf{Kosten-Nutzen-Verhältnis} = \frac{\text{Nutzen}}{\text{Kosten}}$$

Ein Wert über 1 bedeutet, dass der Nutzen höher ist als die Kosten. Besonders bei der Auswahl zwischen verschiedenen Alternativen ist das Kosten-Nutzen-Verhältnis ein wichtiges Instrument, da es hilft, die wirtschaftlich sinnvollste Option zu finden.

Die Schwierigkeit bei der Kosten-Nutzen-Überprüfung liegt in der monetären Bewertung von Kosten und Nutzen. Während Kosten meist anhand von Rechnungen und Ausgaben berechnet werden können, ist die Bewertung des Nutzens nie mehr als eine ungefähre Schätzung. Daher ist diese Methode anfällig für Manipulation.

Return on Investment

Der Return on Investment (ROI) ist eine Kennzahl, die das Verhältnis zwischen dem Gewinn, der durch eine Investition erzielt wird, und den Kosten dieser Investition misst. Er zeigt, wie rentabel eine Investition war oder ist und wird meist als Prozentsatz angegeben. **Je höher der ROI ist, desto profitabler war die Investition.**

Berechnung des Return on Investment

$$\textbf{Return on Investment (ROI)} = \frac{(\text{Nutzen} - \text{Kosten})}{\text{Kosten}} \times 100$$

Social-Media-Kampagnen sollten auf ihren Erfolg kontrolliert werden.

Beispiel: Erfolgskontrolle einer Social-Media-Werbekampagne für ein Hotel
Ein Hotel hat eine Online-Werbekampagne gestartet, um mehr Direktbuchungen über die eigene Website zu erzielen. Nun möchte es überprüfen, ob die Kampagne erfolgreich war.

1

Erfassung der Kosten

Maßnahme	Kosten
Erstellung der Werbeanzeigen	500 €
Schaltungskosten (z. B. Google Ads, Facebook)	1.000 €
Arbeitszeit für Betreuung der Kampagne	300 €
Gesamtkosten	1.800 €

2

Ermittlung des Nutzens

Durch die Kampagne werden 40 zusätzliche Direktbuchungen mit einem durchschnittlichen Gewinn von 75 € pro Direktbuchung erzielt.
Gesamtnutzen: 40 x 75 € = **3.000 €**

3

Vergleich und Bewertung

- **Netto-Nutzen:** 3.000 € – 1.800 € = **1.200 €**
  Da der Nutzen (3.000 €) die Kosten (1.800 €) deutlich übersteigt, lohnt sich die Marketingmaßnahme für das Hotel.
- **Kosten-Nutzen-Verhältnis:**
  $\frac{3.000}{1.800} = 1,67$
  Da der Wert über 1 liegt, bedeutet das, dass der Nutzen höher ist als die Kosten.
- **Return on Investment:**
  $\frac{1.200}{1.800} \times 100 = 66,67\ \%$
  Ein positiver ROI bedeutet, dass sich die Investition gelohnt hat und Gewinn gemacht wurde.

6.2 Kennzahlen für Online-Marketing-Aktivitäten

Mehr zur Erfolgskontrolle von Online-Marketing-Maßnahmen erfährst du auf S. 513 f.

Der Erfolg von Online-Marketing-Aktivitäten kann ebenfalls anhand bestimmter Kennzahlen ausgewertet werden. Das sind etwa:

- Klickrate
- Conversion Rate: Kennzahl, gebildet aus der Anzahl der Besucher/innen (Visits) einer Website im Verhältnis zur Anzahl der Transaktionen dieser Site; sie zeigt also das Umwandlungsverhältnis von Besucherinnen/Besuchern zu Käuferinnen/Käufern.
- Kosten pro Klick

7 Marketingplan

Wenn das Marketingkonzept erarbeitet ist, ist es an der Zeit, die festgelegten Strategien und Maßnahmen umzusetzen, um die anvisierten Ziele zu erreichen. Dafür wird ein Marketingplan entwickelt, der als konkrete Handlungsanleitung dienen kann.

Das **Marketingkonzept** ist der strategische Rahmen, auf dem der Marketingplan aufbaut.

Ein **Marketingplan** ist ein strategisches Dokument, das die Marketingaktivitäten systematisch beschreibt und alle geplanten Maßnahmen zur Erreichung der Marketingziele koordiniert.

DAS SOLLTEST DU SPEICHERN

Der Marketingplan enthält konkrete Maßnahmen, Zeitpläne, Budgets und Verantwortlichkeiten, mit denen die definierten Marketingziele erreicht werden sollen.

Während das Marketingkonzept die strategische Ausrichtung vorgibt, enthält der Marketingplan konkrete Inhalte zur Umsetzung der Strategie.

Beispiele

Marketingkonzept	Marketingplan
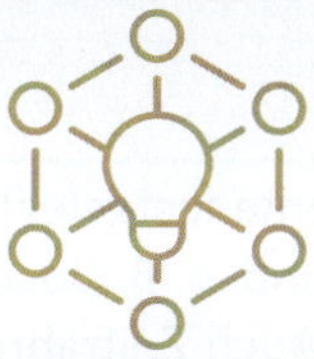	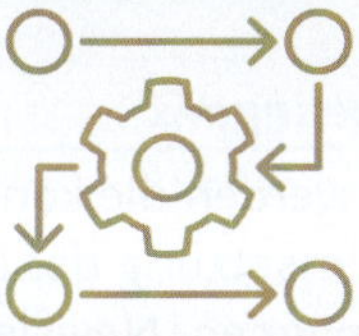
Wir positionieren uns als nachhaltiges Hotel für junge Geschäftsreisende.	Im Zeitraum September bis Dezember wird eine LinkedIn-Kampagne mit einem Budget von 2.000 € geschaltet, um gezielt junge Geschäftsreisende anzusprechen. **Verantwortliche:** Marketing-Managerin Frau Müller **Ziel:** 500 neue Website-Besucher/innen pro Monat
Zur Steigerung der Markenbekanntheit setzen wir auf eine Kombination aus Online-Marketing, Kooperationen mit lokalen Unternehmen und die Teilnahme an regionalen Messen. Das Marketingbudget wird jährlich überprüft und angepasst.	Für die Teilnahme an der Tourismusmesse am 15. Oktober werden 1.500 € für Standmiete, Werbematerialien und Personal eingeplant. **Deadline für die Anmeldung:** 31. Juli **Verantwortlicher:** Herr Schneider

Um Unklarheiten zu vermeiden, ist es wichtig, im Marketingplan den Zeitplan und die Verantwortlichkeiten genau festzulegen

Eine digitale Übung zum Thema findest du in der TRAUNER-DigiBox.

1 Analyse der Ausgangssituation

Die **Istanalyse** (siehe S. 466 ff.) untersucht systematisch die aktuelle Situation eines Unternehmens. Sie bildet die Grundlage für die strategische Planung und hilft, Chancen und Herausforderungen zu erkennen.
Teile einer Istanalyse sind:

- Beschreibung des Marktes, der Zielgruppen und des Wettbewerbes
- Analyse der bisherigen Entwicklung und der aktuellen Trends
- SWOT-Analyse: Stärken, Schwächen, Chancen und Risiken des Unternehmens

2 Zielsetzung

Die Marketingziele werden möglichst genau festgelegt. Die Ziele sollen u. a. konkret und messbar sein (siehe S. 473 f.), z. B. mehr Buchungen, höhere Auslastung, bessere Gästebewertungen.

3 Strategie

Um die Marketingziele zu erreichen, wird eine Marketingstrategie entwickelt. Hier wird festgelegt, wie das Hotel seine Ziele erreichen möchte, z. B. durch gezielte Werbekampagnen oder besondere Angebote.

4 Marketingmix

Nun werden die konkreten Marketinginstrumente festgelegt, die für die Umsetzung der Marketingstrategie nötig sind, z. B. Social-Media-Kampagnen, Newsletter oder Kooperationen. Auch Zeitrahmen, Budget und Verantwortlichkeit für jede Maßnahme werden definiert.

5 Marketing-Controlling (Erfolgskontrolle)

Die Marketingmaßnahmen werden analysiert und ihr Erfolg kontrolliert (siehe S. 498 f.). So wird etwa anhand von Kennzahlen gemessen, ob die Ziele erreicht wurden.

WortschatzBox – „Erstellung eines Marketingkonzeptes“

- Ordne die folgenden Begriffe den passenden Erklärungen zu.

Vision ■ Corporate Identity ■ Corporate Design ■ Image ■ Return on Investment
Smart-Regel ■ Public Relations ■ Merchandising ■ Sponsoring ■ Advertising

	Einheitliche, klar erkennbare Gestaltung aller Räumlichkeiten, Werbemaßnahmen etc. eines Unternehmens
	Kennzahl zur Bewertung von Investitionen
	Vorstellung von der Zukunft eines Betriebes (Wo wollen wir zukünftig stehen?)
	Öffentlichkeitsarbeit
	Einzigartige, unverwechselbare Erkennungsmerkmale und Eigenschaften eines Unternehmens
	Verkauf von Produkten mit Unternehmenslogo
	Werbung
	Unternehmen unterstützen Veranstaltungen oder Organisationen
	Bild, das die Öffentlichkeit von einem Unternehmen hat
	Leitlinie zur Formulierung von Unternehmenszielen

Ziele erreicht? – „Erstellung eines Marketingkonzeptes"

KOMPETENZ-ERWERB

1. Erkläre folgende Begriffe:

- Marketing: ______________________

- Vision: ______________________

- Corporate Identity: ______________________

2. Deine Kollegin Mara meint:

Hotels und Gastronomiebetriebe müssen sich nicht viele Gedanken über Marketing machen. Wenn Gäste in einen Ort oder eine Region reisen und dort ein Hotel benötigen, informieren sie sich, welche Häuser es vor Ort gibt und buchen. D. h., die Gäste kommen ohnehin. Zu viel Geld in Marketingmaßnahmen zu stecken, ist Verschwendung.

Stimmst du ihr zu?

3. Ein Hotel in Bayern nennt als Vision bzw. Leitbild „Von allem ein bisschen mehr". Arbeitet in Kleingruppen:

a) Analysiert zunächst diesen Slogan.

b) Berichtet dann von euren Ausbildungsbetrieben. Macht ein Brainstorming (welches Leitbild passt zu meinem Betrieb?) und formuliert anschließend eine Vision bzw. Leitsätze für eure Ausbildungsbetriebe.

4. Nenne jene Daten, die notwendig sind, um den Istzustand eines Betriebes zu erheben.

____

5. Du erhältst den Auftrag, herauszufinden, wie zufrieden die Gäste mit dem Angebot deines Ausbildungsbetriebes sind. Erläutere, wie du vorgehen würdest. Wofür können die Ergebnisse deiner Erhebung genutzt werden?

6. Was ist die USP?

____

7. Erstellt einen Stärken-Schwächen-Katalog: Bildet Kleingruppen. Eine/r berichtet über den Ausbildungsbetrieb, indem sie/er zu folgenden Fragen Stellung nimmt: In welchen Bereichen ist der Betrieb besonders stark bzw. schwach? Was ist das Besondere an dem Betrieb? Wofür ist der Betrieb bekannt? Worüber gibt es Beschwerden? Erstellt dann gemeinsam einen schriftlichen Stärken-Schwächen-Katalog und präsentiert ihn in der Klasse.

8. Bewerte, ob die folgenden Zielformulierungen den Grundsätzen für smarte Ziele entsprechen. Wenn sie dies nicht tun, formuliere sie so um, dass sie die Grundsätze erfüllen.

a) Bis Ende des nächsten Jahres soll die Auslastung um 5 % erhöht werden.

Smartes Ziel ◯ **Kein Smartes Ziel** ◯

Neue Formulierung: ______________________________

b) In der kommenden Sommersaison sollen abends täglich mehr Portionen verkauft werden.

Smartes Ziel ◯ **Kein Smartes Ziel** ◯

Neue Formulierung: ______________________________

c) Bis Ende des kommenden Jahres sollen alle Fleischprodukte von Betrieben aus der Region (Umkreis von maximal 30 km) bezogen werden.

Smartes Ziel ◯ **Kein Smartes Ziel** ◯

Neue Formulierung: ______________________________

d) Die Zahl der tschechischsprachigen Gäste steigt. Es soll immer ein/e Mitarbeiter/in im Haus sein, die/der diese Sprache beherrscht.

Smartes Ziel ◯ **Kein Smartes Ziel** ◯

Neue Formulierung: ______________________________

9. Lies dir die unten stehenden Beispiele durch und gib an, welche Zielgruppe angesprochen werden könnte.

a) Du betreibst ein Hotel im Schwarzwald.

Zielgruppe: ______________________________

b) Du bist Inhaber/in eines Ausflugslokales im Schwarzwald.

Zielgruppe: ______________________________

c) Du betreibst ein Hotel in der Stadt München.

Zielgruppe: ______________________________

10. Die Marketinginstrumente im Marketingmix heißen Produkt-, Preis-, Distributions-, Kommunikations- Personal-, Prozess- und Ausstattungspolitik. Nenne die englischen Begriffe.

____

____

____

____

11. Analysiere, um welche Instrumente der Kommunikationspolitik es sich bei den folgenden Maßnahmen handelt.

a) Bei uns im Betrieb treffen sich einmal pro Monat die Mitglieder des Schützenvereines. Mein Chef steuert öfter mal zu einer Veranstaltung des Vereines etwas bei.

____

b) Auf der Website des Tourismusverbandes unserer Region gibt es einen Adventskalender. Hinter Türchen 9 kann man einen Aufenthalt für zwei Nächte in meinem Ausbildungsbetrieb gewinnen.

____

c) Ich freue mich über die Fotogalerie prominenter Gäste in unserem Haus, schließlich habe ich einige dieser Gäste selbst bedient.

____

d) Am Kiosk in der Hotelhalle verkaufen wir Kappen und Thermobecher mit dem Logo unserer Hotels.

____

12. Im Hotel Vier Jahreszeiten liegen am Empfang stets Kugelschreiber und Bonbons mit Hotellogo für Gäste bereit. Der Vorrat neigt sich dem Ende zu. Dein Chef bittet dich, nach Firmen zu suchen, die diese Produkte anbieten und die Preise für eine Bestellmenge von je 5 000 Stück zu vergleichen.

13. Du arbeitest in einem Hotel in Homberg, das am Elisabethpfad liegt. Recherchiere im Internet und finde heraus, welche Zielgruppe dieses Hotel anspricht. Wenn du die Zielgruppe kennst, überlege, welche speziellen Bedürfnisse diese Gäste haben könnten. Erstelle dann ein Angebot für diese Gästezielgruppe und entwirf eine passende Kommunikationsstrategie.

14. Das Hotel Vier Jahreszeiten möchte die Auslastung zwischen Montag und Freitag in der Vorsaison steigern. Deshalb bietet es im April ein besonderes Package an.
Die Eckpunkte:

- 3 Nächte zum Preis von 2 von Montag bis Donnerstag im Doppelzimmer mit Balkon
- Ein Fünf-Gänge-Dinner mit Weinbegleitung
- Zahlreiche Sportangebote
- Freier Zugang zum hauseigenen Spa-Bereich

Entwirf einen Newsletter oder Flyer, der Gäste auf das Angebot aufmerksam machen soll.

15. Das Hotel Vier Jahreszeiten plant, zum Muttertag ein Muttertags-Package anzubieten. Dieses enthält zwei Übernachtungen, einen Begrüßungssekt an der Hotelbar, ein Drei-Gänge-Dinner im Hotelrestaurant inkl. Weinbegleitung sowie ein kleines Muttertags-Überraschungsgeschenk (einen kleinen Muttertagskuchen in Herzform) auf dem Zimmer. Entwickle eine Kommunikationsstrategie inkl. Zeitrahmen und geeigneter Kommunikationsmaßnahmen, um das Package effektiv zu bewerben.

16. Das Hotel Vier Jahreszeiten investiert in eine Online-Werbekampagne, um mehr Direktbuchungen zu generieren.
Folgende Kosten fallen an:

- Erstellung der Werbeanzeigen: 500 €
- Social-Media-Werbung (z. B. Facebook-Ads): 1.500 €
- Verwaltungskosten (Mitarbeiter, Agentur): 800 €

Durch die Kampagne erhält das Hotel 50 zusätzliche Buchungen mit einem durchschnittlichen Gewinn von 30 € pro Buchung.

Erstelle eine Kosten-Nutzen-Analyse, indem du den Netto-Nutzen, das Kosten-Nutzen-Verhältnis und den Return on Investment berechnest. Gib an, ob sich die Kampagne aus Sicht des Hotels gelohnt hat.

Einen interaktiven Safety-Check findest du in der TRAUNER-DigiBox.

Online-Marketing

Das Internet und Social-Media-Kanäle sind nicht mehr die Zukunft, sondern bereits die Gegenwart und stellen neue Anforderungen an Tourismusbetriebe und Destinationen. Marketing entwickelt sich weg von Verkaufsorientierung hin zu einer Personen- und Dialogorientierung. Es führt kein Weg mehr an Online-Marketing vorbei, wenn Betriebe und Destinationen auch in Zukunft erfolgreich sein wollen.

Online-Marketing entwickelt sich ständig weiter. Immer neue Komponenten kommen hinzu und bestehende verschwinden auch wieder.

Meine Ziele

KOMPETENZERWERB

Nach Bearbeitung dieses Kapitels kann ich
- einen Überblick über die unterschiedlichen Formen des Online-Marketings geben;
- die Einsatzmöglichkeiten des Online-Marketings kritisch hinterfragen;
- konkrete Online-Marketing-Aktivitäten situationsadäquat entwickeln und beurteilen.

Diskutiere mit deinen Kolleginnen und Kollegen, ob es für ein Hotel wichtig ist, eine eigene Website zu haben. Sammelt Argumente, die dafür und solche, die dagegensprechen könnten.

1 Das Internet als Marketinginstrument

> Auf der Website meines Ausbildungsbetriebes finden potenzielle Gäste Informationen zu unserem Angebot, Fotos der Zimmer und eine Buchungsmöglichkeit.

Online-Marketing umfasst alle Marketingaktivitäten, die im Internet umgesetzt werden. Die Maßnahmen zielen einerseits darauf ab, Interessierte zum Geschäftsabschluss (z. B. Kauf eines Produktes oder Buchung einer Dienstleistung) zu bewegen. Andererseits übernimmt Online-Marketing auch eine wichtige Funktion im Beziehungsmarketing. Die Bedeutung des Internets für erfolgreiches Marketing ist in den letzten Jahren kontinuierlich gestiegen.

1.1 Hotel-Website

Die **eigene Website** ist Ausgangspunkt für sämtliche Online-Marketing-Aktivitäten. Dabei ist darauf zu achten, dass neben der Adresse im Netz (Domain) auch das Design sowie der Inhalt der Website (Content) dem Corporate-Identity-Konzept des Unternehmens entsprechen.

Ein Call-to-Action fordert Nutzer/innen zu einer Handlung auf, etwa zum Buchen oder zum Abonnieren eines Newsletters.

DAS SOLLTEST DU SPEICHERN

Eine Website sollte es den Nutzerinnen/Nutzern einfach machen, ein Zimmer zu buchen oder sich näher zu informieren. Dazu eignet sich der sogenannte **Call-to-Action.** Dabei handelt es sich um Elemente, die die Nutzer/innen zu einer Handlung, etwa einem Kauf, auffordern. Das können z. B. farbig hervorgehobene Buttons mit Beschriftungen wie „Jetzt buchen" oder „Mehr erfahren" sein.

1.2 Teilbereiche des Online-Marketings

Alle Maßnahmen des Online-Marketings müssen mit der Kommunikationspolitik des Unternehmens abgestimmt werden.

Online-Marketing

Performance-Marketing

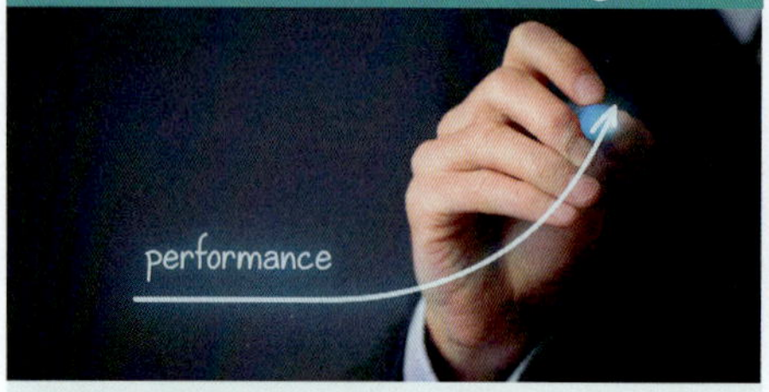

Maßnahmen
- Suchmaschinenmarketing
- Affiliate-Marketing
- Display-Advertising

Content-Marketing

Maßnahmen
- Storytelling
- Social-Media-Marketing
- Review-Marketing
- E-Mail-Marketing

2 Performance-Marketing

Ein wesentlicher Erfolgsfaktor einer Website neben dem Inhalt ist die Auffindbarkeit. Damit die Website meines Ausbildungsbetriebes im Internet gut zu finden ist, werden Methoden des Suchmaschinenmarketings eingesetzt. Natürlich sind noch weitere Faktoren erfolgsentscheidend, wie die Benutzerfreundlichkeit, das Design, die Interaktionsmöglichkeiten etc. Aber wenn eine Website nicht gefunden wird, ist es egal, wie informativ und benutzerfreundlich sie gestaltet ist.

Suche im Internet nach der Website deines Ausbildungsbetriebes. Ist diese leicht zu finden?

Performance-Marketing bezeichnet den Einsatz von Online-Marketinginstrumenten, um messbare Reaktionen der Nutzer/innen zu erreichen. Es dient sowohl der Kundengewinnung als auch der Kundenbindung.

2.1 Suchmaschinenmarketing

Das Ziel von **Suchmaschinenmarketing (= SEM,** Search Engine Marketing) ist die optimale Positionierung einer Website auf den Ergebnisseiten von Suchmaschinen. Mithilfe von Suchmaschinenmarketing können also Website-Besucher/innen über Suchmaschinen, wie z. B. Google, Yahoo oder Bing, gewonnen werden.

Suchmaschinenmarketing umfasst zwei Teilbereiche, die sich mit der Positionierung von organischen und bezahlten Suchergebnissen beschäftigen.

Suchmaschinenmarketing SEM

Suchmaschinenoptimierung SEO	Suchmaschinenwerbung SEA

Betrifft organische Suchergebnisse	**Betrifft bezahlte Suchergebnisse**

SEO = Search Engine Optimization

SEA = Search Engine Advertising

Suchmaschinenoptimierung

Mithilfe von **Suchmaschinenoptimierung** soll die Sichtbarkeit bzw. die Reichweite einer Website im organischen Bereich von Suchmaschinen erhöht werden. Ziel ist, dass die eigene Website im Ranking auf der Suchergebnisseite zu relevanten Suchbegriffen möglichst weit oben erscheint.

das Ranking = Reihung

DAS SOLLTEST DU SPEICHERN

Ziel der SEO ist eine Positionierung der eigenen Website auf Platz eins oder wenigstens unter den ersten vier Suchergebnissen.

Pay-per-Click = Abrechnungsmodell im Online-Marketing; der Werbetreibende muss für jeden Klick auf seine Onlinewerbung einen festgelegten Preis an den Seitenbetreiber bezahlen

affiliate (engl.) = angliedern, verbinden

Suchmaschinenwerbung

Die bezahlte Platzierung von Anzeigen auf den Ergebnisseiten von Suchmaschinen bezeichnet man als **Suchmaschinenwerbung** oder kurz **SEA.** Mit gekauften Werbeeinblendungen soll die Sichtbarkeit in Suchmaschinen erhöht werden.

Die bezahlten Suchergebnisse sind im Ranking vor den organischen. Das Suchergebnis ist als Anzeige gekennzeichnet. Meist wird über Pay-per-Click abgerechnet.

2.2 Affiliate-Marketing

Beim **Affiliate-Marketing** handelt es sich um ein internetbasiertes Provisionssystem. Dabei agieren Partner, sogenannte Affiliates oder Publisher, als Mittler zwischen (potenziellen) Gästen und Unternehmen. Die Partner binden auf ihren Websites, Blogs, Videos, Social-Media-Kanälen etc. einen Werbelink – dieser wird auch **Affiliate-Link** genannt – ein. Dafür werden sie vom Werbetreibenden bezahlt.

Es kommen verschiedene **Provisionsmodelle** zum Einsatz:
- Beim **Cost-per-Click-Modell** (CPC) wird der Partner bei jedem Klick auf den Affiliate-Link bezahlt, egal, ob es zu einem Kauf oder einer Buchung kommt.
- Beim **Cost-per-Lead-Modell** (CPL) bekommt der Partner für jede Kontaktaufnahme eines potenziellen Gastes mit dem Unternehmen eine Provision. Auch hier ist ein Kaufabschluss bzw. eine Buchung noch nicht nötig.
- Beim **Cost-per-Sale-**(CPS)- bzw. **Cost-per-Order-**(CPO)**-Modell** wird die Provision nur bezahlt, wenn es über den Affiliate-Link zu einem Kauf oder zu einer Buchung kommt, diese ist jedoch meist höher als beim CPC- und CPL-Modell.

Beispiel: Affiliate-Links im Reiseblog
Auf einem Reiseblog gibt es einen Beitrag zum Thema „Packliste für Wellnessurlauber/innen“. Dabei werden neben den einzelnen Punkten, z. B. Handtücher, Duschgels etc., Links zu den von der Bloggerin/vom Blogger bevorzugten Produkten in einem Onlineshop eingefügt.

2.3 Display-Advertising

Display-Advertising ist ein Sammelbegriff für alle Online-Werbemaßnahmen, die mit grafischen Werbemitteln, wie Bildern, Videos oder Animationen, arbeiten. Die bekannteste Form ist die Bannerwerbung.

Display-Advertising funktioniert nach dem gleichen Prinzip wie die klassische Printanzeige, z. B. in Zeitungen. Die Werbetreibenden können auf für sie und ihre Zielgruppe relevanten Websites eine Werbefläche buchen. Diese Werbefläche, das Banner, ist mit der eigenen Website, dem Onlineshop oder einer speziellen Landingpage verlinkt.

Die Kosten werden wie beim Affiliate-Marketing über Cost-per-Click, Cost-per-Lead oder Cost-per-Sale/Order abgerechnet. Es besteht auch die Möglichkeit des Tausend-Kontakt-Preises (siehe S. 487).

3 Content-Marketing

Mein Chef hat kürzlich ein Seminar zum Thema Content-Marketing besucht und anschließend gemeint, wir sollen uns überlegen, wie man das auch in unserem Betrieb umsetzen könnte.

Weißt du, was Content-Marketing ist? Überlege gemeinsam mit deinen Kolleginnen und Kollegen, was damit gemeint ist.

Content-Marketing bezeichnet die Erstellung und Verbreitung für die eigene Zielgruppe relevanter und wertvoller Informationen. Durch diese Inhalte sollen neue Gäste angesprochen und gewonnen bzw. bestehende Gäste an das Unternehmen gebunden werden. Darüber hinaus gehören die Imagesteigerung oder -verbesserung bzw. -änderung sowie die **Erhöhung des Bekanntheitsgrades** zu den Zielen von Content-Marketing.

der Content = Inhalt

DAS SOLLTEST DU SPEICHERN

Beim Content-Marketing steht im Gegensatz zum Advertising, also der klassischen Werbung, nicht die direkte Werbung für ein Produkt oder eine Dienstleistung im Mittelpunkt. Durch die Bereitstellung von nützlichen, informativen oder unterhaltsamen Inhalten soll ein Mehrwert für die Gäste erzeugt werden, um diese anzusprechen oder langfristig zu binden.

Content-Marketing kann über verschiedene Elemente und Kanäle erfolgen.

Elemente des Content-Marketings

Storytelling	Social-Media-Marketing	Review-Marketing	E-Mail-Marketing

Potenziellen Gästen werden Informationen mithilfe einer Geschichte vermittelt. Blogs sind ein beliebtes Medium für Storytelling.	Das Unternehmen versucht, seine Ziele durch die Nutzung von sozialen Medien zu erreichen. Die größte Herausforderung ist der Aufbau einer Community bzw. von Followern.	Kunden- und Gästebewertungen werden gezielt als Marketinginstrument genutzt. Das Ziel ist, neue Bewertungen zu erhalten und sich bestehende Bewertungen zunutze zu machen.	E-Mail-Marketing ist ein Teilbereich des Direktmarketings. Mithilfe von E-Mail-Marketing können Gäste auf neue Produkte bzw. Dienstleistungen oder Angebote aufmerksam gemacht werden.

Mehr zum Direktmarketing findest du auf S. 492 f.

Eine digitale Übung zum Thema findest du in der TRAUNER-DigiBox.

BONUS LEVEL

Influencer-Marketing und Relations

die Reichweite = Anzahl der Follower bzw. Abonnentinnen/Abonnenten

Beim **Influencer-Marketing** nutzen Unternehmen die Reichweite sogenannter Influencer/innen, um die eigene Reichweite zu erhöhen. Aktionen im Influencer-Marketing sind häufig anlass- oder aktionsorientiert.

Bei **Influencer-Relations** geht es hingegen um den Beziehungsaufbau. Hier stehen meist eher langfristige Kooperationen im Mittelpunkt.

Alle Maßnahmen, die im Zuge von Influencer-Marketing und Relations gesetzt werden, müssen an die Kommunikationsstrategie des Unternehmens angepasst sein.

DAS SOLLTEST DU SPEICHERN

Influencer/innen sind Personen, z. B. Blogger/innen, Instagramer/innen oder YouTuber/innen, die als Meinungsmacher in sozialen Netzwerken aktiv sind. Influencer/innen dienen als Multiplikatoren. Sie haben sich ein weitreichendes Netzwerk an Followern aufgebaut.

Influencer/innen werden dafür bezahlt, dass sie **Produkte** oder **Dienstleistungen** in ihren Social-Media-Kanälen oder Blogs testen bzw. empfehlen.

Häufig sind Influencer auf bestimmte Themen spezialisiert, z. B. Reisen, Ernährung, Sport oder Mode.

Möglichkeiten der Zusammenarbeit mit Influencerinnen/Influencern

Produktvorstellungen oder -empfehlungen	Gewinnspiele und Rabattcodes	Account Take-over
Influencer/innen testen für ihre Follower Produkte oder Dienstleistungen. Ihre Erfahrungen werden dann auf den Social-Media-Kanälen präsentiert.	Influencer/innen verlosen Gutscheine oder bieten einen Rabattcode an. Durch diese Rabattcodes kann genau nachvollzogen werden, welche Gäste durch die Influencerin/den Influencer zur Buchung bewegt wurden.	Ein/e Influencer/in übernimmt für einen gewissen Zeitraum die Social-Media-Kanäle des Unternehmens und berichtet den Followern aus ihrer/seiner Sicht.

TIPP VOM PROFI

Bei Kooperationen mit Influencern sollten klare Absprachen (z. B. Thema, Hashtags, Deadlines) getroffen werden. Gleichzeitig ist kreative Freiheit wichtig, da Influencer/innen ihre Community am besten kennen. Nach der Zusammenarbeit liefert ein Reporting des Influencers wertvolle Einblicke, z. B. wie viele Personen auf den Link geklickt haben. Allerdings wirkt Influencer-Marketing meist langfristig – so sind sofortige Buchungen nicht gleich zu erwarten.

BONUS LEVEL ENDE

4 Erfolgskontrolle im Online-Marketing

Mein Ausbildungsbetrieb schaltet Anzeigen über Google Ads, um auf unsere neuen Wellness-Angebote aufmerksam zu machen. Gibt es eine Möglichkeit, herauszufinden, ob tatsächlich Gäste aufgrund dieser Werbung bei uns gebucht haben?

Tausche dich mit deinen Kolleginnen und Kollegen darüber aus, welche Online-Marketing-Möglichkeiten eure Ausbildungsbetriebe nutzen.

Zur Erfolgskontrolle der gesetzten Maßnahmen empfiehlt es sich, die gesetzten Ziele zu messen und mit Zielvorgaben abzugleichen. Dabei sind bestimmte Kennzahlen, wie z. B. die **Klickrate,** die **Conversion Rate** und die **Kosten pro Klick,** geeignet.

die Conversion = Umwandlung von Interessenten in Kundinnen/Kunden oder Käufer/innen, das können etwa Käufe oder Downloads sein

Klickrate bei E-Mail-Marketing (Newslettern)

Das prozentuale Verhältnis zwischen der Anzahl der zugestellten E-Mails und der Anzahl der klickenden Empfänger/innen wird als **Klickrate** bezeichnet.

Berechnung der Klickrate

$$\textbf{Klickrate in \%} = \frac{\text{Klickende Empfänger/innen}}{\text{Versandmenge} - \text{Bounce}} \times 100$$

Bounce (engl.) = Absprung; hier: E-Mails, die nicht zugestellt werden können

Beispiel: Klickrate

Die Hotelkette Sunshine Hotels verschickt ein Mailing an 10 000 E-Mail-Adressen aus der Gästekartei. 500 davon können nicht zugestellt werden (Bounce). 300 Personen haben auf mindestens einen Link im Mailing geklickt.

$$\frac{300}{10\,000 - 500} \times 100 = 3{,}2\ \%\ \text{(Klickrate)}$$

Kosten pro Klick

Die Kennzahl **Kosten pro Klick (Costs per Click oder CPC)** gibt an, wie viel Anzeigen auf Websites oder auf Social-Media-Kanälen basierend auf der Anzahl der Klicks kosten.

Berechnung der Kosten pro Klick (CPC)

$$\textbf{CPC (in €/Bestellung)} = \frac{\text{Schaltungskosten}}{\text{Anzahl der Besucher/innen}}$$

Beispiel: Kosten pro Klick
Die Hotelkette Sunshine Hotels hat sich für eine Banneraktion im Umfang von 1.000,00 € entschieden und konnte 10 000 Klicks auf das Aktionsbanner verzeichnen.
Es ergeben sich daher folgende Kosten pro Klick:

$$\frac{1.000{,}00\ €}{10\,000 \text{ klickende Besucher/innen}} = 0{,}10\ € \text{ CPC (also Kosten pro Klick)}$$

Conversion Rate

Die **Conversion Rate** gibt den Prozentsatz der Nutzer/innen an, die nach dem Klick auf einen Call-to-Action-Button eine gewünschte Aktion ausführen (z. B. Kauf, Website-Besuch, Newsletter-Anmeldung).

Weißt du noch, was ein ein Call-to-Action ist? Wenn du unsicher bist, lies auf S. 508 nach.

Berechnung der Conversion Rate

$$\textbf{Conversion Rate in \%} = \frac{\text{Anzahl der Conversions}}{\text{Anzahl der Besucher/innen}} \times 100$$

Die Conversion Rate kann unterschiedlich definiert werden (z. B. Newsletter-Anmeldung, Buchung).

Kosten pro Bestellung

Die **Kosten pro Bestellung (Costs per Order oder CPO)** zeigen, wie viel eine Bestellung im Verhältnis zu den Kosten der dafür aufgebrachten Werbung kostet.

Berechnung der Kosten pro Bestellung (CPO)

$$\textbf{CPO (in €/Bestellung)} = \frac{\text{Schaltungskosten}}{\text{Bestellungen aufgrund der Kommunikationsmaßnahmen}}$$

Beispiel: Kosten pro Bestellung
Die Sunshine Hotels haben aufgrund der Banneraktion 85 Buchungen generiert.
Es ergeben sich daher folgende Kosten pro Bestellung:

$$\frac{1.000{,}00\ €}{85 \text{ Bestellungen}} = 11{,}76\ € \text{ CPO (also Kosten pro Bestellung)}$$

WortschatzBox – „Online-Marketing“

- Ordne die folgenden Begriffe den passenden Erklärungen zu.

Ranking ▪ Pay-per-Click ▪ SEM ▪ Content ▪ Affiliate-Link
Review ▪ Storytelling ▪ Performance-Marketing ▪ Influencer/in

	Abrechnungsmodell im Online-Marketing
	Gästebewertung im Internet
	Reihung der Suchergebnisse bei Online-Suchmaschinen
	Werbelink auf einer Website
	Suchmaschinenmarketing
	PR-Strategie, bei der mit Geschichten Produkte verkauft werden
	Inhalt einer Website
	Meinungsmacher/in in sozialen Netzwerken
	Online-Marketingstrategie, die messbare Ergebnisse hervorbringt

Ziele erreicht? – „Online-Marketing“

KOMPETENZ-ERWERB

1. Erkläre den Begriff „Performance-Marketing“.
2. Suche mithilfe einer Internetsuchmaschine nach einem Hotel in einer Stadt in deiner Nähe.
   a) Mache einen Screenshot vom Ergebnis deiner Recherche.
   b) Beschrifte die einzelnen Bereiche des Screenshots mit den folgenden Begriffen des Suchmaschinenmarketings:
      - Bezahlte Suchergebnisse
      - Organische Suchergebnisse
   c) Vergleicht die Ergebnisse in der Klasse. Gibt es Unterschiede? Diskutiert, woran das liegen könnte.
3. Recherchiere Beispiele für Storytelling im Tourismus. Vergleicht die Ergebnisse in der Klasse.
4. Erkläre den Begriff „Affiliate-Marketing“ und skizziere die Funktionsweise.

5. Erkläre, was der Begriff „Storytelling" im Zusammenhang mit Content-Marketing bedeutet.

6. Bei der Planung deines nächsten Urlaubes entdeckst du die Wander- und Kulturregion Lippe in Ostwestfalen. Du möchtest dich online näher über die Region informieren.

a) Finde heraus, welche Social-Media-Kanäle für die Region genutzt werden.

b) Recherchiere, ob und wie Storytelling im Online-Marketing eingesetzt wird.

c) Die Lippe Tourismus und Marketing GmbH überlegt eine Zusammenarbeit mit Influencerinnen/Influencern. Überlege, welche Formen der Zusammenarbeit sich für die Region eignen würden. Analysiere, welche Problematiken sich bei der Zusammenarbeit mit Influencerinnen/Influencern ergeben könnten.

7. Das Hotel Vier Jahreszeiten hat einen Newsletter ausgesendet, um auf die neuen Frühlingsangebote aufmerksam zu machen. Der Newsletter wurde an 16 437 Kontakte versendet. Davon können 673 nicht zugestellt werden. 831 haben auf einen Link zu den Buchungsmöglichkeiten geklickt.

a) Nenne jene Kennzahl, die du durch die Angaben berechnen kannst.

b) Berechne diese Kennzahl.

8. Das Hotel Vier Jahreszeiten hat eine Google-Ads-Kampagne für sein Weekend-Special geschaltet, um mehr Buchungen über seine Website zu generieren.

Insgesamt hat die Kampagne 600 € gekostet. Die Anzeige wurde 400-mal geklickt und 20 Bestellung wurden über die Anzeige generiert.

a) Berechne, wie viel das Hotel für einen Klick auf die Anzeige bezahlt hat.

b) Nenne jene Kennzahl, die angibt, wie viele Klicks zu einer Buchung geführt haben und berechne diese.

c) Gib an, wie viel eine Buchung über diese Anzeige das Hotel gekostet hat.

9. Das Hotel Vier Jahreszeiten möchte im Internet ein Werbebanner für eine aktuelle Aktion schalten. Zwei Websites, auf denen das Banner geschaltet werden kann, stehen zur Verfügung.

Variante 1 kostet 1.000,00 € und hat im geplanten Zeitraum 10 000 Klicks.

Variante 2 kostet 2.500,00 € und hat 20 000 Klicks.

a) Berechne den TKP (Tausend-Kontakt-Preis).

Variante 1:

Variante 2:

b) Berechne die Kosten pro Klick für beide Varianten.

Variante 1:

Variante 2:

Einen interaktiven Safety-Check findest du in der TRAUNER-DigiBox.

Frontoffice-Fachausdrücke

all-inclusive	Logis und Verpflegung inbegriffen
Animateur/in	Gästebetreuer/in, Unterhalter/in
Arrangement	Leistungsumfang, z. B. Vollpension, Halbpension
Arrival	Ankunft
Availability Status	Status verfügbarer Zimmer; Housekeeping gibt bekannt, ob Zimmer bezugsfertig sind, z. B. CR (clean ready), VD (vacant dirty), OOO (out of order), NFS (not for sale)
Average Daily Rate (ADR)	auch: Average Room Rate (ARR)/RevPOR (Revenue per occupied room); durchschnittlicher Beherbergungserlös pro belegtem Zimmer
B & B	Bed and Breakfast (Zimmer mit Frühstück)
Backoffice	Bürobereich der Rezeption
Baggage, Luggage	Gepäck
Bell Captain	Vorgesetzter der Porter und Pagen (Bellboys)
Business Traveller	Geschäftsreisende
Cancellation (CXL)	Stornierung (internationale Abkürzung)
Cancellation Fee	Stornogebühr
Cashier	Kassier/in; für die Kasse verantwortlich
Catering	Lieferung von Speisen und Getränken an Orte, an denen üblicherweise keine Speisen und Getränke abgegeben werden
Channel Manager	steuert die Zimmerkontingente auf verschiedenen Plattformen
Check-in	Anreise und alle damit verbundenen Arbeiten und Formalitäten
Check-out	Abreise und alle damit verbundenen Arbeiten und Formalitäten
Complimentary	Buchung auf Haus; kostenlose Aufmerksamkeit des Hauses
Concierge	Hotelportier, Chef/in der Halle
Connecting Rooms	Zimmer mit Verbindungstür
Continental Plan (CP)	Übernachtung mit kontinentalem Frühstück
Convention	Tagung oder Kongress
Corporate Design (CD)	gleichartige Gestaltung aller Produkte eines Unternehmens als Ausdruck und Bestandteil der Corporate Identity
Corporate Identity (CI)	Firmenidentität, einheitliches Erscheinungsbild des Unternehmens, Selbstbild; im Gegensatz zum Fremdbild, dem Image
Counter	Schalter
CRM	Customer Relationship Management, Aufbau langfristiger Kundenbeziehungen
Deadline	Optionsdatum, Reservierungsfrist
Debitor	offene Rechnung; Schuldner/in, die/der Waren von einem Lieferanten auf Kredit bezogen hat; wird meist im Plural (Debitoren) verwendet
Departure	Abreise
Deposit	Anzahlung, Vorauszahlung
Depot	Aufbewahrung (im Hoteltresor, Safe etc.)
Depotschein	Nachweis für im Hotelsafe hinterlegte Wertsachen
Destination	Zielort, Zielgebiet
Disagio	Gebühr bei Kreditkarten- oder Debitkartenabrechnung
Doorman	Türsteher/in

Early Departure	vor- oder frühzeitige Abreise
Follow-up	Rückfrage auf ein unbeantwortet gebliebenes Angebot bzw. Nachbetreuung nach der Abreise
Food & Beverage (F&B)	Speisen und Getränke, Verpflegungsabteilung
Forecast	Buchungsvorschau
Frontdesk	Empfangstresen im Hotel
Frontoffice	Empfangsbereich eines Hotels
Frontoffice Manager	Empfangschef/in
Functionsheet	Übersicht/Laufzettel für Veranstaltungen
garantierte Reservierung	durch Anzahlung oder Kreditkarte garantierte Hotelzimmerbuchung (im Gegensatz zur optionalen Reservierung)
Give-away	Werbegeschenk, kleine Aufmerksamkeit des Hauses
Grand lit	französisches Bett (großes Bett)
Guest Amenities	Annehmlichkeiten für Gäste, wie Shampoo, Lotion, Slippers, Kinderspielzeug
Guest History	Gästekartei
Guest Relation(s)	Gästebetreuung (Relation = Beziehung, Verhältnis); auch im Plural verwendet
Guest Relation Manager	betreut besonders wichtige Gäste im Hotel
Guest Supplies	Zusatzartikel für Gäste, wie Shampoo, Duschbad, Bademantel etc.
Halbpension	Verpflegungsart, bei der Logis und zwei Mahlzeiten (z. B. Frühstück und Abendessen) inkludiert sind
Housekeeping	Hausdamenabteilung
Incentives	Form der Belohnung und Motivation der Mitarbeiter/innen, indem sie von ihrer Firma eine Reise bezahlt bekommen
Incoming Tourismus	Bezeichnung des aus dem Ausland kommenden Tourismus
Individualtourismus	von der/dem Reisenden selbst organisierte Reise
Inhouse-Guests	Gäste, die zurzeit im Hotel wohnen
ITB	Internationale Tourismusbörse Berlin, wichtige Messe der Tourismusbranche
Keycard	digitale Schlüsselkarte
Kingsize	Doppelbett (200 x 200 cm) mit durchgehender Matratze
Kontingent	bestimmte Anzahl vorreservierter Zimmer, z. B. Reisebürokontingent
Late Arrival	Spätankunft
Leisure Traveller	Freizeitreisende
Lobby	Eingangsbereich eines Hotels
Logis	Beherbergung
Manager on Duty	diensthabende Managerin, diensthabender Manager; vertritt die Direktorin bzw. den Direktor, wenn diese/dieser außer Dienst ist (am Abend, am Wochenende)
Mark-up	Aufschlag
Master Key	Generalschlüssel
Meeting	Besprechung, Sitzung
Message	Nachricht
MICE	Überbegriff für das Segment Meetings, Incentives, Conventions, Events
Mystery Guest Analysis (MYGA)	auch Mystery Guest Check; Testkundinnen/-kunden (Mystery Shoppers) beurteilen den Hotelbetrieb anonym
Night Audit	Tagesabschluss (Zusammenfassung aller Buchungen eines Tages); wird in der Nacht durchgeführt; Nachtlauf im Frontoffice-Programm
Night Auditor	Nachtportier; zuständig für den Tagesabschluss
Night Manager	Manager on Duty in der Nacht

No-Show	Nicht-Eintreffen des Gastes trotz aufrechter Buchung; Bezeichnung für eine bestellte, aber nicht in Anspruch genommene Leistung
Occupancy	Auslastung, Frequenz
Offseason	Nebensaison
Onlinebuchung	Buchung via Internet
Option	Vorreservierung mit Verfallsfrist (Deadline)
Outgoing Tourismus	in das Ausland gehender Tourismus
Overbooking	Überbuchung
Package, Pauschalangebot	Als Bündel zusammengestellte Leistungen (z. B. Empfang mit Cocktail, Nächtigung, Sightseeing-Tour, geführte Wanderung, Wellness-Anwendung)
PAX	Personenanzahl (nur für internen Gebrauch); passenger „x“ = beliebiger Passagier (aus der Flugzeugbranche); auch: persons approximately = ungefähre Personenanzahl
Porter	Gepäckträger/in
Porterage	Entgelt für Gepäcktransport
Property Management System (PMS)	Frontoffice-Software; zur Organisation der gesamten Gästebetreuung und zur Unterstützung aller die Gästebeziehungen betreffenden Aktivitäten
Public Relations (PR)	Öffentlichkeitsarbeit
Queensize	Bett für eine oder zwei Personen mit einer durchgehenden Matratze (meist 140 bis 180 x 200 cm)
Quellmarkt	Herkunftsländer jener Gästegruppen, die einen Betrieb, eine Region oder ein Land vorwiegend besuchen
Rabatt (Discount)	Preisnachlass
Rack Rate	Vollpreis
Rate	Preis
Registration Form	Meldeschein
Release Date	Verfallsdatum für Kontingente
Report	Bericht; Reports werden mit der Tagesanalyse automatisch im Property Management System erstellt
Reservation Manager	Verantwortliche/r der Reservierungsabteilung
Response Time	Zeitspanne, bis auf eine Anfrage ein Angebot übermittelt wird
Restant	Gast im Haus, der noch nicht ausgecheckt hat und noch offene Rechnungen hat, bzw. offene Rechnung eines sich im Haus befindlichen Gastes
Retailer	Reisevermittler
Revenue Management	Yield Management
Review	Bewertung
RevPAR	Revenue per available Room; Durchschnittspreis pro verfügbarem Zimmer
Rooms Service	Zimmer- und Etagenservice
Rooms Division	Beherbergungsabteilung
Sales Manager	Verkaufsdirektor/in
Shiftleader	diensthabende erste Rezeptionistin bzw. diensthabender erster Rezeptionist, für die jeweilige Schicht im Frontoffice verantwortlich
Shuttle Service	Transportservice für Gäste, z. B. Busverbindung vom Hotel in die Stadt
Stay-over	Gäste, die zurzeit im Haus sind
Storno	Absage einer Reservierung durch den Gast
Tea and Coffee Making Facilities	Tee-und-Kaffee-Mise-en-Place; Wasserkocher, Teebeutel, Kaffeekapseln, Zucker, Sahne, Tassen, Löffel – auf einem Tablett im Gästezimmer bereitgestellt
tentative Reservierung	nicht fixe/optionale Reservierung

Timetable	Fahr- oder Flugplan
Tour Operator	Reiseleiter/in, Reiseveranstalter
Tourismusdestination	geografischer Raum oder Ort, der als Reiseziel begriffen wird
Transfer	Gästetransport, z. B. vom Flughafen zum Hotel
Travel Agent	Reisevermittler, auch Reisebüroangestellte/r
Trolley	Transportwagen für Gepäck; Zimmerservicewagen
Turndown Service	Abendservice; Zurückschlagen der Bettdecken, Kontrolle bzw. Reinigung des Badezimmers
Upgrade	Der Gast erhält ein Zimmer in höherer Kategorie ohne Aufpreis.
Upselling	Verkauf einer hochwertigeren Zimmerkategorie als die vom Gast bestellte
USP	Unique Selling Point/Proposition; einzigartiges Verkaufsargument
Validity	Gültigkeit, z. B. von Kreditkarten oder Gutscheinen
VIP	Very important person; Stammgast oder wichtige Person
Vollpension	Verpflegungsart, bei der Logis, Frühstück, Mittag- und Abendessen inkludiert sind
Voucher	Gutschein des Reisebüros
Waiting List	Warteliste
Wake-up Call	Weckruf
Walk-in	Gast, der ohne Reservierung ein Zimmer möchte
Walk-out	Gast verlässt das Hotel, ohne zu bezahlen (evtl. Firmenrechnung)
Wholesaler	Reiseveranstalter
Yield Management	Ertragsmanagement, richtet sich nach Angebot und Nachfrage
Zimmerplan	Organisationsmittel für die Zimmerzuteilung; liefert einen Überblick über die Belegung

Zimmerpreisbezeichnungen

Room Rate	Zimmerpreis
per Person	pro Person
Company Rate, Corporate Rate	Firmenpreis
Complimentary	kostenlose Zimmernutzung eines Gastes (z. B. Einladung der Direktorin/des -Direktors)
Confidential Rate	Zimmerpreis, der nicht veröffentlicht wird; nur in besonderen Fällen gewährt
Discounted Rate	Preis mit gewährtem Preisnachlass
Early-Bird-Rate	Frühbucherrate
Group Rate	Preis für Gruppen
Last-Minute-Rate	besonders günstiger Preis für Gäste, die sehr kurzfristig buchen
Negotiated Rate, Wholesale Rate	Preis für Reisebüros, Konsortien und große Firmen; Bezeichnung variiert je nach Verwendung und Vertriebspartner
Package Rate	Leistungspaket (Package), das im Preis inbegriffen ist
Promotional Rate, Special Rate	Sonderpreis für bestimmte Anlässe
Rack Rate	Listenpreis, Standardzimmerpreis

Stichwortverzeichnis

A

B

C

K

L

M

S

T

U

V

W

Z

Literaturverzeichnis

Duch, K. u. a. (2018). Handlexikon der Kochkunst. Linz: Trauner Verlag.
Fischer, P. u. a. (2021). Küche in Theorie und Praxis: Fachkunde, Betriebsorganisation, Fachpraktikum. Linz: Trauner Verlag.
Gutmayer, W. u. a. (2018). Service: Die Grundlagen. Linz: Trauner Verlag.
Gutmayer, W. u. a. (2019). 1-fach Servieren: in Theorie und Praxis. Linz: Trauner Verlag.
Gutmayer, W. u. a. (2022). 1-fach Getränke: in Theorie und Praxis. Linz: Trauner Verlag.
Gutmayer, W. u. a. (2022). Serviceorganisation, Servieren und Getränke. Linz: Trauner Verlag.
Krausler, K. u. a. (2020). Rezeption in Perfektion. Linz: Trauner Verlag.
Lachinger, C. u. a. (2022). Ernährung, Küche, Service: Fachkunde und Fachpraxis. Linz: Trauner Verlag
Letzner, C (2024). Erlebnis Systemgastronomie 2. Fachfrau/Fachmann für Systemgastronomie. Linz: Trauner Verlag.
Letzner, C. u. a. (2019). Systemgastronomie 1: Küche, Service, Magazin. Linz: Trauner Verlag.
Letzner, C. u. a. (2014). Systemgastronomie 2: Beratung und Verkauf, Marketing, Wirtschaftsdienst, Warenwirtschaft. Linz: Trauner Verlag.
Letzner, C. u. a. (2015). Systemgastronomie 3: Systemorganisation, Personalwesen, Steuerung und Kontrolle betrieblicher Leistungserstellung. Linz: Trauner Verlag.
Mitsche, E. u. a. (2007). Küche: Management & Organisation. Linz: Trauner Verlag.
Motsch, E., Rohrmoser, S. (2014), Meine Gäste – meine Fans: Von der Servicewüste zur Gästebegeisterung. Linz: Trauner Verlag
Pfleger, A. (2017). Bitte reinigen – aber richtig! Mit gelungenem Housekeeping-Management zum Unternehmenserfolg. Linz: Trauner Verlag
Reisinger, J. u. a. (2012). Küche: Lebensmittel & Qualität. Linz: Trauner Verlag.
Reisinger, J. u. a. (2021). Küche: Garmethoden & Rezepte. Linz: Trauner Verlag.
Schreiber, M. u. a. (2022). Küche: Ernährung und Lebensmittel: Fachkunde, Betriebsorganisation, Fachpraktikum. Linz: Trauner Verlag.
Sensen, B. (2024). Revenue Management im Hotel. Kennzahlen – Prozesse – MICE-Management. 2. Überarbeitete Auflage. Berlin: De Gruyter.
Wiklicky, F. u. a. (2019). Weitblicke. Tourismusmarketing und Kundenmanagement III HLT. Linz: Trauner Verlag.
Wiklicky, F. u. a. (2021). Weitblicke. Tourismusmarketing und Kundenmanagement IV/V HLT. Linz: Trauner Verlag.
Wölfl, P. u. a. (2021). #rezeption. Linz: Trauner Verlag.
Wolfschluckner, R. u. a. (2020). Getränke- und Menükunde: Fachkunde, Betriebsorganisation, Fachpraktikum. Linz: Trauner Verlag.

Bildnachweis

Rechteinhaber bekannt

S. 11: Motel/TLF Images/Shutterstock.com
S. 15: Auszeichnungen/Tupungato/stock.adobe.com
S. 16: Mitarbeiterin McDonald's/Sorbis/Shutterstock.com
S. 17: Mitarbeiterinnen McDonald's/Sorbis/Shutterstock.com
S. 280: Online Reservierungsbuch/bonit.at Software OG
S. 324: Trocknen, Reinigen und Sortieren/saiko3p/stock.adobe.com; Verpacken/saiko3p/stock.adobe.com
S. 351: VIP-Bar/Sorbis/Shutterstock.com
S. 352: Hotel Parkplatz/hadrian – ifeelstock/stock.adobe.com
S. 356: Gelbe Glocke/Kvitka Nastroyu/Shutterstock.com
S. 359: Gästekartei/GASTROdat
S. 378: ITB/View Apart/Shutterstock.com
S. 465: McCafé/Sorbis/Shutterstock.com
S. 466: Marriott/yujie/stock.adobe.com
S. 490: B&B Hotels/Brand Factory GmbH

Rechteinhaber unbekannt

S. 265: Counter McCafé
S. 299: Herstellung von Frucht- und Gemüsegetränken, Schritt 4
S. 313: Trockene Aufbereitung, Schritt 3
S. 490: Hans Brinker Budget Hotel

Alle weiteren Bilder und Grafiken sind Eigentum der TRAUNER Verlag + Buchservice GmbH oder wurden von Bildagenturen (Adobe Stock, Shutterstock, istockphoto.com) zugekauft bzw. werden über die „Bildrecht GmbH" in Wien (www.bildrecht.at) abgerechnet.